U0805480

普通高等教育案例版系列教材

供护理学类专业使用

儿科护理学

案例版

主　　编　沙丽艳　崔文香
副 主 编　蒋小平　李胜玲　曲桂玉　吴心琦　许洪伟　左彭湘
编　　委　（按姓氏笔画排序）
万峰静（海南医学院）
左彭湘（石河子大学）
占小春（新疆医科大学第二临床医学院）
曲桂玉（潍坊医学院）
全国华（延边大学附属医院）
刘　晶（大连医科大学）
许洪伟（佳木斯大学）
李同欢（遵义医学院附属医院）
李珊珊（牡丹江医学院）
李胜玲（宁夏医科大学）
李淑兰（首都医科大学）
杨言慧（吉林大学第二医院）
杨春鸿（齐齐哈尔医学院附属第二医院）
吴心琦（哈尔滨医科大学附属第二医院）
沙丽艳（大连医科大学）
宋　薇（湖南医药学院）
张春慧（郑州大学护理学院）
徐　娜（西安医学院）
黄明桂（西南医科大学附属中医医院）
崔文香（延边大学）
蒋小平（重庆医科大学附属儿童医院）
程兴东（遵义医学院附属医院）
廖少玲（广东医科大学）
编写秘书　伊　静（大连医科大学附属第二医院）

科学出版社
北　京

郑重声明

为顺应教学改革潮流和改进现有的教学模式，适应目前高等医学院校的教育现状，提高医学教育质量，培养具有创新精神和创新能力的医学人才，科学出版社在充分调研的基础上，首创案例与教学内容相结合的编写形式，组织编写了国内首套案例版系列教材。案例教学在医学教育中，是培养高素质、创新型和实用型医学人才的有效途径。

案例版教材版权所有，其内容和引用案例的编写模式受法律保护，一切抄袭、模仿和盗版等侵权行为及不正当竞争行为，将被追究法律责任。

图书在版编目（CIP）数据

儿科护理学 / 沙丽艳，崔文香主编. —北京：科学出版社，2018.1
ISBN 978-7-03-055777-3
Ⅰ. ①儿… Ⅱ. ①沙… ②崔… Ⅲ. ①儿科学–护理学–医学院校–教材
Ⅳ. ①R473.72
中国版本图书馆 CIP 数据核字（2017）第 300839 号

责任编辑：王　颖 / 责任校对：郭瑞芝
责任印制：李　彤 / 封面设计：陈　敬

科学出版社出版
北京东黄城根北街 16 号
邮政编码：100717
http://www.sciencep.com
北京科印技术咨询服务有限公司数码印刷分部印刷
科学出版社发行　各地新华书店经销
*
2018 年 1 月第　一　版　　开本：787×1092　1/16
2025 年 1 月第五次印刷　　印张：28 3/4
字数：800 000

定价：118.00 元

（如有印装质量问题，我社负责调换）

前　　言

随着护理学科的快速发展，课程体系与教学内容不断深化，以培养高素质、应用型高级护理人才为目的，在不改变现有教学体制的情况下，借鉴国外以案例为中心（CBL）和以问题为中心（PBL）的教学模式，科学出版社组织进行了全国高等教育护理学专业案例版教材的编写，《儿科护理学》为其中之一。

本教材编写的基本指导思想是在教材中增加案例或标准化案例，在课堂理论授课中融入切实案例教学，丰富教学内容，启发学生的创造性思维，提高学生学习的主动性和积极性，培养学生分析问题、解决问题的能力。本教材编写的案例有两种：一种是来自实际工作的典型案例，另一种是教师联系实际而自行设计的模拟案例。编写的案例紧密围绕儿科护理学的知识点，根据教学目标，综合考虑学生已经掌握的知识体系及对今后学习和工作的指导意义来进行具体设计。

本教材中配有儿科学专业中英文词汇，有助于学生进行专业英语的学习，同时还添加了大量图、表，便于学生理解与记忆，还配有实验实训教材、笔记、练习题集及数字化教材，既有利于教师教学，又能帮助学生系统化地提取知识进行反复练习。

本教材以我国高等护理学普通教育本科学生为主要对象，兼顾高等专科、高等职业教育、成人高等教育的专业需求。教材内容满足以下三个层次的需求：①现行教学大纲的需求；②毕业后护士执业资格考试的需求；③硕士研究生入学考试的需求。

本教材在编写过程中得到有关学校及同道的大力支持与帮助，在此表示真诚的感谢！

本教材全体编者均以认真负责的态度参加了编写，但由于缺乏国内外案例式护理教材相关参考资料，加之时间仓促和水平限制，难免有内容不当之处，恳请各位同道和广大读者在使用本教材过程中，提出宝贵意见和建议。

沙丽艳

2017年12月

目　录

第一章 绪 论

【目标要求】

掌握：儿童年龄分期及各期特点。

熟悉：儿科护理学特点；儿科护士角色及素质要求。

了解：儿科护理学的任务及范围、发展及展望。

儿科护理学（pediatric nursing）是一门研究儿童生长发育、身心健康、疾病防治和临床护理的学科，以促进儿童身心健康。它的服务对象是体格、心理和精神行为均处于不断发育过程中，自胎儿至青春期的儿童。

第一节 儿科护理学的任务、范围及特点

一、儿科护理学的任务

儿科护理学的任务是从体格、智能、行为和社会等方面来评价儿童，利用先进的理论和技术，在实践中总结经验，为儿童提供整体性和广泛性的护理，降低儿童发病率和死亡率，保障儿童身心健康，从而为提高中华民族的整体健康水平做出贡献。

二、儿科护理学的范围

儿科护理学的范围涉及儿童时期健康和卫生的所有问题，包括儿童的发育、保健、疾病的防治及护理。儿科护理学除了自身的内容外，还需要产科学、心理学、社会学、教育学、流行病学等多学科的协作。

随着社会的发展和医学模式的转变，儿科护理学已从单纯的医院内疾病护理扩展到以家庭为中心的身心整体护理，其任务和范围也发生了变化。因此，儿科护理工作者应不断学习新理论、新技术和新知识，以适应儿科护理学的发展。

三、儿科护理学的特点

儿童处于不断的生长发育过程中，在解剖、生理及心理等各方面均与成人不同，各年龄阶段的儿童之间也有很大的差异，因此，学习儿科护理学首先要熟悉其特点。

（一）儿童解剖生理特点

1. 解剖特点 儿童从出生到长大成人，在外观形态上不断发生变化，如体重、身高、头围、胸围等的增长，身体各部分比例的改变，骨骼发育如颅骨缝、囟门的闭合、骨化中心的出现、牙齿的萌出都有一定的规律，内脏器官如心、肝、 肾、脾等的大小及位置，以及皮肤、肌肉、神经、淋巴系统等发育也随年龄的增长而变化。只有掌握儿童的正常发育规律，才能做好保健和护理工作。如新生儿及婴儿头部相对较重，颈部肌肉和颈椎发育相对较弱，怀抱孩子时注意保护头部；婴儿骨骼比较柔软，若长期受压易变形，应避免肢体长期受压及过早肢体负重；儿童由于贲门肌肉发育差，幽门肌肉发育良好，吃奶时易出现溢乳和呕吐，吃奶后应将婴儿竖抱，轻拍

背部，帮助空气排出。

2. 生理特点 婴儿代谢旺盛而肾功能较差，故比成人更易发生水和电解质紊乱；儿童贫血时易出现髓外造血，恢复胎儿期的造血。此外，不同年龄的儿童，其生理生化的正常参考值也不同，如心率、呼吸、血压、外周血红细胞、白细胞常随年龄的增长而变化，熟悉儿童这些生理生化特点，才能对临床出现的情况做出正确的判断，给予正确的诊疗及护理。

3. 免疫特点 儿童免疫系统发育不成熟，易患各种感染。如新生儿不能从母体获得 IgM，故新生儿血清 IgM 浓度低，易患革兰阴性细菌感染；新生儿可从母体中获得 IgG，但 3～5 个月后会逐渐下降，直到 6～7 岁自行合成 IgG 的能力才能达到成人水平；婴幼儿期还缺乏 SIgA，故易患呼吸道及消化道感染。其他体液因子如补体、趋化因子、调理素等活性低，白细胞的吞噬能力也较差，因此，护理中应特别注意消毒隔离。

（二）儿童心理特点

儿童大脑的结构与功能不够成熟，故儿童的心理发育如感知觉、情绪、思维、意志和个性等方面的发展，与成人有不同的特点。儿童心理成长过程从不成熟到成熟，从不定型到定型，是可塑性最大的时期，也是接受教育最佳的时期。在护理工作中，应根据不同年龄阶段儿童的心理发展特征，采取相适应的护理措施。同时，与儿童父母及学校教师等共同合作，为儿童创设良好的生活学习环境，以促进儿童心理健康发展。

（三）儿科临床特点

1. 病理特点 儿童发育不够成熟，对同一病原体的病理改变与成人不同。如维生素 D 缺乏时，成人表现为骨软化症，而婴儿则易患佝偻病；同为肺炎链球菌所致的肺部感染，年长儿和成人易患大叶性肺炎，而婴儿常为支气管肺炎。

2. 临床表现特点 患病儿童临床表现与成人有很大不同，新生儿患感染性疾病时常不伴发热，仅表现为反应差，出现黄疸、体温不升、表情呆滞，常无明确的定位症状和体征；婴幼儿患感染性疾病时起病急、来势凶，易发生败血症，常伴有呼吸、循环衰竭和水电解质紊乱，病情发展过程易反复波动，故临床上应注意密切观察并及时处理。

3. 诊断特点 不同年龄阶段的儿童患病后的临床表现有其独特之处，故临床诊断时应重视年龄因素。如在新生儿期发生惊厥，多考虑与窒息、产伤、颅内出血或先天异常有关；6 个月以内者考虑是否为婴儿手足搐搦症或中枢神经系统感染；6 个月至 3 岁者考虑为高热惊厥，或中枢神经系统感染可能性大；3 岁以上年长儿的无热惊厥以癫痫多见。此外，儿童常不能自诉病情，给诊断带来了一定的困难。因此，除向家长详细询问病史外，应密切观察病情变化，及时发现问题，做出正确的诊断和处理。

4. 治疗特点 儿童免疫功能不成熟，调节及适应能力差，患病时易出现各种并发症，有时几种疾病可同时存在，因此，在治疗疾病时，应注意并发症的处理，同时给予细致的护理和有效的支持疗法。

5. 预后特点 儿童患病时虽然起病急、来势凶、变化多，但如果及时诊治，护理得当，恢复也较快。儿童各脏器修复能力较强，故后遗症较成人少见。但危重、年幼、体弱患儿病情变化迅速，应密切观察，分秒必争，积极抢救，采取有力治疗护理措施，度过危险时期。

6. 预防特点 加强预防工作是降低儿童发病率和病死率的重要环节。近年来，由于开展计划免疫和传染病的管理，使儿童传染病的发病率和病死率明显下降；由于加强科学育儿知识普及，重视儿童保健工作，也使营养不良、腹泻、肺炎等常见病发病率和病死率显著降低。出生后及早筛查某些先天性疾病，及时诊断视觉、听觉异常，加以治疗，防止严重伤残的发生；有些成人疾病应在儿童时期开始预防，如儿童时期风湿热多发展为成年人风湿性心瓣膜病；儿童时期慢性尿路感染或隐匿性肾炎若不彻底治疗可延续至成人期，发展为慢性肾衰竭。因此，加强儿童时期的疾病预防保健，不仅可增强儿童体质，而且可及时发现潜在疾病，促进儿童各方面健康。

7. 护理特点 儿童解剖、生理及心理特点决定了儿科护理的特殊性。因此，在护理工作中必须针对不同阶段儿童自身特点采取相应的护理措施。如因儿童的治疗和护理过程会令其害怕，故儿科护理工作者应充分认识这些护理过程对儿童的影响，操作时动作轻柔，减少儿童的创伤和疼痛；儿童年龄越小，对父母的依赖性越大，住院后陌生的环境使其心理负担增加，因此，护理工作者应多关爱患儿，与其建立良好的关系。儿科护理范围广泛，与多学科相联系，且不同年龄阶段儿童的护理侧重点不同，儿科护理人员应掌握儿童各年龄阶段特点，从而给予准确的护理措施。

第二节 儿童年龄分期及各期特点

儿童生长发育是一个动态变化的过程，各系统器官组织逐渐长大，功能也逐渐成熟。由于不同儿童在解剖、生理和心理等方面有不同的特点，一般将儿童年龄划分为七个不同的时期，各期之间既有区别，又有联系。因此，应以整体、动态的观点理解儿童的健康问题。

一、胎 儿 期

胎儿期（fetal period）指从精子与卵子结合至胎儿娩出的时期，共 40 周。临床上将胎儿期分为三个阶段：①妊娠早期，指从精子与卵子结合至不满 12 周，系统组织器官的形成在此期完成。此期是生长发育十分重要的时期，如果在此期受到不利因素如感染、放射线及遗传等的影响，可造成流产或畸形，因此，孕期保健应从妊娠早期开始。②妊娠中期，自 13 周至未满 28 周，胎儿各器官在此期迅速成长，功能也逐渐成熟，28 周时，肺泡结构基本完善，已具备气体交换的能力，在此期后出生的胎儿生存能力较大。③妊娠后期，自 28 周至胎儿娩出，此期胎儿体重迅速增加，以肌肉发育和脂肪累积为主。

在胎儿期，胎儿完全依靠母体而生存，由于孕妇营养不良、吸烟、心理创伤等不利因素可致胎儿生长发育障碍。因此，应加强孕期保健和胎儿保健。

二、新 生 儿 期

新生儿期（neonatal period）指自胎儿娩出后脐带结扎时起至出生后满 28 天为止的时期。按年龄划分，此期包含在婴儿期内，但由于此期在疾病和生长发育方面有其特殊性，且死亡率高，因此，将婴儿期中这一特殊时期称为新生儿期。此期小儿脱离母体独立生活，自身生理调节能力还不够成熟，适应能力差，易发生多种疾病，如体温不升、产伤、出血、窒息、感染、先天畸形等，发病率高，死亡率也高，且出生后 1 周死亡率最高。因此，新生儿期应加强保暖、喂养、消毒隔离、清洁卫生等护理。

围生期（perinatal period）指胎龄满 28 周至出生后 7 足天的时期，此期包括胎儿晚期、分娩过程和新生儿早期，是小儿生命遭受最大危险的时期，死亡率高。围生期死亡率是衡量产科和新生儿科质量的重要指标，应加强护理，注意围生期保健。

三、婴 儿 期

婴儿期（infant period）指出生后至未满 1 周岁以前的时期。这是小儿出生后生长发育最快的时期，体重约增加 2 倍，能听懂一些话和有意识的发几个音。由于生长迅速，对营养素和能量的需求量相对较大，但由于消化吸收功能尚不够成熟，易发生营养不良和消化功能紊乱；婴儿 6 个月后，自身免疫功能尚未完善，经胎盘获得的来自母体的免疫抗体逐渐消失，故易患感染性疾病。因此，在此阶段应提倡母乳喂养，给予合理的营养指导，并有计划的接受预防接种，重视卫生习惯的培养。

四、幼 儿 期

幼儿期（toddler's age）指 1 周岁后至未满 3 周岁之前的时期。此期儿童生长发育速度减慢，但接触事物增多，活动范围增大，智力发育较快，思维和社会适应能力增强，但对危险识别能力不足，注意防止意外创伤和中毒；由于自身免疫系统尚未健全，应注意防止各种传染病的发生；膳食从乳汁逐渐过渡至成人饮食，注意防止营养不良和消化功能紊乱。

五、学 龄 前 期

学龄前期（preschool age）指自 3 周岁后至 6～7 岁的时期。此期儿童生长速度进一步减慢，智能发育更加完善，好奇心及模仿性强，由于此期儿童可塑性较大，因此，要注意培养其良好的道德品质和生活习惯，为入学做好准备。学龄前儿童防病能力增强，但接触面广，仍可发生各种意外，易患免疫性疾病，如风湿热、急性肾炎等，仍需做好预防保健工作。

六、学 龄 期

学龄期（school age）指自 6～7 岁至青春期的时期。此期儿童体格发育稳步增长，除生殖系统外的其他器官已接近成人水平，智能发育更加成熟，求知能力增强，理解、分析、综合运用能力逐渐增强，是接受科学文化知识教育的重要时期。此期的发病率较前有所降低，但应注意预防龋齿和近视，端正坐、立、行姿势，保证充足的营养和休息，安排有规律的生活、学习和锻炼，加强教育，防治精神及情绪等方面的问题，促进其全面发展。

七、青 春 期

青春期（adolescence）以性发育为标志，女孩一般从 11～12 岁至 17～18 岁，男孩从 13～14 岁至 18～20 岁，此期个体差异较大。儿童体格生长在此期形成第二次高峰，生殖系统发育也逐渐成熟，并出现第二性征，男孩声音变粗、长出胡须，女孩骨盆变宽、出现月经。由于此期儿童与社会接触增多，受外界环境影响越来越大，常可引起心理、精神、行为等方面的不稳定，因此，应根据青少年生理及心理特点，保证其足够营养满足生长发育，加强体格锻炼，并给予生理和心理卫生教育，加强教育和引导，使其树立正确的人生观，培养良好的道德品质。此期也是学习科学文化知识最好的时期，应重视青春期卫生保健和教育工作，保证青少年身心健康。

第三节 儿科护士的角色及素质要求

一、儿科护士的角色

随着护理学科的快速发展，对护士的要求逐渐提高。儿科护士必须具备儿科特有的知识和技能，同时被赋予了多元化的角色。

（一）护理执行者

护士每天接触的是机体各系统、器官功能发育尚未完善的儿童，有些儿童生活尚不能自理或不能完全自理，有些儿童还处在疾病痛苦中，儿科护士的角色是为儿童提供儿科特有的护理，如营养的搭配与摄取、感染的预防与护理、心理护理和健康指导等，满足儿童生理和心理的需要，以促进、保持或恢复儿童健康。

（二）护理计划者

护士必须运用专业的知识和技能，根据儿童不同阶段生长发育的特点，收集儿童生理、心理、社会状况等方面的资料，全面评估儿童健康状况，找出健康问题，制订系统、全面及可行的护理计划。从而采取相应的护理措施，帮助儿童恢复健康，尽快适应医院、社区及家庭的生活。

（三）健康教育者

护士应根据各年龄阶段儿童智力发展水平，向其解释疾病治疗与护理，帮助他们适应医院环境及接受各项治疗；培养他们形成良好生活习惯，改变其不良行为。还应该向家长讲解治疗及护理过程，告知家长如何观察患儿病情，如何为患儿提供全面支持与照顾，同时宣传科学育儿知识，最终达到预防疾病、促进健康的目的。

（四）健康协调者

护士应具备良好的沟通能力，保证有关人员及机构的相互联系，使儿童保健工作得以相互协调配合，维持有效沟通网，保证儿童获得最佳治疗及护理。如护士需要与医生沟通，计划有关治疗和护理方案；护士需要与营养师沟通，安排相关膳食；护士还需要与家长沟通，让家长参与儿童相关护理过程，保证护理工作的有效进行。

（五）健康咨询者

护士应注意多倾听患儿及家长的倾诉，向其提供疾病相关信息，进行健康宣教，解答他们对疾病相关问题的疑惑，帮助他们以积极有效的方法去应对压力，找到适应生理、心理及社会需要的途径与方法。

（六）儿童代言人

护士是儿童合法权益的维护者，在儿童不会表达或表达不清自己的意愿时，护士有责任解释并维护儿童的权益不受侵犯。护士还需要评估影响儿童健康的问题和事件，提供给卫生行政部门作为卫生政策和计划改进的依据和参考。

（七）护理研究者

护士应积极进行儿科相关护理研究工作，通过切实有效的研究扩展儿科护理理论和知识，开展新技术，进而指导护理工作，提高儿科护理质量，促进儿科专业发展。护士还需具备敏锐的洞察力，以及发现问题、分析和解决问题的能力。

二、儿科护士的素质要求

儿科护士需要具备良好的素质，才能在儿童的健康发展中起促进作用。

（一）思想道德素质

1. 爱护儿童，热爱儿科护理事业，具有高度的社会责任感和严谨的工作态度，具有为儿科护理工作服务的奉献精神。

2. 具有高尚的品格、高尚的道德情操及实事求是的工作作风，以理解、友善及平等的心态对待儿童，为儿童及其家庭提供帮助，促进健康。

（二）科学文化素质

1. 具有一定的文化专业素养，掌握专业知识和相关学科的知识。

2. 掌握一门外语及计算机应用技术，掌握现代儿科护理科学发展的新理论及新技术。

（三）专业素质

1. 具有扎实的护理专业理论知识和合理的知识结构，具有较强的实践技能，操作熟练准确，动作轻柔敏捷。

2. 具有敏锐的洞察力和分析判断能力，具有整体护理观念，并能运用护理程序解决儿童现存的护理问题。

3. 具有开展儿科护理教育和护理科研的能力，勇于创新实践。

（四）身体心理素质

1. 具有健康的心理和较强的适应能力，具有乐观、开朗和积极的情绪及良好的忍耐力和控制能力，能够善于应变各种突发事件，灵活敏捷。

2. 具有强烈的进取心，锲而不舍的学习，善于挑战，不断丰富完善自我。

3. 具有良好的沟通能力，能够与儿童及家长建立良好的人际关系，同事间相互尊重，团结合作。

第四节　儿科护理学发展和展望

祖国医学在儿科疾病治疗及护理方面有极为丰富的经验并做出杰出的贡献。早在公元前五六世纪，祖国医学已有关于儿科疾病的记载，如我国战国至西汉时代所著医学名著《黄帝内经》，对儿科病症已有记录；司马迁所著《史记》，记载扁鹊为“小儿医”；东汉张仲景《伤寒杂病论》中记载了儿科疾病的诊疗；唐代著名医学家孙思邈所著《备急千金要方》论述了儿童发育进程，以及儿童喂养、用动物肝脏治疗夜盲症等方面的治疗护理方法；明清时代儿科医家辈出，诸多论述儿科护理内容，钱襄所著《侍疾要语》中，记载了多方面的儿科护理要点，促进了儿科护理学的发展。

19 世纪下半叶，西方医学迅速发展并传入我国，在我国也迅速发展。各国传教士在我国开办的医院中设立了儿科门诊及病房，护理工作的重心放到了以住院患儿的照顾及护理上，在此基础上逐渐形成了儿科护理学。

新中国成立以后，党和政府十分重视儿童健康，从建国初期就广泛推行各种法律保护母亲及儿童，其中宪法中特别提出了保护母亲和儿童的条款，并相继出台了一系列旨在提高儿童保健水平的政策和条例，降低了儿童相关疾病的发病率和病死率。

改革开放以来，国家更加重视护理事业发展，其中儿科护理事业也得到不断发展，从简单的儿科门诊病房发展至形成了儿科监护病房和新生儿监护病房等专科护理。儿童的身心健康越来越受到国家、社会及家庭的关注。通过建立各级儿童医疗保健机构、推广新接生法、提倡科学育儿、实行计划免疫等措施，降低了儿童死亡率。儿童体格发育水平有了很大提高，营养状况得到明显改变，儿童体质普遍增强。

随着社会的发展和科学的进步，儿科护理学已发展成为专门学科，研究内容、范围及特点发生了巨大改变，涉及儿童健康的生理、心理及社会等的各个方面，对儿科护士的要求也越来越高。为适应儿科护理学的快速发展，应注意儿科护理队伍的建设，重视培养儿科护士学习新理论、新知识及新技术，加强儿科护理学的新研究，使儿科护理向高层次、高素质方向发展。

21 世纪是生命科学的新时代，儿童健康面临着新的机遇和挑战，主要包括以下几个方面：①感染性疾病仍是威胁儿童健康的主要问题，一些得以控制的传染病若再次广泛传播，将对儿童健康造成巨大的威胁；②随着网络时代的到来，儿童精神卫生将受到人们的重视，应关注儿童情绪及行为异常，重视网络及家庭暴力问题；③提供延续性护理，儿童慢性病的防治越来越受到重视；④随着精准医学的到来，儿科疾病的基因诊断及治疗将得到发展及普及。儿科护士应不断学习新技术及最新护理手段，应用循证护理的概念和方法提高儿科临床护理质量，为提高儿童健康水平做出更大贡献。

思考题

1. 儿童年龄分为哪几期？各期的特点是什么？
2. 儿科护士的角色有哪些？
3. 儿科护士需要具备哪些素质？

（沙丽艳）

第二章　儿童生长发育

【目标要求】

掌握：儿童生长发育的规律及其影响因素；常用的体格生长发育评价指标及其参考值；头颅骨、脊柱、长骨、牙齿等生长发育各项指标的正常值、测量方法及意义。

熟悉：儿童体格的评价方法；儿童心理活动、语言、社会行为的发展；小儿感知和运动功能发育的过程及其特征。

了解：儿童神经心理发育的评价、儿童发展理论、儿童体格生长偏离、儿童异常的心理行为、学习障碍的类型、病因、发病机制和临床表现。

第一节　概　　述

生长发育（growth and development）是指从出生到生长成熟的过程。生长（growth）是细胞繁殖和细胞间质增加的结果，表现为身体各部或器官长度、大小和重量的增加等变化。发育（development）则表现为机体功能的变化，以及组织器官的完善和成熟。前者主要是量的变化，后者主要是质的变化，儿童的生长发育是量变和质变的复杂过程。生长与发育两者密不可分，统称为生长发育。

生长发育受到多种因素的共同影响，遗传、营养、疾病、孕母状况、社会经济条件等均与其有着密切关系，因而充分了解生长发育的影响因素、定期监测儿童生长发育状况是儿科护理的重要任务之一。

第二节　生长发育规律和影响因素

一、生长发育规律

生长发育的一般规律（general principles of growth and development）是指个体生长发育的普遍方式。因受遗传、环境等多因素影响，个体的生长和发育存在差异。因此，每个儿童的生长发育都遵循着一些普遍规律，又有着自身的特异性。了解儿童的生长发育规律，不仅有助于评价其发育现状，而且可了解其既往发育史和未来的生长潜力。

（一）生长发育的连续性与阶段性

生长发育在整个儿童时期不断进行，各个阶段快慢并不相等，第1年为生后的第一个生长高峰，即从新生儿至婴儿期为生长快速期；自2～3岁至青春早期生长速率平稳而且缓慢；到了青春期又进入生长快速期，即出现第二个生长高峰（图2-1）。

（二）各系统器官发育不平衡性

各系统器官发育速度不同（图2-2），神经系统及其附属器官从出生至1岁以内发育速度最快；生殖系统在青春期发育最快；淋巴系统，包括胸腺、脾脏等在出生后发育很快，到12岁时达到高峰，此后逐渐降至成人水平；年幼时皮下脂肪发达，肌肉组织到学龄期才加速发育，其他如呼吸、消化、泌尿、循环系统的增长基本与体格生长平行。

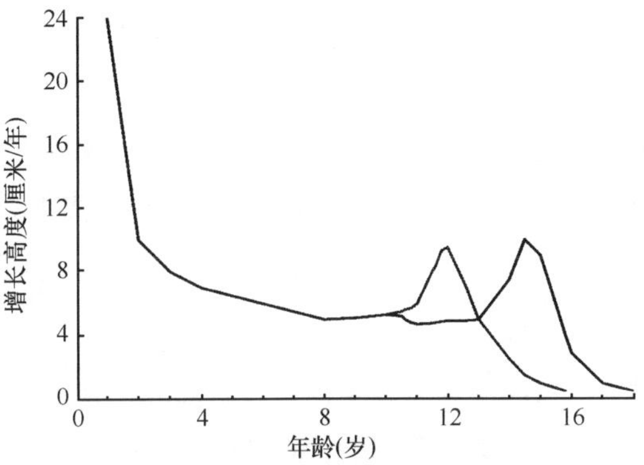

图 2-1　两个生长高峰

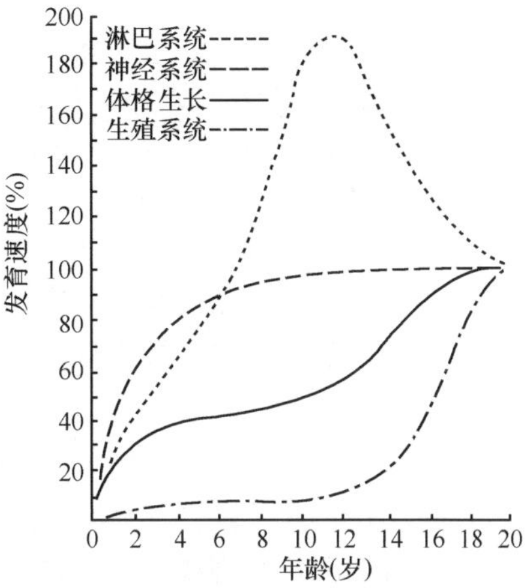

图 2-2　器官系统发育不平衡

（三）生长发育的顺序性

儿童生长发育通常遵循由上到下、由近到远、由粗到细、由低级到高级、由简单到复杂的顺序。由上到下即由头到四肢的发展规律，出生后运动的发育是先学会抬头、抬胸，后学会坐、立、行；由近到远即身体的自我控制，总是从身体靠近中心的部分开始发展，从手臂到手掌，先抬肩、伸臂，再用手握物；从腿到脚，即先控制腿，再控制脚的活动；由粗到细，先出现粗的动作，再出现精细动作，如全手掌抓握到手指拾取；由简单到复杂，先会做简单的动作，后会做复杂的动作，如先会画直线后画圈、图形；由低级到高级，先会看、听和感觉事物，认识事物，再发展到记忆、思维、判断和分析事物。

（四）生长发育的差异性

儿童的生长发育虽然是有一定规律的，但在一定范围内受到各种因素的影响，存在相当大的个体差异。体格上的个体差异一般随年龄增长而越来越显著，青春期差异更大。因此，儿童的生长发育有一定的正常范围，正常值不是固定不变的，评价时需综合考虑各因素对个体的影响，并进行连续动态的观察，才能做出正确的判断。

二、生长发育的影响因素

遗传因素和环境因素是影响儿童生长发育的两个最重要的因素。遗传因素决定了小儿生长发育的潜力，这种潜力又受到了一系列外界因素的作用和调节，遗传因素和环境因素相互作用，决定了儿童的生长发育水平。

（一）遗传因素

染色体上携带的遗传信息，决定着小儿个体发育的特点，如体形、身高、外貌均与遗传信息有关。小儿生长发育的特点、潜力、趋向、限度等都受父母双方遗传因素的影响。例如，父母身材的高矮、皮肤的颜色、毛发的多少及性格等，对子女都有一定程度的影响。

（二）性别

男孩和女孩生长发育各有特点，一般女孩平均身高（长）值和体重值较同年龄男孩小。女孩青春期开始较男孩早约 2 年，此时体格生长剧增，其身高、体重超过男孩，男孩青春期虽开始较迟，但延续时间比女孩长，其体格最后还是超过女孩。女孩骨化中心出现较早，骨骼较轻，骨盆较宽，皮下脂肪丰富，而肌肉不如男孩发达，因此评价小儿发育时应分别按男、女标准进行。

（三）营养

营养对儿童的生长发育至关重要。合理的营养是小儿生长发育的物质基础，年龄越小受营养的影响越大。如营养不良首先导致小儿体重不增甚至下降，最终影响体格生长发育和系统的发育成熟，如免疫功能、内分泌功能、神经调节功能等。近年来，儿童的肥胖率仍持续上升并且居高不下，已成为一个全球性的公共卫生问题，WHO 数据显示，2013 年全球 5 岁以下肥胖儿童达到了 4200 万人；摄入能量过多所引发的超重和肥胖已成为小儿生长发育过程中一个不可忽视的问题。大量研究发现肥胖不但严重影响儿童的身体健康，还会造成未来疾病发生的潜在因素。如导致成人高血压、糖尿病、心血管疾病及部分恶性肿瘤疾病的提前发生等。

（四）疾病

影响小儿生长发育的疾病大致可分为先天性疾病、急性疾病、慢性疾病及内分泌疾病。急性病可使近期体重不增甚至下降，发育停滞；慢性病及先天性疾病会同时影响体重和身高的增长；内分泌疾病常引起骨骼生长和神经系统发育迟缓，如缺乏生长激素导致身材矮小，甲状腺素缺乏时常引起骨骼生长和神经系统发育迟缓，性激素异常可使骨骺融合，影响长骨生长，导致青春期开始较早，最终造成身材相对矮小；先天性疾病如先天性心脏病、21-三体综合征、软骨发育不良等，对小儿体格发育和智力发育都会产生明显影响。通常 2 岁以内的小儿，疾病痊愈后，如营养充足，会出现追赶生长（catch up growth）现象，即小儿身高、体重等短期内加快增长，以弥补患病期间造成的损失，但持续生长延迟或发生在关键时期的不良事件所造成的影响是无法弥补的。

（五）孕母情况

胎儿在宫内的发育受孕母疾病、营养、环境、情绪等各种因素的影响，而胎儿宫内发育直接影响到小儿出生后的生长发育。妊娠早期如患病毒性感染可导致胎儿先天性畸形；孕母患严重营养不良可引起流产、早产和胎儿体格及脑的发育迟缓；胎儿期 10～18 周，该阶段宫内营养不足不仅会引起胎儿的体格生长落后，还严重影响脑的发育；孕母接受药物、X 线照射、环境毒物污染和精神创伤等，均可使胎儿发育受阻；孕母怀孕期间保持愉快的情绪可以促进婴儿的身心发育。

（六）生活环境

从地区来看，热带地区儿童发育，较寒带地区儿童提前。而良好的居住环境、卫生条件及健康的生活方式能促进儿童的生长发育。合理的生活制度、教育、锻炼等对小儿体格生长和智力发育也起着重要的作用。家庭的温暖、父母的关爱和良好的榜样作用、良好的学校教育和社会教育等，对儿童的性格和品德的形成、情绪的稳定和神经精神的发育都有深远的影响。

第三节　儿童体格生长发育与评价

一、体格生长常用指标

评价小儿体格生长常用指标有体重（weight）、身高/身长（height/recumbent length）、坐高（sitting height）、头围（head circumference，HC）、胸围（chest circumference，CC）、上臂围（upper arm circumference）、腹围、皮下脂肪厚度等。

二、出生至青春前期体格生长规律

（一）体重的增长

体重为各器官、系统、体液的总重量，是衡量小儿体格生长最灵敏的指标，最能显示小儿的营养状况，也是决定药量和补液量的重要依据。出生后 1 周内因奶量摄入不足、水分丢失、胎粪排出，可出现暂时性体重下降，在出生后3～4天达最低点，下降范围为3%～9%，以后逐渐回升，至出生后第7～10天恢复到出生时的体重，这一过程称为生理性体重下降（physiological weight loss）。如果体重下降的幅度超过10%或至第10天还未恢复到出生时的体重，则为病理状态，应引起重视并分析其原因。

据2005年中国九市7岁以下儿童体格发育调查资料显示，年龄为0～3天城市男婴平均体重为3.33kg±0.39kg，女婴为3.24kg±0.39kg，0～3天农村男婴平均体重为3.32kg±0.40kg，女婴为3.19kg±0.39kg，与WHO参考值（男3.3kg，女3.2kg）近似。2015年中国九市7岁以下儿童体格发育调查资料显示，10年来儿童体格发育水平进一步提高，我国儿童体格发育状况变化显著。调查同时显示，2015年我国九市7岁以下各年龄组儿童体格发育平均水平均已明显超过WHO颁布的儿童生长标准。其中，城区儿童体重超出0.1～1.2kg，农村儿童体重超出0.3～0.9kg。通过纵向研究调查对比可知，中国不同年龄段的儿童体重呈上升趋势，不同地区间的同一年龄性别的儿童身高也存在差异。

随年龄的增加，儿童体重的增长逐渐减慢。我国1975年、1985年、1995年及2005年调查资料显示，正常足月婴儿出生后第1个月体重增加可达1～1.7kg，生后3～4个月体重约等于出生时体重的2倍；第1年内婴儿前3个月体重的增加值约等于后9个月内体重的增加值，即12个月龄时婴儿体重约为出生时的3倍（10kg），是出生后体重增长最快的时期，为第一生长高峰；生后第2年体重增加2.5～3.5kg；2岁至青春期前期体重增长减慢，年增长值约2kg。

体重计算公式：1～6个月：体重（kg）=出生体重+月龄×0.7
　　7～12个月：体重（kg）=6+月龄×0.25
　　2～12岁：体重（kg）=年龄×2+7（或8）

或选用公式：3～12个月：体重（kg）=（月龄+9）/2
　　1～6岁：体重（kg）=年龄（岁）×2+8
　　7～12岁：体重（kg）=[年龄（岁）×7–5）]/2或（年龄×3+2）

（二）身高（长）的增长

身高（长）是指头部、躯干（脊柱）与下肢长度的总和，是反映骨骼发育的重要指标。3岁以下儿童立位时难以准确测量其身高，应取仰卧位测量，称为身长。正常新生儿出生时平均身长为50cm。身高增长的速度也以出生半年内为最快：第一个3个月平均每月约增3.5cm，第二个3个月平均每月约增2cm，6个月身长约为65cm。后半年平均每月增1.5～1cm，1周岁约为75cm。第2年全年增10～11cm，2周岁身高（长）约为85cm。2周岁后身高（长）平均每年增长5～7cm，至青春期出现第二个身高增长加速期：小儿男性每年增7～9cm，女为6～8cm。与出生时的身长相比，1岁时约为1.5倍，4岁时约为2倍，13～14岁时约为3倍。身高（身长）变化粗略计算及各年龄增长快慢可见图2-3。

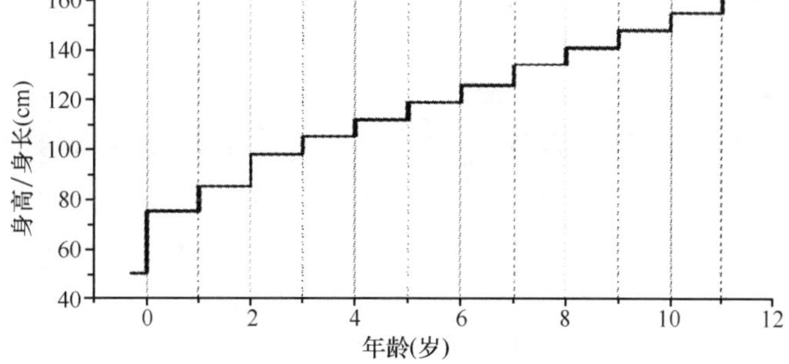

图2-3　儿童各年龄段身高/身长估计值

2～12 岁小儿身高（长）可按下列公式粗略计算：

2～12 岁身高=年龄（岁）×7+77（cm）

或选用：

2～6 岁身高=年龄（岁）×6+75（cm）

7～12 岁身高=年龄（岁）×6+80（cm）

与身长有关的测量指标：上部量与下部量。人体全部的长度可分为上、下两部分，以耻骨联合为分界线，自头顶到耻骨联合上缘为上部量，与脊柱增长相关；下部量为耻骨联合上缘至足底，与下肢长骨发育有关。儿童下部量的增长一般较上部量快，直至进入青春期后，上部量的增长才相对地加速。年龄不同比例不同，新生儿上部量与下部量的比为 3∶2，中点在脐上，2 岁时中点在脐下，6 岁时中点移至脐与耻骨联合上缘之间，12 岁时上、下部量相等，中点在耻骨联合上缘，先天性甲状腺疾病、软骨发育不全、生殖腺功能不全等疾病均可造成上、下部量比例失常。

身高（长）的增长与遗传、生活环境、内分泌、营养、运动和疾病等因素有关，明显的身高异常往往由甲状腺功能减低、生长激素缺乏、长期营养不良、佝偻病等引起。短期的疾病与营养波动不会明显影响身高（长）。

（三）坐高

坐高是从头顶至坐骨结节的长度，坐高增长代表头颅与脊柱的增长。3 岁以下取仰卧位测量，称顶臀长（crown-rump length）。坐高占身高的百分数随年龄而降低，出生时坐高为身高的 66%，以后下肢增长比躯干快，4 岁时坐高为身长的 60%，6～7 岁时小于 60%。坐高占身高的百分数可反映肢体的生长情况，比坐高绝对值更有意义。任何影响下肢生长的疾病，如甲状腺功能低下和软骨营养不良，可使坐高（顶臀长）与身高（长）的比例停留在幼年状态。

（四）头围的增长

头围是指自眉弓上缘经枕骨结节环绕头一周的长度称为头围。头围反映脑和颅骨的发育程度，在 2 岁前测量最有价值。胎儿期脑生长居全身各系统的领先地位，故出生时头围相对大，平均 33～34cm。与体重、身长增长相似，第一年前 3 个月头围的增长约等于后 9 个月头围的增长值（6cm），即 1 岁时头围约为 46cm；出生后第 2 年头围增长减慢，约增长 2cm，2 岁时头围约为 48cm；2～15 岁头围仅增长 6～7cm。头围大小与双亲的头围有关。头围小于均值–2SD 常提示有脑发育不良的可能，小于均值–3SD 以上常提示脑发育不良，过大或增长过快则提示可能有脑积水，脑积水、急性脑水肿的患儿通常需要每天测量头围。

（五）胸围的增长

平乳头下缘经肩胛角下缘平绕一周的长度称为胸围，反映胸廓、胸背肌肉、皮下脂肪及肺的发育程度。出生时胸围 32cm，略小于头围 1～2cm。1 岁左右胸围约等于头围。1 岁至青春前期胸围应大于头围，约为（头围+年龄–1）cm。1 岁左右头围与胸围的增长在生长曲线上形成头围、胸围的交叉，此交叉时间与儿童营养、胸廓的生长发育有关，生长较差者头围、胸围交叉时间延后。

（六）腹围的增长

腹围不是作为常规体格检查指标，测量时取仰卧位，婴儿为通过剑突与脐中点绕腹一周的长度，儿童则平脐绕，若有腹水要定期测量腹围，不以脐部为中心测量则要在腹部皮肤上做标记。

（七）上臂围的增长

经肩峰与鹰嘴连线中点绕臂一周的长度即为上臂围。上臂围代表皮肤、皮下脂肪、肌肉、骨骼的生长情况。1 岁以内上臂围增长迅速，1～5 岁增长缓慢，为 1～2cm。无条件测量体重和身高的情况下，可用测量左上臂围来筛查 1～5 岁小儿的营养状况。大于 13.5cm 为营养良好，12.5～13.5cm 为营养中等，小于 12.5cm 为营养不良。

（八）皮下脂肪

通过测量皮脂厚度反映皮下脂肪。通常测量部位为腹壁皮下脂肪和背部皮下脂肪。常用皮褶卡钳进行测量。

（九）身体比例与匀称性

1. 头与身长比例 此比例依年龄而不同，出生时身长约 4 倍于头长；2 周岁时为 5 倍；6 周岁时为 6 倍；至成年为 8 倍。可见年龄越小，肢体比躯干越短，而头长相对较大（图 2-4）。

2. 体型匀称 表示体型（形态）生长的比例关系，如身高/体重（weight-for height，W/H）；胸围/身高（身高胸围指数）；体重（kg）/身高（cm）×1000；体重（kg）/[身高（cm）]^2×10^4；年龄的体质指数（BMI/age）等。

3. 身材匀称 以坐高（顶臀长）与身高（长）的比例表示，反映下肢的生长情况。坐高（顶臀长）占身高（长）的比例由出生时的 0.67 下降到 14 岁时的 0.53。

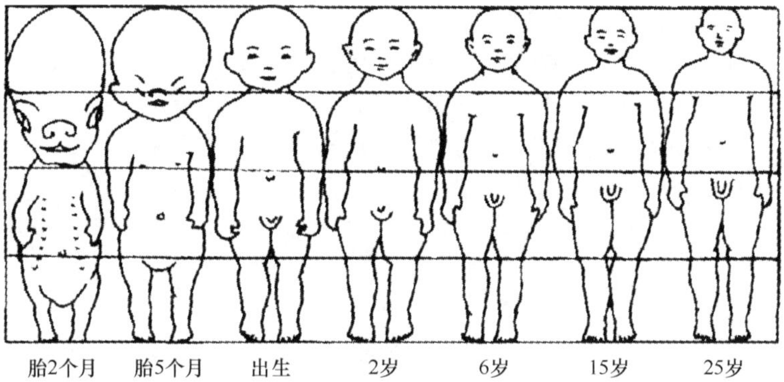

图 2-4　头与身长的比例

三、青春期的体格生长规律

青春期是儿童到成人的过渡期，受性激素等因素的影响，体格生长出现出生后的第二个生长速度高峰（peak height velocity，PHV），有明显的性别差异。男孩的身高增长高峰约晚于女孩 2 年，但每年身高的增长值大于女孩，因此男孩最终的身高比女孩高。一般男孩骨龄 15 岁、女孩骨龄 13 岁时，身高达最终身高的 95%。

无论男孩女孩，在青春期前 1～2 年中生长速度略有减慢。女孩在乳房发育后（9～11 岁），男孩在睾丸增大后（11～13 岁）身高开始加速生长，经 1～2 年生长达 PHV，此时女孩平均年增高 8～9cm，男孩平均年增高为 9～10cm。在第二生长高峰期，身高增加值约为最终身高的15%。PHV 提前者身高的停止增长较早。青春期体重的增长与身高平行，同时内脏器官增长。女孩耻骨与髂骨下部的生长和脂肪堆积使臀围加大。男孩则有肩部增宽、下肢增长、肌肉增强等不同体型特点的变化。

四、体格生长评价

儿童处于快速生长发育阶段，身体形态及各部分比例变化较大。儿童体格发育的评价涉及年龄、性别、种族、地区、时代变迁和遗传背景等诸多因素，正确评价儿童体格生长状况，充分了解儿童各阶段生长发育的规律、特点，正确评价儿童生长发育情况，及早发现问题，给予合适的指导与干预，对促进儿童健康生长发育十分重要。

（一）资料分析及表示方法

1. 衡量体格生长的统计学表示方法

（1）均值离差法：正常儿童生长发育状况多呈正态分布，常用均值离差法，以平均值（X）加减标准差（SD）来表示。X±1SD 包含样本的 68.3%，X±2SD 包含样本的 95%，X±3SD 包含样本的 99.7%。一般以 X±2SD 为正常值，X-2SD 以下为营养不足，X+2SD 以上为营养过剩。

（2）百分位数法：当测量值是偏正态分布时，百分位数法能更准确地反映所测量值的分布情况。当变量呈正态分布时，百分位数与均值离差法两者相应数相当接近。由于样本常是偏正态分布，两者的相应数值略有差别。可见图 2-5。

（3）标准差的离差法（Z 评分）：可进行不同质（即不同性别、不同年龄、不同指数）数据间比较，用偏离该年龄组标准差的程度来反映生长情况。Z 评分=（X–均值）/SD，其中 X 为测量值，SD 为标准差。Z 评分可为正值，也可以为负值。

（4）中位数法：当样本变量为正态分布时中位数等于均数。当样本量分布不是完全正态时，选用中位数而不是算数平均数作为中间值。因此，当样本中少数变量分布在一端，用算数平均数表示则对个别变量值影响大。故用中位数表示变量的平均水平较妥。

体格生长评价广泛应用均值离差法和百分位数法这两种表示方法，但目前一般都用百分位数法。均值离差法计算较简单，百分位数法计算相对较复杂，但较精确。

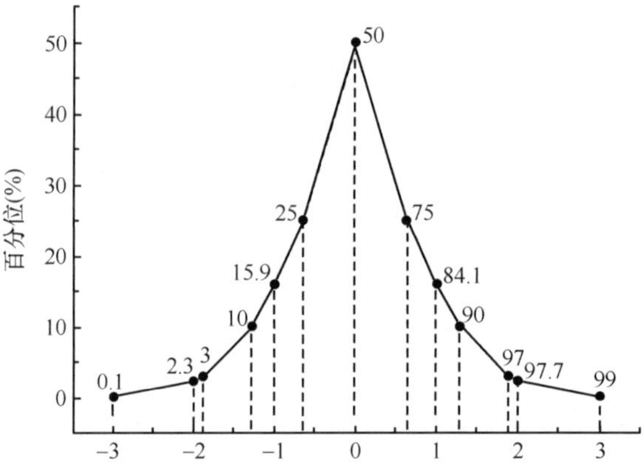

图 2-5 标准差（SD）

2. 临界点的选择 通常均值离差法以均值±2SD（包括总体的 95%）为正常值，百分位数以 P_3～P_{97}（包括总体的 94%）为正常范围。

3. 测量值的表示

（1）表格：按等级将测量数值以表格形式列出，便于查询，但不够直观。

（2）生长曲线：按各等级的数值绘制成曲线图。优点是较等级数值直观，不仅能较准确了解某项指标的发育水平，还能对此进行定期纵向观察，易于发现生长趋势有无偏离现象，以便及早寻找原因及采取干预措施。

（二）评价结果表示

1. 等级划分 方法简单，利用均值加减标准差或直接用百分数进行分级，据细节要求不同可分为三等级、五等级、六等级等。五等级划分方法见表 2-1。三等级划分以大于均值+2SD 为上、在均值±2SD 之内为中、小于均值–2SD 为下。六等级划分法把五等级划分法的“中”（均值±1SD）再划分为均值–1SD 的“中”和均值+1SD 的“中”。等级划分法用于横截面的测量值分析，如发育水平、体型匀称度的评价。

表 2-1　五等级划分法

等级	离差法	百分位数法
上	＞均值+2SD	＞P_{97}
中上	均值+（1SD～2SD）	P_{75}～P_{97}
中	均值±1SD	P_{25}～P_{75}
中下	均值–（1SD～2SD）	P_3～P_{25}
下	＜均值–2SD	＜P_3

2. 测量值的计算　如用于定期纵向的测量值分析（生长速度的评价），即将两次连续测量值的差与参数中相同年龄的数值差比较或身材匀称度的计算等。

（三）体格生长评价

儿童体格评价时必须采用准确的测量用具及统一的测量方法，定期纵向观察。同时选择合适的参考值人群，参照人群值的选择将决定评价的结果。世界卫生组织（WHO）推荐将美国国家卫生统计中心（NCHS）汇集的测量资料作为国际参考值人群。我国采用 2005 年中国九大城市儿童体格生长数据作为中国儿童参考值。儿童体格生长评价包括发育水平、生长速度及匀称程度三大方面。

1. 发育水平　将某一年龄时点所获得的某一项体格生长指标测量值（横断面测量）与参考人群比较，得到该儿童在同质人群中所处的位置，即为该儿童该项体格生长指标在此年龄的生长水平，通常以等级表示其结果。评价生长水平适用于所有单项体格生长指标，如体重、身高（长）、头围等，可用于个体或群体儿童的评价。

2. 生长速度　对某一单项体格生长指标定期连续测量（纵向观察），将获得的该项指标在某一年龄阶段的增长值与参照人群值比较，得到该儿童该项体格生长指标的生长速度。以生长曲线表示生长速度最简单、直观，定期体格检查是评价生长速度的关键。儿童年龄小，生长较快，定期检查间隔时间不宜太长。这种动态纵向观察个体儿童生长规律的方法可发现每个儿童都有自己稳定的生长轨道，体现了个体差异。因此，生长速度的评价较发育水平可以更真实反映儿童的生长状况。

3. 匀称程度

（1）体型匀称度：表示体型（形态）生长的比例关系。

（2）身材匀称：以坐高（顶臀长）/身高（长）的比值反映下肢的生长情况。

第四节　与体格生长发育有关的各系统发育

一、骨骼发育

（一）颅骨发育

除头围外，还可根据骨缝闭合、前囟大小及前后囟闭合时间来评价颅骨的生长及发育情况。前囟为顶骨和额骨边缘形成的菱形间隙，后囟为顶骨与枕骨边缘形成的三角形间隙（图 2-6）。婴儿娩出时经过产道，故出生时颅骨缝稍有重叠，不久重叠现象消失。出生时后囟很小或者已闭合，最迟 6～8 周龄闭合。前囟大小以两个对边中点连线的长短表示。前囟出生时为 1～2cm，以后随颅骨生长而增大，6 个月龄左右逐渐骨化而变小，最迟于 2 岁闭合。前囟检查很重要，如脑发育不良时头围小、前囟小或关闭早，甲状腺功能减退时前囟闭合延迟，颅内压增高时前囟饱满，脱水时前囟凹陷。

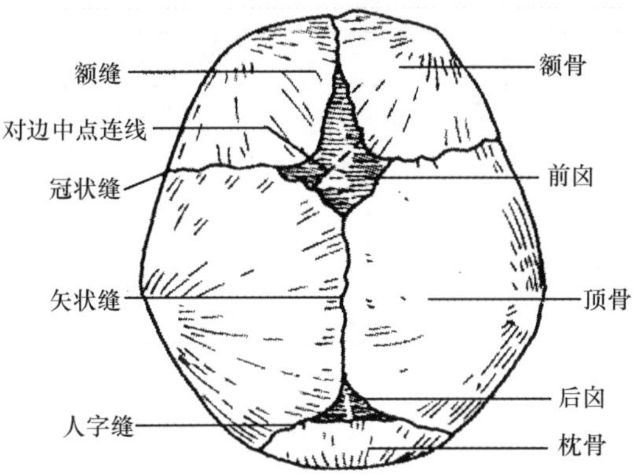

图 2-6　小儿囟门

（二）脊柱发育

脊柱的增长反映脊椎骨的生长。出生后第 1 年脊柱生长快于四肢，以后四肢生长快于脊柱。出生时脊柱无弯曲，呈轻微后凸；3 个月左右抬头动作的出现使颈椎前凸；6 个月后能坐，出现胸椎后凸；1 岁左右开始行走，出现腰椎前凸。这样的脊椎自然弯曲至 6～7 岁才为韧带所固定。注意小儿坐、立、走姿势，选择合适的桌椅，对保证儿童脊柱正常形态十分重要。

（三）长骨发育

长骨发育是从胎儿到成人期逐渐完成的。骨骼的发育成长有两种方式：干骺端成骨和骨膜成骨。长骨的生长主要由长骨干骺端的软骨骨化，骨膜下成骨，使长骨增长、增粗，当骨骺与骨干融合时，标志长骨停止生长。随年龄的增加，长骨干骺端的软骨次级骨化中心按一定顺序及骨解剖部位有规律地出现。通过 X 线检查小儿骨化中心的出现时间、数目、形态的变化，并将其标准化，即为骨龄（bone age）。

出生时腕部尚无骨化中心，股骨远端及胫骨近端已出现骨化中心。因此判断长骨的生长，婴儿早期应拍摄膝部 X 线骨片，年长儿拍摄左手及腕部 X 线骨片，以了解其腕骨、掌骨、指骨的发育。腕部于出生时无骨化中心，其出生后的出现次序为：头状骨、钩骨（3 个月左右）、下桡骨骺（约 1 岁），三角骨（2～2.5 岁）、月骨（3 岁左右）、大小多角骨（3.5～5 岁），舟骨（5～6 岁）、下尺骨骺（6～7 岁），豆状骨（9～10 岁）。10 岁时出全，共 10 个，故 1～9 岁腕部骨化中心的数目大约为其年龄加 1。具体评价骨龄时应对照图谱。骨生长与生长激素（growth hormone，GH）、甲状腺、性激素有关。骨龄在临床上有重要的诊断价值，如患有甲状腺功能减退症、生长激素缺乏症时骨龄明显延后，患有真性性早熟、先天性肾上腺皮质增生症时骨龄超前。

二、牙齿发育

牙齿的生长发育与骨骼有一定关系，但因胚胎来源不完全相同，牙齿与骨骼的生长不完全平行。出生时乳牙已骨化，乳牙牙胞隐藏在颌骨中，被牙龈覆盖；恒牙的骨化从新生儿期开始，18～24 个月时第三恒臼齿已骨化。人一生有乳牙（共 20 个）和恒牙（共 28～32 个）两副牙齿。出生后 4～10 个月乳牙开始萌发，13 个月后出牙者为乳牙萌出延迟。乳牙萌出顺序一般为下颌先于上颌、自前向后（图 2-7）。乳牙萌出时间及顺序个体差异较大，与遗传、内分泌、食物性状有关。

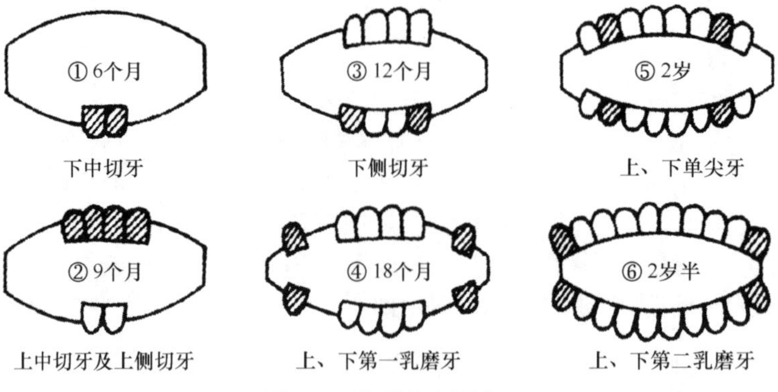

图 2-7　乳牙萌出顺序

6岁左右萌出第一颗恒牙（第一恒磨牙，在第二乳磨牙之后，又称为6龄齿）；6～12岁阶段乳牙逐个被同位恒牙替换，其中第1、2前磨牙代替第1、2乳磨牙，此期为混合牙列期；12岁萌出第二恒磨牙；约在18岁以后萌出第三恒磨牙（智齿），也有终生第三恒磨牙不萌出者。第一恒磨牙萌出较早，常被家长忽视，更应注意保护。

出牙为生理现象，出牙时个别小儿可有低热、唾液增多、流涎及睡眠不安、烦躁等症状。牙齿的健康生长与蛋白质、钙、磷、氟、维生素A、维生素C、维生素D等营养素和甲状腺激素有关。食物的咀嚼有利于牙齿生长。牙齿生长异常可见于外胚层生长不良、钙或氟缺乏、甲状腺功能减退等疾病。

三、生殖系统发育

受下丘脑-垂体-性腺轴的调节，生殖系统迟至青春期前才开始发育，在伴随体格生长明显加速，出现生长发育的第二个高峰的同时，性器官迅速增长，出现第二性征。青春期持续7～10年，可划分为3个阶段：①青春前期（2～3年）：女孩9～11岁，男孩11～13岁，体格生长明显加速，出现第二性征；②青春中期（2～3年）：出现生长发育的第二个高峰，第二性征全部出现，性器官在解剖和生理功能上均已成熟；③青春后期（3～4年）：体格生长停止，生殖系统发育完全成熟。

青春期开始和持续时间受多种因素的影响，青春期发育开始的年龄差异很大，但均按一定顺序进行。女孩在8岁以前，男孩在9岁以前出现第二性征，为性早熟（precocious puberty），即青春期提前出现；女孩14岁以后，男孩16岁以后无第二性征出现，为性发育延迟（delayed puberty）。

（一）女性生殖系统发育

女性生殖系统发育包括女性生殖器官的形态、功能发育和第二性征发育。出生时卵巢发育已较完善，但卵泡处于原始状态。进入青春前期后，在腺垂体促性腺激素的作用下，卵巢内滤泡发育，乳房出现硬结，随着卵巢的迅速增长，雌激素水平不断上升，促进女性器官发育及第二性征的出现。

乳房发育是第二性征中出现最早的征象，通常9～10岁时乳房开始发育，13岁左右乳房进一步增大。女孩13～15岁时，肾上腺分泌的雄激素[脱氢表雄酮（DHEA）、硫酸脱氢表雄酮（DHEAS）及雄烯二酮]继续增多，引起阴毛和腋毛的生长。卵巢分泌的雄激素、雄烯二酮和睾酮也能刺激阴毛和腋毛的生长。女性全身各个器官在激素的作用下发生变化：乳腺发育，子宫变长、增大。阴道上皮细胞的脱落和阴道黏膜受雌激素作用后分泌的黏液共同形成了青春期的生理性白带。月经初潮是性功能发育的主要标志，大多在乳房发育1年后或第二生长高峰后出现，受遗传、营养和经济水平等因素的影响。

（二）男性生殖系统发育

男性生殖系统发育包括男性生殖器官的形态、功能发育和第二性征发育。一出生时睾丸大多已降至阴囊，约10%男婴的睾丸尚位于下降途中某一部位，一般于1岁内都会下降到阴囊，少数未降者即为隐睾。青春期以前睾丸体积不超过3.0ml，阴茎长度不超过5cm。青春期睾丸体积12～20ml，阴茎长约12cm。睾丸增大是男性青春期的第一征象，其分泌的雄激素促进第二性征的出现。一般男性第二性征发育顺序依次是睾丸、阴茎、阴毛、腋毛、胡须、喉结、变声，全程经历2～5年。通常10～11岁时睾丸、阴茎开始增大；12～13岁时开始出现阴毛；14～15岁时出现腋毛，声音变粗；16岁后长胡须，出现痤疮、喉结，肌肉进一步发育。

首次遗精是男性青春期的生理现象，多在阴茎生长1年后或在第二生长高峰后出现。睾丸和阴茎在外形上的变化及生殖系统的发育是青春期男孩最为关键的问题，遗精的出现常使他们感到迷惑、烦恼、尴尬，应加强性知识和保健知识教育。

四、肌肉与脂肪组织发育

（一）肌肉系统发育

胎儿期肌肉组织发育较差，出生后随活动增加肌肉组织逐渐发育，基本与体重增长平行。出生后肌肉的生长主要是肌纤维增粗，5 岁以后则肌肉增长明显。男孩肌肉占体重比例明显大于女孩。出生时婴儿肌肉张力较高，四肢屈肌张力最高。随大脑皮质的发育，1～2 个月后肌张力逐渐减退，一般上肢到 2～2.5 个月龄，下肢到 3～4 个月龄肌张力正常，肢体可自由伸曲活动。当小儿会坐、爬、站、行、跑、跳后，肌肉组织发育加速，肌纤维增粗，肌肉活动能力和耐力增强。青春期肌肉发育加速，男孩比女孩更突出。

肌肉的发育与营养、生活方式、运动量等密切相关。运动可使肌肉发达，避免体内脂肪积累过多而致肥胖，使小儿变得灵活健壮。故应保证小儿营养的供给，鼓励小儿多进行体操、球类、游泳等运动锻炼。目前肌肉力量、耐力和柔韧性成为衡量青少年身体素质的内容之一。

（二）脂肪组织发育

脂肪组织的生长发育主要是细胞数目增加和体积增大。细胞数目增加从胎儿中期开始到 1 岁末达到高峰，以后呈减速增长；脂肪细胞体积的扩大也以胎儿后期为快，到出生时已增加 1 倍，以后逐渐减慢，学龄前期至青春前期脂肪细胞大小变化不大，青春期生长加速时，脂肪细胞体积又扩大。全身脂肪组织所占体重的百分比也有同样趋势：出生时占体重的16%；第一年增至22%；以后逐渐下降，到 5 岁时仅占体重的 12%～15%，以后保持此比例，直到青春前期体格生长突然加速时，脂肪组织占体重比例上升，尤以女孩显著，可达 24.6%，故青春期女孩大多显得丰满。

脂肪组织是机体储存能量的主要场所，人体脂肪的50%分布于皮下脂肪中，在机体需要时动员、释放能量。近年来研究发现，脂肪组织还是一个活跃的内分泌器官。过多的脂肪储存可增加肥胖、高脂血症及心血管疾病的危险性。

第五节　小儿神经心理行为发育及评价

在成长过程中，儿童神经心理的发育与体格生长具有同等重要的意义。神经心理发育大量反映为日常的行为，包括感知、运动、语言的发育，以及记忆、思维、情感、性格等心理活动的发展，故此期的发育也称之为行为发育。儿童神经心理发育的基础是神经系统的发育，尤其是脑的发育。除先天遗传因素外，神经心理的发育还与环境密切相关。

一、神经系统的发育

各年龄期儿童神经系统结构的发育决定着神经系统功能的发育。胎儿时期神经系统发育最早，尤其是脑的发育最为迅速。出生时脑重量已达成人脑重量的 25%，此时神经细胞数目已与成人相同，但其树突与轴突少而短。大脑皮质下中枢如丘脑、下丘脑、苍白球系统发育已较成熟，脊髓的发育在出生时相对较成熟，故初生时的活动主要由皮质下系统调节，动作不自主且肌张力高，以后随脑实质逐渐增长、成熟，运动转为由大脑皮质中枢调节，对皮质下中枢的抑制作用也趋于明显。出生时小儿即具有觅食、吸吮、吞咽、拥抱、握持等一些非条件反射和对强光、寒冷、疼痛的反应。出生后脑重量的增加主要由于神经细胞体积增大和树突的增多、加长，以及神经髓鞘的形成和发育。小儿出生后 2 周左右即可形成第 1 个条件反射，即抱起喂奶时出现吸吮动作；2 个月开始逐渐形成与视觉、听觉、味觉、嗅觉、触觉等相关的条件反射；3～4 个月开始出现兴奋性和抑制性条件反射。

学龄前儿童在 3 岁时脑的重量约为 1010g，相当于成人脑重量的 75%。该阶段神经细胞仍继续进行树突和突触数量的增加及“修剪”，神经纤维的髓鞘化速度较慢，但仍在逐渐地完成，神经兴奋的传导比婴幼儿期更精确、迅速。运动和感觉区域神经元的髓鞘化到 6 岁才完成，因此学龄前儿童仍然显得眼手协调能力较低和动作较笨拙，大脑半球优势侧化仍在继续，左右的优势得到进一步加强，3 岁儿童踢球或拿东西时可能左右都常用，到 6 岁时则基本定型。

学龄期儿童神经系统的结构发育基本成熟，脑的大小和重量就已经接近成人水平，在功能上则继续发展。大脑皮质在继续发育成熟。白质的髓鞘化可以持续到成人早期，尤其在与认知有关的区域。皮质下区域也在发展。5～13 岁之间，随着髓鞘的增加，胼胝体自前向后发育，胼胝体的发育使左右半球之间的传导速度增加。大脑功能的优势侧化在学龄期逐渐完成，6 岁儿童的手、脚的优势在很大程度上开始定型。

神经系统在青春期的显著变化是神经元的联结更加精确，皮质和皮质下的某些纤维仍继续髓鞘化，胶质细胞数量仍在增加，白质的容量呈线性增长，这些变化进一步提高了神经传导的效率，使儿童的认知能力获得质的转变。灰质、皮质发育的高峰期在 12 岁左右，不同区域的发育速度不同。灰质容量呈倒 U 形发展，先增加后减少。灰质增厚与青春期发育的开始有关，因年龄而异，女孩比男孩早 1 年，灰质的容积减少可能与突触修剪有关。在发育过程中，灰质有选择地丧失和变薄。4～8 岁灰质的丧失与感知觉和运动功能有关，11～13 岁时与空间定向有关的大脑区域逐渐成熟，在青春期晚期，前额叶与执行功能有关的区域成熟。脑神经发育在青春早期已经接近成人。

二、感知的发育

感知（sense and perception）是通过各种感觉器官从环境中选择性地获取信息的能力。感知的发育对儿童运动、语言、社会适应能力的发育起着重要作用。

（一）视感知发育

新生儿已有视觉感应功能，瞳孔有对光反应，但因视网膜视黄斑区发育不全和眼外肌协调较差，视觉不敏锐，在清醒和安静状态下可短暂注视和追随近处缓慢移动的物体。小儿从出生时的视觉不灵敏到视感觉发育成熟经历了循序渐进的过程，儿童不同时期的视感觉发育程度见表 2-2。

（二）听感知发育

新生儿出生时中耳内有羊水潴留时将影响听力，出生时因鼓室无空气，听力较差，但对强声可有瞬目、震颤等反应；出生 3～7 天后听力已良好，声音可引起呼吸节律改变；1 个月时能分辨“吧”和“啪”的声音；3～4 个月时头可转向声源（定向反应），听到悦耳声时会微笑；6 个月时能区别父母声音，唤其名有应答表示；7～9 个月时能确定声源，区别语言的意义；1 岁时听懂自己名字；2 岁时能区别不同高低的声音，听懂简单吩咐；4 岁时听觉发育完善。听感知发育与小儿的语言发育直接相关，听力障碍如在语言发育的关键期内或之前不能得到确诊和干预，可因聋致哑。新生儿听力筛查（neonatal hearing screening，NHS）是早期发现听力障碍的有效办法，我国正逐步将其纳入常规新生儿筛查内容。

表 2-2　儿童各时期视感觉发育程度表

年龄	视感觉发育程度
1 个月	短暂注视物体，只能看清 15～20cm 内的事物
2 个月	协调地注视物体，开始有头眼协调
3～4 个月	喜看自己的手，头眼协调较好
6～7 个月	目光可垂直方向转动
8～9 个月	出现视深度感觉，能看到小物体
18 个月	区别各种形状

续表

年龄	视感觉发育程度
2岁	区别垂直线与横线
5岁	区别各种颜色
6岁	视深度充分发育

（三）味觉和嗅觉发育

出生时嗅觉中枢和神经末梢已发育成熟，故味觉和嗅觉发育已很完善。新生儿对不同味道如甜、酸、苦、咸等可产生不同的面部表情，闻到奶香会积极寻找乳头；生后1～2周的新生儿可辨别母亲和其他人的气味；3～4个月时能区别愉快和不愉快的气味；4～5个月的婴儿对食物味道的轻微改变已很敏感；7～8个月开始对芳香气味有反应。

（四）皮肤感觉的发育

皮肤感觉包括触觉、痛觉、温度觉和深感觉。触觉是引起某些反射的基础，新生儿触觉已很灵敏，尤以眼、口周、手掌、足底等部位最为敏感，触之即有张口、缩回手足等反应，而前臂、大腿、躯干部触觉则较迟钝。新生儿已有痛觉，但较迟钝，疼痛刺激后出现泛化的现象，第2个月起才逐渐改善。新生儿温度觉很灵敏，冷的刺激比热的刺激更能引起明显的反应，如出生时离开母体环境、温度骤降就啼哭。2～3岁时儿童通过接触能区分物体的软、硬、冷、热等属性，5～6岁时能分辨体积和重量不同的物体。

（五）知觉发育

知觉为人对事物各种属性的综合反映。知觉的发育与听、视、触等感觉的发育密切相关。生后5～6个月时小儿已有手眼协调动作，通过看、摸、闻、咬、敲击等逐步了解物体各方面的属性，其后随着语言的发展，小儿的知觉开始在语言的调节下进行。1岁末开始有空间和时间知觉的萌芽；3岁能辨上下；4岁能辨前后；5岁开始辨别以自身为中心的左右。4～5岁时已有时间的概念，能区别早上、晚上、今天、明天、昨天；5～6岁时逐渐掌握周内时序、四季等概念。

三、运动的发育

运动发育可分为大运动（gross motor）和精细运动（fine motor）发育两大类。大运动是身体对大动作的控制，如抬头、坐、爬、站、走、跑、跳等；精细运动是相对于大运动而言较小的动作，如抓握物品、涂画等。运动发育（表2-3）遵循自上而下、由近至远、从不协调到协调、先正向动作后反向动作的规律。

（一）大运动发育

婴幼儿时期，肌肉伸屈的平衡，原始反射的消退，保护和平衡反应的进化，以上三个进程的演变使婴儿能保持直立姿势及四肢运动超过中线。新生儿期肌肉以屈肌占主导地位，其后发展为伸肌和屈肌的平衡。新生儿屈曲的姿势直到6个月龄时逐渐伸展，此时，婴儿可伸展双腿，将脚趾伸进嘴里。其次，原始反射（如拥抱反射、非对称紧张性颈反射）的消退及整合形成自主运动，使婴儿有了更多的灵活运动。婴儿在1个月时如果未建立非对称性颈反射，其不能向一侧观看。当这一反射消失后，婴儿可以将手伸至中线。此外，婴儿必须建立其平衡及保护反应后才能坐和走。此反应是婴儿自动地改变躯干和肢体位置保持平衡和阻止摔倒。

小儿3岁时会交替着单足上楼梯，会骑三轮车，能从40cm的高处跳下，会向上跳，能用脚尖走路。3.5岁时，能将球举过头顶出去，准确地将球扔向目标，投掷时能扭转身体但仍然只会用手臂，而且不会用双腿协助发力做出协调地投掷姿势，能双脚跳跃、向前踢球、足跟对着足尖会走直线、骑三轮车，在帮助下穿衣服，在帮助下上厕所。4～5 岁时，能交替着单足下楼梯，可用脚尖站立。5 岁时，会自己荡秋千，大多数儿童能学会单足跳和跳绳，能学会其他更复杂的大运动动作，如学会轮滑、骑两轮车、跳舞等。6、7 岁儿童已经能比较好的组织复杂的动作，完成包含有多个步骤或连续性动作组合，如跳绳、滑冰、舞蹈等。9、10 岁以后的儿童不仅在运动中掌握了更多的技能，而且更具有组织性和合作性，他们普遍能参加有规则的、集体的运动并进行比赛，如跑步、跳远、跳高、游泳和球类等运动。

（二）精细动作发育

婴儿的发育和表达感知觉、情绪和认知在很大程度上是通过运动来实现的。2～3 个月龄的婴儿，其非对称紧张性颈反射的减弱和适应能力的增强使婴儿可以看手及玩手。抓物结合了视觉及触觉同步的信息，为以后的视觉运动发育奠定了基础。婴儿 3 个月龄时，能够用放松的拳拍击物体，但该阶段，仅能拍击眼前的物体。到 6 个月龄时可伸手在中线处够物，最初用双手，其后用单手。在视觉及自我意愿控制下，3～6 个月龄婴儿的抓和伸手的能力逐渐协调。在伸手够物体发展的最初阶段，抓物仅发生于手触及物体。6 个月后，在即将触到物体前，婴儿将开始做出水平、垂直地抓物品动作。到 9 个月龄，抓物体动作在伸手够物体前即可发生。1 岁时，可调节手的方向去协调抓物。4 个月龄时小儿用手指和手掌一起参与抓物。5 个月龄时拇指也参与进来。到 7 个月龄，拇指和其他手指配合抓物可不需要手掌参与，这时候，婴儿可指向性地用拇指和示指抓小的物体。到 9 个月龄，婴儿可熟练地使用拇指和示指径直利索地取小物件。婴儿在探索中容易发现隐藏的物体。出生后第二年，幼儿发展手腕的运动，使其可以使用汤匙等工具。3 岁时，能单手拿杯子，能模仿画圆形和“十”字，用剪刀，搭 10 层积木。4 岁时，模仿画方形，画人至少能画出三个部位。5 岁时会临摹自己的名字，画一个开放的方形和相切的圆。

表 2-3 儿童神经精神发育进程

年龄	粗细动作	语言	应人能力
新生儿	不协调动作，无规律，紧握拳	能哭叫	音乐和铃声能使全身活动减少或哭声停止
2 个月	直立位及俯卧位时能抬头	能发出和谐的喉音	能微笑，有面部表情，两眼能随物转动
3 个月	仰卧位能变成侧卧位，能用手摸东西	咿呀发音	头能随看到的物品或听到的声音转动 180°，会注意自己的手
4 个月	扶着髋部时能坐，俯卧位时用两只手支撑能抬起胸部，手能握持玩具	能笑出声	能抓住面前的物体，自己玩手，看见食物会表示喜悦，能有意识的哭笑
5 个月	扶腋下能站直，两手各握一个玩具	能喃喃地发出单调音节	伸手取物，能辨别人声，看见镜中人会微笑
6 个月	能独坐一会，用手摇玩具	能听懂自己的名字	能分辨熟人和陌生人，能拿面前的玩具或握足玩
7 个月	会翻身，能自己独坐较久，将玩具从一手换人另一手	能无意识地发出“爸爸”“妈妈”等复音	能听懂自己的名字，能自己握饼干吃
8 个月	会爬，会自己坐起来、躺下来，能扶着栏杆站起来，会拍手	能重复大人所发出的简单音节	注意观察大人行动，开始认识物体，两手会传递玩具
9 个月	尝试独坐，会从抽屉中取出玩具	能懂几个较复杂的词句，如“再见”等	看见熟人会伸手出来抱
10～11 个月	能独站片刻，扶着椅子或推车能走几步，拇、示指能对指拿东西	开始使用单词，一个单词表示很多意义	能模仿成人的动作，招手“再见”，抱奶瓶自食
12 个月	独坐，能弯腰拾东西，会将圆圈套在木棍上	能叫出物品的名字，如灯、碗，能指出自己的手、眼	对人和事物有喜恶之分，穿衣能合作，用水杯喝水
15 个月	能行走，能蹲着玩，能叠一块积木	能说出几个词和自己的名字	能表示同意和不同意
18 个月	能爬台阶，有目标的扔皮球	能认识和指出身体各部分	会表示大小便，懂命令，会自己进食

续表

年龄	粗细动作	语言	应人能力
2岁	能双脚跳，手的动作更准确，会用勺子吃饭	能说2～3字构成的句子	能完成简单的动作，如拾起地上的物品，能表达喜、怒、怕
3岁	能跑，会骑三轮车，会洗脸，会脱穿简单衣服	能说短歌谣，数几个数	能认识画上的东西，认识男女，自称"我"，表现自尊心、同情心，怕羞
4岁	能爬梯子，会穿鞋	能唱歌	能画人像，初步思考问题，记忆力强，好发问
5岁	能单脚跳	开始识字	能分辨颜色，数十个数，知道物品的用途及性能
6～7岁	参加简单劳动，如扫地、擦桌子、剪纸、泥塑、结绳等	能讲故事、开始自己穿鞋子	能数几十个数，可简单加减，喜独立自主，形成性格

与学龄前儿童相比，学龄期儿童的视觉输入、脑信息加工和本体运动通路的发育更成熟，输入和传出的协调性更好，因而精细运动的反应速度更快，准确性更高。6、7岁儿童的小肌肉群尚未很好发育，手脚并不太灵活，8岁时可熟练地进行小肌肉的精细运动。小肌肉的协调发展使儿童能进行更复杂的手工操作和工艺性活动，如书写、绘画、使用剪刀和乐器等，很多能力都迅速发展起来。

总体而言，男孩的运动速度和强度优于女孩，女孩的运动灵活性优于男孩，运动中性别差异随年龄的增长愈发明显。小学儿童的运动在速度、强度和协调性上仍未达到青少年和成人水平，四肢大运动的协调和手眼协调性尚未达到很好的水平，因此与青少年相比，显得反应速度和运动速度较慢、投掷不够准确。

四、语言的发育

语言（language）为人类特有的高级神经活动，是儿童学习、社会交往、个性发展中的一个重要能力，与智能关系密切。儿童语言发育是儿童全面发育的标志。正常儿童天生具备发展语言技能的机制和潜能，但是环境必须提供适当的条件，如与周围人群进行语言交往，其语言能力才能得以发展。通过语言符号，儿童获得更丰富的概念，提高解决问题的能力，同时吸收社会文化中的信念、习俗及价值观。

语言发育必须听觉、发音器官和大脑功能正常并经过发音、理解和表达三个阶段。学龄前阶段是语言能力迅速发展的时期，评估学龄前儿童语言的发展，主要从语音、语义、句法和语法几个方面进行，体现在对词汇和语句的掌握和应用中。学龄期儿童的语言发展不仅是词汇的继续增加，更主要在于更准确地使用语句和掌握复杂的语法形态。儿童语言的发育过程见表2-3。

语言发育的过程中须注意下列现象：①乱语，又称隐语。1～2岁的孩子，很想用语言表达自己的需求，但由于词汇有限，常常说出一些成人听不懂的话语即乱语。遇到此种情况要耐心分析，不要加以训斥，否则会影响说话及表达思维的积极性。②口吃，3～4岁的孩子，词汇增多，但常常发音不准或句法不妥，如把老师发音为"老希"，越是急于纠正越容易出现口吃。遇此情况不必急于纠正，一般情况下会逐渐转为发音正常。③自言自语，是儿童从出声的外部语言向不出声的内部语言（沉默思考时的语言）转化过程中的一种过渡形式，是幼儿语言发展过程中的必经阶段，为儿童进入小学，很快发展内部语言打下基础。一般7岁以后，儿童不会再出现自言自语，如继续存在，则应引起注意。

幼儿语言的发育与先天的大脑皮质语言中枢的发育有关，也与后天的环境密切相关。家庭经济水平好、幼儿读物和亲子交流对幼儿的语言发育均有促进作用。语言发育的不成熟或发育迟缓，常会引起一些行为问题，如发脾气、社交退缩等。在语言迅速发展的时期，应重视创造良好的语言环境和表达机会，与儿童对话、听故事、讲故事可以丰富词汇量和言语内容，给予儿童轻松的发言机会练习表达能力，也可以促进句子结构的完善、发展语言的连贯性。

五、心理活动的发展

小儿出生时不具有心理现象，待条件反射形成即标志着心理活动发育的开始，且随年龄增长，心理活动不断发展。

（一）注意的发展

注意（attention）是人的心理活动集中于一定的人或物。注意是一切认知过程的开始。注意可分无意注意和有意注意，前者为自然发生的，不需要任何努力；后者为自觉的、有目的的行为。此外，共同注意的发展对早期社会认知和语言发展至关重要，共同注意（joint attention）是指与他人共同对某一现象或事件引起注意的行为。共同注意分为主动性共同注意和应答性共同注意。共同注意是个性化的基本技能，在整个儿童期持续发展且对所有的发展至关重要。

婴儿期以无意注意为主，3个月开始能短暂地集中注意人脸和声音，强烈的刺激如鲜艳的色彩、较大的声音或需要的物品（奶瓶等）都能成为小儿无意注意的对象。3岁时一般只注意事物外部较鲜明的特征；4岁时开始注意到事物不明显的特征、事物间的关系；5岁后能够注意事物的内部状况、因果关系等。学龄前儿童的注意是无意注意占优势，特点是注意时间短、容易分心、注意的范围小。并且经常带有情绪色彩，任何新奇的刺激都会引起他们的兴奋，分散他们的注意。但如果重视学龄前教育和培养，有意注意可迅速发展起来。儿童进入小学后，有意注意逐渐发展起来，更能控制自己的注意，注意具有更高的选择性和目的性。在刚开始学习阶段，有意注意在较大程度上还是被迫的，需要老师或家长的督促，以后逐渐自觉起来。低年级儿童对于具体的、活动的事物及操作性的工作，注意容易集中和稳定；中、高年级的儿童对一些抽象或引起思考的事物引起的注意更容易集中、稳定。

（二）记忆的发展

记忆（memory）是将所获得的信息“储存”和“读出”的神经活动过程，是一个信息加工的过程，外部信息进入记忆需要经历感觉登录、短暂记忆和长久记忆三个阶段。长久记忆又分为再认和重现两种，再认是以前感知的事物在眼前重现时能认识；重现则是以前感知的事物虽不在眼前出现，但可在脑中重现，即被想起。

1岁内婴儿只有再认而无重现，随年龄增长，重现能力亦增强。婴幼儿时期的记忆特点是时间短、内容少，易记忆带有欢乐、愤怒、恐惧等情绪的事情，且以机械记忆为主，精确性差。3岁儿童可重现几周前的事情，4岁儿童可重现几个月前的事情，一般情况下人们的回忆最早只能追溯到三四岁。3岁前儿童的记忆带有很大的无意性，凡是儿童感兴趣的、鲜明强烈的事物就容易记住。有意地记忆一般在三四岁后出现并逐渐发展起来，5岁以后能运用简单的记忆方法来帮助记忆，如重复、联想。5岁儿童感觉登录、储存进入记忆的能力与成人相似，而信息编码进入心理表征和工作记忆的能力随年龄而增强，部分原因与拼读能力和运用记忆策略的能力有关。儿童在积极的情绪状态下记忆能收到良好的效果，因此要重视激发儿童的学习兴趣和积极性。幼儿记忆的暗示性比大年龄儿童和成人都高，容易受成人语言暗示的影响，即使一件没有发生的事情，在被多次询问以后，许多孩子都会说发生过。如果家长给了孩子错误的信息，儿童更容易将其融合入自己的记忆中，而且保持相当长的时间。因此，要重视给儿童正确的信息，避免误导。

入学后儿童开始了系统学习，需要记住大量的新信息，此时记忆发生了质的变化，储存和提取信息的能力获得发展。低年级的儿童由于思维发展水平较低而且知识经验较少，还是以机械识记的方法为主，随年龄增长，理解识记逐渐占据优势，理解识记和机械识记常共同作用，以达到识记效果的互相渗透。儿童对形象性材料的记忆效果一般优于词语性材料的记忆效果，小学低年级的儿童与学龄前儿童一样，容易记住直观的而又理解的东西。随着年龄的增长和思维、理解、分析能力的发展，儿童有意识的逻辑记忆逐渐发展，记忆内容也越来越广泛、复杂，记忆的时间也越来越长。

（三）思维的发展

思维（thinking）是人应用理解、记忆和综合分析能力来认识事物的本质和掌握其发展规律的一种精神活动，是心理活动的高级形式。1 岁以后儿童开始产生思维。婴幼儿的思维为直觉活动思维，即思维与客观物体及行动分不开，不能脱离人物和行动来主动思考，如拿着玩具汽车边推边说“汽车来了”，如果将汽车拿走，活动则停止。学龄前期小儿则以具体形象思维为主，依靠具体形象引起的联想来进行思维，尚不能考虑事物间的逻辑关系和进行演绎推理，如在计算活动中，小儿知道 4 个梨子加 4 个梨子是 8 个梨子，但对 4+4=8 的计算感到困难，必须经过实物的图形等多次计算后才能掌握。随着年龄增大，小儿逐渐学会综合、分析、分类、比较等抽象思维方法，使思维具有目的性、灵活性和判断性，在此基础上进一步发展独立思维的能力。

（四）想象的发展

想象（imagination）是对感知过的事物进行思维加工、改组、创造出现实中从未有过的事物形象的思维活动，常常通过讲述、画图、写作、唱歌等形式表达出来。新生儿没有想象能力；1～2 岁儿童由于生活经验少，语言尚未充分发育，仅有想象的萌芽，局限于模拟成人生活中的某些个别的动作，如模拟妈妈的动作给布娃娃喂饭；3 岁后儿童想象内容稍多，但仍为片段、零星的；想象能力在 3～4 岁时开始迅速发展，但这时的想象基本是自由联想，内容贫乏，数量少，由于幼儿会把想象的事情或自己强烈愿望当成真实的事情，因而常被成人误认为是在说谎；5～6 岁的儿童有意想象和创造想象的内容进一步丰富，有情节，新颖程度增加，更符合客观逻辑。

（五）情绪、情感的发展

情绪（emotion）是个体生理或心理需要是否得到满足时的心理体验和表现。情感（feeling）则是在情绪的基础上产生的对人、物的关系的体验，属较高级复杂的情绪。

新生儿因不适应宫外环境，常表现出不安、啼哭等消极情绪，而哺乳、抚摸、抱、摇等则可使其情绪愉快。6 个月后儿童能辨认陌生人时逐渐产生对母亲的依恋及分离性焦虑，9～12 个月时依恋达高峰，以后随着与别人交往的增多，逐渐产生比较复杂的情绪，如喜、怒、爱、憎等，也会产生一些不良的情绪，如见人怕羞、怕黑、嫉妒、爱发脾气等。3 岁幼儿的情绪调控能力还比较弱，所以情绪反应比较强烈，较冲动，随年龄的增长而逐渐稳定。30～48 个月的幼儿在人际交往中发展对情绪的思考，开始理解并应对自己或他人的情绪、意图和愿望。在社会化的过程中，此时期的幼儿还经常要面临信任–不信任、自主–依赖、与亲人的接近–分离等矛盾性的情感问题，并且需要努力解决这些问题。由于很多学龄前的儿童倾向用行为表达情感，所以有必要从儿童的行为中寻找真正的动机。

一般而言，学龄前儿童已经具有了各种主要的情绪和情感体验。入小学以后，系统而规范的学习要求、人际交往范围的扩大，以及中枢神经系统更加成熟，这些因素使学龄儿童的情感得到了显著发展：情感的内容不断丰富，如发展起美感、挫折感、幽默感、集体感；情绪体验更深刻，情绪表达内化；与学习、人际关系有关的社会化情感增多；情绪的稳定性和调控能力增强；发展起对具体技能和人际关系的能力感和掌控感。低年级儿童的情感仍比较外露，常有喜、怒形于色的现象，但比学龄前明显减少，如焦虑、沮丧时的哭泣减少并减轻。过度依恋的外在行为在学龄儿童也很少见，与父母的关系更多的依赖语言的沟通，7、8 岁时与家长的亲密行为就已经明显减少或消失，更不愿意当众表示亲密（如拉手、拥抱、亲吻），但他们对家长的依恋实际并未减弱，仍十分需要家长的支持、关爱，不愿意与父母分离。到了中、高年级，开始会因各种原因而掩饰自己的真实情感，如害怕或自卑时，因怕同学嘲笑而显得满不在乎、无所谓。

婴幼儿情绪表现特点为时间短暂，反应强烈，容易变化，外显而真实，易冲动，但反应不一致。随年龄增长和与周围人交往的增加，儿童对客观事物的认识逐步深化，对不愉快因素的耐受性逐渐增强，逐渐能有意识地控制自己的情绪，情绪反应渐趋稳定，情感也日益分化。有规律的生活，融洽的家庭气氛，适度的社交活动和避免精神紧张与创伤，能使儿童维持良好、稳定的情绪和情感，有益于智能发展和优良品德的养成。

（六）意志和行动的发展

意志（will）为自觉地、主动地调节自己的行为，克服困难以达到预期目标或完成任务的心理过程。新生儿无意志，随着语言、思维的发展，婴幼儿开始出现有意行动或抑制自己某些行动时即为意志的萌芽。童年中期儿童的自控能力迅速发展，对行动的调节作用由对外部行为动作的控制为主，逐渐转向对内部心理过程的控制为主。此时，儿童能更多地运用抽象思维，在行动前进行思考，计划自己的行动，使冲动性行动变为经过思考的行动，从而加强了意志对行动的控制。在这一时期，对意志培养的任务是发展对认知、情绪等内部心理过程的自控能力，培养独立、果断、坚持、自制的意志品质。行动的决定需要独立性和果断性。一般来说，低年级儿童的独立性、自觉性较差，具有易受暗示性和模仿性的特点。不善于安排自己的学习和生活。要发展儿童的独立性就要从小抓好行为习惯的训练，不要怕孩子遇到困难，要让孩子多活动、多实践，逐步提高对独立性的要求。果断性的形成与抽象思维的发展水平和明辨是非的能力密切联系，盲目和冲动的行动在不断减少，自我评价和客观判断能力在提高，这使得儿童能较快地做出正确的选择。行动的执行需要坚持性和自制力。坚持性的发展与脑神经生物学的特点、兴趣、责任感和自信有较大关系。低年级儿童的坚持性较差，但对感兴趣的事容易坚持并且自觉性更高。自制力主要表现在认知活动、对情绪状态等心理过程的调节控制上，在儿童中期发展较迅速，低年级儿童自制力较差，表现出学习易分心或违反课堂纪律。中、高年级学生抗拒诱惑的能力明显提高，如坚持写完作业再看电视。学龄儿童的自主性进一步增强，他们希望多些自主权、少些限制，如希望自己决定做什么，与同伴活动的时间增多。对学龄儿童的限制过多就会引起反抗，如果自主的愿望不能符合家长和学校的要求，就会为了逃避惩罚而说谎。此外，一些大龄的学龄的儿童还会有其他的品行问题，如说脏话、偷一些价值并不高的东西。因此，在发展自主性的同时，需要积极的行为引导，学习行为规范，有限制地发展自主性。

随着年龄增长，语言思维不断发展，社会交往也越来越多，加上成人教育的影响，儿童意志逐步形成和发展。积极的意志主要表现为自觉、坚持、果断和自制；消极的意志则表现为依赖、顽固和易冲动等。成人可通过日常生活、游戏和学习等来培养孩子积极的意志，增强其自制力、独立性和责任感。

（七）个性和性格的发展

个性（personality）是个人处理环境关系时所表现出来的与他人不同的习惯行为和倾向性，包括思想方法、情绪反应、行为风格等。每个人都有特定的生活环境和自己的心理特点，因此表现在兴趣、能力、气质等方面的个性各不相同。性格（character）是个性心理特征的重要方面，是在人的内动力与外环境产生矛盾和解决矛盾的过程中发展起来的，具有阶段性。婴儿期由于一切生理需要均依赖成人，逐渐建立对亲人的依赖性和信赖感，如不能产生依恋关系，将产生不安全感。幼儿时期儿童已能独立行走，说出自己的需要，自我控制大小便，故有一定自主感，但又未脱离对亲人的依赖，常出现违拗言行与依赖行为相交替的现象。学龄前期儿童生活基本能自理，主动性增强，但主动行为失败时易出现失望和内疚。学龄期儿童开始正规学习生活，重视自己勤奋学习的成就，自己如不能发现学习潜力将产生自卑。青春期少年体格生长和性发育开始成熟，社交增多，心理适应能力加强但容易波动，在感情、伙伴关系、职业选择、道德评价和人生观等问题上处理不恰当时易发生性格变化。在儿童性格的发展中，父母教育有着十分重要的影响。

六、社会行为的发展

儿童社会行为（personal-social behavior）是各年龄阶段心理行为发展的综合表现，其发展受外界环境的影响，也与家庭、学校、社会对儿童的教育有密切关系，并受神经系统发育程度的制约。

新生儿醒觉时间短，对周围环境反应少，但不舒服时会哭叫，抱起来即安静；2～3 个月时能以笑、停止啼哭、发音等行为表示认识父母；3～4 个月时开始出现社会反应性的大笑，对母亲声音表示愉快；7～8 个月时表现出认生，对发声玩具感兴趣等；9～12 个月是认生的高峰，会模仿别人的动作，呼其全名会转头；12～13 个月喜欢玩变戏法和躲猫猫游戏；18 个月时逐渐有自我控制能力，成人在附近时可独自玩很久；2 岁时不再认生，爱表现自己，吸引别人注意，喜欢听故事、看动画片，能执行简单命令；3 岁时人际交往更熟练，与人同玩游戏，能遵守游戏规则；此后，随着接触面的不断扩大，对周围人和环境的反应能力更趋完善（表 2-3）。

七、神经心理发育的评价

儿童神经心理发育水平表现在感知、运动、语言和心理过程等各种能力及性格方面，对这些能力和特征的检查称为心理测验（psychometry）。心理测验实质上是对行为样本的客观和标准化的测量，心理测验包含三个基本因素：行为样本、标准化的测量、难度的客观测量。婴幼儿心理测验常称为发育测验或发育评估。采用儿童心理测验方法有发育量表、智能测验、适应行为等多种类型，依据其作用和目的又可分为筛查性测验（screening tests）和诊断性测验（diagnostic tests）两大类。

（一）能力测验

1. 筛查性测验

（1）丹佛发育筛查测验（denver developmental screening test，DDST）：由美国的儿科医师费兰肯伯格（W.K.Frankenberg）和心理学家道兹（J.B.Dodds）研制，是测量儿童心理发育最常用的方法，适用于 0～6 岁儿童（最适年龄＜4.5 岁），1982 年经我国北方六市标准化。用于筛查出一些发育上可能有问题，但临床尚无症状的小儿，还可用于高危儿的发育监测。操作简单，易于掌握，用时少，尤其适用于基层儿童保健工作者或临床医师使用。DDST 共 104 个项目（原著有 105 项），各以横条代表，分为个人—社会、精细动作—适应性、语言、大运动 4 个能区，检查时逐项检测并评定其及格或失败，最后评定结果为正常、可疑、异常、无法判断。如果第一次为异常、可疑或无法解释时，2～3 周后应予以复查。如果复查结果仍为异常、可疑或无法解释时，而且家长认为测量的结果与小儿日常的表现相一致，此时应做诊断性测试，以确定小儿是否发育落后。

（2）图片词汇测验（peabody picture vocabulary test，PPVT）：由郭迪教授指导，在上海进行标准化后得出常模，其结果以 IQ 表示，适用儿童的年龄范围在 3 岁 3 个月到 8 岁 5 个月。用于评估一般智力水平及语言理解能力，因其不需要用语言表达，特别适用于有语言障碍、脑损伤伴运动障碍的儿童或胆小、注意力易分散的儿童。测验由 150 张图片组成（根据我国文化特点修改为 120 张），每张有黑白线条图 4 幅。检查时测试者讲一个词汇，要求儿童指出其中相应的一幅图。该法可测试儿童听觉、视觉、知识、推理、综合分析、语言词汇、注意力、记忆力等，方法简便，测试时间短。

（3）绘人测验（human figure drawings，HFD）：又称为画人测验，是一种非语言的儿童能力检测工具，省时、省力且操作简单、有趣。适用于 5～9.5 岁儿童。儿童喜欢绘画，而画人测验通过儿童感兴趣的绘画活动方式来测定其智能，儿童不会感到紧张和疲劳，在轻松愉快的气氛中，以儿童对环境的不断认识和他们在绘画上所表现的有无、细节、比例等的详尽程度为依据，从而如实地反映出其心理发展的成熟程度。画人测验按人的部位将测验项目归为 17 项，根据评分图对儿童绘画逐项评分。1～17 项满分相加为 50 分，把儿童各项实际得分相加，即得出儿童的实际总分，对照智商表可迅速查出相应的智商。

2. 诊断性测验

（1）贝利婴儿发育量表（Bayley scales of infant development，BSID）：由美国儿童心理学家贝利于1930年和1933年分别研制与修订，后于1969年又进行了修订，国内即据此做了中国修订版。贝利婴儿发展量表适用2～30个月的婴幼儿，包括三个分量表：智能发育表、运动发育表、婴儿行为记录表。智能发育表包括知觉、记忆、学习、问题解决、发育、初步的语言交流，初步的抽象思维活动评定；运动发育量表用来测量坐、站、走、爬等粗动作以及双手、手指的操作技能；婴儿行为记录表为等级评定量表，用来评价儿童情绪、社会行为、注意广度及目标定向等能力。

（2）盖瑟尔发育量表（Gesell developmental scales，GDS）：适用于4周至3岁的婴幼儿。评价和诊断婴幼儿神经系统发育及功能成熟情况。从大运动、精细动作、个人—社会、语言能力及适应性行为5个方面进行检查，并把4周、16周、28周、40周、52周、18个月、24个月、36个月作为关键年龄，即在这些阶段显示出飞跃进展，测得结果以发育商数（developmental quotient，DQ）表示。

（3）斯坦福-比奈智能量表（Stand Ford-Binet intelligence scale，S-B）：适用于2～18岁的儿童、青少年。测评一般智力水平或用于对精神发育迟滞做出诊断和程度分类。测试内容包括幼儿的具体智能，如感知、认知和记忆，以及年长儿的抽象智能，如思维、逻辑、数量和词汇等，结果以智商（IQ）表示。

（4）韦氏学龄前及初小智能量表（Wechsler preschool and primary scale of intelligence，WPPSI）和韦氏儿童智能量表（Wechsler intelligence scale for children，WISC）：WPPSI适用于4～6.5岁儿童，WISC是由美国心理学家大卫·韦克斯勒编制的，1949年出版，是继比内量表之后，世界上应用最广泛的个人智力量表之一，其适用对象为6～16岁儿童。测试内容包括词语类及操作类两大部分，测查一般智力水平、言语和操作水平，以及各种具体能力，如知识、计算、记忆、抽象思维等，是智力评估和智力低下诊断的重要方法之一。

（二）适应性行为评定

适应性行为指人适应外环境赖以生存的能力，即个人处理日常生活和承担社会责任达到其年龄和所处社会文化条件所期望的程度。

1. 新生儿行为评定量表（neonatal behavioral assessment scale，NBAS）　适用于0～28日龄新生儿行为发育水平评价。包括28项行为和18项反射，行为项目包括相互作用、状态控制、运动能力、生理应激反应四个方面。可早期发现脑损伤。

2. 婴儿-初中学生社会生活能力量表　根据日本“S-M社会生活能力检查表”修订，适用于6个月至15岁儿童社会生活能力的测定。全量表共132项，包括六种行为能力：①独立生活能力，包括进食、穿脱衣服、处理大小便等；②运动能力，包括走路、下台阶、认识交通标记等；③作业能力，包括抓握物品、画剪图形、系鞋带、使用电器和烧水、做菜等；④交往能力，包括叫名转头、说话、懂简单指令、打电话、写信和日记等；⑤参加集体活动，包括做游戏、值日、参加文体活动等；⑥自我管理，包括不随便拿别人东西、控制自己不提无理要求等。

3. Achenhach 儿童行为量表（child behavior check list，CBCL）　是应用较广泛的量表，适用于4～16岁儿童及青少年，筛查儿童社会适应能力和行为问题。量表分为三个部分。第一部分为一般项目，包括姓名、性别、年龄、父母职业等；第二部分为社会能力，包括参加运动情况、参加活动情况、参加课余爱好小组情况、课余爱好及家务劳动、交友情况、与家人及伙伴相处情况、在校学习情况7项；第三部分为行为问题，共113项，是量表的主要部分，由父母根据儿童最近半年内的表现填写。量表内容全面，能够发现不同性别、年龄段的不同行为问题。

（三）心理测验注意事项

儿童心理测验只用于评定儿童神经心理发育水平，不能诊断疾病；发育量表的功能是测验婴幼儿在某一年龄段的神经心理功能的发育水平，并不能完全预示以后能力的高低。心理测验必须由经过专门训练的专业人员进行；根据目的选择测验；测试过程中与被试儿童建立友好、信任的关系，根据儿童年龄、性别、情绪等调整交流方式；正确解释测验结果并对结果保密。受试儿童宜精神饱满、无身体不适。测试环境光线柔和、温度适宜、安静、舒适，测试开始后避免他人进出测试房间。

第六节　儿童发展理论

几个世纪以来，生物学家、社会学家及心理学家都从不同的角度研究了人的生长发育，由此产生了许多理论（表 2-4）。这些理论包括弗洛伊德的性心理发展理论、艾瑞克森的心理社会发展理论、皮亚杰的认知发展理论和科尔伯格的道德发展理论，这些理论对于帮助人们了解人在各个生长发育时期的心理及行为特点有重要的意义，并使我们能更深刻地认识人的本质。

表 2-4　弗洛伊德、艾瑞克森和科尔伯格理论比较

时期	弗洛伊德 性心理发展理论	艾瑞克森 心理社会发展理论	科尔伯格 道德发展理论
婴儿期（0～1 岁）	口腔期	信任/不信任	前习俗期
幼儿期（1～3 岁）	肛门期	自主/羞耻与怀疑	
学龄前期（3～6 岁）	性蕾期	主动/内疚或罪恶感	
学龄期（6～12 岁）	潜伏期	勤勉/自卑	习俗期
青春期（12 岁以后）	生殖期	自我认同/角色混淆	后习俗期

一、弗洛伊德的性心理发展理论

弗洛伊德（FreudS），著名奥地利精神病学家，被誉为“现代心理学之父”，通过精神分析法观察人的行为，创建了性心理发育理论（theory of psychosocial development）。弗洛伊德的理论注重于儿童性心理的发展，对自己身体的欣赏及与其他人关系的建立。他认为性本能是个性发展过程中具有重要意义的因素。他用“性心理”来描绘感官愉悦的体验，认为人性心理发展分为五个阶段，如果某一阶段的需要未得到满足，便会产生心理及情绪问题，并影响下一阶段的发展。

（一）口腔期

口腔期指出生至 1 岁左右。该时期婴儿专注于口唇、口腔活动，从允吸母乳中不但获得必要的营养，而且也获得极大快感。口欲满足则有助于儿童情绪与人格的正常发展；此期若发展不顺利，会偏向悲观、退缩、猜忌、依赖、苛求等人格特征，有些人会出现咬手指甲、吸烟、吸毒、酗酒等行为。

（二）肛门期

肛门期指 1～3 岁。该时期儿童关心肛门、直肠区的活动，此时也是训练幼儿大小便习惯的时期。幼儿可从排便与控制大便潴留中获得快感，即肛欲满足。如此期父母对儿童的大小便训练恰当，则孩子能与父母产生和谐的关系，并形成日后人际关系的基础；若父母对儿童的大小便训练出现问题或儿童有与排泄有关的不愉快经历，则会形成缺乏自我意识或自以为是、冷酷无情、顽固、吝啬、暴躁等人格特征。

（三）性蕾期

性蕾期指 3～6 岁，该时期儿童对自己的性器官感兴趣，并察觉到性别的差异，男孩有“恋母情结”及“阉割情结”，女孩则有“恋父情结”及“阳具钦羡”，故与异性父母较接近。健康的发展在于与同性别的父母建立起性别认同感，如发展不顺利则可能产生性别认同障碍。

（四）潜伏期

潜伏期指 6～12 岁。该时期儿童早期的性欲冲动被压抑到潜意识领域，把精力投放到自己周围环境中的事物，喜欢与同性别的玩伴一起游戏或活动。正常发展则可获得许多人际交往经验，发展不顺利则会造成强迫性人格。

（五）生殖期

12 岁以后为生殖期。该时期开始对异性发生兴趣，有了与性别关联的职业计划、婚姻理想，心理发展趋向成熟。如此期发展不顺利则会严重的功能不全或病态人格。

性心理发展理论的主要贡献在于发现了潜意识及其在人类行为中所起的作用。人们常常不注意潜意识，因而往往无法认清一些影响人们情绪和支配人们行为的真正动机。性心理发展理论有助于护士正确理解和评估不同年龄阶段儿童外在的焦虑、紧张、愤怒等不良情绪和反常行为作为一种心理防卫所反映出的内心深处的需要和期盼，及时采取有效的护理措施，并指导家长根据不同年龄阶段性心理发展的特点，养育和训练儿童，以利于儿童健康人格的发展。

二、艾瑞克森的心理社会发展理论

艾瑞克森（Erikson E），美籍丹麦裔心理学家，将弗洛伊德的理论扩展至社会方面，形成了心理社会发展理论（theory of psychosocial development）。艾瑞克森的理论强调文化及社会环境对人发展的影响，认为生命的历程就是不断达到心理社会平衡的过程。他将人的一生分为八个心理社会发展阶段（前 5 个阶段与儿童的心理社会发展有关），并认为每个阶段均有一个特定的发展问题，这些问题即是儿童健康人格的形成和发展过程中所必须遇到的挑战或危机，成功地解决每一阶段的发展问题，就可健康地步人下一阶段；反之，将导致不健康的结果而影响后一阶段的发展。

（一）婴儿期

婴儿期指出生至 1 岁。主要心理社会发展问题为信任/不信任。良好的照料是发展婴儿信任感的基本条件，若父母或代理人以抚摸、喂养、爱供给婴儿所需的感情及满足其生理所需，婴儿的感受是愉快和良好的，则发展出对父母的信任感；反之则不信任，婴儿会把对外界的恐惧和怀疑情绪带入以后的发展阶段。

（二）幼儿期

幼儿期指 1～3 岁。主要心理社会发展问题为自主/羞怯与怀疑。此期的幼儿通过站、走、跳、说话、取物等动作进行对外界环境的多方面探索，从而产生独立自主的感觉，同时因为缺乏社会规范的概念，任性行为达到高峰，喜欢以“不”来满足自己独立自主的需要。羞耻与怀疑来自社会的压力和期望，父母的否定会令幼儿产生羞耻和疑虑。此外，婴儿期的不信任感也会引起羞怯和怀疑。

（三）学龄前期

学龄前期指 3～6 岁。主要心理社会发展问题为主动/内疚或罪恶感。此期儿童较前期更加成熟，能够有自己的创造行为，并能以现实的态度去评价个人行为，若对他们的好奇和探究给予积极鼓励和正确引导，则有助于他们主动性的发展。如果一味指责或者禁止活动或者要求他们完成力不能及的任务，都会使他们产生内疚感、缺乏自信、态度消极、怕出错和过于限制自己的活动。

（四）学龄期

学龄期指 6～12 岁。主要心理社会发展问题为勤勉/自卑。这一期的儿童渴望通过学习获得有用的技能和工具，如果这个时期儿童能出色地完成任务并且受到鼓励，则可发展勤奋感，如无法胜任父母或老师所指定的工作时，则产生无能和自卑的感觉。

（五）青春期

青春期是 12～18 岁。主要心理社会发展问题为自我认同/角色混淆。此期的青少年关注自我，探究自我的过去、现在和未来发展，注意自己对自己的看法与别人对自己的看法是否相符，为追求自己的价值观与社会观念的统一而困惑和奋斗。如果不能顺利认同自我，则产生角色混淆，没有自我控制力，没有安全感。

三、皮亚杰的认知发展理论

皮亚杰（Piaget J），瑞士心理学家，基于对儿童行为的长期观察，提出了儿童认知发展理论（theory of cognitive development）。皮亚杰认为儿童的智力起源于他们的动作或行为，智力的发展就是儿童与经常变化着的、要求其不断做出新反应的外部环境相互作用的结果。皮亚杰把认知发展过程分为四个原则阶段，每个阶段都是对前一个阶段的完善，并为后一阶段打下基础。各个阶段的发展与年龄有一定关系，但每个人又由于其他因素的影响而各不相同。

皮亚杰认为儿童的智力起源于他们的动作或行为，其认知发展理论的核心是阶段论：①由于各种发展因素的相互作用，儿童思维发展是具有阶段性的；②各阶段都有它独特的结构，标志着一定阶段的年龄特征；③各阶段的出现，从低到高是有一定次序的，不能逾越，也不能互换；④前一阶段为后一阶段做准备，后一阶段和前一阶段相比，有质的差异；⑤两个相邻阶段之间不是截然划分的，而是有一定交叉的；⑥出于各种因素，如环境、教育、文化及主体的动机等的差异，阶段可以提前或推迟，但阶段的先后次序不变。他将认知发展过程分为四个阶段。

（一）感觉运动期

感觉运动期指出生至 2 岁左右。此为婴儿思维的萌芽期，期间经历六个亚阶段。这一阶段主要指语言以前的阶段，婴儿主要通过感觉运动图式和外界取得平衡，处理主客体的关系，形成“客体恒存”观念，即意识到物体是永远存在的而不会神秘消失。

（二）前运思期

前运思期指 2～7 岁。这一时期是儿童表象和形象思维阶段。由于语言的出现和发展，促使幼儿日益频繁地用表象符号来代替外界事物，重视外部活动，但是还不能协调自己和别人的观点，以自我为中心。此时幼儿不理解事物的转化或逆向运动，并无真正的逻辑概念。

（三）具体运思期

具体运思期指 7～11 岁。此期当于小学阶段，是前一阶段很多表象图式融化、协调而形成的。这一阶段的主要特点是出现了具体运筹即群集运筹图式，已能用逻辑处理客观事物，形成守恒概念，能进行可逆性思维。

（四）形式运思期

形式运思期为 12 岁以上。具体的运筹思维，经过不断地吸收、调节、平衡，就在旧的具体运筹结构的基础上逐步出现了新的运筹结构，这就是和成人思维接近的，达到成熟的形式运筹思维。所谓形式运筹，就是可以在头脑中把形式和内容分开，可以离开具体事物，根据假设来进行逻辑推演。

四、科尔伯格的道德发展理论

科尔伯格（Kohlherg L），美国哈佛大学教授，基于对儿童和成人道德发展的研究，提出了三期六段的道德发展学说（theory of moral development）。科尔伯格认为，所谓道德发展，指个体在社会化过程中，随年龄的增长而逐渐学到的是非判断标准，以及按该标准去表现的道德行为。

（一）前习俗期

前习俗期（preconventional stage，1～6 岁）：儿童固守家长和其他权威人物的教导，对他们来说，道德是外来的概念。当面对道德的两难情境，进行好坏、对错的判断时，他们往往只能依据外界对其的限制，而不能兼顾行为后果是否符合社会习俗或道德规范。此期又分为两个阶段：①惩罚-顺从导向阶段：儿童根据行为的结果而不是行为本身来判断好坏，是非观念建立在回避惩罚的基础上，因害怕惩罚，他们无条件地遵从规则，服从家长、老师或其他权威人士，他们没有语言和行为一致的观念。②相对功利导向阶段：是非观念主要建立在满足自身需要的基础上，以自我为中心。儿童认为正确的行为是指与自己的需求相一致的行为。尽管他们也有公平、回报、共享的概念，但这些概念是很实际的、具体的，而没有公正、感激、忠诚的含义。

（二）习俗期

习俗期（conventional stage，6～12 岁）：儿童的道德观念开始形成。当面对道德的两难情境时，他们一般以社会习俗或规范为准则，行为动机主要为符合父母、家庭、社会的需要，能遵守社会道德及法规，有了忠诚和服从的概念，此期包括两个阶段：①好孩子导向阶段：儿童的思维和行为都集中在他人的反应上，一切行为均为得到他人的认可，认为只有个人做得好才能赢得赞扬。儿童在理解他人感受的基础上，达到父母或他人的期望。②社会秩序导向阶段：道德发展从关心他人发展到明确社会需求上，思维和行为能遵守社会习俗和法规，服从团体规则，尊重法律权威，有责任心，有义务感，有一定的法制观念。

（三）后习俗期

后习俗期（postconventional stage，12 岁以上）：儿童将社会道德规范内化，形成个人的道德理想和良心，能全面地进行自我约束，有个人需要、团体利益的道德观念和原则。当面对道德的两难情境时，他们凭自己的良心及个人的价值观念进行是非善恶的判断，而未必受传统习俗或社会规范的限制。达到此道德水平的人，并非在思想上反抗社会规范，而是在符合大众利益的基础上，寻求更适合的社会规范。此期也分为两个阶段：①社会契约导向阶段：尊重法规，认为人生的目标就是要对社会负责，保证大多数人的利益。②普遍道德原则导向阶段：个体将普遍的道德原则内化，凭借自己的良心判断是非，追求平等、博爱的人生原则，诸如正义、尊重人格等。这些原则是个人自主选择的，并非每个人的道德水平都能达到这个阶段。

在护理过程中，护士可应用此理论对儿童及其家长进行指导，促进儿童道德的发展。如教育儿童养成良好的道德观念，首先要教育他们遵守社会规范，在适当的场合表现适当的行为；学龄期儿童处于好孩子导向阶段，要向他们说明必要的规章制度，对他们的行为多鼓励赞赏，使他们能够按照严格的规章制度指导自己的行为，这样不仅有利于他们道德观念的形成和发展，也有利于他们服从治疗护理方案，如按时服药等。

第七节　生长发育偏离

在良好适宜的环境下大多数儿童按遗传所赋予的潜力，遵循一定的规律或轨道正常生长发育，但由于受体内外各种因素的影响，有些儿童在发展过程中可能出现偏离正常规律或轨道的现象，因此需定期监测，以及早发现问题，找寻原因加以干预。

一、体格生长偏离

体格生长偏离（growth deviation）是指儿童体格生长偏离正常的轨道，是儿童生长发育过程中最常见的问题。导致体格生长偏离的原因复杂，有些可起始于胎儿期，部分为遗传、代谢、内分泌疾病所致，少数与神经心理因素有关，多数仍受后天营养和疾病的影响。

体重生长偏离

1. 低体重（under weight） 儿童体重低于同年龄、同性别儿童体重正常参照值的均值减 2 个标准差（$< \bar{X}-2SD$），或第 3 百分位以下。凡在生长监测过程中发现儿童年龄体重曲线上升幅度不如前阶段，即体重增长速度减慢呈低平或下降趋势时，就应注意查明原因，积极处理。低体重常见原因包括喂养不当、摄食过少、挑食偏食、神经心理压抑等所致的能量和蛋白质摄入不足，慢性疾病所致的消化吸收障碍和代谢消耗增加。干预原则：补充营养物质，积极治疗原发疾病，去除有关心理因素，培养良好的饮食习惯。

2. 肥胖 随着生活水平的提高和生活方式的改变，儿童超重与肥胖已日益成为影响儿童健康并造成日后成人一系列疾患的严重问题。中国自 20 世纪 80 年代中后期开始，儿童青少年超重和肥胖检出率呈逐年上升趋势，肥胖在极低的基数上成倍增长。据刊登在中国卫生年鉴上的中国九市七岁以上儿童体格发育调查资料显示，中国城市男童、城市女童、乡村男童、乡村女童平均体重均呈上升趋势（图 2-8）。至 2000 年，超重和肥胖合并计算，城市男童、乡村男童、城市女童、乡村女童已分别高达 16.79%、6.75%、10.30%和 5.86%，表明中国儿童青少年肥胖已进入快速流行期。据国际生命科学学会中国肥胖工作组（WGOC）制订的中国青少年超重、肥胖体重指数筛查分类标准分析研究显示，我国超重、肥胖检出率都表现为城市男童＞城市女童＞乡村男童＞乡村女童这一特征。城市男小学生是肥胖或超重的最高发群体，肥胖发生较低的人群是农村女孩。

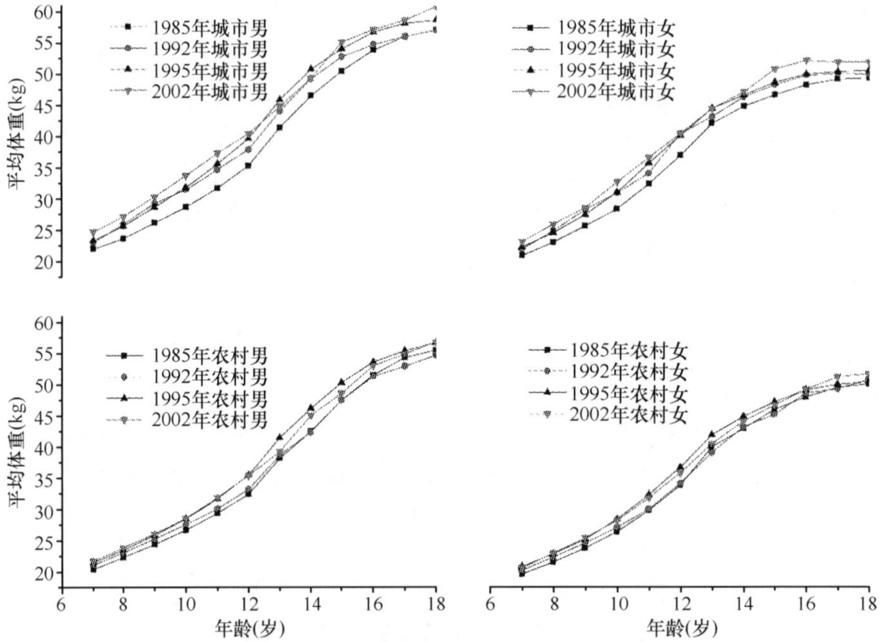

图 2-8 1985～2002 年中国九市 7 岁以上儿童平均体重

二、身高（长）生长偏离

1. 身材矮小（short stature） 儿童身高（长）低于同年龄、同性别儿童身高（长）正常参照值的均值减 2 个标准差，或第 3 百分位以下。身材矮小的原因较复杂，可受父母身材矮小的影响，或由于宫内营养不良所致；某些内分泌疾病如生长激素缺乏症、甲状腺功能减退症，遗传性疾病如 21 三体综合征、Turner 综合征、黏多糖病、糖原累积症等，以及精神、心理障碍也都可导致身材矮小；但常见原因仍是长期喂养不当、慢性疾病以及严重畸形所致的重症营养不良。在纵向生长监测中必须随访身高，尽早发现身材矮小问题，分析原因早期干预。

2. 身材过高（tall stature）　小儿身高（长）高于同年龄、同性别儿童身高（长）正常参照值的均值加 2 个标准差（＞均值+2SD），或第 97 百分位以上。身材过高常见于正常的家族性高身材、真性性早熟、某些内分泌疾病（如垂体性肢端肥大症）、结缔组织性疾病。据刊登在中国卫生年鉴上的中国九市 7 岁以上儿童体格发育调查资料显示（图 2-9），我国城市男童、城市女童、乡村男童、乡村女童平均身高均呈上升趋势，因此，儿童身高的监测需动态持续进行。

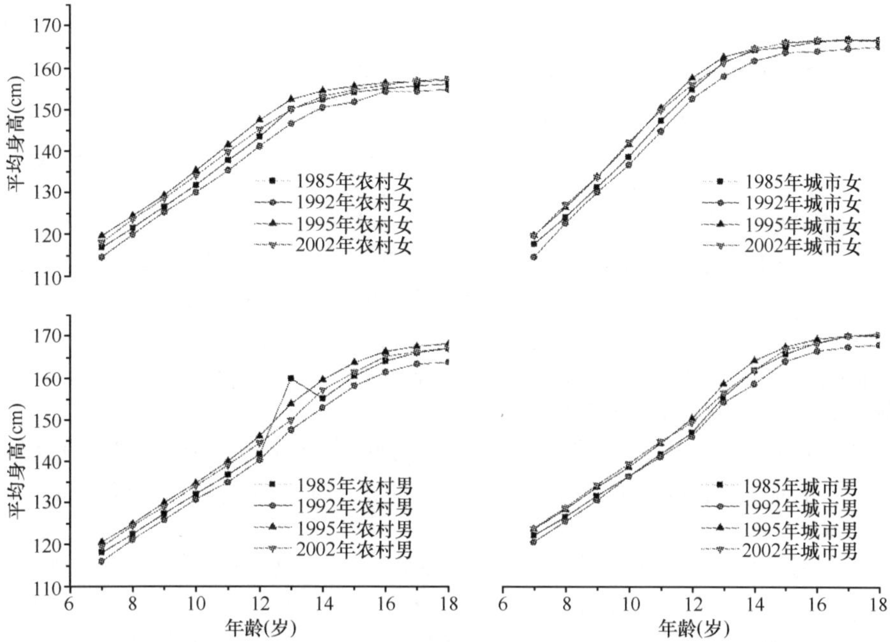

图 2-9　1985～2002 年中国九市 7 岁以上儿童平均身高

三、心理行为异常

案例 2-1

患者，男性，7 岁，因上学困难就诊。该患儿为足月剖宫产，母孕期无异常。生长发育同正常同龄人。现在正复读一年级。老师反映该患儿经常不交家庭作业，即使交了，也通常都是粗心大意的错误。上课时，他经常离开座位，打扰其他同学，不等轮到回答即脱口而出，注意力不集中，思想常开小差，做作业易受外界的影响而分心。晚上他的家长不得不帮助他完成作业，需要持续的反复提醒，患儿才能完成功课。他的父母现在已分居。由于母亲担任全职工作，大部分时间由外祖母负责照料他的生活。患儿的父亲没有读过中学，没有学习困难家族史。

体格检查：外观无畸形。查体合作，但烦躁不安，注意力不集中。神经系统体检：神经状态反应机敏，查体合作。语言：语言流利，无构音障碍。脑神经：双瞳孔等大、等圆，眼球各方向运动正常。共济运动：指鼻正确。感觉：触感、温度觉与震动觉无异常。步态：正常。反射：腱反射（++），双侧跖屈反射存在。

思考题：

1. 首先考虑的诊断是什么？
2. 如何治疗？

（一）儿童行为异常

心理行为异常问题在儿童生长发育过程中较为常见，又对儿童身心健康的影响较大。近年调查资料显示，我国少年儿童的行为问题检出率为 8.3%～12.9%。儿童行为问题多表现在儿童日常生活中，容易被家长忽略，或被过分估计。因此，区别正常或异常的儿童行为非常必要。儿童行为问题的发生与生活环境、过分依赖、嫉妒父母教养方式、父母对子女的期望等显著相关。男孩的行为问题多于女孩，男孩多表现为运动行为问题和社会行为问题，女孩多为性格行为问题。多数行为问题可在发育过程中自行消失。

1. 屏气发作　是一种异常性格行为问题，常表现为哭闹后出现一过性的呼吸暂停现象。多发于 6～36 个月的婴幼，5 岁前会逐渐自然消失。呼吸暂停发作常在情绪急剧变化，如发怒、恐惧、悲伤、剧痛、剧烈叫喊时出现。发作时常有换气过度，使呼吸中枢受抑制，哭喊时屏气，脑血管扩张，脑缺氧可有昏厥、意识丧失、口唇发绀、躯干及四肢挺直、甚至四肢抽动，持续 0.5～1 分钟后呼吸恢复，症状缓解，唇指泛红，全身肌肉松弛而清醒。屏气发作与惊厥发生无关。婴幼儿性格多暴躁、任性、好发脾气。应加强家庭教养，避免粗暴打骂，尽量不让孩子有哭闹、发脾气的机会。

2. 吮拇指癖与咬指甲癖　是指儿童反复自主或不自主吮吸手指的行为。3～4 个月后的婴儿生理上有吸吮要求，常自吮手指，尤其是吸吮拇指以安定自己。这种行为多在安静、寂寞、饥饿、身体疲乏时和睡前出现，随年龄增长而消失。但有时儿童因心理需要得不到满足而精神紧张、恐惧焦急，或未获得父母充分的爱，而又缺少玩具等视听觉刺激，便吮指或咬指甲自娱，渐成习惯，直到年长尚不能戒除独自读书、玩耍时吮拇指或咬指甲的行为。长期吮手指可影响牙齿、牙根及下颌发育，致下颌前突、齿列不齐，妨碍咀嚼。

对这类孩子要多加关心和爱护，消除其抑郁孤独心理，当其吮拇指或咬指甲时应分散其注意力，鼓励儿童建立改正坏习惯的信心，切勿打骂讽刺或在手指上涂抹苦药等。大多数儿童入学后受同学的影响会自然放弃此不良习惯。

3. 儿童擦腿综合征　是儿童通过摩擦引起兴奋的一种运动行为障碍。多在入睡前、睡醒后或在独自玩耍时发生。发作时，儿童双腿伸直交叉夹紧，手握拳或抓住东西使劲，女孩喜坐硬物，手按腿或下腹部；男孩多伏卧在床上、来回蹭。女孩可伴外阴充血，男孩可有阴茎勃起。制止会引起不满和反抗哭闹。使儿童生活轻松愉快，解除儿童心理压力，鼓励其参与各种游戏活动等心理行为，此外应注意会阴部清洁卫生，除每日清洗外，婴幼儿白天玩耍时也应使用尿布或纸尿裤，尽早穿封裆裤以保护会阴皮肤、避免感染，衣裤、被褥不可太厚、太紧；在发作时以有趣事物分散其注意力，睡前安排适当活动使之疲劳易于入睡，睡醒后立即穿衣起床以减少发作机会；鼓励小儿参加各种游戏和活动，使其生活轻松愉快。此习惯动作多随年龄增长而逐渐自行缓解。

4. 遗尿症　2～3 岁儿童多已能控制膀胱排尿，如 5 岁后仍发生不随意排尿即为遗尿症（enuresis），大多发生在夜间熟睡时，称夜间遗尿症。遗尿症可分为原发性和继发性两类：原发性遗尿症多因控制排尿的能力迟滞所致而无器质性病变，多有家族史，男多于女[（2～3）：1]，多发生在夜间，频率不一，自每周 1～2 次至每夜 1 次、甚至一夜数次不等。健康欠佳、劳累、过度兴奋、紧张、情绪波动等可使症状加重，有时症状自动减轻或消失，又可复发。约 50%儿童可于 3～4 年内发作次数逐渐减少而自愈，也有部分持续遗尿直至青春期或成人，往往造成严重心理负担，影响正常生活和学习；继发性遗尿症大多因全身性或泌尿系统疾病如尿崩症、糖尿病等引起，其他如智力低下、神经精神创伤、泌尿道畸形、感染，尤其是膀胱炎、尿道炎、会阴部炎症等也都可以引起继发性遗尿现象，处理原发疾病后症状即可消失。

对遗尿症儿童必须首先排除全身或局部疾病，应详细询问健康史，了解儿童家庭、学校、周围环境等情况，及训练儿童排尿的过程；帮助儿童建立信心，进行激励性行为矫正、正强化的行为干预，避免责骂、讽刺、处罚等；指导家长合理安排生活和坚持排尿训练，帮助儿童建立条件反射，晚餐后适当控制饮水量并避免兴奋活动，睡前排尿，睡熟后父母可在其经常遗尿时间之前叫醒，使其习惯于觉醒时主动排尿，亦可采用警报器协助训练；训练儿童膀胱功能，逐渐延长排尿间隔时间；必要时给予药物治疗，此外尚可考虑针灸推拿、中药秘方治疗。

5. 违抗、发脾气　当愿望与环境发生冲突而受到挫折时，儿童常常发生违抗或发脾气以释放他们的情绪，通常是躺在地板上、踢腿、并大声喊叫，有时会摇头，父母如以惩罚的方式对待则会加重其对立情绪。应理解儿童的情绪失控是对挫折的合乎情理的反应，应给其恢复情绪的时间和空间，发过脾气后给予玩具或以活动转移其注意力。如果儿童不能恢复而表现继续对立，家长可先不去理睬，但应注意防止其受伤，事后进行语言上的规劝。家长应成为控制情绪的榜样，同时帮助儿童认识到控制情绪是最简单的、父母可接受的选择。

6. 攻击性行为　有些儿童在游戏时会表现出攻击性行为，他们屡次无缘无故地咬、抓或打伤别人。出现攻击性行为的原因较复杂，可受成人行为的影响，如生长在不和睦家庭的孩子会学习父母争吵和打架的行为；或儿童遭受挫折，如受到父母的惩罚、讥讽等；好嫉妒的儿童也可能通过伤害兄弟姊妹或其他小朋友以获得父母或老师的关注；父母过度溺爱、娇纵时儿童也可出现攻击性行为。对有攻击性行为的儿童不应采用体罚的方式，可在制止其行为后带他到安静的地方，让其自己反省，学会控制自己；应理解并尊重孩子，帮助孩子使用适当的社会能接受的方式发泄情绪，培养他们的同情心和助人为乐的行为，并帮助他们获得团体的认同。

7. 破坏性行为　儿童因好奇、取乐、欲显示自己的能力或精力旺盛无处宣泄而无意中破坏东西，有的儿童则由于无法控制自己的愤怒、嫉妒或无助的情绪而有意采取破坏行动。对此类孩子应仔细分析原因，给予正确引导和行为治疗，避免斥责和体罚。

8. 注意缺陷多动障碍　注意缺陷多动障碍（attention deficit hyperactivity disorder，ADHD）也称多动症，是指智力正常或基本正常的儿童，表现出与年龄不相称的注意力不集中，不分场合的过度活动，情绪冲动并可有认知障碍或学习困难的一组综合征，是儿童青少年最多见的精神行为问题之一。

【病因与发病机制】

ADHD 病因复杂，同时具有个体差异性，至今尚未阐明 ADHD 发病的生物学机制。大多数学者认为，ADHD 是多病因引起多重障碍的一种综合征，与遗传、神经生物及社会心理等多种因素有关。

1. 遗传因素　遗传因素是 ADHD 发病的主要原因，其遗传度高达 80%。家系研究表明，ADHD 具有明显的家族聚集性，ADHD 患儿的父母和兄弟姐妹患 ADHD 的风险是正常人的 2～8 倍。如果患 ADHD 的儿童到成人期仍有 ADHD，其子女患 ADHA 的可能性超过 50%。双生子研究发现 75%的 ADHD 亚型的变异可以归因为遗传因素。如果双胞胎中的一个确认为 ADHD，另外一个有 50%以上的可能患 ADHD。

近年来，分子遗传学的研究已经发现了几种可能与 ADHD 相关联的易患基因，涉及多巴胺能神经质系统、去甲肾上腺素能神经系统、5-羟色胺能神经系统，包括多巴胺受体 *D4* 基因、多巴胺转运体基因、多巴胺受体 *D5* 基因、儿茶酚胺氧甲基转移酶基因、去甲肾上腺素转运基因、肾上腺素 α 受体 2A 及 *2C* 基因、编码 5-羟色胺转运体基因、5-羟色胺受体 *1B* 基因及 5-羟色胺受体 *2C* 基因等。这些基因中与 ADHD 关系最大的是多巴胺受体 *D4* 基因。多巴胺 D4 受体是 G 蛋白偶联受体，属于多巴胺受体 *D2* 家族，在前额叶皮质，尤其是前扣带回皮质表达丰富，这些脑区在注意与控制方面起重要作用。ADHD 患儿多巴胺受体 *D4* 基因突变使其多巴胺的敏感性下降，从而引起了脑内输出-输入环路的异常。多巴胺等中枢神经递质的不足易导致患儿活动、警觉性、心境、认知等异常。

2. 神经生物因素　大脑的发育过程中，额叶进化成熟最迟，最易受损，ADHD 与大脑额叶发育迟缓有关，其依据是 1/4～1/3 的 ADHD 患儿到青少年期症状趋于好转，因此凡影响额叶发育成熟的各种因素均可致病。

ADHD 患儿的皮质发育按照正常的脑发育程度发展，但比正常发育的儿童落后数年。说明 ADHD 表现为脑皮质成熟延迟而不是异常。皮质发育的延迟突出表现在外侧前额叶皮质，这一区域与执行功能有关。执行功能主要包括注意和抑制、任务管理、工作记忆、计划、监控等方面。皮质发育的延迟导致执行功能障碍，从而出现反应抑制、注意控制、奖赏、较高级的运动控制和工作记忆方面的问题。

多巴胺和去甲肾上腺素失调导致了 ADHD 的核心症状。这些神经递质可增加前额叶皮质活动对皮质下的抑制作用。兴奋剂和其他一些药物治疗 ADHD 是通过提高多巴胺和去甲肾上腺素的作用，来提高对前额叶活动的抑制作用。

3. 社会心理因素 ADHD 病因还包括社会心理学因素。单亲家庭，父母有精神或行为问题，父母离异，家庭氛围紧张，童年早期暴露于高水平的铅环境，母亲吸烟、酗酒等都与患儿 ADHD 的发生有关。

【临床表现】

ADHD 的核心症状是注意缺陷、多动、冲动，DSM-5 根据症状维度将 ADHD 分为三个表型，注意缺陷为主型，主要表现为难以保持注意集中、容易分心、做事有始无终、日常生活杂乱无章等；多动冲动为主型，主要表现为过度活动、喧闹和急躁；混合型，注意缺陷症状及多动冲动型症状均较突出。

1. 注意缺陷 ADHD 患儿注意力的特点是无意注意占优势，有意注意减弱，因此 ADHD 患儿对身边所有刺激都有反应，不能滤过无关刺激，表现出上课时注意力不集中，思想常开小差，做作业易受外界的影响而分心。对于感兴趣的游戏、电视节目、书刊等则能全神贯注或注意力相对集中。

2. 多动 ADHD 患儿自我控制能力差，行为常呈现活动过度的现象。表现为与年龄不相称的多动，包括躯体活动、手的活动及言语活动的明显增多。部分患儿在胎儿期即出现胎动频繁的现象；婴儿期表现为易兴奋，好哭闹，睡眠差，排便、洗澡、穿衣时不安分，喂养困难，不怕摔跤，开始走路时往往以跑代步，不喜欢安静的时刻，在幼儿园不遵守纪律，难以静坐，好喧闹和捣乱；学龄儿童表现为课堂上小动作不停，坐在椅子上扭来扭去，上课纪律差、无法静心做作业，话多且容易插嘴或打断别人的对话。

ADHD 患儿多动的特点是不分场合、无目的性，在静止性游戏中表现尤为明显。动作杂乱无章，有始无终，缺乏完整性，乱写乱画，甚至离开座位在教室乱跑。全然不顾环境对其行为的要求。生活中也经常做事虎头蛇尾，难以善始善终。多动大都开始于幼儿早期，进入小学后表现得更为明显，之后随着年龄增加，多动的症状逐渐减少，而注意缺陷和冲动的症状常常维持不变。

3. 冲动 ADHD 患儿常对不愉快的刺激反应过度，易兴奋和冲动、不分场合、不顾后果，难以自控甚至伤害他人，不遵守游戏规则，缺乏忍耐或等待。在家翻箱倒柜，对玩具、文具任意拆散。容易犯错误，但对老师、家长的批评置若罔闻、屡教屡犯。参加游戏活动不能耐心等待轮换，易插队或放弃。ADHD 患儿常因冲动行为发生意外事故，甚至出现严重后果，如喜欢爬高、翻越栏杆、突然横穿马路等。ADHD 患儿与人谈话交流或回答问题时，不能耐心地倾听他人说话，往往是别人的话还没讲完或问题没有问完，就插嘴、抢答，打断别人的对话。做作业或考试中，题目还没有看完就开始答题，考试中粗心大意常常看错题，越是容易的题目越容易做错。遇到困难急躁不安、缺乏信心。

4. 其他 ADHD 患儿除注意缺陷、多动、冲动三大核心症状外，还常在发展社交技能、应对挫折和情绪控制方面存在困难。好发脾气、执拗、任性、脾气暴躁、鲁莽、蛮横无理，经常干扰别人，容易与人冲突、打架。ADHD 患儿的智力与正常儿童一样，少数伴有轻度智能障碍。但其学习成绩一般与其智力水平不匹配，主要是由于注意力分散造成的，因而学习成绩不佳，成绩波动较大。由于 ADHD 的核心症状往往共患品行障碍，ADHD 患儿常不被同龄人接受，人际关系差，与同伴、教师、父母的关系常存在问题。

【诊断要点】

ADHD 是根据 DSM-5 的诊断标准进行诊断，诊断时需明确 18 项 ADHD 相关行为中几项的频繁发生；这些行为是仅限于某一环境和场合，还是存在于不同的场合；且症状持续时间超过 6 个月。

需明确 ADHD 的核心症状发生在儿童的主要环境，包括家庭和学校。如果 ADHD 的症状仅仅发生在学校里，而在家庭或其他场合都没有，那就不能确诊为 ADHD，而是语言、学习或智能障碍的继发症状，如果儿童的 ADHD 症状仅出现在家庭中，而在学校或其他场合都没有，那么这些症状的主要原因可能是亲子交流问题、父母期望过高、环境限制或父母的精神疾病状态。

【治疗要点】

ADHD 的治疗需要老师、家长和医师共同参与，采用心理支持、行为矫正、家庭和药物治疗的综合措施，才能收到良好的效果。目前对于 ADHD 患儿的治疗措施主要有药物治疗、行为治疗、学校干预以及替代治疗等。

（二）学习障碍

学习障碍（LD）指具有正常智力水平，但在掌握一种或以上的学习技能如阅读、书写、计算、推理、交流等方面表现出特殊性困难，这些困难并非感知障碍或教育不利所导致。语音障碍、言语流畅性障碍（口吃）、语言表达障碍、表达-接受性障碍统称为沟通障碍多出现于儿童学龄前，入学后继发特殊性学习障碍，如阅读障碍（dyslexia）、数学学习障碍和书写障碍。出于矫正目的，治疗教育体系将注意缺陷多动性障碍（ADHD）、发育性失用，发育性言语障碍等也划分到 LD 的范畴。

【病因与发病机制】

儿童学习障碍一般存在出生前后潜在的生物学背景，除遗传因素外，可能还有出生缺陷、精神发育落后、语言发育迟缓等情况。诸多研究显示 LD 儿童存在不同程度的出生缺陷和“创伤性体验”等问题，如母孕期感染。胎儿营养不良、母亲物质依赖、胎儿脐带绕颈、宫内窘迫、早产、低出生体重、产伤、母亲养育排斥（产后抑郁）、亲子依恋不足、虐待、寄养等。LD 存在神经生物学基础，儿童胎儿期、出生时或生后不良处境与遭遇可能诱发或加重原有问题。

1. 遗传　LD 单卵双生子同病率明显高于双卵双生子或对照组，50%～70%特殊性语言障碍的儿童具有阳性家族史，许多 LD 儿童的父亲或母亲幼儿时也有过学习问题或其他类行为问题。以阅读障碍为例，阅读障碍的家系和双生子研究调查证明阅读困难的主要病因是遗传因素而不是环境因素和发育因素，候选基因为 *DYX1C1*、*ROBO1*、*KIAAO319*、*DCDC2* 基因。研究发现，1 和 6 号染色体某些片段与音韵识别功能关联，15 号染色体则与语句认知关联，主要影响儿童对某些语音的解码，即时间加工缺陷（temporal processing deficits）。研究还发现，LD 较多出现自身免疫缺陷疾病和过敏性疾病，且左利手者居多。

2. 语音学缺陷　语音学是儿童学习储存语音的能力，也是将声音组合成有意义词汇或单元的法则，婴幼儿期的语音意识（phonological awareness）薄弱或缺陷将导致语言发育落后。语音意识不良的儿童，后期学习符号与语音连接也会困难，从而发展为文字的读和写的困难。语音意识缺陷是导致儿童阅读障碍主要原因，它与语言的表达能力高度相关。

3. 脑神经解剖　研究发现，LD 大脑半球存在异位（ectopia）现象，且两半球对称性改变等异常。异位可能发生在神经元向皮质移行前或移行期间（妊娠 6 个月时终止）。异位通常发生在神经胶质细胞及其软膜分化时期，导致神经元排序紊乱，此现象尤大脑外侧裂、额中下回为多，且以左侧为多。异位置使大脑神经通道改变，并影响脑整体功能。有些典型阅读障碍者可见两侧大脑外侧裂周围的功能损害和逆行性内侧膝状体病变，左右颞叶底部对称性异常明显，左前额叶发育不全等改变。颞-顶联合区（角回及其周围脑区）功能活动的变异是阅读障碍的主要神经基础。但其他脑区也起一定的作用。研究发现，阅读障碍者小脑结构及对称性也存在异常，正常人小脑前部与后部都具有不对称性（右侧＞左侧），而阅读障碍者只有小脑后部具有不对称性（右侧＞左侧）；正常被试的小脑双侧灰质明显不对称（右侧＞左侧），而成年阅读障碍者的双侧小脑灰质却非常对称。

4. 影像学研究　主要有功能磁共振（fMRI）、单光子计算机断层扫描（SPECT）、近红外成像、正电子发射断层扫描技术（PET）。

（1）fMRI：部分 LD 患者左右半脑半球前部形态无差异，或右侧反而小，而后部与正常人无差异，有些 LD 儿童表现第三脑室扩大现象，左右脑室不对称，右侧间脑灰质和左脑后侧部语言中枢及双侧尾状核体积缩小。有研究用 fMRI 在临床上检验用于分析物体之间的关系和运动的短时系统（transient system）功能，提出这一视觉激活模式可作为 LD 的诊断特征。听觉方面 fMRI 发现，LD 存在快速听觉加工脑区-左额叶的功能损伤。

（2）近红外线成像：正常右利手被试的语言优势脑区主要是左侧额下回，而 LD 在语言加工（命名、交谈、数数）时脱氧血红蛋白的增加值高于正常人。国内学者用近红外线技术发现汉语阅读语音加工时，发现 LD 组儿童氧合血红蛋白和总血红蛋白呈下降趋势，前额叶普遍激活不足，尤其在 Broca 区和左侧额叶背外侧激活明显不足，推测汉语阅读障碍儿童同样存在语音加工缺陷，左前额叶是产生汉语阅读障碍的异常脑区之一。

（3）SPE-CTLD：儿童双侧脑半球外侧裂区域及尾状核部位血流偏低。对其施加视觉负荷检测时发现，在单词范畴分类刺激下其左半球脑血流量增加倾向较正常人显著；在画线和角度判断负荷下其右半球前部和后部血流量差异减少。研究还发现，右半球优势的阅读障碍儿童其右前额叶血流量减少。

（4）PET：阅读障碍患者的大脑非对称性现象异于常人，正常阅读者的大脑通常是左颞叶与后脑区占优势，阅读障碍者却有很高的对称性或者相反的后脑非对称性，皮质功能障碍主要集中在左脑颞叶和顶叶。另外，阅读障碍儿童在语音任务和单个词阅读过程中颞叶和顶下皮质区局部脑血流减少，推测左颞-顶联合区的低激活反映了儿童在形-音转换上的困难，而左额下回的超激活则对语音加工困难是一种视觉上的补偿机制。

5. 神经心理 国内学者对汉语阅读障碍儿童的系统研究发现，语音加工能力、正字法技能及快速命名技能对儿童阅读发展具有预测作用。汉语阅读困难儿童普遍存在语音技能、快速命名速度和正字法意识等的缺陷；且在图形刺激下的眼动实验发现，LD 儿童的视觉空间即时加工的眼跳幅度小和眼跳距离短，他们阅读文章时具有异常的眼动模式。诸多研究还发现，LD 儿童在视知觉、视觉-运动协同能力、听知觉、意义理解、书写技能、口语能力、书面表达、阅读习惯、注意力方面均较落后于正常儿童，且存在感觉统合失调，主要表现为好动、注意力不集中、平衡力差、手脚笨拙等。

6. 神经电生理 研究发现 LD 主要表现基础脑波型异常，甚至个别表现发作性脑波异常，但这些异常脑波不具有特异性。脑波定量分析和频谱分析发现，阅读障碍儿童 α 波活动性偏高或正相反，低频功率相对增加，β 波频率减少，这些特征主要表现在左脑半球和顶枕区域。

7. 母语和文字特性影响 有研究认为儿童阅读障碍的发生与其母语的文字特性有关，依据是使用表音文字（如英语）国家儿童阅读障碍的发生率较使用表意文字（如汉字）国家高。有研究认为，汉字具有图形特征，文字具有形音义为一体的特点，音节单一，读音与书写一致性强，易于解码识记，并且汉字的认知加工需依赖较强的视觉空间认知能力。这对英语阅读障碍儿童主要原因是听觉音韵辨别困难所致的观点是个合理的解释。因为，表音文字音素或音节多，阅读时需要解码音素或音节，有时口语与书写一致性差，增加了儿童学习和阅读识记时的辨认困难。

8. 环境因素 受虐待儿童中发生 LD 频率较高，这些儿童自幼遭受父母的忽略、排斥，父母养育中对儿童有过多禁止或过度要求现象。社会经济条件差的家庭，LD 儿童较少受到补偿教育，其预后较家庭条件好的 LD 儿童要差。LD 出现焦虑、注意困难、适应困难和学业失败。可导致挫败感和不良自我意识，还易遭受父母教师训斥、体罚和排斥等，从而削弱儿童学习动机。父母关系不和睦、离异、打骂或过度干预、培养目标或期望过高、教师教学简单粗暴或教学法不当等均可导致或加重儿童的学习困难。学习困难儿童由于不被老师和同学所接纳和称赞的儿童容易表现压抑、自尊低下、动机薄弱，易成为同伴欺负的对象，继发情绪问题。环境和铅水平过高可导致儿童血铅增高，导致注意困难、易激惹、睡眠困难、记忆下降以及学习困难，失眠少或睡眠剥夺也可使儿童注意缺陷和学习困难。有报道称食品中过高的添加剂、防腐剂、色素也可影响儿童神经系统功能，使学习能力受损。

【临床表现】

1. 早期表现　自幼表现好动和哭闹，对外刺激敏感和过激反应；建立母子情感关系困难和养育困难；可能有说话迟、发音不准，伴有啃咬指甲、攻击或退缩、伙伴交往不良、语言理解和表达缺欠等。学龄前表现认知偏异，如视觉认知不良、协调运动困难、精细动作笨拙、沟通和书写困难等。

2. 学校表现

（1）语言理解困难：语言理解和语言表达不良、词汇量少、构音或辅音发音困难。若伴有音乐理解困难则同时缺乏节奏感。常表现“充耳不闻”、不大理会父母或老师的话，易被视为不懂礼貌。智力测试 PIQ 可能高于 VIQ。

（2）语言表达障碍：说话迟，开始说话常省略辅音，语句里少用关系词；言语理解尚可而语言表达困难；可模仿说出单音，但无法模仿说出词组。有类似口吃表现、说话词不达意、节律混乱、语调缺乏抑扬、说话伴身体摇晃、形体动作偏多等。

（3）阅读障碍：表现为理解能力差、听或视知觉速度过慢、察觉符号特性困难、缺乏阅读所需的知识、无法注意语句的关键字或段落、无法了解书写文字单位。持笔困难、字迹潦草、错别字多；排斥读写，阅读时遗漏或加字，容易出现“语塞”或阅读太急，读同音异字困难或经常相互混用，默读不专心，好用手指指着字行读；写字潦草难看、涂抹过多、不愿写字；因而语句过短、语法和标点错误、文章组织低劣、词不达意，小学三年级以后尤为显著。

（4）视觉空间障碍：手触觉辨别困难、精细协调动作困难、顺序和左右认知障碍、计算和书写障碍。符号镜像颠倒，如把 p 视为 q，b 为 d，m 为 w，was 为 saw，6 为 9，部为陪，姊为妹等。计算时忘记计算过程的进位或错位，直式计算排位错误，数字顺序颠倒，数字记忆不良，从而导致数量概念困难和应用题计算困难。结构性障碍使视觉信号无法传入运动系统，从而使空间知觉不良，方位确认困难。

（5）非言语性 LD（non-vebal learing disability，NLD）：又称右脑综合征（the right hemisphere syndrome），认为是由脑半球神经心理功能缺陷所致，导致社会认知和人际交往显著困难；包括对新情景适应困难、非言语性符号辨认困难，在人际关系和沟通方面理解困难，伴有动作发育不良、平衡能力差、精细动作协调困难、视觉空间能力欠缺、不大理解察言观色等。

（6）情绪和行为：多伴有多动、注意集中困难表现、继发情绪问题，自我评价低、不愿上学、拒绝作业、焦虑或强迫行为动作（如啃咬指甲、拔毛发或眉毛），从而加重社会适应困难和人际关系不良，严重者可发展为品行障碍类问题。

【诊断要点】

应从以下三个模式考虑 LD 类型：①个体差异模式，指正常发育偏异；②发育迟缓模式，指特异发育迟滞；③器质性损害模式，指发育时期脑功能障碍。首先应了解儿童的出生情况、发育过程、发病过程及其表现特征，并对儿童行为做观察记录，且应了解儿童在校（幼儿园）的表现。必要时进行影像学、电生理方面的辅助检查。

1. DSM-5 标准

（1）学习和使用学习技能困难，尽管已针对这些困难为目标提供了干预；仍存在至少以下 1 个症状，至少持续 6 个月。

1）阅读不正确或慢，并且读词语费力，如响亮读单词时不正确或慢，犹豫不决，常常猜词语，发词语声音困难。

2）对朗读意思理解困难，如正确读课文但不理解顺序、关系、推论或朗读内容更深的意思。

3）拼写困难，如可出现增加、省略或元音、辅音的替代。

4）书写表达困难，如句子中出现多种语法或标点符号错误，段落条理性差，想法在书写表达中不清晰。

5）掌握数字数据或计数困难，如对数字其大小及关系的理解困难，在算术计数上迷失方向，可出现用手指计算加法，不能像同伴那样做算术，而是程序的变换。

6）数字推理困难，如应用数字概念、数据或程序解答数量问题时有严重困难。

（2）受累学习技能在质和量上均低于个体生理年龄所期望达到的水平，明显影响学业或职业操作，或日常生活中的活动，在个人接受标准化的成就测试和综合性的临床评估中得到证实。年龄≥17岁时，其受损的学习困难史可代替标准化的评估。

（3）学习困难始于学龄时期，但有直到学业要求高于个体受影响的能力时，才充分显示出来（如有时间限制的测验等）。

（4）学习困难并不能用智力障碍、未予矫正的视力或听力障碍，其他精神或神经障碍、心理社会不良因素、缺乏语言熟练性的学习辅导或不当教育解释。

2. 现行严重程度定义

轻度：在1～2个学业领域中的学习技能困难，但是程度仅属于轻度，因个体能代偿或在提供适当的帮助或支持后功能良好。

中度：在1个或更多学业领域中的明显学习技能困难，学校学习期间，在无某些间断的强化和特殊辅导下，个体不能熟练掌握。白天在校、在工作场所或在家可能需要某些帮助或支持来正确和有效地完成多项活动。

重度：学习技能严重困难，影响多个学习领域，因此个体在校学习大部分时间如持续强化的个别化和特殊辅导下不可能学习这些技能。及时在家、学校、工作场所安排了适当的帮助和支持，个体也不能有效地完成所有的活动。

3. 心理测评

（1）学业成就测验：侧重于听理解、语言表达、书写、阅读理解、计算和基本推理几个方面，有一项较年级平均值明显落后2级或2个标准差。

（2）智力测验：常用韦氏儿童智力量表如WPPSI或WISC-R。LD儿童常表现VIQ与PIQ较大差异（＞10分）。也可依次大致分类出言语型LD或非言语型LD。

（3）神经心理测验：如利脑实验、Luria-Nebraska儿童成套神经心理测验、K-ABC测验、记忆测验、单项神经心理测验等，主要用于检测LD儿童的神经心理模式或探索其神经心理机制。LD儿童往往在这类测验上表现明显的结构偏异或分值低下。

（4）学习障碍筛查量表（PRS）：该量表为LD筛查用，总分数＜60分者为可疑LD，需进一步进行检查。LD需与精神发育迟滞、孤独症、选择性缄默症、品行障碍、注意缺陷多动性障碍和癫痫等症相鉴别。半数以上的LD儿童的症状会随年龄增长而自行缓解或减轻，但有些特殊技能的缺陷可能持续至成年期以后。15%～30%的患儿可能继发品行障碍和反社会行为，或导致长期社会适应不良，青春期后出现抑郁、自杀或精神疾病的风险高于一般人群。

【鉴别诊断】

DSM-5标准为：

1. 学业成绩的正常变异　特定学习障碍不同于外在因素（例如，缺少教育机会、持续的指导不良），在第二语言环境中学习所致的学习成绩的正常变异。

2. 特定的学习障碍不同于与智力有关的一般性学习困难，因为该学习困难出现在正常的智力功能水平中[即IQ（智商）至少70±5]。如果存在智力障碍，只有学习困难超出通常与智力障碍相关的程度时才能诊断特定学习障碍。

3. 神经性或感觉障碍所致的学习困难：特定学习障碍不同于由神经性或感觉障碍（如儿童中风、创伤性脑损伤、听觉损伤、视觉损伤）所致的学习困难。

4. 神经认知障碍　特定学习障碍不同于与神经退行性认知障碍有关的学习问题。

5. 注意缺陷/多动障碍　特定学习障碍不同于与注意缺陷/多动障碍有关的学习表现不良。

6. 精神病性障碍　特定学习障碍不同于与精神分裂症或精神病性症状有关的学业和认知加工困难。

【防治】

由于LD或沟通障碍存在明显的神经生物学原因，其矫治干预有赖于母孕期卫生保健、父母养育指导、儿童的教育训练和心理社会支持方法等。

1. 优生优育　LD儿童存在不同程度的出生缺陷和“创伤性体验”等问题，如母孕期感染、胎儿营养不良、母亲物质依赖、胎儿脐带绕颈、宫内窘迫、早产、低出生体重、产伤、母亲养育排斥（产后抑郁）、亲子依恋不足、虐待、寄养等。虽然LD存在某种神经生物学基础，但生后不良处境与遭遇可能促发或加重原本存在的问题。因此，通过专业人员的健康指导、孕产妇咨询教育、父母管理指导、家庭功能培训等，可有效预防和降低儿童发生LD的风险。当今，我国妇幼保健系统日趋发展完善，因此有必要积极开展孕产妇相关知识的健康教育，完善发育行为儿科学体系建设，做到对LD的早期发现、早期诊断和早期教育干预。

2. 教育治疗　儿童语言落后的治疗干预，主要还是教育训练和心理援助方法。迄今有很多治疗理论及其衍生的方法，其中北美实施的融合运动（inclusion movement）的常规教育倡导（regular education initiative，REI）最著名，即把语言落后儿童安置在常规班级里，由受过特殊训练的教师结合常规教育对其实施指导训练；REI的突出特点是对教学方案进行分类，而非对学生做评价分类，这也避免了“标签”作用对儿童的负面影响。因此，家长和治疗师需要了解儿童语言发展的基本规律及其相关知识，这对确定儿童仅是语言一般性发育落后还是语言发育缺陷至关重要。由于阅读障碍儿童大部分存在语音缺陷，因此在单词结构方面开展直接指导是必需的，如在阅读中，直接指导和强调特殊单词的结构学习和脱离上下文的阅读。因为儿童在学会阅读理解之前，必须先有精确快速的解码和识别词语的能力。

REI中贯穿了以下具体指导理念：为预防儿童出现阅读困难，在早期训练儿童的语音意识和言语能力极为重要，主要由父母或幼教了解相关知识情况下早期开展；儿童不但要学习语音解码，而且必须理解单词的意思，进而理解词组的意思，要求这种渐进式教学理念应贯穿于儿童的整个学习过程。具体方法包括：练习操作音素（发单音）、词组、提高理解力及流畅性，这利于增强大脑联结符号与语音的能力。无论是预防还是治疗，对儿童有效阅读指导的内涵与路径基本是相同的，即关注语音意识和语音解码技能、单词识别的流畅性、意义理解、词汇、组词书写等关键要素。相关研究发现，REI确实有效降低了儿童阅读问题发生率，且得到脑影像学的验证依据。

REI在具体操作中，采用了行为策略（behavioral strategies）和认知-行为干预（cognitive-behavioral interventions）两种方法。该方法认为，儿童出现阅读困难和缺乏动机，与教学展示的材料呈现太快有关；因此，在行为训练的策略上，强调给儿童一套能够重复使用的书面语言规则。结果显示，这种策略对仅靠记忆迅速掌握概念的策略更有效，即简单、渐进式的方法比满堂灌输或要求速度的学习对阅读困难儿童更有效果。这种方法需要为每位“问题”儿童建立一个直接的指导方案，在此基础上用渐进的、结构化式的方法实施训练，并且过程中予以中肯的鼓励、明确的纠正、强化和训练体验等，并且要求每一概念必须清晰地表达出来，从而达到“正强化”的目的。直接行为指导步骤包括：①评价儿童现有能力；②每节课开始时提出一个简短的目标；③用小步渐进方式呈现新概念和新材料，每步都要儿童练习；④提供清晰而准确的指导与解释；⑤给儿童大量的练习时间；⑥通过观察，不断检查儿童对概念与词的理解；⑦开始练习时，给儿童提供明确的指导；⑧及时提供反馈与纠正。

3. 电脑辅助学习　随着全球电脑和网络化普及，电脑越来越成为儿童青少年 学习的重要工具。我国许多家长惧怕儿童沉湎于网络游戏或成为网瘾而拒绝儿童使用电脑，尤其是学习困难儿童，这无益于学习困难的矫正。电脑虽然不能解决儿童阅读困难面临的所有问题，但它相对于传统纸笔书写和阅读方式，在提高儿童拼写、阅读和数学的学习兴趣方面却有积极意义，且成为矫治儿童阅读障碍的一种重要手段。研究发现，大脑的语音意识必须有足够的时间来激活，而沟通和学习障碍儿童通常无法掌握快速闪现的信息或符号，如“姊”“妹”、“陪”“部”、“举”“拳”等偏旁部首类同的语词特别容易干扰这类儿童的言语过程。有研究发现，用计算机将呈现的辅音延长到正常速度的 1.5 倍，可使接受训练的学习困难儿童成绩大为提高，随着儿童的进步，逐渐加大训练难度，使发音速度加快，仅用 4 周，那些言语落后 1～3 年的儿童的语言能力提高了 2 年的水平。进一步研究证实，使用声学调整的言语（acoustically modified speech）和电脑辅助指导，有助于改善儿童的早期学习成绩和言语能力。

4. 阅读与沟通指导的关键因素

（1）在语言分析中提供直接指导：在儿童早期进行高危儿鉴别，对发育有问题儿童进行直接的语音意识技能训练。

（2）提供直接的字母文字编码指导：编码指导要紧密结合结构化和系统化程序，遵循由简单到复杂的顺序。如先教语言的常规用法，再教非常规用法。期间避免给儿童遗留任何疑惑不解，要尽可能说清楚。对过于依赖逐字解码的儿童，教会他们学会习惯连用词组模块的掌握技巧。

（3）训练儿童的阅读与书写协调进展，即教会儿童准确地书写所阅读的词句。

（4）提供强化阅读指导：可考虑为阅读障碍儿童提供 3 年以上的直接指导。随着儿童进步，提供越来越多的结合上下文阅读的训练，阅读材料中应控制词汇量，保证这些词汇是儿童能够解码懂得的。让儿童猜测和误读词汇不利于学习进展。

（5）自动阅读指导：一旦儿童掌握了基本词汇量及解码能力，就应该加强提高足够的词汇量，使其形成自动解码能力的习惯。这需要通过反复练习和训练，且需结合儿童兴趣，及时予以奖励和鼓励。

5. 药物治疗 目前尚无特殊药物能够治疗 LD，通常给予促进脑功能、增智类药物，包括吡拉西坦、吡硫醇等口服治疗。

案例 2-1 分析讨论

1. 本例患者的临床特点

（1）既往体健的 7 岁学龄男孩，神经系统体检正常。

（2）在校表现差及相关的多动（小动作多，难以坐在座位上）、冲动（不等轮到回答即脱口而出）和注意缺陷（集中注意力做某件事情时需要过多的帮助）。

（3）体格检查：神经状态：反应机敏，查体合作。语言：语言流利，无构音障碍。脑神经：双瞳孔等大、等圆，对光反射存在。眼球各方向运动正常。共济运动：指鼻正确。感觉：触感、温度觉与震动觉无异常。步态：正常。发射：腱反射（++），双侧跖屈反射存在。

根据以上特点，首先考虑的诊断是 ADHD。

2. 治疗 主要的治疗有药物治疗、行为治疗、学校干预、替代治疗等。

思 考 题

1. 儿科护理学的临床特点有哪些？
2. 了解小儿各年龄段分期及其特点对儿童保健指导有什么意义？
3. 影响小儿生长发育的因素哪些是可以干预的？
4. 掌握小儿生长发育的一般规律如何帮助我们开展儿童的保健指导？
5. 我国不同地区的儿童平均身高和体重是否存在差异？请举例说明。
6. 小儿神经心理发育评价有哪几个方面？

（左彭湘）

第三章　儿童保健

【目标要求】

掌握：各年龄段的概念及各年龄阶段儿童及其家庭促进的护理措施，不同年龄阶段游戏选择及特点、功能、分类，儿童体格锻炼原则及注意事项，常见儿童非故意伤害及其预防措施，预防接种反应及禁忌证、注意事项。

熟悉：各年龄阶段的特点、游戏对儿童身心发展的意义、儿童体格锻炼的方式、免疫接种的原则。

了解：各个时期的保健重点、游戏的定义、体育运动的形式、计划免疫管理。

第一节　各年龄段儿童及其家庭的健康促进

一、胎儿及其家庭的健康促进

（一）胎儿期特点

胎儿期指从受精卵形成至胎儿娩出止，约40周。胎儿的发育与孕母的健康、营养状况、生活环境和情绪等密切相关。胎儿早期是器官形成的阶段，其中妊娠第3～8周是胚胎细胞高度分化的时期，极易受环境不良因素的干扰而导致胎儿缺陷与畸形，甚至流产、死胎。胎儿中晚期是胎儿组织、器官迅速生长发育、生理功能逐渐成熟的时期，此时如母体营养不良、感染或受不良环境因素干扰，可导致胎儿宫内发育迟缓，损害胎儿大脑和其他重要组织器官，引起功能障碍等不良后果。故胎儿期保健应以孕母的保健为重点，通过对孕母的产前保健达到保护胎儿健康成长的目的。

（二）胎儿及其家庭的健康促进

1. 产前护理

（1）预防遗传性疾病与先天畸形：婚前遗传咨询，禁止近亲结婚。为了儿童的健康成长，应采取有效措施，预防和减少先天畸形的发生。孕妇应避免接触放射线和铅、苯、汞、有机磷农药等化学毒物，不吸烟和酗酒；患有慢性疾病的孕妇应在医师指导下用药。

（2）保证充足的营养：胎儿的生长发育完全依赖于母体的营养供应，不同阶段的胎儿所需的营养比例不同，每个时期都要均衡膳食，保证各种营养物质的摄入，孕妇的饮食应富于营养、清淡易消化，进食定时、定量。同时也要防止营养摄入过多导致胎儿过大过重，影响分娩。

（3）营造舒适愉快的生活环境：给孕妇提供良好的生活环境，使孕妇生活规律，保持心情轻松、愉快，注意劳逸结合，减少精神负担和心理压力以防止妊娠期并发症的发生。

（4）避免妊娠期并发症：加强高危孕妇的随访，预防流产、早产、异常分娩的发生。

2. 父母角色适应教育　社区保健工作者应了解孕妇家庭为即将出生的新生儿所做的心理准备和物品准备，向准爸爸准妈妈们进行有关新生儿喂养、保暖和预防疾病等方面的健康教育，使每个新生儿出生后就能得到恰当的护理。

3. 产时护理　预防产伤及产时感染是关键。帮助孕母选择正确的分娩方式，权衡各种助产方式的利弊，合理使用器械助产。凡有胎膜早破、羊水污染、宫内窒息、胎粪吸入、脐带脱垂及产程延长、难产等情况，胎儿感染机会明显增加，可预防性使用抗生素，以预防感染的发生。

二、新生儿及其家庭的健康促进

（一）新生儿期的特征

新生儿期是指自出生后脐带结扎起至生后 28 天止。新生儿期是婴儿期的特殊阶段，是从完全依赖母体生活的宫内环境到宫外环境生活的过渡期，身体各组织和器官功能发育不成熟，对环境的适应性和调节性差，易患各种疾病，特别是生后 1 周内的新生儿发病率和死亡率极高，如婴儿死亡中约 2/3 是新生儿，1 周内的死亡占新生儿死亡数的 70%左右。

（二）新生儿及其家庭的健康促进

1. 出生时的护理 新生儿娩出后应立即清理口腔及鼻腔内的黏液，保持呼吸道通畅，严格消毒，结扎脐带。准确记录出生时的 Apgar 评分、体温、呼吸、心率、体重、身长等情况。预防并及时处理缺氧、窒息、低体温、低血糖等情况。产房温度要维持在 26～28℃，娩出后要立即擦干全身皮肤，用柔软的包被包裹，提供母婴同室，鼓励尽早母乳喂养。对宫内感染及分娩时异常的新生儿、早产儿、低出生体重儿等高危儿应立刻送入新生儿重症监护室进行监护。

2. 家庭访视（home visit） 新生儿出院后至 28 天内一般家访 2～4 次，包括生后 5～7 天的周访、10～14 天的半月访和生后 27～28 天的满月访。低出生体重、早产、双胎、多胎或有出生缺陷等的高危儿或者检查发现有异常者应适当增加访视次数。家访旨在早期发现问题、早期干预，从而降低新生儿疾病发生率或减轻疾病的严重程度。每次家访的重点不同，应根据新生儿、家庭、家长的具体情况进行针对性的健康指导。访视内容包括：①了解并询问新生儿的出生史、喂养、睡眠、大小便及母亲泌乳情况、预防接种情况等；②常规体格检查之外，应重点检查有无黄疸、畸形、皮肤及脐部感染。

3. 居家护理

（1）体温护理：评估居室温湿度和通风是否适宜，保持室温 22～24℃，湿度 55%～65%。环境温度过低可使新生儿（特别是低出生体重儿）体温不升，影响代谢和血液循环，甚至发生新生儿寒冷损伤综合征。若环境温度过高、衣被过厚或包裹过严可引起新生儿体温过高。因此，应随着气温变化调节室温、增减衣被，选择合适的保暖措施。

（2）喂养护理鼓励和支持母乳喂养，按需哺乳，食后右侧卧位，避免溢乳引起窒息。注意部分药物可通过乳汁分泌，如氨基糖苷类、异烟肼、氯霉素等，故乳母应在医师指导下用药。如确系母乳不足或者无法母乳喂养者可采取混合喂养或人工喂养。评估母乳喂养有效的指征：哺乳时能听见新生儿吞咽声，哺乳后母亲有下奶感，新儿进食后安静入睡，大小便正常，体重正常增长。

（3）生活护理每日沐浴，水温以略高于体温为宜。每日清洁眼睛、口腔、鼻腔、外耳道。新生儿脐带未脱落前保持局部清洁干燥，每日消毒 1～2 次。保持臀部皮肤清洁干燥，便后及时清洗并更换尿布，必要时涂护臀膏，以防尿布性皮炎。用柔软、浅色、吸水性强的棉布制作衣服、被褥和尿布，避免使用合成制品或羊毛织物以防过敏。衣服式样简单，易于穿脱，宽松不妨碍肢体活动。尿布以白色为宜，便于观察大小便颜色。存放新生儿衣物的衣柜不宜放置樟脑丸，以免引发新生儿溶血。新生儿不宜穿着过多、过厚，包裹不宜过紧，更不宜用带子捆绑，应保证新生儿活动自如及双下肢屈曲（此状态利于髋关节的发育）。

（4）预防疾病和意外指导家长观察新生儿的反应、面色、呼吸、体温、哭声和大小便等情况，发现异常及时就诊。凡患有皮肤病、呼吸道和消化道感染及其他传染病者不能接触新生儿。减少亲友探视，避免交叉感染。哺乳和护理新生儿前应洗手。新生儿食具用后要消毒。按时接种卡介苗和乙肝疫苗。新生儿出生 2 周后应补充维生素 D，预防佝偻病的发生。注意防止因包被蒙头过严、俯卧位、哺乳姿势不当堵塞口鼻等造成新生儿窒息。

（5）早期教育新生儿的视、听、触觉已初步发展，可通过视觉和听觉训练建立各种条件反射，培养新生儿对周围环境的定向力及反应能力。鼓励家长与新生儿进行眼神交流、语言交流、皮肤接触，每日进行新生儿抚触和被动操，促进亲子联接、感知觉发育及运动发育。

4. 新生儿疾病筛查 新生儿出院回家前应根据要求进行先天性遗传代谢病筛查、听力筛查、视力筛查等。目前我国主要开展的项目有先天性甲状腺功能低下症、苯丙酮尿症、半乳糖血症和听力筛查，也推荐对先天性髋关节发育不良进行筛查。由于不同地区高发疾病种类有差异，两广地区增加了葡萄糖-6-磷酸脱氢酶（G6PD）缺乏症的筛查，江苏等地区增加了先天性肾上腺皮质增生症的筛查。

三、婴儿及其家庭的健康促进

案例 3-1A

亮亮，男性，8个月。母乳喂养，体重6.5kg，身长67cm，已萌出2颗乳牙。从5个月开始添加辅食，生长发育良好。

思考题：

1. 此阶段的儿童保健应注意哪些方面？
2. 如何指导家长合理喂养？

（一）婴儿期的特征

婴儿期是指从出生到满1周岁。婴儿期是生长发育的第一个高峰期，体重从出生时的3kg左右增至9kg左右，身高从出生时的平均50cm增至75cm。此期是人类发展中最敏感的时期，也是智力、人格发展的关键时期。此期婴儿的生理、智力及社会文化方面皆有明显进展，如身体的发育速度、感觉器官功能的成熟、语言及游戏等各方面的发展。

对能量和营养素尤其是蛋白质的需要量相对较多，而消化道功能发育尚不完善，若喂养不当易引起消化紊乱及营养不良。婴儿期免疫功能低下，由母体传递的免疫力逐渐消失，自身免疫尚未发育成熟，因而易患感染性疾病。

（二）婴儿及其及家庭的健康促进

1. 合理喂养 母乳是最方便和最健康的婴儿食品，母乳喂养对婴儿心理发展具有重大意义。如果母亲乳汁充足，婴儿前6个月能从健康母亲的母乳汁里获取足够的营养，除了4～6个月补铁外，无需添加其他维生素和矿物质。4～6个月是婴儿生长发育的一个重要过渡阶段。6个月以后的婴儿仍然以母乳或配方奶为主要营养来源，但需开始添加辅食。辅食添加是该阶段婴儿喂养的主要特征，应指导家长辅食添加的原则和顺序、食物的选择及制作方法。随着婴儿月龄增长，应慢慢减少哺乳次数，逐渐增加辅食，以至停止夜间喂奶，直到最后完全断奶。护士应根据具体情况指导断奶，断奶应采用渐进的方式，以春、秋季节较为适宜。

2. 生活护理

（1）沐浴婴儿新陈代谢旺盛，应每日沐浴以保持清洁。天气炎热，出汗多时应酌情增加沐浴次数。沐浴不仅可保持婴儿清洁，还为婴儿提供了嬉戏和运动的机会，同时家长也能利用这一时间观察婴儿的健康状况，更多地抚摸婴儿，与婴儿交流与沟通。在对婴儿进行沐浴时，应将房间的温度调整为24～26℃，以防着凉，母亲或助手先去掉手上的戒指、手链、手表等。向洗净的澡盆内先倒冷水再加热水，水温应在38～40℃，应选用温和无刺激性、不含六氯酚消毒成分的沐浴露。

（2）抚触系统的抚触，有利于婴儿的生长发育，增强免疫力，增进食物的吸收和利用，减少哭闹，增加睡眠，促进婴儿健康成长，同时能增进父母与婴儿之间的感情交流，促进其身心健康成长。

给婴儿进行抚触时需要注意以下几个问题。第一，房间要温暖，室温应在28℃以上，冬季准备电暖气，婴儿全裸时，操作台面的温度应略高于皮肤温度。第二，抚触时间的选择，最好在沐浴后，午睡及晚上就寝前，婴儿清醒、不疲倦，不饥饿，不烦躁，两次进食中间，或喂奶半小时后进行。第三，抚触前应洗净双手，指甲短于指端，将准备好的婴儿润肤油或润肤霜涂在抚触者双手，以保证抚触时润滑。第四，抚触是抚摸和接触，婴儿皮肤娇嫩，禁忌用力，应避开乳头和脐部。要密切观察婴儿反应，如出现哭吵，肌张力提高，肤色发生变化时应暂停，好转后才能继续，否则停止抚触。每个部位抚触4～6次，抚触时根据婴儿的反应决定抚触时间，全程时间15～20分钟，哭闹超过1分钟，应停止抚触。抚触时，注意与儿童进行感情交流，语言柔和。可播放一些轻音乐，使母婴保持愉快的心情。

（3）更换尿布：婴儿的尿布应选择质地柔软、透气性好，吸水性强的棉质尿布，或采用一次性尿布，以减少每次臀部皮肤的刺激。更换尿布时动作应轻快，避免过度暴露，尿布包扎应松紧合适，防止应过紧而影响婴儿活动或过松造成大便外溢。

（4）睡眠：充足的睡眠是保证婴儿健康的先决条件之一。如睡眠不足，婴儿会烦躁、易怒、食欲减退、体重下降，且不能熟睡，造成恶性循环。婴儿的睡眠习惯有个体差异，活跃型婴儿通常睡眠比安静型婴儿少，随年龄的增大睡眠时间逐渐减少，且两次睡眠间隔时间延长。为保证充足的睡眠，必须在出生后立即培养良好的睡眠习惯。在婴儿期，睡眠障碍主要是很难建立稳定的睡眠规律，易形成行为失眠症。表现为入眠和持续睡眠困难。预防婴儿睡眠问题的最佳办法是建立婴儿睡眠的常规机制。婴儿的睡眠环境不需要过分安静，光线可稍暗。婴儿睡前应避免过度兴奋，应有婴儿固定的睡眠场所和睡眠时间，尽可能不拍、不摇、不抱。各种卧位均可，但通常侧卧位是最安全舒适的，侧卧时要注意两侧经常更换，以免面部或头部变形。

（5）活动：家长可以帮助1～6个月的婴儿进行必要的肢体活动，6～12个月的婴儿则应根据发育特征在家长指导下每日进行大动作（如爬、扶站、走等）和精细动作（如取物）的训练，同时定期带婴儿进行户外活动，呼吸新鲜空气、晒太阳，有条件者可进行空气浴和日光浴，以增强体质和预防佝偻病发生。

（6）出牙护理：4～10个月乳牙萌出。婴儿会有一些不舒服的表现。如吸吮手指、咬东西，严重的会表现烦躁不安、无法入睡和拒食等。牙齿的卫生应从儿童出牙时开始，可指导家长每天用润湿的纱布清洁齿龈和萌出的乳牙，但不要马上用牙刷，大部分牙齿长出来，而且适应每日清洁牙齿的常规后，可开始试用小的软毛牙刷，但不宜用牙膏，而用水代替，因为婴儿会吞咽下去。应教育父母不要在晚上让婴儿含着奶头入睡，因为奶汁中的糖分容易使婴儿牙齿形成蛀牙。

3. 增进亲子依恋 婴儿与父母的关系建立在互动基础上。大量的研究证实了婴儿与环境之间的相互关系，所以应促进婴儿与父母之间的纽带连接，指导父母了解婴儿产生依恋情绪的过程，教会家长如何认识婴儿的健康问题，并鼓励家长拥抱和抚摸婴儿，对婴儿说话、唱歌，可促进婴儿的智力发育。婴儿出现的依恋行为：①对父母表现出不同于他人的啼哭、微笑、发音；②视觉-动作趋向：注视母亲的身影，即便母亲不在身边；③当母亲离开房间时啼哭；④通过移动（爬、匍匐前进、走）接近母亲；⑤抓紧母亲（尤其有陌生人时）；⑥尝试从母亲身边走开的感觉，但仍将母亲作为安全岛。

4. 预防感染与疾病 较小的婴儿很容易发生感染，所有人员在接触婴儿之前应彻底洗手以预防交叉感染，另外眼睛护理、脐部护理、沐浴均是预防感染的重要措施。婴儿的抵抗力差，很容易患各种传染病，为保证婴儿的健康成长，必须切实按照计划免疫程序，完成预防接种的基础免疫，预防急性传染病的发生，降低婴儿死亡率。同时，应定期为婴儿做健康检查和体格测量，进行生长发育监测，以便及早发现问题，及时纠正。

案例3-1A 分析讨论

1. 婴儿期儿童保健应注意

（1）合理喂养：4～6个月婴儿尽可能母乳喂养，6个月以上婴儿应及时添加辅食。

（2）生活护理：注意清洁卫生、衣着、睡眠、牙齿护理、户外活动的安排。

（3）增加亲子依恋：定期抚触、观察婴儿依恋行为与反应。
（4）防止感染与疾病。
2. 指导家长合理喂养
（1）指导家长母乳喂养的方法。
（2）指导家长人工喂养的方法及注意事项。
（3）指导家长辅食添加的原则和顺序。
（4）指导家长断奶的时机、方法、注意事项。

四、幼儿及其家庭的健康促进

（一）幼儿期的特征

幼儿的体格生长发育速度较婴儿缓慢，神经精神发育迅速，语言和动作能力明显发展，自己会跑、能跳，独立性强。语言发育也进入一个新的阶段，从学说一个字，到会说几个字组成的句子。幼儿正处在断乳之后，如果不注意膳食质量，供给充足的营养，则容易发生体重增长缓慢甚至营养不良。此期是养成良好的生活习惯和卫生习惯的关键时期。对危险的认知能力差，易发生意外事故；免疫力仍低，接触感染的机会也较以前多。

（二）幼儿及其家庭的健康促进

1. 合理膳食 幼儿的膳食必须要能供给足够的热量和各种营养素，以满足体格生长发育、神经精神发育和活动的需求，但幼儿在 2 岁半以前，乳牙尚未出齐，咀嚼和胃肠消化功能较弱，因而食物宜细、软、烂，要为他们安排平衡膳食。根据幼儿的发育特点，注重培养良好的饮食习惯。成人要树立榜样，不挑食，不偏食，不吃零食，餐桌上不批评惩罚儿童，不玩手机等电子产品，要注意进餐礼仪，告诫儿童进餐时不玩耍。同时餐具的选择应符合幼儿的年龄特点。

2. 预防龋齿 龋齿是 18 个月至 3 岁儿童常见的一种牙齿疾病。频繁的夜间喂奶会导致龋齿，儿童睡眠障碍、脾气倔强不配合、氟元素供给不足等也成为儿童龋齿的影响因素。预防龋齿的方法包括杜绝含奶嘴入睡的习惯，入睡前就喂好奶，睡觉时不喂糖水而用白开水；不把奶瓶当作安慰奶嘴，不在安慰奶嘴上涂抹蜂蜜。适量的氟化物可使牙釉质更坚固，可抵抗酸性物质的腐蚀。用含氟牙膏刷牙也是一个办法，但对年幼儿而言应监督他们防止将含氟牙膏的泡沫咽下导致过量的氟化物积聚。

3. 训练大小便 幼儿期间的重要任务之一便是大小便的训练。儿童 18～24 个月学会行走后便已具备控制肛门直肠括约肌的能力。控制大小便的生理和心理准备应到 18～24 个月完成，认知的发展使他们能够表示便意，理解应在什么时间和地方排泄，因此家长应学会识别这些信号。

训练大小便有一些技巧。选择合适的坐便器，在训练过程中，家长应随时采用赞赏和鼓励的方式，训练失败时不要表示失望或责备幼儿。训练排便时儿童的穿着应易脱卸或穿开裆裤，并让他们观察他人的大小便行为。儿童专注于游戏和玩耍时，往往会忘记上厕所。所以应经常提醒儿童并带他们到卫生间看是否需要大小便。在环境突然变化时，幼儿已形成的排泄习惯会改变，但当幼儿情绪平稳后，排泄习惯会恢复。

4. 促进语言及动作的发展 幼儿时期是语言发育的关键时期，幼儿好奇心强，喜欢问各种问题，可以唱简单的童谣、翻看故事书或看动画片。家长要经常与儿童交谈，一起游戏，通过唱歌、说故事、陪孩子看动画片等活动促进儿童的语言发展，扩大词汇量，及时纠正发音。 对于 1～3 岁的儿童，要选择有助于大肌肉和小肌肉发展的各种室内游戏和户外活动，如走、跳、投掷、攀登、拿笔画画、堆积木等。

5. 适应托幼机构生活 幼儿园、托儿所开展对儿童的集体教育，是扩展儿童和他人交往范围的重要场所，儿童在幼儿园或日托机构能够培养集体精神和合作意识、能够面对形形色色的社会文化差异、能够有机会应对烦恼、不满、愤怒等情绪。许多托幼机构都安排了儿童日间的活动如室内游戏、户外活动、小组活动（包括手工活动、创造性游戏、自由活动等），并有餐间点心和午间休息时间。对缺乏同龄伙伴的儿童而言（尤其是独生子女）进入幼儿园特别有益。幼儿园可为儿童提供深入的语言学习、体格生长、社会化发育方面的机会。

五、学龄前儿童及其家庭的健康促进

（一）学龄前期的特征

此期儿童体格仍持续稳步增长，体重平均每年增加 2kg，身高平均每年增长 5cm；神经精神发育迅速，智力发育更完善，语言、思维、想象力日渐成熟；能用语言和简单的文字表达自己的思想，求知欲强，好奇，爱问；与外界环境接触日益增多，模仿性强；精细动作、共济运动发育接近协调。由于活动和锻炼增多，体质渐强，感染性疾病发病减少，而免疫性疾病如肾炎、肾病等有增多趋势。5～6 岁时，乳牙开始松动脱落，恒牙依次萌出，若不重视口腔卫生，易发生龋齿。学龄前儿童具有较大的可塑性，应加强早期教育，培养良好的道德品质和生活自理能力。

（二）学龄前儿童及其家庭的健康促进

1. 合理膳食 保证充足的营养，提供平衡膳食，保持食物多样化，荤素粗细搭配科学合理，食物的烹饪制作要讲究色香味形，充分引起儿童对食物的兴趣，尽可能创造机会让儿童参与食品制作和餐桌布置。

2. 培养自理能力 学龄前期儿童由于其体格和认知的逐渐发育，他们能表达其独立的愿望并能独立行事，到了 4～5 岁，他们几乎可以独立穿衣、吃饭、如厕，但动作缓慢不协调，需要成人的帮助，会花费更多的时间和精力，家长应及时鼓励和赞赏儿童。

3. 防止疾病和意外 此阶段儿童每年进行 1～2 次的体格检查，除了常规体检项目外，尤其要强调视力、听力、龋齿、缺铁性贫血等项目的检查，发现问题及时纠正。学龄前儿童意外伤害的发生率比较高，应开展多种形式的安全教育，预防溺水、中毒、交通事故等。

4. 促进社会化 学龄前期儿童比幼儿更具社会性，他们能将家庭文化的标准和价值观念内化，逐渐认识到他们在家庭中的角色和地位。但到了学龄前期末他们开始对父母的价值产生怀疑，并将其与同伴和其他权威人物（如老师）的观念作比较，因此他们会不愿遵从家庭的规矩。父母的养育态度对此阶段儿童社会化发展起关键作用，家长的教养方式要民主且要保持一致性。

六、学龄儿童及其家庭的健康促进

（一）学龄期特征

此期体格稳步增长，智力发育更完善，语言、思维能力进一步发展，求知欲强，好奇，爱问，喜模仿，仍具有较大的可塑性。学龄儿童的防病能力虽然有所增强，但仍易患肾炎、风湿性心脏病等免疫性疾病。

（二）学龄儿童及其家庭的健康促进

1. 合理膳食 尽管学龄期儿童的能量需求相对于体重而言比婴幼儿时期下降，但应储备一定的营养为青春期体格的迅速生长打好基础。应强调膳食的平衡。进入学校后，儿童的饮食方式无法像学龄前期一样接受父母的干预和监督，即使他们带午餐到学校，也不能保证他们的进食量。早餐应保证质和量，最好于上午课间补充营养食品，以保证体格发育。应指导儿童正确选择食物，鼓励儿童吃水果、坚果或其他有营养的小吃。学校应开设营养教育课程以纠正儿童挑食、偏食、吃零食、暴饮暴食的习惯，并注意饮食卫生。

2. 培养健康行为 学龄期儿童认知能力的发展使他们能够选择自己的健康行为。学龄期儿童应达到在个人卫生、营养、体育锻炼、娱乐、安全等方面具备自理能力的目标。实施健康教育是儿童保健的首要内容之一。针对学龄儿童的健康教育项目应通过指导、学习、示范等方式促进儿童健康行为形成。应教育孩子认识他们的身体，并了解他们的行为是如何影响到其健康的。健康行为促进包括培养儿童良好的睡眠习惯；养成良好的饮食习惯；教育儿童注意口腔卫生，培养每天早晚刷牙、饭后漱口的习惯；注意用眼卫生，预防近视；预防传染病；培养正确的坐、立、行的姿势，预防骨骼畸形（如脊柱侧弯、斜肩）等。

3. 保持牙齿健康 儿童 6 岁左右开始出恒牙，因此该期应特别注意口腔卫生和定期的牙科检查。应注意因换牙时牙齿的咬合错位而造成牙齿功能障碍问题。常规的牙科检查和足量的含氟物质供给是学龄期重要的健康促进内容之一，并让儿童和家长注意牙齿错位咬合、牙痛、口腔感染等疾病的预防和治疗。

4. 学校教育 学校必须首先要有安全和健康的环境。学校在促进学龄儿童健康方面起到重要的作用，应为学龄儿童提供系统的服务：①健康检查：除常规检查外，还应包括视力和听力检查、身高和体重测量、心理评定；②急救设施；③传染病控制措施：包括监察被传染儿童，患传染病儿童的就学制度；④咨询、指导和随访患特殊疾病的儿童；⑤健康教育，包括提供有关健康态度、行为的知识、良好的生活习惯、学习习惯、用眼卫生，以及意外事故预防等。

七、青春期少年及其家庭的健康促进

（一）青春期特征

青春期是从儿童到成人的过渡时期，产生了显著的生理、智力及心理社会变化。青春期少年进入体格发育的第二个高峰期，生殖系统开始发育并且逐渐成熟，内分泌系统出现一系列变化，表现为体格的发育和性成熟，以及心理发育达到一个新的水平，但身心发展处于一种非平衡状态，容易出现心理冲突和矛盾。如果这些矛盾和问题未能及时得到顺利解决，可能在情绪、情感、性格、心理及行为等方面出现异常，甚至会出现较严重的心理及行为偏差。

青春期少年对健康的定义和成人相似，认为健康是能够在生理上、心理上和社会上具备完好的功能，能够具备积极的情绪状况。他们对健康的认识已超越了“不生病”的观念，包含了维护和促进健康的内容。青少年能够认识到一些危险的事物，如吸烟、吸毒、性行为、网络成瘾等，同时也认识到一些心理问题对健康的影响及来自环境和社会的威胁，如抑郁、暴力、与他人的冲突。他们也往往会低估自身行为潜在的负面后果。

（二）青春期少年及其家庭的健康促进措施

1. 合理膳食 青少年时期体格迅速增长，因此其营养需求成倍增加，特别是对蛋白质、铁、钙、锌等的需求大大增加。目前青少年营养素缺乏的发生率已大大下降，但取代而来的是饮食不平衡和营养过剩。在饮食和健康评估过程中如果青少年出现下述情况之一则应警惕心理社会性或生理性疾病可能：①体重指数（BMI）在过去的 12 个月内增加 2 个单位；②有先天性心脏病、肥胖、高血压、糖尿病家族史；③过于关注自己的体重和形象；④血清胆固醇水平和血压增高。

2. 心理保健 青春期是心理发育的又一个重要阶段，其心理与身体和生理一样正发生巨大的变化，认识它们的心理特点，正确对待、主动引导，开展青春期的心理保健，能够使他们顺利度过心理发育的“断乳期”，否则易造成心理发育偏离正常，甚至产生意想不到的严重后果。护士和其他卫生保健人员能为青少年提供有力的信息、支持、鼓励，帮助他们应对青春期变化和挑战。可通过对青少年进行压力和变化应对技巧培训，或帮助青少年加入到对个人发展有积极意义的活动中等方式促进青少年的情感健康和心理社会调整。

3. 减少疾病和伤害 由于内分泌调节不稳定，会有痤疮、甲状腺肿、痛经等发生。青少年时期的伤害包括交通事故、打架斗殴所致损伤、自杀、溺水、中毒、烧伤。由于信息技术具有新异性和变化性，对青少年具有很大的吸引力，故手机依赖、网络成瘾也是青春期常见的问题，严重损害其身心健康和成长。因此，对青少年的预防伤害教育应包括安全教育、不良情绪和行为的筛查与咨询、控制网络成瘾等内容。

4. 性教育 由于生殖系统的发育，青少年时期是进行性知识教育的关键时刻。青春期少年出现性兴趣，表现为取笑异性，乐于制造和散播谁“喜欢”谁的谎言。开始对异性有好感和兴趣，在言行举止、处事等方面都努力吸引异性的关注。家长、学校和保健人员可通过交谈、发放宣传手册、上卫生课等形式让青少年接受健康的性知识教育，内容可包括生殖器官的结构和功能、第二性征、月经、遗精、性行为、怀孕等，同时还应宣传性传播疾病（包括艾滋病）的传播途径和危害。这种教育可解除青少年对性的困惑。家长和老师应主动与他们交流，增加相互间的信任感，认识到他们渴求独立、渴求志趣相同的知心朋友、渴求异性的注意是正常心理表现，帮助和指导他们如何与异性进行正常的交往，坦然面对异性。应提倡正常的男女交往，抵制黄色传播媒体的影响，对青春期自慰行为如手淫应正确指导，避免夸大其危害而造成青少年恐惧、追悔的心理压力。

第二节 儿童游戏

案例 3-1B

亮亮的家长咨询门诊儿童保健科护士，什么样的游戏有助于亮亮的身心发育？

思考题：

1. 此阶段的儿童游戏应注意哪些方面？
2. 如何指导家长选择合适的玩具？

一、游戏的定义

游戏是指儿童运用一定的知识和语言，借助各种物品，通过身体运动和心智活动，反映并探索周围世界的活动。游戏是儿童的全球性语言，是儿童与他人沟通的一种重要方式。

二、游戏对儿童身心发展的意义

游戏是儿童生命存在的基本方式，是儿童生活的主要状态，游戏也是儿童社会化的中介和媒介。儿童文化与儿童游戏是相互建构、相互关联的关系。游戏是儿童期的主导活动，是儿童生活中的一个重要组成部分，对儿童的情感、认知、个性等方面的发展都起着重要作用。通过游戏，儿童能够识别自我及外界环境，发展智力及动作的协调性，初步建立社交模式，学会处理一些简单的问题。

三、游戏的功能

（一）促进感知运动发育

通过捉迷藏、骑车、踢球、溜冰、踢毽子等游戏，儿童的视觉、听觉、触觉、走、跑、跳等感觉功能及运动能力得到大力地发展，动作的协调性越来越好，复杂性越来越高。

（二）促进智力发育

通过游戏，儿童可以学习识别颜色、形状、大小、质地及用途，理解数字的含义；了解空间及时间等抽象概念，增进语言表达能力及技巧，获得解决简单问题的能力。

（三）促进社会化过程

通过一些集体游戏，儿童学会与他人分享，关心集体，认识自己在集体中所处的地位，并尽快适应自己的社会角色；儿童在游戏中还能测试自己的能力并逐渐调整自己的行为举止，遵守社会所接受的各种准则，如公平、诚实、自制、自律、关心他人等，建立一定的社会关系，并学习解决相应的人际关系问题。婴幼儿还通过游戏探索自己，并把自己与外界环境分开。

（四）促进创造力的发展

在游戏中，儿童可以充分发挥自己的想象，发明新的游戏方案，塑造新的模型，绘制新的图案等。对儿童在游戏中的想法或试验经常给予鼓励，将有助于儿童创造性的发展。

（五）促进自我意识的发展

自我意识萌芽于婴儿末期。自我意识一旦形成，游戏就成为儿童认识自我、表现自我、监控自我的主要方式。主动性与内疚是幼儿期（2～5 岁）的主要心理社会危机，而游戏构成了幼儿化解心理社会危机的基本途径和主要手段。因为游戏过程由儿童自我控制，达到了高度的自治，不用惧怕惩罚或内疚，可以充分展示自我并且逐步学会控制自我。在游戏中，儿童开始学会信任外部环境的永恒性和持续性，也学会了信任内部环境，即对冲动的意识、记忆和行为预见能力等。

（六）治疗效应

对于一些住院患儿，游戏有一定的辅助治疗作用。患儿通过游戏发泄不良情绪、缓解紧张及压力。游戏在一定程度上使医务人员在观察病情，了解患儿对疾病的认知程度，理解治疗及护理过程、进行健康教育等提供机会。住院作为儿童成长过程中的重大负性事件，会给儿童造成恐惧、焦虑、紧张不安等负性情绪体验，甚至引起社交能力与行为语言方面的退化。游戏可以减轻患儿的焦虑与恐惧，促进儿童适应医疗环境，增加对治疗的依从性，消除或减少儿童的退化行为。

（七）促进道德发育

游戏使儿童渐渐熟悉周围的人和事，熟识自己和他人的想法、主意、举动、欲望和请求。通过游戏儿童学会相互忍让、互助、合作等人际交往规则，不断学习社会经验和行为准则，进而使儿童的道德情感得到良好的发展，并逐步形成良好的道德观念。

四、游戏的分类

皮亚杰认为游戏是随认知发展而变化的，他根据儿童认知发展的阶段，把儿童游戏分为感觉运动游戏、象征性游戏、结构游戏和规则游戏等四类。

（一）感觉运动游戏（练习性游戏）

感觉运动游戏是儿童最早出现的一种游戏形式，一般处于从儿童出生到 2 岁这一阶段。儿童主要是通过感知和动作来认识环境、与人交往的，他们的游戏最初是通过自己的身体作为游戏的中心，逐渐地会摆弄与操作具体物体，并不断反复练习已有动作，从简单的、重复的练习中，尝试发现、探索新的动作，从而使自身获得发展。在反复的成功的摆弄和练习中，获得愉快的体验。该游戏的主要表现形式为徒手游戏或重复操作物体的游戏。

（二）象征性游戏

象征性游戏是 2～7 岁学前儿童最典型的游戏形式。象征即用具体的事物表现某种特殊意义，游戏中出现了象征物或替代物，儿童把一种东西当作另一种东西来使用即“以物代物”、把自己假装成另一个人即“以人代人”，是象征的表现形式。游戏中的主要特征是模仿和想象，角色游戏是其主要的表现形式。通过象征性游戏，儿童可以脱离当前对实物的知觉，以象征代替实物并学会用语言符号进行思维，体现着儿童认知发展的水平。

（三）结构游戏

结构游戏是儿童利用各种不同的结构材料来建构、反映现实生活中物体的活动。它是游戏活动向非游戏活动的过渡，前期带有象征性，后期逐渐成为一种智力活动。

（四）规则游戏

规则游戏是 7～11 岁的儿童按照一定的规则进行的、带有竞赛性质的游戏，参加游戏的儿童必须在 2 人以上。

五、不同年龄阶段游戏选择及特点

（一）婴儿期游戏

以单独性游戏为主。婴儿自己的身体往往就是他们游戏的主要内容，如玩手脚、翻身、爬行和学步等身体动作带给他们极大的乐趣，他们喜欢用眼、口、手来探索陌生事物，对一些颜色鲜艳、能发出声响的玩具感兴趣。

（二）幼儿期游戏

以平行性或合作性游戏为主，即幼儿与其他小朋友一起玩，但一般没有联合或合作性行动，主要是自己独自玩耍。

（三）学龄前期游戏

多为联合性或合作性游戏，如绘画、搭积木、剪画、做模型等。许多儿童共同参与一个游戏，彼此能交换意见并相互影响，每个儿童可以按照自己的意愿去表现自己。这个时期儿童想象力非常丰富，模仿性强，复杂性和技巧性明显增强。

（四）学龄期游戏

以竞赛游戏为主，如学校的拔河比赛、唱歌比赛、诗词朗诵、小品表演等竞赛游戏。儿童在游戏中制订一些规则，彼此遵守，并进行角色分工以完成某个目标。此期儿童想象力丰富，希望有更多的时间与同伴一起玩耍。

（五）青春期游戏

青少年游戏因性别不同有较大的差异。女孩一般对社交活动感兴趣，如聚会，也喜欢看小说、散文、电影及电视节目等。男孩则喜欢运动中的竞赛及胜利感，对机械和电器装置感兴趣，如各种运动比赛、小电器的拆卸等。青少年对父母的依赖进一步减少，愿意花更多的时间与朋友在一起，他们主要从朋友或同伴处获得自我认同感。

案例 3-1B 分析讨论

1. 婴儿期的游戏安排应注意

（1）给婴儿一个安全的“运动场”，协助练习用手、膝盖和脚爬行，任他摸爬滚打。

（2）让婴儿模仿动物的声音或汽车、火车的声音，也可以配上动作和手势。

（3）每天保持 1～2 小时的户外活动。

（4）给婴儿洗澡时，可以安排玩水游戏。

2. 指导家长选择合适的玩具

（1）选择颜色鲜艳的皮球、积木、玩偶和书本等，主要玩具要符合安全卫生标准。

（2）地板上一定要铺上防滑毯子或棉垫。

第三节 体格锻炼

儿童体格锻炼，即从婴儿期开始，进行有组织、有计划地利用大自然如日光、空气和水反复地对皮肤进行长时间刺激的一种积极的预防措施。通过体格锻炼，可以提高机体对外界环境变化的适应能力，促进新陈代谢，从而增强体质，提高机体对疾病的抵抗力。儿童体格锻炼可以采取多种形式，根据儿童的年龄、体质、个性特征、环境、气候等特点，结合日常生活护理，选择合适的方式进行。

案例 3-1C

亮亮的妈妈带着亮亮来到儿童保健科进行体格检查。经过询问，护士得知妈妈很少带孩子进行体格锻炼。

思考题：

请为亮亮妈妈提供儿童体格锻炼建议，以增强亮亮的体质。

一、儿童体格锻炼原则及注意事项

（一）循序渐进

利用自然因素进行体格锻炼，从温暖季节开始，沐浴时逐渐降低室温和水温，要根据幼儿的生理特点，宜循序渐进，逐步提高各种因素对人体的刺激强度，逐步延长锻炼时间、增加锻炼强度。锻炼的方式由简单到复杂。这样才能使人体各种器官逐渐对锻炼产生良好适应。

（二）持之以恒

经过持续的锻炼，幼儿大脑皮质建立起有关的联系，当周围环境发生变化时，能灵活准确地调节有关器官，使之迅速做出相应的反应，保持机体与外界环境的平衡。经过多次反复的练习，大脑皮质上有关的联系就变成了巩固而复杂的条件反射，从而达到增强体质，减少疾病的目的。

（三）个体化锻炼

对不同健康状况的小儿选择锻炼的方法、时间、强度时应有所区别。如对体弱儿的体格锻炼应较健康儿缓慢，时间应短并要仔细观察。要仔细观察婴幼儿对锻炼的反应，应及时采取措施，进行相应调整，以达到增强体质的目的。

（四）全面安排

体格锻炼会增加热能的消耗，只有食物可予补充。因此，体格锻炼应适当增加各种营养素，补充热量，并合理地安排生活制度。锻炼时要注意内容的多样化，锻炼强度要符合年龄特点，合理安排，不能强求一致。时间要有所控制，否则会造成各生理功能的不协调，达不到锻炼的目的。

（五）充分准备

要做好思想准备，使儿童、家长及保教人员对锻炼的意义有统一的认识。要熟悉有关婴幼儿体格锻炼的方法及步骤，掌握动作要领，并做好物质准备。

（六）整理活动

开始前做适当的准备活动，运动量逐渐增加，使心血管系统有足够时间提高其活动水平，同时消除肌肉、关节的僵硬状态，以减少外伤的发生。锻炼后的整理活动可使神经系统由紧张恢复到安静，以防止“运动性休克”的发生。

（七）记录总结

详细记录锻炼前后儿童的健康情况及锻炼进展情况，并观察总结锻炼效果。

二、儿童体格锻炼的方式

（一）户外活动

户外活动一年四季均可进行，儿童在户外活动时，通过感觉器官接受各种信息刺激，有助于儿童认知能力和社会交往能力的发展。接受阳光照射可以预防佝偻病，促进骨骼健康，增强免疫力。婴儿期应尽早到户外活动，活动时间由最初的每日 1～2 次，每次 10～15 分钟，逐渐延长至每次 1～2 小时。冬季户外活动要注意保暖，儿童仅暴露面部和双手亦可达到锻炼的目的。年长的儿童除恶劣天气外，应提倡多进行户外活动。

（二）皮肤锻炼

1. 空气浴 是利用气温与体表温度间的差异作为刺激因子来锻炼身体，使机体能适应气候的变化，是一种简单易行且效果明显的皮肤锻炼方法。外界气温越低、时间越长，所产生的刺激强度就越大。所以，空气浴能提高儿童对寒冷的适应性，增强对自然环境变化的耐受能力，从而增强机体对外界的抵抗力，减少疾病的发生。接触新鲜空气是开始锻炼的第一步，要从温暖季节开始，最好从夏季开始，逐渐过渡到冬季，先室内、后室外，循序渐进地培养孩子对冷空气的适应能力。每次锻炼要根据气象条件和个体耐寒程度灵活掌握，以不出现寒战为度。如遇大风、大雾或寒流，可暂停或在室内进行。一般情况下要有规律地坚持，不要无故中断。发热、虚弱的儿童、严重心肾疾病患者，不宜进行空气浴。

2. 日光浴 日光浴一年四季都可以进行，1 岁以上的儿童即可进行日光浴。儿童日光浴以饭后 1～1.5 小时为宜，可以安排上午 10 时到下午 2 时，气温以 24～30℃为宜。日光照射时间原则上由短到长。第一次日光浴婴儿仰卧 1 分钟、俯卧 1 分钟；以后每隔 2 天增加仰卧和俯卧照射时间各 1 分钟，最后婴幼儿可延长到 10～15 分钟，较大的幼儿可延长到 20～30 分钟。日光浴的地点，可选择在庭院、阳台和江边等简洁而且空气流通的环境进行，或者在室内开窗户日晒。儿童日光浴时尽量裸体，或者仅穿三角裤，头戴宽边帽子或戴白色布帽使头部遮阴，保护眼睛，年长儿可戴墨镜。儿童可以在日光下活动沐浴，也可以安静沐浴，采取坐位或卧位，但一定要注意变动体位，让身体各部位均得到照射。一般照射次序是先背部，后体侧，再腹侧。照射时两脚正对太阳，避免日光直射头部。日光浴后最好做擦浴或淋浴。

3. 水浴 利用水的机械作用及体表与水的温差刺激机体，使皮肤血管收缩或紧张，促进机体的血液循环、新陈代谢及体温调节，增强机体对温度变化的适应能力。因水比空气的传热能力大 28～30 倍，故与同温度的空气相比，冷水对体温调节的影响更大。不同年龄和体质的儿童选择不同的水浴方式。

（1）浸浴：适合于婴儿。浴盆的水位以婴儿半卧位时锁骨以下全部浸入水中为宜。室温可在 20～22℃、水温可在 34～36℃，每次浸泡不超过 5 分钟。浸浴结束后，再以低 1～2℃的水冲身，每天锻炼 1 次即可。

（2）擦浴：刺激作用比较温和，操作方法也教简单，适用于 6 个月以上的儿童。宜躺在床上进行。先将吸水性强、质地柔软的毛巾或连指手套浸到温度适宜的水中，稍稍拧干，自婴儿的手、臂、脚、腿做向心方向擦浴。擦完后立即用柔软的干毛巾摩擦，致使皮肤微红。初始水温为 35℃，以后隔 2～3 日天降低水温 1℃。婴儿可以降至 26℃，幼儿可以降至 24℃，学龄前儿童可以降至 22～20℃，室温应维持在 18℃。

（3）淋浴：适用于 3 岁以上的儿童。淋浴对机体的锻炼作用较强，可使全身绝大部分皮肤同时受到冷水的作用。水温的刺激、水流的压力和按摩作用，有助于皮肤抵抗力的提高。每次淋浴时间为 20～40 秒，水温可从一开始的 35～36℃逐渐将至 26～28℃，年长儿可将至 24～26℃。淋浴顺序是背部、两肋、腹部，头部不宜淋浴。淋浴后用干毛巾擦拭直至全身皮肤微微发红。

4. 婴儿抚触 系统的抚触，有利于婴儿的生长发育，增强免疫力，增进食物的吸收和利用，减少哭闹，增加睡眠，促进婴儿健康成长，同时能增进父母与婴儿之间的感情交流，促进其身心健康成长。给婴儿进行抚触时需要注意的问题详见本章第一节“三、婴儿及其家庭的健康促进”中“2.生活护理”部分内容。

（三）体育运动

1. 体操

（1）被动操：适用于2～6个月的婴儿，在成人的帮助下进行四肢的伸、屈运动。婴儿饥饿、刚刚喂饱、未睡醒的状态下不易做操。要选择在喂奶后1小时婴儿清醒状态下进行，动作要轻柔，如感觉到婴儿有对抗力时，应该稍等一会儿，待肢体放松后继续做操。

（2）部分主动操：适用于7～18个月的婴儿，每天做1～2次，做操时应尽可能少穿衣服，要给婴儿穿舒适便于活动的衣服，注意不要操之过急，循序渐进。可以配上音乐，也可在户外进行，要注意动作轻柔而富有节奏感。

（3）主动操：适用于 18 个月以上的幼儿。幼儿阶段模仿性强，可配合儿歌或音乐做有节奏的体操。3～6岁的儿童可进行广播体操和健美操的锻炼，以促进动作的协调，促进骨骼与肌肉的发育。

2. 游泳

（1）婴儿游泳：是指未满周岁的婴儿在专业护理人员或经过培训婴儿父母的看护下，运用专业婴儿游泳器材进行的一项特定的阶段性婴幼儿水中早期健康保健活动，分为有秩序、有部位、有技巧的婴儿被动游泳操和自主游泳两部分。每天或定期进行婴儿游泳，婴儿的四肢能在一段时间内完全自由运动，可促进运动发育，较早完成协调和精致的动作。游泳时，婴儿的视野有很大程度的扩大，视野的扩大能大大提高声、色信号的接收量，对声、色信号的协调和组合也极有帮助。这一点能直接催化婴儿神经系统的快速发育，对提高婴儿的智力极为有利。

（2）浴场游泳：利用室内或室外天然浴场，结合水、空气、阳光的作用，对儿童的体格和心智发育有利。空腹或刚刚进餐后不得游泳；游泳之前应先做准备运动，先浸湿头部和胸部，然后逐渐进入水中。出水后，应立即擦干身上的水，并进行伸展运动使机体产生热量。

3. 田径、球类及其他游戏 田径运动和球类运动、滑冰、踢毽子、投掷等运动可以锻炼儿童动作的灵性、协调性，并可培养团队精神。滑梯、木马、转椅、旱船等游戏，可以锻炼攀登动作及平衡动作。

案例 3-1C 分析讨论

8个月婴儿的体格锻炼

（1）家长可以协助婴儿做被动操。

（2）婴儿室内戏水、游泳。

（3）坚持每日户外活动1～2小时，如晒太阳、坐在婴儿车上散步。

第四节 意外伤害预防

儿童是发生意外伤害的高危人群，无论是发展中国家还是发达国家，伤害已经成为1～14岁儿童的第一死因。意外伤害不但影响儿童的正常生活，还会给儿童留下永久性疾病，终生丧失某种能力，给家庭、社会带来巨大的直接或间接损失，伤害所致的永久性残疾对儿童身心发展造成巨大的负面影响。意外伤害已经成为一个重要的全球性公共卫生问题。

一、伤害的定义

20世纪80年代，国际上公认的伤害定义为：因周围环境的能量（急性）作用导致的躯体损伤，它超过了躯体自身的承受力和恢复力。这里的能量包括机械能、电能、热能、电离辐射或化学能等。但伤害不仅仅限于导致躯体的损伤，伤害还包括由各种刺激给儿童造成的心理伤害。国内学者将伤害（injury）定义为：凡因能量（机械能、电能、热能等）的传递或干扰超过人体的耐受性造成机体组织损伤，或窒息导致缺氧以及由于刺激引起的心理创伤均称之为伤害。因为有些伤害给儿童心理造成的不利影响比对躯体的影响更大。因此，目前国内学者在对伤害定义时，将事件导致的心理创伤也称之为伤害。

二、伤害的分类及预防控制

伤害的原因和后果较为复杂，在不同领域、不同学者是根据其研究或实践的目的进行分类，故对伤害的分类方法较多，尚无统一的分类标准。目前常采用根据伤害行为本身和造成伤害外部原因的划分方法，前者包括伤害的性质和部位进行分类，后者包括伤害的意图、原因、地点、活动类型等。目前，多根据伤害发生的意图，将伤害分为非故意伤害和故意伤害两大类。

（一）儿童非故意伤害

非故意伤害（unintentional injury）指外来的、突发的、非本意的、非疾病的事件导致身体受到的伤害，如道路交通伤、溺水、跌落伤、烧（烫）伤、中毒、切割伤、动物咬伤、医疗事故等。

1. 儿童非故意伤害的流行特征

（1）不均衡性：95%以上的儿童致死性伤害发生在低收入和中等收入国家，东南亚和西太平洋地区的死亡数在全球范围内是最高的。同一国家不同地区也存在不均衡性，我国农村儿童非故意伤害发生率高于城市。不同年龄阶段儿童非故意伤害的发生率和死亡率及非故意伤害的发生类型亦存在较大差异。

（2）多样性与聚集性：2004 年 WHO 统计显示每年发生率超过 20/10 万的 15 岁以下儿童非故意伤害达到 22 种之多，因此儿童非故意伤害的类型具有多样性。李迎春等调查显示儿童非故意伤害具有一定的家族性特征，因此儿童非故意伤害具有聚集性。

（3）可预防性：虽然儿童非故意伤害事件的现状异常严峻，但大多数儿童非故意伤害是可以进行事先预防的。防止儿童非故意伤害应该被视为是能够反复获利的投资，这也是一项能够获得实质经济效益的社会项目，发达国家许多干预儿童非故意伤害的措施已被证明是有效的。

2. 儿童非故意伤害的影响因素 非故意伤害的发生由宿主（个体）、环境（物理或社会）、致病原或媒介物三方面因素综合促成。

（1）个体因素包括年龄、性别、个性心理特征、生理-病理因素等。不同年龄均存在相应非故意伤害的危险性。

（2）环境因素包括家庭环境、社会环境、自然环境等。环境因素在儿童非故意伤害的发生中，起着重要作用，也为非故意伤害的发生提供了基础条件。

（3）致病原或媒介物许多物理环境在伤害的发生过程中都是重要的环境因素，可作为致病原和媒介物而发挥中介作用。

3. 儿童非故意伤害的预防控制

（1）Haddon 模型：Haddon 开创的伤害预防研究，建立了著名的“三阶段三因素矩阵模型”，即将非故意伤害事件的发生划分为发生前、发生时和发生后三个阶段，每个阶段均从宿主、媒介物、环境三个因素方面实施预防。

（2）主动干预（active intervention）：是个体自身选择一定的安全设备或采取某些行为方式，以达到避免伤害的目的，如骑自行车佩戴头盔，减少头部损伤。主动干预针对的是全人群，无论是否会发生事故都常规使用某些安全设备，或采取某些安全行为方式，是防止非故意伤害最有效的措施。

（3）被动干预（positive intervention）：是通过环境因素的改造，减少伤害的风险。

1）教育干预（educational intervention）：是通过对家长和儿童的安全教育，减少环境中的危险因素，改变危险的行为方式，增加安全行为。

2）技术干预或工程干预（engineering intervention）：是通过设备与产品德设计与革新，使伤害风险减少，如家具无角，汽车配安全气囊，药品和日用品采用儿童无法开启的包装等。

3）强制干预（enforcement intervention）主要是通过立法手段，如禁止酒后驾驶，规定驾驶和骑摩托车的最小年龄等。

4）加强急救（emergency care and first aid）：是通过完善急救系统，开通医院急救绿色通道，提高医院急诊处理和护理水平，使受伤儿童在最短的时间内得到最好的医疗服务，降低伤害的死亡率和减少功能损伤。

上述四种被动干预方法称为“四 E 干预”。研究表明，最成功的预防非故意伤害的策略是技术干预或工程干预，其次是教育干预。在技术干预中，产品改良（如汽车中使用安全气囊、防止儿童开启的药瓶盖）的效果优于环境改变（如道路设计、抽屉上锁等）。

虽然发达国家的实践证明了许多预防策略的有效性，但“证据本身无法为成功或行动计划提供一个完整的方法”，只有将研究结果付诸实践，才能将这些成果因地制宜地应用于具体的情况和环境。因此，各国、各地区应从实际出发，制定预防儿童非意外伤害策略，切实开展预防儿童非意外伤害活动。

4. 常见儿童非故意伤害及其预防措施

（1）道路交通伤（road traffic injury）：是指发生在公共道路上、至少涉及一辆移动车辆的碰撞或事故而引起的致命性或非致命性的伤害。我国 0～14 岁儿童伤害死亡第二位是交通伤害死亡。不同年龄段的儿童，发生交通伤害的因素各有不同，如婴幼儿车内未系安全带、学龄儿童在公路上玩耍、不遵守交通规则、青少年不带安全头盔骑自行车等。具体预防措施包括：①自我救护（在救护人员尚未赶到前儿童应学会一定自救技能，学会逃生，学会躲避，学会求救）；②医疗救护（现场急救中最重要的是现场心、肺复苏的处理，保持伤者呼吸和循环，即打开气道、人工呼吸、胸外心脏按压和药物复苏）。

（2）溺水（drowning）：是指呼吸道中浸入液体，导致呼吸损伤的事故。事故后果可能致命也可能不致命，但有些非致命的溺水可以导致严重的神经系统损害。溺水过程短暂而无声，仅 2 分钟就会失去意识，4～6 分钟身体将遭受不可逆转的伤害，因此必须加强对儿童溺水的重视并采取有效的防范措施。具体预防措施包括：①自我救护（倾出呼吸道内积水，人工呼吸，若患者心跳已停止，应在人工呼吸的同时做胸外心脏按压）；②医疗救护（保持呼吸道通畅，必要时进行气管插管；应用气道持续正压呼吸机；在有条件的情况下，继以间歇正压呼吸和高压氧治疗；当呼吸和心跳恢复后，需积极恢复有效循环，维持心律和血压，纠正酸中毒及电解质紊乱）。

（3）烫伤/烧伤（scald/burn）：是一类由于热辐射导致的对皮肤或其他机体组织的损伤。烫伤/烧伤主要包括由热的液体或蒸汽导致的烫伤，由热的固体（热水袋、保暖瓶、取暖器）或烫的熨斗、厨房用具、燃着的烟草等物体所致的接触性烧伤，由燃着的烟草、蜡烛、灯具或火炉等引发火灾导致的烧伤，由接触化学反应性物质（如强酸或强碱）而引起的烧伤，由电流经过机体而导致的电烧伤。具体预防措施包括：①迅速消除烧（烫）伤的原因，撤离火场，脱去燃烧或发烫的衣物；②用冷水浸泡烧（烫）伤部位，如化学物品所致，用大量清水冲洗后（强酸、强碱除外），还应用对抗剂中和；③保护创面，用消毒液清洁创面后，用无菌纱布包裹避免污染；④呼吸道烧（烫）伤，因肿胀而发生呼吸困难者，应立即做气管切开，插入套管，改道呼吸。

（4）跌落伤（fall）：是由于重力作用，人体不慎跌倒、坠落，撞击在同一平面或较低水平面而导致的伤害。意外跌落是 0～14 岁城市儿童死亡的第三大原因，最易发展家里和宿舍。婴儿会翻身后经常发生坠床；独立行走后，可能发生楼梯坠落、窗口坠落；学龄儿童常喜欢爬高、攀登等，跌落损伤增多。具体预防措施包括：①详细了解跌落伤发生的部位，根据受伤儿童的症状、体征和检查结果及时给予合理的处理；②如有污染或异物时应及时用冷开水或肥皂水将伤口洗净，并将异物清除；③出现骨折、意识不清、休克或颅脑损伤等情况，应立即送往医院进一步检查及急救。

（5）中毒（poisoning）：是指因吸入、摄入、注射或吸收有毒物质而导致的细胞损伤，扰乱或破坏机体正常的生理功能或导致死亡。具体预防措施包括：①清除未被吸收的毒物；②接触中毒者应立即脱去污染的衣服，用清水冲洗被污染的皮肤；③吸入中毒者应立即移离有毒场所，呼吸新鲜空气，吸出呼吸道分泌物，必要时吸氧，昏迷者要注意舌根后倒和喉头水肿引起窒息；④口服中毒者应采用催吐、洗胃、导泻和洗肠以清除毒物。

（6）窒息（asphyxia）：是指呼吸道由于内部或外部障碍引起的血液缺氧状态。呼吸道异物窒息多见于5岁以下儿童，当异物进入呼吸道时，因异物占据器官或者异物刺激延后导致喉痉挛、窒息，引起儿童死亡。意外窒息最常发生在婴儿，年龄越小窒息导致死亡的比例越高。异物窒息常发生于儿童进食、玩耍、哭闹、摔跤时。常见的异物有豆类、花生粒、果核、果冻、纽扣、塑料小玩具、玻璃球、气球等。具体预防措施包括：①异物阻塞咽喉部时，应迅速用手掏出或用塑料管吸出阻塞物，同时改变体位，采取侧卧或俯卧位，继续清除部分分泌物，以解除窒息；②如果口腔和咽喉部看不到异物，则不可强行挖取，因为强行挖取会使小儿深吸气，从而加速异物的吸入；③对呼吸、心跳停止者应立即进行心肺复苏；凡窒息患儿均应立即送医院进行抢救。

多年来，预防儿童非故意伤害的研究一直试图找出伤害儿童的内在特征，但在追踪观察中发现，多动、冲动与伤害高发之间虽有联系，但有些危险特征的敏感性和特异性极低。因此，过分强调儿童非故意伤害的倾向性，容易使人们忽视对外部环境的重视。实际上，儿童非故意伤害的预防控制更应该重视儿童生存的外部环境，儿童保健工作者应加强安全教育、指导父母和儿童监护人减少家庭环境中非故意伤害危险因素的暴露；整个社会应从儿童的角度，对与儿童密切的生活环境进行改造，制订有效的立法和安全标准，为儿童创造更加适宜生存和发展的空间。

（二）儿童故意伤害

1. 儿童故意伤害的定义 故意伤害（intentional injury）指有目的的、有意的自我伤害行为或他人加害行为，故意又统称为暴力（violence）。故意自伤行为包括各种方式的自杀、自残、自伤等；他人加害行为（assault）包括各种方式的他杀、被虐待/疏忽、被遗弃、家庭/社会暴力、强奸等。

2. 儿童故意伤害的类型

（1）自杀（suicide）：指个体在意识清醒情况下自愿（而非被迫）的以自我伤害方式结束自己生命的行为。自杀有多种分类方法，美国国立卫生研究所（National Institutes of Health，NIH）自杀预防中心（1971年）将自杀现象分为：①自杀意志（suicidal ideation）：结束生命想法，但未付诸行动；②自杀未遂（attempted suicide）：采取行动，但因方式不当或中途被救活，而未成功；③自杀死亡（completed suicide）：有意图并采取行动，最终导致死亡。

（2）自伤（self-injury，self-harm）：指由个体自己实施的、对自身机体或心理造成实质或潜在的伤害行为，常连续、反复发生，轻者导致损伤或潜在损伤，重者导致残疾死亡。自伤行为不伴随自杀意图，这是自伤与自杀最主要的区别。

（3）校园暴力（school violence）：是在校学生之间、师生之间、学生与社会其他人员之间，发生在校园内外的、故意的欺凌、敲诈、伤害等性质的暴力或非暴力行为，可导致学校成员身体和心理的伤害。一般来讲，造成校园暴力的原因是多方面的，主要体现在家庭因素、学校因素、社会因素和个人因素四个方面，形成原因较为复杂。

（4）虐待与忽视（abuse and neglect，maltreatment）：指一个人对另外一个人实施的蓄意或非蓄意的，能够造成对方身心健康实际或潜在伤害与危害的一类伤害的总称。最常见的虐待与忽视主要为有抚养义务的成年人对儿童实施的虐待与忽视。儿童期的虐待与忽视不仅与儿童近期身心健康产生严重影响，而且与一系列成年后健康问题的风险因素密切相关。这些影响可归纳为生理方面的影响、心理方面的影响、行为方面的影响。

3. 儿童故意伤害的预防控制

（1）校园暴力的预防控制：①构建良好的师生关系；②建立学校与家长的沟通机制；③加强校园暴力防治宣传教育；④健全校园安全管理机制；⑤建立完善全国范围的校园暴力事件通报机制；⑥加强文化传播管理。

（2）儿童虐待与忽视的预防控制：首先，从社会和社区层面而言，应推行法律改革和促进人权；引入有益的社会和经济政策；转变社会文化规范；缩小经济不平等；减少环境危害因素；培训卫生保健专业人员。其次，从人际关系层面来讲，要促进早期安全亲子依恋关系的形成、倡导非暴力的管教方式，在家庭内为儿童的心理健康发展创造条件等。再次，个体层面的预防控制策略旨在直接改变个人的态度、信念和行为，包括针对受虐者和施虐者，可以推广到任何环境：①减少意外妊娠；②增加围产期保健服务；③教育儿童远离潜在的虐待情境。

第五节　儿童计划免疫

儿科学领域一个显著的进步便是普遍开展计划免疫，使儿童感染性疾病的发病率大大下降。尽管许多计划免疫都可针对所有年龄阶段的人，但婴幼儿对各种传染病都具有易感性，所以计划免疫中基础免疫均从婴儿期开始实施。

计划免疫（planned immunizations）是根据免疫学原理、儿童的免疫特点和传染病疫情的监测情况制订的免疫程序，是有计划、有目的地将生物制品接种到婴幼儿体内，以确保儿童获得可靠地抵抗疾病的能力，从而达到控制和消灭传染病目的。

一、免疫方式及常用制剂

特殊性免疫的获得方式有自然免疫和人工免疫两种。自然免疫是指机体感染病原体后建立的特殊性免疫，包括胎儿和新生儿经胎盘或乳汁从母体获得抗体。人工免疫则使人为地使机体获得特殊性免疫，包括主动免疫和被动免疫。婴儿出生 6 个月后，从母体获得的抗体逐渐消失，对各种传染病极易感染。为使易感人群获得更好的免疫力，需要按计划安排接种对象与时间，实施科学接种。

（一）主动免疫及常用制剂

主动免疫（active immunization）是指给易感者接种特异性抗原，刺激机体产生特异性抗体，从而产生相应的免疫能力。主动免疫的特点是起效慢、作用时间长。主动免疫制剂在接种后需经过一段时间才能产生抗体，一般可以维持 1～5 年，故基础免疫完成后还要适时加强免疫，以有效地巩固免疫效果。主动免疫常用制剂包括灭活疫苗、减毒活疫苗、类毒素疫苗、组分疫苗及基因工程疫苗。

（二）被动免疫及常用制剂

被动免疫（passive immunization）是对未接受主动免疫的易感儿，在接触该传染源后，被给予相应的抗体，而立即获得免疫力。被动免疫的特点是起效快，但作用时间短。被动免疫产生的抗体在机体停留时间短暂，很快被排泄掉，一般为 1～3 周，主要用于紧急预防和治疗。被动免疫常用制剂包括特异性免疫球蛋白、抗毒素、抗血清等。

案例 3-1D

亮亮的妈妈出差前告知奶奶，要带着亮亮到儿童保健科进行预防接种。奶奶不知道应该接种什么疫苗，接种疫苗结束后应该注意些什么？

思考题：

请为亮亮奶奶介绍亮亮的预防接种计划及相关的注意事项。

二、免 疫 程 序

免疫程序的制订和实施是儿童计划免疫工作的重要内容，科学的免疫程序不但能充分发挥计划免疫的效果、节省疫苗、减少浪费，同时还可以减少接种异常反应的发生。

按照我国卫生部的规定，婴儿必须在 1 岁内完成卡介苗、脊髓灰质炎三型混合疫苗、百日咳、白喉、破伤风类毒素混合制剂、麻疹减毒疫苗及乙肝疫苗的基础免疫。根据流行地区和季节，或根据家长的自己的意愿，有时也进行乙肝脑炎疫苗、流行性脑脊髓膜炎疫苗、风疹疫苗、流感疫苗、腮腺炎疫苗、甲型肝炎疫苗、水痘疫苗、流感杆菌疫苗、肺炎疫苗、轮状病毒疫苗等的接种（表 3-1）。

三、免疫接种的原则

（一）鉴定有无使用的必要

必须有临床和流行病学的联合报告认为某种传染病的流行是健康的主要威胁，一般以国家设立的传染病监控中心和世界卫生组织机构临床和流行病学的报告为基础。

（二）要制备一种特异性的免疫预防机制

除了安全无明显毒副作用以外，还必须有可靠地效果。疫苗的可接受性也非常重要，否则难以达到覆盖率。

（三）要按照疫苗接种的程序

疫苗接种的程序非常重要，疑有并发症时，应从流行病学方面比较风险和益处，然后做出权衡。对使用疫苗的保健工作者应做出慎重的指定，并注意禁忌证。特殊环境的儿童需要额外进行相应的免疫接种。

表 3-1　国家免疫规划疫苗接种程序（2008 年）

疫苗	月（年）龄	剂次	接种途径	接种剂量/剂次	备注
乙肝疫苗	0、1、6 月龄	3	肌内注射	酵母苗 5μg/0.5ml，CHO 苗 10μg/1ml、20μg/1ml	出生后 24 小时内接种第 1 剂次，第 1、2 剂次间隔≥28 天
卡介苗	出生时	1	皮内注射	0.1ml	
脊灰疫苗	2、3、4 月龄，4 周岁	4	口服	1 粒	第 1、2 剂次，第 2、3 剂次间隔均≥28 天
百白破疫苗	3、4、5 月龄，18～24 月龄	4	肌内注射	0.5ml	第 1、2 剂次，第 2、3 剂次间隔均≥28 天
白破疫苗	6 周岁	1	肌内注射	0.5ml	
麻风疫苗（麻疹疫苗）	8 月龄	1	皮下注射	0.5ml	
麻腮风疫苗（麻腮疫苗、麻疹疫苗）	18～24 月龄	1	皮下注射	0.5ml	
乙脑减毒活疫苗	8 月龄，2 周岁	2	皮下注射	0.5ml	
A 群流脑疫苗	6～18 月龄	2	皮下注射	30μg/0.5ml	第 1、2 剂次间隔 3 个月
A+C 流脑疫苗	3 周岁，6 周岁	2	皮下注射	100μg/0.5ml	2 剂次间隔≥3 年；第 1 剂次与 A 群流脑疫苗第 2 剂次间隔≥12 个月

续表

疫苗	月（年）龄	剂次	接种途径	接种剂量/剂次	备注
甲肝减毒活疫苗	18 月龄	1	皮下注射	1ml	
出血热疫苗（双价）	16～60 周岁	3	肌内注射	1ml	接种第 1 剂次后 14 天接种第 2 剂次，第 3 剂次在第 1 剂次接种后 6 个月接种
炭疽疫苗	炭疽疫情发生时，病例或病畜间接接触者及疫点周围高危人群	1	皮上划痕	0.05ml（2 滴）	病例或病畜的直接接触者不能接种
钩体疫苗	流行地区可能接触疫水的 7～60 岁高危人群	2	皮下注射	成人第 1 剂 0.5ml，第 2 剂 1.0ml 7～13 岁剂量减半，必要时 7 岁以下儿童依据年龄、体重酌量注射，不超过成人剂量 1/4	接种第 1 剂次后 7～10 天接种第 2 剂次
乙脑灭活疫苗	8 月龄（2 剂次），2 周岁，6 周岁	4	皮下注射	0.5ml	第 1、2 剂次间隔 7～10 天
甲肝灭活疫苗	18 月龄，24～30 月龄	2	肌内注射	0.5ml	2 剂次间隔≥6 个月

四、预防接种的禁忌证

（一）一般禁忌证

1. 生理状态 某种传染病流行季节（如百日咳疫苗接种可诱发乙型脑炎，故乙脑流行季节不宜接种百日咳疫苗）；近 6 周曾注射丙种球蛋白、免疫球蛋白或其他被动免疫制剂者。

2. 病理状态 发热；急性传染病的潜伏期、前驱期、发病期及恢复期；过敏体质；婴儿严重营养不良。对患有癫痫、有抽搐史者，接种乙型脑炎疫苗、百白破疫苗和流脑多糖疫苗时应慎重。

（二）特殊禁忌证

1. 免疫缺陷病、恶性肿瘤、长期服用肾上腺皮质激素、抗代谢药物及免疫抑制剂患儿禁止接种活疫苗。

2. 百白破混合疫苗禁止接种于既往有神经系统疾患、第 1 针注射反应严重者（如休克、高热、惊厥、意识改变、血小板减少或溶血等）、肾炎恢复期及慢性肾炎者。

3. 卡介苗禁止接种于患有湿疹、化脓性中耳炎或严重皮肤病者。

4. 严重腹泻患儿应暂缓服用脊髓灰质炎减毒活疫苗，待疾病康复后使用。

五、预防接种反应

（一）局部反应

接种后数小时到 24 小时注射部位出现红、肿、热、痛。红肿直径在 5cm 以上，伴有淋巴结炎，为重度反应。这种反应一般在 2～3 天内自行消退，不需特殊处理。如果局部红肿持续扩大，高热持续不退，则需送医院诊治。接种卡介苗可出现特殊形式的局部反应，4 周左右局部出现红、肿，以后局部化脓，偶有同侧腋下淋巴结肿大，一般在 2 个月左右结痂，形成瘢痕。

（二）全身反应

轻者可有疲倦感、头晕、全身不适；重者则出现头痛、发热、寒战、恶心、甚至呕吐、腹痛、腹泻等。轻度反应不需处理，重度者休息，对症治疗，服用解热止痛药。少数儿童接种麻疹疫苗后6～12天，可有发热、一过性皮疹。

（三）异常反应

异常反应包括晕针、过敏性休克、过敏性皮疹、血清病、变态反应性脑脊髓膜炎、诱发潜伏的感染等。

（四）偶合症

偶合症是指受种者正处于某种疾病的潜伏期，或存在尚未发现的基础疾病，接种后巧合发病（复发或加重），偶合症的发生和疫苗本身无关，疫苗接种率越高、品种越多，发生偶和症的概率就越大。

六、计划免疫管理

儿科护士通常是预防接种的执行者，所以在接种过程中应注意一些事项。

（一）健康教育

卫生保健人员应对家长进行计划免疫的健康教育，告知各种疫苗的益处和可能的危险。应为家长提供有关接种的文字信息，了解他们的顾虑，纠正一些认识上的误区。儿科护士有责任告知所预防疾病的特性、发病率、危害，介绍所接种疫苗的类型，可能的益处和副作用，并让家长签署预防接种知情同意书。卫生保健人员应严格掌握接种禁忌证。教育家长如何应对接种后不良反应。应告知家长接种咨询和急救处理电话。在接种结束后应和家长书面预约下次接种日期。

（二）环境管理

接种场所应光线明亮，空气流通。产生接种过敏反应时的抢救设备、药品（如用于抢救过敏反应的1∶1000的肾上腺素）应处于备用状态，并常规检查核对。维持和监测保存疫苗的冰箱和冰盒等容器的温度。疫苗应冷藏保存，应保存在冰箱的搁层上而不是冰箱门的格子上，因为经常开冰箱会使门上的物品温度上升而影响药效。如果要求避光保存则将药液包在铝箔内再放在容器中。同时应经常查对药液的有效期、检查药液是否有颜色变化。

（三）消毒

接种活菌疫苗时只用 75%乙醇溶液消毒，而且应待干后接种，以防活菌疫被灭活。应做到每人一支注射器、一个无菌针头。注射器和针头在接种完成后应根据普通防护原则进行处理（剩余药液废弃、活菌苗烧毁）。

（四）接种途径

大部分疫苗接种途径是肌内注射，以上臂三角肌为多用。由于百白破混合制剂含有明矾成分作为辅佐剂，抗原会滞留在注射部位，延长其效力，所以应采取肌内注射而不是皮内或皮下注射，否则会产生局部的炎症反应甚至形成局部溃疡。肌内注射的针头以 25mm 长为宜，皮下注射以 12mm 为宜。进针后应先抽吸针筒检查有无回血，避免疫苗直接进入血管。严格按要求的间隔时间接种，一般接种活疫苗需间隔 4 周，灭活疫苗应间隔 2 周。

（五）记录

准备记录每次接种的情况。特别对经常搬迁的家庭而言，应让父母保存儿童的预约接种记录。记录的内容包括：接种的年月日、疫苗的标号和剂型，接种人员、接种的部位等。漏种者应补种。

七、特殊人群预防免疫

（一）早产儿

一般来说，正常早产儿能够对疫苗反应，可与同龄足月儿一样接受常规的免疫规划程序，接受同样的剂量。低出生体重的早产儿则应待体重上升至2500g以后再开始接受常规的免疫规划程序。

（二）妊娠期疫苗接种

一般妊娠期常规接种疫苗是比较安全的，如白喉（diphtheria）、破伤风（tetanus）、流感（influenza）、乙型肝炎（hepatitis B）疫苗。水痘（varicella）、麻疹（measles）、腮腺炎（mumps）、风疹（rubella）疫苗若在妊娠早期接种对胎儿有潜在的危险，不宜接种。育龄妇女应在接种麻疹、腮腺炎、风疹三联疫苗（MMR）3～6个月后再受孕。孕母有感染甲型肝炎的危险时应注射免疫球蛋白。

案例3-1D 分析讨论

8个月婴儿预防接种计划及注意事项

（1）8个月婴儿应该接种麻疹疫苗，酌情注射流脑疫苗、乙型脑炎疫苗。

（2）指导家长观察预防接种的反应及处理方法。

（3）注意告知家长麻疹疫苗接种前1个月、接种后2周，避免使用胎盘球蛋白和丙种球蛋白制剂。

思　考　题

1. 试述我国1岁以内儿童计划免疫程序及注意事项。
2. 简述不同年龄段儿童的主要健康促进措施。
3. 简述儿童游戏的功能。
4. 儿童游戏可以分为哪几个类型？
5. 常见的儿童意外伤害有哪些？如何预防？
6. 简述儿童体格锻炼的注意事项。
7. 简述儿童非故意伤害预防的“四E干预”方法。

（崔文香）

第四章　住院患儿护理及其家庭支持

【目标要求】

掌握：儿童健康评估的特点；儿童用药特点；儿童补液疗法的护理；新生儿暖箱、光照疗法、静脉输液法等技术。

熟悉：住院患儿的心理反应及护理；护士与儿童及其家长的沟通；儿童疼痛护理；儿童药物选用及护理；儿童液体疗法混合液的配置；动脉、静脉采血技术。

了解：儿科医疗机构的设置特点与护理管理；住院患儿的家庭应对及护理；儿童临终关怀及家庭的情感支持；儿童药物剂量计算和给药方法；儿童体液平衡特点；换血疗法、经外周静脉置入中心静脉导管术等技术。

第一节　儿科医疗机构的设置特点与护理管理

目前，我国的儿童医疗机构大体可分为三类：第一类是综合医院中的儿科；第二类是妇幼保健院，其中设有产科和儿科；第三类是专门的儿童病医院。不同的医疗机构设置布局有所差异，其中以儿童医院的设置最为全面，包括儿科门诊、儿科急诊和儿科病房。

一、儿科门诊

（一）儿科门诊的设置

儿科门诊与一般门诊设置类似，设置有预诊处、测体温处、挂号处、候诊处、诊查室、治疗室、配液中心、输液室、采血中心、化验室等，根据医疗机构的规模，儿科门诊的设置可缩减合并，但儿科由于就诊对象的特殊性，部分场所的设置具有儿科的独特性。

1. 预诊处　应设在儿科门诊的入口处，或距离大门最近、最明显的地方，与急诊、门诊、传染病隔离室相通，方便转运患儿。由于儿童病情变化快，年龄跨度大，预诊可帮助识别急重症患儿，尽快安排急诊就诊，赢得抢救危重患儿的时机；预诊可以初检出传染病患儿，及时隔离，减少交叉感染；同时，预诊可以协助家长选择就诊科别，节省就诊时间。预诊主要采取简单扼要的问诊、望诊及体检，在较短的时间内做出判断，一般由年资高、经验丰富、临床判断力强的护理人员担任。

2. 挂号处　经过预检后，方可挂号就诊。

3. 候诊处　应宽敞明亮、空气流通，设置有足够的候诊椅，方便患儿及家长就诊，同时候诊处需设有换尿布、包裹用的台面，设有垃圾箱，提供热水等具有儿科特点的便民设施。候诊室内装饰和摆设可尽量趣味化，可设置儿童娱乐的场地，以减轻患儿的陌生感和恐惧感，可在墙上贴有儿童卫生保健知识等。

4. 诊查室　应设有诊查床、诊查桌椅、洗手和消毒设备。

5. 化验室　应设在诊查室附近，便于患儿化验检查。

6. 治疗室　应备有各种治疗所需的设备、器械和药品，如注射、穿刺、导尿、灌肠等。

7. 其他　根据医院规模及设置，还可设有专门的儿科配液中心、输液中心及采血中心等，以提高工作效率。

（二）护理管理

儿科门诊的特点之一就是陪伴就诊的人员多、门诊人员流动量大，而且患儿家长的焦急程度往往大于其他科别的就诊人员。因此，儿科门诊在护理管理上应做好以下几个方面的工作：

1. 维持良好的就诊秩序 由于儿科门诊人员流动量大，陪伴的家长多，应安排经验丰富的护士进行分诊，做好家长及患儿的沟通协调工作，做好就诊前的准备、诊查中的协助工作，并耐心向家长解释相关注意事项。儿科门诊护士长应合理安排、组织及管理，提高就诊速度和质量。

2. 密切观察病情 儿童病情变化快，在预诊及候诊过程中，护士应经常巡视并密切观察患儿的病情变化，发现问题及时联系医生并协助其进行处理，若情况紧急，送至急诊室抢救。

3. 预防院内感染 制订并严格执行消毒隔离制度，严格遵守无菌技术操作要求，发现传染病患儿或可疑征象，及早予以隔离。

4. 杜绝差错事故 管理者应合理安排人力资源，严格执行核对制度，执行给药、注射等各项操作时应认真、仔细，杜绝差错事故发生。

5. 加强健康宣教 儿科门诊是进行健康宣教的重要场所，门诊护士可提供促进儿童生长发育、合理喂养及常见病的预防和早期发现等知识；在患儿及家长候诊的过程中，医院也可以通过电视、录像、墙报等方式宣传儿童常见病的预防、保健、护理知识。

二、儿科急诊

（一）儿科急诊的特点

1. 儿童起病急、来势凶、病情变化快、突发情况多，护士应及时发现，并做好抢救准备。

2. 儿童疾病表现常不典型，未等典型症状出现或延误诊断会危及患儿生命，如化脓性脑炎导致的感染性休克，医护人员应仔细观察患儿病情变化并尽快明确诊断。

3. 儿童疾病的种类和特点有一定的季节规律性，如冬季的呼吸道感染较多、夏季的腹泻较多等，管理者应根据规律做好充分的准备。

（二）儿科急诊的设置

儿科急诊一般设置有分诊处、抢救室、观察室、手术室等，各室备有抢救设备和药物等，例如，应备有抢救床、远红外辐射床、人工呼吸机、心电监护仪、洗胃机、气管插管用具、供氧装置、吸痰装置等。考虑到儿童年龄和体格差异，儿科急诊应备有适合各年龄段儿童适用的医疗设备和药品，如不同规格的简易呼吸器、不同型号的气管插管等。

（三）护理管理

1. 重视急诊五要素 急诊抢救的五要素包括人、医疗技术、药品、仪器设备和时间，其中人起主要作用。急诊护士必须具有高度的责任心、敏锐的观察及判断能力、扎实的急救理论知识和娴熟的急救技能，只有这样，在出现紧急情况时，才能迅速敏捷地配合医生进行抢救。同时，为了给重症患儿争取抢救时间，护士可遵照医院的规定对其就诊顺序做特殊安排，以便及时进行抢救。

2. 执行急诊岗位责任制度 管理者应分工明确，护士应坚守岗位，各司其职，随时做好抢救患儿的准备。同时，护士应经常巡视患儿，观察患儿的病情变化并及时处理。管理者应安排专人根据儿童急诊的季节特点做好急救仪器、器械、药品的补充、保管和交接工作，使各种仪器设备随时处于良好备用状态，急救药品要充足。

3. 建立并执行儿科常见急诊的抢救护理常规 儿科急诊护士应坚持学习，巩固已掌握的各种常见疾病的抢救程序、护理要点，更新知识和程序，总结经验，不断提高抢救效率。

4. 加强急诊文件管理 每一位患儿应有完整规范的病历材料。护士在紧急抢救中对医生的口头医嘱需当面复述确保无误后方能执行，并及时补记于病历上，方便日后核对且为患儿进一步治疗和护理提供依据。

三、儿科病房

儿科病房可分为普通病房和重症监护室，重症监护室可分为新生儿重症监护室（neonatal intensive care unit，NICU）、儿科重症监护室（pediatric intensive care unit，PICU）和普通病房的监护室。

（一）儿科病房的设置

1. 普通病房设置 儿科普通病房与其他普通病房设置相似，设有病房、护士站、治疗室、值班室、配膳（奶）室、厕所等。具有儿科特色的是病区设置有专人管理的游戏区域，可布置适合儿童特征的小桌、小板凳并提供适合不同年龄患儿的玩具、画册、图书等设备，定时开放，帮助患儿尽快适应住院生活。儿科病室内光线宜采用自然光，有适宜的温度和湿度（表 4-1）。护士站应设在病房中央，重症及较小的婴儿应尽量安排在护士站附近的病房。病室的细节设置也应为患儿和家长考虑，如病室墙壁可装饰成柔和的颜色、装饰患儿喜爱的卡通图案，使病室的气氛轻松欢快；新生儿病房可设置婴儿沐浴设备等。儿童病床应设有床栏，栏高以患儿不能跨越为宜，每张床占地至少 $2m^2$，床间距、床与窗台相距各 1 米；厕所可有门但不加锁，浴室设有防滑装置等，以保障住院患儿的安全，防止意外伤害。

表 4-1 不同年龄患儿适宜的温度、湿度

年龄	室温（℃）	相对湿度（%）
早产儿	24～26	55～65
足月新生儿	22～24	55～65
婴幼儿	20～22	55～65
年长儿	18～20	50～60

2. 重症监护室设置 重症监护室主要收治病情危重、需要观察及抢救的患儿，应与普通病房、产房和手术室邻近，方便转运和抢救患儿，室内应备有各种抢救设备和监护设备。监护室主要有监护病房、隔离病房和辅助用房（治疗室、护士站、医护办公室等）组成。监护病房的床位设计可为集中式或分散式，集中式是将床位集中在一个大房间内，中央设置护士站，便于观察抢救患儿；分散式是将床位分散于小房间内，房间之间用透明玻璃隔开，方便观察和隔离感染，较安静。监护室为了满足患儿家长的探视需求，可在监护室内设置摄像器材，家长可通过监护室外的电视屏幕看到患儿的情况，以促进医患沟通，体现人文关怀。

（二）护理管理

1. 环境管理 病房环境应适合儿童心理、生理特点，例如，病房可张贴或悬挂卡通画；病房窗帘及患儿被服可采用颜色鲜艳、图案活泼的布料制作。室内温度、湿度应依据患儿年龄大小而定，具体见表 4-1。新生儿和未成熟儿病室一定要有充足照明，以便对患儿病情进行观察；普通病房夜间灯光应较暗，以免影响患儿睡眠。

2. 安全管理 儿童病房安全管理的范围广泛，内容繁杂。无论设施、设备还是日常护理的操作，都要考虑患儿的安全问题，例如，患儿上床后要及时扣好床栏，以防坠床；窗户及纱窗要关好插销或不能开太大，避免患儿坠窗；电源应设计在患儿不易触及之处，防止电伤患儿；开水壶应放在安全的地方，禁止患儿自己倒开水，以防烫伤；药品应放在柜子里，避免患儿误服等。病房对紧急事件应有应急预案，每个病房门后粘贴紧急疏散图，发生紧急情况时根据病房所在方位按图中指示疏散。病房中的消防、照明器材应专人管理，工作人员应知道器材位置和使用方法，安全出口要保持通畅。新生儿病室和 NICU 还应注意防止新生儿丢失等问题。

3. 感染控制　严格执行清洁、消毒、隔离、探视和陪伴制度，并做好监测统计。护士应定时给病室通风，按时对病室进行空气、地面消毒，护士应在操作前后认真洗手。此外，应加强对患儿和家长的健康教育，提高家属及患儿的自我保护意识。

4. 生活管理　患儿的饮食不仅要符合治疗的需要，也要满足其生长发育的要求。患儿的衣服应采用棉布制作，样式简单可爱，需经常换洗，保持整洁。护士需要根据患儿的疾病种类与病情决定其活动与休息的时间。对长期住院的学龄期患儿要适当安排学习时间，形成规律的作息生活，减轻或消除其离开学校后的寂寞和焦虑心理。

第二节　儿童健康评估的特点

儿童时期是不断生长发育的动态变化时期，无论在心理方面还是生理方面均不成熟，特别容易受环境影响，使自身功能发生改变，所以，在评估儿童健康状况时，要掌握小儿身心特点，运用多方面知识，以获得全面、正确的主客观资料，为制订治疗和护理方案打下良好的基础。

一、健康史的采集

健康史可由患儿、家长、其他照顾者及有关医护人员的叙述获得。一般年龄较小者由家长或其他照顾者提供，年龄较大的儿童可自己叙述病情。

（一）病史采集的注意事项

1. 儿童不能准确表达时，可由患儿家长或照顾者代述，但需判断他们所提供的资料是否可靠；年长儿自己表述病情时可能因惧怕打针、住院等说谎，需要护士综合判断。

2. 收集健康史最常用的方法是交谈、观察。在交谈前，护理人员应明确谈话的目的，安排适当的时间、地点。交谈中，护士应耐心询问，态度和蔼可亲、语言通俗易懂，少用医学专业术语，以取得家长和孩子的信任，获得准确、完整的资料，同时应避免使用暗示的语气来引导家长或孩子做出护士主观期望的回答。

3. 病情危急时，应先询问现病史，要简明扼要，边抢救边询问主要病史，以免耽误救治，待病情稳定后可进行详细询问。

（二）内容

1. 一般情况　包括患儿姓名（乳名）、性别、年龄（采用实际年龄，如采用周岁记录，新生儿记录到天数甚至小时数，婴儿记录到月数，1 岁以上记录到几岁几个月，必须注明出生年月）、民族、入院日期，以及患儿父母的姓名、年龄、职业、文化程度、家庭地址、联系电话等。

2. 主诉　即患儿来院就诊的主要症状、体征和发病时间，如“发热 4 天”。

3. 现病史　包括发病时间、起病过程、主要症状、病情发展及严重程度、接受过何种处理等，还包括其他系统和全身的伴随症状，以及同时存在的疾病等。即来院诊治的主要原因及发病经过。

4. 个人史　包括出生史、喂养史、生长发育史、预防接种史、生活史等情况。询问时根据不同年龄及不同健康问题各有侧重。

（1）出生史：胎次、产次、胎龄、是否顺产，分娩方式及过程，母亲孕期情况，婴儿出生时体重、身长、有无窒息和产伤、Apgar 评分等。对新生儿及婴幼儿应详细了解。

（2）喂养史：询问生后开奶时间、乳品种类、喂养方法，喂哺次数及量，添加转换期食品及断奶情况，近期大小便情况等。年长儿应了解有无挑食、偏食、吃零食等不良饮食习惯。婴幼儿及患营养性疾病和消化系统疾病的患儿要详细询问喂养史。

（3）生长发育史：了解患儿体格生长指标：体重、身高、头围增长情况；前囟闭合时间及乳牙萌出时间、数目；会抬头、翻身、坐、爬、站、走的时间；语言的发展；对新环境的适应性；学龄儿还应了解其在校的学习情况、性格、与同学的关系等。

（4）预防接种史：询问患儿是否按计划进行预防接种，接种过哪些疫苗，且有无不良反应。

（5）生活史：患儿的生活环境，卫生习惯，睡眠，休息、排泄习惯，是否有特殊行为问题，如吮拇指、咬指甲。

5. 既往史 包括既往一般健康状况、疾病史、食物或药物过敏史等。

（1）既往一般健康状况：需询问患儿既往健康还是多病。

（2）疾病史：患儿曾患过何种疾病，是否患过儿童常见的传染病，如麻疹、水痘、百日咳等；患病时间和治疗情况，是否有手术史等。

（3）食物或药物过敏史：注意了解患儿是否对食物、药物或其他物质过敏，具体过敏表现是什么。

6. 家族史 询问父母及其他家庭成员的年龄、健康状况，家族是否有遗传性疾病；父母是否是近亲结婚，母亲妊娠史和分娩史等。

7. 心理-社会状况 包括：①患儿的性格特征，是否开朗、活泼、好动或喜静、合群或孤僻、独立或依赖；②患儿及其家庭对住院的反应，是否了解住院的原因、对医院环境能否适应、对治疗护理能否配合、对医护人员是否信任；③患儿父母的年龄、职业、文化程度、健康状况；④父母与患儿的互动方式；⑤家庭经济状况，居住环境，有无宗教信仰；⑥学龄儿还应询问其在校学习情况及与同伴的关系等。

二、身体评估

（一）体格检查的注意事项

1. 环境舒适 体格检查所用的房间应光线充足，温度、湿度适宜、安静。检查用品齐全、适用，根据需要提供玩具、书籍安抚患儿。

2. 方法得当 根据患儿的年龄采用不同的交流方式，新生儿及小婴儿以安抚为主；幼儿及学龄前儿童在开始检查前要先与患儿交谈，必要时用玩具逗引片刻，用鼓励表扬的语言获得其信任与合作；同时，也可借此观察患儿的精神状态、对外界的反应及智力情况。需对年长儿说明要检查的部位，并问其有何感觉，使患儿能自觉配合。检查时体位不强求一律，婴幼儿可由父母抱着检查，怕生的孩子可从背部查起。尽量让孩子与家人在一起，以增加其安全感。年长儿需要顾及其自尊心并保护其隐私。

3. 检查顺序灵活 体格检查的顺序可根据患儿当时的情况灵活掌握。容易受哭闹影响的项目趁儿童安静时检查，如心肺听诊、腹部触诊、数呼吸和脉搏等；皮肤、四肢躯干、骨骼、全身淋巴结等容易观察到的部位则随时检查；刺激较大的项目应留在最后，如口腔、咽部和眼结合膜、角膜等检查。病情危重、需紧急抢救的患儿应先检查重要生命体征及疾病损伤的有关部位。

4. 技术熟练 检查尽可能迅速、动作轻柔。检查过程中应全面仔细，注意保暖，冬天检查者双手及听诊器胸件等应先温暖。

5. 隔离保护 患儿免疫力弱，易感染疾病，要注意防止院内感染，检查前后要洗手，听诊器应消毒，避免早产儿、小婴儿及免疫力低下的患儿感染。婴幼儿检查后拉好床栏，防止坠床，以保障患儿安全。

（二）体格检查的主要内容和方法

1. 一般状况 在询问健康史的过程中，在患儿不注意时就开始观察，以便取得可靠资料。观察患儿发育营养状况、精神状态、面部表情、皮肤颜色、哭声、体位、行走姿势、语言应答、活动能力、对周围事物反应等，根据这些观察，可初步判断患儿的神志状况、发育营养、病情轻重、亲子关系等。

2. 一般测量

（1）体温：根据患儿的年龄和病情选择测温方法。①腋温：腋表置于腋窝处，夹紧上臂至少 5 分钟，36～37℃为正常。②口温：口表置于舌下 3 分钟，37.5℃以下为正常。③肛表：肛表插入肛门 3～4cm，2 分钟，36.5～37.5℃为正常。④耳温：耳温测定仪放入外耳道 20 秒左右可显示体温。能配合的年长儿可测口温；婴儿可测腋温；肛温较准确，但对患儿刺激大，不适合腹泻患儿；耳温较准确，适用范围广，但仪器较贵。

（2）呼吸和脉搏：应在患儿安静时测量。年幼儿以腹式呼吸为主，可按小腹起伏计数。呼吸过快不易看清者可用听诊器听呼吸音计数，还可用少量棉花纤维贴近鼻孔边缘，观察棉花纤维摆动计数。除呼吸频率外，还应注意呼吸的节律及深浅。年幼儿腕部脉搏不易扪及，可计数颈动脉或股动脉搏动，也可通过心脏听诊测得。各年龄段小儿呼吸和脉搏正常值见表 4-2。

表 4-2　各年龄段呼吸和脉搏正常值

年龄	呼吸（次/分）	脉搏（次/分）	呼吸：脉搏
新生儿	40～45	120～140	1：3
1 岁以下	30～40	110～130	1：3～1：4
1～3 岁	25～30	100～120	1：3～1：4
4～7 岁	20～25	80～100	1：4
8～14 岁	18～20	70～90	1：4

（3）血压：根据患儿不同年龄选择不同宽度的袖带，袖带宽度应为上臂长度的 1/2～2/3 较适宜。袖带过宽测出的血压较实际值低，袖带过窄测出的血压较实际值高。年幼儿血压不易测准确。新生儿及小婴儿可用心电监护仪或简易潮红法测定。不同年龄的血压正常值可用公式推算：收缩压（mmHg）=80+（年龄×2），舒张压为收缩压的 2/3。儿童血压随年龄增长而升高，新生儿平均血压 70/50mmHg。除测量上臂血压外，患儿还可测量下肢血压，一般下肢血压较上肢血压高，如果下肢血压低于上臂血压，需要进一步评估患儿是否有主动脉狭窄。对于心血管疾病的患儿应测量其四肢血压。

（4）体重：晨起空腹排尿后或进食后 2 小时测量为佳。测量时应脱鞋，只穿内衣裤。衣服不能脱去时应减去衣服重量，以求准确。0～1 岁可用盘式杠杆秤测量，电子秤直接读数，机械秤记录读数到 10g；1～3 岁可采用坐式杠杆秤测量，机械秤记录读数到 50g；3 岁以上患儿能配合独自站立后用站式杠杆秤测量，机械秤记录读数到 100g。测量前必须将体重秤校正调零。称量时患儿不可接触其他物体或摇动。

（5）身高（长）：身高测量方法随年龄不同而不同。3 岁以下患儿卧位测身长。患儿脱帽、鞋、袜及外衣，仰卧于量板中线上。助手将患儿头扶正，使其头顶接触头板，测量者一手按直患儿膝部，使下肢伸直；一手移动足板使其紧贴患儿两侧足底并与底板互相垂直，当量板两侧数字相等时读数，记录至小数点后一位数。3 岁以上患儿可用身高计或将皮尺钉在平直的墙上测量身高。要求患儿脱鞋、帽，直立，背靠身高计的测量板或墙壁，两眼正视前方，挺胸抬头，腹微收，两臂自然下垂，手指并拢，足尖分开约 60°，足跟靠拢，使两足后跟、臀部、肩胛间和枕后结节同时紧贴测量板或墙壁，测量者移动身高计头顶板与患儿头顶接触，板呈水平时读数，记录至小数点后一位数。

（6）坐高（顶臀长）：3 岁以下患儿卧于量板上测顶臀长。测量者一手握住患儿小腿使其膝关节屈曲，骶骨紧贴底板，大腿与底板垂直；一手移动足板紧压臀部，量板两侧刻度相等时读数，记录至小数点后一位数；3 岁以上患儿用坐高计测坐高。患儿坐于坐高计凳上，骶部紧靠量板，挺身坐直，大腿并拢紧贴凳面与躯干呈直角，膝关节屈曲成直角，两脚平放于地面，测量者移下头板与头顶接触，目光与量板垂直，并读数，记录至小数点后一位数。

（7）头围：患儿取立位或坐位，测量者用左手拇指将软尺 0 点固定于患儿头部右侧眉弓上缘，左手中示指固定软尺于枕骨粗隆，手掌固定患儿头部；右手使软尺紧贴头皮（头发过多或有小辫者应将其拨开）绕枕骨结节最高点及左侧眉弓上缘回至 0 刻度读数，记录至小数点后一位数。头围测量在 2 岁前最有价值，一般可测量到 3 岁。

（8）胸围：患儿取卧位或立位，3 岁以上取立位，两手自然平放或下垂，测量者一手将软尺 0 点固定于患儿一侧乳头下缘（乳腺已发育的女孩，固定于锁骨中线第 4 肋间），一手将软尺紧贴皮肤，经背部两侧肩胛骨下缘回至 0 刻度，取平静呼吸时的中间读数，或吸、呼气时的平均数，记录至小数点后一位数。

3. 皮肤和皮下脂肪　观察皮肤颜色，注意有无苍白、潮红、黄疸、皮疹、瘀点、瘀斑等；观察毛发颜色、光泽，有无脱发；触摸皮肤温度、湿润度、弹性、皮下脂肪厚度，有无脱水、水肿。测量皮下脂肪时可用皮褶卡钳或带有百分表的 Harpenden 式量具进行测量（钳板面积为 0.6cm×1.5cm，压强为 $15g/mm^2$），使用前调整指针至“零”。测量时左手拇指及地指在测量部位 3cm 的距离捏起皮肤，右手握卡钳，从捏皮褶的两旁下钳住皮褶两面，读数准确至 0.5mm。腹部测量时，在锁骨中线上平脐处，皮褶方向与躯干长轴平行；背部在肩胛下角下，稍偏外侧，皮褶从下侧至上、中方向，与脊柱成 45° 角；肱二头肌部在肱二头肌上面，上臂前面，肩缝与桡骨连线中点的水平位置，皮褶方向与上臂长轴平行，指法和测法同上。

4. 淋巴结　检查枕后、颈部、耳后、腋窝、腹股沟等处浅表淋巴结的大小、数目、质地、边界、活动度等。

5. 头部

（1）头颅：观察头颅形状、大小，婴幼儿检查应注意其前囟大小和紧张度，是否隆起或凹陷，注意有无颅骨软化、枕秃；新生儿有无产瘤、血肿等。

（2）面部：观察有无特殊面容。

（3）眼、耳、鼻：观察眼睑有无水肿、下垂，眼球有无突出、斜视，结膜有无充血和分泌物，巩膜是否黄染，角膜有无混浊或溃疡等；检查双侧瞳孔的大小、形状和对光反射；检查外耳道有无分泌物，提耳时是否疼痛；鼻翼是否煽动，有无鼻腔分泌物、鼻塞等。

（4）口腔：检查口唇是否湿润、唇色是否苍白或发绀，有无张口呼吸，硬腭和颊黏膜有无溃疡、麻疹黏膜斑、鹅口疮等；观察牙的数目和位置，有无龋齿；检查舌的大小，舌苔和舌质情况；咽部是否充血，扁桃体是否肿大等。

6. 颈部　观察有无斜颈、短颈等畸形，甲状腺是否肿大，气管是否居中，有无颈抵抗，颈动脉搏动是否对称有力等。

7. 胸部

（1）胸廓：检查胸廓是否对称，有无畸形，如肋骨串珠、鸡胸、漏斗胸、赫氏沟等；肋间隙是否凹陷，有无“三凹征”等。

（2）肺：注意呼吸频率、节律、深度的改变，有无呼吸困难；触诊语颤有无改变；叩诊有无浊音、鼓音等；听诊呼吸音是否正常，有无啰音等。

（3）心：注意心前区是否隆起，心脏搏动的范围及是否移位；触诊有无震颤；叩诊心界大小；听诊心率、节律、心音，注意有无杂音等。

8. 腹部　尽量避免患儿哭闹时检查患儿的腹部，检查者的手应温暖，手法轻柔；检查有无压痛时注意看患儿的表情及反应，注意有无肠型；新生儿检查时应注意脐部是否有分泌物、出血或炎症，有无脐疝；触诊腹壁紧张度，有无压痛、反跳痛，有无肿块等。正常婴幼儿肝脏可在肋缘下 1～2cm 触及，6～7 岁后不应摸到。婴儿期偶可摸到脾边缘。叩诊腹部有无移动性浊音；听诊肠鸣音是否亢进。腹水患儿应测腹围。

9. 脊柱和四肢　观察脊柱有无畸形，有无“O”形或“X”形腿，手镯、脚镯征等佝偻病体征；观察患儿关节有无红肿、活动受限，有无躯干和四肢的比例失调等。

10. 肛门及外生殖器 注意观察有无畸形，如无肛、尿道下裂、假两性畸形等，观察患儿有无肛裂，女孩阴道有无分泌物，男孩有无包皮过长、包皮过紧、阴囊鞘膜积液、隐睾、腹股沟疝等。

11. 神经系统 观察患儿的神志、精神状态、面部表情、反应灵敏度、语言能力，有无异常行为，检查四肢的活动能力、肌张力和神经反射，注意是否存在脑膜刺激征，例如，有无颈抵抗、Kerning 征及 Brudzinski 征是否阳性，婴幼儿不易一次检查准确，有时需反复多次检查。新生儿及小婴儿应检查某些特有反射是否存在，如吸吮反射、握持反射、拥抱反射等；有些神经反射有其年龄特点，如新生儿和小婴儿腹壁反射、提睾反射较弱或不能引出，但跟腱反射亢进。2 岁以下患儿 Babinski 征可呈阳性，但一侧阳性有临床意义，应引起重视。

三、家庭评估

家庭评估包括家庭结构评估和家庭功能评估，是儿科健康评估的重要组成部分，患儿与其家庭成员的关系会影响患儿身心健康及疾病恢复。

（一）家庭结构评估

1. 家庭组成 家庭组成狭义的范围包括目前与小儿共同居住的家庭成员，广义的范围应包括整个家庭支持系统。评估中应涉及父母目前的婚姻状况，是否有分居、离异及死亡情况，同时应了解患儿对家庭危机事件的反应。

2. 家庭成员的职业及教育情况 父母的职业包括目前所从事的工作、工作强度、工作地离居住地的距离、工作满意度及是否暴露于危险环境等，还应涉及家庭的经济状况、医疗保险状况等。父母的教育状况是指教育经历、所掌握的技能等。

3. 家庭及社区环境 家庭环境包括住房类型、居住面积、房间布局、安全性、居住问题（虫害、卫生条件差等）及新近的家庭变迁等。社区环境包括邻里关系、学校位置、上学交通状况、娱乐空间和场所、环境中潜在的危险因素等。

4. 文化及宗教特色 有关家庭文化传统及宗教信仰方面的信息对制订护理计划十分重要，此方面的评估应注重家庭育儿观念、保健态度、饮食习惯等。

（二）家庭功能评估

家庭功能涉及的是家庭成员之间彼此的影响力及相互关系的质量，它是决定家庭健康的重要因素。其评估内容有以下几部分：

1. 家庭成员的关系及角色 家庭成员的关系包括家庭成员之间的亲密程度、是否相互关心，有无偏爱、溺爱、冲突、紧张状态，能否使小儿获得爱与安全；家庭角色是指每个家庭成员在家庭中所处的地位及所承担的责任等。

2. 家庭中的权威及决策方式 评估父母的权力分工及对家庭的影响。评估中应包括家庭问题如何决策及谁具有决策权。

3. 家庭中的沟通交流 评估父母是否鼓励孩子与他们交流，孩子是否耐心倾听父母的意见，孩子是否愿意与父母探讨问题并分享感受；家庭是否具有促进患儿生理、心理和社会性成熟的条件，以帮助患儿完成社会化进程；与社会的联系情况，是否能从中获得支持。

4. 家庭卫生保健功能 评估家庭成员有无科学育儿的一般知识、家庭用药情况、对患儿疾病的认识、提供疾病期间护理照顾的能力等；同时，了解家庭其他成员的健康状况。

四、营养评估

儿童营养状况的评估是衡量儿童每日平均所摄入的营养素与其生理需求之间是否相称。通过营养评估可以及时发现患儿存在的营养问题，并及时纠正其不良饮食，促进患儿的健康成长（详见第六章）。

第三节 住院患儿的心理反应及护理

住院是一种不愉快的经历，不仅对患儿的身体造成较大影响，还会引发患儿的各种心理问题。刚入院的小儿通常会对陌生的环境、陌生的人群、医疗设备、紧张的气氛及噪声不能适应，患儿会沉默、哭泣，抵触各种治疗和护理程序，甚至剧烈反抗，拒绝配合治疗等。而曾有负性住院经历的患儿，再次入院后其心理问题往往表现得更为严重，表现为对治疗和护理难以配合，依从性差。同时，住院使患儿和家庭的日常生活被打乱，致使小儿适应社会生活的能力减低。由于发育水平的差异，不同年龄段的患儿对疾病的成因和后果、住院和各种治疗的理解有很大差异，了解各年龄段的患儿对疾病和住院的心理反应，有助于帮助患儿尽快适应疾病和住院导致的变化，尽量避免患儿产生负性的心理反应。

一、各年龄阶段患儿对疾病的认识

1. 幼儿与学龄前期患儿 此阶段小儿知道自己身体各部位的名称，但不知道其具体功能，对疾病的病因不能正确解释，认为疾病是外在的事务，对疾病的病因常用自身的感情和行为模式来解释，易将疾病和痛苦认为是对自身不良行为的惩罚。

2. 学龄期患儿 此期小儿具有一定的抽象思维能力，开始了解身体各部分的功能，对疾病的病因有一定的认识，能听懂关于疾病和诊疗程序的解释，疾病常使其关注自己的身体和治疗，喜欢询问相关的问题，对身体的损伤和死亡感到恐惧。

3. 青春期患儿 此期小儿抽象思维能力进一步发展，能够认识到疾病的原因，明确疾病与器官功能不良有关，对疾病的发生和治疗有一定的理解，可以用语言表达自己身体的不适，并具有一定的自我控制能力。但也易对疾病和治疗所导致的后果感到焦虑恐惧。随着自我意识增强，使青少年难以接受疾病造成的身体功能损害和外表改变。

二、各年龄阶段患儿对住院的心理反应及护理

案例 4-1

患儿小红，女性，4岁，被确诊为白血病，父母在医院陪伴小红治疗，现在因家中有急事需要离开三四天，父母请陪护阿姨帮忙照顾小红，但小红坚决不让父母离开。

思考题：

小红的表现是正常的吗？应如何处理此事？

（一）婴儿对住院的反应及护理

1. 心理反应 婴儿期是小儿身心发育最快的时期，对住院的反应随月龄增加而有所不同。6个月以内的婴儿，如生理需要获得满足，一般比较平静，较少哭闹；6个月以后的婴儿开始认生，对母亲或抚育者的依恋性越来越强，与陌生人接触时持拒绝态度，对住院反应强烈，以分离性焦虑为主，表现出哭闹不安、寻找父母、避开和拒绝陌生人，亦可有抑郁、退缩等表现。分离性焦虑（separation anxiety），指由现实的或预期的与家庭、日常接触的人、事物分离时引起的情绪低落，甚至功能损伤。

2. 护理要点 尽量减少患儿与父母的分离，使父母陪伴整个住院过程，满足患儿的生理需要。

护士对患儿多给予非语言交流，如拥抱、抚摸、身体接触、微笑等，为其提供适当的颜色、声音等感知觉刺激，协助进行全身或局部的动作训练，维持患儿正常的发育。护士可向家长了解患儿住院前的生活习惯，尽量保持患儿之前的生活习惯，如把患儿喜欢的玩具放在床旁。护士在护理患儿的过程中应耐心、细心，建立和发展与患儿的信任感。

（二）幼儿对住院的反应及护理

1. 心理反应　此期患儿语言、动作、心理方面发育较快，对自我有了一些认识，产生了独立行动的愿望。但患儿误认为住院是对自己以往行为的惩罚，由于对陌生的环境感到害怕，对限制自己活动不满，生活习惯被打乱而缺乏安全感，并且害怕被父母抛弃，因此会产生分离性焦虑。分离性焦虑可分为以下三个阶段：

（1）反抗阶段：幼儿的语言表达能力有限，对陌生环境缺乏安全感，较大婴儿可表现为：哭闹不止，连续呼喊妈妈，抓住父母不放，避开和拒绝陌生人；幼儿的反应有：口头攻击，对陌生人的身体攻击，如踢、打、咬等，寻找父母，拒绝他人的劝阻、照顾。此阶段可持续几小时至几天。

（2）失望阶段：发现分离的现状经过自身的努力不能改变，表现为沉默、沮丧、顺从。部分患儿可出现退化现象，即倒退出现患儿过去发展阶段的行为，如尿床、吸吮奶嘴和过度依赖等，这是患儿逃避压力常用的一种行为方式。此阶段持续时间因人而异。

（3）否认阶段：长期与父母或亲密者分离可进入此阶段。患儿克制自己的情感，能与周围人交往，配合医护人员的各种诊疗程序，以满不在乎的态度对自己的父母或亲密者的探视或离去。这一阶段往往会被误认为患儿对住院生活适应良好，但却使患儿与父母之间的信任关系受到损害，患儿成年后不易与他人建立信任关系，甚至影响成年后的人际交往，患儿还有可能出现注意力缺陷、以自我为中心及智力下降等问题。

2. 护理要点　尽量安排固定的护士对患儿进行连续、全面的护理。用患儿能理解的语言介绍医院环境及安排其生活。护士应了解患儿表达需求的特殊方式，尽量保持患儿住院前的爱好及生活习惯，尤其是睡眠、进食、沐浴等。允许患儿表达自己的情绪，不要当面批评患儿的退行性行为。不过分限制患儿的活动，病情允许时，创造机会鼓励其发挥自主性，如洗手、吃饭等。

案例 4-1 分析讨论

患儿的这种表现属于分离性焦虑，是正常的。虽然鼓励父母陪护患儿，但在以家庭为中心的理念下，需要帮助父母向小红解释分开的原因，并采取其他措施帮助患儿缓解紧张焦虑的情绪。

（三）学龄前患儿对住院的反应及护理

1. 心理反应　此期患儿大脑发育已接近成人，思维能力进一步提高，能够努力发展自己的主动性。住院所带来的应激和压力主要来自于和父母的分离，恐惧陌生环境，害怕自己身体完整性受损，害怕被父母遗弃或受惩罚。

2. 护理要点　争取让父母在医院做短暂的停留，减少分离的不适，接受患儿的恐惧、焦虑和退化行为，当患儿情况转好时，协助转移其退化反应。护士应提供给患儿适当的游戏、绘画、看电视、讲故事等，使患儿有机会表达自己的情感，以克服恐惧心理。

（四）学龄患儿对住院的反应及护理

1. 心理反应　此期患儿智力、理解、分析、综合各方面能力增强，是开始接受文化教育进行学习的时期，也是儿童心理发展上的一个重要的转折期。主要的反应是与学校同学分离而感到孤独，并担心自己的学业受影响；同时，对疾病缺乏了解，担心自己会变成残废或死亡；自尊心强，独立性增加，因害羞，不配合体检等。

2. 护理要点　护士应主动与患儿进行沟通，讲解疾病的治疗过程及预后，关心患儿的一切需要；鼓励患儿和老师、同学通讯，允许同学们来医院探视患儿，和同学们进行交流；治疗结束后，可组织患儿看书、做作业、游戏等活动，帮助患儿树立战胜疾病的信心；同时，在进行护理操作时，应考虑患儿的隐私和自尊需要，给予患儿一定的自主选择权。

（五）青春期患儿对住院的反应及护理

1. 心理反应 此期患儿的抽象思维能力进一步发展，知道疾病的发生与某些器官功能不良有关，能够用语言表达身体的不适，能理解疾病的治疗过程，并具有一定的自主控制能力。但患儿可能因丧失自我控制力而感到不安或困扰，缺乏安全感。此期患儿可能会因治疗目标未达成而转为对医护人员的愤怒，可能会常常夸大疾病的严重程度，产生对死亡的恐惧，同时担心患病会影响其身体形象，以及担心隐私被侵犯等。

2. 护理要点 以成人的方式对待，尊重其看法；治疗和护理前给予解释；注意保护患儿的隐私，鼓励其与好友保持联系，维持正常的社交活动，减轻患儿的自卑感和退缩行为；为患儿提供个别化的作业指导；护士可与其讨论健康状况及住院的感受。

第四节　住院患儿的家庭应对及护理

儿童罹患疾病和住院打破了家庭的正常生活，使家庭进入应激状态，家长们因此会出现紧张、焦虑、恐惧心理，且不良情绪及应对的结果会直接影响患儿疾病的治疗、康复，也会影响患儿的心理健康。护士应该帮助患儿家庭应对危机，以维持正常健康的家庭功能。

一、家庭对患儿住院的反应

（一）家庭成员对患儿住院的心理反应

1. 父母对患儿住院的心理反应 在患儿生病、住院的初期，家庭处于震惊中，尤其当诊断不明确或患儿病情比较严重时，父母通常会难以接受。他们通常会去寻找患儿患病的原因，如有任何信息提示是由于父母的行为或者原因导致患儿患病，父母常会将小儿患病归罪于自己的过失，并陷入深深的自责与内疚。小儿患病后，父母会感到不平和愤怒，有时会向其他家庭成员或护士发泄。目睹患儿忍受病痛和接受诊疗对家长而言也是非常痛苦的，家长可能会出现焦虑、担忧、预期性悲伤，甚至会产生严重的心理障碍。

2. 兄弟姐妹对患儿住院的心理反应 对于有多个孩子的家庭，患儿住院的初期，兄弟姐妹可能会为过去与患儿打架或对其不够友爱而感到内疚，并认为他们的某些行为导致了患儿的疾病。同时，兄弟姐妹也可能对自己的身体健康表示担忧，害怕自己患上类似疾病，产生焦虑和不安全感。随着患儿住院时间的延长，兄弟姐妹可能嫉妒患儿独占了父母的注意力和关爱，甚至产生怨恨的心理。

（二）患儿住院对家庭功能的影响

1. 确诊疾病和住院的初期 患儿住院使家庭完整性发生改变，家庭成员的角色和生活方式改变，家庭经济负担增加。在这一时期，家庭为了应对危机，会做出调整和妥协，例如，家庭成员会更关心家庭事务，放弃个人的工作或爱好去照顾患儿，家庭中的其他子女可能承担部分家务。疾病可能会帮助家庭暂缓一些家庭所面临的危机，如父母之间的冲突和未解决的婚姻问题，但是也有可能加剧矛盾，导致家庭成员对立和家庭的分裂。

2. 患病和住院的延续期 随着患儿住院时间的延长，家庭的功能又再次发生变化。家庭的重心将不会一直放在患儿身上，家庭成员会希望并逐渐恢复日常生活，如果患儿疾病未能好转或持续恶化，家庭成员可能会因为疾病而感到筋疲力尽。

二、住院患儿的家庭支持

儿科护理强调以家庭为中心，护士应与患儿家庭合作，帮助家庭应对危机，维持正常的家庭功能。护士应评估各个家庭的需要，有针对性地进行干预。

1. 为家庭成员提供情感支持　支持父母经常陪伴患儿并与之沟通，接受父母语言和非语言信息；安排家庭成员轮换陪护，照顾患儿，使患儿父母能得到休息；陪伴、倾听患儿家长的感受，并为其提供宣泄的机会，减轻家长的压力。

2. 为家庭成员提供信息支持　和患儿父母座谈，分享患儿住院后的感受和经验，互相提供支持；同时让患儿家长了解患儿的病情及应该如何照顾患儿。提供信息时，护士应注意因人而异，选择适当的时间和方法。

3. 为家庭成员提供物质支持　在情况允许时，可以帮助患儿家长寻找社会支持，寻求各方面的经济援助等。

第五节　儿童临终关怀及家庭的情感支持

临终关怀（hospice care）是指对处于生命末期的患儿及其家庭提供照顾及支持，工作的重点是为缓解患儿的痛苦、提高其生活质量，以及协助患儿的家庭成员为患儿的死亡做好准备。护士应注意评估患儿及其家庭的个性化需求，给予相应的护理。

一、住院患儿的临终关怀

（一）各年龄阶段患儿对死亡的理解和认识

临终患儿的心理反应与其对死亡的理解和认识有关，不同的年龄段对死亡的理解不同。

1. 婴幼儿期　婴幼儿把死亡看作是可逆的、暂时的，不能区分“死亡”与“暂时分离”的差别，可产生强烈的分别后不良情绪，如哭闹、寻找、不能安然入睡等。

2. 学龄前期　此阶段患儿将死亡看作是可逆的，他们理解死亡是躺着不动，常将死亡与睡眠、旅游联系在一起，不少孩子会关注死者是否感到冷、饿、痛。

3. 学龄期　此阶段患儿开始认识死亡，能理解死亡是不可逆的、无法改变的，但对自己或亲友的死亡难以理解。对这一阶段的患儿来说，难以忍受的主要是疾病和治疗的痛苦及与亲人的分离，而不是死亡的威胁；能够缓解痛苦，与亲人在一起，便能有安全感。

4. 青春期　随着心理的发展，青春期患儿逐渐懂得死亡是生命的终结，是不可逆的、普遍的和必然要发生的，自己也不例外，对死亡有了和成人相似的概念，但通常认为死亡会发生在遥远的未来，面临死亡时也有恐惧和痛苦的表现。

（二）临终患儿的护理

1. 营造家庭式的环境氛围　在疾病的终末期，很多家庭会选择出院，在家中照顾患儿，但在死亡前几小时或几天，考虑到患儿濒死的痛苦和担心患儿死亡家中对亲友的影响，很多患儿会再次入院，这提示我们临终病房应具有家庭氛围，例如,病房环境应安静、舒适，室内的陈设尽量贴近日常生活，允许患儿将喜爱的玩具带至病房摆设，给父母和亲人更多的时间和空间陪伴患儿，并允许父母更多地参与患儿的日常护理。

2. 减轻躯体的痛苦　临终患儿往往经历了许多疼痛和身体不适，护士应积极采取各项措施缓解患儿的痛苦，满足患儿的生理需要。同时，应保持患儿身体整洁，如帮助患儿洗头、洗澡、保持皮肤干燥、口腔湿润等。当患儿食欲差时，无需强迫患儿进食，应尊重患儿的选择。

3. 减轻心理的痛苦　出于保护患儿的目的，很多父母会对患儿隐瞒病情，但患儿通常能够感知或怀疑死亡的到来，如果隐瞒实情，会使患儿产生被亲人孤立的感觉，产生孤独、焦虑等心理反应。根据情况，护士可鼓励父母循序渐进地、与年龄相适应地告知患儿实情，父母和护士应经常询问和聆听患儿的需求和想法，并针对患儿的心理状态进行支持。

二、对临终患儿家庭的情感支持

1. 临终前

（1）在患儿临终前，父母常会感到痛苦、孤独、无助和内疚等。护士应为父母提供尽可能多的有用信息，帮助患儿父母认识死亡是人类不可避免的自然规律，让他们知道患儿现在最需要什么，帮助他们合理安排与患儿相处的剩余时间，例如，临终患儿常常陷入昏迷，父母在这时常常显得无所适从、不知所措，由于听觉是临终患儿最后消失的感觉，护士可以指导父母通过语言和肢体的接触与患儿交流。同时，护士应尊重患儿、家长和照顾者的宗教和文化需求。

（2）鼓励患儿父母参与制订患儿的护理计划，为患儿做一些力所能及的日常护理，对放弃治疗即将出院的临终患儿帮助其父母制订家庭护理计划，教会家中可能应用的护理方法，如压疮的预防方法、口腔护理等，这些都能有效缓解父母的痛苦。

2. 死亡后 在患儿死亡后，父母常有一系列的心理反应，凡纳塔（Van Natta）和格哈特（Gerhardt）描述了患儿父母会经历的体验，包括深度悲伤、负罪感、躯体症状、睡眠困难和愤怒。

（1）护士应正确理解患儿死亡后父母的心理反应，对悲伤流泪的父母，护士可在一旁静静地陪同，轻握其手或轻抚其肩背等以安抚情绪，鼓励他们哭泣，以宣泄内心的痛苦，并及时提供纸巾；对患儿父母在愤怒时的一些过激行为，应采取理解和克制的态度。

（2）护士应给予父母充分的时间和空间与已故患儿做最后的告别，在父母的要求下，可让父母为已故患儿擦洗、更衣，进行最后的照顾。

第六节　儿童及家长的沟通

对儿科护士来说，与患儿良好的沟通，可以帮助护士建立良好的护患关系，帮助患儿配合治疗。与患儿家长进行有效的沟通，有助于护士取得患儿家长的信任，减少医患纠纷。因此，护士应正确评估患儿及家庭的个性化需求，进行有效沟通，以满足患儿生理、心理、社会等多方面的需要，使患儿得到更好的治疗，促进患儿早日康复。但是，由于患儿处于生长发育阶段，沟通能力在不同年龄阶段差异大，以及家长对患儿保护意识强烈，护士在与患儿沟通时需要掌握一定的技巧，并注意与患儿家长的沟通交流。

一、与患儿的沟通

（一）儿童沟通的特点

1. 语言表达能力差 不同年龄段的小儿，语言表达能力不同。年龄越小，词汇量越少，表达能力越差。婴儿只能用不同的音调、响度的哭声表示身心需要；幼儿吐字不清、用词不准、重复描述，使听者难以理解；3 岁以上的小儿，可通过语言并借助肢体动作形容、叙述某些事情，但容易夸大事实，掺杂个人想象，表达缺乏条理性及准确性。

2. 缺乏认识、分析问题的能力 随着年龄的增长，小儿对事物的认识逐渐从直觉活动思维、具体形象思维过渡到抽象逻辑思维。在此过程中，常因经验不足、知识能力有限而对自己及周围的事物缺少正确的认识和估计，易影响沟通的进展和效果。

（二）与患儿沟通的原则和技巧

1. 采用适合患儿年龄和发育水平的沟通方式与患儿交流　护士应根据患儿的年龄和发育水平选择合适的方式与患儿交流，以患儿能够理解的语言来表达并能根据患儿的反应调整沟通的方式。例如，婴幼儿对陌生人的出现通常会感到恐惧，护士与这一时期的患儿初次接触时，可以从询问患儿喜爱的玩具或宠物入手，自然地让患儿接纳自己。

2. 注意给予患儿平等、尊重　护士在与患儿交流时要给予尊重，平等对待。在体态上，护士与患儿交流时应保持目光的接触，与患儿的视线保持在同一水平位置，必要时可坐下或蹲下。患儿表现恐惧、退化性行为和哭泣时，应给予理解和安慰，避免责备和羞辱。对青春期患儿，则应注意尊重患儿的想法和隐私，以客观而不加批判的开放态度与其交流。

3. 诚信　护士与患儿交流时，应避免欺骗患儿，如在注射前，不应向患儿描述打针“一点都不疼”，应诚实地向患儿提供有关知识，特别是患儿将要听到、看到和感受到的信息，不要试图隐瞒和欺骗，在诊疗结束时还应询问患儿的感受，避免前期交流中的误解导致患儿的不信任；另外，护士不要随意向患儿许诺，承诺的事情一定要实现，以免破坏护患之间的互信关系。

4. 恰当地使用语言沟通　交谈时，护士应吐字清晰，注意用词、语速、语调和音量。尽量使用开放式的问题向患儿提问，避免答案是“是”或“不是”的闭合式问题，并在患儿回答时，耐心倾听。

5. 恰当地使用非语言沟通　护士应外表整洁，给患儿安全感；在交流时注意配合面部的表情、眼神、动作等；根据情况，在适当的时候使用肢体的接触，可给予患儿拥抱或抚摸，如轻拍患儿后背的简单动作就能传达出关心、安慰、信任和支持的含义。

6. 使用游戏作为护患沟通的桥梁　护士应积极参与患儿的游戏，并善于利用游戏与患儿沟通交流，例如，护士可以通过绘画、讲故事的游戏了解患儿难以用语言表达的内心感受，让患儿在接受侵入性操作后，给玩具打针发泄痛苦和内心感受，以及利用玩偶扮演医生和患者的医疗游戏向患儿解释手术程序。

二、与患儿家长的沟通

1. 取得家长的信任　与患儿家长沟通时，取得患儿家长的信任对护士而言非常重要。护士在与患儿家长初次接触时，应展现自身良好的专业素质，态度认真、诚恳，关心患儿健康状况，如果工作较忙，没有足够的时间进行充分的交流，应对患儿家长做出解释，并告知患儿家长如何获取护士的帮助，避免家长感到被冷落和忽视。

2. 使用开放性问题鼓励交谈　护士应尽量使用开放性问题鼓励家长交谈，并注意倾听和观察语言和非语言信息，注意对谈话主题进行引导和限制，避免与患儿家长的交流偏离目标和主题。

3. 掌握倾听技巧　耐心倾听患儿家长的观点和想法，了解患儿和患儿家庭面临的问题和困难；要聚精会神地倾听患儿家长的诉说，不要随意中断家长的话题。

4. 恰当地处理冲突　由于担忧患儿的病情，患儿家长易产生怀疑，表现得挑剔易怒，心情烦躁。护士应换位思考，理解患儿家长的心情，针对家长的问题给予解答，不可搪塞应付、使用家长难以理解的医疗术语。

第七节　儿童疼痛的护理

疼痛（pain）是一种主观体验，是组织损伤或潜在组织损伤所引起的不愉快的感觉和情感体验，伴有一系列的生理变化及心理行为反应。不管处于何种年龄段的患儿都有可能经历疼痛，与成人一样获得疼痛体验，但年龄较小的患儿在经历疼痛时无法用语言表达疼痛的部位、程度及如何缓解，患儿的疼痛易被忽略、低估，疼痛缺乏有效的控制。所以，儿科护士应与患儿父母和其他医务人员协作帮助患儿控制疼痛。

一、儿童疼痛的评估

评估儿童疼痛的关键在于选用适合患儿年龄和发育水平的评估方式，通过结合患儿的病史资料，询问、观察和测定患儿的各项反应进行评估。

（一）儿童疼痛的评估内容

要全面了解患儿疼痛的情况，不仅要评估患儿疼痛的原因、部位、时间、性质、程度、伴随症状、影响因素和缓解措施，还要评估患儿疼痛的表达方式和行为表现、患儿既往疼痛的经历和行为表现，以及患儿父母对疼痛的反应。对于年幼的患儿，大部分信息需要父母提供，护士应积极地与患儿父母沟通，以获得正确的信息。

（二）儿童疼痛的评估方法

1. 自我描述法 患儿在 1.5 岁左右即可用语言描述疼痛，但不能描述疼痛的强度及类型；3～6 岁儿童可对疼痛程度进行较为细致的描述，能确认疼痛的部位、性质（如烧灼样、撕裂样、叮咬样、针刺样锐痛或钝痛），但有时会夸大疼痛；7～9 岁儿童可以陈述疼痛的生理特点；青少年可更为准确地描述疼痛，并表达其内心的痛苦。儿童的自我描述会带有一定的倾向性。

2. 生物学评估法 由于疼痛时，交感神经和肾上腺系统的兴奋性增高，可引起心率加快、血压升高、呼吸频率加快、体温升高、表情痛苦、肌肉紧张等变化，因此，对于无法用语言表达的患儿，可通过测定生理参数，如心率、呼吸、血压等来评估疼痛，但这些生理指标不具有特异性，护士需要对患儿进行综合、多方位的评估。

3. 行为学评估法 通过患儿的面部表情、肢体运动和自主反应进行综合评价，适用于任何年龄。

（三）儿童疼痛常用的评估工具

为了对患儿疼痛进行准确的评估，评估工具的选择应综合考虑患儿的年龄段、疾病的严重性、诊疗情况等因素，也可以联合使用多种评估工具以提高准确性。疼痛评估工具使用时，需注意前后需使用一致的评估工具。年龄较小患儿常用的疼痛评估工具见表 4-3；8 岁以上的患儿，可以使用成人的疼痛评估工具，如视觉模拟评分法、数字等级评分法等。

表 4-3 疼痛评估工具

评估工具	适用年龄	评估项目	适用范围
新生儿面部编码系统（neonatal facial coding system，NFCS）	早产和足月新生儿	皱眉、挤眼、鼻唇沟加深、张口、嘴垂直伸展、嘴水平伸展、舌呈杯状、下颌颤动、嘴呈“O”形、伸舌（只用于评估早产儿）	评估急性短期疼痛，如静脉穿刺
CRIES 术后疼痛评分（crying requires increased vital signs expression sleeplessness，CRIES）	32 孕周以上的新生儿	哭泣、SpO_2 达 95%以上时对氧浓度的需求，心率和血压，表情，入睡情况	评估术后疼痛
FLACC 量表（the face legs activity cry consolability scale）	2 个月至 7 岁	表情、腿部动作、活动度、哭闹、可安慰性	评估术后疼痛
儿童疼痛观察评分标准（the pain observation scale for young children，POCIS）	1～4 岁	表情、哭泣、呼吸、身体紧张程度、手臂和手指的紧张程度、腿和脚趾的紧张程度、觉醒程度	评估急性和慢性疼痛
修订版面部表情法（the faces pain scale-revised，FPS-R）	4～16 岁	评估者向患儿描述疼痛程度与图片中面部表情的关系，患儿从中选择能代表自己疼痛程度的脸	评估急性和慢性疼痛，特别适合急性疼痛

二、儿童疼痛的护理

（一）药物性干预

使用药物控制疼痛时，应按时评估和记录患儿的疼痛水平，监测可能的不良反应和患儿的各项生理指标，如呼吸频率、SpO_2及是否出现呕吐等，保证疼痛治疗的有效性和安全性。

1. 根据医嘱给予止痛药 儿童肝脏功能不成熟，易产生药物副作用，护士应严格核对药物的剂量、用药途径及滴速，并注意观察药物的不良反应。如阿司匹林可能引起瑞氏综合征（Reye syndrome），12岁以下患儿不能使用。

2. 使用PCA镇痛 5岁以上患儿，如果能够合作，可以采用PCA镇痛；5岁以下患儿或者不能合作的患儿，可采用护士或家长控制镇痛的方法，护士应注意严密观察，防止患儿出现过度镇静和呼吸抑制等止痛药物的不良反应。

3. 动态评估患儿的疼痛水平，观察止痛药的疗效，并向其他医务人员（医生、麻醉师等）提供患儿疼痛方面的信息，以便及时调整药物剂量或种类。

（二）非药物性干预

除药物镇痛外，非药物性干预也有很好的镇痛效果，可联合镇痛药物使用或单独使用。

1. 家长参与 在疼痛管理中，鼓励家长参与患儿疼痛的评估和管理，多关心患儿，给予抚摸、搂抱，使患儿得到安慰。

2. 分散注意力 例如，新生儿在接受疼痛性操作时，给予安慰奶嘴，采用非营养性吸吮的方法分散注意力；让幼儿和学龄前患儿吹肥皂泡，或者提供新奇的玩具给患儿等；可用柔软的毯子将新生儿和婴儿包裹起来，或者让母亲将患儿抱在怀中，贴在胸前进行直接的皮肤接触，给予抚触按摩；年龄较小的患儿可给予拥抱、轻拍；幼儿和学龄前患儿可以唱歌给患儿听、播放音乐、讲故事和看电视；青春期患儿可以指导患儿一些放松技巧，播放音乐等。

3. 冷热疗法 热疗可以扩张血管，促进血液循环，使肌肉放松；冷疗可以减轻水肿，缓解急性软组织损伤的疼痛。

第八节 儿童用药特点及护理

药物是治疗疾病的重要手段，合理、正确地用药在治疗中常常起到关键作用。由于儿童处于生长发育的连续过程，不同年龄阶段的儿童在生理、病理和心理特点上各异，在病情变化和转归等方面与成人治疗原则有诸多不同之处，在治疗过程和处理上更应充分考虑儿童年龄因素；因此，儿童用药必须慎重、准确、针对性强，做到合理、安全用药。

一、儿童用药特点

（一）儿童肝肾功能及某些酶系发育不完善，对药物的代谢及解毒功能较差

儿童尤其是新生儿和早产儿肝酶系统发育不成熟，使药物的半衰期延长，增加了药物的血药浓度及毒副性作用。儿童肾功能不成熟，导致药物及其分解产物在体内的滞留时间延长，从而增加了药物的毒、副作用。

（二）儿童血-脑脊液屏障不完善

药物容易通过血-脑脊液屏障到达神经中枢系统。如儿童对吗啡、巴比妥类药物儿童特别敏感，容易抑制呼吸中枢，故使用中枢系统药物时必须谨慎。

（三）胎儿、婴儿可受到母亲用药影响

孕妇用药时，药物通过胎盘屏障，进入胎儿循环，对胎儿产生影响。用药剂量越大、时间越长，越易通过胎盘的药物，到达胎儿的血药浓度亦越高，越持久，影响亦越大。一般母亲用药后，某些药物在乳汁中浓度相当高，引起小儿发生毒性反应，如苯巴比妥、水杨酸盐、阿托品等药物应慎用；而放射性药物、抗癌药物、抗甲状腺激素等药物，哺乳期母亲应禁用。

（四）儿童易发生电解质紊乱

儿童年龄越小，体液占体重的比例越大，药液分布在体液中的比例越高。因此，对影响水、盐代谢和酸碱代谢的药物特别敏感，比成人易发生电解质紊乱。临床上儿童应用利尿药后应密切观察病情变化，从而防止低钠血症或低钾血症。

二、儿童药物选用及护理

儿童用药应慎重选择，不可滥用。应根据儿童的年龄、病情等有针对性地选择药物。

（一）抗生素类

应严格掌握适应证，有针对性地使用，防止滥用。在应用抗生素时要注意药物的毒、副作用，如儿童应用链霉素、卡那霉素等时，应注意有无听力损害和肾脏损害，且注意药物剂量和疗程；儿童长时间滥用抗生素，容易发生肠道菌群失调而继发二重感染或发生药物耐药性。

（二）镇静药

儿童在高热、过度兴奋、烦躁不安等情况下考虑使用镇静药，可以使患儿得到休息，以利于病情恢复、各种检查、治疗等。药物使用中应密切观察呼吸情况，以免患儿发生呼吸抑制。常用药物有苯巴比妥、地西泮、水合氯醛等。

（三）镇咳、平喘、祛痰药

婴幼儿支气管较狭窄，不会有效咳嗽、咳痰，故痰多时容易发生呼吸道阻塞，引起梗阻性呼吸困难。因此，婴幼儿一般不用镇咳药，多用祛痰口服药或雾化吸入来稀释分泌物后，配合体位引流进行排痰，使之容易咳出。哮喘患儿局部吸入激素或 β_2 受体激动药时应注意观察有无精神兴奋、惊厥等，但新生儿、小婴儿应慎用茶碱类药物。

（四）止泻药和泻药

对于儿童腹泻一般不主张用止泻药，多采用先调整饮食、补充液体等方法，因为止泻药可以暂时缓解腹泻，但增加了肠道内毒素吸收，反而加重全身中毒现象。儿童便秘时多采用调整饮食和松软大便的通便法，如开塞露灌肠等。

（五）退热药

儿童发热一般使用对乙酰氨基酚和布洛芬悬浮液，剂量不宜过大，必要时 4～6 小时可反复使用，但每日不超过 4 次，时间不超过 3 天。用药后密切观察患儿体温及出汗情况，及时补充液体。复方解热止痛片，对胃有刺激性，可引起再生障碍性贫血、白细胞减少、过敏等不良反应，大剂量服用会因出汗过多、体温骤降而导致虚脱，婴幼儿应禁用此类药物。

（六）肾上腺皮质激素

长期使用雄激素和肾上腺皮质激素可影响小儿身高，降低机体免疫力。水痘患儿禁用激素。

三、儿童药物剂量的计算

儿童用药剂量计算方法按年龄、体重、体表面积或按成人剂量折算等多种方法，其中以体重方法计算最常用。无论何种方法计算出的剂量还必须根据患儿具体情况进行调整。如新生儿和肾功能

较差的患儿，用药剂量宜小、次数少。抗癫痫药物应根据血药浓度进行剂量调整。

（一）按体重算

按体重计算是临床上最常用、最基本的计算方法，多数药物已给出每公斤体重、每日或每次需要量，按体重计算总量方便易行，故在临床广泛应用。

每日剂量＝患儿体重（kg）×每日每公斤体重所需药量。年长儿按体重计算，如已超过成人量时，则以成人量为上限。

（二）按体表面积算

按体表面积比按年龄、体重计算更为准确，因其与基础代谢率、肾小球滤过率等生理功能关系更为密切。

小儿体表面积计算公式如下：

$$体重<30kg\ 小儿体表面积（m^2）=体重（kg）\times 0.035+0.1$$

$$体重>30kg\ 小儿体表面积（m^2）=[体重（kg）-30]\times 0.02+1.05$$

$$小儿药物剂量=小儿体表面积（m^2）\times 剂量/（m^2）$$

（三）从成人剂量折算

小儿剂量＝成人剂量×小儿体重（kg）/50，或小儿剂量＝成人剂量×小儿体表面积（m^2）/1.73。

儿童体表面积可按下列公式计算，也可按“儿童体表面积图或表”求得（图4-1）。

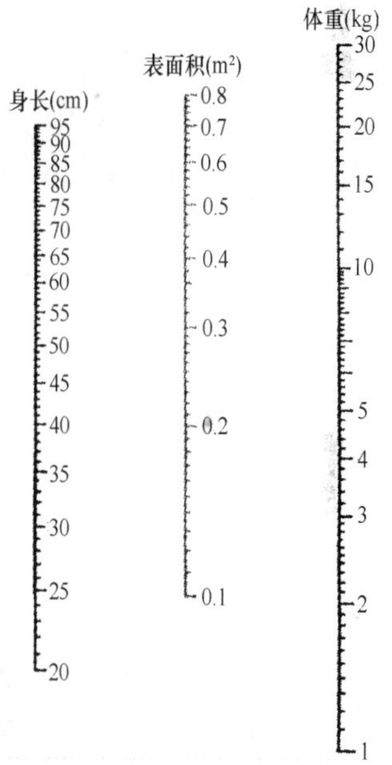

图4-1　儿童体表面积图

（四）按年龄算

按年龄计算法简单易行，用于剂量幅度大、无需十分精确的药物，如营养类药物。

四、给药方法

（一）口服法

口服法为首选给药方法，对患儿的身心不良影响小，只要条件允许，尽可能采用口服给药。幼儿选用糖浆、水剂或者冲剂，也可将药片研碎加水，但是任何药物均不能混于食物或奶中哺喂；年长儿可用药丸或片剂，并训练和鼓励使其自己服药。

婴儿服药时可用滴管或去掉针头的注射器给药。若用小药匙喂药，可用拇指和示指轻捏双颊，使之吞咽，待药液咽下后方将药匙拿开，以防患儿将药液吐出。此外，注意不要让婴儿完全平卧或在其哽咽时给药，喂药时最好将患儿抱起或抬高其头部，以防呛咳。

（二）注射法

注射法奏效快，但对儿童刺激大，且肌内注射频次过多可造成臀部肌肉挛缩，影响下肢功能或遗留后遗症，因此非病情需要外不宜采用。肌内注射一般选择臀大肌外上方。对哭闹挣扎、不合作的婴幼儿，可采取“三快”的特殊注射技术，即进针快、注药快及拔针快，以缩短注射时间，防止意外发生；对年长儿注射前应适当做解释工作，并给予鼓励。静脉推注多用于抢救，在推注时速度宜慢，并注意观察，避免使药液外渗。静脉滴注不仅用于给药，还能补充水分及营养、供给能量等，静脉滴注时应根据患儿年龄、病情进行滴数调节，并注意保持输液通畅。

（三）外用法

外用常用药以软膏为多，也可用水剂、混悬剂、粉剂等。根据不同部位的用药，注意不让小儿用手抓摸药物，以免误入眼、口引起意外。

（四）其他方法

雾化吸入较常用，但需要有人在旁照顾。对不能吞服患儿可采用鼻饲给药；灌肠给药采用不多，可用缓释栓剂。含剂、漱剂很少用于小龄儿，年长儿可用。

第九节　儿童体液平衡特点及液体疗法

体液是人体的主要组成部分，体液保持一定容量、一定分布和一定成分是维持生命的重要条件。体液中水、电解质、酸碱度、渗透压等的动态平衡依赖于神经、内分泌、肺、血液循环和酸碱缓冲对，特别是肾脏等系统的正常调节功能。儿童由于体液占体重比例较大、器官功能发育尚未成熟、体液平衡调节功能差等生理特点，极易受疾病和外界环境的影响而发生体液平衡失调，由于这些生理特点，水、电解质和酸碱平衡紊乱在儿科临床中极为常见。

一、儿童体液平衡特点

（一）体液的总量和分布

体液分布包括细胞内液和细胞外液，后者由血浆和间质液组成。年龄越小，体液总量分布相对越多，主要是间质液的比例较高，而血浆和细胞内液的比例与成人相近（表 4-4）。

表 4-4　不同年龄儿童的体液分布（占体重%）

年龄	总量	细胞外液		细胞内液
		血浆	间质液	
足月新生儿	78	6	37	35
1 岁	70	5	25	40
2～14 岁	65	5	20	40
成人	55～60	5	10～15	40～45

（二）体液的电解质组成

细胞外液以 Na^+、Cl^-和 HCO_3^-为主，其中 Na^+含量占该区阳离子总量的 90%以上，细胞内液与细胞外液的电解质组成差别显著，细胞内液以 K^+、Ca^{2+}、Mg^{2+}、HPO_4^{2-}和蛋白质为主；对维持细胞外液的渗透压起主要作用，临床上常可通过测定血钠来估算血浆渗透压，即血浆渗透压（mmol/L）=（血钠+10）×2。儿童体液的电解质成分含量与成人相似，唯有生后数日的新生儿血钾、氯、磷和乳酸偏高，血钠、钙和碳酸氢盐偏低。

（三）水的代谢特点

1. 水的需要量　与新陈代谢、摄入热量、食物性质、经肾排出溶质量、不显性失水、活动量及环境温度有关。儿童由于新陈代谢旺盛，婴儿每日水的交换量为细胞外液量的 1/2，而成人仅为 1/7 水的排出速度也较成人快，年龄越小，出入水量相对越多。故婴儿体内水的交换率比成人快 3～4 倍。此外，儿童体表面积相对较大，呼吸频率较快，因此儿童年龄越小，水的需要量越大（表 4-5），不显性失水越多（表 4-6），对缺水的耐受力也越差，在病理情况下则较容易出现脱水（如呕吐、腹泻等）。

表 4-5　小儿每日水的需要量

年龄	需水量（ml/kg）
<1 岁	120～160
1～3 岁	100～140
4～9 岁	70～100
10～14 岁	50～90

2. 体液平衡调节功能不成熟　正常情况下，水分排出主要靠肾浓缩和稀释功能调节，由于儿童肾功能不成熟，体液调节功能较差更容易出现水、电解质代谢紊乱。儿童肾稀释功能相对较好，但由于肾小球滤过率低，易致水肿和低钠血症。另外，由于儿童肾脏排钠、排酸、产氨能力差，因而也易导致高钠血症和酸中毒。

表 4-6　不同年龄儿童的不显性失水量

不同年龄或体重	不显性失水量（ml/kg）
早产儿或足月新生儿	
750～1000g	82
1001～1250g	56
1251～1500g	46
＞1500g	26
婴儿	19～24
幼儿	14～17
儿童	12～14

二、水、电解质和酸碱平衡紊乱

（一）脱水

脱水（dehydration）是指水分丢失过多，引起体液总量尤其使细胞外液量减少。除丢失水外，还伴钠、钾等电解质的丢失。

1. 脱水程度　临床实践中常根据病史和前囟、眼窝、皮肤弹性、循环情况和尿量等临床表现综合判断。不同性质的脱水其临床表现不尽相同，等渗性脱水的临床表现及分度见表 4-7。

2. 脱水性质　指体液渗透压的改变，反映水和电解质的相对丢失量。根据水和电解质损失比例不同将脱水分为等渗、低渗、高渗性脱水三种（表 4-8）。临床以等渗性脱水最常见，其次为低渗性脱水，高渗性脱水少见。

表 4-7　等渗性脱水的临床表现及分度

项目	轻度	中度	重度
失水占体重比例（ml/kg）	＜5%（30～50）	5%～10%（50～100）	＞10%（100～120）
精神状态	稍差或略有烦躁	萎靡或烦躁不安	淡漠或昏迷
皮肤	稍干、弹性稍差	干、苍白、弹性差	干燥、花纹、弹性极差
黏膜	稍干燥	干燥	极干燥或干裂
前囟和眼窝	稍凹陷	凹陷	明显凹陷
眼泪	有	少	无
口渴	轻	明显	烦渴
尿量	稍少	明显减少	极少或无尿
四肢	温	稍凉	厥冷
周围循环衰竭	无	不明显	明显

表 4-8　不同类型脱水的临床特点比较

常见病因	细胞内外变化	血渗透压	血钠浓度	主要表现	补液治疗
危重状态或医源性的因素	主要为细胞内脱水	＞320mmol/L	＞150mmol/L	烦渴、高热、休克出现迟，脑细胞脱水可有惊厥和脑血管破裂	以 1/3 张的液体为主
急性胃肠炎	细胞内外影响相同	280～320mmol/L	130～150mmol/L	一般脱水表现	以 1/2 张的液体为主
慢性腹泻、营养不良、使用脱水剂、利尿剂等	主要为细胞外的脱水	＜280mmol/L	＜130mmol/L	淡漠、嗜睡或昏迷、脱水的症状明显，休克出现早	以 2/3 张的液体为主

（1）等渗性脱水（isotonic dehydration）：水和电解质成比例丢失，血清钠 130～150mmol/L，血浆渗透压正常。脱水后的体液仍呈等渗状态，丢失的主要是细胞外液，临床上最常见，表现为一

般脱水症状。常见于呕吐、腹泻所致的脱水。

（2）低渗性脱水（hypotonic dehydration）：电解质丢失比例大于水的丢失，血清钠浓度＜130mmol/L。常见于营养不良伴慢性腹泻、腹泻时补充非电解质溶液过多。由于细胞外液呈低渗状态，水从细胞外转移至细胞内，导致细胞外液量减少和细胞内水肿，所以在失水量相同的情况下，其脱水症状较其他两种类型脱水严重。初期无口渴症状，临床上出现皮肤弹性降低、眼窝和前囟凹陷外，因循环血容量明显减少，多有四肢厥冷、皮肤发花、血压下降、尿量减少等休克症状；低钠严重者可发生脑水肿，出现嗜睡、惊厥和昏迷等。

（3）高渗性脱水（hypertonic dehydration）：水丢失比例大于电解质的丢失，血清钠浓度＞1.50mmol/L 细胞外液呈高渗状态，水从细胞内转移至细胞外，使细胞内液减少，而血容量得到部分补偿，所以在失水量相同的情况下，其脱水症状较其他两种类型脱水轻。临床上出现剧烈口渴、高热、烦躁不安、肌张力增高等，甚至发生惊厥。不显性失水增多而补水不足可致神经细胞脱水、脑血管破裂出血等，引起脑部损伤，如昏迷、发热、呼吸增快、光疗或红外线辐射保暖、早产儿等。

（二）酸碱平衡紊乱

酸碱平衡是指正常体液保持一定的 H^+浓度。正常人血液 pH 为 7.35～7.45，细胞外液的 pH 主要取决于血液中最重要的一对缓冲物质。它们在维持细胞外液 pH 中起决定作用。如某种因素使两者的比值发生变化，pH 也随之改变，即出现酸碱平衡紊乱的情况。此时机体如能通过调节使血 pH 保持在正常范围内，称为代偿性酸中毒或代偿性碱中毒，反之称为失代偿性酸中毒或碱中毒。由于代谢因素引起者称为代谢性酸中毒或代谢性碱中毒，由肺部排出 CO_2 减少或过多引起者称为呼吸性酸中毒或碱中毒（表 4-9）。

1. 代谢性酸中毒（metabolic acidosis） 是儿童最常见酸碱平衡紊乱，是由于细胞外液中 H^+ 增加或 HCO_3^-减少所致。

（1）常见原因：①呕吐、腹泻丢失大量碱性物质；②摄入热量不足引起体内脂肪分解增加，产生大量酮体；③血容量减少，血液浓缩，血流缓慢，使组织灌注不良、缺氧和乳酸堆积；④肾血流量不足，尿量减少，引起酸性代谢产物堆积体内等；⑤氯化钙、氯化镁等酸性物质摄入过多等。

（2）临床表现：根据血 HCO_3^-的测定浓度，将酸中毒分为轻度（18～13mmol/L）、中度（13～9mmol/L）和重度（＜9mmol/L）。轻度酸中毒症状、体征不明显；中度酸中毒即可出现精神萎靡、嗜睡或烦躁不安，呼吸深长，口唇呈樱桃红色等典型症状；重度酸中毒症状、体征进一步加重，恶心呕吐，呼气有酮味，心率加快，昏睡或昏迷。新生儿及小婴儿则表现为面色苍白、拒食、精神萎靡等，而呼吸改变并不典型。

（3）治疗要点：主要治疗原发病。轻度酸中毒一般经过补液，能自行纠正；中、重度酸中毒或经补液后仍有酸中毒症状者，应采用碳酸氢钠、乳酸钠等碱性药物。临床应用时一般应加 5%或 10%葡萄糖溶液稀释 3.5 倍成等张液体（1.4%碳酸氢钠溶液），在抢救重度酸中毒时可不稀释而直接静脉注射，但不宜过多使用。所需 5%碳酸氢钠溶液的毫升数= –BE（剩余碱）×0.5×体重（kg），或（22–HCO_3^-）×体重（kg），一般先给予总计算量的 1/2，复查血气后重新调整用药剂量。若病情危重先给予 5%碳酸氢钠溶液 5ml/kg，可提高 HCO_3^- 4.5mmol/L。纠正酸中毒后，钾离子进入细胞内使血清钾降低，游离钙也减少，故应注意补充钾、钙。

2. 代谢性碱中毒（metabolic alkalosis） 是由于体内 H^+丢失或 HCO_3^-增多所致。

（1）常见原因：长期呕吐、低血钾、使用过量的碱性药物、使用利尿剂引起低血钾等。

（2）临床表现：病情较重者表现为呼吸浅而慢、烦躁、头痛、手足麻木，血清游离钙降低而导致神经肌肉兴奋性增高，可出现手足抽搐或惊厥。

（3）治疗要点：治疗原发病，停用碱性药物，纠正水、电解质平衡失调。轻者可静脉滴注 0.9%氯化钠溶液，重者可静脉滴注氯化铵治疗。给予 0.9%氯化铵溶液 3ml/kg，可降低 HCO_3^-1mmol/L，肝肾功能不全和合并呼吸性酸中毒时禁用。

3. 呼吸性酸中毒（respiratory acidosis）　由于通气障碍致体内 CO_2 潴留和 $H_2CO_3^-$ 升高而引起。

（1）常见原因：呼吸道阻塞、肺部和胸腔疾病、呼吸中枢抑制、心脏疾病、呼吸肌麻痹或痉挛、呼吸机使用不当等。

（2）临床表现：常伴有低氧血症及呼吸困难。高碳酸血症可引起血管扩张，导致头痛及颅内压增高、颅内出血、颅内血流增加等。

（3）治疗要点：治疗主要针对原发病治疗，改善通气和换气功能，必要时行气管插管或气管切开、人工辅助通气，镇静剂可抑制呼吸，一般禁用。

4. 呼吸性碱中毒（respiratory alkalosis）　因通气过度致体内 CO_2 过度减少，H_2CO_3 降低而引起。

（1）常见原因：长时间剧烈啼哭、高热、中枢神经系统疾病、使用呼吸机不当所致的通气过度。

（2）临床表现：典型表现为呼吸深快，其他症状与代谢性碱中毒相似。

（3）治疗要点：主要是去除病因，呼吸改善后可逐渐恢复。对伴有其他电解质紊乱者采取相应措施，予以纠正。

表 4-9　酸碱紊乱的分析方法

动脉血气测定			
酸中毒（pH<7.40）		碱中毒（pH>7.40）	
↓$[HCO_3^-]$	↑$PaCO_2$	↑$[HCO_3^-]$	↓$PaCO_2$
代谢性酸中毒	呼吸性酸中毒	代谢性碱中毒	呼吸性酸中毒
↓$PaCO_2$ 代偿	↑HCO_3 代偿	↑$PaCO_2$ 代偿	↓HCO_3^- 代偿
呼吸代偿	肾脏代偿	呼吸代偿	肾脏代偿
临床举例：酮症酸中毒；乳酸酸中毒；腹泻、肠液丢失；肾小管性酸中毒等	临床举例：中枢呼吸抑制；神经肌肉疾病；肺实质性疾病等	临床举例：呕吐引起 H^+、Cl^- 丢失；外源性 HCO_3^- 摄入或输入过多等	临床举例：由于精神因素或药物（如水杨酸）中毒所致的呼吸增快
代偿效果：每降 $PaCO_2$ 1.2mmHg 可代偿 1mmol/L 的 HCO_3 下降	代偿效果：每降 HCO_3 3.5mmol/L 可代偿 10mmHg 的 $PaCO_2$ 下降	代偿效果：每上升 $PaCO_2$ 0.7mmHg 可代偿 1mmol/L 的 HCO_3^- 上升	代偿效果：每下降 HCO_3^- 5mmol/L 可代偿 10mmHg 的 $PaCO_2$ 下降

三、儿童液体疗法常用溶液

（一）非电解质溶液

非电解质溶液常用 5%和 10%葡萄糖溶液，5%葡萄糖溶液为等渗液，10%葡萄糖溶液为高渗液。葡萄糖溶液输入人体内后逐渐被氧化成水和二氧化碳，液体渗透压失去其作用，仅用于补充水分和部分热量，故不能起到维持血浆渗透压的作用。

（二）电解质溶液

电解质溶液用于补充损失的液体容量，纠正体液的渗透压、酸碱失衡。

1. 0.9%氯化钠溶液（生理盐水）**和复方氯化钠溶液**（Ringer 溶液）　均为等渗液。生理盐水含 Na^+ 和 Cl^- 各为 154mmol/L，Na^+ 含量接近于血浆浓度（142mmol/L），但是 Cl^- 含量比血浆浓度（103mmol/L）高 33%，故大量输入可使血氯增高，可造成高氯性酸中毒。

2. 碱性溶液　用于快速纠正酸中毒。

（1）碳酸氢钠溶液：可直接增加缓冲碱，迅速纠正酸中毒，但有 CO_2 潴留和呼吸衰竭者慎用，1.4%碳酸氢钠溶液为等渗液；5%碳酸氢钠溶液为高渗液，在抢救重度酸中毒时，可不稀释而直接静脉注射，但不宜大量输入。

（2）乳酸钠溶液：需要在有氧条件下，经肝脏代谢产生 HCO_3^-，而起缓冲作用，但效果缓慢，因此在缺氧、休克、肝功能不全、新生儿期及乳酸潴留性酸中毒时，不宜使用。制剂 1.87%乳酸钠溶液为等渗液；制剂 11.2%乳酸钠溶液为高渗液。

3. 氯化钾溶液 用于补充钾离子，常用 10%氯化钾溶液，静脉滴注时需稀释成 0.2%～0.3%浓度，不可直接静脉推注，以免发生心肌抑制而导致死亡。

（三）混合溶液

常把几种溶液按一定比例配置为不同的混合溶液，以满足不同病情时输液的需要。常用混合溶液配制见表 4-10。

表 4-10 几种常用混合溶液的简便配置

混合溶液	张力	加入溶液（ml）		
		5%或 10%葡萄糖溶液	10%氯化钠溶液	5%碳酸氢钠溶液（11.2%乳酸钠溶液）
2：1 含钠液	1	加至 500	30	47（30）
1：1 含钠液	1/2	加至 500	20	—
1：2 含钠液	1/3	加至 500	15	—
1：4 含钠液	1/5	加至 500	10	—
2：3：1 含钠液	1/2	加至 500	15	24（50）
4：3：2 含钠液	2/3	加至 500	20	33（20）

注：为方便配置，加入液体量均为整数，配成的是近似的溶液。

口服补液盐（oral rehydration salts，ORS） 是世界卫生组织（WHO）推荐用以治疗急性腹泻脱水的一种溶液，经临床应用已取得良好效果。目前有多种 ORS 配方，由 WHO 推荐使用的新配方为氯化钠 2.6g，枸橼酸钠 2.9g，氯化钾 1.5g，葡萄糖 13.5g，临用前以温开水 1L 溶解。总渗透压为 245mmol/L，张力为 1/2 张。一般适用于轻度或中度脱水无严重呕吐者。常用 ORS 溶液的配方及成分见表 4-11。

表 4-11 ORS 溶液的配方及成分

成分	浓度	电解质（mmol/L）				渗透压
		Na^+	K^+	Cl^-	HCO_3^-	mmol/L
氯化钠	3.5	60	—	60	—	—
碳酸氢钠（枸橼酸钠）	2.5（2.9）	30	—	—	30	—
氯化钾	1.5	—	20	20	—	—
葡萄糖	20	—	—	—	—	—
合计	27.5（27.9）	90	20	80	30	220

（四）液体疗法的实施与护理

液体疗法其目的是纠正水、电解质和酸碱平衡失调，恢复机体的正常生理功能。补液时应遵循定总量、定性质和定速度，同时应遵循“先盐后糖、先浓后淡（指电解质浓度）、先快后慢、见尿补钾、抽搐补钙”的补液原则。补液总量应包括生理需要量、累积损失量和继续损失量三个部分。

1. 生理需要量 指补充基础代谢所需的量，每日需水为 60～80ml/kg，这部分液体应尽量口服补充，口服有困难者，补给 1/4～1/5 张液体，实际用量应去除口服量。

2. 继续损失量　指补液开始后继续损失的液体量，如腹泻、呕吐、胃肠引流等引起的损失量。此部分应按实际损失量补充，即“丢多少、补多少”的原则进行补充。一般按每日 10～40ml/kg 估计，适当增减。常用 1/3～1/2 张液体，此部分损失量连同生理需要量于补完累积损失量后 12～16 小时内均匀滴入，约每小时 5ml/kg。

3. 累积损失量　指从发病到补液时所损失的水和电解质量。

（1）补液量：根据脱水程度而定，即轻度脱水补 30～50ml/kg，中度脱水补 50～100ml/kg，重度脱水补 100～150ml/kg。

（2）补液种类：根据脱水性质，一般低渗性脱水补给 2/3 张液体，等渗性脱水补给 1/2 张液体，高渗性脱水补给 1/3～1/5 张液体。若在临床上难判断脱水性质，可先按等渗性脱水进行处理。

（3）补液速度：取决于脱水的程度，原则上遵循先快后慢、先盐后糖、先浓后淡的补液原则，对伴有周围循环衰竭或休克的重度脱水患儿，首先应快速输入等渗含钠液（2∶1 液），按 20m1/kg，但总量不超过 300ml，于 30～60 分钟内静脉推注或快速滴入。累积损失量常在 8～12 小时内完成，在周围循环改善并排尿后应及时补钾。

综合以上三部分，第 1 天的补液总量为：轻度脱水补 90～120ml/kg，中度脱水补 120～150ml/kg，重度脱水补 150～180m1/kg，第 2 天以后的补液，一般只补继续损失量和生理需要量，于 12～24 小时内均匀输入，能口服者应尽量口服。

（五）补液护理

1. 补液前的准备阶段　应全面了解患儿的病情、病史、补液目的及其临床意义；必须以高度责任心、迅速准确地做好各项补液准备工作。向家属做好解释工作，以取得配合；同时也做好年长患儿的思想工作，以消除恐惧心理，不合作患儿可适当约束或遵医嘱给予镇静剂。

2. 输液过程中注意事项

（1）按医嘱准确、及时、全面安排 24 小时的液体总量，并遵循“补液原则”分批、分期输入液体。

（2）严格按医嘱调节输液速度，明确每小时输入量，计算出每分钟输液滴数，避免发生输液速度过快或过缓引起的不良事件；必要时使用输液泵，以便能准确地控制输液速度。

（3）密切观察病情变化

1）严格执行无菌操作，观察有无输液反应，若发现异常及时与报告医生，寻找原因并采取有效措施。

2）密切观察患儿生命体征及一般状况，防止发生心力衰竭和肺水肿。

3）密切观察输液是否通畅、有无外渗、肿胀，补充碱性液体时防止输液外渗，以免引起局部组织坏死。

4）观察脱水是否好转及尿量变化，判断补液量是否合适，随时调整方案。

5）密切观察酸中毒纠正后，有无出现低钙性惊厥。

6）密切观察有无呼吸深长、精神萎靡、肌肉无力、心音低钝、腱反射减弱等低血钾表现，并严格按照补液原则，准确掌握补钾浓度和速度，绝不可直接静脉推注。

7）准确记录 24 小时出入量，包括静脉输液量、口服量、尿量、呕吐和大便量等。婴幼儿大小便不易收集，可用“称尿布法”计算液体排出量。

第十节　儿科护理技术

一、儿科常用诊疗技术的护理配合

为患儿进行诊断性操作时，护理人员职责包括以下几个方面：

1. 取得患儿及家长同意 知情同意权是从法律和伦理上而言，患儿及家长有权了解实施操作的危险性、可供选择的方式和不实施的危险性。

2. 心理准备 进行操作前向家长和患儿做好解释工作，减轻焦虑及恐惧，提高患儿及家长在应对压力事件的控制能力，并促使他们配合。

3. 做好用物和仪器准备工作。

4. 陪同患儿去诊察室或操作室。

5. 保护患儿隐私，在诊察操作过程中给予支持。

6. 操作中做好评估工作及护理工作。

7. 操作结束后密切观察患儿情况并收集标本、整理用物等。

二、温箱使用法

【目的】

1. 创造一个温度和湿度适宜的中性环境，促使新生儿体温恒定，提高未成熟儿的存活率。

2. 利用暖箱的透明可以对新生儿进行观察。

3. 对新生儿进行各项检查治疗时，暖箱使热的丢失达到最小。

【评估和准备】

1. 评估 评估患儿病情、日龄、胎龄、体重等。

2. 用物准备

（1）新生儿准备：告知新生儿家属应用暖箱的目的、方法、配合要点，以取得合作。

（2）护士准备：仪表端庄、服装整洁、修剪指甲、洗手、戴口罩。

（3）环境准备：整洁、安静、舒适、安全。

（4）物品准备：已彻底清洁消毒、性能良好的温箱（图 4-2），护理记录本、医嘱本。

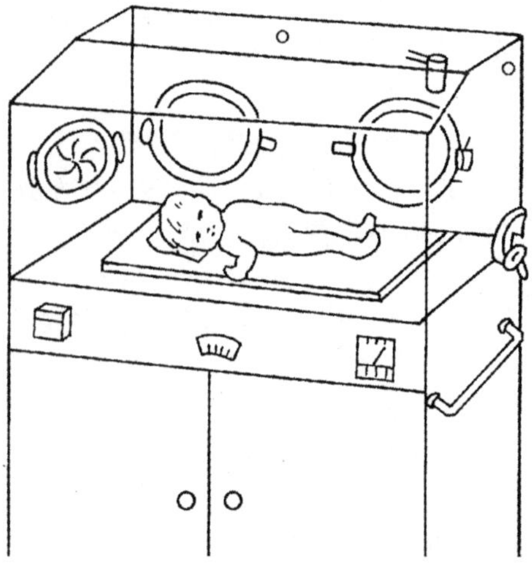

图 4-2 婴儿温箱

【操作步骤】

1. 温箱水槽内加入适量灭菌注射用水。

2. 接通电源，检查暖箱各项显示显示是否正常，预热箱温，达到所需的温湿度。一般温箱的温度根据患儿体重及出生日龄而定（表 4-12），维持适中温度，湿度一般为 55%～65%。如果患儿体温不升，箱温应设置为比患儿体温高 1℃。预热时间需 30～60 分钟。

表 4-12 不同出生体重早产儿暖箱温度

出生体重（kg）	暖箱温度			
	35	34	33	32
1.0	初生≤10 天	＞10 天	＞3 周	＞5 周
1.5	—	初生≤10 天	＞10 天	＞4 周
2.0	—	初生≤2 天	＞2 天	＞3 周
＞2.5	—	—	初生≤2 天	＞2 周

3. 温箱达到预定温度，核对患儿身份无误后，将患儿抱入暖箱内，如果使用温箱的肤控模式，调节箱温时，应将温度探头置患儿腹部肝区，用专用胶布固定温度探头，一般设置控制探头肤温在36～36.5℃之间。

4. 在最初 2 小时，应 30～60 分钟测量体温 1 次，体温稳定后，2～4 小时测体温 1 次，记录箱温和患儿体温。

5. 出暖箱条件：新生儿情况稳定，体重达 2000g 以上，体温正常，或体重虽不到 2000g，但一般情况良好，已在暖箱内生活了 1 个月以上，并且在室温 24～26℃的情况下，患儿穿单衣在不加热的暖箱内，能保持正常体温，可出箱。患儿出箱后，应对温箱进行终末清洁消毒处理。

【注意事项】

1. 注意保持患儿体温，腋窝温度需维持在 36.5～37.5℃之间，使用肤控模式时应密切观察探头是否脱落，造成新生儿体温不升的假象，导致箱温调节失控。根据新生儿体温变化调节暖箱温度及相对湿度。

2. 温箱不宜放置在阳光直射、有对流风或取暖设备附近，以免影响箱内温度的控制。

3. 一切护理操作应尽量在箱内集中进行，如喂奶、换尿布及检查等，并尽量减少开箱门次数和时间，以免箱内温度波动。

4. 接触患儿前，必须认真洗手，防止交叉感染。

5. 密切观察患儿情况和温箱状态，如温箱报警，应及时查找原因，妥善处理，严禁骤然提高温箱温度，以免患儿体温上升造成不良后果。

6. 保持温箱的清洁，每天清洁温箱，并更换灭菌注射用水，每周更换温箱 1 次，彻底清洁、消毒，定期进行细菌监测。

三、光照疗法

光照疗法（phototherapy）又称光疗，主要通过荧光灯照射治疗新生儿高胆红素血症的辅助手段。主要作用是使新生儿血液中脂溶性的未结合胆红素转变为水溶性异构体，易于从胆汁和尿液中排出体外，从而降低胆红素水平。其中以波长 450nm 的蓝光最为有效，绿光、日光灯或太阳光也有此效果，其中双面光优于单面光。光疗按照射时间可分为连续光疗和间断光疗，对于黄疸较重的患儿，一般照射时间较长，但以不超过 4 天为宜。光疗的不良反应有发热、腹泻、皮疹、维生素 B 缺乏、低血钙、贫血、青铜症等，应注意观察。

【目的】

治疗新生儿高胆红素血症，降低血清胆红素浓度。

【评估和准备】

1. 评估患儿日龄、体重、黄疸范围及程度、黄疸消退情况、反应等。评估生命体征及胆红素检查结果。

2. 用物准备

（1）物品准备：眼护罩、光照设备、医嘱执行单、护理记录单，根据新生儿胎龄、体重设定光疗箱需预热至适中温度。

（2）护士准备：仪表端庄、服装整洁、修剪指甲、洗手、戴口罩。告知新生儿家属应用暖箱的目的、配合要点。

【操作步骤】

1. 核对医嘱及患儿身份，并做好解释工作。

青铜症

青铜症（bronze baby syndrome）是指患儿照射光疗后数小时，皮肤、尿液、泪液呈青铜色。目前发现当血清结合胆红素高于68.4μmol/L，并且血清谷丙转氨酶、碱性磷酸酶升高时，光疗可使皮肤呈青铜色。

青铜症的原因可能是由于胆汁淤积，胆红素化学反应产物经胆管排泄障碍导致。患儿的铜卟啉浓度明显升高，铜卟啉光疗后容易形成棕褐色物质，患儿的皮肤、血浆、肝、脾呈青铜色，但脑脊液和大脑并不受影响，所以无神经系统损害。青铜症患儿在光疗前就有肝功能损害，光疗并不损害肝功能，当光疗停止后，青铜症可逐渐消退，没有明显的后遗症，但消退时间可较长，需2～3周。

对于高结合胆红素血症和胆汁淤积症的患儿不宜进行光疗，出现青铜症后应停止光疗，关注患儿肝功能变化，积极治疗原发病，促进肝功能恢复及光氧化产物的排泄。

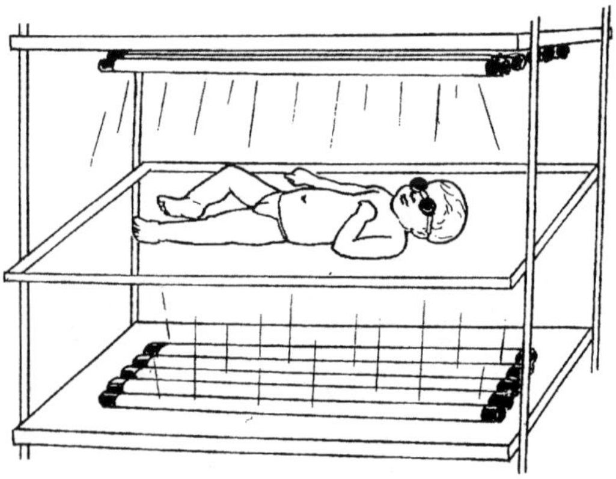

图 4-3　新生儿蓝光治疗仪

2. 将患儿全身裸露，以增加照射皮肤面积，用光疗专用尿布遮盖会阴部，尿布应尽量缩小面积，或用柔软的带子将折叠或裁剪的尿布穿过患儿会阴后系于腰间，男婴注意保护阴囊；佩戴遮光眼罩，避免光线损伤患儿的视网膜，光疗箱或光疗灯附近如有其他患儿，也应遮挡设备，避免对其他患儿造成影响（图 4-3）。

3. 记录入箱时间及灯管开启时间。

4. 单面光疗每 2 小时翻身 1 次。

5. 定时监测患儿体温，24 小时测体温 1 次，以此调节箱温，维持患儿体温稳定。

6. 密切观察患儿反应、呼吸、脉搏、皮肤颜色和完整性、大小便，四肢张力有无变化及黄疸进展程度并记录。

7. 患儿光疗结束后彻底清洁消毒光疗设备，记录结束时间及灯管使用时间。

【注意事项】

1. 患儿入箱前需进行皮肤清洁，禁止在皮肤上涂粉剂和油类。

2. 光疗过程中密切观察患儿眼罩、会阴遮盖物是否完好，皮肤有无破损。

3. 患儿光疗时，若体温高于 38.5℃或者低于 35℃，应停止光疗，等体温恢复正常后继续治疗。

4. 光疗过程中注意适当增加补液量，以防止光疗过程中体液丢失过多，若发现异常及时与医师联系，妥善处理。

5. 注意黄疸的部位、程度及其变化；大小便颜色及性状，皮肤有无破损、干燥、皮疹等。

6. 保持灯管及反射板的清洁，防止灰尘影响光照强度。

7. 灯管与患儿的距离需遵照设备说明进行调节，灯管使用时间达到设备规定时限时必须更换。

四、换 血 疗 法

换血疗法（exchange transfusion）是通过供血者的红细胞和血浆，可换出致敏红细胞和血清中的抗体，防止继续溶血，降低未结合胆红素，防止核黄疸的发生；换血也可纠正溶血导致的贫血，防止缺氧及心功能不全；换血也是抢救严重溶血、高胆红素血症、新生儿弥散性血管内凝血和败血症等重要措施。

【目的】

1. 降低血清中的未结合胆红素，防止胆红素脑病的发生。

2. 换出致敏红细胞和血清中免疫抗体，阻止溶血并纠正贫血。

3. 降低体内各种毒素等。

【评估和准备】

1. 评估患儿年龄、了解体重、诊断、病史、生命体征、黄疸等情况。

2. 用物准备

（1）环境准备：在手术室或经消毒处理的环境中进行，预热辐射保温床，室温保持在26～28℃。

（2）护士准备：仪表端庄、服装整洁、做好解释工作，操作前洗手、戴口罩。

（3）物品准备：①药物准备：葡萄糖溶液、生理盐水、10%葡萄糖酸钙溶液、肝素、鱼精蛋白、利多卡因、苯巴比妥、地西泮（安定）等，并按需要准备急救药物；②用品准备：脐静脉插管或静脉留置针、注射器、三通管、换药碗、弯盘、手套、量杯、心电监护仪、辐射保温床、暖箱、胶布、采血管、绷带、夹板、静脉切开包、无菌换血包、输血器、消毒用物、换血记录单等。

（4）血源选择：Rh血型不合应采用Rh血型与母亲相同，ABO血型与患儿相同，或抗A、抗B效价不高的O型供血者；ABO血型不合者可用O型的红细胞加AB型血浆或用抗A、抗B效价不高的O型血。根据换血目的决定换血量，新生儿溶血换血量为150～180ml/kg，约为患儿全身血量的2倍，应尽量选用新鲜血，库血不应超过3天。

【操作步骤】

1. 患儿术前停止喂养1次或于抽出胃内容物，以防止换血过程中呕吐或误吸。必要时可术前半小时肌内注射苯巴比妥10mg/kg。

2. 患儿置于辐射式保暖床上，取仰卧位，暴露手术部位，四肢用夹板固定。

3. 可选择脐静脉或其他较大静脉进行换血，也可选脐动、静脉或外周动、静脉同步换血。①脐动脉、静脉插管换血，按常规消毒皮肤置管，上至剑突，下至耻骨联合，两侧至腋中线，铺巾，将硅胶管插入脐静脉；②外周静脉动、静脉换血：选择合适的动静脉穿刺，动脉首选桡动脉，常规消毒后置管。

4. 连接三通管，抽血测定胆红素及生化项目后开始换血。

5. 脐静脉换血应测静脉压以决定换血速度，新生儿静脉压在0.78kPa（8cmH_2O）以下，换血速度开始每次10ml/1～2分钟，逐渐增加到每次20ml，以2～4ml/（kg·min）速度匀速进行，总时间为2～4小时，换血量通常为新生儿总血量的2倍。如果采用外周动静脉同步换血，可用输液泵控制速度。

6. 密切观察患儿生命体征、血氧饱和度、血气、血糖等变化，换血过程中患儿若有激惹、心电图改变等低钙症状时，应给予10%葡萄糖酸钙溶液1～2ml/kg用等量葡萄糖稀释后缓慢静脉注射。

7. 详细记录每次抽出和注入的血量、时间、静脉压、用药等。

8. 换血后配合医师拔管，结扎缝合，消毒。

9. 记录，监测生命体征、血糖、血压和局部伤口情况，观察心功能情况和低血糖征象。

【注意事项】

1. 严格执行无菌操作，避免发生感染。

2. 注意保暖；输入的血液要置于室温下预温；保持在 27～37℃之间，过低的库血温度可能会导致心律失常，温度过高则会导致溶血。

3. 注射器、管道和三通管需用含肝素的生理盐水冲洗，防止堵塞血管。

4. 单管换血过程中抽注速度应均匀，注射器内不能有空气。

5. 换血后应继续光疗。

6. 脐静脉换血伤口未拆线前不宜沐浴，防止切口感染。

7. 密切观察患儿全身反应，监测生命体征，注意保暖，观察皮肤颜色，发生不良反应及时报告医生给予处理。

8. 若患儿情况稳定，换血 6 小时后可试喂糖水，若无呕吐，可进行正常喂养。

五、小儿动脉、静脉采血法

（一）桡动脉穿刺法

【目的】

用桡动脉穿刺法采集动脉血做相关检查。

【评估和准备】

1. 护士准备 评估患儿一般情况，用 Allen（艾勒）试验检查桡动脉供血情况；护理人员仪表端庄、服装整洁、修剪指甲、洗手、戴口罩；告知家属穿刺目的、方法、配合要点，取得理解和配合，操作前洗手、戴口罩。

2. 患儿准备 将患儿置于治疗台上，手臂外展，助手约束患儿躯干及四肢，两手固定好穿刺上臂。

3. 物品准备 治疗盘、动脉采血针、真空采血管、碘伏棉签。

【操作步骤】

1. 操作者用左手或右手示指和中指触摸桡动脉搏动最强处，确定穿刺点。

2. 常规消毒皮肤。

3. 右手持针以 15°～30°角度进针，见回血后固定针头，左手轻轻抽回血至所需血量。

4. 拔针后用无菌棉签按压穿刺点 5～10 分钟至完全止血为止。

【注意事项】

1. 严格执行无菌操作，避免发生感染，并做好三查七对。

2. 穿刺中注意观察患儿面色及一般情况，发现异常立即停止操作。

3. 有出血倾向或凝血功能障碍的患儿应延长按压时间并密切观察局部出血情况。

（二）四肢静脉穿刺

【目的】

四肢静脉穿刺目的为采集血标本。

【评估和准备】

1. 护士准备 了解患儿情况、一般状态、合作程度；根据血管情况选择适合静脉；护理人员仪表端庄、服装整洁、修剪指甲、洗手、戴口罩；做好家属解释工作，取得理解及配合。

2. 患儿准备 胳膊是四肢静脉穿刺中最常用的部位，抽血前固定好患儿的手臂，另一人按住患儿上半身，以阻止身体移动，并用胳膊固定穿刺部位。

【操作步骤】

1. 在穿刺点上方扎止血带，常规消毒皮肤。

2. 左手绷紧皮肤，右手持针穿刺，见回血后固定针头，抽取所需血量或连接真空采血管。

3. 迅速拔针，并用棉签压迫止血。

【注意事项】

1. 严格执行无菌操作，避免发生感染，并做好三查七对。

2. 穿刺中注意观察患儿面色及一般情况，并做好患儿安慰工作。

（三）颈外静脉穿刺术

【目的】

颈外静脉穿刺术用于婴幼儿外周静脉条件不良或肥胖儿血标本采集。

【评估和准备】

1. 护士准备　了解患儿情况、一般状态、合作程度；做好解释工作，取得理解及配合；仪表端庄、服装整洁、修剪指甲、洗手、戴口罩。

2. 患儿准备　让患儿仰卧于治疗台上，肩部用软枕适当垫高，头部转向一侧并下垂，充分暴露静脉，助手用双臂约束患儿躯干及四肢，两手固定其头部。

3. 物品准备　治疗盘、采血针、5ml 注射器、真空采血管、碘伏棉签、小枕头、胶布。

【操作步骤】

1. 穿刺者位于患儿头端，常规消毒皮肤。

2. 用左手示指压迫颈外静脉近心端，使颈外静脉充盈显露，拇指拉紧穿刺点下方皮肤，右手持针以 30° ～40° 角度沿着显露的颈外静脉边缘按向心方向刺入血管，见回血后固定，并抽取所需血量或连接真空采血管。

3. 采血完毕，拔针后用无菌棉签按压穿刺点 5～10 分钟至完全止血为止。

【注意事项】

1. 严格执行无菌操作，避免发生感染，并做好三查七对。

2. 穿刺中注意观察患儿面色及一般情况，发现异常立即停止操作。

3. 操作者应技术熟练、动作迅速，避免头部下垂时间过长，影响血液回流。

4. 有出血倾向或凝血功能障碍的患儿应延长按压时间并密切观察局部出血情况。新生儿不建议选择此处。

（四）股静脉穿刺法

【目的】

股静脉穿刺法用于婴幼儿外周静脉条件不良或肥胖儿血标本采集。

【评估和准备】

1. 评估　评估患儿身体、检查项目和穿刺部位皮肤情况。

2. 用品准备

（1）物品准备：治疗盘、注射器、碘伏棉签、真空采血管、纱布垫、胶布等。

（2）护士准备：了解患儿情况、一般状态、合作程度；做好解释工作，取得理解及配合；仪表端庄、服装整洁、修剪指甲、洗手、戴口罩。

【操作步骤】

1. 携用物至床旁，核对，协助患儿取仰卧位，固定大腿外展成蛙形，充分暴露腹股沟穿刺部位（图 4-4），用脱下的一侧裤腿或尿布遮盖会阴部。

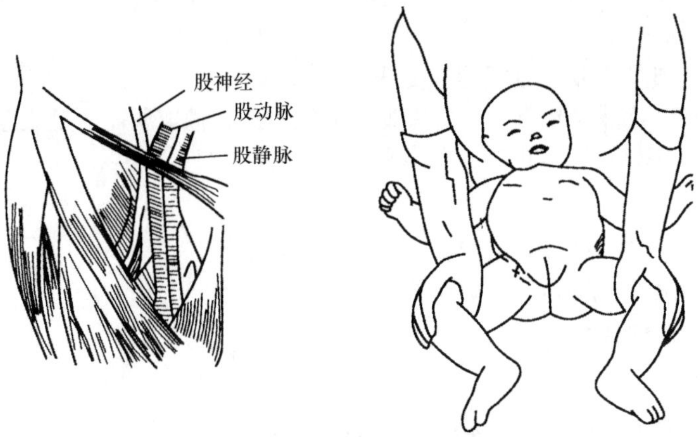

图 4-4 股静脉穿刺法示意图

2. 常规消毒穿刺部位皮肤。

3. 在患儿腹股沟中、内 1/3 交界处，以左手示指触及股动脉搏动处，右手持注射器于股动脉搏动点内侧 0.3～0.5cm 垂直穿刺，边向上提针边抽回血。

4. 见回血后固定针头，抽取所需血量。

5. 拔针，压迫穿刺点 5 分钟止血。

6. 取下针头，将血液沿采血管壁缓慢注入。

7. 再次核对，清理用物，洗手，记录。

【注意事项】

1. 严格执行无菌操作，避免发生感染，并做好三查七对。

2. 患儿有出血倾向或穿刺误入股动脉，应延长加压时间。

3. 穿刺过程中注意观察患儿反应，若穿刺失败，不宜多次反复穿刺，以免局部形成血肿。

六、小儿静脉输液法

婴幼儿头皮静脉丰富、表浅，头皮静脉输液方便患儿肢体活动，因此婴幼儿静脉输液多采用头皮静脉，常选用额上静脉、颞浅静脉等。

【目的】

1. 使药物快速进入体内。

2. 补充液体、营养，维持体内电解质平衡。

【评估和准备】

1. 评估患儿身体，了解用药情况和头皮静脉情况。

2. 准备

（1）物品准备：治疗盘、输液器、液体及药物、头皮针、消毒液、棉签、盘、胶布、治疗巾，根据需要备剃刀、肥皂、纱布、固定物。

（2）护士准备：仪表端庄、服装整洁、修剪指甲、洗手、戴口罩。

【操作步骤】

1. 检查药液、输液器，按医嘱加入药物，将输液器针头插入输液瓶塞防关闭调节器。

2. 携用物至床旁，核对患儿，查对药液，将输液瓶挂于输液架上，排尽气，备好胶布。

3. 将枕头放于床沿，枕上铺治疗巾，患儿横卧于床中央，头枕于枕上，必要时使用全身约束法约束患儿；如两人操作，则一人固定患儿头部，另一人立于患儿头端便于操作。

4. 选择静脉，常选用额上静脉、颞浅静脉及耳后静脉等（图 4-5），根据需要剃去穿刺部位的毛发。

5. 常规消毒皮肤，再次核对后，一手绷紧血管两端皮肤，另一手持针沿脉走行方向进针，见回血后松开活塞，如无异常，固定针头，将输液管绕于合适位置，妥善固定。

6. 调节滴速，再次核对，签字并交代患儿家长注意事项。

7. 清理用物，洗手，记录。

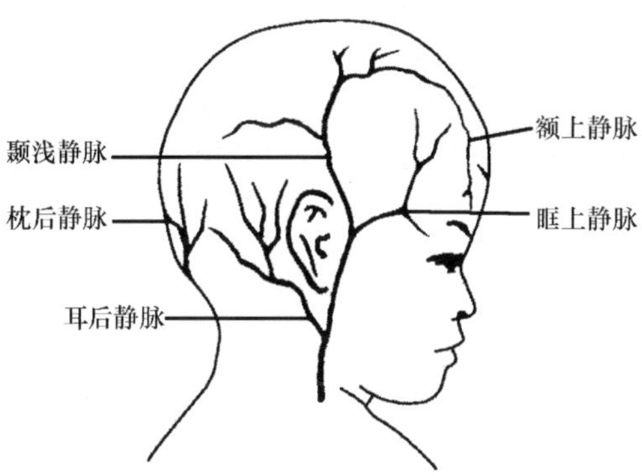

图 4-5　头皮浅静脉示意图

【注意事项】

1. 注意区分头皮动、静脉。

2. 密切观察输液是否通畅，局部是否肿胀，针头有无移动和脱出，特别是输注刺激性较强的药物时，应注意加强观察。

3. 头皮针和输液管的固定应牢固，防止头皮针移动脱落。

七、经外周静脉置入中心静脉导管术

经外周静脉导入中心静脉置管（peripherally inserted central catheter，PICC）是利用导管从外周浅静脉置入，沿静脉走向到达靠近心脏上腔静脉的置管技术。该技术具有成功率高、创伤小、操作简单、快捷、不需局麻、实用性强等特点，近年来在儿科临床护理中应用日益广泛。

【目的】

1. 为静脉穿刺困难的患儿提供中期至长期的静脉输液治疗。

2. 给予刺激性药物、高渗药液等提供长期安全、有效的静脉通路。

3. 监测中心静脉压，进行肠外静脉营养支持。

4. 减轻药物对周围静脉的刺激和反复穿刺给患儿带来的痛苦。

【评估和准备】

1. 评估　根据医嘱进行穿刺前教育，征得患儿家长同意并签字；评估患儿身体和用药情况，观察穿刺部位皮肤和静脉情况。

2. 准备

（1）护士准备：了解患儿情况、一般状态、合作程度；做好解释工作，取得理解及配合，并签署知情同意书；仪表端庄、服装整洁、修剪指甲、洗手、戴口罩。

（2）物品准备：PICC 穿刺包（包含套管针、导管、孔巾、治疗巾、10ml 注射器、消毒液、敷料、纱布、止血带、纸尺、胶布和镊子）、无菌手套 2 副、无菌生理盐水、肝素生理盐水稀释液、可来福接头或肝素帽、弯盘、污物桶。

（3）患儿准备：平卧、手臂外展 90°。

【操作步骤】

1. 备齐用物至患儿床旁，再次核对患儿身份并确认穿刺部位。

2. 选择穿刺部位，首选贵要静脉，其次为肘正中静脉、头静脉及大隐静脉。

3. 患儿仰卧，将手臂外展 90°，定位穿刺点，测量插管的长度及上臂臂围并做好记录。

4. 打开 PICC 导管包，建立无菌区，戴无菌手套，按无菌技术在患儿手臂垫治疗巾。

5. 按规定消毒，范围在穿刺部位上下各 10cm，两侧到臂缘。

6. 更换无菌手套，铺孔巾，检查导管的完整性，冲洗管道。

7. 请助手扎止血带。穿刺与常规静脉穿刺相同，见回血后再进少许，定导引套管，让助手松开止血带，示指固定导引套管，中指压在套管尖端所在血管处减少出血，退出穿刺针。

8. 用镊子或手从导引套管轻轻送入 PICC 导管，当导管进入肩部时，让患儿头转向穿刺侧，下颌贴向肩部，避免导管误入颈内静脉。将导管置入到预计刻度后，退出导引套管，同时注意固定导管。

9. 用生理盐水注射器抽吸回血并注入生理盐水，确保管道通畅，无血液残留，连接可来福接头或肝素帽，用肝素盐水正压封管。

10. 清理穿刺点，再次消毒，固定导管，注明穿刺日期、时间。

11. 操作完毕行 X 线检查，观察导管尖端是否处在预计位置。

12. 确定导管的位置正确后，将输液装置与导管相连，即可输入药物。

13. 交代患儿及家长注意事项，清理用物，洗手，记录置管过程。

【注意事项】

1. 严格执行无菌技术操作，防止感染。

2. 操作时动作要轻柔、匀速，密切观察患儿反应、穿刺点和血管情况。

3. 每次静脉输液结束后应及时冲管，避免药物沉淀。

4. 封管时禁用小于 10ml 的注射器，以防压力过大导管断裂，使用静脉输液泵时也应注意防止压力过大。

5. 封管时应采取脉冲方式，并维持导管内正压，如为肝素帽接头，退针时维持推注，以防止血液回流导致导管堵塞。

6. 指导患儿及家长，避免进行剧烈活动，特别是穿脱贴身衣物时，应防止导管移位或断裂。

7. 穿刺处透明敷贴应在第一个 24 小时更换，以后根据敷料及贴膜的使用情况决定更换频次；敷料潮湿、卷曲、松脱应立即更换。

8. 每天测量上臂中段臂围，注意观察导管置入部位有无液体外渗、炎症等现象。

9. 导管的留置时间应由医师决定。拔除导管时，动作应轻柔平缓，不能过快、过猛。导管拔除后，立即压迫止血，创口涂抗菌药膏封闭皮肤创口以防止空气栓塞，用敷料封闭式固定后，每 24 小时换药至创口愈合。拔除的导管应测量长度，注意观察有无损伤或断裂。

思　考　题

1. 儿童健康评估的特点有哪些？
2. 简述儿童用药的特点。
3. 简述儿童药物剂量计算和护理。
4. 简述儿童体液平衡特点。

（徐　娜　全国华）

第五章　新生儿与新生儿疾病的护理

【目标要求】

掌握：新生儿定义及分类、新生儿窒息、新生儿缺氧缺血性脑病、新生儿颅内出血、新生儿胎粪吸入综合征、新生儿肺透明膜病、新生儿黄疸、新生儿溶血病、新生儿感染性疾病、新生儿寒冷损伤综合征、新生儿坏死性小肠结肠炎、新生儿低血糖及高血糖、新生儿低钙血症的护理评估、常见的护理诊断/问题及护理措施。

熟悉：新生儿常见的几种特殊生理状态和正常新生儿和早产儿的特点和护理；新生儿窒息、新生儿缺氧缺血性脑病、新生儿颅内出血、新生儿胎粪吸入综合征、新生儿肺透明膜病、新生儿黄疸、新生儿溶血病、新生儿感染性疾病、新生儿寒冷损伤综合征、新生儿坏死性小肠结肠炎、新生儿低血糖及高血糖、新生儿低钙血症的概念及治疗原则。

了解：新生儿窒息、新生儿缺氧缺血性脑病、新生儿颅内出血、新生儿胎粪吸入综合征、新生儿肺透明膜病、新生儿黄疸、新生儿溶血病、新生儿感染性疾病、新生儿寒冷损伤综合征、新生儿坏死性小肠结肠炎、新生儿低血糖及高血糖、新生儿低钙血症的病因及发病机制、辅助检查、预期目标、护理评价。

第一节　新生儿分类

新生儿（neonate，newborn）系指从脐带结扎到生后28天内（＜28天）的婴儿，这一段时期，称为新生儿期。研究新生儿生理、病理、疾病防治及保健等方面的科学称为新生儿学（neonatology），由于新生儿是胎儿的继续，是人类发育的基础阶段，因此新生儿学既属儿科学范畴，又是围生医学的一部分。

近年来，为降低新生儿的病死率，开始注意胎儿保健，使有些疾病在胎内就可做出诊断，加以预防，形成围生医学。围生期（perinatal period）是指产前、产时及产后的一段特殊时期，期间的胎儿和新生儿称为围生儿。我国将围生期定义为妊娠满28周（此时胎儿体重已达到或超过1000g），至婴儿出生后1周。此期包括了妊娠后期、分娩过程和新生儿早期三个阶段，是小儿经历巨大变化、生命受到威胁的重要时期。按世界卫生组织标准：出生体重≥500g（不论胎龄大小），有呼吸、心跳、脐血管搏动或明确的肌肉收缩等任何一项生命表现者，称为活产儿（live birth）。围生儿死亡率和新生儿死亡率是衡量一个国家卫生水平的标准。

世界卫生组织（WHO）报道，新生儿死亡占5岁以下儿童死亡的40%，75%新生儿死亡发生在生后1周内。为了加强和开展围生医学和新生儿疾病的防治工作，必须由产科和儿科医生合作，建立母子统一管理的围生医学系统进一步发展围产监护工作，做好胎儿和新生儿的卫生保健疾病防治，以期获得优质后代。

【新生儿分类】

1. 根据胎龄（gestational age，GA）**分类**　可分为：①足月儿（term infant）：37周≤GA＜42周（259～293天）；②早产儿（preterm infant）：GA＜37周（＜259天），常将胎龄≥34周（≥238天）的早产儿称为近足月儿（near-term infant），又称为晚期早产儿（late-preterm infants）；③过期产儿（post term infant）：GA＞42周（≥294天）。

2. 根据出生体重分类　出生体重（birth weight，BW）指出生1小时内的体重。可分为：①超低出生体重儿（extremely low birth weight，ELBW）：BW＜1000g，又称微小儿（tiny baby）；②极低出生体重儿（very low birth weight，VLBW）：BW＜1500g；③低出生体重儿（low birth weight，LBW）：BW＜2500g；④正常出生体重儿（normal birth weight，NBW）：2500g≤BW≤4000g；⑤巨大儿（macrosomia）：BW＞4000g。

3. 根据出生体重与胎龄的关系 分为：①小于胎龄儿（small for gestational ageinfant，SGA）：BW 在同胎龄儿平均体重的第 10 百分位数以下；②适于胎龄儿（appropriate for gestational ageinfant，AGA）：BW 在同胎龄儿平均体重的第 10 至第 90 百分位数之间；③大于胎龄儿（large for gestational age infant，LGA）：BW 在同胎龄儿平均体重的第 90 百分位数以上。

4. 根据出生后周龄分类 ①早期新生儿（early newborn）：生后 1 周以内的新生儿，也属于围生儿；②晚期新生儿（late newborn）：出生后第 2 周开始至第 4 周末的新生儿。

5. 按照出生时情况分类 分为正常新生儿和高危儿（high risk infant），高危儿广义上指在产前、产时和产后有高危因素影响的已发生和可能发生危重现象的新生儿，需要严密观察。高危因素是指胎儿与新生儿容易受内外环境中某些不利因素影响而发生病理变化的一些危险因素。高危儿发生危险因素的情况非常广泛，包括以下几种情况：①母亲因素：糖尿病、心脏病、肾病、妊娠期高血压疾病、前置胎盘、胎膜早破、异位妊娠、年龄过大或过小或孕母有吸烟、吸毒、酗酒史等。②异常分娩因素：难产、吸引产、剖宫产等。③胎盘因素：如胎盘早期剥离、胎盘发育不良及胎膜早破等。④脐带因素：脐带过长、过短、打结、绕颈、脱垂等。⑤新生儿因素：窒息、多胎、早产、小于胎龄儿、巨大儿、宫内感染和各种先天畸形。

第二节　正常足月儿和早产儿的特点与护理

正常足月儿（normal term infant）是指出生时 GA≥37 周和 GA＜42 周，BW≥2500g 和≤4000g，身长在 47cm（约 50cm），无疾病的活产婴儿。

早产儿（preterm infant）又称未成熟儿，指胎龄不足 37 周的活产婴儿，体重一般在 2500g 以下。其发生率为 5%～10%，死亡率达 12.7%～20.8%，远高于足月儿。其中晚期早产儿又占早产儿群体的 75%，是增长速度最快的一个早产儿群体。预防早产，降低新生儿死亡率和伤残率，对提高人口素质十分重要。

【正常足月儿和早产儿外观特点】

临床上，可根据初生婴儿的体格特征和神经发育情况来评价新生儿成熟度。正常足月儿与早产儿在外观上各具特点，见表 5-1。

表 5-1　足月儿与早产儿外观特点比较

部位	早产儿	足月儿
皮肤	鲜红发亮、水肿和毳毛多	红润、皮下脂肪丰满和毳毛少
头发	细、乱而软	分条清楚
耳壳	软、缺乏软骨和耳舟软骨不清楚	发育好、耳舟成形和直挺
指（趾）甲	未达到指（趾）端	达到或超过指（趾）端
跖纹	足底纹理少	足纹遍及整个足底
乳腺	无结节或结节＜4mm	结节＞4mm
外生殖器	男婴睾丸未降至阴囊；女婴阴囊皱纹少，大阴唇不能遮盖小阴唇	男婴睾丸已降至阴囊；女婴阴囊皱纹多，大阴唇能遮盖小阴唇

【正常足月儿和早产儿生理特点】

新生儿组织器官的生理功能尚不成熟，生后生活环境和生活方式发生巨大变化，需进行一些调整才能适应宫外环境。因此，为了进行适当的护理，使新生儿顺利渡过新生儿期，了解新生儿生理特点显得十分重要。

1. 呼吸系统 胎儿在宫内通过胎盘循环获得氧气和排出二氧化碳，不需要肺呼吸；分娩后由于产道的挤压和环境温度的改变等作用于呼吸中枢，建立自主呼吸。此时，肺内液体（足月儿为30～35ml/kg）通过产道的挤压，约1/3肺液由口鼻排出，其余在建立呼吸后被肺间质内毛细血管和淋巴管吸收，如果肺液吸收延迟（如剖宫产儿，未经过产道的挤压），则可出现新生儿湿肺（wet lung，又称为新生儿暂时性呼吸困难，transient tachypnea of the newborn，TTN），多见于足月儿，一般2～3天症状缓解。多因淋巴和静脉吸收肺液功能暂时低下肺液潴留过多，从而出现呼吸急促困难并影响气体交换所致。

新生儿胸腔容积小，呼吸肌弱，呼吸主要靠膈肌运动，故呈腹式呼吸，其频率较快，为40～60次/分。早产儿呼吸中枢和呼吸器官不成熟，其呼吸运动浅表、不规整，常出现以下问题：①周期性呼吸（periodic breathing，PB）：呼吸停止＜20秒，但不伴有心率减慢及发绀；②呼吸暂停（apnea of prematurity，AOP）：早产儿呼吸中枢发育不成熟，呼吸浅表且节律不规则，常发生呼吸暂停。新生儿呼吸暂停是指新生儿呼吸停止20秒以上并伴有心率减慢（＜100次/分），发绀或肌张力降低等表现的一组综合征。研究发现，刺激早产儿喉黏膜会导致呼吸暂停、心动过缓及低血压；③肺泡Ⅱ型细胞产生表面活性物质少，易发生呼吸窘迫综合征（respiratory distress syndrome，RDS）；④长时间应用高压力和（或）高浓度氧给氧，如机械通气，易引起慢性肺疾病（chronic lung disease，CLD）。

2. 循环系统 新生儿出生后将完成胎儿循环向成人循环的过渡，表现在：①脐带结扎，胎盘-脐血循环终止：为了保障胎儿向新生儿心肺功能的正常过渡，提高新生儿生后血压和血容量，增加新生儿铁储备、改善新生儿神经系统疾病预后，WHO建议新生儿应延迟结扎脐带；②肺循环阻力下降，肺血流增加：新生儿出生后，体肺循环阻力发生相对变化的重要原因是脐血管结扎使体循环阻力急剧增加，而静脉回心血量减少30%～50%；③卵圆孔和动脉导管功能性关闭；④足月新生儿心率通常为90～160次/分，血压平均为70/50mmHg。早产儿心率偏快，血压较低，部分可伴有动脉导管开放。

3. 消化系统 新生儿消化道面积大，肠管壁较薄、通透性高，母乳中的免疫球蛋白容易被吸收，同时肠腔内毒素和消化不全产物也容易进入血液循环，引起中毒症状。消化道能分泌大部分消化酶，但淀粉酶在生后4个月才达到成人水平，因此不宜过早喂淀粉类食物。胃呈水平位，食管下部括约肌松弛而幽门括约肌较发达，因此新生儿易溢乳。肝内尿苷二磷酸葡萄糖醛酸基转移酶的量及活力不足是新生儿发生生理性黄疸的重要原因，同时对多种药物处理能力（葡萄糖醛酸化）低下，易发生药物中毒。

胎便由胎儿肠道分泌物、胆汁及咽下的羊水、皮脂等组成，呈糊状，为墨绿色，在生后10～12小时开始排，2～3天排完。若生后24小时仍不排胎便，应检查是否有肛门闭锁或其他消化道畸形。

早产儿吸吮、吞咽的协调能力不成熟，故早产儿易发生乳汁吸入；食管的蠕动较差，易发生胃食管反流；胃排空延迟，易出现腹胀、胃潴留、动力性肠梗阻等喂养不耐受的体征。缺氧、喂养不当或感染等，可导致坏死性小肠结肠炎（necrotizing enterocolitis，NEC）的发生，与早产儿胃酶低、蛋白酶活性低，肠黏膜渗透性高，IgA水平低和动力障碍等因素有关。早产儿一旦发生NEC，病死率高，是早产儿后期（第2～4周）主要死亡原因，同时会造成部分患儿远期神经发育的障碍。

早产儿肝内酶的量及活力比足月儿更低，生理性黄疸较重，持续时间较长。肝脏合成蛋白能力差，常发生低蛋白血症和水肿，白蛋白减少也可使血清游离胆红素增加，易引起胆红素脑病。糖原储备少，易发生低血糖。

4. 泌尿系统 大多数新生儿在生后24小时内开始排尿，少数在48小时内排尿，如48小时仍不排尿应查明原因。足月儿出生时肾结构发育已完成，但功能低下，尤其肾小球滤过和浓缩功能差，不能迅速处理过多的水和溶质，排除同样的溶质，所需水分比成人多2～3倍，容易发生水肿或脱水，因此，对浓缩乳和牛乳喂养的新生儿应补足水分。新生儿肾排磷功能差，而牛乳含磷高，钙磷比例失调，故牛乳喂养儿易发生血磷偏离和低钙血症。

早产儿肾浓缩功能更差，葡萄糖阈值低，易发生糖尿；且排钠分数高，肾小管对醛固酮反应低下，如不注意补充钠，易出现低钠血症。调节酸碱的功能差，表现在碳酸氢根阈值低和肾小管排酸能力差，牛乳中蛋白质含量和酪蛋白比例高使内源性氢离子增加，故牛乳喂养儿易患晚期代谢性酸中毒，常在生后2～3周出现，表现为面色苍白、反应差、体重不增和代谢性酸中毒。由于早产儿配方奶粉的广泛应用这种情况现已很少发生。

5. 血液系统 足月儿血容量平均为85～100ml/kg，与脐带结扎时间有关，脐带结扎延迟可以从胎盘多获得35%的血容量。出生时血红蛋白含量为170g/L（140～200g/L），生后数小时不显性失水、排尿等因素导致血液浓缩，血红蛋白含量上升，在24小时达高峰，约在第1周末恢复到初生水平，以后逐渐下降。血红蛋白中胎儿血红蛋白占70%～80%（成人<2%），5周后降到55%，随后逐渐被成人型血红蛋白取代。网织红细胞在生后3天内为0.04～0.06，4～7天后下降到0.005～0.015。白细胞数生后第1天为（15～20）$\times 10^9$/L，3天后明显下降，5天后接近婴儿值；分类中以中性粒细胞为主，4～6天与淋巴细胞相近，以后淋巴细胞占优势。血小板出生时已达成人水平。胎儿肝脏维生素K储存量少，凝血因子Ⅱ、Ⅶ、Ⅸ、Ⅹ活性低，故生后常规肌内注射维生素K_1以防治新生儿出血症的发生。

早产儿血容量为85～110ml/kg。周围血有核红细胞较多，白细胞和血小板稍低于足月儿。维生素K、铁及维生素D储存较足月儿低，因而更易发生出血、贫血及佝偻病。维生素E缺乏亦是生后数周发生早产儿贫血的原因之一。

6. 神经系统 新生儿的脑相对较大，其重量为初生体重的10%～12%（成人仅为2%），但脑回、脑沟未完全形成。脊髓相对长，其下端约在第3、4腰椎下缘，故腰穿时应在第4、5腰椎进针。

足月儿大脑皮质兴奋性低，睡眠时间长，觉醒时间一昼夜仅为2～3小时。大脑对下级中枢抑制较弱，且锥体束、纹状体发育不全，常出现不自主和不协调动作。出生时已具备多种暂时性的原始反射。常用的原始反射如下：

（1）觅食反射（rooting reflex）：用手指触摸新生儿口角周围皮肤，头部转向刺激侧并张口将手指含入。

（2）吸吮反射（sucking reflex）：将乳头或奶嘴放入新生儿口内，出现有力的吸吮动作。

（3）握持反射（grasp reflex）：将物品或手指放入新生儿手心中，立即将其握紧。

（4）拥抱反射（Moro reflex）：新生儿仰卧位，拍打床面后其双臂伸直外展，双手张开，然后上肢屈曲内收，双手握拳呈拥抱状。

上述反射生后数月自然消失，如新生儿期这些反射减弱或消失常提示有神经系统疾病。在新生儿时期，年长儿的一些病理反射如克氏征（Kernig征）、巴宾斯基征（Babinski征）和佛斯特征（Chvostek征）可呈阳性反应，而腹壁和提睾反射常不稳定，偶可出现阵发性踝阵挛。

早产儿觉醒时间更短，神经系统成熟度与胎龄有关，胎龄越小，以上原始反射越难引出或反射不完全，肌张力低。

由于前囟和颅缝尚未闭合，有颅内病变时脑膜刺激征和颅内高压征多不明显。早产儿尤其极低出生体重儿脑室管膜下存在着发达的胚胎生发层组织，易发生脑室管膜下出血及脑室周围内质软化。

7. 体温 新生儿主要靠棕色脂肪组织产热，其主要分布在中心动脉、肾周动脉、肩胛间区、颈部和腋窝等处。体温调节中枢功能差、皮下脂肪薄、体表面积相对大，容易散热；同时新生儿出生后的环境温度显著低于宫内温度，散热增加，如不及时保温，可发生低体温、寒冷损伤综合征、低氧血症、低血糖症和代谢性酸中毒等；如环境温度高、进水少及散热不足，可使体温增高，发生脱水热。

早产儿体温调节中枢功能更不完善，皮下脂肪更薄，体表面积相对较大，更易散热，并且胎龄越小，棕色脂肪越少，代偿产热的能力也越差，如环境温度低时，更易发生低体温，甚至体温不升。因汗腺发育差，如环境温度高时，体温也易升高。因此，适宜的环境温度（中性温度）对新生儿至关重要。

中性温度（neutral temperature）又称适中温度，是使机体代谢、氧及能量消耗最低并能维持正常体温的环境温度。足月儿包被时为24℃，生后2天内裸体为33℃，以后逐渐降低。适宜的环境湿度为55%～65%。

出生体重越低或日龄越小，则中性温度越高。极低出生体重儿，生后1个月内其裸体中性温度为32～34℃。新生儿的中性温度见表5-2。

表5-2　新生儿的中性温度与出生体重、日龄关系表

出生体重（g）	中性温度			
	35℃	34℃	33℃	32℃
1000～	出生10天内	10天后	3周内	5周后
1500～	—	出生10天内	10天后	4周后
2000～	—	出生2天内	2天后	3周后
＞2500	—	—	出生2天内	2天后

8. 免疫系统　新生儿非特异性和特异性免疫功能均不成熟。皮肤黏膜薄嫩，易擦伤；脐部为开放伤口，是细菌进入血液的门户。新生儿可通过胎盘从母体获得免疫球蛋白IgG，因此不易感染某些传染病（如麻疹等）。人乳（特别是初乳）中SIgA含量高，可提高抵抗能力。但免疫球蛋白IgA和IgM不能通过胎盘，分泌型IgA缺乏，因此新生儿易患呼吸道和消化道感染，以及大肠埃希菌和葡萄球菌引起的败血症。网状内皮系统和白细胞的吞噬作用弱，一些血清补体较成人低，白细胞对真菌的杀灭能力也低下，因此需要特别重视新生儿感染性疾病的预防。

早产儿体液免疫和细胞免疫均不成熟，由母体所获得的IgG免疫球蛋白少，自身合成抗体及细胞免疫均不足，补体水平低下，皮肤屏障功能差，使早产儿发生感染性疾病远较足月儿高。

9. 能量及体液代谢　新生儿基础热量消耗为209kJ/kg（50kcal/kg），加之活动、食物特殊动力作用、粪便排出和生长需要等，每日共需热量为418～502kJ/kg（100～120kcal/kg）。早产儿所需热量基本同足月儿，但由于吸吮力弱，消化功能差，在生后数周内不能达到上述需要量，出生胎龄越小，营养的累积缺失越明显，尤其是小于胎龄儿（SGA）在成年更易受到肥胖、糖尿病、高血脂和心血管疾病等不良后果的伤害，常需肠道外营养。

初生时体内含水量占体重的70%～80%，随日龄增加逐渐减少。由于每日经呼吸和皮肤丢失的水分（不显性失水）20～30ml/kg，尿量25～65ml/kg，粪便中失水量2～5ml/kg，故生后前几天生理需水量为每日60～100ml/kg，以后每日增加30ml/kg，直到每日150～180ml/kg。生后由于体内水分丢失较多，导致体重逐渐下降，第5～6天降到最低点（体重丢失不应超过出生体重的10%），一般7～10天后恢复到出生体重，称为生理性体重下降（physiological loss of body weight）。

10. 常见的几种特殊生理状态　①生理性黄疸：参见本章第10节；②“马牙”和“螳螂嘴”：在上腭中线和齿龈部位，由上皮细胞堆积或黏液腺分泌物积留形成黄白色的小颗粒，俗称“马牙”，数周后可自然消退；新生儿两侧颊部各有一隆起的脂肪垫，俗称“螳螂嘴”，有利于吸吮乳汁。不可擦拭及挑破“马牙”和“螳螂嘴”，以免发生感染；③乳腺肿大：由于来自母体的雌激素中断，男女新生儿生后4～7天均可有乳腺增大，如蚕豆或核桃大小，2～3周消退，切忌挤压，以免感染；④假月经：部分女婴生后5～7天阴道流出少许血性分泌物，可持续1周，俗称“假月经”，也是因来自母体的雌激素中断所致，出血量大时可按出血症处理；⑤新生儿红斑及粟粒疹：生后1～2天，在头部、躯干及四肢常出现大小不等的多形红斑，称为“新生儿红斑”，也可因皮脂腺堆积在形成小米粒大小黄白色皮疹，分布在颜面部、鼻尖、鼻翼等处，称为“新生儿粟粒疹”，几天后自然消失。

【护理评估】

护理新生儿和早产儿时，要评估胎龄、体重、外观和各系统生理功能。

【常见护理诊断/问题】

1. 有窒息的危险 与溢奶、呕吐及体位不当有关。

2. 有体温失调的危险 与体温调节中枢发育不完善有关。

3. 有感染的危险 与新生儿机体免疫功能不足及皮肤黏膜屏障功能差有关。

4. 营养失调：低于机体需要量 与吸吮、吞咽功能差和（或）母亲知识缺乏有关。

【预期目标】

1. 住院期间新生儿没有发生误吸。
2. 住院期间新生儿体温维持在36～37℃。
3. 住院期间新生儿没有发生感染。
4. 住院期间新生儿能够每日摄入足够的能量与液体。

【护理措施】

1. 保暖 生后应采取各种保暖措施使新生儿处于中性温度的环境中。具体措施有：将新生儿置于自控式开放式抢救台上或自控式温箱，抢救台或温箱可自动调节内部环境温度，保持新生儿体温36.5℃。对早产儿尤其体重低于2000g或体重较大伴低体温者，更应如此。无条件者也可采取其他保暖措施，如用热水袋等，但要避免烫伤。如体温升高，可打开包被散热，并补充水分，体温则可下降。一般不用退热药。新生儿的室温保持在22～24℃、相对湿度在55%～65%；早产儿的室温保持在24～26℃、相对湿度在55%～65%。

2. 喂养 正常足月儿生后半小时即可哺母乳，以促进乳汁分泌，并防止低血糖。提倡按需哺乳。配方乳可每3小时1次，每日7～8次。喂奶前应清洗乳头，奶后将婴儿竖立抱起、轻拍背部，以排出咽下的空气，防止溢奶。奶量以吃奶后安静、不吐、无腹胀、无胃内物残留（经胃管喂养）和理想的体重增长（15～30g/d，生理性体重下降期除外）为标准。否则应注意查找原因。

早产儿也应以母乳、母乳库奶或早产儿配方奶喂养。由于消化道发育不成熟，开始先试喂5%～10%糖水1～2ml/kg，以后根据胎龄及出生体重，选择自行哺乳、经胃或十二指肠管等喂养方法。早产儿理想的体重增长为每天10～15g/kg，胎龄越小，出生体重越低，每次哺乳量越少，喂奶间隔时间也越短。哺乳量不能满足所需热量者应辅以静脉营养。

足月儿生后应肌内注射1次维生素K_1 1mg，早产儿连用3次。生后4天加维生素C 50～100mg/d，10天后加维生素A 500～1000IU/d和维生素D 400～1000IU/d，4周后添加铁剂，足月儿每日给元素铁2mg/kg，极低出生体重儿每日给3～4mg/kg，并同时加用维生素E 25U和叶酸2.5mg，每周2次。

3. 呼吸管理 正常足月新生儿在日常护理时要避免包被、奶瓶、母亲的乳房或其他物品遮盖新生儿口鼻腔，或按压胸部。要经常检查新生儿鼻腔是否通畅，清除鼻腔内分泌物。要保持新生儿适宜体位，一般以右侧卧位为好。新生儿仰卧时可在肩下放置软垫，避免颈部前屈或过度后仰，要避免颈部弯曲、呼吸道梗阻。俯卧时，应有专人看护，防止发生窒息。

早产儿生后易发生呼吸暂停，若出现呼吸暂停，给予弹足底、托背等刺激可恢复呼吸；重者需经面罩或气管插管复苏囊复苏，同时应去除原因并转入 NICU 进行监护和治疗。反复发作者可给予氨茶碱静脉注射，负荷量为 4～6mg/kg，8～12 小时后给予维持量 1.5～3mg/kg，以后每 8～12 小时 1 次。也可予以茶碱或咖啡因口服。有缺氧表现者予以吸氧，吸氧流量或浓度以维持动脉血氧分压 6.7～9.3kPa（50～70mmHg）或经皮血氧饱和度 90%～95%为宜，氧浓度一般为 30%～40%，持续吸氧不宜超过 3 天，以避免高氧可能造成的早产儿视网膜病和慢性肺部疾病。

4. 预防感染　遵守消毒隔离制度，是新生儿科预防感染的重要措施。在新生儿护理和治疗的各个环节均应注意无菌操作，工作人员如患有呼吸道或皮肤感染，应暂时隔离。接触新生儿前应洗手等。对于新生儿自身来说，预防感染还应做到：①清除呼吸道分泌物，保持气道通畅：生后数小时内，让婴儿侧卧位，有助于残存在呼吸道内的黏液自然流出；②保持脐带残端清洁和干燥，防止细菌入侵：每天用乙醇棉签擦拭脐带残端和脐窝部，脱落后如有严重渗血，应局部消毒；脐部如有黏液，可用乙醇棉签擦拭；如有肉芽组织，可用硝酸银烧灼局部；如有化脓感染，用过氧化氢溶液或碘酒消毒；③勤洗澡，保持皮肤清洁：每日用温水清洗头、面部、臀部及会阴部。清洗后，皮肤皱褶处，如颈部、腋窝、腹股沟处涂抹少许滑石粉或痱子粉，以保持干燥，防止糜烂、皮疹等；④口腔护理应轻柔，以防损伤；⑤衣服宜肥大，质软，不用纽扣，应选用柔软、吸水性强的尿布。

5. 预防接种　生后 3 天内接种卡介苗；生后 1 天、1 个月、6 个月时应各注射乙肝病毒疫苗 1 次，每次 5μg。母亲为乙肝病毒携带者或乙肝患者，生后应立即肌内注射高价乙肝免疫球蛋白 0.5ml，同时换部位注射乙肝病毒疫苗 10μg。

6. 新生儿筛查　新生儿疾病筛查（neonatal screening）是指在新生儿期对严重危害新生儿健康的先天性、遗传性疾病施行专项检查，提供早期诊断和治疗的母婴保健技术。是对一些危害严重但出生时症状不明显的疾病如听力损失，某些先天性、内分泌性、遗传性疾病进行筛查，以早期诊断和治疗。目前开展有先天性甲状腺功能减低症及苯丙酮尿症等先天性代谢缺陷病的筛查。

【护理评价】

评估新生儿住院期间没有发生误吸及感染；体温维持在 36～37℃；住院期间能够每日摄入足够的能量与液体。

第三节　小于胎龄儿与大于胎龄儿的特点与护理

案例 5-1

患儿，女性，胎龄 294 天，出生体重 2.5kg，其体重位于同胎龄标准体重的第 10 百分位数以下，身长 48cm，头围 33cm。

思考题：

1. 该患儿属于哪种类型的新生儿？
2. 如何护理？

一、小于胎龄儿

小于胎龄儿（small for gestational age infant，SGA）是指出生体重在同胎龄儿平均体重的第 10 百分位数以下，或低于平均体重 2 个标准差的新生儿。2005 年我国 22 个省、自治区和直辖市的 86 所医院产科出生的新生儿中 SGA 的发生率为 6.61%。SGA 有早产、足月、过期小样儿之分，一般以足月小样儿为主。足月小样儿的胎龄范围是 37 周≤胎龄＜42 周之间，出生体重多低于 2500g。

【病因】

1. 母亲因素　①孕母年龄过大（＞35 岁）或过小（＜18 岁）、身材矮小；②孕母患原发性高血压、慢性肾炎、糖尿病、孕期营养不良、妊娠期高血压疾病、严重贫血等，均可造成胎盘功能不良、胎儿宫内障碍。但营养不足对胎儿生长发育的影响在孕晚期；③孕妇吸烟、酗酒、吸毒，应用对胎儿有损伤的药物、接触放射线等；④孕妇居住在海拔较高地区，低氧分压环境中使胎儿氧供应不足。

2. 胎儿因素 ①双胎或多胎；②先天畸形及染色体疾病，如21-三体综合征等；③慢性宫内感染如风疹病毒、巨细胞病毒、弓形体感染等，尤其在孕早期、胎儿发育的关键时期，引起胎儿某些器官细胞破坏而致宫内生长迟缓。

3. 胎盘和脐带因素 ①胎盘功能不全如小胎盘、胎盘绒毛梗死或血管阻塞、大血肿、胎盘早剥等；②双胎输血如发生在妊娠早、中期，供血儿即发生营养不良；③脐带附着异常、双血管脐带；④单脐动脉，较少见。

4. 内分泌因素 胰岛素样生长因子（insulin-like growth factor，IGFs，尤其是IGF-1）及胰岛素样生长因子结合蛋内（IGFBPs）对胎儿生长起中枢性调节作用。甲状腺素和胰岛素对胎儿生长极为重要，任何一种先天性缺陷均可致胎儿生长迟缓。

【护理评估】

1. 健康史 评估发生小于胎龄儿的母亲因素、胎儿因素、胎盘和脐带因素及内分泌因素。

2. 身体状况

（1）临床分型：根据胎儿重量指数[出生体重（g）×100/出生身长^3（cm^3）]和身长头围之比可分为以下两种类型：

1）匀称型：此型占10%～20%。患儿体重、身长、头围成比例减少，体型匀称。重量指数＞2.00（胎龄≤37周）或2.20（胎龄＞37周）；身长与头围之比＞1.36。常由染色体异常、遗传代谢性疾病、先天性感染所致。在妊娠早期生长即受损，各器官细胞有丝分裂受影响，细胞数减少，损伤为不可逆性，易发生先天畸形及永久生长发育迟缓。但很少并低血糖和红细胞增多症，预后较差。

2）非匀称型：此型多见，占80%左右。患儿身长和头围受影响不大，但皮下脂肪消失，呈营养不良外貌。重量指数＜2.00（胎龄≤37周）或2.20（胎龄＞37周）；身长与头围之比＜1.36。其原因：在妊娠晚期，母亲妊娠期高血压疾病、胎盘功能不全或血管性疾病导致胎儿生长所必需的物质如氧气、营养缺乏所致。各器官细胞数量正常，但因营养供应不足，细胞质减少、细胞变小，如补给适当营养，损伤为可逆性，受累细胞可恢复正常大小。50%合并红细胞增多症，可合并低血糖。

案例5-1分析讨论

1. 患儿胎龄294天，即42周，为过期产儿；胎龄＞37周，重量指数＞2.20，身长与头围之比＞1.36，为匀称型小于胎龄儿。

（2）并发症

1）围生期窒息：小于胎龄儿多由宫内生长迟缓引起，在宫内慢性缺氧的环境中，出现围生期窒息，且常有神经系统后遗症。

2）胎粪吸入：由于子宫内缺氧、肠蠕动增加和肛门括约肌松弛，胎粪排入羊水中，胎儿可在产前或产程中吸入污染胎粪的羊水，导致胎粪吸入综合征发生。

3）低血糖：小于胎龄儿有宫内营养不良，故肝糖原储存少，糖原异生的底物如脂肪酸及蛋白质缺乏，糖原异生酶活力较差，出生时如有缺氧情况，使原已贫乏的糖原储存更趋于空虚，易发生低血糖。

4）先天畸形：染色体畸变和慢性宫内感染可引起各种先天畸形。

5）红细胞增多症-高黏滞血综合征：由于宫内慢性缺氧，使红细胞增多，导致血黏滞度增高，血流阻力增加，血流缓慢，引起全身各器官受损，临床出现呼吸窘迫、青紫、心脏扩大、肝大、肌张力增强或降低、惊厥、黄疸、腹胀、便血、胸腔积液等系列症状体征。

3. 辅助检查　B 型超声、心电图、X 线检查、电解质、血氧饱和度监测、血糖测定及感染指标的监测结果等。

4. 心理-社会状况　SGA 因早期分离会导致患儿亲情与安全感的缺失；家长会担心其生理发育和智能发育等。

【常见护理诊断/问题】

1. 有窒息的危险　与宫内缺氧有关。

2. 体温调节无效　与体温调节中枢发育不完善有关。

3. 营养失调：低于机体需要量　与宫内营养素吸收不良有关。

【预期目标】

1. 新生儿住院期间呼吸道保持通畅。
2. 新生儿住院期间体温维持在 36～37℃。
3. 新生儿保持足够的每日能量和液体摄入量。

【护理措施】

1. 娩出时做好抢救复苏　新生儿期 SGA 患儿呼吸窘迫发生率高，应做好抢救准备。

2. 及时监测血糖变化　由于宫内营养缺乏，肝糖原储存减少，胰岛素水平升高，出生后易发生低血糖，尤其非匀称型 SGA 患儿，出生后应放置在适中环境温度下并监测血糖，根据结果和情况采取早期进食或静脉注射葡萄糖。

3. 维持体温稳定　调节环境温度至中性温度，及时保暖，必要时将患儿放入暖箱中。

4. 换血　红细胞增多症-高黏滞血综合征患儿若有临床症状，可做部分换血治疗，换血量为 10～20ml/kg，高胆红素血症患儿可行光疗。

5. 早期干预智力的发育　部分 SGA 患儿由于宫内缺氧、胎膜早破、窒息等原因在围产期大脑白质受到损害的可能性比 AGA 更大，轻、中度的神经发育缺陷发病率也更高，要早期发现问题，进行针对性的早期干预。

【护理评价】

评价新生儿在住院期间呼吸道保持通畅；体温维持在 36～37℃；保持足够的每日能量和液体摄入量。

案例 5-1 分析讨论（续）

2. 患儿在分娩过程中要避免呼吸窘迫的发生，同时要监测血糖值，防止低血糖的发生；要对患儿进行尽早地干预，减轻对神经系统的远期影响。

二、大于胎龄儿

大于胎龄儿（large for gestational age infant，LGA）是指出生体重大于同胎龄平均体重的第 90 百分位数以上或高于平均体重两个标准差的新生儿。出生体重＞4000g 者称巨大儿，其中有些为健康儿，但亦有不少属病理性，且常与青春期肥胖症有密切关系。

【病因】

1. 生理因素　父母体格高大，母亲孕期营养丰富，食欲良好，摄入大量蛋白质者新生儿常巨大，多为生理性。

2. 病理因素　孕母患有糖尿病，胎儿血糖也高，促使胎儿胰岛增生，胰岛素分泌增加，加速胎儿生长；患有 Beckwith 综合征的新生儿胰岛素分泌也增多，但原因不明。

【护理评估】

1. 健康史

（1）生理方面：包括父母体格和遗产病史。

（2）母亲方面：包括孕期饮食情况；是否有糖尿病史和药物过敏史。

（3）分娩因素：包括分娩方式、分娩过程中的难产史、窒息史、产伤及复苏抢救。

（4）新生儿方面：是否患有 Beckwith 综合征等。

2. 身体状况 LGA 体格较大，易发生难产造成产伤或窒息。不同病因的临床表现：①糖尿病孕妇常有早产史，新生儿出生后面如满月、色红，易发生肺透明膜病、低血糖症、高胆红素血症、红细胞增多症和肾静脉栓塞；②Beckwith 综合征患儿除体型大外，尚有突眼、大舌、脐疝和其他先天性畸形。

3. 辅助检查 内分泌激素水平、血糖、血清胆红素、血钙的监测；X 线检查有无骨折；B 型超声检查有无发育畸形及其颅内出血等。

4. 心理-社会状况 LGA 家长担心患儿体格发育和智能发育的问题；评估家长对 LGA 知识的了解与需求等。

【常见护理诊断/问题】

1. 有窒息的危险 与胎儿过大、难产有关。

2. 营养失调：高于机体需要量 与孕母的身体状况有关。

【预期目标】

1. 新生儿分娩过程中不发生新生儿窒息。

2. 新生儿住院期间血糖维持在正常水平。

【护理措施】

1. 维持呼吸道通畅 分娩过程中要密切观察新生儿气体交换情况，必要时吸氧。

2. 喂养 及早开奶，防止低血糖的发生。因患儿体型大，需要提供足够的液体和能量。

3. 健康宣教 向父母讲解大于胎龄儿的病因和可能出现的问题，给予他们精心的护理，不要因为孩子的体型过大而低估他们的需求。

【护理评价】

新生儿分娩过程中未发生新生儿窒息；新生儿住院期间血糖维持在正常水平。

第四节 新生儿重症监护和气道护理

一、新生儿重症监护

随着新生儿医学的发展而逐渐形成的新生儿重症监护是指用特定的组织和管理方式，将高水平的新生儿急救医护人员、完善的监护治疗设备集中起来，保证危重新生儿及时得到救治的临床组织形式。一般设在医学院校的附属医院或大的儿童专科医院。实践证明，NICU 的建立使新生儿病死率和远期发病率明显下降。

（一）收治对象

需要密切监护或抢救治疗的新生儿，包括：①应用辅助通气及拔管后 24 小时内的患儿；②严重心肺疾病或呼吸停止的患儿；③外科大手术术后（24 小时内）的患儿；④极低出生体重儿；⑤全胃肠外营养的患儿；⑥需换血者；⑦反复惊厥的患儿；⑧多器官功能衰竭的患儿。

（二）主要监护内容

1. 心电监护　主要监测患儿的心率、节律和心电波形变化如心率增快、减慢，各种节律紊乱和各种原因引起的心电特征性表现等。

2. 呼吸监护　主要监测患儿的呼吸频率、呼吸节律变化及是否存在呼吸暂停。

3. 血压监护　①直接测定法：有创性，即经动脉（多为脐动脉）插入导管直接连续测血压。优点：测定值准确，但操作复杂且并发症多，临床仅在周围灌注不良时应用；②间接测压法：无创性，将袖带束于患儿上臂间断测量，可显示收缩压、舒张压和平均动脉压。优点：方法简便，无并发症，是目前国内 NICU 最常用的方法；缺点：准确性不高。

4. 体温监护　将患儿放在热辐射式抢救台上或暖箱内，将体温监测仪传感器分别置于腹壁皮肤和肛门内，其腹壁皮肤温度、核心温度和环境温度则自动连续显示。

5. 血气监测　包括经皮脉搏氧饱和度（$TcSO_2$）、氧分压（$TcPO_2$）和二氧化碳分压（$TcPCO_2$）。具有无创、连续、自动、操作简便并能较好地反映自身血气变化的趋势等优点，但测量值较动脉血气值有一定差距，尤其在周围血液循环灌注不良时，其准确性更差，因此，应定期检测动脉血气。

二、气道护理

对新生儿加强气道护理的目的在于改善机体供氧，保证生理需要的氧气，减少交叉感染，促进患儿康复。

（一）环境要求

新生儿理想室内温度为 22～24℃，相对湿度为 55%～65%。早产儿理想室温为 24～26℃，相对湿度为 55%～65%。空气过于干燥可引起呼吸道分泌物干稠，不易排出，气道黏膜纤毛功能受损易导致呼吸道不通畅。

（二）保持中性温度

临床上主要是通过暖箱来提供中性温度。暖箱的温湿度是根据新生儿出生体重和日龄来调节的。

（三）保持呼吸道通畅

1. 体位　患儿头部稍向后仰（鼻吸气位），也可侧卧位，防止分泌物或呕吐物误吸入气道；如有肺不张形成，应减少患儿侧卧位时间。俯卧位使肺膨胀增加，有利于分泌物排出而大大增加通气。患儿如头部过度后仰或前倾，压迫腭下部的软组织，或在进行操作时随意将物品遮盖于患儿头部或置于其胸部，均可造成患儿气道受压或通气不良。

2. 定时翻身　适用于有呼吸系统疾病患者，目的是预防或治疗肺内分泌物堆积，促进受压部位的肺扩张。一般要求每 2 小时翻身 1 次。

3. 拍击胸背和气道湿化　拍背及湿化是达到有效吸痰前的必需步骤。拍背适用于肺炎，肺膨胀不全、气管插管及拔管后患儿。其目的是通过胸壁的震动，促进肺循环，促使小气道内的痰液松动，易于进入较大的气道，有助于吸痰。方法：半握空拳法或使用拍击器，从外周向肺门轮流反复拍击，使胸部产生相应的震动。拍击的速度与强度视患儿具体情况而定，一般新生儿的拍击速度为 100 次/分。若新生儿存在肺出血、颅内出血、HIE 进展期、肺透明膜高峰期、心力衰竭及早产儿不主张进行。湿化有利于痰液稀释，更容易由支气管排出，易于吸出。对于气道分泌物多者，给予雾化吸入及拍背吸痰 4～6 次/天；对于气管插管的患儿，如痰液黏稠，可在吸痰前先注入生理盐水 0.5～1ml，用复苏囊加压 6～8 次，使分泌物稀释然后吸出。

4. 气道吸痰　适用于听诊有痰鸣音；患儿烦躁、呼吸困难或 PaO_2 及 $TcSO_2$ 降低或不稳定；根据痰液情况决定吸痰频率。一般每 4 小时 1 次，必要时每 2 小时 1 次。不提倡定时吸痰，因为过多的吸痰刺激呼吸道黏膜，反而使分泌物增加。做到有痰及时吸出，并吸彻底。

（1）鼻咽部吸引

1）目的：清除口、鼻、咽部的分泌物，保持气道畅通；刺激产生反射性咳嗽，使分泌物松动，有利于排痰。

2）适应证：口、鼻有奶块或呕吐物积聚；胸部物理治疗或雾化后；喉部或肺部听诊有痰鸣音者。

3）操作注意点：①操作前洗手、戴手套，患儿取侧卧位或头转向一侧；②选择合适的吸引器，调节好吸引器的压力，一般新生儿压力＜100mmHg（13.3kPa），以能够吸出分泌物的负压为合适、不宜过高，以免损伤黏膜；③由于临床采用的吸痰方式在吸痰过程中致使患儿动脉血氧饱和度下降，心率加快，故在吸痰前后可给予患儿吸入高浓度氧2～3分钟，增加其体内的氧储备，提高机体对缺氧的耐受性，从而减轻吸痰操作对机体造成的不适反应；④先吸引口腔，换管后再吸引鼻腔，以免患儿在喘息和哭叫时，将分泌物吸入肺部；⑤吸引时不要将吸引管的端孔或侧孔粘于口腔黏膜或舌面上，不要将吸引管强行插入鼻孔，待吸引管放置在正确位置后方可开始吸引。吸痰时间＜15秒；⑥吸引时应观察患儿有无发生哽咽、喘息、呼吸暂停、心率过缓和发绀等。如发生上述情况应立即停止吸引，给予吸氧等处理。观察吸引出的分泌物的量、色泽、黏稠度及吸引时发生的病情变化，并记录在护理记录单上。

（2）气管插管内吸引

1）目的：清除气道内的分泌物，保障气道通畅及有效通气的进行。

2）适应证：有气管插管和气管切开者。

3）操作注意点：①每次吸痰前需评估患儿的气道及痰液情况，按需吸痰。②以两人协同操作为宜，一人负责吸引，一人负责吸引前后的加压操作及病情观察，以减少呼吸道感染的机会。操作前洗手，戴手套。③选择合适的吸痰管，吸痰管的直径不超过气管插管直径的2/3。调节好吸引器的压力，连接好复苏囊。④吸引前先提高患儿的吸氧浓度10%～20%，以提高肺泡储备，预防吸痰时的低氧血症发生；再脱开呼吸机接口，于患儿吸气的同时在气管内滴入0.5～1ml的生理盐水，然后接复苏囊，纯氧通气5～8次。⑤在行气管插管内吸引时先将导管浅部痰液吸尽，再吸深部痰液，动作应轻柔、迅速，尽可能地减少气道损伤。⑥插入吸痰管至气管插管内，相当于气管插管的深度，开始边吸引边螺旋式退出吸痰管，时间不超过15秒。吸引后再接复苏囊加压供氧5～8个呼吸周期，并根据病情决定是否需要重复吸引。操作过程中应注意防止气管导管脱落，动作轻柔，掌握力度，严格无菌操作。⑦吸引同时进行心电监护，如有心电图改变，心律失常及发绀等，立即停止操作，给予复苏囊加压供氧或接回机械通气，并严密观察和积极处理。⑧有条件者可以使用密闭式吸痰系统，吸痰过程中不需中断机械通气，且在操作中不会污染吸痰管，保证整个吸痰系统处于无菌状态。⑨吸痰结束后记录痰量、色泽、黏稠度及操作时的病情变化。

第五节　新生儿窒息的护理

案例 5-2

患儿，男性，面色灰暗3小时。患儿系2胎2产，孕40周因“胎心过缓，足先露”行臀牵引生产，出生体重2600g，羊水Ⅲ度污染，无脐绕颈，生后不哭，全身苍白，呼吸浅表，给予清理呼吸道、吸氧、足底刺激等处理5分钟后有哭声，保暖后皮肤颜色仍灰暗，生后Apgar评分1、5、10分钟分别为3、6、8分。经维生素K_1 5mg肌内注射，静脉滴注能量合剂等治疗，效果不佳。生后未解胎便及初尿，未开奶，反应差。母孕期体健，父母血型不详。

体格检查：体温35.2℃，脉搏108次/分，体重2600g，身长50cm，发育良，营养良，反应差、呻吟、哭声低弱，无尖叫，全身皮肤无黄染，无硬肿，双肺呼吸音粗，未闻及干、湿啰音，心音有力，节律齐，未闻及病理性杂音。脐带未脱，无渗出，脐轮不红，肌张力减弱，觅食反射、吸吮反射、吞咽、握持反射减弱，拥抱反射双侧不对称。血常规示WBC 7.2×10^9/L，L 29%，M 6.3%，N 64.7%，RBC 4.59×10^{12}/L，PLT 14×10^9/L。

思考题：

1. 该患儿出现这种临床表现的原因是什么？
2. 最可能的临床诊断是什么？
3. 评估该患儿目前的状况，治疗要点是什么？

新生儿窒息（asphyxia of newborn）是指生后1分钟内，无自主呼吸或未能建立规律呼吸，而导致低氧血症和混合性酸中毒。本病是新生儿伤残和死亡的重要原因之一。国内发病率为5%～10%。

【病因】

窒息的本质是缺氧，凡能造成胎儿或新生儿缺氧的因素均可引起窒息。多数为胎儿窒息（宫内窘迫）的延续。

1. 母亲因素　①全身疾病，如呼吸功能不全、严重贫血、血红蛋白携氧能力低；②胎盘功能障碍：心力衰竭、血管收缩（妊娠期高血压疾病、高血压及肾炎）、低血压（休克、失血）、血管病变（糖尿病）；③吸毒、吸烟或被动吸烟；④母亲年龄＞35岁或＜16岁，多胎妊娠。

2. 胎盘因素　前置胎盘、胎盘早剥和胎盘老化等。

3. 脐带因素　脐带受压、脱垂、绕颈、打结、过短和牵拉等。

4. 胎儿因素　①早产儿、小于胎龄儿、巨大儿等；②畸形，如后鼻孔闭锁、喉蹼、肺膨胀不全、先天性心脏病；③胎粪吸入致呼吸道阻塞等；④宫内感染所致神经系统受损等。

5. 分娩因素　①高位产钳、难产、胎头吸引不顺利、臀位；②产程中麻醉药、镇痛药及催产药使用不当等。

案例5-2分析讨论

1. 患儿产前有“胎心过缓，足先露”，产时羊水Ⅲ度污染，提示宫内缺氧，是发病的重要原因。

【病理生理】

1. 呼吸的改变

（1）原发性呼吸暂停（primary apnea）：在缺氧的初期，新生儿可发生短暂的快速呼吸，如果缺氧存在，则呼吸停止，即原发性呼吸暂停。此时肌张力存在，心率先增快后减慢，血压升高，伴有发绀。此阶段若病因解除，经清理呼吸道和物理刺激即可恢复自主呼吸。

（2）继发性呼吸暂停（secondary apnea）：若病因未解除，低氧血症持续存在，在原发性呼吸暂停后出现几次喘息样呼吸，继而出现呼吸停止，即继发性呼吸暂停。此时患儿肌张力消失，苍白，心率和血压持续下降，对清理呼吸道和物理刺激无反应，需正压通气方可恢复自主呼吸。否则将死亡，存活者可留有后遗症。

临床上有时难以区分原发性和继发性呼吸暂停，为了不延误抢救，均可按继发性呼吸暂停处理。

2. 循环的改变与损伤 在缺氧初期，机体出现代偿性血液重新分布；由于儿茶酚胺分泌增加和其选择性血管收缩作用，使肺、肠、肾、肌肉和皮肤等血流量减少，而脑、心肌和肾上腺的血流量增多。若缺氧继续，肺、肠、肾、肌肉和皮肤等血流量严重减少，脑、心肌和肾上腺的血流量也减少，可导致机体各器官缺血缺氧性损伤，表现为功能和形态改变，如脑和心肌损伤，休克、应激性溃疡等。

缺氧可导致细胞代谢、功能障碍和结构异常，甚至死亡，是细胞损伤从可逆到不可逆的演变过程。不同细胞对缺氧的易患性各异，以脑细胞最敏感，其次是心肌、肝和肾上腺细胞，而纤维、上皮及骨骼肌细胞的耐受性较高。复苏后，由于血流再灌注，导致这些器官血流增加，出现细胞内钙超载和氧自由基增加，从而引起细胞的进一步损伤，称为血流再灌注损伤。

3. 血液生化及代谢改变 缺氧后可出现血 pH 和 PaO_2 下降，$PaCO_2$ 升高；窒息时儿茶酚胺及胰高血糖素释放增加，早期血糖正常或增高，继之出现低血糖。由于酸中毒抑制胆红素与白蛋白结合，降低肝脏酶活力，使游离的未结合胆红素增加。由于左心房心钠素分泌增加，可引起低钠血症等。

【治疗要点】

1. 预防 加强围产保健，及时处理高危妊娠，减少和防止新生儿出生时窒息的发生。加强胎儿监护，避免宫内胎儿缺氧。

2. 分娩时 分娩过程中产房内需配备复苏设备，高危妊娠分娩时必须有掌握复苏技术的人员在场。

3. 及时复苏 复苏（resuscitation）必须分秒必争，由产科、儿科医生合作进行。参加复苏的人员必须熟悉病史和技术操作，必须准备好各种器械设备。采用国际公认的 ABCDE 复苏方案。①A（airway）：清理呼吸道；②B（breathing）：建立呼吸；③C（circulation）：恢复循环；④D（drugs）：药物治疗；⑤E（evaluation and evironment）：评估和环境（保温）。前三项最为重要，其中 A 是根本，B 是关键，其中评估贯穿于整个复苏过程中。

执行 ABCD 每一步骤的前后，应对评价指标，即呼吸、心率（计数 6 秒心率然后乘 10）和皮肤颜色进行评估。根据评估结果做出决定，执行下一步复苏措施。即应遵循：评估—决定—操作—再评估—再决定—再操作，如此循环往复，直到完成复苏。

在进行新生儿复苏时，采用 CAB 程序进行抢救。

4. 复苏后的监护与转运 监护内容包括体温、呼吸、心率、血压、尿量、肤色、血气；血糖和电解质，以及窒息后多器官受损的情况等。必要时需转运到 NICU 治疗。

【护理评估】

1. 健康史 了解孕母因素和患儿出生时的情况。

2. 身体状况

（1）胎儿缺氧（宫内缺氧）：早期表现胎动增加，胎心率＞160 次/分；晚期表现为胎动减少，胎心率＜100 次/分，胎动甚至消失；羊水混有胎粪。

（2）窒息程度判定：在临床上，Apgar 评分是评价出生窒息程度，经典而简易的方法。评价内容包括：皮肤颜色（appearance）、心率（pulse）、对刺激的反应（grimace）、肌张力（activity）和呼吸（respiration）。每项 0～2 分，总共 10 分（表 5-3）。分别于生后 1 分钟、5 分钟和 10 分钟进行常规评分。1 分钟 Apgar 评分 8～10 为正常，4～7 分为轻度窒息，0～3 分为重度窒息。1 分钟评分反映窒息严重程度，5 分钟及 10 分钟评分除反映窒息严重程度外，还可反映抢救效果及帮助判断预后。Apgar 评分受到多种因素的影响，如胎龄小的早产儿肌张力低或孕母应用镇静药物等，评分较实际低，故近年来认为出生时加做脐血血气分析可增加判断窒息程度的正确性。

窒息持续时间和程度对患儿的预后起关键作用。慢性宫内缺氧、先天畸形、重度窒息或 5 分钟 Apgar 评分<6 分，复苏不及时或方法不当者预后不良。

表 5-3　新生儿 Apgar 评分法

体征	评分标准		
	0 分	1 分	2 分
皮肤颜色	青紫或苍白	身体红四肢紫	全身红
心率（次/分）	无	<100	>100
弹足底或插鼻管	无反应	有皱眉动作	哭，喷嚏
肌张力	松弛	四肢略屈曲	四肢活动
呼吸	无	慢，不规则	正常，哭声响

（3）窒息后多器官受损：缺血缺氧可造成多器官损伤，窒息程度不同，发生器官损害的种类及严重程度各异。常见并发症：①中枢神经系统：缺氧缺血性脑病和颅内出血；②呼吸系统：胎粪吸入综合征、呼吸窘迫综合征及肺出血等；③心血管系统：缺氧缺血性心肌损害（三尖瓣关闭不全、心力衰竭、心源性休克）；④泌尿系统：肾功能不全、肾衰竭及肾静脉血栓形成等；⑤代谢方面：低血糖、低钙及低钠血症等；⑥消化系统：应激性溃疡和坏死性小肠结肠炎等。

案例 5-2 分析讨论（续）

2. 患儿生后不哭，全身苍白，呼吸浅表，给予清理呼吸道、吸氧、足底刺激等处理 5 分钟后有哭声，保暖后皮肤颜色仍灰暗，生后 Apgar 评分 1、5、10 分钟分别为 3、6、8 分，说明存在围生期窒息。同时表明出生时窒息程度严重，可能影响患儿神经系统的预后。

临床诊断：新生儿窒息。

3. 患儿出现新生儿窒息，治疗的目的为尽可能改善已经受损害神经元的代谢功能；维持体内环境的稳定；同时应予以控制惊厥、减轻脑水肿、改善脑血流和脑细胞代谢等特殊治疗。包括：①面罩吸氧，入暖箱；②静脉滴注抗生素抗感染；③给予维生素 K_1、酚磺乙胺、维生素 C 止血；④呋塞米、地塞米松降低颅内压；⑤纠正酸中毒；⑥能量合剂、胞二磷胆碱，复方丹参营养脑细胞；⑦对症治疗。

3. 辅助检查

（1）胎儿娩出时：对宫内缺氧胎儿，可通过羊膜镜了解羊水胎粪污染程度或胎头露出宫口时取头皮血进行血气分析，以估计宫内缺氧程度，从而决定娩出后的抢救措施。

（2）动脉血气分析：结果显示呼吸性酸中毒和代谢性酸中毒，pH 降低，$PaCO_2$ 升高，PaO_2 下降，BE 值下降。

（3）头颅 B 超或 CT 检查：可帮助诊断缺氧缺血性脑病和颅内出血。

4. 心理-社会状况　了解患儿家长对本病的病因、临床症状、治疗、预后的认识程度，评估家长对本病治疗的态度、需求及心理承受能力。

【常见护理诊断/问题】

1. 气体交换受损　与羊水、胎粪等吸入导致机体缺氧有关。

2. 有感染的危险　与机体免疫力低有关。

3. 潜在并发症　多器官受损。

4. 焦虑（家长） 与患儿病情危重担心预后有关。

【预期目标】

1. 在分娩过程及住院期间新生儿没有发生误吸。

2. 新生儿住院期间没有发生感染。

3. 通过健康宣教患儿家长的焦虑感减轻。

【护理措施】

1. 复苏步骤 将出生新生儿置于预热的自控式开放式抢救台上，设置腹壁温度为 36.5℃。用温热毛巾揩干头部及全身，以减少散热；摆好体位，肩部用布卷垫高 2～3cm，使颈部轻微伸仰，然后进行复苏。

（1）恢复循环（C）：即胸外心脏按压。如气管插管正压通气 30 秒后，心率<60 次/分，应气管插管正压通气的条件下，同时进行胸外心脏按压。用双手拇指或中示指按压胸骨体下 1/3 处（两乳头连线中点下方），频率为 120 次/分（每按压 3 次，正压通气 1 次），按压深度约为胸廓前后径的 1/3，产生可触及脉搏的效果。

（2）清理呼吸道（A）：如羊水清或稍混浊，应立即吸净口和鼻腔的黏液，因鼻腔较敏感，受现激后易触发呼吸，故应先吸口腔，后吸鼻腔；如羊水混有较多胎粪，于肩娩出前即开始吸净口腔和鼻腔，在肩娩出后和第一次呼吸前，应立即气管插管吸净气道内的胎粪。

（3）建立呼吸（B）：包括触觉刺激和正压通气。①触觉刺激：清理呼吸道后拍打或弹足底 1～2 次或沿长轴快速摩擦腰背皮肤 1～2 次。如出现正常呼吸，心率>100 次/分，肤色红润可继续观察；②正压通气：触觉刺激后无规律呼吸建立或心率<100 次，应用面罩和复苏囊进行正压通气，通气频率为 40～60 次/分，吸呼比 1：2，压力 20～40cmH_2O（2.0～3.9kPa），以可见胸廓动和听诊呼吸音正常为宜。面罩正压通气 30 秒后，如无规律呼吸或心率<100 次/分，需进行气管插管正压通气，其频率、吸呼比及压力同面罩正压通气。

（4）药物治疗（D）：目的是改善心脏功能、增加组织灌流和恢复酸碱平衡。①肾上腺素：经 45～60 秒正压通气和胸外按压后，如心率仍<60 次/分，除继续胸外按压外，考虑使用肾上腺素。新生儿复苏应使用 1：10 000 的肾上腺素。静脉用量 0.1～0.3 ml/kg；气管内用量 0.5～1 ml/kg。必要时 3～5 分钟重复 1 次。肾上腺素首选脐静脉给药。如脐静脉插管操作尚未完成或没有条件做脐静脉插管时，可气管内快速注入，若需重复给药，则应选择静脉途径。②扩容剂：如有急性失血或低有效血容量表现时，应给予扩容剂如全血、血浆、5%白蛋白和生理盐水等。剂量为每次 10ml/kg，于 5～10 分钟内静脉输注。③碳酸氢钠：如疑似或血气分析证实代谢性酸中毒存在时，在保证通气的条件下，给予 5%碳酸氢钠溶液 3～5ml/kg，加等量 5%葡萄糖溶液后缓慢静脉注射（>5 分钟），若心率>100 次/分，提示效果良好。④多巴胺：应用上述药物后，仍有循环不良者可加用多巴胺，开始剂量为 2～5μg/（kg · min）静脉滴注，以后根据病情可增加剂量。⑤纳洛酮（naloxone）：母亲产前 4 小时内用过吗啡类麻醉或镇痛药的新生儿，应给予纳洛酮，每次 0.1mg/kg，静脉或肌内注射，也可气管内注入。

2. 体温 整个治疗护理过程中要注意患儿体温的变化，维持患儿肛温 36.5～37℃。

3. 预防交叉感染，严格消毒隔离制度。

4. 健康宣教 耐心解答父母有关患儿目前情况和可能出现的预后的问题解答，帮助家长树立信心。

【护理评价】

1. 新生儿在分娩过程及住院期间没有发生误吸。

2. 新生儿住院期间未发生感染。

3. 患儿家长的焦虑感减轻。

第六节　新生儿缺氧缺血性脑病的护理

案例 5-3

患儿为足月剖宫产，出生时有新生儿窒息的发生和胎粪污染。头颅 CT 影像表现：额部及枕部脑白质区密度较低，CT 值低于 20Hu。脑室、脑池系统及脑沟的形态、大小及位置未见异常，中线结构居中。

思考题：

1. 该患儿是否出现了新生儿缺氧缺血性脑病？原因是什么？
2. 如何治疗与护理？

新生儿缺氧缺血性脑病（hypoxic-ischemic encephalopathy，HIE）是因围生期窒息而导致脑的缺氧缺血性损害，包括特征性的神经病理及病理生理改变，是新生儿窒息后的严重并发症，幸存者可产生永久性神经功能缺陷如智力障碍、癫痫、脑瘫等。足月儿多见。

【病因与发病机制】

1. 病因　围产期窒息是本症的主要病因。凡是造成母体和胎儿间血液循环和气体交换障碍使血氧浓度降低者均可造成窒息。此外，出生后因严重心肺疾病导致的低氧血症也可引起 HIE 的发生。

2. 发病机制

（1）脑血流改变：当窒息缺氧为不完全性时，体内出现器官间血液的重新分布以保障机体重要脏器的功能，如心脏、脑、肾上腺等；如缺氧继续存在，这种代偿机制失败，脑血流灌注下降，遂出现第 2 次血流重新分布，即供应大脑半球的血流减少，以保证基底核、丘脑、脑干和小脑的血灌注量（脑内血液分流），此时脑动脉终末供血区将最先受累，故足月儿易发生矢状旁区损害，早产儿易发生脑室周围白质软化。

（2）脑血流自动调节功能不完善：缺氧及酸中毒还可导致脑血管自主调节功能障碍，形成压力被动性脑血流，当血压升高过大时，可造成脑室周围毛细血管破裂出血，低血压时脑血流量减少，又可引起缺血性损伤。

（3）脑组织代谢改变：脑所需的能量来源于葡萄糖的氧化过程，缺氧时无氧糖酵解使糖耗量增加、乳酸堆积，导致低血糖和代谢性酸中毒；ATP 产生减少，细胞膜钠泵、钙泵功能不足，使钠钙离子进入细胞内，钠离子造成细胞源性脑水肿，而钙离子则不但导致细胞不可逆的损害，还可激活某些受其调节的酶，引起胞浆膜磷脂成分分解，从而进一步破坏脑细胞膜的完整性及通透性。此外，目前认为氧自由基、兴奋性氨基酸，如谷氨酸、天冬氨酸在脑脊液中浓度增高、一氧化氮、炎性因子等也与 HIE 的发生有关。

（4）神经病理学改变：可见到皮质梗死，丘脑、基底核和间脑等部位深部灰质核坏死，脑干坏死，脑室周围或脑室内出血和白质病变等。

【治疗要点】

HIE 的预防重于治疗。治疗的目的在于尽可能改善已经受损害神经元的代谢功能；维持体内环境的稳定；同时应予以控制惊厥、减轻脑水肿、改善脑血流和脑细胞代谢等特殊治疗。

1. 支持方法

（1）供氧：保持 PaO_2＞6.65～9.31kPa（50～70mmHg）、$PaCO_2$＜5.32kPa（40mmHg），但要防止 PaO_2 过高和 $PaCO_2$ 过低。

（2）纠正酸中毒：应改善通气以纠正呼吸性酸中毒，在此基础上方可使用碳酸氢钠纠正代谢性酸中毒。

（3）纠正低血糖：静脉输注葡萄糖，使血糖＞3.36mmol/L（60mg/dl），但应注意防止高血糖。

（4）纠正低血压：可选用多巴胺和多巴酚丁胺，应从小剂量开始逐渐增加用量。

（5）补液：每日液量控制在60～80ml/kg。

2. 控制惊厥 首选苯巴比妥钠，负荷量为20mg/kg。地西泮的作用时间短，疗效快，在苯巴比妥钠的疗效不显著时可加用，静脉滴注，两药合用时应注意抑制呼吸的可能性。

3. 治疗脑水肿 出现颅内高压症状可先用呋塞米1mg/kg，静脉推注，也可用甘露醇，首剂0.5～0.75g/kg静脉推注，以后可用0.25～0.5g/kg，每4～6小时1次。

4. 后期治疗及早期干预 待患儿病情稳定后，应根据患儿的具体情况，及早进行智能和体能的康复训练，可以减少后遗症的发生。

【护理评估】

1. 健康史 了解母亲在孕期的健康状况、分娩方式、产程情况。

2. 身体状况 HIE的神经症状在出生后是变化的，症状可逐渐加重，一般于72小时达高峰，随后逐渐好转，严重者病情可恶化。主要表现为意识障碍，肌张力和原始反射的改变，临床上分轻、中、重三度。

（1）轻度：出生24小时内症状最明显，意识常呈现兴奋抑制交替，肌张力正常或稍增加，拥抱反射活跃，吸吮反射正常，有自发或刺激引起的肌阵挛，瞳孔正常或扩大，脑电图正常，不合并中枢性呼吸衰竭。症状在3天内减轻或消失，很少留有神经系统后遗症。

（2）中度：24～72小时症状最明显，意识淡漠、嗜睡，出现惊厥、肌阵挛、下颌抖动，肌张力减低，瞳孔常缩小、对光反射迟钝，拥抱反射和吸吮反射减弱，出现中枢性呼吸衰竭，脑电图呈低电压，可有痫样放电；症状在1～2周内可逐渐恢复，但可能存在后遗症。

（3）重度：初生至72小时症状最明显，昏迷、肌张力松弛或间歇性肌张力增高，拥抱反射和吸吮反射消失，瞳孔不对称或扩大，脑电图呈爆发抑制、等电压波形，中枢性呼吸衰竭明显，症状可持续数周，死亡率高，幸存者多留有神经系统后遗症。

3. 辅助检查

（1）血清肌酸激酶及同工酶升高。

（2）B超：可在HIE病程早期（72小时内）开始检查。有助于了解脑水肿、脑室内出血、基底核、丘脑损伤和脑动脉梗死等HIE的病变类型。

（3）头颅CT：有助于了解脑水肿，颅内出血部位和性质。对预后判断有一定意义。

（4）脑电图：轻度可无异常，对中、重度判断损伤程度和预后有帮助。

4. 心理-社会状况 了解患儿对本病的病因、临床症状、治疗及其预后的认知程度和需求，新生儿缺血缺氧性脑病严重者可遗留后遗症，甚至死亡，家长可能会出现悲观、失望、焦虑情绪，评估家长对本病预后的心理状况和承受能力。

案例5-3分析讨论

1. 临床诊断 新生儿缺氧缺血性脑病。

（1）患儿生后面色灰暗3小时，反应差、呻吟、哭声低弱，面色灰暗，口唇及口周青紫。

（2）嗜睡，原始反射减弱，囟门张力高，说明合并神经系统损害。

（3）头颅CT影像表现：额部及枕部脑白质区密度较低，CT值低于20Hu。脑室、脑池系统及脑沟的形态、大小及位置未见异常，中线结构居中（诊断：缺血缺氧性改变）。

重要原因：患儿生后面色灰暗3小时，生后不哭，分娩过程中脐带绕颈2周，羊水Ⅲ度污染，提示围生期有窒息缺氧，是发生HIE的重要原因。

【常见护理诊断/问题】

1. 低效性呼吸形态 与患儿缺血、缺氧引起呼吸中枢受损有关。

2. 潜在并发症　颅内高压、中枢性呼吸衰竭。

3. 有感染的危险　与机体免疫力低有关。

4. 恐惧（家长）　与病情危重及预后不良有关。

【预期目标】

1. 能维持较好的气体交换，血气分析、pH 保持正常。
2. 体温及其他生命体征恢复正常。
3. 无感染发生或发生后能被及时控制。
4. 父母焦虑程度减轻，情绪稳定，能配合治疗和护理。

【护理措施】

1. 给氧　及时清理呼吸道分泌物，保持呼吸道通畅，根据患儿情况选择不同的给氧方式，保证氧分压在 50～70mmHg 之间。

2. 监护　严密监护患儿呼吸、血压、心率、血氧饱和度等，观察患儿神志、瞳孔、肌张力、神经反射等变化，同时要观察用药反应。

3. 早期康复干预　早期给予患儿动作训练和感知觉刺激，对促进脑功能有益处。

案例 5-3 分析讨论（续）

2. HIE 治疗开始得越早越好，一般应在生后 24 小时内即开始治疗。治疗必须持续至症状完全消失。中度 HIE 应治疗 10～14 天，重度 HIE 应治疗 14～21 天或更长。

在护理时要密切观察患儿的病情变化，尽量避免生后各种病理因素加重脑损伤。同时尽早开展动作训练和感知觉刺激。

【护理评价】

经过治疗和护理，患儿能维持较好的气体交换，血气分析、pH 保持正常；体温及其他生命体征恢复正常；无感染发生。父母焦虑程度减轻，情绪稳定，能配合治疗和护理。

第七节　新生儿颅内出血的护理

案例 5-4

足月新生儿，胎头吸引器助产娩出，生后第 2 天突然抽搐、 烦躁不安、尖叫、拒食。体格检查：体温 36.3℃，脉搏 140 次/分，呼吸 45 次/分，前囟饱满，肌张力高，尖叫。双眼凝视，肢体抖动，唇微绀，心率 140 次/分，肺部未闻及啰音，腹软，肝右肋下 1cm。实验室检查：WBC 10×10^9/L，N 65%。血钙 2.2mmol/L。

思考题：

1. 该患儿最可能的诊断是什么？
2. 治疗原则及护理措施是什么？

新生儿颅内出血（intracranial hemorrhage of the newborn）主要由于围生期缺氧或产伤引起。它是新生儿颅脑损伤的常见形式，早产儿多见。

【病因与发病机制】

1. 产伤性颅内出血　在分娩过程中如胎位不正、胎儿过大、产程过长或过短，以及使用助产器械等会导致胎头所受压力过大，局部压力不均或头颅在短时间内变形过速者均可导致大脑镰、小脑天幕撕裂而致硬脑膜下出血；脑表面静脉撕裂常伴蛛网膜下腔出血。

2. 缺血缺氧性颅内出血

（1）早产：胎龄32周以下的早产儿侧脑室和第四脑室周围血管膜下，以及小脑软脑膜下的外颗粒层均存在有胚胎生发层基质，该组织为一未成熟的毛细血管网，当动脉压突然升高时易于造成毛细血管破裂出血。室管膜下血液向内可穿破血管膜引起脑室内出血，向外可侵及白质致脑实质出血。32周胚胎生发层基质逐渐退化，至足月时基本消失，故足月儿脑室内出血的较少见。但部分足月儿室管膜下仍有残余生发层基质，故亦可能有出血。

（2）脑部血流动力学异常：缺氧及酸中毒损伤脑血管自主调节功能，形成压力被动性脑血流，当体循环压力升高时，脑血流量增加，导致毛细血管破裂，相反在血压下降时，脑血流量减少而致缺氧性改变，缺血坏死区内可有出血灶。

（3）毛细血管内皮细胞损伤：缺氧及酸中毒直接损伤毛细血管内皮细胞，使其通透性增高或破裂出血。

3. 其他 如过多搬动患儿，输注高渗液体等医源性因素亦可引起该病。

【治疗要点】

1. 一般治疗 保持患儿安静，避免搬动和尽量减少刺激性操作；维持血压正常；保证液体和热量供应。

2. 止血 可选择使用维生素K_1、酚磺乙胺等止血剂。

3. 对症治疗 对伴有颅内高压者可使用地塞米松；有瞳孔不等大、呼吸节律不整等情况可使用甘露醇。有惊厥时可选用苯巴比妥、咪哒唑仑和地西泮等抗惊厥药；出血停止后，可应用脑代谢激活剂如胞二磷胆碱、脑活素等药物。

4. 外科处理 硬膜下出血者行硬膜下穿刺；存在出血后脑积水时做脑室穿刺引流或考虑行脑积水分流术。

【护理评估】

1. 健康史

（1）评估母亲孕期的健康状况和胎动情况。

（2）评估患儿分娩时的情况：有无窒息缺氧情况及其产伤。

（3）评估患儿出生后情况：意识、肌张力及其神经反射情况，以及是否存在输入高渗性液体和机械通气病史。

2. 身体状况

（1）临床症状：颅内出血症状体征与出血部位及出血量有关，轻者可无症状，重症患儿可在短时间内迅速死亡。主要症状和体征包括：①意识状态改变：如激惹、兴奋、淡漠、嗜睡、昏迷等；②眼征：凝视、斜视、眼震等；③颅内压增高：表现脑性尖叫、前囟隆起、角弓反张、惊厥等；④呼吸改变：呼吸节律增快或减慢，不规则或呼吸暂停等；⑤肌张力：早期增高，以后减低；⑥瞳孔不等大和对光反应消失；⑦原始反射减弱或消失；⑧其他：无原因可解释的黄疸和贫血。

（2）各类型颅内出血的特点

1）硬脑膜下出血：多为产伤所致天幕、大脑镰撕裂和大脑表浅静脉破裂。急性大量出血在数分钟或几小时内症状恶化而死亡；亚急性者在生后24小时出现症状，以惊厥为主，伴局灶性脑征如偏瘫等。多见于巨大儿、胎位异常、难产和产钳助产者。

2）原发性蛛网膜下隙出血：典型者在生后第2天发作惊厥，发作间隙情况良好，少量出血者无症状。大多预后良好。足月儿多由产伤引起，早产儿多与窒息缺氧有关。

3）脑室周围-脑室内出血：多见于胎龄＜32周、体重＜1500g的早产儿，多在生后72小时内发生。据头颅B超或CT图像可分为4级。小量Ⅰ、Ⅱ级出血可无症状，预后良好；Ⅲ、Ⅳ级出血神经系统症状进展快，甚至死亡。存活者常留有脑积水和其他神经系统后遗症。

4）小脑出血：多发生在胎龄＜32周的早产儿，足月儿多由产伤引起。早产儿常合并脑透明膜病、肺出血，临床症状不典型，大多有频繁呼吸暂停，可死于呼吸衰竭。

案例 5-4 分析讨论

1. 患儿抽搐、烦躁不安等意识状态的改变，尖叫、拒食等颅内压增高的表现，查体有前囟饱满，肌张力高，尖叫。双眼凝视，肢体抖动，唇微绀，可考虑新生儿颅内出血。

3. 辅助检查

（1）脑脊液检查：脑脊液检查为均匀血性和皱缩红细胞则有助于诊断，但正常者不能排除本病。

（2）影像学检查：头颅 CT 和 B 超扫描可提供出血部位和范围，有助于诊断和预后判断。

4. 心理-社会状况　评估家长对本病的病因、临床症状、治疗及其预后的认知程度和需求，以及家长对本病治疗和预后的心理承受能力和经济承受能力。

【常见的护理诊断/问题】

1. 潜在并发症　颅内压升高。

2. 不能维持自主呼吸　与颅内出血致颅内压升高压迫呼吸中枢有关。

3. 营养失调，低于机体需要量　与摄入量减少和呕吐有关。

4. 焦虑（家长）　与担心患儿预后有关。

【预期目标】

1. 患儿颅内出血逐渐停止，恢复正常，生命体征平稳。
2. 患儿维持呼吸正常。
3. 患儿能够获得所需热量和水分。
4. 患儿无后遗症发生或减轻后遗症发生的程度。

【护理措施】

1. 密切观察病情　监测生命体征、颅内压升高的情况，定期测量患儿头围的变化。

2. 减少不良刺激　集中护理和医疗操作，使患儿绝对静卧；尽量避免头皮静脉穿刺，以防加重颅内出血；卧床休息时应取头高位，不要随意搬动头部，同时头部应取中心位，以免压迫颈动脉而造成意外。

3. 维持有效呼吸　及时清理呼吸道分泌物，注意用氧方式和浓度。

4. 合理用氧　根据缺氧的程度给予用氧，注意给氧的浓度和方式，维持血氧饱和度在 85%～95%，防止氧中毒的发生。

5. 健康教育　向家长解答病情，减轻家长的紧张情绪；如有后遗症，鼓励坚持治疗和随访，同时教会家长给患儿功能训练的技术。

【护理评价】

经过治疗和护理，患儿颅内出血逐渐停止，恢复正常，维持呼吸正常，生命体征平稳；能够获得所需热量和水分；无后遗症发生或减轻后遗症发生的程度。

案例 5-4 分析讨论（续）

2. 患儿的治疗措施可包括：①保持患儿安静，避免搬动和尽量减少刺激性操作；②维持血压正常；③保证液体和热量供应；④有颅内压增高或惊厥发作时对症用药；⑤外科治疗：硬膜下出血者行硬膜下穿刺；存在出血后脑积水时做脑室穿刺引流或考虑脑积水分流术。护理方面要注意随时观察病情变化，注意维持有效呼吸和合理用氧。

第八节　胎粪吸入综合征

案例 5-5

患儿，女性，母亲孕 1 产 1，胎龄 41 周。因胎心减慢、胎儿宫内窘迫剖宫产娩出，羊水Ⅲ度污染，出生体重 3200g。生后患儿不哭，无呼吸，全身皮肤青紫，心跳弱，肌肉张力松弛，在产房予气管插管吸出胎粪样黏液，Apgar 评分 1 分钟 4 分；5 分钟 7 分；10 分钟 8 分，患儿呼吸困难伴青紫，经清理呼吸道、刺激呼吸后 10 分钟才哭出声，生后 12 分钟进入 NICU 住院治疗。体格检查：反应差，神志不清，全身皮肤青紫，有胎粪污染，呼吸促，鼻翼扇动，三凹征明显，胸廓饱满，双肺呼吸音粗，可闻及痰响和中细湿啰音，四肢指（趾）甲黄染；前囟张力高、肌张力高，原始反射不能引出。

思考题：

1. 出现这种临床表现的原因是什么？诊断依据是什么？
2. 如何进行治疗和护理？

胎粪吸入综合征（meconium aspiration syndrome，MAS）是一种严重的新生儿呼吸系统疾病，是指胎儿在宫内或娩出过程吸入混有胎粪的羊水后发生的呼吸道和肺泡机械性阻塞和化学性炎症，临床上以呼吸窘迫为主，同时伴有其他脏器受损，多见于足月儿或过期产儿。MAS 发生率为 1%～3%，死亡率高达 25%。

【病因与病理生理】

胎儿在宫内或分娩过程中出现缺氧，其肠系膜血管痉挛，使肠蠕动增加和肛门括约肌松弛而排出胎粪。同时在缺氧时胎儿出现喘息性呼吸，将混有胎粪的羊水吸入气管和肺内，出现如下改变：

1. 机械性阻塞　①肺不张：部分肺泡因其小气道被较大胎粪完全阻塞，远端肺泡内气体吸收引起肺不张，导致肺内右向左分流，发生低氧血症。②肺气肿：黏稠小的胎粪不完全阻塞部分小气道，形成“活瓣”，吸气时小气道扩张，气体进入肺泡，呼气时因小气道阻塞，肺泡内的气体不能完全呼出，形成肺气肿，使肺泡通气量下降，引起 CO_2 潴留；如肺泡破裂则可发生间质气肿、纵隔气肿或气胸。

2. 化学性炎症　多发生在生后 24～48 小时；胎粪（主要是其中的胆盐）可刺激局部支气管和肺泡上皮引起化学性炎症，导致弥散和通气功能障碍，从而加重低氧血症和高碳酸血症。近年研究显示，胎粪吸入后可以导致肺部出现广泛的免疫炎症改变，表现为大量的中性粒细胞浸润，同时 TNF-α、IL-1、IL-2、IL-6、IL-8 等炎症细胞因子产生，这些改变也与 MAS 的发生发展密切相关。由于严重缺氧和混合性酸中毒导致肺血管痉挛，出现肺动脉高压，右心压力增高，卵圆孔和（或）动脉导管重新开放，在心脏水平出现右向左分流，进一步加重低氧血症和混合性酸中毒，形成恶性循环，称为新生儿持续肺动脉高压（持续胎儿循环）。此外，还可导致脑、心、肾等其他器官的损害。

【治疗要点】

MAS 的治疗原则包括供氧，保持气道通畅，预防继发感染。

1. 清理呼吸道　当有胎粪污染的羊水出现时，在胎儿的头、面部娩出后即进行头面、鼻腔的清理。对病情较重且生后数小时内的 MAS 患儿，均应常规气管插管吸净胎粪，如果胎粪黏稠可用生理盐水灌洗气道。

2. 支持治疗　清理呼吸道后立即给予高浓度氧，维持 PaO_2 在 60～80mmHg，$TcSO_2$ 在 90%～95%为宜，以防止反复低氧血症导致肺动脉痉挛，发生肺动脉高压。在保持气道通畅，提供氧疗的条件下，剩余碱（BE）负值大于 6，需应用碱性药。若血 pH＜7.2，PaO_2＜50mmHg，$PaCO_2$＞60mmHg，应进行机械通气。对重度 MAS 患儿常频通气无效或已经发生气漏时，可改用高频通气。若上述治疗无效，可采用体外膜肺（ECMO）治疗。

3. 肺动脉高压的治疗 ①碱化血液：通过快频率（>60 次/分）机械通气，维持 pH 7.45～7.55，$PaO_2$80～100mmHg 或 $TcSO_2$在 95%～98%，$PaCO_2$ 30～50mmHg，使血液碱化，可降低肺动脉高压；②血管扩张剂：在纠正酸中毒的基础上，静脉注射妥拉唑林 1mg/kg，可减低肺动脉高压，出现皮肤发红，PaO_2 上升 15mmHg 说明有效，然后每小时静脉滴注 1～2mg/kg，当 PaO_2 上升到 70mmHg 停用，有导致体循环血压降低、胃肠道出血等副作用；③一氧化氮吸入（inhaled nitric oxide，iNO）：NO 是血管内皮细胞产生的舒张因子，可导致肺动脉压力下降，而动脉血压无影响。

4. 其他治疗 ①气漏的治疗：并发气胸时应抽气，必要进行胸腔闭式引流；纵隔气肿者，可从胸骨旁 2、3 肋间抽气减压；②限制液体入量，因本病可合并脑水肿、心力衰竭等；③适当使用抗生素：对于继发细菌感染者可根据气管分泌物培养菌情况选择抗生素。

【护理评估】

1. 健康史 胎儿在母体内的发育情况；出生时有无产程延长、羊水污染情况等；有无合并心脏、肺脏等严重疾病。

2. 身体状况 多为足月儿或过期产儿，有宫内窘迫或初生窒息，皮肤、指（趾）甲、脐窝常被黄染，气管内可吸入含有胎粪的羊水。出生后不久或复苏后立即出现呼吸困难，表现为气促、呻吟、发绀和三凹征。查体可见胸廓饱满，呼吸音减低或有啰音。若呼吸困难突然加重和一侧呼吸音明显减低，应怀疑发生气胸。如出现吸氧（氧浓度>60%）难以改变的发绀或发绀与肺部体征不平行，要怀疑并发了持续肺动脉高压（持续胎儿循环），此时在胸骨左缘可闻及收缩期杂音，严重者可出现休克和心力衰竭。

严重肺疾病和先天性心脏病均可出现发绀，临床上可做如下鉴别：①高氧试验：吸入纯氧 15 分钟，如血氧饱和度或 PaO_2 明显上升，提示肺部疾病；②高氧-高通气试验：经气管插管，以 60～80 次/分的频率纯氧通气 10～15 分钟，若氧分压升高大于 30mmHg 或血氧饱和度大于 8%，提示持续肺动脉高压；③动脉导管前、后血氧分压差：测定动脉导管前（右桡动脉或颞动脉）和动脉导管后（脐动脉或下肢动脉）的 PaO_2 或血氧饱和度，如 PaO_2 差值> 15mmHg 或血氧饱和度差值>10%，表明存在动脉导管水平分流的持续肺动脉高压，但卵圆孔水平分流的持续肺动脉高压无明显差异。

严重 MAS 可并发 HIE、红细胞增多症、低血糖、低钙血症、多器官功能障碍及肺出血等。

案例 5-5 分析讨论

1. 本病例患儿产前有“胎心减慢”，产时羊水Ⅲ度污染，提示宫内缺氧，导致胎粪排入羊水，是发病的重要原因。

诊断依据：

（1）患儿产时不哭，羊水Ⅲ度污染，经清理呼吸道、刺激呼吸后 10 分钟才哭出声，说明存在围生期窒息。

（2）反应差，神志不清，全身皮肤青紫，有胎粪污染，呼吸促，鼻翼扇动，三凹征明显，胸廓饱满，双肺呼吸音粗，可闻及痰响和中细湿啰音，四肢指（趾）甲黄染，符合胎粪吸入综合征的临床表现；出现前囟张力高、肌张力高，原始反射不能引出，说明合并神经系统损害。

2. 患儿在治疗护理过程中应注意以下问题。

（1）清理呼吸道，采用生理盐水进行肺泡灌洗，以保持呼吸道通畅；采用高浓度维持 PaO_2 在 60～80mmHg，$TcSO_2$在 90%～95%为宜吸氧；必要时使用机械通气。

（2）采用多巴胺和多巴酚丁胺保持循环和血压的稳定。

（3）采用甘露醇降低颅内压。

（4）针对病原行抗感染治疗。

（5）支持疗法：注意水电解质、酸碱平衡。

3. 辅助检查 评估胸部X线检查、血糖、血气分析和血电解质。

4. 心理-社会状况 严重MAS可并发HIE、红细胞增多症、低血糖、低钙血症、多器官功能障碍综合征及肺出血等，引起家长的恐惧感。

【常见护理诊断/问题】

1. 气体交换受损 与胎粪吸入导致气道阻塞有关。

2. 清理呼吸道无效 与吸入胎粪有关。

3. 有感染的危险 与胎粪吸入、机体抵抗力降低有关。

【预期目标】

1. 维持新生儿的 PaO_2 在60～80mmHg，$TcSO_2$ 在90%～95%。
2. 维持新生儿的气道通畅。
3. 新生儿住院期间不发生感染。

【护理措施】

1. 呼吸道保持通畅 胎儿娩出后及时进行口、鼻腔的清理，保持呼吸道通畅。洗胃是清除胃内吸入胎粪羊水的有效办法，可预防生后出现呕吐而误吸。

2. 合理用氧 选择符合病情的用氧方式，维持正常的通气功能。

3. 保暖和喂养 根据患儿体温情况可将其放于暖箱中，随时监测患儿体温情况，并根据体温情况调整箱温。细心喂养，提供足够的能量和液体。

4. 预防感染 由于新生儿免疫力低，易发生感染，在做各种治疗、护理操作时要严格消毒隔离制度。

5. 健康教育 通过健康宣教告知家长该病的疾病发展过程及预后情况。

【护理评价】

经过治疗和护理，新生儿的 PaO_2 维持在60～80mmHg，$TcSO_2$ 在90%～95%；气道通畅；住院期间未发生感染。

第九节 新生儿肺透明膜病

案例 5-6

患儿，女性，因娩出后4小时出现呼吸困难，进行性加重入院。胎龄 33^{+1} 周，经阴道娩出，出生后Apgar评分1分钟8分。体格检查：体温36.2℃，心率135次/分，呼吸38次/分，体重2.3kg。反应差、哭声弱，全身皮肤黏膜苍白，颜面部发绀。呼吸浅表，节律不整，吸气时胸骨凹陷，双肺呼吸音降低，未闻及干湿啰音，心音减弱，肌张力低。辅助检查：血气分析示 PaO_2 下降，$PaCO_2$ 升高，pH降低；X线检查两肺野透明度降低；胃液振荡试验阴性。

思考题：

1. 该患儿患的是哪种疾病？其诊断主要依据是什么？
2. 治疗原则有哪些？
3. 该患儿目前存在的护理诊断有哪些？护理重点是什么？

新生儿肺透明膜病（hyalinemembrane disease of the newborn，HMD）又称新生儿呼吸窘迫综合征（neonatal respiratory distress syndrome，NRDS），由于缺乏肺表面活性物质（pulmonary surfactant，PS），呼气末肺泡萎陷，致使生后不久出现进行性加重的呼吸窘迫和呼吸衰竭。主要见于早产儿，胎龄越小，发病率越高。此外，糖尿病母亲婴儿（infant of diabetic mother，IDM）、剖宫产儿、双胎的第二婴和男婴，HMD的发生率也较高。

【病因与发病机制】

肺表面活性物质是由肺泡Ⅱ型上皮细胞分泌，于孕18～20周开始产生，缓慢增加，35～36周达肺成熟水平。PS覆盖在肺泡表面，可降低其表面张力，防止呼气末肺泡萎陷，保持功能残气量（functional residual capacity，FRC），稳定肺泡内压，减少液体自毛细血管向肺泡渗出。

早产是PS不足或缺乏的最主要因素，此外PS的合成受体液pH、体温、肺血流量和激素的影响。因此，围生期窒息，低体温，前置胎盘、胎盘早剥和母亲低血压所致的胎儿血容量减少，以及IDM由于其血中高浓度胰岛素能拮抗肾上腺皮质激素对PS合成的促进作用等，均可诱发HMD。

由于PS不足或缺乏，肺泡表面张力增加，呼气末FRC明显减少，肺泡萎陷，肺顺应性降低，吸气时做功增加并且肺泡难以充分扩张，潮气量和肺泡通气量减少，导致CO_2潴留（呼吸性酸中毒）。由于肺泡通气量减少，而肺泡血流相对正常，通气/血流值降低，引起缺氧，从而导致代谢性酸中毒。缺氧及混合性酸中毒使肺毛细血管通透性增高，液体漏出，肺间质水肿和纤维蛋白沉着于肺泡内表面形成嗜伊红透明膜，使气体弥散障碍，加重缺氧和酸中毒，进而抑制PS合成，形成恶性循环。重者也可发生持续肺动脉高压。

【治疗要点】

1. 纠正缺氧　根据患儿情况可予头罩吸氧、鼻塞持续气道正压（continuous positive airway pressure，CPAP）吸氧、气管插管、机械呼吸。

2. 替代治疗　表面活性物质制剂有三种：天然制剂、人工制剂、混合制剂。天然制剂从羊水或牛、猪肺灌洗液中提取，如固尔苏。PS给药方法主要包括雾化吸入法及气管内给药法。气管内给药法是将制剂先溶于生理盐水中，然后从气管中滴入（取仰卧、左侧、右侧和再仰卧位各1/4量缓慢注入）。

3. 维持酸碱平衡　呼吸性酸中毒以改善通气为主；代谢性酸中毒用5%碳酸氢钠溶液治疗。剂量根据酸中毒情况而定。

4. 支持治疗　保证液体和营养供给，但补液量不宜过多，以防止动脉导管开放。动脉导管开放发生心力衰竭时，可以应用地高辛、呋塞米或吲哚美辛（消炎痛）。

【护理评估】

1. 健康史　了解孕母健康状况、妊娠和分娩情况。孕母有无糖尿病，患儿是否早产、双胎，是否剖宫产，出生时有无窒息。了解新生儿出生后有无进行性加重的呼吸窘迫和呼吸衰竭。

2. 身体状况　出生时可以正常，也可无窒息表现。在生后6小时内出现呼吸窘迫，为代偿性潮气量减少而表现为呼吸急促（＞60次/分）。鼻翼扇动为增加气道横截面积，减少气道阻力。呼气性呻吟是由于呼气时声门不完全开放，使肺内气体潴留产生正压，保留功能残气，防止肺泡萎陷。吸气性三凹征是呼吸辅助肌参与的结果，以满足增加肺的扩张压。发绀反映氧合不足，提示还原血红蛋白高于50g/L。呼吸窘迫呈进行性加重是本病特点。可出现肌张力低下，呼吸暂停甚至出现呼吸衰竭。听诊两肺呼吸音降低，早期无啰音，以后可听到细小水泡音，心音减弱，胸骨左缘可闻及收缩期杂音。生后第2、3天病情严重，72小时后明显好转。若出生12小时后出现呼吸窘迫，一般不考虑本病。

恢复期由于肺动脉压力降低，易出现导管水平的左向右分流即动脉导管开放。表现为喂养困难，呼吸暂停，水冲脉，心率增快或减慢，心前区搏动增强，胸骨左缘第2肋间可听到收缩期或连续性杂音，严重者可出现心力衰竭。

3. 辅助检查

（1）血气分析示PaO_2下降，$PaCO_2$升高，pH降低。

（2）分娩前抽取羊水测磷脂（PL）和鞘磷脂（S）的比值，如低于2∶1，提示胎儿肺发育不成熟。

（3）X 线检查有特征性表现，早期两肺野普遍透明度降低，内有散在的细小颗粒和网状阴影；以后出现支气管充气征；重者可整个肺野不充气呈“白肺”。应随访 X 线的改变。

（4）胃液振荡试验：胃液 1ml 加 95%乙醇溶液 1ml，振荡 15 秒后静止 15 分钟，如果沿管壁有多层泡沫为阳性。阳性者可排除本病。

4. 心理-社会状况 评估家长对本病认知程度、家庭对患儿支持情况、患儿有无不良心理反应等。

案例 5-6 分析讨论

1. 诊断　新生儿肺透明膜病。

诊断主要依据：患儿早产，生后 4 小时出现呼吸困难，并进行性加重，颜面部发绀，呼吸浅表，节律不整，吸气时胸骨凹陷，双肺呼吸音降低，心音减弱，肌张力低。血气分析示 PaO_2 下降，$PaCO_2$ 升高，pH 降低；X 线检查两肺野透明度降低；胃液振荡试验显示沿管壁未见多层泡沫。

2. 治疗原则　纠正缺氧、使用肺表面活性物质替代治疗、维持酸碱平衡和支持治疗。

【常见护理诊断/问题】

1. 自主呼吸障碍 与 PS 缺乏导致肺不张、呼吸困难有关。

2. 气体交换受损 与肺泡缺乏 PS、肺泡萎陷及肺透明膜形成有关。

3. 营养失调：低于机体需要量 与摄入量不足有关。

4. 有感染的危险 与新生儿免疫功能低下有关。

【预期目标】

1. 患儿 PS 的合成和分泌增加，呼吸功能得到改善。

2. 患儿营养摄入能满足生理需要，体重增加。

3. 患儿没有发生感染。

【护理措施】

1. 保持呼吸道通畅 体位正确，头稍后仰，使气道伸直。及时清除口、鼻、咽部分泌物，按需吸痰。吸痰时严格遵守无菌操作原则，动作轻柔、敏捷，每次吸痰时间不超过 10 秒，压力 8～13.3 kPa，防止损伤呼吸道黏膜及影响呼吸。同时应注意观察痰液的颜色、性质、量。分泌物黏稠时可给予雾化吸入后吸痰。

2. 供氧 使 PaO_2 维持在 50～70mmHg（6.7～9.3kPa），SaO_2 维持在 85%～95%，注意避免氧中毒。①头罩用氧应选择与患儿大小相适应的头罩型号，用氧流量不少于 5L/min，以防止 CO_2 积聚于头罩内。②气道内正压通气（CPAP）辅助呼吸，使有自主呼吸的患儿在整个呼吸周期都能接受高于大气压的气体，以增加功能残气量，防止肺泡萎陷。早期可用呼吸机 CPAP 吸氧（鼻塞接呼吸机行 CPAP 通气）或用简易鼻塞瓶装法，即鼻塞一端接氧气，另一端接水封瓶长管，长管深入水面下的深度即为呼气末正压的数值，一般为 4～6cmH_2O（0.49～0.98kPa），早产儿从 2～3cmH_2O 开始。操作时水封瓶稳固放在低于患儿水平位 30～50cm 处；整个装置保持密闭状态，防止漏气，保持呼吸道通畅，撤离 CPAP 时应逐渐降低呼气末压力。③气管插管用氧：如用 CPAP 后，病情仍无好转者，采用间隙正压通气（IPPV）及呼气末正压呼吸（PEEP）。

3. 环境和保暖 环境温度维持在 22～24℃，相对湿度在 55%～65%。对于体重＜1000g 的患儿，其所处环境的相对湿度应尽量维持在 90%以上。肤温维持在 36～36.5℃，对体温较低的患儿可将其置于远红外辐射台或暖箱中。合理安排各种治疗和护理，避免操作时间过长导致散热过多，使患儿出现低体温。

4. 保证营养和热量供给　不能吸乳、吞咽者可用鼻饲法或静脉补充营养。鼻饲应遵循由少到多，由稀到稠的原则。采用静脉全营养液（TPN）治疗时，选择较粗的手、足背静脉，采用静脉留置针输入 TPN，以微量注射泵控制输入速度。加强巡视，防止 TPN 渗出而引起皮肤坏死。

5. 预防感染　因为 NRDS 的患儿多为早产儿，住院时间较长，抵抗力较差，极易发生院内感染，做好各项消毒隔离工作至关重要。

6. 并发症的观察及护理

（1）张力性气胸：若患儿出现胸前区隆起、血氧饱和度下降及烦躁不安等情况，应立即对其行 X 线胸片检查，确诊后即行抽气处理。

（2）肺不张：定时对患儿进行翻身、拍背，及时清除气道及口鼻腔分泌物，改善患儿呼吸功能和肺循环。

（3）呼吸机相关性肺炎：多由于自身继发性感染或院内感染所致，严格的无菌操作及正确的吸痰方法，是降低该并发症发生的有效方法。密切观察及记录患儿体温、呼吸道分泌物的量、颜色和性质，必要时做痰细菌培养。

7. 健康教育　让家属了解治疗过程和进展，取得最佳配合，教会父母居家照顾的相关知识，为患儿出院后得到良好的照顾打下基础。

案例 5-6 分析讨论（续）

3. 本病例护理诊断

（1）自主呼吸障碍：与 PS 缺乏导致肺不张、呼吸困难有关。

（2）气体交换受损：与肺泡缺乏 PS、肺泡萎陷及肺透明膜形成有关。

（3）营养失调：低于机体需要量，与摄入量不足有关。

（4）有感染的危险：与新生儿免疫功能低下有关。

本病例护理重点

（1）保持呼吸道通畅：保持正确体位，及时清除口、鼻、咽部分泌物，按需吸痰。观察痰液的颜色、性质、量。

（2）供氧：使 PaO_2 维持在 50～70mmHg（6.7～9.3kPa），SaO_2 维持在 85%～95%，注意避免氧中毒。供氧方法：①头罩用氧；②气道内正压通气（CPAP）辅助呼吸；③气管插管用氧。

（3）环境和保暖：环境温度维持在 22～24℃，相对湿度在 55%～65%。肤温维持在 36～36.5℃。合理安排各种治疗和护理，避免操作时间过长导致散热过多出现低体温。

（4）保证营养和热量供给：可用鼻饲法或静脉补充营养。

（5）预防感染。

（6）并发症的观察及护理：①张力性气胸：若患儿出现胸前区隆起、血氧饱和度下降及烦躁不安等情况，应立即对其行 X 线胸片检查，确诊后即行抽气处理。②肺不张：定时对患儿进行翻身、拍背，及时清除气道及口鼻腔分泌物，改善患儿呼吸功能和肺循环。③呼吸机相关性肺炎：严格执行无菌操作，正确吸痰，密切观察及记录患儿体温、呼吸道分泌物的量、颜色和性质，必要时做痰细菌培养。

（7）健康教育：让家属了解治疗过程和进展，取得最佳配合，教会父母居家照顾的相关知识。

【护理评价】

评价患儿 PS 的合成和分泌增加，呼吸功能改善；患儿营养状况改善，体重增加；患儿无发生感染。

第十节　新生儿黄疸

案例 5-7

患儿，男性，出生 12 天。因全身皮肤及巩膜黄染 8 天就诊。8 天前患儿颜面皮肤及巩膜轻微黄染，未给予特殊处理，之后皮肤黄染较前逐渐加重。体格检查：体温 37℃，脉搏 135 次/分，呼吸 41 次/分，体重 2.94kg。足月新生儿外貌，全身皮肤及巩膜中度黄染，口唇红润，双肺呼吸音清晰，未闻及干湿啰音，脐部干燥，肝脾无肿大，四肢肌张力正常，原始反射正常。辅助检查：总胆红素 283μmmol/L，直接胆红素 22μmmol/L，间接胆红素 261μmmol/L。

思考题：

1. 该患儿患的是哪种疾病？其诊断主要依据是什么？
2. 治疗原则有哪些？

新生儿黄疸（neonatal jaundice）亦称新生儿高胆红素血症（hyperbilirubinemia），是新生儿期最常见的疾病之一。当新生儿血中胆红素超过 85.5～119.7μmol/L（成人超过 34.2μmol/L）时可出现肉眼可见的黄疸。部分高未结合胆红素（unconjugated bilirubin）可致中枢神经系统受损，引起胆红素脑病（bilirubin encephalopathy，核黄疸），严重者死亡率高，存活者多留有后遗症。新生儿黄疸原因很多，有生理性和病理性之分。

【新生儿胆红素代谢特点】

1. 胆红素生成较多　新生儿每日生成的胆红素为 8.8mg/kg，成人则为 3.8mg/kg。其原因是：①胎儿血氧分压低，红细胞数量代偿性增加，出生后血氧分压升高，过多的红细胞破坏；②新生儿红细胞寿命较成人短 20～40 天，且血红蛋白的分解速度是成人的 2 倍；③其他来源的胆红素生成较多，如来自肝脏等器官的血红素蛋白（过氧化氢酶、细胞色素 P_{450} 等）和骨髓中无效造血（红细胞成熟过程中有少量被破坏）的胆红素前体较多。

2. 联结胆红素的能力不足　刚娩出的新生儿常有不同程度的酸中毒，影响血中胆红素与白蛋白的联结，早产儿白蛋白的数量较足月儿为低，均使运送胆红素的能力不足。

3. 肝功能发育未完善　①新生儿肝细胞内摄取胆红素必需的 Y、Z 蛋白含量低且尿苷二磷酸葡萄糖醛酸基转移酶（UDPGT）含量亦低，活性不足，不能有效地将脂溶性未结合胆红素（间接胆红素）与葡萄糖醛酸结合成水溶性结合胆红素（直接胆红素）；②排泄结合胆红素的能力差，易致胆汁淤积，早产儿更为明显。

4. 肝肠循环（enterohepatic circulation）的特点　①初生婴儿肠道内细菌少，不能将肠道内的结合胆红素还原成粪胆原和尿胆原；②新生儿肠腔内葡萄糖醛酸酶活性较高，能将结合胆红素水解成葡萄糖醛酸和未结合胆红素，后者又被肠吸收经门静脉而达肝脏；③若胎粪排出延迟，亦可使胆红素吸收增加。

由于以上胆红素代谢特点，新生儿极易出现黄疸，尤其当出现饥饿、缺氧、胎粪排出延迟、脱水、酸中毒、头颅血肿或颅内出血症状时，黄疸加重。

【分类】

1. 生理性黄疸（physiologic jaundice）　由于新生儿胆红素代谢特点，50%～60%的足月儿和 80%的早产儿出现生理性黄疸。其特点为：①一般情况良好；②足月儿生后 2～3 天出现黄疸，4～5 天达高峰，5～7 天消退，最迟不超过 2 周；早产儿生后 3～5 天出现黄疸，5～7 天达高峰，7～9 天消退，最长可延迟到 4 周；③足月儿血清胆红素国外已规定＜221μmol/L（12.9mg/dl）为生理性黄疸的界限，国内学者通过监测发现正常足月儿生理性黄疸的胆红素值上限在 205.2～256.5μmol/L（12～15mg/dl）之间；早产儿血清胆红素＜256.5μmol/L（15mg/dl）；④每日血清胆红素升高＜

85μmol/L（5mg/dl）。

有资料表明早产儿血清胆红素＜171μmol/L（10mg/dl）可发生胆红素脑病，因此早产儿生理性黄疸的血清胆红素水平需进一步研究。

2. 病理性黄疸（pathologic jaundice）　常有以下特点：①出现早，黄疸在出生后 24 小时内出现；②黄疸程度重，血清胆红素＞205.2～256.5μmol/L（12～15mg/dl），或每日上升超过 85μmol/L（5mg/dl）；③黄疸持续时间长（足月儿＞2 周，早产儿＞4 周）；④黄疸退而复现；⑤血清结合胆红素＞26μmol/L（1.5mg/dl）。

引起病理性黄疸的原因很多，可分为两大类：

（1）感染性

1）新生儿肝炎：大多为胎儿在宫内由病毒感染所致，也可经胎盘传给胎儿或在通过产道分娩时被感染。常见有乙型肝炎病毒、巨细胞病毒、风疹病毒、单纯疱疹病毒、肠道病毒、EB 病毒、梅毒螺旋体、弓形体等。常在生后 1～3 周或更晚出现黄疸，病重时粪便色浅或灰白，尿色深黄，患儿可有厌食、呕吐、肝轻至中度增大。

2）新生儿败血症及其他感染：由于细菌毒素的侵入加快红细胞破坏、损坏肝细胞所致。以金黄色葡萄球菌、大肠埃希菌引起的败血症多见。

（2）非感染性

1）新生儿溶血病：见本章第十一节。

2）胆道闭锁：先天性胆道畸形。多在出生后 2 周黄疸开始明显并呈进行性加重，粪色由浅黄转为白色，肝进行性增大，边硬而光滑；以结合胆红素增高为主。3 个月后可逐渐发展为肝硬化。

3）母乳性黄疸：大约 1%母乳喂养的婴儿可发生母乳性黄疸。病因不清，目前认为是因为此种母乳内 β-葡萄糖醛酸苷酶活性过高，使胆红素在肠道内重吸收增加而引起黄疸；也有学者认为是此种母乳喂养患儿肠道内能使胆红素转变为尿、粪胆原的细菌过少所造成。其特点是非溶血性未结合胆红素增高，血清胆红素可高达 342μmol/L（20mg/dl），常与生理性黄疸重叠且持续不退，婴儿一般状态良好，黄疸于 4～12 周后下降，停止母乳喂养后 3 天，如黄疸下降即可确定诊断。

4）遗传性疾病：红细胞 6-磷酸葡萄糖脱氢酶（G6PD）缺陷在我国南方多见，核黄疸发生率较高；其他如红细胞丙酮酸激酶缺陷病、球形红细胞增多症、半乳糖血症、α_1-抗胰蛋白酶缺乏症、囊性纤维病等。

5）药物性黄疸：某些药物如磺胺、水杨酸盐、维生素 K_3、吲哚美辛、毛花苷 C（西地兰）等，可与胆红素竞争 Y、Z 蛋白的结合位点。

6）其他：如当新生儿处于饥饿、缺氧、胎粪排出延迟、脱水、酸中毒、头颅血肿或颅内出血等状态时黄疸加重。

【治疗要点】

1. 病因治疗　针对引起病理性黄疸的原因，采取相应的措施，治疗基础疾病。

2. 降低血清胆红素　采用持续性或间歇性光照疗法（phototherapy），后者优于前者。提早喂养诱导正常菌群的建立，减少肝肠循环；保持大便通畅，减少肠壁对胆红素的再吸收；适当用酶诱导剂、输血浆和白蛋白，降低游离胆红素。

3. 保护肝脏　不使用对肝脏有损害及可能引起溶血、黄疸的药物。

4. 其他　控制感染、注意保暖、供给营养、及时纠正酸中毒和缺氧。避免快速输入高渗性药物。

案例 5-7 分析讨论

1. 根据患儿全身皮肤及巩膜黄染，总胆红素 283μmmol/L，诊断是新生儿黄疸。

2. 治疗原则：查明病因，对因治疗，降低血清胆红素、保护肝脏。

第十一节　新生儿溶血病

案例 5-8

患儿，男性，生后 39 小时，皮肤黄染 1 天。患儿母亲是孕 2 产 1，孕 39^{+1} 周时患儿顺产出生，体重 3100g，出生 Apgar 评分 1 分钟 9 分。母乳喂养，吃奶尚可，已排大小便。已接种乙肝疫苗和卡介苗。1 天前患儿皮肤出现黄疸，巩膜发黄，逐渐加重。患儿发病以来无发热、腹胀、呕吐、气促、无抽搐和激惹表现，精神反应可。体格检查：体温 37℃，脉搏 135 次/分，呼吸 41 次/分，体重 3100g。足月新生儿外貌，全身皮肤及巩膜黄染，口唇红润，双肺呼吸音清晰，未闻及干湿啰音，心律齐。脐部干燥，腹平软，肝脾无肿大，四肢肌张力正常，原始反射可引出。血总胆红素 283μmol/L，结合胆红素 42μmol/L。ABO 血型为 B 型，Rh 血型阳性，致敏红细胞和血型抗体测定阳性。

思考题：

1. 该患儿可能的临床诊断是什么？诊断主要依据是什么？
2. 其治疗要点是什么？
3. 该患儿目前存在的护理诊断有哪些？如何护理？

新生儿溶血病（hemolytic disease of newborn，HDN）是指母婴血型不合，母血中血型抗体通过胎盘进入胎儿循环，发生同种免疫反应导致胎儿、新生儿红细胞破坏而引起的溶血。

【病因与发病机制】

目前已知血型抗原有 160 多种，但新生儿溶血病以 ABO 血型系统不合最为多见，其次是 Rh 血型系统不合。主要是由于母体存在着与胎儿血型不相容的血型抗体（IgG），这种 IgG 血型抗体可经胎盘进入胎儿循环后，引起胎儿红细胞破坏，出现溶血。

1. ABO 血型不合　多为母亲 O 型，婴儿 A 型或 B 型。如母为 AB 型或婴儿为 O 型则均不会发生溶血。O 型血妇女通常在孕前已接触过 A、B 血型物质的抗原物质刺激，其血清中产生了相应的抗 A 或抗 B 抗体（IgG），妊娠时抗体即可经胎盘进入胎儿血液循环引起溶血，故 ABO 血型不合者 40%～50%在第一胎即可发病。由于胎儿红细胞抗原性强弱不同以及血浆和组织中存在的 A、B 血型物质，可结合来自母体的抗体使血中抗体减少，因此在母子 ABO 血型不合中，仅 20%发生溶血病。

2. Rh 血型不合　Rh 血型有 6 种抗原（D、E、C、c、d、e），其中 D 抗原最早被发现且抗原性最强，临床上把凡具有 D 抗原者称 Rh 阳性，反之为阴性。我国汉族人大多为 Rh 阳性，仅 0.34%为 Rh 阴性。Rh 血型不合溶血病主要发生在 Rh 阴性孕妇和 Rh 阳性胎儿，但也可发生在母婴均为阳性时。当胎儿红细胞的 Rh 血型和母亲不合，而母体亦缺少胎儿红细胞所具有的抗原时，若胎儿红细胞经胎盘进入母体血液循环，即可使母体产生相应的血型抗体。由于初次致敏，免疫反应发展缓慢且产生的是不能通过胎盘的 IgM 弱抗体，到以后产生 IgG 时胎儿已经娩出，因此 Rh 溶血病一般不会在第一胎发生。再次怀孕时，即使经胎盘进入母体的胎儿血量很少（0.01～0.1ml），亦能很快地发生次发免疫反应，产生大量 IgG，通过胎盘进入胎儿体内引起溶血。因此 Rh 血型溶血病症状随胎次增多而越来越严重。当 Rh 血型阴性母亲既往输过 Rh 血型阳性血或有流产或人工流产史，因其怀孕前已被致敏，故第一胎可发病。极少数 Rh 血型阴性母亲虽未接触过 Rh 血型阳性血，其第一胎发病可能是由于 Rh 血型阴性孕妇的母亲为 Rh 血型阳性，其母怀孕时已使孕妇致敏。

【治疗要点】

1. 产前治疗　可采用孕妇血浆置换术、宫内输血、酶诱导剂、胎儿发育成熟提前分娩的方法减少胎儿溶血和减轻溶血后症状。

2. 新生儿治疗　包括换血疗法（exchange transfusion）、光照疗法、纠正贫血及对症治疗（可输血浆、白蛋白，纠正酸中毒、缺氧，加强保暖，避免快速输入高渗性药物）。

【护理评估】

1. 健康史　了解患儿胎龄、分娩方式、Apgar 评分、母婴血型、体重、喂养及保暖情况；询问患儿体温变化及大便颜色、药物服用情况、有无接触诱发物等。

2. 身体状况　症状的轻重和母亲产生的 IgG 抗体量、抗体与胎儿红细胞结合程度及胎儿代偿能力有关。Rh 溶血症常比 ABO 溶血症严重。

（1）胎儿水肿：这是最严重的临床表现。出生时已有重度贫血，贫血性心力衰竭，全身水肿，胸腔、腹腔积液和肝脾肿大，如不及时抢救大多死亡（图 5-1）。

（2）黄疸：Rh 溶血者大多在 24 小时内出现黄疸并迅速加重，而 ABO 溶血大多在出生后 2～3 天出现。血清胆红素以未结合型为主。黄疸出现越早，进展越快，病情就越重。

（3）贫血：与溶血程度有关。Rh 溶血者一般贫血出现早且重，出生时即可有严重贫血或伴有贫血性心力衰竭。ABO 溶血者贫血少，一般到新生儿后期才出现。部分患儿因体内抗体持续存在，贫血可持续到生后 3～6 周。

（4）肝脾肿大：Rh 溶血病患儿多有不同程度的肝脾肿大，由于髓外造血活跃所致。ABO 溶血病患儿则不明显（图 5-2）。

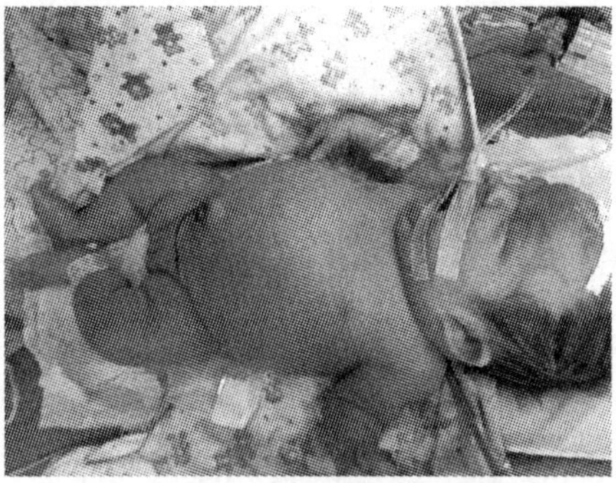

图 5-1　胎儿水肿

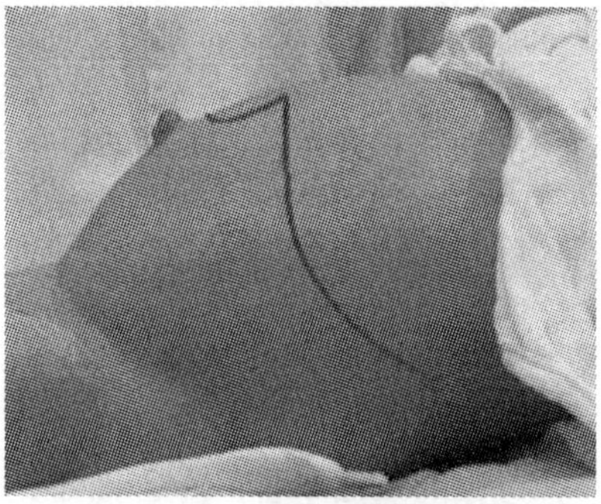

图 5-2　黄疸及肝脾肿大

（5）胆红素脑病：是新生儿溶血病最严重的并发症，由于未结合胆红素通过血脑屏障引起脑组织的病理性损害。一般发生在生后 4～7 天，早产儿尤易发生。典型临床表现包括警告期、痉挛期、恢复期及后遗症期（表 5-4）。

表 5-4　胆红素脑病临床分期

分期	表现	持续时间
警告期	反应低下，肌张力下降，吸吮力弱	12～24 小时
痉挛期	肌张力增高，发热、抽搐，呼吸不规则	12～48 小时
恢复期	肌张力恢复，体温正常，抽搐减少	2 周
后遗症期	听力下降，眼球运动障碍，手足徐动，牙釉质发育不良，智力落后	终生

3. 辅助检查　血型检测可见母子血型不合。“三低三高”现象：红细胞计数、红细胞比容、血红蛋白降低；网织红细胞、有核红细胞增多，血清总胆红素和未结合胆红素明显增高。三项试验（改良直接抗人球蛋白试验即改良 Coombs 试验、抗体释放试验、游离抗体试验）阳性。

4. 心理-社会状况　了解患儿家长对本病的发生、发展及预后的认识程度和心理状态；尤其是胆红素脑病患儿家长的心理状况和焦虑程度。

案例 5-8 分析讨论

1. 该患儿可能的临床诊断是新生儿溶血病。其诊断主要依据是：出生后 1 天出现皮肤黄疸，巩膜黄染。辅助检查：总胆红素 283μmol/L，结合胆红素 42μmol/L。ABO 血型为 B 型，Rh 血型阳性，致敏红细胞和血型抗体测定阳性。

2. 治疗主要包括：维持水电解质平衡，避免快速输入高渗性药物；光照疗法；输注人体白蛋白，使用酶诱导剂；必要时进行换血疗法。

【常见护理诊断/问题】

1. 潜在并发症 胆红素脑病。

2. 知识缺乏（家长） 与缺乏黄疸护理的有关知识。

【预期目标】

1. 患儿胆红素脑病的早期征象得到及时发现、及时处理。

2. 患儿家长能根据黄疸的原因，出院后给予正确的护理。

【护理措施】

1. 加强基础护理 认真测量生命体征，观察患儿一般情况；严格无菌操作，预防感染；加强皮肤、黏膜护理，注意保暖。

2. 密切观察病情并做相应处理 根据皮肤黄染的部位和范围，估计血清胆红素的近似值，评价进展情况；如出现拒食、嗜睡、肌张力减退等胆红素脑病的早期表现，立即通知医生并做好抢救准备；观察患儿大小便次数、量及性质，如存在胎粪延迟排出，应给予按摩或灌肠等处理，促进粪便及胆红素排出。

3. 喂养 黄疸期间常表现为吸吮无力、食欲缺乏，应耐心喂养，按需调整喂养方式，如少量多次、间歇喂养等，保证奶量摄入。

4. 光照疗法和换血疗法 按医嘱实施光照疗法和换血疗法，并做好相应护理。

5. 用药护理

（1）遵医嘱给予白蛋白和酶诱导剂。纠正酸中毒，以利于胆红素和白蛋白的结合，减少胆红素脑病的发生。

（2）合理安排补液计划，根据不同补液内容调节相应的速度，切忌快速输入高渗性药物，以免血-脑脊液屏障暂时开放，使已与白蛋白联结的胆红素也进入脑组织。

6. 健康教育 向患儿家长讲解本病的严重性及预后，以取得家长的配合。若为母乳性黄疸，需改为隔次母乳喂养逐步过渡到正常母乳喂养；若黄疸严重，患儿一般情况差，暂停母乳喂养至黄疸消退后再恢复。G6PD 缺陷患儿，衣物保管时勿放樟脑丸，并注意药物和食物的选用，以免诱发溶血。发生核黄疸有后遗症患儿，指导家长早期给予患儿康复治疗和功能训练。在病情许可的情况下，鼓励和指导家长接触、爱抚、护理患儿。

案例 5-8 分析讨论（续）

3. 本病例护理诊断

（1）潜在并发症：胆红素脑病。

（2）知识缺乏（家长）：与缺乏黄疸护理的有关知识。

本病例护理重点

（1）加强基础护理：严格无菌操作，加强皮肤、黏膜护理，注意保暖。

（2）密切观察病情并做相应处理：观察患儿生命体征及一般情况；根据皮肤黄染的部位和范围，估计血清胆红素的近似值，评价进展情况，及时发现和处理胆红素脑病；观察患儿大小便次数、量及性质，若存在胎粪延迟排出，应给予按摩或灌肠等处理。

（3）喂养：按需调整喂养方式，保证奶量摄入。

（4）按医嘱实施光照疗法和换血疗法，并做好相应护理。

（5）用药护理：遵医嘱给予白蛋白和酶诱导剂；合理安排补液计划，根据不同补液内容调节相应的速度。

（6）健康教育：向患儿家长讲解本病的严重性及预后，鼓励和指导家长接触、爱抚、护理患儿。

【护理评价】

评价患儿黄疸消退，家长给予患儿正确的照护。

第十二节　新生儿感染性疾病

一、新生儿脐炎

【病因】

脐炎（omphalitis）是由于断脐时或出生后处理不当，脐残端被细菌入侵、繁殖而引起的局部急性炎症。常见的病原菌有金黄色葡萄球菌、大肠埃希菌，其次为溶血性链球菌，或混合细菌感染等。有文献报道，脐炎发生率为 3.2%～4.0%，而新生儿败血症中有 66%～87%是由脐部感染引起。

【治疗要点】

1. 清除局部感染灶　轻症只需局部用 3%过氧化氢溶液和 75%乙醇溶液清洗，或用抗生素局部湿敷或抗生素油膏外敷。

2. 合理使用抗生素　脓液较多，有局部扩散或有全身症状者，可根据涂片或细菌培养结果选用合适的抗生素。

3. 脐部肉芽肿　可用 10%硝酸银溶液局部涂搽。

【护理评估】

1. 健康史　询问分娩史、家庭卫生习惯及居住环境等。

2. 身体状况

（1）局部表现：脐带根部发红，或脱落后伤口不愈合，脐窝湿润、流水。之后脐周皮肤红肿，脐窝浆液脓性分泌物，带臭味，形成局部脓肿，可引起败血症、腹膜炎（图 5-3）。

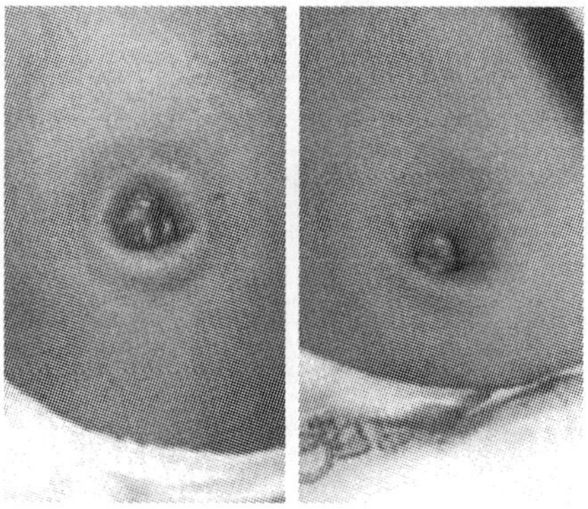

图 5-3　脐炎

（2）全身中毒症状：发热，拒食，精神差，烦躁不安等。

（3）慢性脐炎：脐部形成肉芽肿如小樱红色肿物，流黏性分泌物，经久不愈。

3. 辅助检查 重症者血常规显示白细胞数目增高。

4. 心理-社会状况 评估家长对本病的认识程度、护理新生儿知识和技能的掌握程度等。

【常见护理诊断/问题】

1. 皮肤完整性受损 与脐炎感染性病灶有关。

2. 潜在并发症 败血症、腹膜炎。

【护理措施】

1. 观察脐部有无潮湿、渗液或脓性分泌物，如有应及时治疗。

2. 向家长宣教正确的消毒方法，必须从脐带的根部由内向外环形彻底清洗消毒。保持局部干燥。进行婴儿脐部护理时，应先洗手，注意婴儿腹部保暖。

3. 脐带残端脱落后，注意观察脐窝有无樱红色的肉芽肿，如有应及早处理。脐带残端长时间不脱落，应观察是否断脐时结扎不牢，应考虑重新结扎。

4. 避免大小便污染，最好使用吸水、透气性能好的消毒尿布。

5. 加强营养。

二、新生儿败血症

案例 5-9

患儿，女性，出生 8 天。因发热 1 天入院。1 天前因受凉后出现反复发热，体温波动在 37.9～39.3℃，患儿嗜睡，吃奶量减少。体格检查：体温 38.7℃，脉搏 165 次/分，呼吸 52 次/分。神志清，口唇无发绀，咽部充血，双肺呼吸音粗，心脏未见异常，脐部干燥，脐轮发红，未见脓性分泌物。辅助检查：血常规白细胞 16.5×10^9/L，N 63%，L 37%。血培养提示大肠埃希菌感染。

思考题：

1. 该患儿患的是哪种疾病？其诊断主要依据是什么？
2. 有哪些治疗原则？
3. 该患儿目前存在的护理诊断有哪些？如何护理？

新生儿败血症（neonatal septicemia）指病原体侵入新生儿血液循环并在其中生长繁殖、产生毒素而造成的全身性炎症反应。

【病因与发病机制】

1. 自身因素 新生儿免疫系统功能发育不成熟，皮肤黏膜屏障功能差，体液及细胞免疫功能不完善，各种补体水平低，一旦细菌侵入易致全身感染。

2. 病原菌 随地域不同而异，我国仍以葡萄球菌、大肠埃希菌为主，近年由于极低体重儿的存活率提高和介入技术的广泛开展，表皮葡萄球菌、克雷白杆菌、铜绿假单胞菌等条件致病菌败血症增多。

3. 感染途径 新生儿败血症感染可以发生在产前、产时或产后。①产前感染：母孕期感染史、羊水穿刺或宫内输血消毒不严；②产时感染：胎膜早破、产程延长、急产或助产时消毒不严；③产后感染：最常见，与细菌经脐部、皮肤黏膜损伤处、呼吸道等部位的侵入有关。近年来医源性感染有增多趋势。

【治疗要点】

1. 选用合适的抗菌药物　早期、联合、足量、足疗程静脉应用抗生素。病原菌明确者按药敏结果用药；病原菌尚未明确前，结合当地菌种流行病学特点和耐药菌株情况选择两种抗生素联合使用。

2. 处理严重并发症　及时纠正休克、酸中毒和低氧血症，积极处理脑水肿和 DIC。必要时输注新鲜血、粒细胞，早产儿可静脉注射免疫球蛋白。

3. 清除感染病灶　局部有脐炎、皮肤或其他部位感染性病灶时，应及时予以相应处理。

4. 支持疗法　保暖，供给足够的热量和液体。

【护理评估】

1. 健康史　详细询问母孕期健康史、患儿的出生史。有无产前、产时、产后感染的诸多因素。

2. 身体状况

（1）分型根据败血症发病时间的早晚可分为早发型和晚发型。

1）早发型败血症（early-onset sepsis syndrome）：出生后 7 天内出现症状，其感染发生在出生前或出生时，病原菌以大肠埃希菌等革兰阴性菌为主，病变累及多个系统，病情凶险，病死率高。

2）迟发型败血症（late-onset sepsis syndrome）：出生 7 天以后出现，其感染发生在出生时或出生后，病原菌以葡萄球菌、条件致病菌或以医源性感染为主，常有局部感染病灶如脐炎、肺炎等，病死率较早发型低。

（2）早期症状常不典型，早产儿尤其如此。可表现为精神食欲差、哭声弱、体温异常等，转而发展为精神萎靡、嗜睡、不吃、不哭、不动，面色欠佳和出现病理性黄疸、呼吸异常。严重者很快发展为循环衰竭、呼吸衰竭、DIC、中毒性肠麻痹、酸碱平衡紊乱和核黄疸。常并发化脓性脑膜炎。

3. 辅助检查

（1）病原学检查血、脑脊液、尿、局部分泌物培养。

（2）病原菌抗原检测及分子生物学检测可快速检出和鉴定细菌。

4. 心理-社会状况　评估家长对本病的认识程度、护理新生儿知识和技能的掌握程度、家庭卫生习惯和居住环境、经济状况等。

案例 5-9 分析讨论

1. 该患儿诊断为新生儿败血症。其诊断主要依据是：反复发热、嗜睡、食欲差、脐轮发红；血白细胞 16.5×10^{9}/L，血培养提示大肠埃希菌感染。

2. 治疗原则：抗感染、处理严重并发症、清除感染病灶、支持疗法。

【常见护理诊断/问题】

1. 体温调节无效　与感染有关。

2. 皮肤完整性受损　与脐炎、脓疱疮等感染性病灶有关。

3. 营养失调：低于机体需要量　与吸吮无力、食欲缺乏及摄入不足有关。

4. 潜在并发症　化脓性脑膜炎、感染性休克、DIC。

5. 知识缺乏　与家长缺乏本病相关知识有关。

【预期目标】

1. 患儿体温维持正常范围。

2. 保持患儿皮肤、黏膜完整。

3. 患儿体重不减或增加。

4. 患儿不发生并发症，若发生能及早发现并处理。

5. 家长情绪稳定，配合治疗。

【护理措施】

1. 维持体温稳定 体温过低时采取保暖措施，体温过高时通过调节室温、散开包被、温水浴、多喂水等降温，不宜使用退热药、乙醇擦浴、冷盐水灌肠等刺激性强的降温方法。

2. 遵医嘱用药 及时有效使用抗生素，保证抗菌药物有效进入体内，注意药物毒副作用。

3. 及时处理局部病灶 脐部感染者，行脐部护理时先用3%过氧化氢溶液清洗，再涂碘伏；皮肤小脓疱可用无菌针头刺破，再涂抗生素软膏；口腔溃疡用4%硼酸溶液冲洗。

4. 保证营养供给 有条件者尽量坚持母乳喂养，少量多次；吸吮无力时鼻饲或静脉高营养，注意维持患儿水电解质的平衡。

5. 观察病情 密切观察患儿生命体征、精神反应、体重变化及是否发生并发症。如患儿出现面色青灰、呕吐、脑性尖叫、前囟饱满、两眼凝视提示有脑膜炎的可能；如患儿面色青灰、皮肤发花、四肢厥冷、脉搏细弱、皮肤有出血点等应考虑感染性休克或DIC，应立即与医师联系，积极处理。必要时专人守护。

6. 健康教育 指导家长正确喂养和护理患儿，发生脐部、皮肤、呼吸道感染时应及时就诊；向家长解释使用抗菌药物治疗的目的、使用时间等；指导家长做好本病的预防，如何保持皮肤、黏膜的清洁完整的方法。

案例 5-9 分析讨论（续）

3. 本病例护理诊断

（1）体温调节无效：与感染有关。

（2）皮肤完整性受损：与脐炎、脓疱疮等感染性病灶有关。

（3）营养失调：低于机体需要量，与摄入不足及疾病消耗增加有关。

（4）潜在并发症：化脓性脑膜炎、感染性休克、DIC。

（5）知识缺乏：与家长缺乏本病相关知识有关。

本病例护理重点

（1）维持体温稳定：体温过高时通过调节室温、散开包被、温水浴、多喂水等降温，不宜使用退热药、乙醇擦浴、冷盐水灌肠等刺激性强的降温方法。

（2）遵医嘱用药：及时有效使用抗生素，保证抗菌药物有效进入体内，注意药物毒副作用。

（3）及时处理脐部病灶：先用3%过氧化氢溶液清洗，再涂碘伏。

（4）保证营养供给：尽量坚持母乳喂养，必要时给予鼻饲或静脉高营养。

（5）观察病情：密切观察患儿生命体征、精神反应、体重变化及是否发生并发症。一旦发生脑膜炎、感染性休克或DIC等并发症，应立即与医师联系并积极处理。

（6）健康教育：指导家长正确喂养和护理患儿；向家长解释使用抗菌药物治疗的目的、使用时间等；指导家长做好保持皮肤、黏膜清洁完整的方法。

【护理评价】

经过治疗和护理，患儿体温维持正常范围，皮肤、黏膜完整，获得足够的营养；患儿不发生化脓性脑膜炎、感染性休克、DIC，若发生能及早发现并处理；家长了解患儿病情，并配合治疗。

三、新生儿感染性肺炎

案例 5-10

患儿，男性，出生20天。以咳嗽4天加重，伴呼吸急促2天入院。4天前患儿受凉后出现咳嗽，伴鼻塞，无发热、呕吐，未引起家长重视，于2天前咳嗽加重伴有呼吸急促，精神、食欲差。体格检查：体温 37℃，心率 140 次/分，呼吸 65 次/分，血压 80/65mmHg。精神萎靡，反应尚可。呼吸急促，唇周发绀，鼻翼扇动，面色苍白，咽部充血，双侧胸廓对称，三凹征(+)，双肺呼吸音粗，可闻及细湿啰音。辅助检查：血常规白细胞 13×10^9/L，N 70%，L 30%，血红蛋白 150g/L。X 线胸片示双肺小斑片状浸润，以双肺下野、心膈角及中内带居多。

思考题：

1. 该患儿患的是哪种疾病？其诊断主要依据是什么？
2. 有哪些治疗原则？
3. 该患儿目前存在的护理诊断有哪些？如何护理？

新生儿感染性肺炎（neonatal infectious pneumonia，NIP）是新生儿常见疾病，是新生儿死亡的重要原因之一。相关研究数据表明，新生儿在围生期发生感染性肺炎的概率为 4.8%～20%。病原体的侵入可发生在出生前、出生时及出生后。

【病因】

细菌、病毒、衣原体等都可引起新生儿感染性肺炎。

1. 产前感染 胎儿在宫内吸入污染的羊水，或胎膜早破时孕母阴道细菌上行导致感染，或母孕期受病毒、细菌等感染，病原体通过胎盘进入胎儿血液循环至肺部引起感染。

2. 产时感染 因分娩过程中吸入污染的产道分泌物或断脐消毒不严发生血行感染。

3. 产后感染 由上呼吸道下行感染肺部或病原体通过血液循环直接引起肺部感染。吸痰器、雾化器、气管插管等消毒不严和滥用抗生素致医源性感染。

【治疗要点】

1. 控制感染 针对病原菌选择合适的抗生素：巨细胞病毒性肺炎及单纯疱疹病毒性肺炎可选用阿昔洛韦，衣原体肺炎可选用红霉素。

2. 呼吸道管理 按病情需要给予雾化吸入、体位引流、翻身、拍背、吸痰，以保持呼吸道通畅。注意保暖、合理喂养和氧疗。

【护理评估】

1. 健康史 详细询问病史，了解是否有呼吸道感染史，是否足月顺产，有无窒息史；生后是否按时进行预防接种；喂养情况及生长发育是否正常；其居住社区居民和家庭成员是否患有呼吸道疾病。

2. 身体状况 产前感染的新生儿出生时常有窒息史，症状出现较早，多在 12～24 小时之内出现；产时感染性肺炎需经过潜伏期才发病，一般在出生后数日至数周发病；产后感染性肺炎则多在生后 5～7 天内发病，可先有上感，亦可以肺炎起病。患儿一般症状不典型，主要表现为反应差、哭声弱、拒奶、口吐白沫、呼吸浅促、发绀、呼吸不规则、体温不稳定，病情严重者出现点头样呼吸或呼吸暂停；肺部体征不明显，有的表现为双肺呼吸音粗。金黄色葡萄球菌肺炎易并发气胸、脓胸、脓气胸等，病情常较严重。

3. 辅助检查

（1）血液检查：细菌感染者白细胞总数升高；病毒感染、体弱儿及早产儿白细胞总数多降低。

（2）X 线检查：胸片可显示肺纹理增粗，有点状、片状阴影，有的融合成片；可有肺不张，肺气肿。

（3）病原学检查：取血液、脓液、气管分泌物做细菌培养、病毒分离；免疫学的方法检测细菌抗原、血清检测病毒抗体及衣原体特异性的 IgM 等有助于诊断。

4. 心理-社会状况 评估家长对疾病的心理反应，对疾病的病因和防护知识的了解程度；居住环境及经济状况如何；了解患儿既往有无住院经历，家长对患儿有无照顾能力等。

案例 5-10 分析讨论

1. 该患儿诊断为感染性肺炎。其诊断主要依据是：起病急，病前有上呼吸道感染史；临床表现呼吸急促，唇周发绀，鼻翼扇动，面色苍白，咽部充血，双侧胸廓对称，三凹征（+），双肺呼吸音粗，可闻及细湿啰音。X 线胸片示双肺小斑片状浸润。

2. 治疗原则 针对病原菌选择合适的抗生素控制感染和加强呼吸道管理。

【常见护理诊断/问题】

1. 清理呼吸道无效 与呼吸道分泌物过多、黏稠，患儿体弱、无力排痰有关。
2. 气体交换受损 与肺部炎症致通气、换气功能障碍有关。
3. 体温过高 与肺部感染有关。
4. 营养失调：低于机体需要量 与摄入不足、消耗增加有关。
5. 潜在并发症 气胸、脓胸、脓气胸。

【护理目标】

1. 保持患儿呼吸道通畅。
2. 患儿呼吸困难、发绀消失，呼吸平稳。
3. 患儿体温、脉搏、心律、血压恢复正常。
4. 患儿住院期间能得到充足的营养。
5. 患儿不发生并发症或发生时得到及时处理。

【护理措施】

1. 保持呼吸道通畅 及时有效清除呼吸道分泌物，分泌物黏稠者应采用雾化吸入，以湿化气道，促进分泌物排出。加强呼吸道管理，定时翻身、拍背，体位引流。

2. 合理用氧，改善呼吸功能 根据病情和血氧监测情况采用鼻导管、面罩、头罩等方法给氧，使 PaO_2 维持在 60～80mmHg（7.9～10.7kPa）；重症并发呼吸衰竭者，给予正压通气。保持室内空气新鲜，温湿度适宜。

3. 维持体温正常 体温过高时给予降温，但严禁使用乙醇擦拭，体温过低时给予保暖。遵医嘱应用抗生素、抗病毒药物，并密切观察药物的作用。

4. 供给足够的能量及水分 少量多餐，细心喂养，喂奶时防止窒息。重者予以鼻饲或由静脉补充营养物质及液体。严格控制输液速度，3～5ml/（kg · h），避免患儿循环血量突然增大导致心力衰竭和肺水肿。

5. 密切观察病情 注意患儿的反应、呼吸、心率等的变化，做好急救准备。注意观察肠道微生态状况，是否出现抗生素相关性腹泻。

抗生素相关性腹泻主要是由抗生素的使用造成胃肠道菌群失调及抗生素自身毒副作用所致。不同的抗生素，其发生率各不相同，一般为 5%～39%。随着肠道微生态概念的提出，临床上广泛应用相关生物制剂改善胃肠道菌群失调，一般为含有嗜乳酸杆菌、双歧杆菌、粪肠球菌等肠道有益菌的活菌片。

6. 健康教育 告知家长患儿的病因、症状及出现紧急情况的解决办法，指导家长合理喂养，教授母亲坐卧位授乳方法，提高家长护理技能和应对水平。

案例 5-10 分析讨论（续）

3. 本病例护理诊断

（1）清理呼吸道无效　与呼吸道分泌物过多、黏稠，患儿体弱、无力排痰有关。

（2）气体交换受损　与肺部炎症致通气、换气功能障碍有关。

（3）体温过高　与肺部感染有关。

（4）营养失调：低于机体需要量　与摄入不足、消耗增加有关。

（5）潜在并发症：气胸、脓胸、脓气胸。

本病例护理重点

（1）保持呼吸道通畅：及时有效清除呼吸道分泌物，定时翻身、拍背，体位引流。

（2）合理用氧，改善呼吸功能：根据病情和血氧监测情况采用鼻导管、面罩、头罩等方法给氧，使 PaO_2 维持在 60～80mmHg（7.9～10.7kPa）；若并发呼吸衰竭，给予正压通气。

（3）维持体温正常：体温过高时给予降温，但严禁使用乙醇擦拭。遵医嘱应用抗生素、抗病毒药物，并密切观察药物的作用。

（4）供给足够的能量及水分：少量多餐，必要时给予鼻饲或由静脉补充营养物质及液体。严格控制输液速度，3～5ml/（kg·h）。

（5）密切观察病情：注意患儿的反应、呼吸、心率等的变化。

（6）健康教育：告知家长患儿的病因、症状及出现紧急情况的解决办法，指导家长合理喂养。

【护理评价】

患儿呼吸道通畅；患儿气促等缺氧症状体征消失、呼吸平稳；住院期间体温及其他生命体征恢复正常，能得到充足的营养。

四、新生儿破伤风

案例 5-11

患儿，女性，生后 6 天，因牙关紧闭、拒乳、阵发性痉挛 1 天入院。患儿母亲是孕 3 产 2，孕 39^{+1} 周，急产，患儿在当地卫生院出生。出生体重及出生 1 分钟 Apgar 评分不详。母乳喂养。1 天前患儿出现张口及吸吮困难，继而牙关紧闭，面肌痉挛，阵发性抽搐，刺激时加剧。发病以来体温时有升高，无腹胀、呕吐、精神反应差，意识清楚。体格检查：体温 37.8℃，脉搏 142 次/分，呼吸 38 次/分，体重 3200g。足月新生儿外貌，全身皮肤及巩膜无黄染，苦笑面容，口唇干裂，双肺呼吸音清晰，未闻及干湿啰音，心率 138 次/分，心律齐。脐部红肿，有脓性分泌物，腹平软，四肢肌张力增高。

思考题：

1. 该患儿临床诊断是什么？其诊断依据是什么？
2. 如何治疗该患儿？
3. 该患儿目前存在的护理诊断有哪些？如何护理？

新生儿破伤风（neonatal tetanus，NT）是指破伤风梭状芽胞杆菌侵入脐部、并产生痉挛毒素而引起以牙关紧闭和全身肌肉强直性痉挛为特征的急性感染性疾病。常在生后 7 天左右发病，故有“七日风”之称。随着我国城乡新法接生技术的推广应用和医疗护理质量提高，本病发病率已明显降低，但尚未完全消灭。

【病因与发病机制】

破伤风的病原体是破伤风梭状芽胞杆菌，为革兰阳性厌氧菌，其芽胞抵抗力强，普通消毒剂无效，需高压消毒、碘酒或环氧乙烷才能将其杀灭。破伤风梭状芽胞杆菌广泛存在于土壤、尘埃和粪便中，当用该菌污染的器械断脐或包扎时破伤风梭状芽胞杆菌即进入脐部，包扎引起的缺氧环境更有利于破伤风杆菌繁殖。其产生的痉挛毒素沿神经干逆行至脊髓前角细胞和脑干运动神经核，也可经淋巴、血液至中枢神经系统，与神经节苷脂结合，使其不能释放抑制性神经介质（甘氨酸、氨基丁酸），引起全身肌肉强烈持续收缩。活动频繁的咀嚼肌首先受累，使牙关紧闭而呈苦笑面容；腹背肌肉痉挛，因背肌较强呈角弓反张。此外，毒素可兴奋交感神经，导致心动过速、高血压、出汗等。

【治疗要点】

1. 中和毒素 破伤风抗毒素（tetanus antitoxin，TAT）只能中和游离破伤风毒素，因此越早用效果和预后越好。破伤风抗毒素1万～2万U肌内注射或稀释后静脉滴注，3000U脐周注射，用前须做皮肤过敏试验；或破伤风免疫球蛋白（tetanus immune globulin，TIG）500U肌内注射。

2. 控制痉挛 是治疗成功的关键，常需较大剂量药物才能生效。首选地西泮，其次为苯巴比妥钠、10%水合氯醛溶液等。各药可交替、联合应用。

3. 控制感染 青霉素、甲硝唑可杀灭破伤风梭状芽胞杆菌。

4. 对症支持治疗 处理脐部，给氧或人工呼吸等。根据病情予以静脉营养和鼻饲喂养等。

【护理评估】

1. 健康史 了解产妇妊娠分娩情况，患儿出生时有无窒息，产前、产时有无发生感染，接生的地点、环境，器械消毒、脐带处理等情况。

2. 身体状况 潜伏期3～14天，大多为4～7天，发病越早，发作越频繁，病情越重，预后越差，病死率也越高。早期症状为哭闹、口张不大、吃奶困难，“压舌板试验”（用压舌板压舌时，用力越大、张口越困难）有助于早期诊断。随后牙关紧闭、面肌痉挛，出现苦笑面容；双拳紧握、上肢过度屈曲、下肢伸直，呈角弓反张。强直性痉挛频频发作，间歇期肌强直继续存在，轻微刺激可引起痉挛发作。咽肌痉挛使唾液充满口腔；呼吸肌、喉肌痉挛引起呼吸困难、青紫、窒息；膀胱、直肠括约肌痉挛导致尿潴留和便秘。患儿早期多不发热，以后发热因肌肉痉挛或肺部继发感染所致。

3. 辅助检查 脐部或伤口处分泌物做厌氧菌培养，部分病例（30%左右）可获得破伤风杆菌阳性。

4. 心理-社会状况 家长对本病发生、预后等有关知识认知程度，家庭经济情况、有无出现焦虑等心理反应。

案例5-11分析讨论

1. 该患儿临床诊断是新生儿破伤风。其诊断依据是：张口及吸吮困难、继而牙关紧闭，苦笑面容，四肢肌张力增高，阵发性抽搐，刺激时加剧。脐部红肿，有脓性分泌物。可疑不洁接生史。

2. 治疗原则 中和毒素，给予破伤风抗毒素，肌内注射或稀释后静脉滴注，脐周注射；控制痉挛、控制感染及对症支持治疗。

【常见护理诊断/问题】

1. 有窒息的危险 与呼吸肌、喉肌痉挛有关。

2. 喂养困难 与面肌痉挛、张口困难有关。

3. 皮肤黏膜完整性受损 与脐部感染有关。

4. 有受伤的危险　与反复抽搐有关。

5. 体温过高　与骨骼肌强直性痉挛产热增加、感染有关。

6. 知识缺乏　与家长缺乏预防本病发生、护理患儿相关知识有关。

【护理目标】

1. 患儿呼吸保持平顺，无缺氧发生。
2. 患儿获得所需营养及水分，体重不下降。
3. 患儿脐部感染控制，红肿消退、分泌物减少，残端愈合。
4. 患儿没有发生身体损伤。
5. 患儿体温维持正常。
6. 家长了解本病发生的原因，掌握护理患儿的有关知识和技术。

【护理措施】

1. 控制痉挛，保持呼吸道通畅

（1）遵医嘱注射破伤风抗毒素、镇静剂等。

（2）建立静脉通路，保证止痉药物顺利进入体内。尽可能应用留置针，避免反复穿刺给患儿造成不良刺激。

（3）患儿应单独安置、专人看护。病室要求避光、隔音，必要的操作最好在使用止痉剂后有条理地集中完成，以减少声、光、触等刺激。

（4）保持呼吸道通畅：抽搐发作时可致呼吸肌痉挛、牙关紧闭且产生大量分泌物，由于喉肌痉挛不能咽下，极易引起窒息，应及时吸尽口鼻腔内分泌物，吸痰时注意动作要轻柔，同时患儿取侧卧位。床边备好简易呼吸囊及其他抢救器械。

（5）用氧：有缺氧、发绀者间歇吸氧，但避免鼻导管给氧（鼻导管的插入和氧气直接刺激鼻黏膜可使患儿不断受刺激，加剧骨骼肌痉挛），可选用头罩给氧，氧流量至少 5L/min，避免流量过低引起头罩内 CO_2 潴留。当病情好转，缺氧改善后应及时停止用氧，避免氧疗并发症。

（6）密切观察病情：加强监测，观察并记录抽搐发生的时间、强度、持续时间、频率、生命体征和用药效果，尤其是抽搐发作时患儿面色、心率、呼吸及氧饱和度改变，以及使用地西泮后有无出现呼吸抑制，一旦发现异常，及时组织抢救。

2. 脐部护理

（1）用消毒剪刀剪去残留脐带的远端并重新结扎，近端用 3%过氧化氢溶液或 1∶4000 高锰酸钾液清洗后涂以碘酒，并用无菌纱布包敷。保持脐部清洁、干燥，每天脐部护理 1 次，直至残端愈合。接触脐部的敷料给予焚烧。

（2）遵医嘱用破伤风抗毒素 3000U 做脐周封闭，以中和未进入血流的游离毒素。

3. 保证营养　根据患儿病情，调整喂养方式，以保证营养的摄入。发病早期痉挛频繁发作时，宜采用静脉高营养供给能量；若痉挛减轻，病情允许，可给予鼻饲喂养，插胃管前需使用镇静剂，每次喂奶量不宜多，喂前应先抽残余奶，若残余奶过多暂停喂奶一次，并适当减少奶量。留置过程中注意观察有无呛咳、溢奶、呕吐，有无潴留、腹胀及观察大便情况。病情好转后，以奶瓶喂养训练患儿吸吮及吞咽功能，最后撤离鼻饲。

4. 防止继发感染和损伤

（1）口腔护理：患儿唾液不能吞咽而外溢，病情需要处于禁食或鼻饲管喂养期，肌肉痉挛产热增加致体温升高，这些因素都可能使患儿口唇干裂易破，应及时清除分泌物，做好口腔清洁，涂液状石蜡等保护口唇。

（2）皮肤护理：由于患儿处于骨骼肌痉挛状态，易发热出汗，因此应适当松包降温、及时擦干汗渍保持患儿皮肤干燥。可在患儿手心放一纱布卷，既可保护掌心皮肤不受损伤，又可保持掌心干燥。

（3）测量体温，体温升高时采取物理或药物降温的方法，使体温保持正常。

（4）定时翻身，预防坠积性肺炎。

（5）遵医嘱使用青霉素、甲硝唑。

5. 健康教育 对患儿家长讲授有关育儿知识，指导家长做好脐部护理。

案例 5-11 分析讨论（续）

3. 本病例护理诊断

（1）有窒息的危险 与呼吸肌、喉肌痉挛有关。

（2）喂养困难 与面肌痉挛、张口困难有关。

（3）皮肤黏膜完整性受损 与脐部感染有关。

（4）有受伤的危险 与反复抽搐有关。

（5）体温过高 与骨骼肌强直性痉挛产热增加、感染有关。

（6）知识缺乏 与家长缺乏预防本病发生、护理患儿相关知识有关。

本病例护理重点

（1）控制痉挛，保持呼吸道通畅：①遵医嘱注射破伤风抗毒素、镇静剂等；②建立静脉通路；③单独安置、专人看护，病室要求避光、隔音，必要的操作在使用止痉剂后集中完成；④患儿取侧卧位，及时清除口鼻腔内分泌物；床边备好简易呼吸囊及其他抢救器械；⑤缺氧、发绀时间歇吸氧，可选用头罩给氧，氧流量至少 5L/min；⑥观察并记录抽搐发生的时间、强度、持续时间、频率、生命体征和用药效果，一旦发现异常，及时组织抢救。

（2）脐部护理：①用消毒剪刀剪去残留脐带的远端并重新结扎，近端用 3%过氧化氢溶液或 1∶4000 高锰酸钾液清洗后涂以碘酒，并用无菌纱布包敷；保持脐部清洁、干燥，每天脐部护理 1 次，直至残端愈合；接触脐部的敷料给予焚烧；②遵医嘱用破伤风抗毒素 3000U 做脐周封闭。

（3）保证营养：根据患儿病情，调整喂养方式。发病早期宜采用静脉高营养供给能量；若痉挛减轻，病情允许，可给予鼻饲喂养；病情好转后，以奶瓶喂养训练患儿吸吮及吞咽功能，最后撤离鼻饲。

（4）防止继发感染和损伤：做好口腔清洁及皮肤护理；体温升高时采取物理或药物降温的方法；定时翻身，预防坠积性肺炎；遵医嘱使用青霉素、甲硝唑。

（5）健康教育：指导家长做好脐部护理。

【护理评价】

患儿呼吸平顺，无缺氧发生；能获得充足的营养，体重增加或不减轻。脐部感染控制，红肿消退，残端愈合；无发生身体损伤；体温维持正常；家长了解本病发生的原因，掌握护理患儿的有关知识和技术。

五、新生儿梅毒

新生儿梅毒（neonatal syphilis）又称先天性梅毒（congenital syphilis）、胎传梅毒，是梅毒螺旋体由母体经胎盘进入胎儿血液循环所致的感染。受累胎儿约 50%发生流产、死胎、早产、低体重、新生儿死亡。存活婴儿发病年龄不一，2 岁以内发病者为早期梅毒，2 岁以后为晚期梅毒，晚期梅毒也有 20 年后才发病。近年来，我国新生儿梅毒发病率呈逐年上升趋势，据统计 2008 年有 9480 例新生儿梅毒，平均每小时出生 1 个以上，由此可见梅毒及新生儿梅毒是一个很严峻的公共卫生问题。

【病因与发病机制】

梅毒的病原体是一种对人体有严重致病性的苍白螺旋体，其进入人体后可侵犯多个脏器器官。

先天性梅毒与孕母妊娠期梅毒密切相关，其感染时间在怀孕4个月以后。梅毒孕妇在妊娠前4个月内由于绒毛膜朗罕细胞层的阻断作用，梅毒螺旋体较难进入胎儿体内。妊娠4个月后，朗罕细胞层逐渐退化萎缩而失去阻断作用，苍白螺旋体随即通过胎盘进入胎儿血液循环造成宫内感染。

感染途径：①经胎盘脐静脉进入胎儿体内，发生胎儿梅毒，累及胎儿的各器官；②感染胎盘发生动脉内膜炎，形成多处梗死灶，导致胎盘功能严重障碍，造成流产、死胎、早产、低体重、新生儿死亡及先天性梅毒；③分娩过程中，胎儿通过接触患早期梅毒母亲外生殖器的初疮而受感染，但较少见。

【治疗要点】

1. 治疗原则 强调早期诊断、及时治疗、防止发展至晚期。

2. 抗梅毒治疗 首选青霉素，每次5万U/kg，静脉滴注，每12小时1次，7天后改为8小时1次，再用2周。神经梅毒者，240万U/（kg · d），静脉滴注，治疗3周。先天性梅毒常规采用水剂青霉素治疗，青霉素治疗浓度为0.03U/ml，才能确保血液和脑脊液中的螺旋体被杀灭。青霉素过敏者可用红霉素。

【护理评估】

1. 健康史 孕妇是否有梅毒病史。

2. 身体状况 大多数早期梅毒患儿出生时无症状，生后2～3周逐渐出现。如母亲在妊娠早期感染梅毒又未及时治疗，则新生儿发病时间早且病情重。

（1）一般症状：发育差、营养差，皮肤萎缩貌似老人，低热、黄疸、贫血、低血糖、哭声嘶哑、易激惹等。

（2）皮肤黏膜损害：为最常见的临床表现之一。皮疹常于生后2～3周出现，为散发或多发性，呈多种形态，如圆形、卵圆形或彩虹状，紫红或铜红色浸润性斑块，外围有丘疹，带有鳞屑。分布比外观更具特征性，多见于口周、臀部、手掌、足趾，重者全身分布。梅毒性鼻炎表现为鼻塞、张口呼吸，或有脓血样分泌物即“涕溢”。该分泌物含有大量病原体，极具传染性。鼻黏膜溃疡累及鼻软骨时形成“鞍鼻”，累及喉部引起声音嘶哑。

（3）骨损害：约占90%，多发生于生后数周，因剧痛而形成“假瘫”，表现为四肢呈弯曲状态，张力大，不能自然放松、伸直，牵拉时患儿出现尖叫。X线可见对称性长骨骨骺端横行透亮带。

（4）肝、脾、全身淋巴结肿大：几乎所有患儿均有肝肿大，可出现黄疸、肝功能受损。滑车上淋巴结肿大有诊断价值。

（5）中枢神经系统症状：新生儿罕见，多在生后3～6个月时出现急性化脓性脑膜炎样症状，脑脊液中细胞数增加以淋巴为主，糖正常。

（6）其他：可见视网膜脉络膜炎、胰腺炎、肺炎、心肌炎、肾小球病变等。

3. 辅助检查 出生时胎盘大而苍白是宫内感染的指征。性病实验试验盒（venereal disease research laboratories，VDRL）可作为筛查试验，荧光螺旋体抗体吸附试验（fluorescent treponema antibody-absorption test，FTA-ABS Test）则有助于确诊。

4. 心理-社会状况 评估家长是否有羞耻、恐惧、焦虑、悲观失望、负罪感等情绪，是否因担心治疗效果及预后对孩子将来健康状况等的影响，而产生自责心理。

【常见护理诊断/问题】

1. 皮肤完整性受损 与梅毒螺旋体损伤皮肤黏膜有关。

2. 疼痛 与骨损害有关。

3. 焦虑（家长） 与对治疗、预后知识缺乏有关。

【预期目标】

（1）患儿皮肤受损情况好转。

（2）患儿疼痛减轻。

（3）患儿家长掌握疾病相关知识，焦虑情绪减轻。

【护理措施】

1. 消毒隔离 床边隔离，以免发生交叉感染。治疗及护理操作应集中进行，严格执行无菌操作技术。患儿使用过的衣被、褥套等物品需经过消毒处理后才能进行清洗，一次性物品使用后集中焚烧处理，暖箱、蓝光箱用后要严格消毒。护士注意自我保护，操作时戴一次性手套，操作前后均要及时进行手的消毒。

2. 皮肤护理 梅毒新生儿的皮肤护理至关重要，必要时置暖箱、穿单衣以便护理操作。在所有斑丘疹处涂红霉素软膏，之后用单层纱布覆盖创面，每天换药 1 次，注意头发内斑丘疹的涂药。在行静脉穿刺时，要注意避开皮肤斑丘疹的部位；保护肢端，防止指甲抓伤皮肤；患儿躁动时易擦伤足跟部，要用纱布加以包扎。加强臀部及皮肤褶皱处护理，保持全身皮肤清洁干燥，防止皮肤感染。

3. 梅毒假性麻痹护理 在治疗护理操作时动作轻柔，不采取强行体位，尽量减轻患儿的疼痛和不必要的刺激。

4. 病情观察 密切观察患儿生命体征、肌张力、腹部等情况；如患儿出现低热、烦躁不安、尖叫、呕吐、吸吮困难、前囟隆起、颈项强直、角弓反张、惊厥等中枢神经系统症状，应及时报告医生并配合处理；观察有无青霉素过敏及赫氏反应。

> 赫氏反应是一种青霉素治疗后加重反应，多在首剂青霉素后 0.5～4 小时内发生，是由大量钩体被青霉素杀灭后释放毒素所致，当青霉素剂量较大时容易发生。表现为患者突然出现寒战、高热，头痛，全身痛，心率和呼吸加快，原有症状加重，部分患者出现体温骤降，四肢厥冷。一般持续 30 分钟至 1 小时。

5. 心理护理 梅毒新生儿的家属承受着巨大的心理压力，特别是患儿的母亲，所以给予母亲积极的心理支持及整个患儿家庭的人文关怀就显得尤为重要，也是梅毒新生儿今后能够得到更好照顾、健康成长的重要因素。首先要提高患儿家属对新生儿梅毒的基本认识，使其了解疾病的发生发展及治疗、护理、预后等情况，告知其该病并非不可治愈，消除其悲观情绪，积极配合治疗。

6. 健康教育 经治疗患儿全身症状好转，皮肤斑丘疹完全消失，体检后予以接种乙肝疫苗和卡介苗。指导定期复查，进行追踪观察血清学试验，以保证患儿得到正确的、全程的、彻底的治疗。治疗后 1、2、3、6、12 个月时应进行随访，治疗成功时快速血浆反应素试验（RPR）在 3 个月时滴度下降，6～12 个月时转阴。若 1 岁时滴度仍未降低或升高，应再次进行正规治疗（10～14 天）。神经梅毒患儿应每 6 个月进行脑脊液（CSF）检查直至细胞数正常、VDRL 阴性。 6 个月时 CSF 中 VDRL 阳性和（或）持续异常细胞数或蛋白至 2 岁，应再次治疗。

【护理评价】

经过治疗和护理，患儿皮肤受损情况好转；疼痛减轻。患儿家长掌握疾病相关知识，焦虑情绪减轻。

第十三节　新生儿寒冷损伤综合征

案例 5-12

患儿，女性，出生 2 小时。因胎膜早破剖宫产娩出，胎龄 36 周，体重 2000g，Apgar 评分 1 分钟 6 分、5 分钟 9 分、10 分钟 10 分。体格检查：体温 35℃，脉搏 120 次/分，呼吸 42 次/分，体重 2000g。早产儿外貌，反应差，哭声弱，口唇红润，双肺呼吸音清晰，未闻及干湿啰音，脐部干燥，肝脾无肿大，四肢肌张力正常。出生 2 小时后出现拒乳、体温不升，双下肢皮肤发硬、水肿。辅助检查：血气分析 pH 7.28，PaO_2 56mmHg，$PaCO_2$ 45 mmHg，HCO_3^- 15mmol/L，BE–10mmol/L。

思考题：

1. 该患儿临床诊断是什么？其诊断依据是什么？
2. 如何治疗该患儿？
3. 该患儿目前存在的护理诊断有哪些？如何护理？

新生儿寒冷损伤综合征（neonatal cold injure syndrome）简称新生儿冷伤，是由于寒冷和（或）多种疾病所致。因多有皮肤硬肿，亦称新生儿硬肿症（sclerema neonatorum，SN）。其临床特征是低体温和皮肤硬肿，重症可发生多器官功能损害。

【病因与发病机制】

寒冷、早产、感染和窒息为主要病因。

1. 新生儿体温调节与皮下脂肪组成特点　①体温调节中枢发育不成熟；②失热多，新生儿体表面积相对较大，皮下脂肪少，血流丰富，易于散热；③能量储备少，尤以早产儿、低出生体重儿和小于胎龄儿为明显；④代偿能力差，以棕色脂肪（brown fat）的化学产热为主，缺乏寒战等物理产热方式，因此寒冷时易发生低体温；⑤皮下脂肪易凝固，新生儿皮下脂肪中的饱和脂肪酸比不饱和脂肪酸多，前者熔点高，当受寒或其他原因引起体温降低时易于凝固而出现皮肤硬肿。

2. 多器官功能损害　寒冷环境或保温不当可使新生儿失热增加，当失热大于产热时，体温随即下降，继而引起外周小血管收缩，皮肤血流量减少，出现肢端发冷和微循环障碍，进一步导致缺氧、各种能量代谢紊乱和代谢性酸中毒，严重时发生多器官功能损害。

3. 其他　严重感染（肺炎、败血症、化脓性脑膜炎等）、缺氧、心力衰竭、休克、早产、颅内出血和红细胞增多症等也易发生体温调节和能量代谢紊乱，出现低体温和硬肿。

【治疗要点】

1. 复温　是低体温患儿治疗的关键。通过提高环境温度以恢复和保持正常体温。复温原则是逐步复温，循序渐进。

2. 支持疗法　足够的热量有利于体温恢复，根据患儿情况选择经口喂养或静脉营养。但应注意严格控制输液总量及速度。

3. 合理用药　有感染者根据血培养和药敏结果选用抗生素。纠正代谢紊乱。有出血倾向者用止血药，高凝状态时考虑用肝素，但 DIC 已发生出血时不宜用肝素。休克时除扩容纠正酸中毒外，可用多巴胺。

【护理评估】

1. 健康史　询问孕母分娩史，了解患儿胎龄、日龄、Apgar 评分、体重、喂养及保暖等情况，有无感染和其他缺氧病史。

2. 身体状况　本病多发生在冬、春寒冷季节或重症感染时，以出生 3 天内或早产新生儿多见。

发病初期表现为体温降低、吮乳差或拒乳、哭声弱，病情加重时发生硬肿和多器官损害体征。

（1）低体温：肛温常降至35℃以下，重症者体温低于30℃。新生儿腋窝下含有较多棕色脂肪，寒冷时氧化产热，使局部温度升高，此时腋温高于或等于肛温。因此，腋温–肛温的差值（腋-肛温差，$T_{A\text{-}R}$）可作为判断棕色脂肪产热状态的指标。正常状态下，棕色脂肪不产热，$T_{A\text{-}R}<0$；新生儿硬肿症初期，棕色脂肪代偿产热增加，$T_{A\text{-}R}\geqslant 0$；重症硬肿症，因棕色脂肪耗尽，$T_{A\text{-}R}<0$。

（2）硬肿：由皮脂硬化和水肿所形成，其特点为皮肤硬肿，紧贴皮下组织，不能移动，有水肿者压之有轻度凹陷。硬肿发生顺序是：小腿→大腿外侧→整个下肢→臀部→面颊→上肢→全身。硬肿范围可按：头颈部20%，双上肢18%，前胸及腹部14%，背及腰骶部14%，臀部8%，双下肢26%计算（图5-4）。

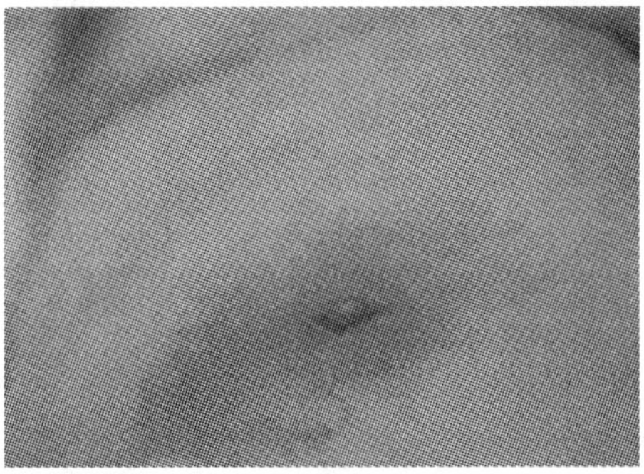

图 5-4　皮肤硬肿（腹部）

（3）多器官功能损害：早期常有心音低钝、心率缓慢、微循环障碍表现；严重时可出现休克、DIC、急性肾衰竭和肺出血等多器官功能衰竭（MOF）的表现。

（4）病情分度：根据临床表现，病情可分为轻、中和重三度（表5-5）。

表 5-5　新生儿寒冷损伤综合征的病情分度

分度	肛温	腋-肛温差	硬肿范围	全身情况及器官功能改变
轻度	≥35℃	>0	<20%	无明显改变
中度	<35℃	≤0	20%～50%	反应差，功能明显下降
重度	<30℃	<0	>50%	休克、DIC、肺出血、急性肾衰竭

3. 辅助检查

（1）外周血检测血细胞比容升高、血小板减少、血糖低、凝血酶原时间延长。

（2）动脉血气分析可表现低氧血症及代谢性酸中毒。

（3）心电图：P-R、Q-T时间延长、低电压、T波低平或倒置、ST段下降。

（4）胸部X线有炎症、瘀血、肺水肿、肺出血改变。

4. 心理-社会状况　了解家长心理状态及对本病知识的了解程度，评估其家庭居住环境及经济状况。

案例 5-12 分析讨论

1. 根据孕妇胎膜早破、早产史以及新生儿反应差，拒乳，体温不升，双下肢皮肤发硬、水肿等临床表现，患儿的诊断是新生儿寒冷损伤综合征。

2. 治疗原则：复温、对症支持治疗。

【常见护理诊断/问题】

1. 体温过低　与新生儿体温调节功能低下、寒冷、早产、感染、窒息等有关。

2. 营养失调：低于机体需要量　与吸吮无力、热量摄入不足有关。

3. 皮肤完整性受损　与皮肤硬化、水肿、局部血液供应不良有关。

4. 有感染的危险　与免疫、皮肤黏膜屏障功能低下有关。

5. 潜在并发症　肺出血、DIC。

6. 知识缺乏　家长缺乏正确的婴儿保暖及育儿知识。

【预期目标】

1. 患儿体温12～24小时恢复正常。
2. 患儿能维持良好的营养状况，体重增加。
3. 皮肤硬化、水肿逐渐消失。
4. 患儿不发生感染。
5. 患儿不发生并发症，若发生能及早发现并处理。
6. 家长能说出本病预防要点，学会家庭保暖方法。

【护理措施】

1. 复温

（1）若肛温＞30℃，T_{A-R}≥0，提示体温虽低，但棕色脂肪产热较好，此时可通过减少散热使体温回升。将患儿置于已预热至中性温度（neutral temperature）的暖箱中，一般在6～12小时内恢复正常体温。中性温度与体重和出生日龄有密切关系。

（2）当肛温＜30℃时，多数患儿T_{A-R}＜0，提示体温很低，棕色脂肪被耗尽，虽少数患儿T_{A-R}≥0，但体温过低，靠棕色脂肪自身产热难以恢复正常体温，且易造成多器官功能损害，所以只要肛温＜30℃，一般均应将患儿置于箱温比肛温高1～2℃的暖箱中进行外加热。每小时提高箱温1～1.5℃，箱温不超过34℃，在12～24小时内恢复正常体温。然后根据患儿体温调整暖箱温度。在肛温＞30℃，T_{A-R}＜0时，仍提示棕色脂肪不产热，故此时也应采用外加温使体温回升。

（3）如无上述条件，可采用温水浴、热水袋、电热毯或母亲怀抱等方式复温，但要防止烫伤。

2. 保证热量和水分供给　合理喂养，吸吮无力时用滴管、鼻饲或静脉营养，保证能量供给。严格控制补液速度及液体量，可用输液泵控制，静脉滴注的液体应加温至35℃。建立输液记录卡，每小时记录输入量及速度，根据病情加以调节，以防止输液速度过快引起心力衰竭和肺出血。

3. 预防感染　做好消毒隔离工作，特别应做好室内和暖箱的清洁消毒。加强皮肤护理，尽量避免肌内注射。经常更换体位，防止体位性水肿和坠积性肺炎的发生。

4. 观察病情　注意体温、脉搏、呼吸、硬肿范围及程度、尿量、有无出血症状等，详细记录护理单，备好抢救药物和设备（氧气、吸引器、复苏囊、呼吸器等仪器），以应对病情突变。

5. 健康教育　介绍有关硬肿症的疾病知识，指导家长加强新生儿的保暖、喂养、预防感染等护理措施，示范家庭简易保暖方法；鼓励母乳喂养，保证足够的热量。

案例5-12分析讨论（续）

3. 本病例护理诊断

（1）体温过低：与新生儿体温调节功能低下、早产、感染、窒息等有关。

（2）营养失调：低于机体需要量，与热量摄入不足有关。

（3）皮肤完整性受损：与皮肤硬化、水肿、局部血液供应不良有关。

（4）有感染的危险：与免疫、皮肤黏膜屏障功能低下有关。

（5）潜在并发症：肺出血、DIC。

（6）知识缺乏：家长缺乏正确的婴儿保暖及育儿知识。

本病例护理重点

（1）复温：①若肛温＞30℃，$T_{A-R}\geq 0$，将患儿置于已预热至中性温度的暖箱中，一般在6～12小时内恢复正常体温。②当肛温＜30℃时，应将患儿置于箱温比肛温高1～2℃的暖箱中进行外加热。每小时提高箱温1～1.5℃，箱温不超过34℃，在12～24小时内恢复正常体温。然后根据患儿体温调整暖箱温度。在肛温＞30℃，$T_{A-R}<0$时，也应采用外加温使体温回升。③如无上述条件，可采用温水浴、热水袋、电热毯或母亲怀抱等方式复温，但要防止烫伤。

（2）保证热量和水分供给：用滴管、鼻饲或静脉营养，保证能量供给。严格控制补液速度及液体量，每小时记录输入量及速度，静脉滴注的液体应加温至35℃。

（3）预防感染：做好室内和暖箱的清洁消毒；加强皮肤护理，尽量避免肌内注射；经常更换体位，防止体位性水肿和坠积性肺炎。

（4）观察病情：观察生命体征、硬肿范围及程度、尿量、有无出血症状等并详细记录，备好抢救药物和设备以应对病情突变。

（5）健康教育：介绍有关硬肿症的疾病知识，指导家长加强新生儿的保暖、喂养、预防感染等护理措施。

【护理评价】

患儿体温恢复正常，无发生感染，皮肤硬化、水肿逐渐消退，无发生多器官功能衰竭，或能及早发现并处理；家长理解本病预防要点，学会家庭保暖方法。

第十四节　新生儿坏死性小肠结肠炎

案例 5-13

患儿，女性，出生6天，因腹胀、腹泻、拒食1天入院。患儿母亲是G_2P_1，孕34周时患儿经阴道娩出。产前胎心减慢，出生后Apgar评分1分钟4分，心肺复苏后5分钟、10分钟为10分。人工早产儿配方乳喂养，1天前出现腹胀、腹泻、拒食。患儿发病以来精神反应差、哭闹，无呕吐，体温时有升高，面色苍白；大便2～3次/天，稀薄，无肉眼血便。体格检查：体温37.7℃，脉搏110次/分，呼吸40次/分，体重2400g。反应差、哭声弱，全身皮肤苍白，口唇轻微发绀，颈软；呼吸节律不规则，双肺呼吸音清，未闻及干湿啰音；心率110次/分，节律整齐；腹胀、腹壁皮肤发红，肠鸣音减弱，1次/分。肌张力低，瞳孔等大等圆，对光反射存在，吸吮、握持、觅食、拥抱反射存在。X线显示肠道充气，肠壁囊样积气。大便隐血试验阳性。

思考题：

1. 该患儿临床诊断是什么？其诊断依据是什么？
2. 如何治疗该患儿？
3. 该患儿目前存在的护理诊断有哪些？如何护理？

新生儿坏死性小肠结肠炎（neonatal necrotizing enterocolitis，NEC）是以腹胀、呕吐及便血为主要临床表现，以肠壁囊样积气和门静脉充气征为X线特征的新生儿肠道疾病。90%发生于早产儿，多在出生后2周发病，病情轻重不一，严重者可危及患儿的生命，同时伴有肠壁积气和门静脉积气者死亡率高达86%。随着对该病认识的加深及静脉营养的应用，死亡率有所下降。

【病因与发病机制】

NFC的确切机制尚不清楚，可能与下列因素有关。

1. 胃肠道功能不成熟　早产儿胃酸分泌少，消化酶活性低，胃肠道动力差，消化道黏膜通透性高，消化吸收和局部免疫反应低下，因此在感染、肠壁缺血缺氧、喂养不当等致病因素作用下易引发 NEC。

2. 肠黏膜缺氧缺血　新生儿窒息、缺氧、呼吸窘迫、呼吸衰竭、先天性心脏病、低体温、换血、严重感染、腹泻、血液浓缩等引起低氧血症或低血容量休克，使血压下降，心搏出量减少。机体为保证心、脑等重要器官的供血，体内血液重新分配，此时肠系膜血管收缩、肠道血流可减少至正常的 35%～50%，如缺血持续存在或缺血后再灌注发生，则可引起肠黏膜损伤。

3. 感染　病原多为细菌，以大肠埃希菌、梭状芽胞杆菌、铜绿假单胞菌、沙门菌、克雷白杆菌、产气荚膜杆菌、链球菌、金黄色葡萄球菌等为主。有研究表明，败血症可导致 NEC 的发病风险增加 4.086 倍，感染性肺炎可使 NEC 发病风险增加 2.976 倍。败血症或肠道感染时，细菌及其毒素可直接损伤黏膜或间接通过增加炎症介质的释放，引起肠黏膜损伤；另外，肠道内细菌过度繁殖造成的肠胀气也可加重肠损伤。临床上也有部分病例在患流行性腹泻时或无任何诱因下发生本病。

4. 喂养因素　本病多发生于人工喂养的早产儿。由于免疫球蛋白 A（IgA）主要来自母乳，因此人工喂养儿肠道黏膜缺乏 IgA 的保护，利于病菌生长与繁殖。当人工喂养儿奶配方渗透压过高时，大量的液体由血液循环转入肠腔，影响血容量和肠系膜的灌注，导致肠道缺血，引起肠黏膜的损伤。

5. 病理　好发部位为回肠远端及近端升结肠，重者可累及全胃肠道。十二指肠较少受累。主要改变为肠腔充气，黏膜呈斑片状或大片坏死，肠壁不同程度积气、出血及坏死。严重时肠壁全层坏死和穿孔。

【治疗要点】

1. 禁食和胃肠减压　一经确诊立即禁食，同时进行胃肠减压，保证有效引流。禁食时间视病情而定，一般禁食 8～12 天，轻者禁食 5～6 天，重者禁食 10～15 天或更长。当腹胀消失，大便隐血试验阴性可试进食。

2. 支持和对症治疗　禁食期间予以静脉营养维持能量及水电解质平衡，有条件者可输全血、血浆或白蛋白。根据日龄和失水量补充。热量每日 50～100 kcal/kg（209.2～418.4kJ/kg），根据需要补充钾、钠、氯、钙等电解质。有凝血机制障碍时可输新鲜冰冻血浆。出现休克时给予抗休克治疗。

3. 抗感染治疗　根据细菌培养及药敏试验选择，细菌不明时可用氨苄青霉素、氧哌嗪青霉素或第Ⅲ代头孢菌素，如为厌氧菌首选甲硝唑。疗程：疑似病例 3 天，确诊病例 7～10 天，重症 14 天或更长。

4. 外科治疗　内科保守治疗 12～24 小时，病情进一步恶化，有难以纠正的酸中毒、中毒性休克、DIC；或有明显液气腹、弥漫性腹膜炎、腹腔穿刺阳性时，应行手术治疗。

【护理评估】

1. 健康史　了解有无围产期窒息，有无宫内及生后感染，喂养情况，有无先天性心脏病，有无脐动脉插管等。

2. 身体状况　NFC 多见于早产儿和小于胎龄儿，常有窒息史。多于生后 4～10 天发病，早期出现反应差、拒食、呕吐、腹胀、腹泻和便血等表现。轻症仅有中度腹胀，可无呕吐，大便 2～3 次/天，稀薄，颜色深或带血，大便隐血试验阳性。重症腹胀明显，可见肠型，大便如果酱样或柏油样，或带鲜血有腥臭味。若不积极治疗，病情急剧恶化，患儿面色苍白、四肢发凉、体温不升、呼吸不规则、心率减慢、代谢性酸中毒、黄疸加深。严重者出现休克、DIC、肠穿孔、腹膜炎等。

3. 辅助检查

（1）X 线：显示肠道充气，有多个液平面，具有特征性的肠壁囊样积气，肠壁炎症、局限性坏死。可见多个小气泡或线状气体阴影沿肠管排列。严重病例门静脉有气体阴影。肠穿孔时可见膈下游离气体形成气腹。囊样积气和门静脉积气征为本病的特征性表现。

（2）其他：血气分析、大便隐血试验及培养、血常规及培养，以及 DIC 筛查和确诊试验等对病情判定均十分重要。

4. 心理-社会状况　了解家长对本病的认知情况，有无焦虑心理和悲观情绪。

案例 5-13 分析讨论

1. 该患儿可能的临床诊断是新生儿坏死性小肠结肠炎。主要诊断依据是：①全身中毒表现：体温升高、面色苍白、呼吸不规则和心动过缓；②胃肠道表现：腹胀、腹泻、血便、肠鸣音减弱；③腹部 X 线表现：肠道充气，肠壁囊样积气。

2. 治疗原则　禁食和胃肠减压、支持和对症治疗、抗感染。必要时行手术治疗。

【常见护理诊断/问题】

1. 舒适度改变：腹胀、腹痛、腹泻　与肠道炎症、肠壁组织坏死有关。

2. 营养失调：低于机体需要量　与摄入量不足有关。

3. 体液不足　与液体丢失过多及补充不足有关。

4. 体温过高　与细菌毒素有关。

5. 潜在并发症　腹膜炎、肠穿孔、休克、DIC 等。

【预期目标】

1. 患儿腹胀、腹痛减轻、腹泻次数减少。
2. 保证营养供给，患儿体重不减轻。
3. 患儿不发生水、电解质紊乱。
4. 患儿体温维持正常。
5. 能及早发现及处理并发症。

【护理措施】

1. 监测体温　根据体温监测结果给予相应的物理或药物降温。

2. 减轻腹胀、腹痛，控制腹泻

（1）立即禁食，肠胀气明显者行胃肠减压，负压为 30～40mmHg。呕吐时应头偏向一侧，及时清除呕吐物，保持皮肤及床单位清洁。观察腹胀消退情况，引流物和呕吐物的颜色、性质和量，做好口腔护理。

（2）遵医嘱给予抗生素控制感染。

3. 密切观察病情

（1）一般病情观察：①记录腹泻次数，粪便的颜色、性质和量，了解大便变化过程。及时、正确留取大便标本送检。每次便后用温水洗净臀部涂油膏等，减少大便对皮肤刺激，保持臀部皮肤的完整性。②每天测量体重并记录。③评估患儿有无脱水，监测电解质等生化指标。

（2）并发症的观察：①及早发现肠穿孔、腹膜炎的早期症状和体征，如出现腹胀加重、引流液增多、血便、腹肌紧张、频发呼吸暂停、心动过缓、体温过低等症状或体征时，应立即与医生取得联系。②当患儿出现面色苍白、心率过快或过缓、血压下降、末梢循环衰竭等中毒性休克表现时，立即通知医生并配合抢救。③观察患儿是否有皮肤瘀斑、注射部位渗血、呕血、血尿、便血等凝血障碍情况，监测凝血因子的实验室检查结果，有异常时及时汇报医生。

4. 补充液体，供给营养

（1）喂养：禁食期间以静脉维持能量及水电解质平衡。腹胀消失、大便隐血试验转阴后逐渐恢复饮食。恢复喂养从水开始，开始只喂开水或 5%葡萄糖水。喂 2～3 次后，如无呕吐或腹胀，再喂乳汁，以母乳为佳；若喂牛乳则从 1∶1 浓度开始，最初为 3～5ml，以后每次递增 2ml，逐渐增加浓度及奶量。在调整饮食期间密切观察腹胀及大便情况，发现异常及时处理。

（2）补液护理：建立良好的静脉通路，合理安排输液顺序，控制滴速；准确记录 24 小时出入量。

5. 健康教育　耐心向家长讲解本病相关知识、治疗和护理措施，以取得配合。选择适当时机让父母探视并参与照顾婴儿的工作，指导其掌握必要的婴儿照护技巧，以便胜任出院后婴儿的家庭护理。定期复查。

案例 5-13 分析讨论（续）

3. 本病例护理诊断

（1）舒适度改变：腹胀、腹泻、血便，与肠道炎症、肠壁组织坏死有关。

（2）营养失调：低于机体需要量，与摄入量不足有关。

（3）体液不足：与液体丢失过多及补充不足有关。

（4）体温过高：与细菌毒素有关。

（5）潜在并发症：腹膜炎、肠穿孔、休克、DIC 等。

本病例护理重点

（1）监测体温：根据监测结果给予相应的物理或药物降温。

（2）减轻腹胀、腹痛，控制腹泻：①立即禁食，行胃肠减压，负压为 30～40mmHg。观察腹胀消退情况，引流物的颜色、性质和量，做好口腔护理。②遵医嘱给予抗生素控制感染。

（3）密切观察病情：①记录腹泻次数，粪便的颜色、性质和量，了解大便变化过程。及时、正确留取大便标本送检。②每天测量体重并记录。③评估患儿有无脱水，监测电解质等生化指标。④及早发现并协助医生处理肠穿孔、腹膜炎、中毒性休克、凝血障碍等并发症。

（4）补充液体，供给营养：①禁食期间以静脉维持能量及水电解质平衡。腹胀消失、大便隐血试验转阴后逐渐恢复饮食。恢复喂养从水开始，喂 2～3 次后，如无呕吐或腹胀，再喂乳汁。在调整饮食期间密切观察腹胀及大便情况。②建立良好的静脉通路，合理安排输液顺序，控制滴速；准确记录 24 小时出入量。

（5）健康教育：向家长讲解本病诊治相关知识，选择适当时机让父母探视并参与照顾婴儿的工作，指导其掌握必要的婴儿照护技巧。

【护理评价】

患儿体温维持正常，腹胀、腹痛减轻，腹泻控制；体重保持稳定或增加；无出现水、电解质、酸碱平衡紊乱；能及早发现并紧急处理并发症。

第十五节　新生儿糖代谢紊乱

新生儿处于从宫内完全依赖母体到出生后由自身进行调节的代谢过渡期，糖代谢平衡的调节功能尚不完善，加之围生期孕母和胎儿的多种病理生理状况及新生儿疾病的影响，因此易发生糖代谢紊乱，表现为低血糖和高血糖。

一、新生儿低血糖症

案例 5-14

患儿，女性，因娩出后 4 小时出现烦躁、反应差、喂养困难入院。胎龄 35^{+1} 周，经阴道娩出，出生后 1 分钟 Apgar 评分 8 分。体格检查：体温 36.2℃，心率 135 次/分，呼吸 38 次/分，体重 2.3kg。反应差、哭声弱，肌张力低。双肺呼吸音清晰，未闻及干湿啰音，心脏（-）。辅助检查：全血血糖 1.1mmol/L。

思考题：

1. 该患儿临床诊断是什么？其诊断依据是什么？
2. 如何治疗该患儿？

新生儿低血糖症（neonatal hypoglycemia）一般指足月儿出生 3 天内全血血糖<1.67mmol/L（30mg/dl），3 天后<2.2mmol/L（40mg/dl）；低体重儿出生 3 天内<1.1mmol/L（20mg/dl），1 周后<2.2mmol/L（40mg/dl）。目前认为凡全血血糖<2.2mmol/L（40mg/dl）都诊断为新生儿低血糖症。低血糖症分为暂时性和持久性两类。

【病因与发病机制】

新生儿出生后血糖的维持依赖于肝糖原分解、后续糖异生作用的激活及外源性葡萄糖的供给，因此凡糖原储备不足或消耗过多、糖异生能力低下、外源性葡萄糖供给不足均可发生低血糖。

1. 肝糖原储存不足 肝糖原储存主要在妊娠后期并取决于宫内营养，故早产儿、小于胎龄儿和双胎中体重较轻者肝糖原储存少，如出生后不及时喂奶或葡萄糖水，则容易发生低血糖。

2. 葡萄糖消耗增加 严重感染、寒冷损伤、窒息缺氧、酸中毒、肺透明膜病等严重疾病，由于代谢率高，葡萄糖消耗增加而能量摄入不足，容易并发低血糖症。

3. 胰岛素分泌过多 多见于糖尿病母亲婴儿、Rh 溶血病、胰岛细胞增生症、胰岛细胞腺瘤、Beckwith 综合征等，均由高胰岛素血症所致。

4. 先天性内分泌和代谢缺陷病 亦常出现持续顽固的低血糖。

【治疗要点】

无症状低血糖可给予进食葡萄糖，若无效改为静脉滴注葡萄糖。对有症状患儿都应静脉滴注葡萄糖。对持续或反复低血糖者除静脉滴注葡萄糖外，结合病情给予氢化可的松静脉滴注、胰高血糖素肌内注射或泼尼松口服。

【护理评估】

1. 健康史 评估患儿的胎龄、分娩史、母亲有无糖尿病史、血型等。

2. 身体状况 无症状或无特异性症状。低血糖症状可在出生后数小时至 1 周内出现，多见于生后 24～72 小时，糖尿病母亲婴儿生后数小时即可出现。可表现为反应差、嗜睡、喂养困难、呼吸暂停、面色苍白、阵发性发绀，或多汗、易激惹、震颤、眼球异常运动、惊厥等。在输注葡萄糖后临床症状常有好转。如反复发作需考虑糖原累积病（glycogen storage disease，GSD）、先天性垂体功能不全和胰高血糖素缺乏症等。

3. 辅助检查 常用微量纸片法测定血糖，异常者采静脉血测定血糖以明确诊断。对可能发生低血糖者可在生后进行持续血糖监测。对持续顽固性低血糖者，进一步做血胰岛素、胰高血糖素、T_4、TSH、生长激素及皮质醇等检查，以明确是否患有先天性内分泌疾病或代谢性缺陷病。

4. 心理-社会状况 了解家长心理状态及对本病知识的了解程度，护理新生儿知识和技能的掌握程度，评估其经济状况。

案例 5-14 分析讨论

1. 根据患儿早产、低体重，出现烦躁、反应差、喂养困难，结合血糖检测结果。患儿诊断为新生儿低血糖。

2. 治疗原则：口服或静脉滴注葡萄糖。

【常见护理诊断/问题】

1. 营养失调：低于机体需要量　与摄入不足、消耗增加有关。

2. 潜在并发症　呼吸暂停。

3. 知识缺乏　与家长缺乏本病相关知识有关。

【预期目标】

1. 补充营养，维持正常血糖。

2. 不发生并发症，若发生能及早发现并处理。

3. 家长掌握观察、预防和简单处理低血糖的知识。

【护理措施】

1. 补充能量　出生后能进食者尽早喂养，根据病情给予10%葡萄糖溶液或吸吮母乳；喂养一般在出生后0.5～1小时内开始，24小时内每1～2小时喂1次。早产儿或窒息儿尽快建立静脉通路，保证葡萄糖输入。根据血糖监测结果及时调整输注量和速度，防止发生医源性高血糖。用微量输液泵控制并每小时观察记录1次。

2. 保暖　监测体温，低体温时采用温箱或热水袋保暖。可按日龄和体重给予合适的中性环境温度，使患儿体温保持在36.2～37℃。

3. 病情观察　观察生命体征、精神状态、反应状况，以及有无低血糖症状发生，如患儿出现烦躁不安、易激惹、口周发绀、大汗淋漓等情况，警惕低血糖抽搐的可能。

4. 健康教育　向家长讲解低血糖发生的原因和症状，教会家长观察病情，紧急处理低血糖的方法。

【护理评价】

患儿血糖能维持正常，无发生并发症，或能及早发现并处理；家长掌握观察、预防和简单处理低血糖的方法。

二、新生儿高血糖症

新生儿高血糖（neonatal hyperglycemia）指全血血糖＞7.0mmol/L（125mg/dl）或血浆糖＞8.12～8.40mmol/L（145～150mg/dl）。常发生于急性危重患儿，可加重原发病和造成脑损伤，病死率高，后遗症多。

【病因与发病机制】

1. 医源性高血糖　发生率高，常见于早产儿和极低体重儿。由于输注葡萄糖浓度过高、速率过快或机体不能耐受所致。

2. 用药影响　治疗呼吸暂停使用氨茶碱时激活了肝糖原分解，抑制糖原合成。

3. 应激　窒息、寒冷、败血症可致儿茶酚胺、皮质醇、酸碱状态发生改变，继而影响胰高血糖素、糖异生及胰岛素反应导致高血糖。内毒素也可直接影响胰岛素反应引起高血糖。

4. 新生儿糖尿病　罕见。

【临床表现】

新生儿高血糖轻者可无症状，血糖显著增高者表现为口渴、烦躁、糖尿、多尿、体重下降、惊厥等症状。

【治疗要点】

减少葡萄糖用量和减慢葡萄糖输注速度；治疗原发病，纠正脱水及电解质紊乱；高血糖不易控制者可考虑输注胰岛素并做血糖监测。

【常见护理诊断/问题】

1. 有体液不足的危险　与多尿有关。

2. 有皮肤完整性受损的危险 与多尿、糖尿有关。

【护理措施】

1. 维持血糖稳定 严格控制输注葡萄糖的量及速度，监测血糖变化。

2. 观察病情 观察体重和尿量的变化，遵医嘱及时补充电解质溶液，以纠正电解质紊乱。

3. 做好臀部护理 勤换尿布，保持会阴部清洁干燥。

第十六节 新生儿低钙血症

新生儿低钙血症（neonatal hypocalcemia）是新生儿惊厥的常见原因之一，主要与暂时的生理性甲状旁腺功能低下有关。血液中总钙的正常浓度为 2.5mmol/L（10mg/dl），当血钙总量低于 1.75mmol/L（7.0mg/dl）或游离钙低于 0.9mmol/L（3.5mg/dl）时即为低钙血症。

【病因与发病机制】

胎盘能主动向胎儿转运钙，故胎儿通常血钙不低。妊娠晚期母血甲状旁腺激素（PTH）水平高，分娩时脐血总钙和游离钙均高于母血水平（早产儿血钙水平低），故使胎儿及新生儿甲状旁腺功能暂时受到抑制。出生后因来源于母亲钙的供应中断，而外源性钙的摄入又不足，加之新生儿 PTH 水平较低，骨质中钙不能入血，故导致低钙血症。

1. 早期低血钙 发生于生后 72 小时内，多见于早产儿、低出生体重儿、出生时 Apgar 评分低的小儿、糖尿病及母亲患妊娠期高血压疾病所生的婴儿。可能与其发育不完善、血浆蛋白低和酸中毒时血清游离钙相对较高等有关。

2. 晚期低血钙 发生于出生 72 小时后，第 1 周末达高峰，多见于牛乳喂养的足月儿。主要是由于牛乳中磷含量高，钙磷比例不适宜，不利于钙的吸收。同时新生儿肾小球滤过率低，而肾小管对磷的重吸收能力较强，导致血磷过高、血钙沉积于骨，发生低钙血症。

3. 其他 应用碳酸氢钠等碱性药物可使血中游离钙降低；换血时抗凝剂枸橼酸钠可结合血中游离钙使游离钙降低。若低血钙持续时间长或反复出现，应注意是否有先天性永久性甲状旁腺功能不全、暂时性先天性特发性甲状旁腺功能不全、甲状旁腺功能亢进等疾病。

【治疗要点】

主要是抗惊厥治疗及针对病因静脉或口服补充钙剂。晚期低血钙患儿应给予母乳或配方乳。甲状旁腺功能不全者除补钙外，加服维生素 D。

【护理评估】

1. 健康史 评估新生儿的胎龄、分娩史、有无感染史，喂养方式等。

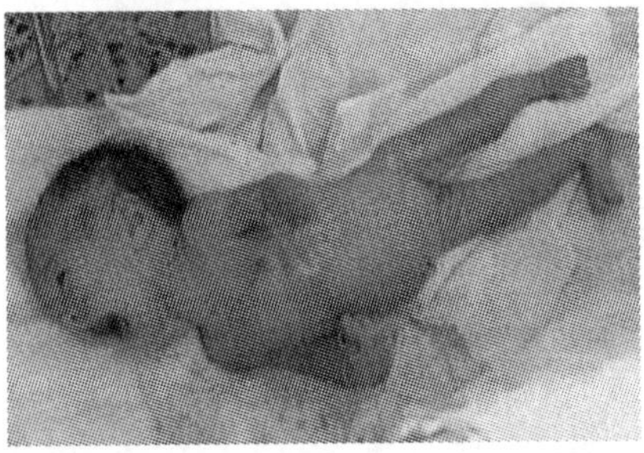

图 5-5 惊厥发作

2. 身体状况 症状可轻可重，与血钙浓度不一定成正比，多出现于生后 5～10 天。主要症状为神经肌肉兴奋性增高，表现为烦躁不安、肌肉抽动及震颤，可有惊跳或惊厥，手足搐搦和喉痉挛（larngospasm）少见。惊厥发作时常伴有呼吸暂停和发绀，发作间歇患儿神志清，一般情况良好。早产儿生后 3 天内易出现血钙降低而通常无明显体征，可能与其发育不完善、血浆蛋白低和酸中毒时血清游离钙相对较高等有关（图 5-5）。

3. 辅助检查 血清总钙＜1.75mmol/L（7mg/dl），血清游离钙＜0.9mmol/L（3.5mg/dl），血清磷＞2.6mmol/L（8mg/dl），碱性磷酸酶多正常。必要时还应检测母血钙、磷和 PTH 水平。心电图 QT 间期延长（早产儿＞0.2 秒，足月儿＞0.19 秒）提示低钙血症。血钙和尿钙检查有助于诊断。

4. 心理-社会状况　了解家长心理状态及对本病知识的了解程度，护理新生儿知识和技能的掌握程度，评估其居住环境及经济状况。

【常见护理诊断/问题】

1. 有窒息的危险　与抽搐发作时喉痉挛有关。

2. 知识缺乏　家长缺乏本病相关的护理知识。

【预期目标】

（1）患儿不发生窒息，若发生能及早发现并处理。

（2）家长掌握观察、预防和紧急的处理方法。

【护理措施】

1. 遵医嘱补钙

（1）10%葡萄糖酸钙溶液静脉注射或静脉滴注。用 5%～10%葡萄糖溶液稀释至少 1 倍后缓慢推注，推注速度＜1ml/min，以免注入过快引起呕吐和心脏停搏等毒性反应。予以心电监护或专人监护心率，如心率＜80 次/分，应停用。

（2）确保静脉通路通畅，避免药物外溢造成局部组织坏死。一旦药液外溢，应立即停止注射，局部用 25%～50%硫酸镁溶液湿敷。

（3）口服补钙时，应在两次喂奶之间给药。不宜与牛奶同时喂服，以免影响钙的吸收。

（4）备好吸引器、氧气、气管插管、气管切开等急救物品，一旦发生喉痉挛等紧急情况，便于争分夺秒组织抢救。

2. 健康教育　介绍育儿知识，鼓励母乳喂养，多晒太阳。在不允许母乳喂养的情况下，应给予母乳化配方奶喂养，保证钙的摄入。或牛奶喂养期间，加服钙剂和维生素 D。

【护理评价】

患儿无发生并发症，或及早发现并处理；家长掌握观察、预防和简单处理紧急情况的方法。

思　考　题

1. 简述生理性黄疸和病理性黄疸鉴别要点。
2. 病理性黄疸常见的原因有哪些？
3. 简述新生儿黄疸护理的要点。
4. 对新生儿脐炎患儿，如何处理其局部感染灶？
5. 试述新生儿感染性肺炎的病因、临床表现。
6. 接收治疗梅毒患儿时，如何做好消毒隔离工作？
7. 如何为梅毒患儿做好皮肤护理？
8. 新生儿寒冷损伤综合征有哪些常见病因？
9. 试述新生儿寒冷损伤综合征的临床表现。
10. 如何为寒冷损伤综合征的新生儿进行复温？
11. 对新生儿坏死性小肠结肠炎患儿，应如何观察病情？
12. 如何维持新生儿坏死性小肠结肠炎患儿的能量及水电解质平衡？
13. 当患儿出现低血糖时，应如何对其进行护理？
14. 有哪些因素可导致新生儿高血糖？
15. 如何预防医源性高血糖？
16. 为患儿补钙需注意哪些问题？

（李淑兰　廖少玲）

第六章　儿童营养及营养障碍性疾病患儿的护理

【目标要求】

掌握：儿童能量的需要与婴儿喂养；维生素D缺乏性佝偻病与维生素D缺乏性手足抽搐症的临床表现、治疗要点和护理措施；蛋白质-能量营养不良临床表现、治疗要点和护理措施。

熟悉：儿童营养素的需要；维生素D缺乏性佝偻病与维生素D缺乏性手足抽搐症的病因；蛋白质-能量营养不良的病因。

了解：儿童的膳食安排及特点；单纯性肥胖；锌缺乏；碘缺乏。

营养是保证儿童正常生长发育的物质基础。食物中经过消化吸收和代谢能够维持生命活动的物质称为营养素。营养素分为宏量营养素（蛋白质、脂类、碳水化合物）、微量营养素（矿物质、维生素）、膳食纤维和水。儿童的生长发育迅速，新陈代谢旺盛，所需能量和营养物质相对较多，而其消化系统功能尚未发育完善，因此，合理的营养是保障儿童健康生长的重要因素。儿童营养素供应的基本要求是满足生长发育需要，避免营养缺乏或过多。

第一节　能量与营养素的需要

一、能量的需要

机体依靠糖类、脂类和蛋白质三大营养素供应能量，以满足儿童的新陈代谢和生长发育等需要。宏量营养素在体内产能分别为蛋白质 4kcal/g（16.8kJ/g）、脂肪 9kcal/g（37.8kJ/g）、糖类 4kcal/g（16.8kJ/g），其提供的能量是维持儿童健康的基础。儿童对能量的消耗包括基础代谢、食物热力作用、活动所需、生长所需、排泄消耗五个方面。

1. 基础代谢　是指在清醒、安静、空腹状态下，于 18～25℃环境中，人体各种器官为维持生命进行最基本的生理活动所消耗的最低能量。基础代谢率是指在每单位时间每平方米体表面积基础代谢所需的能量。小儿基础代谢所需能量较成人高，随年龄增长而逐渐减少。婴幼儿基础代谢能量占总能量的 50%～60%。婴儿每日约需 55kcal/kg（230kJ/kg），随年龄增长而逐渐减少，7 岁时每日约需 44kcal/kg（184kJ/kg），12 岁时约 30kcal/kg（126kJ/kg），成人每日需 25～30kcal/（105～126kJ/kg）。由于儿童年龄不同，各器官在基础代谢中所占比例也不相同。如婴儿期脑代谢占基础代谢的 30%，而成人只占 25%。

2. 食物热力作用（thermic effect of feeding，TEF）　是指食物中的营养素在摄入和吸收过程中，出现能量消耗额外增加的现象，即食物代谢过程中所产生的能量，此项作为机体产热而消耗。主要包括两部分：摄食后胃肠道消化、吸收以及器官蠕动增强等活动所致；氨基酸的脱氨及转化成高能磷酸键产生的能量消耗，进入肝脏代谢而耗能。婴幼儿食物的热力作用占总能量的 7%～8%，年长儿约为 5%。

3. 活动消耗（physical activity）　此项与年龄、身体大小、活动强度、活动持续时间及类型有关。爱哭小儿，此项消耗较安静者高 3～4 倍。婴儿每日需 15～20kcal/kg（63～84kJ/kg），随年龄增长逐渐增加，12～13 岁时，每日需 30kcal/kg（126kJ/kg）。

4. 生长所需（growth）　此项能量需要为儿童所特有，其需要量与儿童生长速度成正比（每增加 1g 体重约需能量 5kcal），1 岁以内婴儿体格生长速度最快，需要量相对较多，6 个月以内的儿童每日需 40～50kcal/kg（167～209kJ/kg），6 个月至 1 岁儿童需 15～20kcal/kg（63～84kJ/kg）。随年龄增长逐渐减少，1 岁以后减少到 5kcal/kg（20kJ/kg），至青春期又增加。

5. 排泄消耗（excreta）　食物中部分营养物质不能完全吸收，随粪便排出体外，此项能量损失不超过总能量的 10%，腹泻时排泄消耗增加。

上述五部分能量的总和即为儿童总能量需要量。临床上能量需要常用简便计算法为：婴儿每日约需总能量为 110kcal/kg（460kJ/kg），以后每增加 3 岁约减去 10kcal/kg（42kJ/kg），15 岁时为 60kcal/kg（250kJ/kg）。总能量需求存在个体差异，如体重相同的健康儿童，瘦长体型因体内代谢活跃组织比肥胖儿童多，对能量需求量更多。

二、营养素的需要

（一）宏量营养素

1. 蛋白质　蛋白质是构成人体组织和细胞的基本成分，也是保证生理功能正常的物质基础（如体内的蛋白质、激素、各种运载蛋白、酶类和免疫球蛋白等）。主要由 20 种基本氨基酸组成，其中有 8 种在体内不能合成，必须由食物供给，称为必需氨基酸（异亮氨酸、亮氨酸、赖氨酸、色氨酸、蛋氨酸、苯丙氨酸、苏氨酸、缬氨酸），婴儿期组氨酸也是必需氨基酸。食物蛋白质中必需氨基酸含量多，比例适当，生物利用率高，此种蛋白质为优质蛋白，如母乳蛋白、动物蛋白、大豆蛋白等。一般小儿食物中优质蛋白质应占 50%以上，由于必需氨基酸不能在体内合成，长期缺乏蛋白质，可发生营养不良，生长发育停滞。乳类、蛋类、肉、鱼和豆类的蛋白质生物学价值较谷类食物的蛋白质高，由于谷类食物必需氨基酸含量少，故不宜长期单用谷类食物喂养。食物的合理搭配可使蛋白质互补，如小麦、大米、玉米等蛋白质缺乏赖氨酸，而豆类则富含赖氨酸，故谷类配以豆类喂养可补充赖氨酸不足。蛋白质供能占总能量的 8%～15%，采用优质蛋白（母乳蛋白）喂养，所供能量占总能量 8%即可满足需要。儿童对蛋白质的需要量相对较多，母乳喂养儿每日约需蛋白质 2g/kg，牛乳中蛋白质的利用率低于母乳，故牛乳喂养儿每日约需 3.5g/kg。儿童处在生长发育阶段，代谢旺盛，应保证蛋白质的供给量和质量。

2. 脂类　为机体重要供能营养素，是供能的重要来源，同时也是人体组织和细胞的重要组成成分，具有防止散热、保护脏器等作用。脂类主要包括脂肪、胆固醇、磷脂。主要来源有乳类、肉类、植物油等，植物油中含必需脂肪酸多（亚麻酸、亚油酸、花生四烯酸）。其中最重要的亚油酸由植物合成。必需脂肪酸参与构成线粒体、细胞膜、磷脂和前列腺素的合成等。婴幼儿每日需脂肪 4～6g/kg，6 岁以上儿童为 2～3g/kg。婴儿期脂肪供能比例应占总热能的 45%（35%～50%），年长儿为 25%～30%，必需脂肪酸应占总能量的 1%～3%。

3. 糖类　是人体最主要的供能物质。婴儿对糖类的需要量相对较多，每日约需 12g/kg，2 岁以上儿童每日需 10g/kg。糖类供能应占总能量的 50%～60%，如糖类产能＞80%或＜40%均不利于健康。

（二）微量营养素

1. 维生素　是维持人体正常生理功能，调节体内新陈代谢所必需的非产能物质。虽然每日需要量不多，但多数维生素在人体内不能合成或合成量不足，必须由食物供给。脂溶性维生素可储存于体内，排泄较慢，缺乏时症状出现较迟，易蓄积中毒。水溶性维生素易溶于水，从尿中排泄迅速，需每日供给，缺乏时迅速出现症状，但不易蓄积发生中毒。各种维生素的作用和来源见表 6-1。

表 6-1 各种维生素的作用和来源

种类	作用	来源
维生素 A	促进生长发育，维持上皮组织的完整性，是形成视紫质的必需成分，与免疫功能有关	肝、牛乳、奶油、鱼肝油、有色蔬菜
维生素 D	调节钙磷代谢，促进肠道对钙的吸收，维持血液钙浓度，有利于骨骼矿化	鱼肝油、肝、蛋黄；皮肤经紫外线照射合成
维生素 K	由肝脏利用，合成凝血酶原	肝、蛋、豆类、青菜；部分由肠道内细菌合成
维生素 B_1	促进生长发育，是构成脱羧辅酶的主要成分，为糖代谢所必需	米糠、麦麸、大豆、花生、内脏、肠内细菌和酵母可合成一部分
维生素 B_2	是构成辅黄酶的主要成分，参与体内氧化过程	肝、蛋、鱼、乳类、蔬菜
维生素 B_6	为氨基转移酶和氨基酸脱羧酶的组成成分，参与神经、氨基酸及脂肪代谢	各种食物，肠道内细菌合成
维生素 B_{12}	参与核酸合成，促进四氢叶酸的合成，对造血和神经组织代谢有重要 作用	动物性食物
叶酸	参与核苷酸的合成，尤其是胸腺嘧啶核苷酸的合成，丰富，有生血作用；胎儿期缺乏可引发神经管畸形	绿叶蔬菜、肝、肾、酵母较肉、鱼、乳类丰富
维生素 C	参与体内羟化和还原过程，参与胶原蛋白、细胞间黏合质、神经递质的合成，类固醇的羟化等	各种新鲜蔬菜及水果

2. 矿物质 矿物质不供给能量，但参与体内各种生理代谢过程，参与构成人体组织成分，如骨骼、牙齿等硬组织大部分由钙、磷、镁组成，而软组织则含钾丰富；在细胞外液中参与调节细胞膜的通透性，维持电解质的平衡；参与酶的构成，激活酶的活性。现已发现人体有 20 多种必需的无机元素，占人体重量的 4%～5%。每日需要量在 100mg 以上的称为常量元素，其中含量大于 5g 的主要包括钙、镁、磷、钠、钾、氯、硫 7 种。微量元素是指在体内含量甚少需由食物供给并有一定生理功能的一类元素。常见的必需微量元素包括碘、锌、铁、硒、铜、钼、铬、钴。必需微量元素是酶、维生素活性因子，参与激素的作用和核酸代谢等在体内发挥重要作用。各种矿物质的作用和来源见表 6-2。

表 6-2 各种矿物质的作用和来源

种类	作用	来源
钙	为凝血因子，能降低神经、肌肉的兴奋性，是构成骨骼、牙齿的主要成分	乳类、肉类、豆类、绿色蔬菜
磷	是骨骼、牙齿、细胞核蛋白、各种酶的主要成分，协助糖、脂肪、蛋白质的代谢，参与缓冲系统，维持酸碱平衡	肉类、豆类、五谷类、乳类
铁	是血红蛋白、肌红蛋白、细胞色素和其他酶系统的主要成分，帮助氧的运输	肝、血、豆类、肉类、绿色蔬菜
镁	构成骨骼和牙齿成分，激活糖代谢酶，与肌肉神经兴奋性有关	谷类、豆类、干果、肉、乳类
锌	参与多种代谢酶的组成	鱼、蛋肉、禽、麦胚、豆、酵母类
碘	合成甲状腺素	海产品（海鱼、海带、紫菜等）

（三）其他成分

1. 水 是维持生命活动必不可少的营养素，所有新陈代谢和体温活动都必须要有水的参与才能完成。水主要来自食物和饮用水（外源水）；食物在体内氧化时也可产生一部分水，即内生水（混合膳食约 100kcal 能量产生 12ml 水）。儿童体内含水量较成人多，新生儿体内含水量约占体重的 78%，1 岁时 65%，成人占 55%～60%。儿童每日失水量较成人多，婴儿每日失水占体液的 10%～15%，而成人仅为 2%～4%，故儿童对缺水的耐受性较成人差，易发生脱水。儿童年龄越小，新陈代谢旺盛，每日需水的需求量相对较多，婴儿为 100～150ml /kg，以后每增加 3 岁减去 25ml/kg，9 岁时为 75ml/kg，成人 50ml。

2. 膳食纤维　主要来自植物的细胞壁，不为人体吸收、不供给能量，常以原形排出，可促进排便，清洁肠道，俗称“肠道清道夫”。具有生理功能的植物纤维有：①纤维素，能吸收水分，软化粪便；②半纤维素，能与钙、磷、铁、锌结合，减少矿物质吸收；③木质素，在肠道吸收胆酸，从而降低胆固醇的浓度；④果胶，吸水后形成凝胶，降低食物中糖的浓度，减轻食饵性胰岛素的分泌。婴幼儿可从谷类、新鲜蔬菜、水果中获得一定量的膳食纤维。

三、儿童消化系统功能发育与营养素关系

儿科护士了解与掌握消化系统解剖发育知识非常重要，如吸吮、吞咽的机制，食管运动、肠道运动发育、消化酶的发育水平等，可正确指导家长喂养婴儿，包括喂养的方法、辅食引入的时间、量及比例等。

（一）消化酶的成熟与宏量营养素的消化、吸收

1. 蛋白质　出生时新生儿消化蛋白质能力较好。胃蛋白酶可凝结乳类，出生时活性低，3 个月后活性增加，18 个月时达成人水平。生后 1 周胰蛋白酶活性增加，1 个月时可达成人水平。

2. 脂肪　新生儿胃脂肪酶发育较好，2～3 岁后达成人水平。母乳的脂肪酶可补充胰脂酶的不足。故婴儿吸收脂肪的能力随年龄增加而提高，28～34 周的早产儿脂肪的吸收率为 65%～75%；足月儿的脂肪吸收率为 90%；生后 6 个月婴儿脂肪的吸收率 95%以上。

3. 碳水化合物　0～6 个月婴儿食物中的碳水化合物主要是乳糖，其次是蔗糖和少量淀粉。因肠双糖酶发育好，所以消化乳糖好。出生时胰淀粉酶发育较差，3 个月后活性逐渐增高，2 岁达成人水平，故婴儿生后几个月消化淀粉能力较差，不宜过早添加淀粉类食物。

（二）儿童进食技能的发育

1. 食物接受的模式发展　婴儿除接受先天的甜、酸、苦等基本味觉反射约束外，还可以通过后天学习形成味觉感知。味觉感知是食物营养价值的指示，对食物接受的模式发展具有重要作用。婴儿对能量密度较高的食物和感官好的食物易于接受，一旦对能量味觉的指示开启后，再调节摄入是很困难的，这可能是儿童肥胖发生的原因之一。儿童对食物接受的模式源于对多种食物刺激的经验和后天食物经历对基础味觉反应的修饰，提示学习和经历对儿童饮食行为的建立具有重大意义。

2. 挤压反射　新生儿至3～4个月婴儿可以对固体食物出现舌体抬高、舌向前吐出的挤压反射。婴儿最初的这种对固体食物的抵抗应是一种保护性反射，其生理意义是防止吞入的固体食物到气管发生窒息，在转奶期用勺添加新的泥状食物时尝试 8～10 次才能成功。

3. 咀嚼　吸吮和吞咽是先天就存在的生理功能，咀嚼功能发育需要适时的生理刺激，需要后天学习与训练。转奶期及时添加泥状食物是促进咀嚼功能发育最适宜的刺激，咀嚼发育完善对语言的发育也有直接的影响。后天咀嚼行为的学习敏感期在生后 4～6 个月。有意训练 7 个月左右婴儿咬嚼指状食物、从杯中咂水，9 个月左右始学用勺自食，1 岁学用杯喝奶，均有利于儿童口腔发育成熟。

第二节　儿童喂养与膳食安排

合理喂养是儿童健康成长的基础。儿童喂养分为三个阶段，即以母乳或其他乳类为食品的哺乳阶段；在乳类之外引入其他食品的过渡阶段；成人饮食阶段。儿童的神经、消化等系统的成熟程度决定了儿童饮食的改进速度。

一、婴儿喂养

婴儿喂养方式包括母乳喂养、部分母乳喂养、人工喂养、婴儿食物转换。

（一）母乳喂养

母乳是婴儿出生数月内天然的最理想的食物，母乳喂养（breast feeding）也是全球范围内提倡的婴儿健康饮食的重要方式。尤其对 6 个月以下婴儿应大力提倡母乳喂养。一个健康的母亲可提供新生儿正常生长到 4～6 个月所需的营养素、能量、体液量。因此，母乳喂养是婴儿从胎内完全依赖母亲供应营养到出生后完全独立生活的一种过渡营养方式。

1. 母乳的成分 母乳成分随产后不同时期而有所改变。根据世界卫生组织的规定母乳分为初乳、过渡乳、成熟乳和晚乳。

（1）初乳：产后 4 天以内的乳汁，量少，每天 15～45ml，淡黄色黏稠，含脂肪少而蛋白质多（主要为免疫球蛋白）；初乳中维生素 A、锌、生长因子、牛磺酸和矿物质含量丰富，并含有初乳小球（充满脂肪颗粒巨噬细胞及其他免疫活性细胞），对新生儿的生长发育和抗感染能力非常重要。随哺乳时间延长，蛋白质与矿物质逐渐减少。

（2）过渡乳：产后 5～10 天的乳汁。量有所增多，含脂肪最多，蛋白质、矿物质渐减少。

（3）成熟乳：11 天至 9 个月的乳汁。量最多，每日可达 700～1000ml，蛋白质含量更低。

（4）晚乳：10 个月以后的乳汁。总量和营养成分都明显减少。母乳的成分与泌乳的先后也有关，先分泌的乳汁脂肪低而蛋白质高，以后分泌的乳汁蛋白质逐渐降低而脂肪逐渐升高。各期人乳成分见表 6-3。

表 6-3 各期人乳成分（g/L）

种类	初乳	过渡乳	成熟期乳	晚乳
蛋白质	22.5	15.6	11.5	10.7
脂肪	28.5	43.7	32.6	31.6
糖	75.9	77.4	75	74.7
矿物质	3.08	2.41	2.06	2.00
钙	0.33	0.29	0.35	0.28
磷	0.18	0.18	0.13	0.15
钠	0.34	0.19	0.11	0.10
钾	0.28	0.59	0.45	0.48
氯	0.57	0.58	0.35	0.44

2. 母乳喂养的优点

（1）营养丰富比例适宜：母乳所含的蛋白质、脂肪、糖的比例适宜，为 1∶3∶6，易于吸收。蛋白质总量虽少，但含必需氨基酸的比例适宜；且白蛋白多，为乳清蛋白，可促进乳糖蛋白的形成；酪蛋白（主要为 β-酪蛋白）含磷少，乳凝块小。不饱和脂肪酸较多，利于脑的发育；脂肪颗粒小，含解脂酶多。母乳中的糖类以乙型乳糖为主（β-双糖），利于脑的发育；有利于乳酸杆菌、双歧杆菌生长，产生 B 族维生素；促进肠蠕动；乳糖在小肠远端与钙形成螯合物避免钙在肠腔沉淀，降低肠腔 pH 有利于钙的吸收。钙磷比例适宜（2∶1），易于吸收；母乳中含低分子量的锌结合因子配体，锌利用率高；铁吸收率高于牛乳；含铜、碘较多；人乳中维生素 D、维生素 K 含量较低，应注意补充。

（2）母乳缓冲力小：对胃酸中和作用较弱，便于酶发挥作用，有利消化。

（3）促进小儿神经系统发育：母乳中含优质蛋白、必需氨基酸、乳糖较多，有利于脑发育；长链不饱和脂肪酸可促进大脑细胞增殖；卵磷脂、鞘磷脂可促进乙酰胆碱、神经髓鞘合成；生长调节因子（牛磺酸、激素样蛋白）可促进神经系统的发育。

（4）增强机体免疫力：母乳中含有不可替代的免疫成分，初乳中含有丰富的分泌型 IgA（SIgA），在肠道抗感染中发挥重要作用。母乳中有大量免疫活性细胞，初乳中更多，其中 85%～90%为巨噬细胞，10%～15%淋巴细胞；免疫活性细胞释放多种细胞因子而发挥免疫调节作用。人乳中乳铁蛋白多，是人体中重要的非特异性防御因子。含有丰富的溶菌酶能水解革兰阳性细菌细胞壁，使之破坏，并增强抗体的杀菌作用。

（5）母乳喂养方便、卫生、经济。

（6）母乳喂养可促进母子感情，有利于小儿发育，可随时观察小儿变化，随时护理。

（7）母乳喂养对母亲健康有利，产后哺乳可促进宫缩，减少产后出血；可推迟月经复潮，哺乳母亲乳腺癌、卵巢癌发生率低。

3. 母乳喂养的护理 成功的母乳喂养应该是母子双方积极参与并感到满足。当母亲喂养能力提高，婴儿的摄乳量也将提高。建立良好的母乳喂养有三个条件：①孕母能分泌充足的乳汁；②哺乳时能出现有效的射乳反射；③婴儿有力的吸吮。

（1）产前准备：大多数健康的孕妇都具有哺乳的能力，但真正成功的哺乳则需孕妇身、心两方面的准备和积极的措施。保证孕母合理营养，孕期体重增加 适当（12～24kg），母体可储存足够脂肪，供哺乳能量的消耗。树立信心，保持良好的健康状态，充足的睡眠，避免不利因素影响。做好乳头保健，妊娠后期每日用清水（切忌用肥皂或乙醇之类）擦洗乳头；乳头内陷者用两手拇指从不同的角度按捺乳头两侧并向周围牵拉，每日一到数次。

（2）产后哺乳

1）早开奶，按需哺乳：正常足月新生儿出生半小时内就可以让母亲喂奶。即可防止新生儿低血糖又可促进母乳分泌。母乳腺分泌乳汁是一个复杂的神经内调节过程，婴儿反复多次有力吸吮，可反射性地使乳母血中催乳素的浓度水平上升，促进乳汁分泌，因此在最初几日母乳分泌量较少时，要坚持按需喂哺母乳。提倡母婴同室，按需喂养。生后最初 1～2 个月，提倡按需哺乳，以促进乳汁分泌。随月龄增长，可养成定时哺乳，4 个月后，夜间停喂母乳 1 次，每天共 6～7 次，添加辅食后逐渐减少哺喂次数。

2）促进乳汁分泌：哺乳前，母亲应洗手，用清水擦拭乳头，宜先湿热敷乳房 3～5 分钟后，从外侧边缘向乳晕方向轻拍或按摩乳房，促进乳房感觉神经的传导和泌乳。

3）哺乳方法：分娩后最初几天乳母可采用半卧位喂哺外，一般应采用坐位，哺乳一侧的脚稍搁高（可置一小凳于脚下），抱婴儿斜坐位，让其头、肩枕于哺乳侧的肘弯，用另一手的示指和中指轻夹乳晕两侧，手掌托住乳房，使婴儿含住大部分乳晕及乳头，且能自由地用鼻呼吸。每次喂哺尽量让婴儿吸奶到满足为止，每次哺喂应使两侧乳房轮流吸空，对未吸空的一侧乳房应用吸奶器将乳汁吸出，因乳汁潴留在乳房内会使乳量分泌减少，故应尽量使乳房排空，以刺激乳汁分泌。哺乳完毕后用示指轻压婴儿下颏，将乳头轻轻拔出，然后将婴儿竖直，头部紧靠在母亲肩上，用手掌轻拍其后背，以帮助其胃内空气嗝出。哺乳后一般应将婴儿保持右侧卧位，以防止呕吐或造成窒息。

4）评估哺乳情况：每次哺乳时能听到婴儿的咽乳声，哺喂后婴儿安静入睡或嬉戏如常，体重按正常速度增加，表示奶量充足，反之则不足。但一般不宜超过 15～20 分钟。

（3）哺乳注意事项

1）鼓励母乳喂养：宣传母乳喂养的优点，增强母亲哺乳的信心，并帮助其提高喂养能力。合理安排乳母的生活和工作，保证营养合理，活动适量，睡眠充足，使乳母保持良好的身心状态。

2）乳头保健：孕妇在妊娠后期，每日用清水擦洗乳头，使乳头耐受吸吮，不易发生裂伤。喂乳后可挤出少许乳汁涂在乳头及乳晕上，利用乳汁富含蛋白质和抑菌物质的作用保护表皮。发生乳头皲裂时，暂停直接哺乳，用吸乳器将乳汁吸出，用鱼肝油软膏涂抹裂伤处，吸出的乳汁消毒后喂儿童。有乳汁淤积或发生乳房硬块（乳核）者，应及早进行湿热敷、按摩，并及时吸空乳房，防止乳腺炎的发生。

3）哺乳禁忌：母亲感染 HIV、患有重症心肾疾病及慢性消耗性疾病时不宜哺喂。

4. 断乳 指由完全依赖乳类食品过渡到多元化食物过程。随着婴儿年龄增长，母乳已不能完全满足婴儿营养与生长所需，应在生后 4～6 个月开始引入半固体食物，并逐渐减少哺乳次数，增加引入食物量，一般在 10～12 个月可完全断奶。乳量多者可延至 1.5～2 岁。断奶应循序渐进，逐渐增加辅食，切忌骤然断奶；应选择小儿健康、气候温和季节。

（二）部分母乳喂养

部分母乳喂养指同时采用母乳与配方奶或人工喂养婴儿。包括以下两种情况：

1. 授补法 补充母乳量不足的方法。适宜 4 个月以内婴儿，原则是母乳缺多少补多少。母乳哺喂次数不变，每次先喂母乳，吸空两侧乳房后，不足部分再以其他乳品补足。授补法可使婴儿多吸吮母乳，刺激乳汁分泌，防止母乳进一步减少。

2. 代授法 用配方奶或牛乳替代一次或数次母乳的方法。适用于4～6个月以后的婴儿，为断奶做准备，但每日母乳喂哺次数不应少于3次，以防母乳分泌减少。即在任何一次母乳哺喂时有意减少哺母乳量，增加配方奶或其他乳品量，逐渐替代此次母乳量。以此类推直到完全替代所有母乳。

（三）人工喂养

以配方奶或其他代乳品完全替代母乳喂养的方法，称为人工喂养。4～6个月以内的婴儿由于各种不同原因不能进行母乳喂养时，完全采用配方奶或其他如牛乳、羊乳、马乳等喂哺婴儿。

1. 牛乳的特点 人工喂养时常用牛乳，但是其成分不适合婴儿，使用时应进行调配，以纠正其缺点。牛乳的主要缺点包括：①乳糖含量低，主要为甲型乳糖，利于大肠埃希菌的生长；②蛋白质含量高，酪蛋白多，乳凝块大，不易消化；氨基酸比例不当；③脂肪颗粒大，缺乏脂肪酶，较难消化，不饱和脂肪酸少（2%），低于人乳（8%）；④ 矿物质多，牛乳矿物质比人乳多3～5倍，肾负荷重；含磷高，钙：磷小于1.2：1；铁吸收率低；⑤缺乏免疫因子，牛乳缺乏各种免疫因子，是与人乳的最大区别，牛乳喂养的婴儿易患感染性疾病；⑥牛乳容易污染，不方便。

2. 牛乳的改造 鲜牛乳不宜直接喂养婴儿，需经过配制，以适合于婴儿的营养需要与消化能力。

（1）稀释（加水）：牛乳中所含的蛋白质和矿物质比人乳中多2～3倍，为了使它更接近人乳，应加以稀释。稀释的程度与小儿的月龄有关，生后不满2周小儿采用2：1奶（即2份牛奶加1份水）；以后逐渐过渡到3：1或者是4：1奶；满月后即可用全奶。

（2）加糖：牛奶中糖类浓度低于人乳，加糖以改变三大物质的比例，便于吸收，一般100ml牛奶可加蔗糖5g或8g。

（3）煮沸（加热）：奶类最适合细菌的生长，容易传播各种疾病。经煮沸既可达到灭菌的要求，又可使奶中的蛋白质变性，使之在胃中不易凝成大块。除煮沸外，其他的消毒方法有：巴氏灭菌法，将奶加热到65～68℃，持续30分钟，可以杀灭其中99%以上的细菌，但不能杀灭芽胞，该法对奶的香味及维生素影响比较小；蒸汽消毒法，在115～120℃的高压高温中蒸10分钟，杀菌效果好，因蛋白质已变性，较易消化；水浴法，牛奶置于奶瓶中隔水蒸，煮沸时间小于5分钟，然后立刻冷却。此法奶质破坏小，一般家庭都可采用。

3. 摄入奶量的计算

（1）全牛奶摄入量：以每日所需总能量和总液量计算。每100ml全牛乳产能67kcal（280.33kJ），8%糖牛乳100ml供能约100kcal（418.4kJ），婴儿每日需能量100kcal/kg（418.4kJ/kg），故每日需8%糖牛乳100ml/kg，将全日牛乳量平均分次哺喂。婴儿每日需水量150ml/kg，应在两次喂乳之间，补充牛乳以外的需水量，使每日总液量达到150ml/（kg·d）。例如，一体重6000g的4个月龄婴儿，每日应喂8%糖牛乳100ml/kg×6kg=600ml，每日需总液量为150ml/kg×6=900ml，故除牛奶外应再喂水900–600=300ml，即可满足每日能量和水的需要。

（2）配方奶粉摄入量：婴儿每日需能量100kcal/kg（418.4kJ/kg），一般婴儿配方奶粉100g供能约500kcal/kg（2029kJ/kg），故婴儿配方奶粉20g/（kg·d）可满足婴儿热量需求。配方奶粉是以牛乳为基础改造的奶制品，参照母乳成分对牛乳成分进行调整。如降低酪蛋白和无机盐的含量；加入乳清蛋白、不饱和脂肪酸、乳糖等重要营养素；补充适量的维生素和微量元素等，使生产的奶粉成分尽量"接近"母乳。一般人工喂养和婴儿断乳时首选配方乳，使用时按年龄选用。

4. 人工喂养的注意事项 人工喂养同母乳喂养一样，需要正确的哺喂姿势及方法。

（1）选用适宜的奶嘴：奶嘴的软硬度应适宜，奶嘴孔的大小以奶瓶倒置时液体呈滴状连续滴出为宜。

（2）测试乳液的温度：乳液温度应与体温相似，哺喂前先将乳汁滴在成人手腕掌侧面，以不感到过热为宜。

（3）避免空气吸入：哺喂时持奶瓶呈斜位，使奶头及奶瓶的前半部充满乳汁，防止吸入空气。哺乳完毕，抱起轻拍后背，使吞咽的空气排出。

（4）加强食具卫生：所用奶具每次用后应洗净、消毒。

（5）及时调整乳量：在初次配乳后，要观察儿童食欲、体重及粪便的性状。婴儿食量存在个体差异，要随时调整乳量。

（四）婴儿食物转换

4～6 个月后，随着婴儿生长发育的逐渐成熟及消化、吸收和代谢功能日趋完善，纯乳类喂养难以满足婴儿生长发育和营养的需要。因此，婴儿饮食需要逐步向固体食物转换，此期称为转乳期。一般每日摄乳量达 1000ml 或每次哺乳量大于 200ml 时，即应引入辅助食品，以保证小儿健康。引入辅助食品的目的主要有三方面：一是补充乳类的营养不足，如母乳中含铁、维生素 B 族和维生素 C 较少，不能满足小儿生长发育需要。二是逐渐改变食物质量以满足生理需要，随着小儿牙齿的萌出、胃容量的增大，小儿饮食需要从流质、半流质逐渐向软食和固体食物过渡，不仅可为断乳做好准备，同时也有利于咀嚼功能的训练。三是能逐步培养婴儿良好的饮食习惯，从授食过渡到自食，完成到成人膳食的重大转变。转乳期的泥状食物是人类生态学发展中不可逾越的食物形态，它不仅对儿童提供营养素，对其功能发育和能力获得还有重要促进作用。

1. 不同喂养方式婴儿食物转换　不同喂养方式婴儿的食物转换的内容略有不同：纯母乳喂养是逐渐引入配方奶或牛奶以完全替代母乳，同时引入其他食物；部分母乳喂养和人工喂养是逐渐引入其他食物。

2. 食物转换原则　引入食物时应根据婴儿实际需要和消化系统成熟程度，遵照循序渐进原则进行。

（1）从少到多：使婴儿有一个适应过程，如添加蛋黄，宜由 1/4 个开始，5～7 天后如无不良反应可增加到 1/3～1/2 个，以后逐渐增加到 1 个。

（2）由稀到稠：从乳类开始到稀粥，再增稠到软饭、固体食物。

（3）由细到粗：增添绿叶蔬菜应从菜汤到菜泥，乳牙萌出后可试食碎菜。

（4）由一种到多种：让婴儿习惯一种食物后再引入另一种，不能同时引入几种。一种食物引入的方法还可帮助了解婴儿是否对该种食物过敏。如出现消化不良应暂停喂该种辅食，待恢复正常后，再从开始量或更小量喂起。

（5）引入辅食应在婴儿健康、消化功能正常时逐步添加，天气炎热和婴儿患病时，应暂缓引入新品种。

3. 换乳期食物　除母乳外或配方乳外，为过渡到成人固体食物所添加的富含能量和各种营养素的泥状食物（半固体食物）（表 6-4）。

表 6-4　过渡食物的引入

月龄	食物性状	供给的营养素	添加辅食种类
1～3 个月	液体	维生素 A、维生素 C 和矿物质维生素 D	鲜果汁、青菜汁、鱼肝油滴剂
4～6 个月	泥状食物	补充热量、蛋白质、铁、维生 素、矿物质	菜泥、水果泥、含铁配方米粉、配方奶
7～9 个月	末状食物	增加热能、训练咀嚼、补充蛋白质、铁、锌、维生素	配方米粉、稠粥、烂面、饼干、蛋、鱼、肝泥、肉末、水果
10～12 个月	碎食物	热能、矿物质、蛋白质、维生 素、纤维素、训练咀嚼	软饭、面条、豆制品、碎肉、碎菜、蛋、鱼、水果

4. 食物转换的具体步骤和方法

（1）1～3 个月：母乳中所含的维生素 C、维生素 D 不足，故从生后 2 周起即可逐步添加浓鱼肝油和维生素 C，但不作为辅食对待。

（2）4～6个月：4个月后应根据婴儿发育状况、消化系统成熟程度引入过渡食物。该阶段婴儿唾液腺才发育完全，此时唾液量显著增加，并富有淀粉酶，并且婴儿体内储存铁消耗已尽，因此此期首先应添加含铁配方米粉或谷类食品（富含铁），其次为根块茎蔬菜和水果，以补充维生素、矿物质营养。食品应做成泥状，并坚持用小勺喂，以训练婴儿咀嚼和吞咽半固体食物的能力。初喂时应从1～2勺开始，渐加至3～4勺，每日2次；6个月后可代替1～2次乳类。为培养婴儿进食能力应注意引入方法，用勺、杯进食可帮助口腔动作协调，开始进食时将食物做成泥状，使其学习主动吞咽半固体食物、训练咀嚼能力。

（3）7～9个月：此时婴儿乳牙已萌出，应及时添加饼干、面包片、馒头片等固体食物以促进牙齿生长，并训练咀嚼能力。每日乳类总量应为600～800ml。由于消化功能进一步成熟，可添加烂粥、烂面、碎菜、肉末、鱼泥、肝泥、全蛋等食品，使食谱丰富多彩、菜肴形式多样，增加儿童食欲。该时期是婴儿咀嚼和喂食学习灵敏时期，应注意婴儿神经心理发育对食物转变的作用，逐渐过渡到三餐谷类和2～3次哺乳，利于完成食物转换。

（4）10～12个月：婴儿消化功能进一步完善，食物性状由末状过渡到碎食状，增加食物的能量及密度，也可帮助咀嚼。此期应注意婴儿神经心理发育对食物转变的作用，允许婴儿手抓食物，即可增加进食兴趣，又有利于眼手动作协调和培养独立能力。

（五）婴儿喂养常出现的问题

1. 溢乳 因婴儿胃呈水平位置，韧带松弛，易折叠；贲门括约肌松弛，幽门括约肌发育好等消化道的解剖生理特点，使6个月以内的小婴儿易出现胃食管反流（gastroesophageal reflux，GER）。此外，可因过度喂养、不成熟的胃肠运动类动类型、不稳定的进食时间等原因，婴儿常出现溢乳。为减轻溢乳，可在喂哺后竖起拍背，将胃内空气排出，并保持其右侧卧位，头位略高，以利于胃排空，防止反流或吸入造成窒息。

2. 母乳性黄疸 母乳喂养的婴儿黄疸的发生率较配方乳喂养儿高。研究表明部分母亲母乳中β-葡萄糖醛酸酐酶水平较高，当其进入婴儿肠道，促进葡萄糖醛酸与胆红素的分离，使肠道内未结合胆红素生成增加黄疸于生后3～8天出现，4～12周消退。长者可持续3个月。停母乳3～5天黄疸可减轻或消退有助于诊断。一般不需要治疗。

3. 食物引入时间及方法不当 过早或过晚引入半固体食物均不利于婴儿的健康成长。过早引入半固体食物可影响婴儿对母乳铁的吸收，并增加了食物过敏及肠道感染的机会。过晚引入其他食物，错过味觉、咀嚼功能发育关键期，造成进食困难，甚至引发婴儿营养不良。将半固体食物采用奶瓶喂养，导致婴儿不会主动咀嚼、吞咽饭菜。添加有甜味剂的果汁、选用罐头水果、给予花生酱等易过敏食物、炎热夏季或患病时变换食物种类等方法均应避免。

4. 能量及营养素摄入不足 8～9个月的婴儿可接受能量密度较高的固体食物。如该月龄婴儿仍进食能量密度较低的食物，或摄入液量过多，婴儿可表现进食后不满足，出现体重不增、下降，或常于夜间安静入睡后醒来要求进食。

5. 喂养困难 难以适应环境、过度敏感气质的婴儿常常有不稳定的进食时间，常表现为喂养困难。

二、幼儿膳食安排

1岁以后婴儿进入幼儿期。此时饮食无论从内容或是形式均发生了很大变化，从以乳类为主食过渡到半固体、固体饮食，食物品种也日趋多样化。但其咀嚼和胃肠消化能力尚未健全，喂养不当易发生消化紊乱。

（一）幼儿膳食特点

1. 食物摄取量减少 1岁之后由于生长速度减慢，幼儿对食物的需要量也随之相对减少。

2. 心理行为影响　此期幼儿的神经心理发育迅速，对周围世界充满好奇心，进食时常表现出探索性行为及自主挑选食物的欲望。家长应允许幼儿参与进食，满足其自我进食的欲望，逐渐培养其独立进食能力。同时，幼儿有准确判断能量摄入和调节进食的能力，可通过自己选择食物种类和量达到膳食中各种营养素平衡。

3. 家长进食习惯的影响　幼儿的模仿力很强，饮食行为受父母饮食习惯影响极大，家长应注意不偏食、不挑食，细嚼慢咽、进食定时、定量。同时幼儿注意力易被分散，进食时边吃、边玩、边走，或边看电视均会降低幼儿对食物的注意力，导致食欲下降及消化不良。幼儿期形成的习惯可直接影响到今后的若干年甚至终身，因此应培养幼儿逐渐形成有规律的、良好的饮食习惯和行为。

（二）幼儿膳食安排

幼儿膳食中的能量、营养素的摄入及各营养素之间的比例要满足该年龄阶段幼儿的生理需要。蛋白质、脂肪、碳水化合物产能之比为 10%～15%，30%～35%，50%～60%（1∶3∶6）。蛋白质每日 40g 左右，其中优质蛋白（动物蛋白质和豆类蛋白质）应占蛋白质总量的 1/2。食物的品种应多样化，性质应适合幼儿消化功能，食物烹调要注意色、香、味、形，同一种食物也应尽量变换形式，以刺激儿童食欲。此时期大部分儿童已逐渐过渡到一日三餐，但两餐之间可加辅餐，如饼干、果汁或水果等，其中乳类每日应在 400～500ml。

三、学龄前儿童膳食安排

学龄前儿童正处于生长发育阶段，对各种营养素的需要量相对高于成人。谷类食物是人体能量的主要来源，也是我国传统膳食的主体。学龄前儿童的膳食也应以谷类食物为主，并适当注意粗细粮的合理搭配，以一日三餐两点为宜。多吃蔬菜和水果，经常吃适量的鱼、禽、蛋、瘦肉。每天喝奶，常吃豆制品。膳食应清淡少盐，正确选择零食，少喝含糖高的饮料。食量与体力活动要平衡，保证体重增长。不挑食、不偏食，培养良好饮食习惯。

四、学龄儿童和青春期少年膳食安排

儿童青少年时期，是一个人体格和智力发育的关键时期，也是一个人行为和生活方式形成的重要时期。儿童青少年在青春期生长速度加快，对各种营养素的需要增加，应给予充分关注。三餐定时定量，保证吃好早餐，使整个上午精力充沛。多吃富含钙、铁、锌和维生素 C 的食物，避免盲目节食。每天进行充足的户外活动，提高机体各部位的柔韧性和协调性，保持健康体重，预防和控制肥胖。

第三节　儿童营养状况评价

儿童营养状况评价是指对小儿所摄取的营养素与其所需之间是否合适的评价。定期进行营养状况评价可及时了解和发现儿童群体及个人的营养是否存在问题，以便及时调整饮食，避免营养不良。营养评价是儿童保健和儿科营养状况流行学调查的常用方法，常用的评价方法包括健康史询问和营养调查，营养调查包括膳食调查、体格检查及体格发育评估和实验室检查。

一、健康史询问

通过询问了解儿童在家或在托幼机构的进食情况，如每餐进食何种食物及数量、进餐次数；哺乳儿则要详细了解母乳喂哺次数，哺乳后婴儿情况；人工喂养应了解乳品种类、配制浓度、喂哺次

数、其他食物引入情况（种类、时间、数量），有无偏食习惯，腹泻及便秘等的情况。经询问大致估计小儿每日能量和主要营养素的摄入情况。此外还要了解有无营养缺乏症状，如消瘦、面色苍白、出汗、夜惊、夜盲等。

二、营养调查

全面的营养调查包括膳食调查、体格检查和体格发育评价、实验室检查。

（一）膳食调查

儿童膳食调查是了解儿童的膳食组成，计算每人每日膳食中各种营养素的摄入量，计算所摄入的各种营养素的数量，然后参照国家规定的相应营养素供给量标准（RDA），分析其膳食平衡情况。

1. 儿童膳食调查 有多种形式，一般采用三种方法，即称重法、记账法及询问法。

（1）称重法：是一种比较准确而又复杂的方法，详细称重和记录调查对象每天所摄入的食物种类及数量，计算其营养素实际摄入量。此方法适用于集体单位、家庭和个人的膳食调查，一般集体单位采用的较多，调查期限为 5 天。如果每天食谱变化不大，调查期限也可改为 3 天。

（2）记账法：是以食物记出入库的数量计算。方法简便易行，但不够准确，适用于集体机构膳食调查。要求记录每日就餐人数及各类食物消耗量，计算每人 每日进食各类食物，换算为营养素及能量。

（3）询问法：通过问答方式了解儿童前 1～3 天内的膳食情况，从而分析其营养状况。方法简单，但不十分准确。易于临床使用，但结果受被调查对象报告情况或调查者对市场供应情况及器具熟悉程度的影响而不准确。

2. 膳食调查结果评价 将膳食调查结果与推荐供给量比较，全面分析儿童营养状况。

（1）营养素摄入：当能量达到推荐摄入量的 85%以上为能量摄入足够，＜70%为能量摄入不足；蛋白质、维生素、矿物质达到 80%以上为正常。

（2）宏量营养素供能比例：膳食中宏量营养素比例应适当，即蛋白质产能应占总能量的 10%～15%，7 岁以上脂类占总能量的 25%～30%，糖类占总能量的 50%～60%。

（3）膳食能量分配：一日三餐食物的供能也应适当，其中各餐供能占一日总能量的比例早餐 25%～30%，中餐 35%～45%，晚餐 25%～30%，加餐占 10%。

（二）体格检查与体格发育评价

1. 体格检查 对儿童进行全面查体，注意是否有营养素缺乏或紊乱的体征，如身材胖瘦，皮下脂肪厚薄，皮肤颜色，毛发色泽等。如维生素 A 缺乏，常表现眼干燥不适，儿童经常眨眼；维生素 D 缺乏的儿童有夜惊、枕秃等。

2. 体格发育评价 体格发育指标可反映儿童的营养状况及健康水平。儿童发生营养失调时，体重首先发生变化。通过对儿童的体重、身高（长）、头围、胸围、皮下脂肪厚度等进行测量，可以掌握其生长发育的状况，间接评价儿童的营养水平。

（三）实验室检查

通过实验方法测定儿童体液或排泄物中各种营养素及其代谢产物、相关化学成分等，了解食物中营养素的吸收利用情况。一般而言，营养素缺乏时，首先是其储存量减少，然后进一步影响酶活性或生化反应改变，继之出现生理功能改变（症状）、形态改变（体征）。实验室检查可以早期诊断某些营养缺乏症。常用的实验室指标包括：①血液营养成分的浓度；②尿液中营养素的排泄量；③代谢产物含量的测定；④氮平衡试验；⑤营养素负荷试验；⑥组织中营养素浓度测定；⑦酶活性测定。各项测定结果必须参照有关正常值并结合膳食调查、体格检查等进行综合评价。

第四节　蛋白质-能量营养障碍患儿的护理

案例 6-1

患儿，男性，1岁，因“不愿进食伴消瘦6个月余，加重1个月”入院。患儿入院1个多月前开始出现腹泻，大便每日4～5次，最多时每日达10余次。为黄色稀便，有时带黏液，无脓血，后出现食欲下降，进食减少，每日进奶量不足400ml，未引入辅助食品。生长发育逐渐落后，运动发育迟缓，精神萎靡，反应差。

体格检查：体温36.0℃，脉搏94次/分，呼吸30次/分，体重7.0kg，身高65cm，面色苍白，皮肤干燥，无弹性，头发枯黄，消瘦，前囟2.5cm×2.5cm，枕秃及方颅，发育落后，精神萎靡，表情呆滞。咽部无充血，双肺呼吸音清晰，心率94次/分，心音钝，未闻及明显病理性杂音，腹软，肝肋下2cm，质中，脾脏未扪及。皮下脂肪几乎完全消失，四肢肌张力低下，生理反射存在，病理反射未引出。

辅助检查：血常规示血红蛋白90g/L，血清铁4.6μmol/L。

思考题：

1. 本病例最可能的诊断是什么？诊断依据是什么？
2. 该患儿目前存在的护理诊断有哪些？护理重点是什么？

一、蛋白质-能量营养不良

蛋白质-能量营养不良（protein-energy malnutrition，PEM）是由于缺乏能量和（或）蛋白质所致的一种营养缺乏症，主要表现为体重减轻、渐进性消瘦或水肿、皮下脂肪减少或消失，同时伴有各个器官不同程度的功能低下及新陈代谢紊乱。蛋白质-能量营养不良常伴有多种微量元素缺乏，可导致儿童生长障碍、抵抗力低下、智力发育迟缓、学习能力下降，多见于3岁以下的婴幼儿。临床常见三种类型：以能量供应不足为主的消瘦型；以蛋白质供应不足为主的水肿型；介于两者之间的消瘦-水肿型。我国目前的营养不良，仍以热能缺乏者多见，重度营养不良已属罕见，但轻、中度营养不良仍常见。

【病因】

1. 摄入不足　婴幼儿生长发育迅速，必须供给足够的营养物质，尤其是具有优良生物利用价值的蛋白质才能满足需要。喂养不当是导致营养不良的重要原因，如母乳不足而未及时添加其他富含蛋白质的食品；人工喂养调配不当，类食品（粥、米粉、奶糕）喂养等。较大儿童的营养不良多为婴儿期营养不良的继续，或因不良的饮食习惯如偏食、挑食、吃零食过多而影响正餐、早餐过于简单等引起。

2. 消化吸收障碍　消化系统解剖或功能的异常如唇裂、腭裂、幽门梗阻、迁延性腹泻、过敏性肠炎、肠吸收不良综合征等均可影响食物的消化和吸收。

3. 需要量增多　各种急、慢性传染病（如麻疹、伤寒、肝炎、结核）后的恢复期，低出生体重儿、早产、双胎及多胎因追赶生长而需要量增加而造成营养相对缺乏，可引起营养不良。

4. 消耗量过大　糖尿病、大量蛋白尿、发热性疾病、甲状腺功能亢进、恶性肿瘤等均可使营养素的消耗量增多而导致营养不良。

【发病机制】

轻度营养不良的病理变化表现为皮下脂肪减少，糖原储备不足及肌肉轻度萎缩。重度营养不良可见肠壁变薄，黏膜皱襞消失，心肌纤维混浊肿胀。肝脂肪变性，淋巴组织和胸腺萎缩以及各脏器缩小等。其发病机制如下：

1. 新陈代谢异常

（1）蛋白质：由于蛋白质摄入不足或丢失过多，使体内蛋白质代谢处于负氮平衡，其中以白蛋白下降为主，球蛋白改变不明显。当血清总蛋白浓度＜ 40g/L、白蛋白＜20g/L 时，便可发生低蛋白性水肿。

（2）脂肪：能量摄入不足时，机体动员脂肪以维持生命活动的需要，故血清胆固醇浓度下降。肝脏是脂肪代谢的主要器官，水肿型 PEM 体内脂肪消耗过多，超过肝脏的代谢能力，导致大量三酰甘油在肝脏累积，引起肝脏脂肪浸润及变性。

（3）糖类：由于供能营养素摄入不足和消耗增多，常出现血糖偏低，重者可引起低血糖昏迷甚至猝死。

（4）水、电解质代谢：由于脂肪大量消耗，故细胞外液容量增加；PEM 时 ATP 合成减少可影响细胞膜上钠泵的运转，钠在细胞内潴留，细胞外液一般为低渗状态，尤其在胃肠功能紊乱时易出现低渗性脱水，可有低钾、低钙、低镁血症及代谢性酸中毒。

（5）体温调节能力下降：体温偏低，可能与以下有关：①由于热能摄入不足；②皮下脂肪薄散热快；③血糖降低；④氧耗量低、脉率和周围血循环量减少。

2. 各系统功能低下

（1）消化系统：受累最突出，由于消化液和酶的分泌减少，酶活性降低，肠蠕动减弱，易发生菌群失调，致消化功能低下及感染，易发生腹泻。

（2）循环系统：重度营养不良者，心脏收缩力减弱，引起心排血量减少，血压偏低和脉细弱。

（3）泌尿系统：肾小球和肾小管功能差致肾浓缩功能降低，造成尿量增多而尿比重下降。

（4）神经系统：重度 PEM 时大脑总脂质、胆固醇、磷脂、神经节苷脂均减少，神经胶质细胞增殖及神经元生长和分化减慢，整个大脑的 DNA 和 RNA 含量减少，影响树状突分枝、髓鞘形成和突触生成，甚至导致永久性运动功能和智力低下。

（5）免疫功能：①非特异性免疫功能，如皮肤黏膜屏障功能、白细胞吞噬功能、补体含量及功能等均下降；②体液免疫，IgG、IgM、IgA 浓度降低，并可有 IgG_2 和（或）IgG_4 亚类缺陷；③细胞免疫功能降低，患儿结核菌素等迟发性皮肤反应可呈阴性；T 细胞亚群改变等。由于患儿免疫功能全面低下，极易并发各种感染。

【治疗要点】

营养不良应采取积极处理危及生命的并发症、祛除病因、调整饮食、促进消化功能改善的综合措施。

1. 处理危及生命的并发症 严重营养不良常发生危及生命的并发症，如腹泻时的严重脱水和电解质紊乱、酸中毒、休克、肾衰竭、自发性低血糖、继发感染及维生素 A 缺乏所致的眼部损害等。病情严重、伴明显低蛋白血症，可输白蛋白，严重贫血者，可考虑成分输血。

2. 去除病因 关键在于查明病因，积极治疗原发病。控制感染性疾病，根治各种消耗性疾病。

3. 调整饮食 饮食调整的量和内容应根据实际的消化能力和病情逐步完成，不能操之过急。蛋白质-能量营养不良患儿的消化道已适应低营养的摄入，一旦摄食量稍多易出现消化不良、腹泻，故饮食调节应根据营养不良的程度、消化能力和对食物的耐受情况而逐渐增加热量和营养物质供应量。

4. 促进消化 其目的是改善消化功能，B 族维生素、胃蛋白酶、胰酶口服。

5. 促进蛋白质的合成 苯丙酸诺龙 10～25mg/kg 肌内注射，1～2 次/周，连续 2～3 周；需供给足够热量及蛋白质。给予含锌制剂口服，可提高味觉敏感度、增加食欲。

6. 其他 病情严重、伴有明显低蛋白血症或严重贫血者，可考虑成分输血；静脉滴注脂肪乳剂、多种氨基酸、葡萄糖等。

【护理评估】

1. 健康史　了解患儿是否为早产或双胎等；了解患儿的喂养史、患病史及生长发育史；了解是否存在母乳不足，喂养不当以及不良的饮食习惯；是否有消化道解剖或功能上的异常。

2. 身体状况　消瘦型营养不良多见于1岁以内婴儿，体重不增是最早出现的症状，随后患儿体重下降，皮下脂肪逐渐减少以致消失，病程持久时可引起身高低于正常，智力发育落后。皮下脂肪减少的顺序首先是腹部，其次为躯干、臀部、四肢，最后为面颊。因皮下脂肪的减少首先发生于腹部，故腹部皮下脂肪层厚度是判断营养不良程度的重要指标之一。随着病程的进展，各种临床症状也逐步加重，皮肤干燥、苍白、皮肤逐渐失去弹性、额部出现皱纹如老人状，肌张力逐渐降低，肌肉松弛，肌肉萎缩呈"皮包骨"时，四肢可有挛缩。轻度营养不良，精神状态正常，但重度可有精神萎靡，反应差，体温偏低，脉细无力，食欲低下，腹泻、便秘交替。蛋白质严重缺乏所致的水肿型营养不良，常同时伴有能量摄入不足，多见于单纯糖类喂养的小儿。因血浆白蛋白明显下降时，可有凹陷性水肿、皮肤发亮，严重时可破溃、感染形成慢性溃疡。常伴肝大，毛发稀疏，易脱落等。重度营养不良可有重要脏器功能损害，如心脏功能下降，可有心音低钝，血压偏低，脉搏变缓，呼吸浅表等。

婴幼儿不同程度营养不良的临床特点、分度标准，见表6-5。

表6-5　婴幼儿营养不良的临床特点、分度标准

营养不良程度	体重低于正常均值	腹部皮褶厚度	身高	消瘦	皮肤	肌张力	精神状态
Ⅰ度（轻）	15%～25%	0.8～0.4cm	正常	不明显	干燥	正常	正常
Ⅱ度（中）	25%～40%	＜0.4cm	低于正常	明显	干燥、苍白	明显降低	烦躁不安
Ⅲ度（重）	40%以上	消失	明显低于正常	皮包骨头	干皱、无弹性	低下、肌肉萎缩	萎靡、反应差

3. 并发症

（1）营养性贫血：以小细胞低色素性贫血最为常见，与缺乏铁、叶酸、维生素B_{12}、蛋白质等造血原料有关。

（2）微量营养素缺乏：以维生素A缺乏最常见。还可伴维生素B、维生素C、维生素D及钙、镁、铜和硒等微量元素缺乏。在营养不良时，维生素D缺乏的症状不明显，在恢复期生长发育加快时症状比较突出。

（3）感染：由于患儿免疫功能低下，故易患各种感染，如反复呼吸道感染、鹅口疮、肺炎、中耳炎、尿路感染等。患儿腹泻常迁延不愈加重营养不良，形成恶性循环。

（4）自发性低血糖：患儿可突然表现为面色灰白、神志不清、脉搏减慢、呼吸暂停、体温不升但无抽搐，若不及时诊治，可因呼吸麻痹而死亡。

4. 辅助检查

（1）实验室检查：血常规：小细胞低色素贫血；血清白蛋白的浓度降低是最突出的表现。胰岛素样生长因子1（IgF-1）水平下降，由于其不仅反应灵敏而且受其他因素影响较少，被认为是诊断蛋白质营养不良的较好指标。

（2）其他：血清淀粉酶、脂肪酶、胆碱酯酶、氨基转移酶、碱性磷酸酶、胰酶和黄嘌呤氧化酶等活力均下降，经治疗后可迅速恢复正常；血脂、胆固醇、各种电解质及微量元素浓度皆可下降。血糖水平减低；生长激素水平升高。

5. 心理-社会状况　评估父母的育儿知识水平及对疾病的认识程度；评估家庭居住环境、经济状况及父母角色是否称职；了解患儿的心理发育情况。

案例 6-1 分析讨论

1. 该患儿最可能的诊断为蛋白质-能量营养不良

其诊断依据为：

（1）本病例患儿不愿进食伴消瘦 6 个月余，症状加重 2 个月。患儿腹泻，大便每日 4～5 次，最多时每日达 10 余次，进食减少，每日进奶量不足 400ml，未引入辅助食品。

（2）体格检查：体重 7.5kg，身高 66cm，面色苍白，皮肤干燥，无弹性，头发枯黄，消瘦，前囟 2.5cm×2.5cm，枕秃及方颅，发育落后，精神萎靡，表情呆滞。

（3）实验室检查：血常规示 90g/L，血清铁 4.6μmol/L。

【常见护理诊断/问题】

1. 营养失调：低于机体需要量 与能量、蛋白质摄入不足和消耗过多有关。

2. 有感染的危险 与机体免疫功能低下有关。

3. 潜在并发症 营养性贫血、自发性低血糖、维生素缺乏。

4. 生长发育迟缓 与营养素缺乏，不能满足儿童生长发育需要有关。

5. 知识缺乏 与家长缺乏儿童喂养知识及营养知识有关。

【预期目标】

（1）遵循饮食调整原则，逐渐增加能量及营养素的摄入，体重逐渐增加。

（2）患儿不发生感染等并发症，如发生时能被及时发现并得到及时适当的处理。

（3）患儿的体重、身高（长）等体格发育指标能逐渐达到同年龄、同性别正常儿童的水平。

（4）家长了解导致营养不良的原因，能正确选择合适的儿童食品，合理喂养，能够采取预防感染措施。

【护理措施】

1. 饮食管理 饮食原则以由少到多、由稀到稠、循序渐进，逐渐添加饮食。注意要根据儿童病情轻重和消化功能来调整饮食的量及种类。

（1）能量的供给：轻症可从每日 250～330kJ/kg（60～80kcal/kg）开始，重、中度可参考原来的饮食情况，从每日 165～230kJ/kg（45～55kcal/kg）开始，逐步少量增加。若消化吸收能力较好，可逐渐增加到每日 500～727kJ/kg（120～170kcal/kg），并按实际体重计算所需热能。

（2）蛋白质的供给：蛋白质摄入量从每日 1.5～2.0g/kg 开始，逐步增加到每日 3.0～4.5g/kg。食品除乳制品外，可给予豆浆、蛋类、肝泥、肉末、鱼粉等高蛋白食物，有条件者可给酪蛋白水解物、氨基酸混合液或要素饮食。

（3）补充维生素及微量元素：食物中如菜汤、果汁、新鲜蔬菜及水果都含有丰富的维生素及微量元素，一般采用从少量开始，逐渐增加，以免引起腹泻。

（4）鼓励母乳喂养：加强营养指导，大力提倡母乳喂养，对母乳不足或不宜母乳喂养者应及时补充乳制品，采用混合喂养或人工喂养并及时添加辅助食品；指导好人工喂养儿奶方的调配。

（5）鼻饲喂养：对于食欲很差、吞咽困难、吸吮能力弱或危重患儿采用鼻胃管喂养。

（6）建立良好的饮食习惯：指导母亲配制平衡膳食，培养儿童不偏食、挑食、吃零食的不良饮食习惯。小学生早餐要吃饱，午餐应保证供给足够的能量和蛋白质。

2. 预防感染 实行保护性隔离，应与感染性疾病分开病室居住。保持皮肤清洁、干燥，防止皮肤损坏，避免发生压疮。做好口腔护理，防止交叉感染。

3. 观察病情 夜间及清晨容易发生自发性低血糖，表现为出汗、肢冷、面色苍白、脉弱、神志不清等，一旦发生，立即静脉注射 25%～50%葡萄糖溶液进行抢救。维生素 A 缺乏引起干眼症，局部可用生理盐水湿润角膜及涂抗生素眼膏，同时口服或注射维生素 A 制剂。

4. 促进生长发育　提供整洁舒适的环境，合理安排生活，减少不良刺激，保证患儿精神愉快和有充足的睡眠，进行适当的户外活动和体格锻炼促进生长发育。

5. 健康教育　向患儿家长介绍导致营养不良的原因、治疗、预防方法及其护理，介绍科学育儿知识及合理膳食搭配与制作方法等。教会家长如何观察病情，及时发现病情突变。纠正儿童的不良饮食习惯，合理安排生活作息制度，坚持户外活动，保证充足睡眠，预防各种感染性疾病。

案例 6-1 分析讨论（续）

2. 本病病例护理诊断

（1）营养失调，低于机体需要量：与能量、蛋白质摄入不足和消耗过多有关。

（2）有感染的危险：与机体免疫功能低下有关。

（3）潜在并发症：营养性贫血、自发性低血糖、维生素缺乏。

（4）生长发育迟缓：与营养素缺乏，不能满足儿童生长发育需要有关。

（5）知识缺乏：与家长缺乏儿童喂养知识及营养知识有关

本病例护理重点

（1）饮食管理：由少到多、由稀到稠、循序渐进，逐渐添加饮食。注意要根据儿童病情轻重和消化功能来调整饮食的量及种类。①能量的供给：可参考原来的饮食情况，从每日 165～230kJ/kg（45～55kcal/kg）开始，逐步少量增加。②蛋白质的供给：蛋白质摄入量从每日 1.5～2.0g/kg 开始，逐步增加到每日 3.0～4.5g/kg。③补充维生素及微量元素：一般采用从少量开始，逐渐增加，以免引起腹泻。④指导家长逐渐引入辅助食品。

（2）预防感染：实行保护性隔离，保持皮肤清洁、干燥，防止皮肤损坏。

（3）观察病情：夜间及清晨容易发生自发性低血糖，表现为出汗、肢冷、面色苍白、脉弱、神志不清等。

（4）促进生长发育：合理安排生活，进行适当的户外活动和体格锻炼。

（5）健康教育：向患儿家长介绍导致营养不良的原因、治疗、预防方法及其护理，介绍合理膳食搭配与制作方法等。教会家长如何观察病情，及时发现病情突变。纠正儿童的不良饮食习惯。

【护理评价】

经过治疗和护理，患儿进食量增加，并能接受正常饮食；体重身高（长）增加；家长了解合理喂养及防治营养不良的有关知识；患儿不良的饮食习惯得到纠正；未发生感染等并发症。

二、儿童单纯性肥胖

儿童单纯性肥胖（obesity）是由于长期能量的摄入超过人体的消耗，使体内脂肪过度积聚、体重超过参考值一定范围的营养障碍性疾病。当体重超过同性别、同身高儿童正常标准的 20%即可称为肥胖；20%～29%者为轻度肥胖；30%～49%者为中度肥胖；超过 50%者为重度肥胖。近年来，小儿单纯性肥胖症的发病率在我国呈明显上升趋势，目前占 5%～8%。肥胖不仅影响儿童的健康，其中 10%～30%发展为成人肥胖症，而后者与心血管疾病、2 型糖尿病、肝脏疾病、胆石症、痛风及猝死等众多严重危害人类健康的疾病有关，是 21 世纪严重健康问题和社会问题，应引起社会及家庭的重视。

【病因】

95%～97%的肥胖患儿为单纯性肥胖，不伴有明显的神经、内分泌及遗传代谢性疾病。其发病与多种因素有关，常见因素有：

1. 能量摄入过多　是肥胖的主要原因，随着食物种类及消费发生巨大变化，儿童摄入的大量含糖饮料、零食、煎炸膨化食品等，导致营养素超过机体能量消耗和代谢需要，多余的能量便转化为脂肪储存体内，引起儿童肥胖。

2. 活动量过少 缺乏适当的运动和体育锻炼是发生肥胖症的重要因素，即使摄入不多，也可引起肥胖。静逸的生活习惯与肥胖症的发生有很强的相关性，肥胖儿大多不喜欢运动，从而形成恶性循环。

3. 遗传和环境因素 单纯性肥胖由遗传与环境因素共同作用而产生，遗传因素所起作用小，环境因素起着重要作用。目前认为肥胖的家族性与多基因遗传有关。肥胖具有高度遗传性，肥胖双亲的后代发生肥胖者高达 70%～80%；双亲之一肥胖者，后代肥胖发生率为 40%～50%；而正常双亲的后代发生肥胖者仅为 10%～14%。但由于儿童所处环境从出生开始即是父母营造的，父母不良的饮食行为和习惯常直接导致了儿童不良饮食习惯和行为形成,因此家庭生活方式和个人行为模式是主要的危险因素。

4. 出生体重 有调查发现，随着出生体重增加，超重、肥胖发生率呈直线上升。孕期后 3 个月营养过量、体重增重过大、过速，巨大儿出生增加，导致早期肥胖增多，是子代生后肥胖的孕期危险因素。

5. 其他 进食过快、主食量、肉食量高、水果、蔬菜量低是肥胖儿童的一个摄食特征。精神创伤（如亲人病故或学习成绩低下）及心理异常等因素亦可致 儿童过量进食。

【发病机制】

肥胖的主要病理改变是脂肪细胞的体积增大和（或）数目增多。人体脂肪细胞数量的增多主要在出生前 3 个月、生后第 1 年和 11～13 岁三个阶段，若肥胖发生在这三个时期，即可引起脂肪细胞数目增多且体积增，此时引起的肥胖为多细胞性肥胖，因增加的细胞数此后不会消失，因此治疗较困难且易复发；而不在此脂肪细胞增殖时期发生的肥胖，脂肪细胞体积增大而数目正常，治疗较易奏效，重度肥胖者几乎均有脂肪细胞增加。肥胖患儿可发生一系列代谢及内分泌改变。

1. 体温调节与能量代谢 肥胖儿童对外界温度变化的应激能力降低，用于产热的能量消耗较正常儿少，有低体温倾向。

2. 脂类代谢异常 肥胖儿童常伴有胆固醇、血浆甘油三酯、极低密度脂蛋白（VLDL）及游离脂肪酸增加，但高密度脂蛋白（HDL）减少，以后易并发动脉硬化、高血压、冠心病、胆石症等疾病。

3. 蛋白质代谢 肥胖儿童嘌呤代谢异常，血尿酸水平增高，易发生痛风症。

4. 内分泌变化 如男性患儿的雄性激素水平可降低，而女性患儿的雌激素水平可升高。

【治疗要点】

肥胖症的治疗原则是减少热能性食物的摄入，并增加机体对热能的消耗，目的是使体内过剩的脂肪不断减少，体重逐步下降同时又不影响儿童身体健康及生长发育。饮食疗法和运动疗法是两项最主要的措施，药物或外科手术治疗均不宜用于儿童。

1. 行为矫治 良好的饮食习惯对减肥具有重要作用，纠正儿童不良饮食习惯应从改变家庭生活方式和个人行为模式做起。如避免晚餐过饱，不吃夜宵，不吃零食，少吃多餐，细嚼慢咽，少吃煎、炸、快餐等高能量食物等。

2. 饮食疗法 儿童正处于生长发育阶段及肥胖治疗的长期性，故应推荐低脂肪、低糖类和高蛋白食谱，其能量分配分别为 20%～25%、40%～45%和 30%～35%。

3. 运动疗法 适当的运动能促使脂肪分解，减少胰岛素分泌，使脂肪合成减少，蛋白质合成增加，促进肌肉发育。

【护理评估】

1. 健康史 详细询问患儿有无肥胖家族史、饮食习惯、每次进食量、每日运动量、近期治疗史及效果。了解患儿有无引起肥胖的内分泌疾病等。

2. 身体状况　肥胖可发生于任何年龄，但最常见于婴儿期、5～6 岁和青春期，但出现严重症状者多见于青少年期。患儿食欲旺盛且喜吃甜食、油炸食物和高脂肪食物。肥胖患儿因行动不便而不喜爱运动，运动时动作笨拙。明显肥胖的患儿常有疲劳感，用力时出现气短或腿痛。重度肥胖者中 1/3 患儿可出现睡眠性呼吸暂停，极少数严重肥胖者由于脂肪的过度堆积限制了胸廓和腹肌运动，使肺通气量不足、呼吸浅快，故肺泡换气量减少，造成低氧血症、气急、发绀、红细胞增多、心脏扩大或出现充血性心力衰竭甚至死亡，称肥胖-换氧不良综合征（或 Pickwickian syndrome）。

体格检查可见患儿皮下脂肪丰满，但分布均匀，腹部膨隆下垂。重度肥胖者可因皮下脂肪过多，使胸腹、臀部及大腿出现白色或紫色皮纹。少数肥胖患儿因体重过重，走路时双下肢负荷过重可致膝外翻和扁平足。女性肥胖患儿的外生殖器发育大多正常，胸部脂肪增多，应与乳房发育鉴别，后者可触到乳腺组织硬结。男性肥胖患儿由于大腿内侧和会阴部脂肪过多，阴茎可隐匿在阴阜脂肪垫中而被误诊为阴茎发育不良。皮肤因皱褶加深，局部潮湿致皮肤糜烂发炎。女孩月经初潮常提前，骨龄常超前，肥胖儿童性发育常较早，故最终身高常略低于正常儿童。由于怕被别人讥笑而不愿与其他小儿交往，故常有心理上的障碍，如自卑、胆怯、孤独等。

3. 辅助检查

（1）实验室检查

1）血液生化检查：甘油三酯、胆固醇、β 脂蛋白增高。

2）胰岛素增高、生长激素水平减低，生长激素刺激试验的峰值也较正常儿童为低。

（2）肝脏超声波：肝脏脂肪变性。

4. 心理-社会状况　了解患儿家长对肥胖病因及其危害的认知程度；患儿外形变化对心理的影响。

【常见护理诊断/问题】

1. 营养失调：高于机体需要量　与摄入高能量食物过多和运动过少有关。

2. 自我形象紊乱　与肥胖引起自身形体改变有关。

3. 潜在并发症　高血脂、高血压、糖尿病。

4. 知识缺乏　与患儿及家长缺乏合理营养的知识有关。

【预期目标】

1. 患儿体重恢复正常。
2. 心理恢复健康状态，能与人正常交往及玩耍。
3. 无并发症发生。
4. 家长了解疾病相关知识，给予患儿建立正确的饮食、运动方式。

【护理措施】

1. 饮食疗法　肥胖患儿正处于生长发育阶段，加上治疗的长期性，故应多采用低脂肪、低糖类和高蛋白食谱，其能量分配分别为 20%～25%、40%～45%和 30%～35%。鼓励患儿选择体积大、饱腹感明显而能量低的蔬菜类食品，如萝卜、青菜、黄瓜、番茄、莴笋、苹果、柑橘、竹笋等。培养良好的饮食习惯，提倡少量多餐、避免过饱、不吃零食，少吃煎、炸、快餐等高能量食物，进食时细嚼慢咽等。

2. 运动疗法　单纯控制饮食不易减轻体重。适当的运动能促使脂肪分解，减少胰岛素分泌，使脂肪合成减少，蛋白质合成增加，促进肌肉发育。应鼓励患儿多参加活动，但要避免剧烈运动激增食欲。肥胖儿童常因动作笨拙和活动后易累而不愿锻炼，可鼓励和选择患儿喜欢和有效易于坚持的运动，如晨间跑步、散步、做操等，每天坚持至少运动 30 分钟，活动量以运动后轻松愉快、不感到疲劳为原则。主张运动要循序渐进，持之以恒。

3. 心理支持　患儿因体态肥胖，怕别人讥笑而不愿与其他儿童交往，常出现胆怯、自卑、孤独等心理上的障碍。避免对患儿的形象及进食习惯经常指责而引起其精神紧张。应鼓励儿童坚持控制饮食及加强运动锻炼，增强减肥的信心。鼓励患儿多参加集体活动，改变其孤僻、自卑的心理，帮助其建立健康的生活方式，学会自我管理。

4. 健康教育 孕妇在妊娠后期要适当减少摄入脂肪类食物，防止胎儿体重增加过重；母乳喂养儿发生肥胖者明显低于牛乳喂养者，应坚持母乳喂养；婴儿期就应建立良好的饮食习惯，能量摄入要适量，多参加户外活动，以1～2小时为宜；要宣传肥胖儿不是健康儿的观点，使家长摒弃“越胖越健康”的陈旧观念；父母肥胖者更应定期监测小儿体重，以免小儿发生肥胖症。定期到儿童保健门诊接受系统的营养监测和指导。

【护理评价】

经过治疗和护理患儿体重增长得到控制；无并发症发生；能以积极的态度与同龄伙伴交往；无并发症发生；家长能够了解肥胖的相关知识、能够促使患儿建立正确饮食、运动方式。

第五节 维生素D缺乏性疾病患儿的护理

案例 6-2

患儿，男性，1.5岁，因发热，咳嗽3天入院。患儿自3天前始出现发热，体温在39℃左右，伴咳嗽，呈阵发性干咳，同时伴有轻度喘憋，无腹泻及呕吐，大小便正常，今日咳喘加重来诊。患儿平素食欲不佳，睡眠不安，多汗，户外活动少，且经常患“感冒”，因肺炎已第4次住院治疗。生后一直人工喂养，8个月添加辅食，吃少许鸡蛋及菜泥，一直未加钙剂及鱼肝油。患儿3个月抬头，8个月会坐，1岁会站，1岁3个月出牙，现有乳牙4枚，1岁4个月会走，现仍走路不稳。

体格检查：体温38.5℃，脉搏140次/分，呼吸46次/分，体重9kg，身高76cm。发育稍落后，身材矮小，营养较差，神志清，精神不振，呼吸急促，轻度喘憋状，无青紫。方颅，前囟1cm×1cm，平软，咽部充血，颈软，胸部呈漏斗胸，可见肋串珠，肋膈沟，双肺呼吸音粗，可闻及广泛中小水泡音。心率140次/分，律齐，心音稍低钝，未闻及杂音，腹部膨隆，肝肋下1.5cm，质软，脾肋下可触及，质软，四肢活动可，四肢肌张力偏低，可触及手镯及脚镯，病理征未引出。

思考题：

1. 本病最可能的诊断是什么？诊断依据是什么？
2. 该患儿目前存在的护理诊断有哪些？护理重点是什么？

一、维生素D缺乏性佝偻病

维生素D缺乏性佝偻病（rickets of vitamin D deficiency）简称佝偻病，是由于儿童体内由于维生素D缺乏导致钙和磷代谢紊乱，产生的一种以骨骼病变为特征的一种全身慢性营养性疾病。其主要特征为正在生长的长骨干骺端生长板和骨基质矿化不全，表现为生长板变宽和长骨的远端周长增大，在腕部及踝部扩大及软骨关节处呈“串珠样”隆起，软化的骨干受重力作用及肌肉牵拉出现畸形。本病主要见于2岁以下的婴幼儿，特别是小婴儿，生长快、户外活动少，是发生维生素D缺乏性佝偻病的高危人群。近年来，随着社会经济文化水平提高，严重佝偻病发病率已逐年降低，病情以轻、中度为主。因我国北方冬季较长，日照短，患病率高于南方，为我国儿童时期重点防治的四病之一。

【维生素D的来源及代谢】

1. 维生素D的来源 维生素D是一组具有生物活性的脂溶性类固醇衍生物，包括维生素D_2

（麦角固化醇）和维生素 D_3（胆固化醇）。前者存在于植物中，由麦角固醇经紫外线照射后转变而成，此外还包括鱼肝油等维生素制剂，是维生素 D 的外源性来源；后者则由人和动物皮肤内的 7-脱氢胆固醇经日光中紫外线的作用转变而成，即人类皮肤中的 7-脱氢胆固醇经日光中紫外线照射（290～320nm 波长），转变为胆固化醇（cholecalciferol），皮肤产生维生素 D_3 的量与日照时间、波长、暴露皮肤的面积有关，为内源性维生素 D，是人类维生素 D 的主要来源。另外，胎儿可通过胎盘从母体获得维生素 D。

2. 维生素 D 的代谢　天然食物中，包括母乳，维生素 D 含量较少，谷物、蔬菜、水果几乎不含维生素 D。肉和鱼中维生素 D 含量很少。食物中的维生素 D 在胆汁的作用下，在小肠刷状缘经淋巴管吸收。皮肤合成的维生素 D_3，直接吸收入血。维生素 D_2 和维生素 D_3 在人体内都没有生物活性，它们被摄入血液循环后即与血浆中的维生素 D 结合蛋白（DBP）相结合被转运、储存于肝脏、脂肪、肌肉等组织内。维生素 D 在体内必须经过两次羟化作用后发挥生物效应。首先经肝细胞微粒体和线粒体中的 25G 羟化酶作用生成 25 G 羟胆固化醇[25hydroxycholecalciferol，25G(OH)D_3]，是维生素 D 在人体血液循环的主要形式，常作为评估个体维生素 D 营养状况的检测指标，但仅有微弱的抗佝偻病作用。循环中的 25G(OH)D_3 与 αG 球蛋白结合后被运载到肾脏，在近端肾小管上皮细胞线粒体中的 1 Gα 羟化酶（属细胞色素 P450 酶）的作用下再次羟化，生成有很强生物活性的 1，25-二羟胆固化醇[1，25Gdihydroxy cholecalciferol，25G$(OH)_2D_3$]。1，25G$(OH)_2D_3$ 生物活性约为 25G(OH)D_3 的 100～200 倍，其主要的靶器官是肠、肾和骨。1, 25-$(OH)_2D_3$ 已作为一种类固醇激素，通过其核受体发挥调节基因表达作用。

【维生素 D 的生理功能】

正常情况下，血循环中的 1, 25-$(OH)_2D_3$ 约 85%与 DBP 相结合；约 15%与白蛋白结合；仅 0.4%以游离形式存在，可对靶细胞发挥其生物效应。1，25-$(OH)_2D_3$ 是维持钙、磷代谢平衡的主要激素之一，主要通过作用于靶器官（肠、肾、骨）而发挥其抗佝偻病的生理功能：①促小肠黏膜细胞合成一种特殊的钙结合蛋白（calbindin，CaBP），增加肠道钙磷的吸收，1, 25-$(OH)_2D_3$ 可能有直接促进磷转运的作用，促使骨钙沉积；②增加肾小管对钙、磷的重吸收，特别是磷的重吸收，提高血钙磷浓度，有利于骨的矿化作用；③促进成骨细胞的增殖和破骨细胞分化，直接作用于骨的矿物质代谢（沉积与重吸收）；④与甲状旁腺素（PTH）、降钙素对维持体液组织的钙、磷内环境起主要作用。近年来还发现 1, 25-$(OH)_2D_3$ 尚参与多种细胞的增殖、分化和免疫功能的调控过程。

【病因】

1. 日照不足　为维生素 D 缺乏性佝偻病的主要病因。因紫外线不能通过玻璃窗，如婴幼儿户外活动少，使内源性维生素 D 生成不足。城市高大建筑可阻挡日光照射，大气污染如烟雾、尘埃可吸收部分紫外线。气候的影响，如冬季日照短，紫外线较弱，亦可影响内源性维生素 D 的生成。故本病冬春季多见，尤其北方发病率高于南方。

2. 维生素 D 摄入不足　天然食物包括乳类含维生素 D 少，即使纯母乳喂养婴儿若户外活动少亦易患佝偻病。牛乳中钙磷含量虽高但比例不适合，不利于吸收。蛋黄、动物肝脏和婴儿配方奶粉维生素 D 含量高，如不及时添加则不能满足婴幼儿需要。

3. 生长速度快　骨骼的生长速度与维生素 D 和钙的需要量成正比，尤其早产或双胎婴儿体内储存的维生素 D 不足，出生后生长速度较足月儿快，需要维生素 D 多，若未及时补充，易发生维生素 D 缺乏性佝偻病。重度营养不良婴儿生长迟缓，发生佝偻病者不多。

4. 围生期维生素 D 不足　早期新生儿体内维生素 D 的量与母体内维生素 D 的营养状况及胎龄有关，母亲妊娠期，特别是妊娠后期维生素 D 营养不足，如母亲严重营养不良、肝肾疾病、慢性腹泻，以及早产、双胎均可使婴儿的体内储存不足。

5. 疾病影响　胃肠道或肝胆疾病影响维生素 D 及钙磷的吸收和利用。如婴儿肝炎综合征、先天性胆道狭窄或闭锁、脂肪泻、胰腺炎、慢性腹泻等，肝、肾严重损害可致维生素 D 羟化障碍而引起佝偻病。

6. 药物影响 长期服用抗惊厥药物如苯妥英钠、苯巴比妥，可激活肝细胞微粒体的氧化酶系统活性，使维生素 D 和 25G(OH)D_3 加速分解为无活性的代谢产物。糖皮质激素可对抗维生素 D 对钙的转运作用。

【发病机制】

维生素 D 缺乏性佝偻病是机体为维持血钙水平而对骨骼造成的损害。骨骼是主要被利用的钙源，以维持细胞外液钙浓度正常。维生素 D 缺乏造成肠道吸收钙、磷减少和低血钙，以致甲状旁腺功能代偿性亢进，PTH 分泌增加以动员骨钙释出使血清钙浓度维持在正常或接近正常水平，但 PTH 同时也抑制肾小管重吸收磷，使尿磷排出增加、血磷降低，血清钙、磷浓度不足时，骺软骨正常生长和钙化受阻，软骨细胞失去正常增殖、分化和凋亡的程序；钙化管排列紊乱，使长骨骺线失去正常的形态，成为参差不齐的阔带，钙化带消失；骨基质不能正常矿化，成骨细胞代偿增生，碱性磷酸酶分泌增加，骨样组织堆积于干骺端，骺端增厚，向两侧膨出形成“串珠”“手、足镯”等征。长骨和扁骨骨膜下的骨矿化不全，成骨异常，骨皮质被骨样组织替代，骨膜增厚，骨质疏松，容易受肌肉牵拉和重力影响而发生弯曲变形，甚至病理性骨折；颅骨骨化障碍而颅骨软化，颅骨骨样组织堆积出现“方颅”。临床即出现一系列佝偻病症状和血生化改变（图 6-1）。

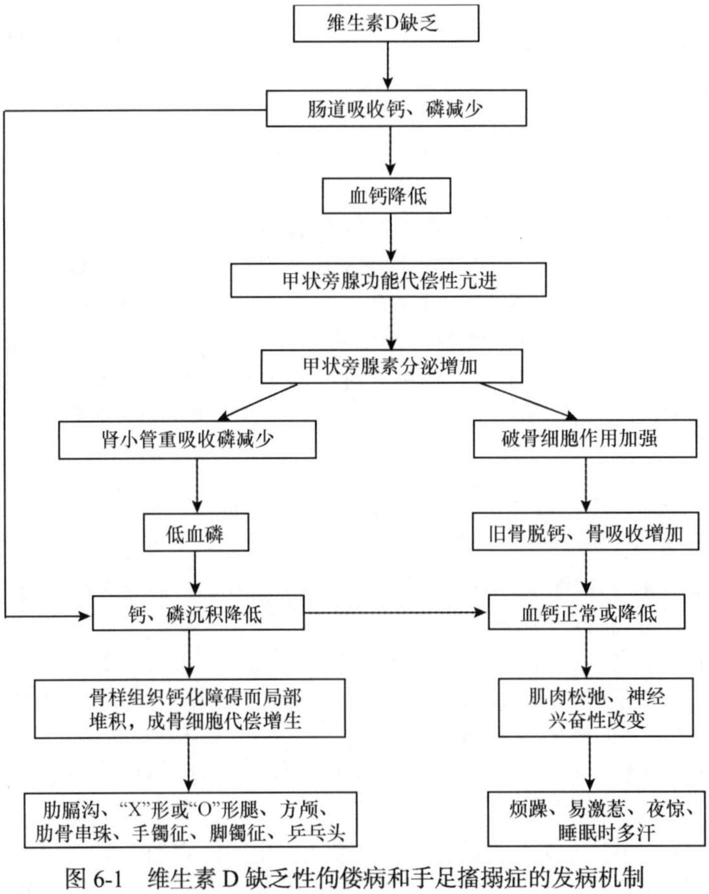

图 6-1 维生素 D 缺乏性佝偻病和手足搐搦症的发病机制

【治疗要点】

佝偻病治疗目的在于控制活动期，防止骨骼畸形。

1. 维生素 D 制剂

（1）口服法：治疗的原则应以口服为主，一般剂量为每日维生素 D50～100μg（2000～4000IU）或 1，25-$(OH)_2D_3$（骨化三醇）0.5～2.0μg，1 个月后改预防量每日 10μg（400IU）。大剂量维生素 D 与治疗效果无正比例关系，不缩短疗程，与临床分期无关。且采用大剂量治疗佝偻病的方法缺乏可靠的指标来评价血中维生素 D 代谢产物浓度、维生素 D 的毒性、高血钙症的发生及远期后果。因此大剂量治疗应有严格的适应证。

（2）突击疗法：重症佝偻病有并发症或无法口服者可大剂量一次肌内注射维生素 $D_3$20 万～30 万 IU，2～3 个月后改口服预防量；治疗 1 个月后应复查，如临床表现、血生化与骨骼 X 线改变无恢复征象，应与抗维生素 D 佝偻病鉴别。

2. 钙剂　维生素 D 治疗期应补充适当钙剂。

3. 其他　对有严重骨骼畸形的后遗症期患儿应加强体格锻炼，可采用主动及被动运动方法矫正。严重者可考虑外科手术矫治。

【护理评估】

1. 健康史　了解母亲孕期是否患有导致维生素 D 缺乏的疾病，是否及时补充维生素 D；儿童是否为早产、双胎；儿童睡眠、喂养、户外活动情况等；儿童既往疾病和用药史。

2. 身体状况　本病最常见于 3 个月至 2 岁婴幼儿，主要表现为生长中的骨骼改变、肌肉松弛和非特异性神经精神症状。因此年龄不同，临床表现不同。佝偻病的骨骼改变常在维生素 D 缺乏数月后出现，患有骨软化症乳母哺喂的婴儿佝偻病出现较早，可在生后 2 个月内出现佝偻病症状。儿童期发生佝偻病的较少。重症佝偻病患儿还可有消化和心肺功能障碍，并可影响动作，智能发育和免疫功能。佝偻病在临床上可分期如下。

（1）初期（早期）：多见于 3～6 个月的小婴儿，主要表现为神经兴奋性增高，如易激惹、烦闹、睡眠不安、夜间啼哭、与室温无关的多汗，常伴有枕秃（图 6-2），是头部多汗刺激头皮而摇头擦枕所致。但这些并非佝偻病的特异症状，仅作为临床早期诊断的参考依据。此期常无骨骼病变，骨骼 X 线可正常，或钙化带稍模糊；血清 25G$(OH)D_3$下降，PTH 升高，血钙正常或稍下降，血磷降低，碱性磷酸酶正常或稍高。

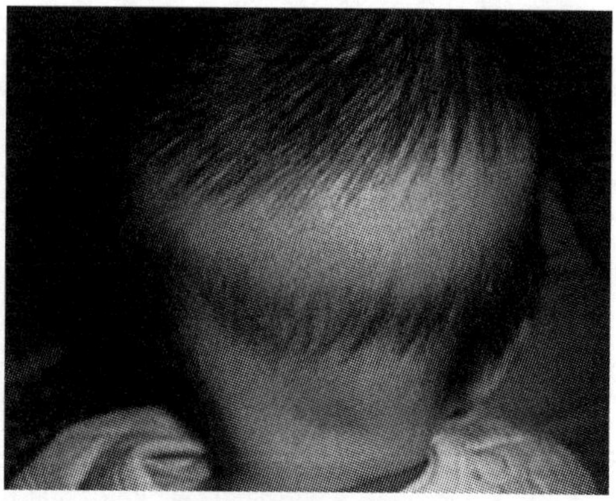

图 6-2　佝偻病（枕秃）

（2）活动期（激期）：早期维生素 D 缺乏的婴儿未经治疗，继续加重，除初期症状外，主要表现为骨骼改变和运动功能发育迟缓。

1）骨骼改变：①头部：6 个月以内婴儿的佝偻病以颅骨改变为主，前囟边较软，颅骨薄，检查者用双手固定婴儿头部，指尖稍用力压迫枕骨或顶骨的后部，可有压乒乓球样的感觉，故称“乒乓头”；6 个月龄以后，尽管病情仍在进展，但颅骨软化消失。正常婴儿的骨缝周围亦可有乒乓球样感觉。8～9 个月患儿可有方颅（图 6-3），即额骨和顶骨双侧骨样组织增生呈对称性隆起，严重时呈鞍状或十字状颅形。前囟增宽及闭合延迟，重者可延迟至 2～3 岁方才闭合。出牙延迟、牙釉质缺乏并易患龋齿。②胸部：1 岁左右的小儿可见到胸廓畸形，肋骨与肋软骨交界处骨骺端因骨样组织堆积而膨大呈钝圆形隆起，上下排列如串珠状，可触及或看到，以两侧第 7～10 肋最明显，称为佝偻病串珠。膈肌附着部位的肋骨长期受膈肌牵拉而内陷，形成一条沿肋骨走向的横沟，称为郝氏沟。第 7、8、9 肋骨与胸骨相连处内陷，致胸骨柄前突，形成鸡胸（图 6-4）。如胸骨剑突部向内凹陷，可形成漏斗胸（图 6-5）。这些胸廓病变均会影响呼吸功能，易并发呼吸道感染，甚至肺不张。③四肢：6 个月以上儿童腕、踝部肥厚的骨骺形成钝圆形环状隆起，称佝偻病手镯或脚镯。由于骨质软化与肌肉关节松弛，小儿开始站立与行走后双下肢负重，可出现股骨、胫骨、腓骨弯曲，形成严重膝内翻（“O”形腿）（图 6-6）或膝外翻（“X”形腿）（图 6-7）。正常 1 岁内小儿可有生理性弯曲和正常姿势变化，如足尖向内或向外等，以后会自然矫正，需予以鉴别。患儿会坐和站立之后，因韧带松弛可致脊柱后凸畸形，严重患儿可伴有骨盆畸形，女孩成年怀孕后易难产。严重低血磷使肌肉糖代谢障碍，使全身肌肉松弛，肌张力降低和肌力减弱。重症患儿神经系统发育落后，免疫功能低下，易合并感染及贫血。此期血生化除血清钙稍低外，其余指标改变更加显著。X 线显示长骨钙化带消失，干骺端呈毛刷样、杯口状改变；骨骺软骨盘增宽（>2mm）；骨质稀疏，骨皮质变薄；可有骨干弯曲畸形或青枝骨折，骨折可无临床症状。

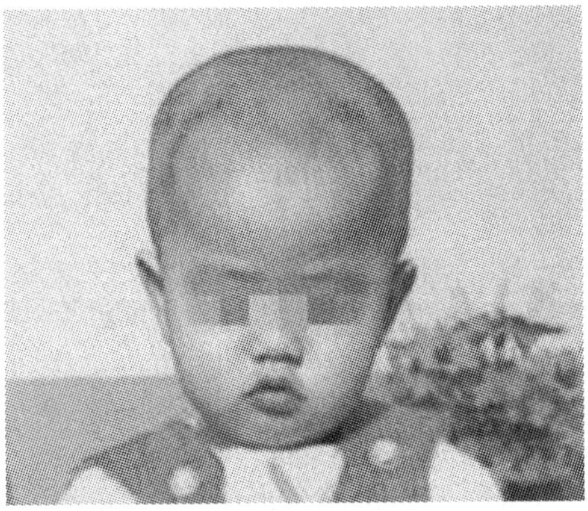

图 6-3　佝偻病（方颅）

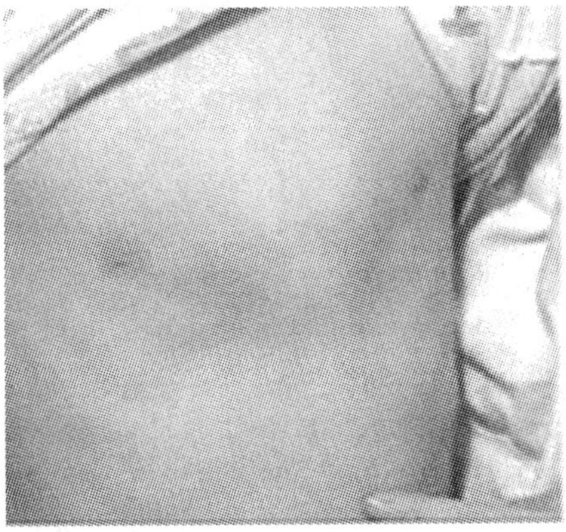

图 6-4　佝偻病（鸡胸）

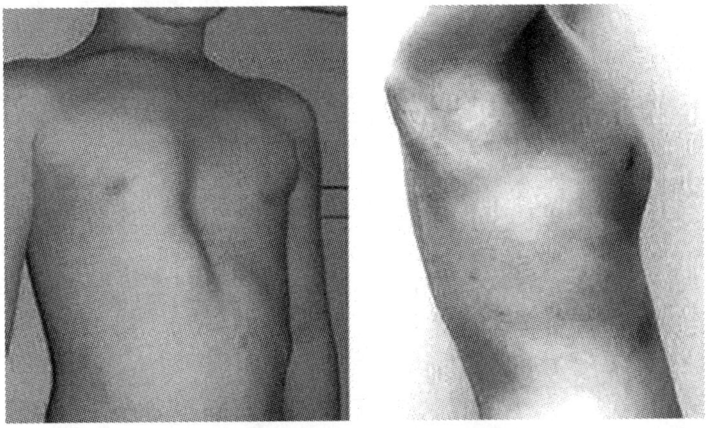

图 6-5　佝偻病（漏斗胸）

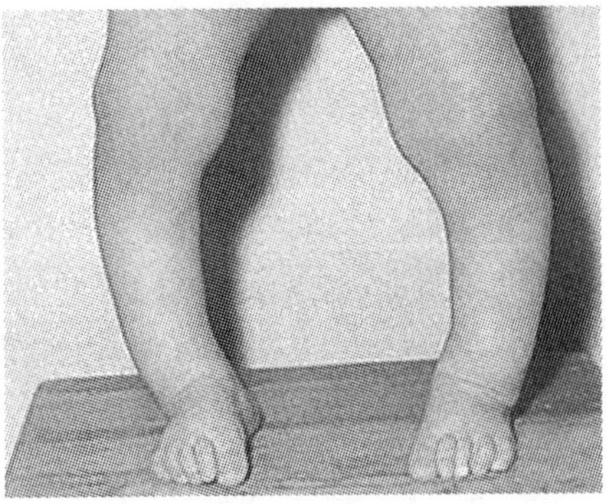

图 6-6　佝偻病（“O”形腿）

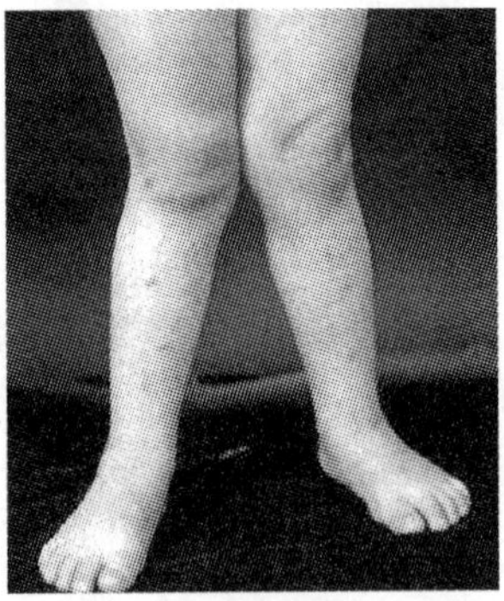

图 6-7　佝偻病（“X”形腿）

2）运动功能发育迟缓：患儿肌肉发育不良，肌张力低下，韧带松弛，表现为头颈软弱无力，坐、立、行等运动功能落后。腹部肌肉张力下降，腹部膨隆如蛙腹。

3）神经、精神发育迟缓：重症患儿脑发育受累，条件反射形成缓慢，患儿表情淡漠，语言发育迟缓，免疫功能低下，常易伴发感染。

（3）恢复期：以上任何期经日光照射或治疗后，临床症状和体征逐渐减轻或消失。血钙、血磷逐渐恢复正常，碱性磷酸酶需 1～2 个月降至正常水平。治疗 2～3 周后骨骼 X 线改变有所改善，出现不规则的钙化线，以后钙化带致密增厚，骨骺软骨盘<2mm，骨质密度逐渐恢复正常。

（4）后遗症期：少数严重佝偻病可残留不同程度骨骼畸形或运动功能障碍。多见于 2 岁以后的小儿。无任何临床症状，血生化正常，X 线检查骨骼干骺端病变消失。以上四期临床特点见表 6-6。

表 6-6　营养性维生素 D 缺乏性佝偻病临床四期的特点

项目	初期	激期	恢复期	后遗症期
发病年龄	3 个月左右	>3 个月		多>2 岁
症状	非特异性神经精神症状	骨骼改变和运动机能发育迟缓	症状减轻或接近消失	症状消失
体征	枕秃	生长发育最快部位骨骼改变，肌肉松弛	骨骼改变或无	骨骼改变或无
血钙	正常或稍低	稍降低	数天内恢复正常	正常
血磷	降低	明显降低	降低或正常	正常
AKP	升高或正常	明显升高	1～2 个月后逐渐恢复正常	正常
25-(OH)D_3	下降	<8ng/ml，可诊断	数天内恢复正常	正常
骨 X 线	多正常	骨骺端钙化带消失，呈杯口状、毛刷状改变，骨骺软骨带增宽（>2mm），骨质疏松，骨皮质变薄	长骨干骺端临时钙化带重现、增宽、密度增加，骨骺软骨盘增宽<2mm	干骺端病变消失

案例 6-2 分析讨论

1. 该患儿最可能的诊断是维生素 D 缺乏性佝偻病，其诊断依据为：

（1）本案例患儿平素食欲不好，睡眠不安，多汗，户外活动少，生后一直人工喂养，8 个月添加辅食，吃少许鸡蛋及菜泥，一直未加钙剂及鱼肝油。

（2）患儿 3 个月抬头，8 个月会坐，1 岁会站，1 岁 3 个月出牙，现有乳牙 4 枚，1 岁 4 个月会走。患儿方颅，前囟 1cm×1cm，胸部呈漏斗胸，可见肋串珠，肋膈沟，四肢肌张力偏低，可触及手镯及脚镯。

3. 辅助检查

（1）实验室检查：血清 25-(OH)D_3 测定在早期即明显降低，当降低至 8mg 时即为维生素 D 缺乏症；血清碱性磷酸酶测定增高；血清电解质测定钙磷降低。

（2）骨骼 X 线检查：长骨骨骺端钙化带消失，呈毛刷样、杯口样改变，骨骺软骨带增宽（>2mm），骨密度减低，骨皮质变薄，可有骨干弯曲变形或青枝骨折。

4. 心理-社会因素　了解患儿居住生活地区、经济状况及父母角色是否称职；了解患儿家长对疾病的护理和预防的认识程度；了解重症患儿骨骼畸形是否造成其自卑等不良心理。

【常见护理诊断/问题】

1. 营养失调：低于机体需要量　与维生素 D 摄入不足和日光照射少有关。

2. 有感染的危险　与免疫功能低下有关。

3. 潜在并发症 骨骼畸形、药物副作用。

4. 知识缺乏 与患儿家长缺乏佝偻病的预防及护理知识有关。

【预期目标】

1. 患儿精神好转、睡眠良好、骨骼好转或恢复正常、血生化检查好转。
2. 患儿无感染征象。
3. 患儿无骨骼畸形和药物副作用发生。
4. 家长能掌握佝偻病的预防和护理知识。

【护理措施】

1. 户外活动 指导家长每日带儿童进行一定的户外活动，直接接受阳光照射，冬季也要注意保证每日 1～2 小时户外活动时间。夏季气温太高，应避免太阳直射，可在阴凉处活动，尽量多暴露皮肤。冬季在室内活动时应开窗，让紫外线透过。

2. 补充维生素 D

（1）婴儿提倡母乳喂养，按时引入换乳期食物，给予富含维生素 D、钙、磷和蛋白质的食物，如牛奶、蛋黄、肝、肉类等。

（2）遵医嘱给予维生素 D 制剂，注意维生素 D 中毒的表现，如遇过量应立即停止服用。

3. 预防骨骼畸形和骨折 衣着柔软、宽松，床铺松软，避免早坐、久坐，以防脊柱后突畸形；避免早站、久站和早行走，以防下肢弯曲形成“O”形或“X”形腿。严重佝偻病患儿肋骨、长骨易发生骨折，对患儿实施操作时要轻柔，避免重压和用力牵拉。

4. 加强生活护理，预防感染 保持室内温湿度适宜，定期开窗通风，空气新鲜、阳光充足，避免交叉感染。

5. 后遗症的护理 对已有骨骼畸形者可采取主动和被动的方法矫正。如胸廓畸形，可做俯卧位抬头展胸运动；下肢畸形可施行肌肉按摩，“O”形腿按摩外侧肌，“X”形腿按摩内侧肌，以增加肌张力，矫正畸形。对于需要行外科手术矫治者，指导家长正确使用矫形器具。

6. 健康教育

（1）向患儿家长介绍佝偻病的病因，指导家长有关佝偻病的护理知识，如多晒太阳，积极调整饮食，不能坐、站时间过久等。

（2）给孕妇及患儿父母讲述有关疾病的预防，孕妇应多到户外活动，食用富含 钙、磷、维生素 D 及其他营养素的食物。妊娠后期适量补充维生素 D（800IU/d）以增加胎儿储存充足维生素 D，满足生后一段时间生长发育所需。早产儿、低出生体重儿、双胎儿生后 2 周开始补充维生素 D 800IU/d，3 个月后改预防量。足月儿生后 2 周开始补充维生素 D 400IU/d，至 2 周岁。处于生长发育高峰的婴幼儿更应采取综合性预防措施，即保证一定时间的户外活动和给予预防量的维生素 D 和钙剂并及时添加辅食。夏季户外活动多，可暂停服药或减量。

案例 6-2 分析讨论（续）

2. 本病病例护理诊断

（1）气体交换受损：与肺部炎症有关。

（2）体温过高：与肺部感染有关。

（3）营养失调，低于机体需要量：与维生素 D 摄入不足和日光照射少有关。

（4）潜在并发症：骨骼畸形、药物副作用。

（5）知识缺乏：与患儿家长缺乏佝偻病的预防及护理知识有关。

护理重点

（1）指导和鼓励有效咳嗽、协助翻身叩背。痰液黏稠不易咳出，配合超声雾化吸入，必要时给予吸痰。

（2）发热的护理：及时给予物理或药物降温，密切观察体温变化，每 1～2 小时测量体温一次，多饮水，加强口腔及皮肤护理。

（3）户外活动：指导家长每日带儿童进行一定的户外活动，直接接受阳光照射，冬季也要注意保证每日 1～2 小时户外活动时间。夏季气温太高，应避免太阳直射，可在阴凉处活动，尽量多暴露皮肤。冬季在室内活动时应开窗，让紫外线透过。

（4）补充维生素 D

1）给予富含维生素 D、钙、磷和蛋白质的食物，如牛奶、蛋黄、肝、肉类等。

2）遵医嘱给予维生素 D 制剂，注意维生素 D 中毒的表现，如遇过量应立即停止服用。

（5）预防骨骼畸形和骨折：衣着柔软、宽松，床铺松软，避免早坐、久坐，以防脊柱后突畸形；避免久站和久走，以防下肢弯曲形成“O”形或“X”形腿。严重佝偻病患儿肋骨、长骨易发生骨折，对患儿实施操作时要轻柔，避免重压和用力牵拉。

（6）加强生活护理，预防感染　保持室内温湿度适宜，定期开窗通风，空气新鲜、阳光充足，避免交叉感染。

【护理评价】

经过治疗和护理，患儿的症状减轻，患儿精神好转、睡眠良好、骨骼好转或恢复正常、血生化检查好转；无并发感染、维生素 D 中毒及骨骼畸形发生；家长掌握疾病的预防和护理知识等。

二、维生素 D 缺乏性手足搐搦症

维生素 D 缺乏性手足搐搦症（tetany of vitamin D deficiency）又称佝偻病性手足搐搦症或佝偻病性低钙惊厥，系由于维生素 D 缺乏、血钙降低导致神经肌肉兴奋性增高，出现惊厥、喉痉挛或手足抽搐等症状。多见于小于 6 个月婴儿。因近年普遍开展预防维生素 D 缺乏的工作，维生素 D 缺乏性手足搐搦症已较少发生。

【病因与发病机制】

发病原因与佝偻病相同，血清钙离子降低是本病的直接原因。维生素 D 缺乏时，血钙下降而甲状旁腺不能代偿性分泌物增加；血钙继续降低，当总血钙低于 1.75～1.88mmol/L（7mg/dl～7.5mg/dl）或离子钙低于 1.0mmol/L（4mg/dl）时可引起神经肌肉兴奋性增高，出现抽搐。正常血清钙分为可弥散钙（约占总钙量的 60%）和非弥散钙，后者是与蛋白质结合的部分，大部分与白蛋白结合，其余部分与球蛋白结合。约有 80%的可弥散钙呈离子化状态，其生理功能最重要。影响血清钙离子浓度的主要因素为 H^+浓度，磷酸盐离子浓度和蛋白质浓度，酸中毒时，钙与蛋白质结合减少，离子钙增加，碱中毒则相反，血浆蛋白浓度增加时，结合钙增加，离子钙减少，血磷增加可抑制 25G(OH)D_3，转化为 1 ,25G$(OH)_2D_3$，血钙离子降低。

【治疗要点】

1. 急救处理

（1）氧气吸入：惊厥发作时应立即吸氧，喉痉挛者需即将舌头拉出口外，以保证呼吸道通畅，并进行口对口呼吸或加压给氧，必要时做气管插管。

（2）迅速控制惊厥或喉痉挛：可用 10%水合氯醛溶液保留灌肠，每次 40～50mg/kg，或地西泮每次 0.1～0.3mg/kg 肌内或静脉注射。

2. 钙剂治疗　尽快补充钙剂，提高血钙水平，可给予 10%葡萄糖酸钙溶液 1～2ml/kg 加入 5%～10%葡萄糖溶液 10～20ml，缓慢静脉注射，惊厥反复发作时可 6 小时后 重复一次，直至惊厥停止后改为口服钙剂。轻症手足搐搦患儿可用 10%氯化钙溶液加入糖水服用，每日 3 次，每次 5～10ml，服用 1～2 周。不可皮下或肌内注射钙剂以免造成局部坏死。

3. 维生素 D 治疗 症状控制后可按维生素 D 缺乏性佝偻病治疗方案进行。

【护理评估】

1. 健康史 详细询问患儿的喂养史及户外活动情况；患儿疾病史和用药史，是否发生维生素 D 缺乏性佝偻病、是否接受过维生素 D 治疗等。

2. 身体状况 患儿主要为惊厥、喉痉挛和手足搐搦，并伴有程度不等的活动期佝偻病的表现。

（1）隐匿型：无典型发作的症状，但可通过刺激神经肌肉而引出下列体征：①面神经征（Chvostek sign）：以手指尖或叩诊锤骤击患儿颧弓与口角间的面颊部，引起眼睑和口角抽动为面神经征阳性，新生儿期可呈假阳性；②腓反射（peroneal reflex）：以叩诊锤骤击膝下外侧腓神经处，引起足向外侧收缩者即为腓反射阳性；③陶瑟征（Trousseau sign）：以血压计袖带包裹上臂，使血压维持在收缩压与舒张压之间，5 分钟之内该手出现痉挛症状属阳性。

（2）典型发作：血清钙低于 1.75mmol/L 时可出现惊厥、喉痉挛和手足搐搦。

1）惊厥：多见于小婴，表现为突然发生四肢抽动，两眼上窜，面肌颤动，神志不清，发作时间可短至数秒钟，或长达数分钟以上，发作时间长者可伴口周发绀。发作停止后，意识恢复，精神萎靡而入睡，醒后活泼如常，发作次数可数日 1 次或 1 日数次，甚至多至 1 日数十次。一般不发热，发作轻时仅有短暂的眼球上窜和面肌抽动，神志清楚。

2）手足搐搦：可见于较大婴幼儿，突发手足强直痉挛呈双手腕部屈曲状、手指僵直（图 6-8）、拇指内收掌心，足部踝关节伸直，足趾同时向下弯曲（图 6-9）。

3）喉痉挛：婴儿多见，喉部肌肉及声门突发痉挛，呼吸困难，严重者突然发生窒息，严重缺氧甚至死亡。三种症状以无热惊厥为最常见。

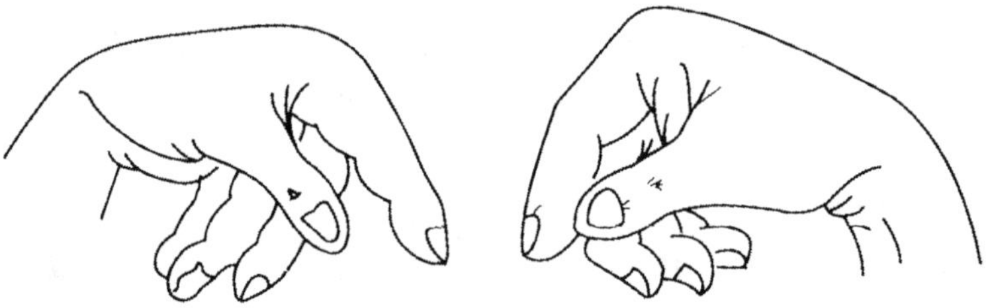

图 6-8 手搐搦状

3. 辅助检查 血钙（低于 1.75～1.88mmol/L），血磷正常或升高，尿钙阴性。

4. 心理-社会状况 了解患儿家长对本病的病因、预防、治疗及急救措施的认知程度；患儿及家长是否有恐惧、焦虑等不良心理。

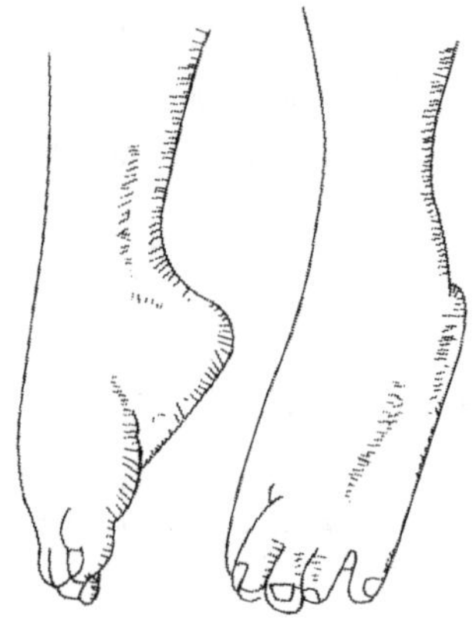

图 6-9 足搐搦状

【常见护理诊断/问题】

1. 有窒息的危险 与惊厥及喉痉挛发作有关。

2. 营养失调：低于机体需要量 与维生素 D 缺乏有关。

3. 知识缺乏 与患儿家长缺乏佝偻病惊厥及喉痉挛发作的急救护理知识有关。

【预期目标】

1. 患儿维生素 D 缺乏性手足搐搦症的症状消失。
2. 精神好转、睡眠良好、骨骼好转或恢复正常、血生化检查好转。

【护理措施】

1. 控制惊厥及喉痉挛　遵医嘱立即使用镇静剂、钙剂。补钙最好静脉滴注，需推注时要缓慢注射（10 分钟以上）。监测心率，以免因血钙骤升，发生呕吐甚至心脏骤停；避免药液外渗，不可皮下或肌内注射，以免造成局部组织坏死。

2. 防止窒息　患儿一旦发生惊厥或喉痉挛时应立即吸氧，密切观察发作情况，做好气管插管或气管切开的术前准备。喉痉挛者需立即将舌头拉出口外，同时将患儿平卧，头偏向一侧，松开衣领，清除口鼻分泌物，保持呼吸道通畅，避免引起吸入窒息；对已出牙的患儿，应在上、下门齿间放置牙垫，避免舌被咬伤。

3. 每日定期户外活动，及时补充维生素 D。

4. 健康教育　指导家长合理喂养，合理安排儿童日常生活，坚持每天有一定时间的户外活动，遵医嘱补充维生素 D，适量补充钙。教会家长惊厥、喉痉挛发作时的处理方法，如使患儿平卧，松开衣领，颈部伸直，头后仰，以保持呼吸道通畅，出牙的儿童在上、下门齿间放置牙垫，同时呼叫医护人员。

【护理评价】

经过治疗及护理，患儿的临床表现消失，精神好转、睡眠良好、骨骼好转或恢复正常、血生化检查好转，未发生窒息和受伤；家长能否说出本病的预防和护理要点并正确加以应用。

第六节　微量元素障碍患儿的护理

人体必需微量元素包括铁、碘、锌、铬、硒、镁、钼和铜等，除铁外，锌和碘缺乏也是儿童时期较为常见的疾病。

一、锌缺乏病

案例 6-3

患儿，女性，3 岁，因发热 1 天，厌食、发育落后 1 年就诊。患儿自 1 年前出现厌食，食量小，平时只吃少量素食，喜甜食，偏食，以进食儿童零食（饮料、麦圈等）为主，不吃肉蛋类食品，有时每天喝半斤牛奶。无腹泻，易患上感，有时食泥土及纸张等，近 2 年来发育缓慢，活动量渐少，不如以前活泼。自昨日出现发热，体温 39.6℃，在家未治疗，今日来院就诊，以“上感”收入院。既往无肝炎结核病史及接触史。第一胎，第一产，足月顺产，母乳不足，以牛乳喂养为主，自幼患儿食量小，偏食、吃零食习惯严重，预防接种均按程序接种。体格检查：体温 39.8℃，脉搏 130 次/分，呼吸 36 次/分，体重 10kg，身高 87cm。发育稍落后，营养较差，地图舌，咽红，神志清，精神一般，呼吸稍促，无发绀，双侧瞳孔等大等圆，对光反射存在，耳鼻无异常，颈软，心肺检查未见异常，腹软，肝脾肋下未触及，四肢活动自如，生理反射存在，病理反射未引出。

思考题：

1. 你首先应考虑做何诊断？
2. 该患儿目前存在的护理诊断有哪些？护理重点是什么？

锌缺乏病是由于锌摄入不足或代谢障碍导致体内锌缺乏，主要表现为食欲减退、生长发育减慢、免疫功能低下、皮炎和异食癖等。我国自 20 世纪 70 年代以来，各地有大量关于锌缺乏的报道，以小儿为多见，青春期缺锌可导致性成熟障碍。

【病因】

1. 摄入不足　是导致儿童缺锌的主要原因。动物性食物不仅含锌丰富而且易于吸收，坚果类

（核桃、板栗、花生等）含锌也较多，植物性食物含锌少，故素食者易缺锌。全胃肠道外营养如未加锌也可致严重缺锌。

2. 需要量增加 生长发育迅速的婴儿，营养不良恢复期，外科手术后，组织修复过程中等，机体对锌需要量增多，如未及时补充，可发生锌缺乏。

3. 吸收障碍 如食物内含植酸、淀粉和粗纤维，这些均可与锌结合而妨碍其吸收。尤以慢性腹泻如吸收不良综合征，脂肪泻等致锌的吸收减少。牛乳含锌量与母乳相似，但牛乳锌吸收利用不及母乳锌，故长期纯牛乳喂养也可致缺锌。

4. 丢失过多 如烧伤，慢性反复出血、溶血，外伤，肝硬化，糖尿病，肾病等因低蛋白质血症所致高锌尿症，以及长期应用金属螯合剂（如青霉胺）等均可因锌丢失过多而导致锌缺乏。

5. 遗传缺陷 肠病性肢端皮炎（acrodermatitis enteropathica）是一种少见的常染色体隐性遗传病，因小肠吸收锌的功能缺陷，致体内含锌量减少，有肢端皮肤损害，顽固性腹泻，秃发及生长发育障碍，免疫力降低而易患感染。

【治疗要点】

1. 针对病因 治疗原发病。

2. 饮食治疗 鼓励多进食富含锌的动物性食物如肝、鱼、瘦肉、禽蛋等。初乳含锌丰富。

3. 补充锌剂 常用葡萄糖酸锌，每日剂量为锌元素 0.5～1.0mg/kg，相当于葡萄糖酸锌 3.5～7mg/kg，疗程一般为 2～3 个月。其他制剂如硫酸锌、甘草酸锌、醋酸锌均较少应用。全胃肠道外静脉营养者，每日锌用量为：早产儿 0.4mg/kg，3 个月以下的足月产儿 0.2mg/kg，较大婴儿及幼儿 0.1mg/kg；儿童 0.05mg/kg。当锌丢失过多，尤以自胃肠道丢失，用量需加大。婴幼儿，学龄前及青春期前儿童缺锌影响生长发育，可每日口服锌剂 0.5～1.5mg/kg，或按推荐的每日锌元素参考摄入量加倍给予，最大量每日 20mg，疗程 3 个月。

【护理评估】

1. 健康史 详细询问疾病史；了解患儿饮食情况、喂养史、生长发育情况。

2. 身体状况 锌参与体内一百多种酶的形成，缺乏可影响核酸和蛋白质的合成并导致其他生理功能的紊乱。

（1）消化功能减退：锌缺乏影响味蕾细胞更新，使舌黏膜增生、角化不全，使唾液中磷酸酶减少及活性降低导致味觉敏感度下降，发生食欲不振、厌食、异嗜癖等症状。

（2）生长发育落后：缺锌直接影响核酸和蛋白质的合成和细胞分裂，并妨碍生长激素轴功能及性腺轴的成熟，影响小儿生长发育，常表现为生长发育迟缓，体格矮小，性发育延迟和性腺功能减退。

（3）免疫功能降低：锌缺乏使儿童胸腺、脾脏萎缩，致免疫功能减低，易发生各种感染，特别是呼吸道感染。

（4）智能发育延迟：锌为一种神经递质，参与脑发育。长期锌缺乏可致脑 DNA 和蛋白质合成障碍，脑内谷氨酸浓度降低，从而引起大脑功能不全，可出现注意力不集中、学习困难、智力发育迟滞等。补锌后行为异常等可恢复。

（5）其他：如地图舌、反复口腔溃疡、毛发脱落、创伤愈合迟缓、肠病性皮炎、视黄醛结合蛋白减少出现视敏度降低甚至夜盲等。

案例 6-3 分析讨论

1. 该患儿最可能的诊断是锌缺乏病，其诊断依据为：

（1）以牛乳喂养为主，自幼患儿食量小，偏食、吃零食习惯严重，有时食泥土及纸张等，近 2 年来发育缓慢，活动量渐少，不如以前活泼。

（2）体格检查：体重 10kg，身高 87cm。发育稍落后，营养较差，地图舌。

3. 辅助检查

（1）血清锌测定：正常最低值为 11.47μmol/L（75μg/dl）。

（2）餐后血清锌浓度反应试验（PICR）：测定空腹血清锌浓度（A_0）作为基础水平，然后给予标准饮食，2 小时后复查血清锌（A_2）。

（3）发锌测定：可为慢性缺锌的参考指标。头发生长速度、不同部位的头发和不同的洗涤方法均可影响测定结果，且与血浆锌无密切相关，并非诊断锌的可靠指标，发锌不能反映近期体内的锌营养状况。

4. 心理-社会状况　了解患儿家长对疾病的病因及护理知识的了解程度；患儿家庭环境，家长有无恐惧、焦虑等不良心理反应。

【常见护理诊断/问题】

1. 营养失调：低于机体需要量　与锌摄入不足、需要量增加、丢失增多、吸收障碍有关。

2. 有感染的危险　与锌缺乏导致免疫功能低下有关。

3. 生长发育迟缓　与锌缺乏导致生长激素分泌减低有关。

4. 知识缺乏　与患儿家长缺乏儿童营养及喂养知识有关。

【预期目标】

1. 患儿的临床症状和体征缓解或消失。
2. 患儿体内锌营养状况得到改善。
3. 没有感染发生。
4. 患儿家长了解相关知识，能正确喂养患儿。

【护理措施】

1. 改善营养、促进生长发育　鼓励进食含锌量较多的动物性食物如肝、鱼、瘦肉、禽蛋等；提倡母乳喂养，尽量让新生儿哺到初乳；合理添加辅食；培养儿童不偏食、不挑食的饮食习惯；遵医嘱给予锌制剂。

2. 预防感染　保持室内空气清新，注意口腔护理和皮肤护理，防止交叉感染。

3. 用药护理　常用葡萄糖酸锌，每日剂量为元素锌 0.5～1.0mg/kg，相当于葡萄糖酸锌 3.5～7.0mg/kg，疗程一般为 2～3 个月。长期静脉输入高能量者，每日锌用量为：早产儿 0.3mg/kg，足月儿至 5 岁 0.1mg/kg，5 岁以上患儿 2.5～4.0mg/d。

用药过程中应注意观察：①疗效：各项临床症状和体征有否好转及血清学指标有否改善：②中毒反应：锌剂的毒性较小，但剂量过大也可引起胃部不适、恶心、呕吐、腹泻等消化道刺激症状，甚至脱水和电解质紊乱。锌中毒可干扰铜代谢，引起低酮血症、贫血、中性粒细胞减少、干细胞中细胞色素氧化酶活力降低等中毒表现。故应严格掌握剂量，避免锌中毒的发生。

4. 健康教育　让家长了解锌缺乏症的相关知识并积极配合治疗和护理。告诉家长锌缺乏症重在预防：①提倡母乳喂养；②坚持平衡膳食，改善挑食、偏食、吃零食的习惯；③对可能发生缺锌的情况如早产儿、人工喂养者、营养不良儿、长期腹泻、大面积烧伤等，均应适当补锌。

案例 6-3 分析讨论（续）

2. 本病例护理诊断

（1）营养失调：低于机体需要量，与锌摄入不足、需要量增加、丢失增多、吸收障碍有关。

（2）有感染的危险：与锌缺乏导致免疫功能低下有关。

（3）生长发育迟缓：与锌缺乏导致生长激素分泌减低有关。

（4）知识缺乏：与患儿家长缺乏儿童营养及喂养知识有关。

护理重点

（1）改善营养、促进生长发育：鼓励进食含锌量较多的动物性食物如肝、鱼、瘦肉、禽蛋等；培养儿童不偏食、不挑食的饮食习惯；遵医嘱给予锌制剂。

（2）预防感染：保持室内空气清新，注意口腔护理和皮肤护理，防止交叉感染。

（3）用药护理：常用葡萄糖酸锌，每日剂量为元素锌 0.5～1.0mg/kg，相当于葡萄糖酸锌 3.5～7.0mg/kg，疗程一般为 2～3 个月。长期静脉输入高能量者，每日锌用量为：早产儿 0.3mg/kg，足月儿至 5 岁 0.1mg/kg，5 岁以上患儿 2.5～4.0mg/d。

（4）健康教育：向患儿家长解释锌对人体的意义及导致缺锌的原因，指导家长能正确配合治疗和护理。

【护理评价】

经过治疗和护理，患儿的临床症状和体征消失；患儿体内锌营养状况得到改善；无感染发生；患儿家长了解相关知识，能正确喂养患儿。

二、碘 缺 乏

碘缺乏病（iodine deficiency disorders，IDD）是由于自然环境中碘缺乏造成机体碘营养不良所表现的一组有关联的疾病总称，包括地方性甲状腺肿、甲状腺功能减退、亚临床甲状腺功能减退、单纯性聋哑、胎儿流产、早产、死产和先天畸形。是一种分布极广泛的地方病，除了挪威、冰岛等少数国家，世界各国都不同程度地受到缺碘的威胁。据估计全世界约有 8 亿人受到缺碘威胁，我国约有 3.2 亿人口生活于缺碘地区。

【病因】

食物和饮水中缺碘是其根本原因。

【发病机制】

碘的主要功能是合成甲状腺素，缺碘使甲状腺素合成障碍，从而影响机体生长发育。

【治疗要点】

碘缺乏者给予富含碘的食物；给予碘剂治疗，主要用于缺碘所引起的弥漫型重度甲状腺肿大且病程短者。

【护理评估】

1. 健康史 详细询问疾病史；了解患儿生活环境、饮食情况、喂养史。

2. 身体状况 碘缺乏主要的危害是影响脑发育，导致儿童智力损伤和体格发育障碍，表现为以智能障碍为主要特征的精神-神经-甲低综合征，其严重程度取决于碘缺乏的程度、持续时间及患病的年龄。胎儿期碘缺乏可致死胎、早产及先天畸形；新生儿期可致甲状腺功能低下；儿童和青春期则引起地方性甲状腺肿、地方性克汀病。儿童长期轻度缺碘则可出现亚临床型甲状腺功能减低症，常表现为轻度智能障碍，体格生长发育落后，婴幼儿坐、站、走及语言等发育迟缓，或轻度听力和前庭功能障碍。

3. 辅助检查 血清总 T_3、T_4 或游离 T_3、T_4 明显降低，而 TSH 增高；尿碘降低。

4. 心理-社会状况 了解患儿家长对疾病的病因及护理知识的了解程度；患儿家庭环境，家长有无紧张、焦虑等不良心理反应。

【常见护理诊断/问题】

1. 营养失调：低于机体需要量 与碘摄入不足有关。

2. 生长发育迟缓 与碘缺乏影响甲状腺素合成有关。

3. 知识缺乏　患儿家长缺乏儿童喂养及营养知识。

【预期目标】

1. 患儿的临床症状和体征缓解或消失。
2. 患儿家长了解相关知识，能正确喂养患儿。

【护理措施】

1. 改善营养　食用海带、紫菜等海产品以补充碘；在缺碘地区可采用碘化食盐、碘化水等方法补充碘。

2. 补充碘剂、甲状腺素制剂　遵医嘱给予复方碘溶液和碘化钾及甲状腺素制剂。

3. 健康教育　让家长了解导致患儿缺碘的原因，正确选择含碘丰富的食物。缺碘性疾病重在预防，在缺碘地区应采用碘化食盐。平时应鼓励多吃海带等富含碘的食物。推广碘化食盐可使广大人群，特别是小儿免受缺碘所带来的种种危害，但甲状腺功能亢进和患有结节性甲状腺肿的患者应该使用无碘盐并避免食用富碘食物。

【护理评价】

经过治疗和护理，患儿的临床症状和体征消失；患儿体内碘缺乏状况得到改善；患儿家长了解相关知识，能正确喂养患儿。

思　考　题

1. 母乳喂养的方法及注意事项有哪些？
2. 人工喂养的注意事项有哪些？
3. 患儿，男性，6 个月，人工喂养，因多次惊厥就诊。为突发惊厥，表现为两眼上翻，肢体抽搐，神志不清，持续数秒钟，发作过后精神如常，T 37.0℃，有枕秃和颅骨软化，血清钙 1.62mmol/L。

（1）该患儿惊厥的主要原因是什么？

（2）对该患儿的护理应首先采取什么措施？

（杨春鸿）

第七章　呼吸系统疾病患儿的护理

【目标要求】

掌握：上呼吸道感染、急性支气管炎、肺炎、支气管哮喘患儿的身体状况、护理诊断及护理措施。

熟悉：上呼吸道感染、急性支气管炎、肺炎、支气管哮喘患儿的病因、治疗原则。

了解：小儿呼吸系统解剖生理特点、肺炎的发病机制、辅助检查。

第一节　小儿呼吸系统解剖生理特点

小儿各年龄阶段其呼吸系统具有不同的解剖生理特点，而这些特点与呼吸道疾病的发生、预后及防治有着密切的关系。因此，了解这些特点有助于对疾病的诊断、治疗、预防和护理。目前临床上以环状软骨下缘为界，将呼吸系统分为上、下呼吸道两个部分。上呼吸道包括鼻、鼻窦、咽、咽鼓管、喉等部位；下呼吸道包括气管、支气管、毛细支气管及肺泡。

一、解剖特点

（一）上呼吸道

1. 鼻和鼻窦　婴幼儿时期，由于头面部颅骨发育不成熟，鼻和鼻腔相对短小，后鼻道狭窄，缺少鼻毛，鼻黏膜柔嫩，血管丰富，故易受感染。感染时鼻黏膜充血肿胀使鼻腔更加狭窄，甚至堵塞，引起呼吸困难及吮吸困难。婴儿时期鼻黏膜下层缺乏海绵组织，至性成熟时期才发育完善，故婴儿极少发生鼻出血，6～7岁后鼻出血才多见。此外，小儿鼻泪管较短，开口部的瓣膜发育不全，在上呼吸道感染时易侵犯眼结膜，引起结膜炎症。婴幼儿鼻窦发育未成熟，上颌窦及筛窦出生时虽已形成，但极小，2岁后才开始发育，至12岁才发育完善。额窦在1岁以前尚未发育，2岁时开始出现。蝶窦出生即存在，5～6岁时才增宽。婴儿可患鼻窦炎，但以筛窦及上颌窦最易感染。

2. 咽和咽鼓管　小儿咽部相对狭小及垂直，鼻咽部富于集结的淋巴组织，其中包括鼻咽扁桃体和腭扁桃体，前者在4个月即发育，如增殖过大，称为增殖体肥大；后者在1岁末逐渐退化。因此，扁桃体炎多发生在年长儿，而婴幼儿则较少见到。扁桃体具有一定防御及免疫功能，对其单纯肥大者不宜手术切除，但当细菌藏于腺窝深处，形成慢性感染病灶，长期不能控制，则可手术摘除。小儿咽后壁间隙组织疏松，有颗粒型的淋巴滤泡，1岁内最明显，以后逐渐萎缩，故婴儿期发生咽后壁脓肿最多。婴幼儿咽鼓管较宽，短而直，呈水平位，故上呼吸道感染后容易并发中耳炎。

3. 喉　小儿喉部相对较长，喉腔狭窄，呈漏斗形，软骨柔软，声带及黏膜柔嫩，富于血管及淋巴组织，容易发生炎性肿胀，由于喉腔及声门均狭小，患喉炎时易发生梗阻而致吸气性呼吸困难。

（二）下呼吸道

1. 气管和支气管　小儿气管和支气管管腔相对狭小，软骨柔软，缺乏弹力组织。支气管以下分为叶间支气管、节段支气管及毛细支气管。婴幼儿毛细支气管无软骨，平滑肌发育不完善，黏膜柔嫩，血管丰富，黏液腺发育不良，分泌黏液不足而较干燥，黏膜纤毛运动差，清除吸入的微生物等作用不足。因此，不仅易感染，而且易引起呼吸道狭窄与阻塞。儿童气管位置较成人高，由于右侧支气管较直，为气管的直接延伸，左侧支气管则自气管侧方分出，故支气管异物多见于右侧，引起右侧肺段不张或肺气肿。

2. 肺 小儿肺组织发育尚未完善，弹力组织发育较差，肺泡数量少，气体交换面积不足，但间质发育良好，血管组织丰富，毛细血管与淋巴组织间隙较成人宽，造成含气量少而含血多，故易于感染。炎症时也易蔓延，感染时易引起间质性炎症、肺不张及坠积性肺炎。由于肺弹力纤维组织发育差，肺膨胀不够充分，易发生肺不张和肺气肿。

3. 肺门 肺门包括支气管、血管和数组淋巴结（支气管淋巴结、支气管分叉部淋巴结和气管旁淋巴结），肺门淋巴结与肺部其他部位淋巴结相互联系，当肺部各种炎症时，肺门淋巴结易引起炎症反应。

（三）胸廓与纵隔

小儿胸廓较短小，其前后径约与横径相等，呈圆桶状。肋骨处于水平位，与脊柱几乎成直角。膈肌位置较高，使心脏呈横位，胸腔狭小，但肺脏相对较大，几乎充满胸廓；加上胸部呼吸肌不发达，主要靠膈肌呼吸，易受腹胀等因素影响，肺的扩张受到限制不能充分地进行气体交换，使小儿的呼吸在生理和病理方面经常处于不利地位。小儿纵隔相对较成人大，占胸腔的空间较大，故肺的活动受到一定限制。纵隔周围组织柔软而疏松，富于弹性，当胸腔大量积液、气胸、肺不张时，易引起纵隔器官（气管、心脏及大血管）的移位。

二、生理特点

（一）呼吸频率和节律

由于小儿胸廓解剖特点，肺容量相对较小，使呼吸受到一定限制，而小儿代谢旺盛，需氧量接近成人，为满足机体代谢和生长需要，只有增加呼吸频率来代偿。故年龄越小，呼吸频率越快，因此在应付额外负担时的储备能力较成人差。婴幼儿因呼吸中枢发育不完善，呼吸运动调节功能较差，迷走神经兴奋占优势，易出现呼吸节律不齐、间歇呼吸及呼吸暂停等，尤以新生儿明显。不同年龄小儿的每分钟呼吸、脉搏次数见表 7-1。

表 7-1 不同年龄小儿呼吸、脉搏次数的平均值

年龄	呼吸（次/分）	脉搏（次/分）	呼吸：脉搏
0～1 个月	45～50	120～140	1：3
1 岁以内	30～40	110～130	1：（3～4）
1～3 岁	25～30	100～120	1：3
4～7 岁	20～25	80～100	1：4
8～14 岁	18～20	70～90	1：4

（二）呼吸形式

婴幼儿胸廓活动范围受限，呼吸辅助肌发育不全，故呼吸时肺向横膈方向移动，呈腹（膈）式呼吸。随年龄增长，肋骨由水平位逐渐成斜位，呼吸肌也逐渐发达，胸廓前后径和横径增大，膈肌和腹腔器官下降，至 7 岁以后大多数改变为胸腹式呼吸，少数 9 岁以上的女孩可表现为胸式呼吸。

（三）呼吸功能的特点

1. 肺活量 指一次深吸气后做尽力呼气时的最大呼气量。小儿正常值为 50～70ml/kg。在安静时儿童仅用肺活量的 12.5%来呼吸，而婴儿则需用 30%左右，说明婴儿的呼吸潜力较差。

2. 潮气量 即安静呼吸时每次吸入或呼出的气量。小儿约 6ml/kg，仅为成人的 1/2 量，年龄越小，潮气量越小，其值随年龄的增长而增加（表 7-2）。

3. 每分钟通气量 指潮气量乘以呼吸频率。通气量的多少与呼吸频率和呼吸深浅幅度有关，

表 7-2　不同年龄小儿的潮气量数值

年龄	潮气量约值（ml）
新生儿	15～20
1 岁	30～50
2 岁	86
4 岁	120
6 岁	150
8 岁	170
10～12 岁	230～260
14～16 岁	300～400
成人	400～500

足够的通气量是维持正常血液气体组成的重要保证。小儿的每分钟通气量与成人相似。

4. 气体的弥散　指氧和二氧化碳通过肺泡毛细血管膜的过程。气体弥散的多少，取决于该气体弥散系数和分压差，与弥散面积距离也有关系。小儿肺脏小，肺泡毛细血管总面积和总容量均比成人小，故气体总弥散量也小，但以单位肺容量计算则与成人接近。

5. 气道阻力　其大小取决于管径大小和气体流速等。小儿气道阻力大于成人，气道管径随发育而增大，阻力随年龄而递减。

（四）血气分析

婴幼儿时期肺功能的检查较难进行，临床上较少应用。目前通过血液气体分析观察呼吸功能更为准确实用，为诊断治疗提供客观依据。儿童动脉血气分析正常值见表 7-3。

1. 动脉血氧饱和度（SaO_2）　是指每 100ml 血液中血红蛋白的氧合程度，故以百分数表示，其反映肺脏情况和血液运输氧的能力。正常值为 91%～97%，缺氧时血氧饱和度降低，当动脉血氧饱和度降至 85%以下时，临床即出现青紫。

2. 动脉血氧分压（PaO_2）　是指动脉血中溶解的氧所产生的压力或张力，它是反映肺脏换气功能的重要指标。正常值为 10.64～13.3kPa（80～100mmHg），血氧分压下降说明有缺氧。

3. 动脉血二氧化碳分压（$PaCO_2$）　是指动脉血中溶解状态的二氧化碳分子所产生的压力或张力。2 岁以内小儿 $PaC0_2$ 为 3.99～4.67kPa（30～35mmHg），成人为 4.67～6.00kPa（35～45mmHg），二氧化碳分压是衡量肺泡通气量的重要指标。二氧化碳分压增高，表示通气量不足，呼吸道阻塞或呼吸中枢受抑制，当升高达到 6.67kPa（50mmHg）以上时，即为高碳酸血症。二氧化碳分压降低，表示通气过度，说明有呼吸性碱中毒或代谢性酸中毒的代偿。

4. 动脉血 pH　是指动脉血中氢离子浓度的负对数，表示血液的酸碱度。正常值为 7.35～7.45pH 高于正常值提示碱中毒，低于正常值提示酸中毒。若肺通气功能障碍引起二氧化碳潴留和缺氧所致的严重酸中毒，pH 下降至 7.2 以下，可干扰细胞代谢和心脏功能。

表 7-3　小儿动脉血气分析正常值

项目	新生儿	出生 28 天至 2 岁	2 岁以上
pH	7.35～7.45	7.35～7.45	7.35～7.45
PaO_2（kPa）	8～12	10.6～13.30	10.60～13.30
$PaCO_2$（kPa）	4.00～4.67	4.00～4.67	4.67～6.00
SaO_2	90～96.5	95～97	95.5～97.7
SB	20～22	20～22	22～24
BE	–6～+2	–6～+2	–4～+2

三、免疫特点

小儿机体免疫机能尚未健全，IgA 不能通过胎盘，新生儿血清中无 IgA，生后 3 个月开始逐渐合成，1 岁以后逐渐增加，12 岁时才达到成人水平。分泌型 IgA 是呼吸道黏膜抵抗感染的重要因素，但新生儿及婴幼儿呼吸道黏膜分泌型 IgA 水平较低，尤其是那些不能从母乳得到分泌型 IgA 的人工喂养儿更低，加之其他免疫球蛋白如 IgG、IgM 在生后 5～6 个月时亦不足，此外，乳铁蛋白、溶菌酶、干扰素、补体等数量不足，肺泡巨噬细胞功能不足，故婴幼儿期易患呼吸道感染。

第二节　急性上呼吸道感染患儿的护理

案例 7-1

患儿，女性，9 个月，“发热、轻咳 3 天”入院。患儿入院前 3 天因受凉后出现发热，为阵发性，最高温度为 39.1℃，无寒战，未见惊厥。轻咳，每次持续 2～3 声，无犬吠样咳嗽及鸡鸣样回声，无明显喉喘，呼吸稍促，无发绀。患儿病程中无流涕、打喷嚏；无恶心、呕吐；无阵发性哭闹、腹泻。

体格检查：体温 38.7℃、脉搏 130 次/分、呼吸 38 次/分、体重 8.0kg、头围 44.0cm、胸围 43.0cm、身长 69.0cm，精神差，神志清楚，呼吸急促，营养中等。咽部可见充血，肺部听诊呼吸音正常。

辅助检查：血常规化验结果显示白细胞计数偏低，淋巴细胞数增高。

思考题：

1. 该患儿初步诊断是什么？诊断依据是什么？
2. 发热应如何护理？

急性上呼吸道感染（acute upper respiratory infection，AURI）简称上感，是各种病原引起的鼻、鼻咽和咽部的急性感染，是小儿最常见的疾病。本病一年四季均可发生，以冬春季及气候骤变时多见。

【病因】

各种病毒和细菌均可引起，但 90%以上是由病毒引起，如鼻病毒、合胞病毒、流感病毒、副流感病毒、腺病毒、柯萨奇病毒等。病毒感染后可继发细菌感染。最常见的是溶血性链球菌，其次为肺炎链球菌、流感嗜血杆菌。

婴幼儿时期由于上呼吸道的解剖生理和免疫特点易患呼吸道感染，若患有维生素 D 缺乏性佝偻病、营养不良、贫血等病，或环境因素及护理不当往往容易诱发本病。

【治疗要点】

以一般治疗和对症治疗为主，注意休息、大量补充维生素 C、多饮水，做好呼吸道隔离，预防并发症。病毒感染者可给予利巴韦林（病毒唑）及中草药等抗病毒药物治疗。如病情较重有继发细菌感染或发生并发症者，可选用抗菌药物，如头孢菌素类、大环内酯类。如确为链球菌感染或既往有肾炎或风湿热病史者，可用青霉素，疗程宜 10～14 天。体温过高者及时给予物理或药物降温以避免发生高热惊厥，若患者发生高热惊厥，给予镇静、止惊处理。咽痛者给予咽喉片含服。

【护理评估】

1. 健康史　询问患儿发病前是否有“受凉”史，有无类似疾病接触史，是否有佝偻病、营养不良、先天性心脏病、贫血病史，有无反复上呼吸道感染史。

2. 身体状况　婴幼儿局部症状不明显而全身症状重。年长儿症状较轻，以局部症状为主，无全身症状或全身症状较轻。

（1）一般类型的上感

1）症状：①局部症状，轻症主要是鼻咽部症状，出现流涕、鼻塞喷嚏、咽部不适、轻咳等。②全身症状，发热、畏寒、头痛、烦躁不安、拒乳、乏力等，可伴有呕吐、腹泻、腹痛、甚至高热惊厥。部分患儿可出现脐周阵发性腹痛，无压痛，可能与发热所致肠痉挛或肠系膜淋巴结炎有关。

2）体征：体检可见咽部充血、淋巴滤泡、扁桃体肿大，颌下淋巴结肿大、触痛。肺部听诊呼吸音多正常。肠道病毒引起者可出现不同形态的皮疹。

（2）两种特殊类型上感

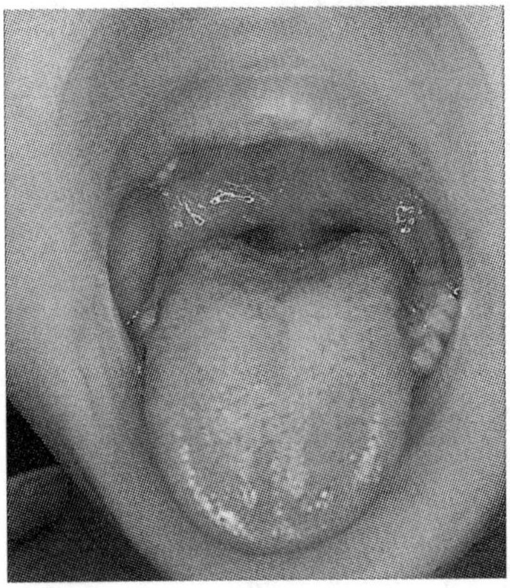

图 7-1　疱疹性咽峡炎

1）疱疹性咽峡炎（herpangina）：病原体为柯萨奇 A 组病毒，好发于夏、秋季。临床表现为急起高热，咽痛，流涎、呕吐等，因咽部疼痛，患儿哭闹不安，拒食。早期往往无咳嗽、流涕、鼻塞等典型上呼吸道感染症状。体格检查时可见咽部明显充血，咽腭弓、悬雍垂、软腭等处有 2～4mm 大小疱疹，周围有红晕，疱疹破溃后形成小溃疡。病程为 1 周左右（图 7-1）。

2）咽-结合膜热（pharyngo-conjunctival fever）：病原体为腺病毒 3 型和 7 型，好发于春、夏季。主要通过呼吸道传播，也可直接接触（如游泳池水污染、与患者共用毛巾等）感染，在集体儿童机构可造成流行。临床表现以高热、咽痛、结膜炎为特征，还可伴有恶心、呕吐、腹泻等胃肠道症状。体格检查时可见咽部明显充血，一侧或双侧眼结合膜充血水肿，可见滤泡，颈部或耳后淋巴结肿大。病程 1～2 周。

（3）并发症：炎症向周围组织蔓延及向下发展，可并发中耳炎、鼻旁窦炎、咽后壁脓肿、颈淋巴结炎、喉炎、支气管炎、肺炎等。如为 A 组溶血性链球菌感染，部分年长儿可引起急性肾小球肾炎、风湿热等疾病。

3. 辅助检查　病毒感染时白细胞数偏低或正常，淋巴细胞数相对增高；细菌感染时白细胞数和中性粒细胞增高。必要时可做相应的病原学检查。

4. 心理-社会状况　家长发病初期一般不够重视，当患儿出现严重表现后，因担心病情加重，而产生焦虑、抱怨等情绪。另外有些上呼吸道感染与当地空气污染及被动吸烟有关，应做好社区及家庭生活环境的评估。

【常见护理诊断/问题】

1. 体温过高　与上呼吸道炎症有关。

2. 舒适度的改变　与咽痛、鼻塞等有关。

3. 潜在并发症：惊厥　与高热有关。

【预期目标】

1. 患儿体温逐渐降低至恢复正常水平。
2. 患儿咽痛、鼻塞等症状好转，舒适度增加。
3. 患儿住院期间未发生惊厥，或发生时得到及时处理。

【护理措施】

1. 维持体温正常

（1）居室环境：每日定时通风，保持室内温湿度适宜，空气新鲜，但应避免对流风。

（2）保证充足的营养和水分：鼓励患儿多饮水，给予富含维生素、易消化的清淡饮食，少食多餐。入量不足者可进行静脉补液。

（3）密切监测体温变化：体温 38.5℃以上时应对症治疗，采用正确、合理的降温措施，如头部冷湿敷、枕冰袋，在颈部、腋下及腹股沟处放置冰袋，或用温水擦浴，冷盐水灌肠；或按医嘱给予口服退热剂。防止高热惊厥的发生。

（4）遵医嘱应用抗病毒药物或抗生素。

2. 提高患儿的舒适度

（1）注意休息：患儿应减少活动，如有高热者应卧床休息，并经常更换体位护理操作集中进行，以保证患儿有足够的休息时间。及时更换汗湿衣服，保持皮肤清洁。

（2）保持呼吸道通畅：及时清理分泌物。①鼻、咽部护理：及时清除鼻腔及咽喉部分泌物和干痂，保持鼻孔周围的清洁，并用凡士林、液状石蜡等涂抹鼻翼部的黏膜及鼻下皮肤，以减轻分泌物的刺激；②鼻塞严重的患儿，可先清除鼻腔分泌物，再用 0.5%麻黄碱溶液滴鼻，每天 2～3 次，每次 1～2 滴；如婴儿因鼻塞而妨碍吸吮，可在哺乳前 15 分钟滴鼻，使鼻腔通畅，保证吸吮；③预防并发症：嘱患儿及家长不要用力擤鼻，以免炎症经咽鼓管蔓延引起中耳炎。

（3）保持口腔清洁：婴幼儿饭后喂少量的温开水以清洗口腔，年长儿饭后漱口，咽部不适时可给予润喉片或雾化吸入。

3. 密切观察病情变化　注意体温变化，警惕高热惊厥的发生；注意咳嗽的性质及神经系统症状，口腔黏膜变化及皮肤有无皮疹等，以便早期发现麻疹、猩红热、百日咳、流行性脑脊髓膜炎等急性传染病。注意观察咽部充血、水肿、化脓情况，在疑有咽后壁脓肿时，应及时报告医生，防止脓肿破溃后脓液流入气管引起窒息。

4. 健康教育　指导家长学习预防上感的知识，掌握相应的处理措施，如穿衣要适当，以逐渐适应气温的变化，避免过热或过冷；做好呼吸道隔离，接触者应戴口罩，在集体儿童机构中，应早期隔离患儿，如有流行趋势可用食醋熏蒸法消毒居室；增强体质，提倡母乳喂养，按时预防接种，加强体育锻炼，多进行户外活动，不要到人群拥挤的公共场所去，要积极防治佝偻病、营养不良及贫血等各种慢性疾病。

案例 7-1 分析讨论

1. 患儿诊断为急性上呼吸道感染，诊断依据

（1）患儿入院前 3 天出现发热，最高温度为 39.1℃。

（2）轻咳，每次持续 2～3 声。

（3）体格检查：咽部可见充血，肺部听诊呼吸音正常。

（4）血常规化验结果白细胞计数偏低，淋巴细胞数增高。

2. 该患儿应该采取的护理措施

（1）居室环境：每日定时通风，保持室内温湿度适宜，空气新鲜，但应避免对流风。

（2）保证充足的营养和水分：鼓励患儿多饮水，给予富含维生素、易消化的清淡饮食，少食多餐。入量不足者可进行静脉补液。

（3）密切监测体温变化：体温 38.5℃以上时应对症治疗，采用正确、合理的降温措施，如头部冷湿敷、枕冰袋，在颈部、腋下及腹股沟处放置冰袋，或用温水擦浴，冷盐水灌肠；或按医嘱给予口服退热剂。防止高热惊厥的发生。

（4）遵医嘱应用抗病毒药物或抗生素。

【护理评价】

经过治疗和护理，患儿体温逐渐降低至恢复正常水平；咽痛、鼻塞等症状好转，舒适度增加；住院期间未发生惊厥，或发生时得到及时处理。

第三节　急性支气管炎患儿的护理

案例 7-2

患儿，女性，2 岁，因“反复咳嗽、发热 3 天”入院。其母述患儿痰多不易咳出，精神正常，食欲尚可，无明显异物史。

体格检查：入院后测体温 39℃，可在咽喉部及肺部闻及痰鸣音，双肺呼吸音粗糙，有不固定的干湿啰音。

辅助检查：胸部 X 线显示，肺纹理增粗。

思考题：

1. 患儿最可能的临床诊断是什么？还需要做哪些检查进一步确诊？
2. 患儿目前存在的主要护理诊断/问题是什么？
3. 保持呼吸道通畅具体护理措施有哪些？

急性支气管炎（acute bronchitis）是指各种致病原引起的支气管黏膜的急性炎症，气管常同时受累，故又称为急性气管支气管炎，婴幼儿多见。常继发于上呼吸道感染之后，也可为肺炎的早期表现。

【病因】

凡能引起上呼吸道感染的病原体都可致急性支气管炎。其中以细菌和病毒为主，也可为混合感染。有免疫功能失调、营养不良、佝偻病、慢性鼻窦炎等患儿常易反复发生支气管炎。气候变化、空气污染、化学因素的刺激也可诱发本病。

【治疗要点】

急性支气管炎主要是对症治疗和控制感染。

1. 祛痰、止咳　可酌情用止咳糖浆、祛痰剂，一般不用镇咳剂以免抑制其自然排痰。

2. 止喘　有哮喘症状者可口服氨茶碱止喘，有烦躁不安时可慎用镇静剂。

3. 控制感染　考虑细菌感染时，可适当选用抗生素，如青霉素类、大环内酯类等。

【护理评估】

1. 健康史　了解患儿是否有上呼吸道感染、营养不良、佝偻病、鼻窦炎等病史，询问是否接触过刺激性气体。

2. 身体状况　大多先有上感的症状，主要症状为发热和咳嗽。咳嗽先为刺激性干咳，以后有痰。一般无全身症状。婴幼儿症状较重，常有发热、呕吐及腹泻等。体检可见咽部充血，双肺呼吸音粗糙，可有不固定的散在的干啰音和粗中湿啰音。婴幼儿有痰常不易咳出，可在咽喉部或肺部闻及痰鸣音。

3. 辅助检查　病毒感染白细胞总数正常或稍高，合并细菌感染时可明显增高。胸部 X 线检查无异常改变或有肺纹理增粗。

4. 心理-社会状况　评估家长对患儿疾病的重视程度及当地的环境卫生、空气污染情况。评估家长有无焦急、抱怨的心理反应。

【常见护理诊断/问题】

1. 清理呼吸道无效　与痰液黏稠不易咳出有关。

2. 体温过高　与病毒或细菌感染有关。

3. 舒适的改变　与支气管炎症导致频繁咳嗽、胸痛有关。

【预期目标】

1. 患儿能及时排出痰液。

2. 患儿体温逐渐降低至恢复正常水平。

3. 患儿咳嗽、胸痛等症状缓解，舒服度增加。

【护理措施】

1. 保持呼吸道通畅　观察咳嗽、咳痰的性质，指导并鼓励患儿有效咳嗽；对咳嗽无力的患儿，经常更换体位，拍背，促使呼吸道分泌物的排出，促进炎症消散；若痰液黏稠可适当提高病室的湿度，使室内的湿度维持在 60%左右，以湿化空气，湿润呼吸道，也可采用超声雾化吸入；如果分泌物多，影响呼吸时，可用吸引器吸痰，及时清除痰液，保持呼吸道通畅。

2. 维持体温正常　低热不需特殊处理，体温在 38.5℃以上时应采取物理降温或药物降温，防止发生惊厥。

3. 提高患儿的舒适度

（1）环境与休息：保持室内空气新鲜，温湿度适宜（温度 20℃左右，湿度 60%左右）患儿应注意休息，避免剧烈的活动及游戏以防咳嗽加重。卧床时需经常更换体位，使呼吸道分泌物易于排除。

（2）保证充足的水分及营养：鼓励患儿多饮水，使痰液稀释易于咳出。给营养丰富、易消化的饮食，鼓励患儿进食，但应少量多餐，以免因咳嗽引起呕吐。

（3）保持口腔清洁：由于患儿发热、咳嗽、痰多且黏稠，咳嗽剧烈时常引起呕吐等，故要保持口腔清洁，以增加舒适感，增进食欲。婴幼儿可在进食后喂适量开水，以清洁口腔。年长儿在晨起、餐后、睡前漱口。

4. 密切观察病情变化　注意观察呼吸变化，若有呼吸困难、发绀，应给予吸氧，并协助医生积极处理。

5. 用药护理　使用抗生素类药物时如青霉素、红霉素、复方新诺明等，注意观察药物的疗效及不良反应。口服止咳糖浆后不要立即喝水，以使药物更好地发挥疗效。告知家长慎用止咳药，当咳嗽影响小儿的休息时方可给予口服。

6. 健康指导　指导患儿和家长了解增强机体抵抗力的方法，如加强营养，适当开展户外活动，进行体格锻炼，积极预防营养不良、佝偻病、贫血和各种传染病，按时预防接种等。

案例 7-2 分析讨论

1. 本例患儿的临床特点

（1）入院前 3 天发热，反复咳嗽、有痰多不易咳出，入院后测体温 39℃。

（2）咽喉部及肺部有痰鸣音，双肺呼吸音粗糙，有不固定的干湿啰音。

（3）胸部 X 线显示，肺纹理增粗。

根据以上特点患儿诊断为急性支气管炎。需做血常规化验检查进一步确诊。

2. 该患儿主要护理诊断/问题

（1）清理呼吸道无效：与痰液黏稠不易咳出有关。

（2）体温过高：与病毒或细菌感染有关。

（3）舒适的改变：频繁咳嗽、胸痛与支气管炎症有关。

3. 为保持呼吸道通畅该患儿应采取如下护理措施

保持呼吸道通畅：①保持室内空气新鲜，温湿度适宜；②保证水分和营养的供给；③经常变换体位，抬高头胸部；④进行雾化吸入；⑤遵医嘱使用抗生素、止咳祛痰剂；⑥必要时吸氧。

【护理评价】

经过治疗和护理，患儿能及时有效的咳出痰液；体温逐渐降低至恢复正常水平；咳嗽、胸痛等症状缓解，舒服度增加。

第四节　肺炎患儿的护理

肺炎（pneumonia）是指各种不同病原体及其他因素（如吸入、过敏等）所引起的肺部炎症。以发热、咳嗽、气促、呼吸困难和肺部固定湿啰音为其共同临床表现。肺炎的病因不同，其病变部位、病理特点及临床表现不相同。肺炎是婴幼儿时期的常见病，一年四季均可发生，以冬春寒冷季节及气候骤变时多见，多由急性上呼吸道感染或支气管向下蔓延所至。本病不仅发病率高，病死率也高，占我国儿童死因的第一位，是我国儿童保健重点防治的"四病"之一。

【分类】

肺炎尚无统一分法，目前常用的分类方法如下。

1. 病因分类　感染因素引起的病毒性肺炎、细菌性肺炎、支原体肺炎、衣原体肺炎和真菌性肺炎等。非感染因素引起的吸入性肺炎、坠积性肺炎等。

2. 病理分类　可分为大叶性肺炎、支气管肺炎、间质性肺炎和毛细支气管炎等。

3. 病程分类　可分为急性肺炎（病程在 1 个月以内）、迁延性肺炎（病程为 1～3 个月）和慢性肺炎（病程超过 3 个月）。

4. 病情分类　轻症肺炎（以呼吸系统症状为主）、重症肺炎（除呼吸系统严重受累外，其他系统也受累，全身中毒症状明显）。

5. 其他分类　可按临床表现是否典型分为典型性肺炎和非典型性肺炎；按发生地区分社区获得性肺炎和院内获得性肺炎。

一、支气管肺炎

支气管肺炎为小儿时期最常见的肺炎，故本节重点介绍。

案例 7-3

患儿，女性，6 个月，以"咳嗽 2 天，发热伴喘憋 1 天"入院。患儿 2 天前开始偶有轻咳，后逐渐次数增多，入院前发热，体温 38.2℃，呼吸增快，略喘，人工喂养，病后吃奶差，大小便正常。

体格检查：体温 39℃，呼吸 68 次/分，脉搏 160 次/分，可见鼻翼扇动及三凹征，口唇发绀，两肺满布中小水泡及少量痰鸣音，肝肋下 2cm，神经系统正常。

辅助检查：Hb 112g/L，WBC 30×10^9/L，N 80%。

思考题：

1. 该病例的诊断是什么？病原体最可能是哪一类？
2. 列出主要护理诊断/问题。
3. 列出主要护理措施。
4. 该患儿哪些表现提示肺炎合并心力衰竭？

支气管肺炎（bronchopneumonia）为小儿最常见的肺炎。多见于 3 岁以下婴幼儿。低出生体重及合并营养不良、维生素 D 缺乏性佝偻病、先天性心脏病时病情严重，容易迁延不愈，病死率也较高。

【病因】

1. 病原体　常见的病原体为病毒和细菌。病毒以呼吸道合胞病毒最多见，其次是腺病毒、流感病毒、副流感病毒等，凡引起上呼吸道感染的病毒可导致肺炎。细菌以肺炎链球菌多见，其他有链球菌、葡萄球菌、革兰阴性杆菌等。近年来，肺炎支原体及金黄色葡萄球菌、真菌所致的肺炎日趋增加。

2. 机体因素　发育不完善，免疫功能不健全，呼吸道解剖生理特点，疾病因素（低出生体重及合并营养不良、维生素 D 缺乏佝偻病、先天性心脏病）。

3. 环境气候因素　居室拥挤，通风不良，空气污染、阳光不足，冷暖不适应等。

【病理生理】

病原体入侵肺部，引起肺泡腔内充满炎性渗出物，肺泡壁充血水肿而增厚，支气管黏膜水肿，管腔狭窄，从而影响换气和通气，导致低氧血症及二氧化碳潴留。为增加通气及呼吸深度，出现代偿性的呼吸与心率增快、鼻翼扇动和三凹征。重症可产生呼吸衰竭。由于病原体作用，重症常伴有毒血症，引起不同程度的感染中毒症状。缺氧、二氧化碳潴留及毒血症可导致循环系统、消化系统、神经系统的一系列症状及酸碱平衡失调和电解质紊乱。

1. 循环系统　低氧血症和二氧化碳潴留，可引起肺小动脉反射性收缩，使肺循环的阻力增高，肺动脉高压，右心的负担加重。病原体和毒素作用于心肌可引起中毒性心肌炎。肺动脉高压和中毒性心肌炎是诱发心力衰竭的主要原因。重症患儿可出现微循环障碍、休克、弥散性血管内凝血。

2. 神经系统　缺氧和二氧化碳潴留可使脑毛细血管扩张，血流减慢，血管壁的通透性增加而致脑水肿。严重缺氧可引起脑细胞内水钠潴留，形成脑细胞水肿。

3. 消化系统　低氧血症和病原体毒素的作用，使胃肠道黏膜出现糜烂、出血、上皮细胞坏死脱落等，导致胃肠功能紊乱，严重者出现中毒性肠麻痹和消化道出血。

4. 电解质和酸碱平衡紊乱　缺氧时体内需氧代谢障碍，酸性代谢产物增加，加之高热、进食少等因素，常引起代谢性酸中毒。同时，由于二氧化碳潴留可发生呼吸性酸中毒。因此，重症肺炎患儿常出现混合性酸中毒。缺氧和二氧化碳潴留还可导致肾小动脉痉挛而引起水钠潴留，重者可导致稀释性低钠血症。

【治疗要点】

支气管肺炎的治疗主要抗感染与对症治疗。

1. 根据不同病原体选用敏感药物积极控制感染，重症宜早期、联合、足量、足疗程、静脉给药。病毒感染尚无特效药物，宜采用对症治疗、中药治疗、支持治疗等综合措施。

2. 若中毒症状明显，或严重喘憋，或脑水肿、感染性休克、呼吸衰竭等，可应用肾上腺皮质激素。

3. 注意纠正酸碱平衡紊乱，改善低氧血症。

4. 预防并发症的发生。

【护理评估】

1. 健康史　新生儿应询问出生史，是否有缺氧、羊水或胎粪吸入史。婴幼儿应了解近期有无上呼吸道感染或麻疹、百日咳等呼吸道传染病接触史。询问发病时间、起病急缓，病情轻重及病程长短等。了解有无营养不良、维生素 D 缺乏性佝偻病、先天性心脏病及免疫功能低下等病史。

2. 身体状况

（1）轻症肺炎：仅表现为呼吸系统的症状和相应的肺部特征。主要表现为发热、咳嗽、气促和肺部出现中细湿啰音。

1）发热：热型不一，多数为不规则热，亦可为弛张热或稽留热，早产儿、重度营养不良儿可不发热。

2）咳嗽：较频繁，初为刺激性干咳，极期咳嗽略减轻，恢复期咳嗽有痰，新生儿、早产儿仅表现为口吐白沫。

3）气促：呼吸可达 40～80 次/分，重者可有鼻翼扇动、点头呼吸、三凹征、唇周发绀。

4）典型体征为肺部可听到较固定的中细湿啰音，以背部两肺下方脊柱旁较多，在吸气末更为明显。新生儿、小婴儿常不易闻及湿啰音。除上述症状外，患儿常有精神不振、食欲减退、烦躁不安、轻度腹泻或呕吐等全身症状。

（2）重症肺炎：除全身中毒症状及呼吸系统的症状加重外，尚出现循环、神经、消化系统的功能障碍。

1）循环系统：轻度缺氧时可导致心率增快，重症肺炎时常合并心肌炎、心力衰竭，前者主要表现为面色苍白、心动过速、心音低钝、心律失常及心电图 ST 段下移、T 波平坦或倒置。后者表现为突然呼吸困难加重，呼吸频率加快＞60 次/分；心率增快＞180 次/分；突然极度烦躁不安，明显发绀，面色发灰；心音低钝、奔马律，颈静脉怒张；肝脏短期内迅速增大；尿少或无尿。

2）神经系统：轻症表现为精神萎靡或烦躁不安。脑水肿时，出现意识障碍、惊厥、前囟膨隆，可有脑膜刺激征，呼吸不规则，瞳孔对光反射迟钝或消失。

3）消化系统：轻者表现为食欲减退、呕吐、腹泻等。严重时可发生中毒性肠麻痹，表现为严重腹胀，呼吸困难加重，肠鸣音消失；有消化道出血时，可吐咖啡渣样物，大便隐血试验阳性或柏油样便。

（3）并发症：早期合理治疗者并发症少见，若延误诊断或病原体致病力强者，可引起脓胸、脓气胸及肺大疱等。

3. 辅助检查

（1）实验室检查

1）外周血白细胞检查：病毒性肺炎白细胞大多正常或降低；细菌性肺炎白细胞总数及中性粒细胞常增高，并有核左移，胞质中可见中毒颗粒。

2）病原学检查：取鼻咽拭子或气管分泌物等标本可做病毒分离或细菌培养，有助于明确病原体。

3）C-反应蛋白（CRP）：细菌感染时，血清 CRP 浓度多上升，非细菌性感染者则上升不明显。

（2）胸部 X 线检查：支气管肺炎早期有肺纹理增粗，逐渐出现大小不等的斑片状阴影，可融合成片，以双肺下野、中内带多见，可伴有肺不张或肺气肿。

4. 心理-社会状况 了解患儿及家长的心理情况，有无焦虑和恐惧，家长是否有因患儿住院时间长、知识缺乏等产生焦虑不安、抱怨的情绪。了解患儿既往是否有住院的经历，家庭经济情况如何。

【常见护理诊断/问题】

1. 气体交换受损 与肺部炎症有关。

2. 清理呼吸道无效 与呼吸道分泌物过多痰液黏稠、无力排痰有关。

3. 体温过高 与病原体感染有关。

4. 营养失调：低于机体需要量 与摄入不足、消耗增加有关。

5. 潜在并发症

（1）心力衰竭：与肺动脉高压及中毒性心肌炎有关。

（2）中毒性脑病：与缺氧和二氧化碳潴留有关。

（3）中毒性肠麻痹：与毒血症及严重缺氧有关。

【预期目标】

1. 患儿能顺利有效的咳出痰液，呼吸平稳，肺部啰音减少或消失，咳嗽强度减弱，痛苦减轻。

2. 患儿气促、发绀、呼吸困难、烦躁症状消失，日常活动后无气喘、心悸等表现。

3. 体温及其他生命体征恢复正常。

4. 住院期间患儿没有发生并发症。

【护理措施】

1. 改善呼吸功能

（1）保持病室环境安静与舒适：定时打开门窗通风换气（应避免对流），保持室内空气新鲜。室温控制在 18～22℃，湿度 55%～60%为宜。定期空气消毒，防止病原体播散。按不同病原体或病情轻重分室居住，以防交叉感染。

（2）保证患儿休息，避免哭闹：被褥要轻暖，穿衣不要过多，内衣应宽松，以免影响呼吸；勤换尿布，保持皮肤清洁，使患儿感觉舒适，以利于休息。急性期应卧床休息，各项护理操作集中进行，尽量使患儿安静，以减少氧耗。

（3）给氧：有低氧血症表现，如气促、发绀者应尽早给氧。一般采用鼻导管给氧，氧流量为 0.5～1L/min，氧浓度不超过 40%；缺氧明显者可用面罩给氧，氧流量为 2～4L/min，氧浓度为 50%～60%；出现呼吸衰竭时，应使用人工呼吸器或机械通气给氧。对于新生儿、婴幼儿，不主张持续高流量吸氧，氧浓度应小于 60%，以免氧中毒。

（4）药物治疗：遵医嘱使用抗生素和抗病毒药物，以消除肺部炎症，改善呼吸功能，并注意观察药物的疗效和不良反应。

2. 保持呼吸道通畅

（1）根据病情采取相应的体位：病情许可的情况下，可进行体位引流，如半卧位或高枕卧位，以利于呼吸运动和上呼吸道分泌物排出；胸痛的患儿可鼓励其患侧卧位以减轻疼痛；指导患儿进行有效地咳嗽，排痰前协助转换体位，帮助清除呼吸道分泌物。

（2）协助翻身拍背以助排痰：方法为手五指并拢，稍向内合掌，呈空心状，由下向上、由外向内的轻拍背部，边拍边鼓励患儿咳嗽，借助重力和震动作用促使呼吸道分泌物排出，拍背力量应适度，以不引起患儿疼痛为宜，拍背时间为 10 分钟，一般在餐前或餐后 2 小时进行为宜。

（3）及时清除患儿口鼻分泌物：对于痰液黏稠者给予雾化吸入，每日 2～3 次，每次约 20 分钟，指导患儿深呼吸以达最佳雾化效果；必要时予以吸痰，吸痰不宜在患儿进食后 1 小时内进行，以免引起恶心、呕吐，吸痰压力应小于 40.0kPa。

（4）遵医嘱给予祛痰剂、平喘剂。

3. 维持体温正常　发热者要密切监测体温变化，采取相应的护理措施（参见本章第二节）。

4. 补充营养及水分　鼓励患儿多饮水，给予营养丰富、易消化的流质或半流质饮食，应少量多餐，哺喂时应耐心，以免呛入气管发生窒息。重症不能进食者，可遵医嘱给予静脉输液，输液时要严格控制输液量和滴注速度，最好使用输液泵，保持液体均匀滴入，以免发生心力衰竭。

5. 密切观察病情　要特别注意观察是否出现下列情况。

（1）心力衰竭：当患儿出现烦躁不安、面色苍白、喘憋加重、呼吸＞60 次/分、心率＞160～180 次/分、心音低钝、肝在短时间内迅速增大时，应考虑肺炎合并心力衰竭，应立即给予半坐卧位、吸氧、减慢输液速度并报告医生，做好抢救准备。

（2）中毒性脑病：应密切观察意识、瞳孔及肌张力等的变化，若患儿烦躁或嗜睡、惊厥、昏迷、呼吸不规则、肌张力增高等颅内高压表现时，应考虑中毒性脑病，应立即与医师共同抢救。

（3）中毒性肠麻痹及胃肠道出血：观察有无腹胀、肠鸣音是否减弱或消失，呕吐的性质、是否有便血，以便及时发现中毒性肠麻痹及胃肠道出血。

（4）脓胸或脓气胸：发热持续不退或退而复升，中毒症状加重，呼吸困难，咳大量脓性痰提示并发肺脓肿；若病情突然加重，出现剧烈咳嗽、呼吸困难、胸痛、发绀、脉率加快、烦躁不安、患侧呼吸运动受限时，考虑并发脓胸或脓气胸。

6. 健康指导　指导家长合理喂养，养好良好的卫生习惯，多进行户外活动。增强体质，提高机体的抗病能力，减少呼吸道感染的发生，教会家长处理呼吸道感染的方法，使患儿在疾病早期得到有效控制。

案例 7-3 分析讨论

1. 本例患儿的临床特点

（1）患儿 6 个月，入院前 1 天出现发热伴喘憋，体温 38.2℃。

（2）入院前 2 天开始咳嗽，后逐渐加重。

（3）入院后体温 39℃，呼吸 68 次/分，脉搏 160 次/分，有鼻翼扇动及三凹征，口唇发绀，听诊两肺满布中小水泡及少量痰鸣音，叩诊肝肋下 2cm。

（4）血常规检查：WBC 30×10^9/L，N 80%。

根据以上特点患儿诊断为支气管肺炎。病原体最可能是细菌性感染。

2. 该患儿的护理诊断/问题

（1）气体交换受损：与呼吸道阻塞有关。

（2）清理呼吸道无效：与呼吸道分泌物黏稠、排痰不利有关。

（3）体温过高：与肺部感染有关。

（4）潜在并发症：心力衰竭、脓胸。

3. 该患儿应采取以下护理措施

（1）保持呼吸道通畅：①可进行体位引流，如半卧位或高枕卧位；②拍背以助排痰；③及时清除患儿口鼻分泌物，可给予雾化吸入，必要时予以吸痰；④遵医嘱给予祛痰剂、平喘剂。

（2）改善呼吸功能：①保持病室环境安静与舒适；②保证患儿休息，避免哭闹；③出现气促、发绀时应尽早给氧，该患儿不主张持续高流量吸氧，氧浓度应小于 60%，以免氧中毒；④遵医嘱药物治疗，以消除肺部炎症，改善呼吸功能，并注意观察药物的疗效和不良反应。

（3）维持体温正常：体温 38.5℃以上时应对症治疗，采用正确、合理的

降温措施，如头部冷湿敷、枕冰袋，在颈部、腋下及腹股沟处放置冰袋，或用温水擦浴，冷盐水灌肠；或按医嘱给予口服退热剂。

（4）补充营养及水分：嘱家长给患儿多饮水，喂哺时应耐心，以免呛入气管发生窒息。喂哺困难可遵医嘱给予静脉输液，输液时要严格控制输液量和滴注速度，最好使用输液泵，保持液体均匀滴入，以免发生心力衰竭。

（5）病情观察：及时发现并发症，报告医生共同处理。

（6）健康指导：指导家长合理喂养，养好良好的卫生习惯，多进行户外日光浴。增强体质，提高机体的抗病能力，减少呼吸道感染的发生，教会家长处理呼吸道感染的方法。

4. 该患儿如下表现提示肺炎合并心力衰竭

（1）患儿出现烦躁不安，面色苍白。

（2）气喘加重、呼吸 68 次/分。

（3）心率 160 次/分，可见鼻翼扇动及三凹征，口唇发绀。

（4）肝肋下 2cm。

【护理评价】

经过治疗和护理，患儿住院期间体温恢复正常；生命体征平稳；能保持呼吸道通畅；能有效咳出痰液；气促、发绀症状逐渐改善以致消失，营养充足。住院期间无并发症的发生。

二、几种不同病原体所致肺炎的特点

（一）呼吸道合胞病毒肺炎

呼吸道合胞病毒肺炎（respiratory syncytial virus pneumonia）由呼吸道合胞病毒引起，多见于 2 岁以下的婴幼儿，尤以 2～6 个月的婴儿多见。起病急骤，常在上呼吸道感染以后 2～3 天出现持续

性干咳，突然喘憋，呼吸明显加快，每分钟可达 60～80 次，偶可超过 100 次。呼气延长伴呼气性呻吟。呼吸困难、鼻翼扇动、口周青紫及三凹征明显，心率增快。发热不高，一般不超过 38℃，热程短，仅持续 1～4 天，甚至可不发热。肺部叩诊鼓音，听诊呼吸音减弱，并有明显哮鸣音，喘憋稍有缓解时可闻及少量中细湿啰音。因喘憋、呼吸困难，出现低氧血症及高碳酸血症，易致呼吸性酸中毒。白细胞总数正常或偏低。X 线检查：以肺间质病变为主，肺纹理增多，可见小点片状薄阴影。少数呈支气管周围炎，部分患儿有不同程度的肺气肿。

（二）腺病毒肺炎

腺病毒肺炎（adenovirus pneumonia）由腺病毒引起，以 3 型，7 型腺病毒为婴幼儿肺炎的主要病原体，多见于 6 个月至 2 岁的小儿，病死率高。起病急骤，往往 1～2 天内突然发热达 39℃，多为稽留热，偶呈不规则高热。热程较长，不受抗生素影响，轻症 7～10 天开始退热，重症可持续 2～3 周，神经系统症状明显。不论病情轻重，早期即有嗜睡、精神萎靡、烦躁不安，重者可出现昏睡或昏迷，甚至反复惊厥、颈项强直等中毒性脑病或脑炎的表现。多数起病时即有频发的阵咳，有白色黏稠痰，不易咳出。发病 4～6 天后出现呼吸困难，面色苍白或发灰，且逐渐加重，表现为喘憋、青紫、鼻翼扇动及三凹征。肺部体征早期不明显，一般在发热 4～5 天后才听到少许湿啰音，并逐渐增多。病变融合后可出现肺实变体征。病程中常合并胸膜反应和少量胸腔积液，无继发感染者渗出液为草黄色，不混浊，有继发感染时则有混浊，患儿易发生中毒性心肌炎，心力衰竭。半数以上的病例有腹泻、呕吐、腹胀。少数有中毒性肝炎、肝脾肿大。白细胞数正常或减少，以淋巴细胞为主，常有异型淋巴细胞。X 线检查：肺部 X 线改变较肺部体征出现早，呈现大小不等的片状阴影或病灶周围性肺气肿，病灶吸收缓慢，需数周至数月。

（三）金黄色葡萄球菌肺炎

金黄色葡萄球菌肺炎（staphylococcal pneumonia）简称金葡菌肺炎，由金黄色葡萄球菌引起，分原发性和继发性，多见于新生儿及婴幼儿。起病急，病情较重，发展迅速。一般先有数天的上呼吸道感染症状，然后突起高热，多呈弛张热型。咳嗽，痰呈黏液脓性，不易咳出。呼吸困难，缺氧明显，可见鼻翼扇动，青紫及三凹征。中毒症状明显。可出现面色苍白、发灰、皮肤发花、肢端冰凉、心音低钝、心率快、血压下降等休克表现。肺部体征出现早，早期即有呼吸音减弱和中细湿啰音。病变进展迅速，极易发展成肺脓肿、脓胸、脓气胸、肺大疱等。皮肤可出现红色丘疹、猩红热样或荨麻疹样皮疹。周围血白细胞总数及中性粒细胞增高，有核左移现象。少数病例白细胞明显降低，但中性粒细胞百分比仍较高。X 线检查：早期可见肺纹理增粗或小片状浸润阴影，病变发展很快，可在数小时内出现脓胸、脓气胸、肺大疱等相应的征象。

（四）肺炎支原体肺炎

肺炎支原体肺炎（mycoplasmal pneumonia）由肺炎支原体引起，多见于学龄期的儿童，但近年来婴幼儿感染的报道日渐增多，可散发流行。发病缓慢，病初可有全身不适、乏力、头痛、低热或中度发热，热程 1～2 周。以刺激性干咳为突出表现，初为干咳，后转为顽固性剧咳，有时似百日咳样咳嗽，咳出黏液稠痰，甚至带血丝。咳嗽持续时间长，可达 1～4 周，常伴有胸痛。婴幼儿以喘憋症状较突出，有时不易与呼吸道合胞病毒肺炎区别。肺部体征较轻，有 1/3 左右病例在整个病程中无任何阳性体征。一般可在肺局部听到少许干湿啰音，呼吸音减弱。部分病例可并发胸膜炎，胸腔积液多为浆液性，偶为血性。白细胞数正常或偏高，中性粒细胞增多，血沉增快，血清冷凝集试验阳性对诊断有帮助。X 线检查：有以下四种改变：①支气管肺炎改变；②间质性肺炎改变；③均匀一致的片状阴影似大叶性肺炎改变；④肺门阴影增浓。上述改变可相互转化，有时一处消散，而另一处又出现新的病变。

几种不同病原体所致肺炎的特点见表 7-4。

表 7-4　几种不同病原体所致肺炎的特点

	呼吸道合胞病毒肺炎	腺病毒肺炎	金黄色葡萄球菌肺炎	肺炎支原体肺炎
病原体	呼吸道合胞病毒	腺病毒（3、7 型）	金黄色葡萄球菌	肺炎支原体
好发年龄	<2 岁、2～6 个月多见	6～2 岁多见	婴幼儿多见	学龄儿多见
临床特点	起病急，干咳，低中度发热，喘憋为突出表现，迅速出现呼吸困难及缺氧症状	起病急，全身中毒症状明显，发热呈稽留热型，咳嗽频繁，可出现喘憋、呼吸困难、发绀等	起病急、发展快、全身中毒症状明显，发热呈弛张热型，皮肤常见猩红热样皮疹，易并发脓胸、脓气胸等	起病缓慢，常有发热，可持续 1～3 周，以刺激性咳嗽为突出表现。
肺部体征	肺部听诊以哮鸣音为主，肺底可闻及细湿啰音	肺部体征出现较迟，多于高热 3～7 天后才出现	肺部体征出现较早，可闻及中、细湿啰音	肺部体征不明显，少数可闻及干、湿啰音
血常规检查	白细胞总数大多正常	白细胞数正常或偏低	白细胞总数及中性粒细胞增多伴核左移	白细胞数正常或增多
胸部 X 线	小点片状薄阴影，不同程度梗阻性肺气肿及支气管周围炎	可见大小不等的片状阴影或融合成大病灶，并多见肺气肿	小片浸润阴影、可很快出现肺脓肿、肺大泡或胸腔积液	支气管肺炎改变，或间质性肺炎改变，或肺门阴影增浓
治疗	抗病毒	抗病毒	苯唑西林钠等抗生素	大环内酯类抗生素

第五节　支气管哮喘患儿的护理

案例 7-4

患儿，男性，3 岁 8 个月，因“咳嗽，喘息”入院。患儿于 3 天前受凉后喘息咳嗽较剧烈，说话不能成句，于当地医院门诊对症治疗后效果不佳，据家长介绍患儿 3 岁以来曾发作过多次，都能自行缓解，为进一步治疗住院，诊断为支气管哮喘。

体格检查：体温 36.8℃，脉搏 122 次/分，呼吸 40 次/分，患儿精神萎靡，鼻翼扇动，口唇发绀，三凹征明显，双肺呼吸音粗，可闻及满肺哮鸣音，伴呼气相延长。

辅助检查：WBC 10×10^9/L，N 0.73，E 0.06。抗肺炎支原体抗体（+），X 线检查双肺及心隔未见明显异常。

思考题：

1. 目前存在的护理诊断/问题是什么？
2. 如何给患儿进行药物吸入疗法？
3. 指导呼吸运动的方法有哪些？

支气管哮喘（bronchial asthma）简称哮喘，是由肥大细胞、嗜酸粒细胞和 T 淋巴细胞参与的气道慢性炎症性疾病，引起气道高反应，导致可逆性的气道阻塞。临床表现为反复发作性喘息、呼吸困难、胸闷或咳嗽等症状，多数患儿可经治疗缓解或自行缓解。近年来其发病率呈上升趋势，以 1～6 岁儿童患病较多，大多在 3 岁以内起病。

【病因】

哮喘的病因复杂至今尚未完全清楚，与遗传、免疫、精神、神经和内分泌因素有关。哮喘是一种多基因遗传病，其中过敏体质与本病有密切的关系，多数患儿以往有婴儿湿疹、变应性鼻炎、食物或药物过敏史，不少患儿有家族史。但是哮喘的形成和反复发作又受环境因素的综合作用。常见的诱因有以下几种：

1. 吸入过敏原　尘螨、动物毛屑、花粉、真菌等。

2. 食入过敏原　异体蛋白的摄入，如鱼、虾、蛋、奶等。

3. 呼吸道感染 主要是病毒感染，也可见于支原体、衣原体及细菌感染。

4. 其他 空气寒冷、干燥，强烈气味的化学制剂等。

【治疗要点】

去除病因、控制发作和预防复发。根据病情轻重、病程阶段因人而异地选择适当的防治方案。哮喘发作可使用 β_2 受体激动剂、糖皮质激素、抗胆碱能药物及茶碱类药物等，首选吸入治疗。急性发作期以抗感染、平喘、快速缓解症状为治疗重点；慢性缓解期应坚持抗感染、降低气道高反应性，避免触发因素为重点。

【护理评估】

1. 健康史 询问此次发作的有关资料，如最近是否有呼吸道感染，家中是否养宠物，家具和玩具的类型。询问过去发作情况及严重程度，曾用过的药物。询问是否有湿疹、过敏史、家族史，运动后是否有呼吸短促及喘鸣现象。

2. 身体状况

（1）症状、体征

1）症状：以咳嗽、喘息、呼吸困难为典型症状，常反复发作，以夜间和清晨为重。患儿在发作间歇期可无任何症状和体征。发作前常有刺激性干咳、打喷嚏和流涕，发作时呼气性呼吸困难，呼气相延长伴喘鸣声。重症患儿呈端坐呼吸，烦躁不安，大汗淋漓，面色青灰。

2）体征：体检可见胸廓饱满、三凹征，叩诊过清音，听诊两肺布满哮鸣音。严重者呼吸音明显减弱，哮鸣音可消失，称“闭锁肺”，是哮喘最危险的体征。

哮喘发作在合理应用常规缓解药物治疗后，仍有严重或进行性呼吸困难者，称为哮喘危重状态（哮喘持续状态）。

（2）分类

1）婴幼儿哮喘：指年龄＜3 岁者。特点：①日间或夜间咳喘明显，运动后加重；②病理上以黏膜肿胀、分泌亢进为主，哮鸣音音调较低；③对皮质激素反应相对较差；④易患呼吸道感染。

2）小儿哮喘：指年龄＞3 岁者。特点：①多在 2 岁以后逐渐出现呼吸道过敏；②发病季节与变应原类型有关；③有明显的平滑肌痉挛，哮鸣音音调高；④对糖皮质激素反应较好。

3）咳嗽变异性哮喘：特点：①长期咳嗽，无喘息症状；②咳嗽在夜间或清晨以及剧烈运动后加重；③抗生素治疗无效；④支气管扩张药及糖皮质激素有特效；⑤部分患儿存在呼吸道过敏；⑥一些患儿最终发展成支气管哮喘。

3. 辅助检查

（1）肺功能检查：主要用于 5 岁以上患儿，是诊断支气管哮喘的有力依据。一秒用力呼气容积占用力肺活量（FEV_1/FVC）比值及呼气峰流速（PEF）值均降低。

（2）胸部 X 线检查：急性期胸部 X 线正常或呈间质性改变，可有肺气肿或肺不张。

（3）过敏原测试：用多种吸入性过敏原或食物性过敏原提取液所做的过敏原测试是诊断变态反应的首要工具，提示患者是否对该变应原过敏。

4. 心理-社会状况 评估患儿有无因反复哮喘而产生焦虑、抑郁或恐惧。评估家长对本病的了解情况和应对的心态，有无因患儿哮喘发作导致不能正常进食及睡眠而出现焦虑、紧张、不知所措等状况。评估家庭有无良好的居住环境及经济状况。

【常见护理诊断/问题】

1. 低效性呼吸型态 与气道梗阻有关。

2. 活动无耐力 与缺氧有关。

3. 潜在并发症 呼吸衰竭、心力衰竭。

4. 焦虑 与哮喘反复发作有关。

【预期目标】

1. 患儿呼吸困难得到缓解。

2. 无呼吸衰竭及心力衰竭等潜在并发症的发生。

3. 患儿及家长了解疾病相关知识，能够配合治疗和护理，焦虑情绪得到缓解。

【护理措施】

1. 维持气道通畅，缓解呼吸困难

（1）体位与吸氧：置患儿于坐位或半卧位，以利于呼吸；给予鼻导管或面罩吸氧，氧浓度以40%为宜。定时进行血气分析，及时调整氧流量，保持 PaO_2 为 9.3～12.0kPa（70～90mmHg）。

（2）遵医嘱药物治疗：给予支气管扩张剂和糖皮质激素，可采用吸入疗法、口服、皮下注射或静脉滴注等方式给药。其中吸入治疗具有用量少、起效快、不良反应小等优点，是首选的药物治疗方法。使用时嘱患儿及家长充分摇匀药物，再按压喷药于咽喉部后，及时闭口屏气 10 秒，然后用鼻呼气，最后清水漱口。

（3）促进痰液排出：给予雾化吸入、胸部叩击或体位引流等，以促进排痰；鼓励患儿多饮水，保证摄入充足的水分，防止呼吸道分泌物黏稠形成痰栓；对痰液多而无力咳出者及时吸痰。

（4）教会并鼓励患儿做深而慢的呼吸运动。

2. 生活护理

（1）提供安静、舒适的环境：保持病室空气流通，温湿度适宜，室温可维持在 18～22℃，湿度在 50%～60%，避免有害气味、花草、地毯、皮毛、烟及尘土飞扬等诱因。安抚患儿，护理操作尽可能集中进行，避免情绪激动。

（2）饮食护理：给予营养丰富、高维生素、清淡流质或半流质饮食，避免食用鱼、虾、蛋等可能诱发哮喘的食物。

3. 密切观察病情 观察患儿病情变化及哮喘发作情况。患儿有无大量出汗、疲倦、发绀，是否有烦躁不安、气喘加剧、心率加快、肝脏在短时间内有无急剧增大等情况。有无心力衰竭、呼吸骤停及哮喘危重状态的发生，及时报告医师共同抢救。

4. 心理护理 哮喘发作时，鼓励患儿将不适及时告诉医护人员，并守护安抚患儿，尽量满足患儿合理的需求。向患儿家长解释哮喘的诱因、治疗过程及预后，指导他们以正确的态度对待患儿，并发挥患儿的主观能动性，采取措施缓解患儿的恐惧心理。

5. 健康指导

（1）指导呼吸运动，以加强呼吸肌的功能：在进行呼吸运动前，应先清除呼吸道分泌物：①平躺，双手平放在身体两侧，膝弯曲，脚平放地板；用鼻连续吸气，但胸部不扩张；缩紧双唇，慢慢吐气直到吐完。②向前弯曲运动：坐在椅上，背伸直，头向前倾，双手放在膝上；由鼻吸气，扩张上腹部，胸部保持直立不动，由口将气慢慢吹出。③胸部扩张运动：坐在椅子上，将手掌放在左右两侧的最下肋骨上，吸气，扩张下肋骨，然后由嘴吐气，收缩上胸部和下胸部，用手掌下压肋骨，可将肺底部的空气排出。每项运动方法重复做 10 次。

（2）介绍用药方法及预防知识：指导家长给患儿增加营养，多进行户外活动，多晒太阳，增强体质，预防呼吸道感染；指导患儿及家长确认哮喘发作的诱因，避免接触可能的变应原，去除各种诱发因素（如避免寒冷刺激、避免摄入鱼虾等易致过敏的蛋白质、避免呼吸道感染等）；教会患儿及家长对病情进行监测，辨认哮喘发作的早期征象、发作表现及掌握适当的处理方法；教会患儿及家长选用长期预防与快速缓解的药物，正确、安全用药，及时就医，以控制哮喘严重发作。

案例 7-4 分析讨论

1. 该患儿的护理诊断/问题

（1）低效性呼吸形态：与气道梗阻有关。

（2）活动无耐力：与缺氧有关。

（3）潜在并发症：呼吸衰竭、心力衰竭。

（4）焦虑：与哮喘反复发作有关。

2. 给该患儿进行药物吸入疗法　使用时嘱患儿及家长充分摇匀药物，再按压喷药于咽喉部后，及时闭口屏气 10 秒，然后用鼻呼气，最后清水漱口。

3. 指导该患儿呼吸运动的方法

（1）平躺，双手平放在身体两侧，膝弯曲，脚平放地板；用鼻连续吸气，但胸部不扩张；缩紧双唇，慢慢吐气直到吐完。

（2）向前弯曲运动：坐在椅上，背伸直，头向前倾，双手放在膝上；由鼻吸气，扩张上腹部，胸部保持直立不动，由口将气慢慢吹出。

（3）胸部扩张运动：坐在椅子上，将手掌放在左右两侧的最下肋骨上，吸气，扩张下肋骨，然后由嘴吐气，收缩上胸部和下胸部，用手掌下压肋骨，可将肺底部的空气排出。每项运动方法重复做 10 次。

【护理评价】

经过治疗和护理，患儿呼吸困难得到缓解；无呼吸衰竭及心力衰竭等潜在并发症的发生。患儿及家长了解疾病相关知识，能够配合治疗和护理，焦虑情绪得到缓解。

思　考　题

1. 男孩，5 个月，发热、咳嗽、喘憋 3 天，体格检查：体温 37.5℃，呼吸 68 次/分，呼气性呼吸困难，呼气时有呻吟，伴明显鼻扇及三凹征，满肺喘鸣音，底部有细湿啰音，白细胞 7.0×10^9/L，淋巴细胞占 78%，本病例最大的可能诊断是什么？

2. 男孩，5 岁，发热 10 天，热型不定，伴刺激性咳嗽，咳出少量黏稠痰，体格检查：精神尚可，双肺呼吸粗糙及少许喘鸣音。X 线显示肺门阴影明显的增浊，根据病例诊断最大的可能是什么？

3. 婴儿，6 个月，患肺炎 5 天。现患儿突然烦躁不安，喘憋加重，发绀，心率 190 次/分，心音低钝，双肺布满细啰音，叩诊正常，肝肋下 3cm，心电图 T 波低平。

（1）患儿可能同时合并了什么并发症？

（2）该患儿在输液过程中应注意什么？

4. 女孩，2 岁，发热、咳嗽、气促 1 周，体格检查：精神不振，面色苍白，呼吸困难，皮肤可见荨麻疹样皮疹，双肺可闻及细湿啰音，X 线检查显示：多发性小脓肿，易变。

（1）该患儿最可能感染的病原体是什么？

（2）患儿可能出现的并发症有哪些？

（占小春）

第八章　循环系统疾病患儿的护理

【目标要求】

掌握：小儿心血管系统的解剖生理特点和一些重要的生理常数；各类先天性疾病的分类；常见先天性心脏病的临床表现及护理措施；病毒性心肌炎的临床表现及护理措施。

熟悉：胎儿血液循环和出生后的改变；常见先天性心脏病的病因及护理诊断；病毒性心肌炎的病因及护理诊断。

了解：心脏的胚胎发育；常见先天性心脏病的病理生理、辅助检查及治疗要点；常见先天性心脏病患儿的护理目标及评价；病毒性心肌炎的发病机制、辅助检查及治疗要点；病毒性心肌炎患儿的护理目标及评价。

第一节　小儿循环系统解剖生理特点

一、心脏的胚胎发育

原始心脏开始形成于胚胎发育的第2周，最初是一个纵直管道，由外表收缩环分为三部分，由前至后为心球、心室和心房。在遗传基因的作用下，该管道逐渐扭曲生长，从上到下构成静脉窦（以后发育成上、下腔静脉及冠状窦）、共同心房、共同心室、心球（以后形成心室的流出道）和动脉总干（以后分隔为主动脉和肺动脉）。由于心室的扩展和伸张较快，心室渐向腹面突出，使心球、静脉窦和动脉总干都位于心脏的前端，心脏流入和流出孔道并列在一端，四组瓣膜环连在一起，组成纤维支架。

至胚胎29天左右，心脏外形基本形成，但仍为单一的管道。心房和心室的划分最早是在房室交界处的背、腹面各长出一心内膜垫，最后两垫相接。心房隔形成于胚胎第3周末，先是心房腔的背部向心内膜垫长出第一房间隔，尚未愈合前，其间留下第一房间孔。第一房间孔闭合前，其上部组织吸收而形成第二房间孔，这样左右心房仍保持相通。至胚胎第5、6周，第一房间隔右侧长出第二房间隔。此隔向心内膜延伸过程中，其游离缘留下一个孔道为卵圆孔。随着生长，两个房间隔逐渐接近黏合，房间孔被掩盖闭合，而第一房间隔成为卵圆孔的帘膜，阻止血液从左心房流入右心房。心房内分隔形成的同时，原始心室底壁向上生长的肌膈和心内膜垫向下生长的膈膜融合，形成室间隔的肌部和膜部，动脉总干及心球分化成主动脉与肺动脉时的中隔向下延伸的部分形成室间隔的膜部。胎儿心脏约在胚胎的4周开始有循环作用，第8周房室间隔完全形成，此时即成为具有4腔的心脏（图8-1）。

随着胎儿心脏的发育，原始心脏的动脉总干内侧逐渐长出纵隔并螺旋向心室生长，使主动脉向左、向后旋转与左心室连接，肺动脉向前、向右旋转与右心室连接。如在此期间该纵隔发育受到影响，分隔发生偏差或扭转不全，则可造成主动脉骑跨或大动脉错位等大血管畸形。

胚胎第2～8周为心脏胚胎发育的关键时期，在此期间母体如受到外界不良因素影响易导致心血管发育畸形。因此，加强孕妇妊娠早期保健，对预防先天性心脏病具有积极的意义。

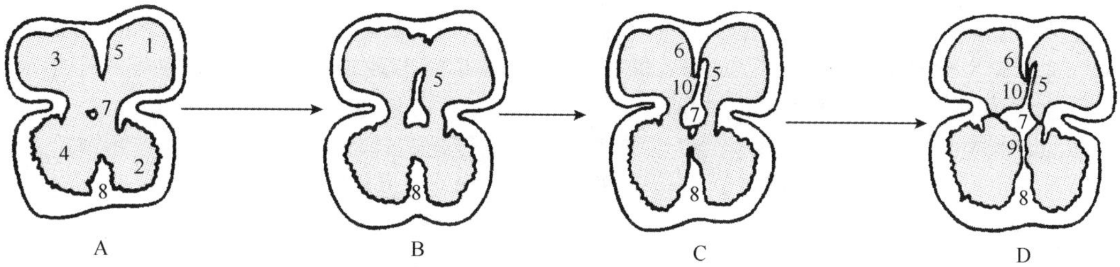

图 8-1　房间隔、室间隔及心内膜垫发育示意图

A、B. 胚胎第 3～4 周；C. 胚胎第 5～6 周；D. 胚胎第 7～8 周

1. 左心房；2. 左心室；3. 右心房；4. 右心室；5. 第一房间隔；

6. 第二房间隔；7. 心内膜炎；8. 室下隔肌部；9. 室隔膜部；10. 卵圆孔

二、胎儿血液循环及出生后的改变

（一）正常胎儿血液循环

胎儿时期的气体和营养交换都是通过胎盘和脐血管与母体以弥散方式进行交换的。来自胎盘含氧较高的血液，经脐静脉进入胎儿体内，在肝脏下缘分为两支：一支入肝与门静脉融合；另一支经静脉导管直接进入下腔静脉，与来自下半身的静脉血混合，流入右心房，此混合血（以动脉血为主）进入右心房后，大部分经卵圆孔流入左心房，再通过左心室流入升主动脉，主要满足心脏、脑和上肢（上半身）的血供，小部分流入右心室。从上腔静脉回流的来自上半身的静脉血经右心房，绝大部分流入右心室，进入肺动脉。但只有少量进入肺（胎儿肺脏无呼吸功能，肺血管阻力高），大部分血液通过动脉导管汇入降主动脉（以静脉血为主），供应腹腔器官和下肢（下半身），最后由脐动脉回流至胎盘，再次进行营养和气体交换（图 8-2）。

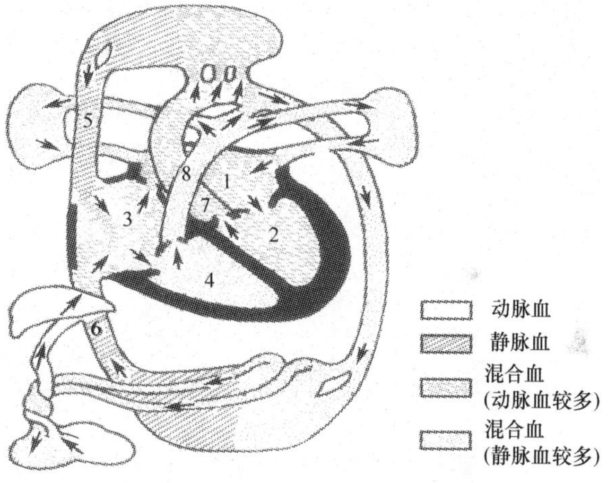

图 8-2　正常胎儿的血液循环示意图

1. 左心房；2. 左心室；3. 右心房；4. 右心室；5. 上腔静脉；6. 下腔静脉；7. 主动脉；8. 肺动脉

（二）出生后血液循环的改变

出生后血液循环最主要的改变是脐-胎血液循环的终止和肺循环的建立。

1. 脐-胎循环终止　出生后由于脐带结扎，脐-胎循环终止，脐血管于生后 6～8 周完全闭锁形成韧带。

2. 肺脏开始气体交换　随着新生儿的第一声啼哭，呼吸建立，由于肺的扩张，肺循环压力降低，在肺脏开始进行气体交换，肺循环建立。

3. 卵圆孔关闭　由于胎盘血液循环中止，脐静脉不再有血液流入右心房，肺脏开始气体交换后建立了肺循环，以致从右心室流入肺内的血液增多，从而从肺静脉流入左心房的血量增多，左心房压力随之增高，当超过右心房压力时，卵圆孔瓣膜发生功能上的关闭。到生后 5～7 个月，解剖上大多闭合。

4. 动脉导管关闭　由于肺循环压力降低和体循环压力升高，右心室血流经肺动脉入肺进行气体交换，而不再经动脉导管，使流经动脉导管内的血流逐渐减少，最后停止，形成功能性关闭。另外，还因动脉血氧含量增高和出生后体内前列腺素的减少，致使动脉导管平滑肌收缩、闭塞，故导管逐渐闭合成为动脉韧带。足月儿约 80%在生后 10～15 小时形成功能性关闭；80%婴儿于生后 3～4 个月、95%婴儿于生后 1 年内形成解剖上关闭。

三、正常小儿心脏、心率、血压的特点

（一）心脏大小和位置

小儿心脏体积相对成人大，随着年龄的增长，心脏重量与体重的比值下降。新生儿心脏重量为 20～25g，占体重的 0.8%，而成人只占 0.5%。小儿心脏的位置随年龄增长而发生变化。新生儿和小于 2 岁婴幼儿心脏多呈横位，心尖冲动位于左侧第 4 肋间、锁骨中线外侧，心尖部主要为右心室。2 岁以后随着直立行走、肺及胸部的发育和横膈的下降等，心脏由横位逐渐转为斜位。3～7 岁心脏由横位转为斜位，心尖冲动已位于左侧第 5 肋间、锁骨中线处，左心室形成心尖部。7 岁以后心尖位置逐渐移到锁骨中线以内 0.5～1cm。

（二）心率

由于小儿新陈代谢旺盛和交感神经兴奋性较高，故心率较快，随着年龄增长而逐渐减慢（表 8-1）。进食、活动、哭闹和发热可使心率加快，一般体温每增高 1℃，心率增加 10~15 次/分；睡眠时心率大约减少 20 次/分。因此，应在小儿安静或睡眠时测量心率和脉搏。凡脉搏显著增快，且在睡眠时不见减慢者，可怀疑有器质性心脏病。

表 8-1　各年龄段小儿正常心率、血压参考值

年龄	心率（次/分）	收缩压（mmHg）	舒张压（mmHg）
新生儿	120～140	60～70	40 左右
1 岁以内	110～130	70～80	50 左右
2～3 岁	100～120	80～90	50
4～7 岁	80～100	85～95	50～60
8～14 岁	70～90	90～130	60～90

（三）血压

小儿由于心搏出量较少，动脉壁的弹性较好和血管口径相对较大，故血压偏低，随着年龄的增长可逐渐升高（表 8-1）。2 岁以后收缩压可按公式计算，收缩压（mmHg）=年龄×2+80mmHg。舒张压为收缩压的 2/3。收缩压高于此标准 20mmHg（2.7kPa）为高血压；低于此标准 20mmHg 为低血压。下肢的血压比上肢约高 20mmHg。小儿血压受诸多外界因素的影响，如哭叫、体位变动、情绪紧张皆可使血压暂时升高。故测量血压应保持绝对安静，并注意测量时的体位、血压计、时间等。

第二节　各种常见的先天性心脏病

案例 8-1

患儿，男性，18 个月，生后 3 个月出现口唇青紫，之后青紫逐渐加重，喂养困难，坐时喜欢屈膝，稍一活动即出现呼吸急促。临床诊断为“法洛四联症”。

体格检查：体温 36.6℃，呼吸 32 次/分，脉搏 110 次/分，血压 80/60mmHg，生长发育明显落后，口唇、鼻尖、耳垂、指（趾）青紫明显，伴杵状指（趾），心前区稍隆起，双肺呼吸音清，胸骨左缘第 3 肋间闻及 II 级收缩期杂音，肺动脉第二心音减弱。

辅助检查：血常规显示血红蛋白 200g/L；心电图提示心电轴右偏，右心室肥大；胸部 X 线显示心影呈“靴形”，双肺纹理减少。

思考题：

1. 该患儿的临床诊断依据有哪些？
2. 该患儿目前存在的护理诊断有哪些？护理重点是什么？

先天性心脏病（congenital heart disease，CHD）简称先心病，指胎儿时期心脏及与其相连的大血管发育异常所致的畸形，是小儿最常见的心脏病，其发病率占活产婴儿的 0.6%～0.8%。据估计，中国每年新增先天性心脏病患儿约 15 万。随着超声心动图、心血管造影术和心导管检查等技术的发展，多数先天性心脏病患儿能得到准确的诊断，获得治疗。部分先天性疾病患儿的干预治疗已从胎儿期开始。随着心脏介入技术和外科体外循环的更广泛应用，使先天性心脏病的预后大为改善，病死率已显著下降。

【病因】

绝大多数先天性心脏病的病因尚未完全明确，但现已公认其发病主要是遗传和环境因素及两者相互作用所致的结果。

1. 遗传因素（内在因素）　可由染色体异位、畸变或单、多基因突变引起。5%先天性心脏病患儿发生于同一家族，其病种相同或近似。

2. 环境因素（外在因素）　主要是宫内感染，尤其为妊娠早期病毒感染，如风疹病毒、柯萨奇病毒、流行性感冒、流行性腮腺炎感染等；孕母营养障碍、维生素缺乏（如缺乏叶酸等）及代谢紊乱性疾病（如糖尿病、苯丙酮尿症、高钙血症等），服用药物（抗肿瘤、抗癫痫等），接触放射线，妊娠早期饮酒、吸毒、食用锂盐；胎儿周围的机械压。某些类型的先天性心脏病的发生还与孕母所处环境的气候、海拔有关，居住在高山等海拔高的地区，因氧浓度低，易发生动脉导管未闭。

另外，某些类型的先天性心脏病的发生还与胎儿性别有关。

【分类】

先天性心脏病的分类方法很多，且可以两种以上的畸形同时存在。以下列举两种临床常用的分类方法。

1. 根据心脏左、右两侧及大血管之间有无分流分类

（1）无分流型（non-shunt lesions）（无青紫型）：即心脏左右两侧或动静脉之间无异常通路和分流，患儿不会出现青紫。如肺（主）动脉瓣狭窄、主动脉缩窄、原发性肺动脉高压等。

（2）左向右分流型（left-to-right shunt lesions）（潜伏青紫型）：即心脏左右两侧或动静脉之间存在异常通道，正常情况下，由于体循环压力大于肺循环压力，血流从左向右分流而不出现青紫。当患儿啼哭、屏气或任何病理情况，致使肺动脉或右心室压力增高并超过主动脉或左心压力时，则可出现血液自右向左分流而出现暂时性青紫。如房间隔缺损、动脉导管未闭、室间隔缺损等。

（3）右向左分流型（right-to-left shunt lesions）（青紫型）：即在某些病理状态下右心压力高于左心，血流通过异常通道从右向左分流，或因大动脉起源异常导致大量静脉血混入体循环时，患儿可出现持续性青紫，故也称为发绀型先天性心脏病。如法洛四联症、完全性大动脉转位、永存动脉干等。

2. Silber 分类法　以病理变化为基础，结合临床表现和心电图进行分组。分为：单纯心血管间交通（如房间隔缺损、动脉导管未闭、室间隔缺损）；心脏瓣膜畸形（如主动脉瓣狭窄、肺动脉瓣狭窄、二尖瓣关闭不全）；血管畸形（如主动脉缩窄、永存动脉干，冠状动静脉瘘，主动脉窦瘤）；复合畸形（如法洛四联症，大血管转位，完全性心内膜垫缺损）；立体构相异常（如单纯右位心，左位心及中位心）；心律失常（如预激综合征、先天性房室传导阻滞、致命性家族性心律失常）；心内膜弹力纤维增生症；家族性心肌病；心包缺失；心脏异位和左心室憩室。

一、房间隔缺损

房间隔缺损（atrial septal defect，ASD）是在胚胎发育过程中原始心房间隔发育、融合、吸收等异常所致两心房间存在异常通路，为儿童时期常见的先天性心脏病类型之一，女性与男性发病率之比约为 2∶1。小儿时期症状常被忽视，不少患者到成年后才被发现，故临床统计病数大约只有先天性心脏病发病总数的 10%。房间隔缺损可单独存在，也可合并其他畸形，常见的如肺动脉闭锁、肺静脉异位引流等。

【分型】

ASD 的分型方法较多，意见尚不统一。根据胚胎发生，可分为以下四型：

1. 原发孔型房间隔缺损 也称 I 孔型房间隔缺损或部分性心内膜垫型房间隔缺损，约占 15%，缺损位于心内膜垫与房间隔交接处。

2. 继发孔型房间隔缺损 最为常见，约占 75%，也称中央型房间隔缺损，缺损位于房间隔中心卵圆窝部位。

3. 静脉窦型房间隔缺损 约占 5%，分上腔型和下腔型房间隔缺损，缺损分别位于上、下腔静脉入口处。

4. 冠状静脉窦型房间隔缺损 约占 2%，缺损位于冠状静脉窦上端与左心房之间。

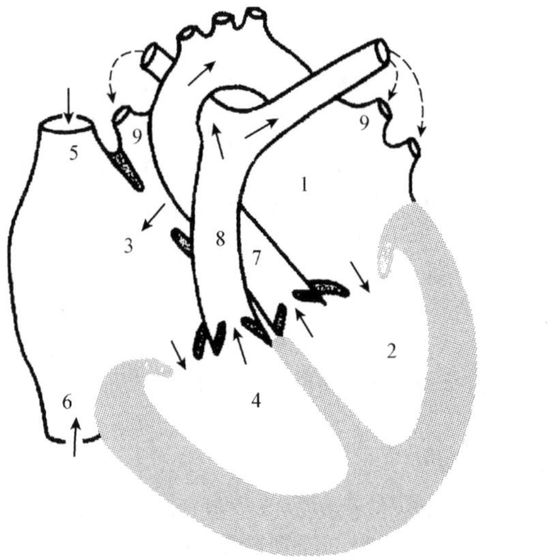

图 8-3 房间隔缺损的血循环示意图

1. 左心房；2. 左心室；3. 右心房；4. 右心室；5. 上腔静脉；6. 下腔静脉；7. 主动脉；8. 肺动脉；9. 肺静脉

【病理生理】

出生后由于左心房压力高于右心房压力，房间隔缺损存在时则出现左向右分流，分流量大小与两侧心房压力差、缺损大小和心室的顺应性有关。刚出生时，左右心室壁厚度相似，顺应性也相差不大，故分流量不多。随着年龄增长，右心室压力及肺血管阻力下降，体循环压力增高，左心室壁增厚，左、右心室间压力差增大，分流量随之增加。如不及时治疗，部分房间隔缺损患儿可以发展成为不可逆的肺动脉高压，则可出现持续性青紫（图 8-3）。

【临床表现】

1. 症状 根据缺损大小而定。缺损小者可无症状。缺损大者可表现为活动后心悸、气短、疲劳、反复呼吸道感染和生长发育迟缓。肺动脉高压时出现右向左分流者，表现出发绀。最常见于鼻尖、口唇、指（趾）甲床。部分患儿可出现支气管肺炎、肺水肿、充血性心力衰竭及感染性心内膜炎等并发症。

2. 体征 患儿可表现为消瘦、体格发育落后，心前区隆起，心尖冲动弥散，心浊音界扩大。典型心脏杂音为：第一心音正常或分裂；胸骨左缘第 2～3 肋间产生收缩中期Ⅱ～Ⅲ级喷射性杂音。肺动脉瓣区第二心音增强或亢进，呈固定分裂。

【辅助检查】

1. 心电图检查 大多数病例显示电轴右偏，不完全性或完全性右束支传导阻滞，部分病例有右心房和右心室肥大，1/4 病例可有 P 波轻度增高。原发孔型房间隔缺损病例常见电轴左偏及左心室肥大。

2. 胸部 X 线检查　可见心脏扩大，尤以右心房、右心室增大为主。肺动脉总干及分支随心脏冲动呈现一明一暗的“肺门舞蹈”征，肺野充血和主动脉影缩小（图 8-4）。对分流较大的房间隔缺损具有诊断价值。

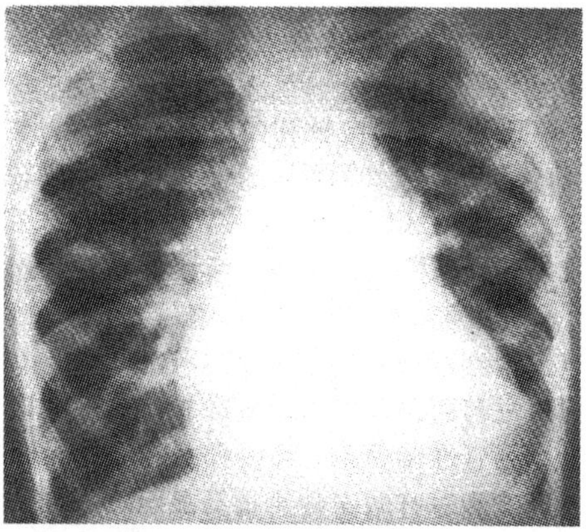

图 8-4　房间隔缺损的正位平片

3. 超声心动图检查　M 型超声可显示右心房、右心室增大及室间隔的矛盾运动；二维超声可显示房间隔缺损的位置及大小，结合彩色多普勒超声可提高诊断的可靠性并能判断分流的方向。

4. 磁共振显影检查　能够清晰地显示缺损的位置、大小及血流情况。

5. 心导管检查　一般不需要做，当合并肺动脉高压、肺动脉瓣狭窄或肺静脉异位引流时可行右心导管检查。临床表现与非创伤性检查能确诊者，心导管检查可省略。

6. 心血管造影　导管造影显示造影剂注入右上肺静脉，可见其通过房间隔缺损迅速由左心房进入右心房。

【治疗要点】

小型继发孔型房间隔缺损有自然闭合的可能。鉴于成年后发生心力衰竭和肺动脉高压，宜在儿童时期进行介入治疗或手术治疗。缺损较大影响生长发育且反复发生并发症者宜尽早进行介入治疗或手术治疗。

二、室间隔缺损

室间隔缺损（ventricular Septal Defect，VSD）是胚胎时期室间隔（流入道、小梁部和流出道）发育不全，形成左右心室异常交通，致使血流产生左向右分流的一种心脏结构畸形。它可单独存在，也可为某种复杂心血管畸形的组成部分，如法洛四联症。室间隔缺损是最常见的先天性心脏病，约占先天性心脏病总数的 50%，约 40%的室间隔缺损合并其他先天性心血管畸形。本节只限单纯室间隔缺损。

【分型】

1. 根据缺损解剖位置同及其与房室瓣、主动脉瓣的关系分类

（1）膜周部缺损：最为常见，占 60%～70%，位于主动脉下，由膜部与其相连接的三个区域（流入道、小梁部或流出道）延伸而成。

（2）肌部缺损：占 20%～30%，又分为窦部肌肉（即肌部流入道）缺损、漏斗膈肌肉缺损及肌部小梁部缺损。

2. 根据缺损大小分类（表 8-2）

表 8-2　室间隔缺损的分类

项目	小型室缺（Roger 病）	中型室缺	大型室缺
缺损直径（mm）	＜5	5～15	＞15
缺损面积（cm^2）	＜0.5	0.5～1.5	＞1.0
分流量	少	中等	大
症状	无或轻微	有	明显
肺血管	可无影响	有影响	肺高压 Eisenmenger 综合征

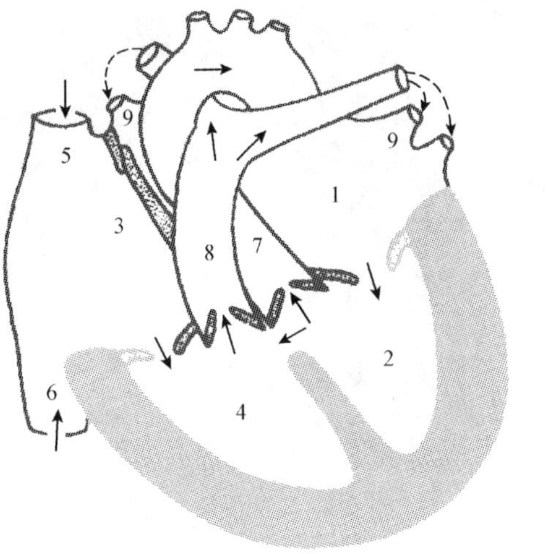

图 8-5　室间隔缺损血液循环示意图

1. 左心房；2. 左心室；3. 右心房；4. 右心室；5. 上腔静脉；6. 下腔静脉；7. 主动脉；8. 肺动脉；9. 肺静脉

【病理生理】

疾病早期因左心室压力高于右心室压力，其分流为左向右分流，分流量的大小取决于缺损的面积、肺小动脉的阻力及双侧心室的压力阶差。随着病情发展或分流量大时，右心血流量增加，舒张期负荷加重，右心房、右心室增大，肺循环压力继续增高，晚期可导致肺小动脉肌层及内膜改变，管腔壁增厚，管腔狭窄，逐渐出现左右心之间双向分流，甚至持续的右向左分流，当右心室收缩压超过左心室收缩压时，左向右分流显著减少，最后逆转为双向分流或右向左分流，出现发绀，即艾森曼格综合征（Eisenmenger syndrome）（图 8-5）。

【临床表现】

1. 症状　若缺损＜0.5cm 则分流量较小，多无临床症状，生长发育正常。缺损大者，症状出现早且明显。新生儿后期及婴儿期即可出现气急、多汗、苍白、乏力，尤在活动或哭闹时明显，易反复易肺部感染，甚至心力衰竭。伴有慢性左心功能不全时，经常夜间烦躁不安。

2. 体征　小型缺损仅在胸骨左缘第 3～4 肋间闻及粗糙Ⅲ级全收缩期杂音，心界多正常。大型缺损，症状明显患儿可表现为生长发育落后，胸廓畸形，心尖冲动增强并向左下移位，心界向左下扩大等，其听诊典型心脏杂音为胸骨左缘 3～4 肋间有Ⅳ～Ⅴ级粗糙收缩期杂音，向心前区传导，伴收缩期细震颤。肺动脉瓣第二心音亢进及分裂。明显肺动脉高压者，肺动脉第二心音显著亢进而心脏杂音较轻。肺动脉压力继续增高后，逆转为右向左分流，出现青紫，并逐渐加重，可见杵状指（趾）。

【辅助检查】

1. 心电图检查　小缺损心电图可正常或电轴左偏；中型缺损者左心室肥大；大缺损可表现出左心室肥大、右心室合并肥大，并可出现不全性束支传导阻滞和心肌劳损等表现。

2. 胸部 X 线检查　小缺损可无明显改变，或肺动脉段延长或轻微突出，肺野轻度充血。中度以上缺损心影轻度到中度扩大，左心缘向左向下延长，肺动脉圆锥隆出，主动脉结变小，肺门充血。大型缺损心影中度以上增大，呈二尖瓣型（烧瓶状），左、右心室增大，多以右室增大为主，肺动脉段明显突出，肺野明显充血（图 8-6）。

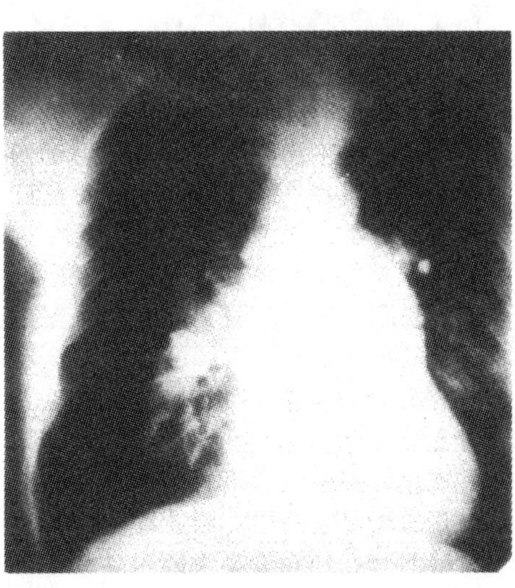

图 8-6　室间隔缺损的正位平片

3. 超声心动图检查　为诊断先天性心血管畸形的主要手段。二维超声可从多个切面显示缺损的直接征象；彩色多普勒超声可显示分流束的起源、部位、数目、大小及方向；频谱多普勒超声可测量分流速度，估测肺动脉压，还可间接测量肺循环血流量（Qp）和体循环血流量（Qs），推断血液分流情况。

4. 磁共振显影检查　能够准确地判断血流情况和

心脏的状况。

5. 心导管检查　了解心腔及大血管不同部位的血氧含量和压力变化，明确有无分流及分流的部位。单纯的室间隔缺损很少再需要心导管和造影检查，心导管检查是先天性心脏病进一步明确诊断和决定手术前的重要检查方法之一。

6. 心血管造影　通过导管检查仍不能明确诊断而又需考虑手术治疗的患者，可做心血管造影。特别对复杂性先天性心脏病及血管畸形，心导管造影仍是主要检查手段。

【治疗要点】

绝大多数患儿在行外科治疗前需要内科治疗，其重点是预防和治疗各种并发症，保护心功能，以使患儿在手术前得以正常生存。小型室间隔缺损可门诊随访至学龄前期，膜周部和肌部小梁部缺损有自然闭合可能，有反复呼吸道感染和充血性心力衰竭时进行抗感染、强心、利尿、扩血管等对症处理，直到手术。大中型缺损和有难以控制的充血性心力衰竭者，肺动脉压持续升高超过体循环压的 1/2 或肺循环/体循环量之比大于 2 : 1 时应及时介入治疗或手术治疗。

三、动脉导管未闭

动脉导管未闭（patent ductus arteriosus，PDA）指动脉导管异常持续开放并产生病理、生理改变，为小儿先天性心脏病常见类型之一，占先天性心脏病发病总数的 10%。

【分型】

根据未闭导管的大小、长短和形态，可分为三型。

1. 管型　导管连接主动脉和肺动脉两端，长度多在 1cm 左右，粗细一致。

2. 漏斗型　导管一端直径大于另一端，常为近主动脉端粗大，至肺动脉端逐渐变窄，长度与管型相似。

3. 窗型　主动脉与肺动脉紧贴，直径较大。

【病理生理】

动脉导管未闭患儿分流量大小与主、肺动脉之间的压差和导管的粗细有关。由于主动脉压力高于肺动脉压力，主动脉血流持续流入肺动脉，肺循环血量增加，导致左心室舒张期容量负荷增加，左心房、左心室扩大，心室壁肥厚。长期大量分流，还可导致肺动脉管壁增厚，压力增高，出现肺动脉高压、右心室肥大甚至衰竭。当肺动脉压力超过主动脉压力时，肺动脉血经未闭的动脉导管进入降主动脉，故发绀在下半身表现更为明显，左上肢轻度青紫，右上肢正常，称差异性青紫（differential cyanosis）（图 8-7）。

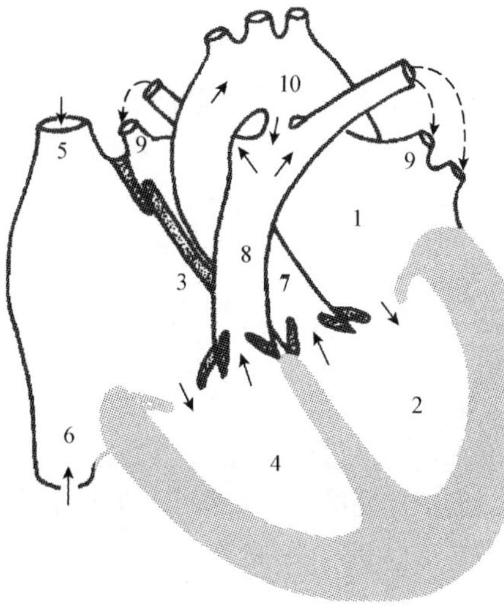

图 8-7　动脉导管未闭血液循环示意图

1. 左心房；2. 左心室；3. 右心房；4. 右心室；5. 上腔静脉；6. 下腔静脉；7. 主动脉；8. 肺动脉；9. 肺静脉；10. 动脉导管

【临床表现】

1. 症状　分流量小者，常无症状，仅在体检时发现心脏杂音。分流量大者，患儿表现为疲乏无力、多汗、生长发育迟缓，易合并呼吸道感染出现咳嗽、气急等。偶尔因扩大的肺动脉压迫喉返神经而引起声嘶。晚期出现肺动脉高压者可发展为艾森曼格综合征，出现发绀或差异性青紫。

2. 体征　患儿多消瘦，轻度胸廓畸形。心尖冲动增强并向左下移位，心浊音界向左下扩大。典型心脏杂音为胸骨左缘第2肋间偏外侧有响亮的连续性“机器样”杂音，向左上颈背部、左锁骨下传导。可伴有收缩期或连续性细震颤。当肺血管阻力增高时，杂音的舒张期成分可能减弱或消失。肺动脉瓣区第二心音增强。分流量大者，因相对二尖瓣狭窄可在心尖部闻及较短的舒张期杂音。合并肺动脉高压或心力衰竭患儿、婴幼儿期因肺动脉压力较高时，往往只闻及收缩期杂音。由于肺动脉分流使舒张压降低，收缩压多正常，脉压增大，大于40mmHg（5.3kPa），可表现为周围血管征，如水冲脉、毛细血管搏动、枪击音和杜氏征等。

【辅助检查】

1. 心电图 左心室高电压或左心室肥厚，分流量较大或肺动脉压力较高时，电轴可正常或左偏，双室肥大发生于肺动脉压力与体循环压力相等时，电轴可右偏，右心室显示收缩期负荷加重。

2. X线检查 小分流量者心血管影可正常。大分流量者心胸比率增大，左心增大，心尖向下扩张。肺多血，肺动脉段突出，肺门血管影增粗。肺动脉高压时，肺门处肺动脉总干及分支扩张，远端肺野肺小动脉狭小，左心室有扩大肥厚征象。主动脉结正常或凸出（图8-8）。

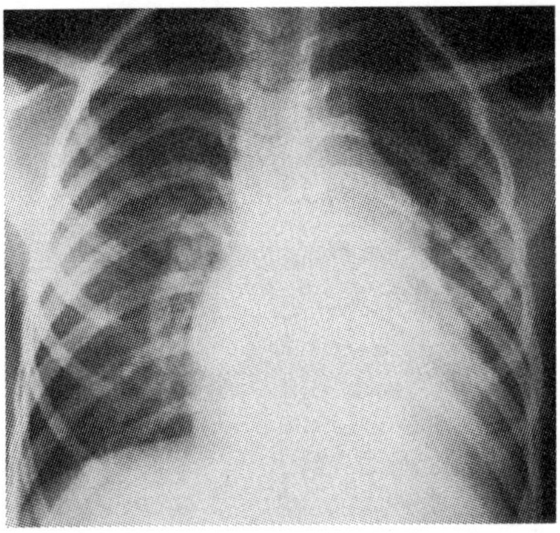

图8-8 动脉导管未闭正位平片

3. 超声心动图 对诊断极有帮助。可探查到未闭合的导管及收缩期和舒张期的连续湍流。二维超声心动图可以直接探查到未闭合的动脉导管的位置和粗细。彩色多普勒在动脉导管开口处也可测探到典型的收缩期与舒张期连续性湍流频谱。在重度肺动脉高压时，当肺动脉压超过主动脉，可见蓝色流柱自肺动脉经未闭导管进入降主动脉。

4. 心导管检查 右心导管检查当有肺动脉高压或合并其他畸形，致诊断不能明确者，应做导管检查。可发现肺动脉血氧含量较右心室为高。

【治疗要点】

少数动脉导管在1岁内有自然闭合的可能。经诊断明确，除禁忌证（如右向左分流）外，不同年龄、不同大小的动脉导管均应及时手术或经介入方法进行关闭。早产儿动脉导管未闭的处理视分流大小及呼吸窘迫综合征程度而定，生后1周内使用前列腺素合成酶抑制剂（如吲哚美辛）诱导自然闭合，但仍有10%的患儿需手术治疗。

四、法洛四联症

法洛四联症（tetralogy of Fallot，TOF）是存活婴儿中最常见的青紫型先天性心脏病，其发病率占各类先天性心脏病的10%～15%。主要由以下四种畸形组成：①肺动脉狭窄，以漏斗部狭窄多见，其次为漏斗部和瓣膜合并狭窄，狭窄程度可随年龄而加重；②室间隔缺损，缺损为膜部周围性缺损并向流出道延伸；③主动脉骑跨，主动脉根部骑跨在室间隔缺损上；④右心室肥厚，属继发性病变。其中肺动脉狭窄是决定患儿的病理生理、临床表现及预后的主要因素。

【病理生理】

肺动脉狭窄的程度决定了临床症状出现的时间、发绀的严重程度和右心室肥厚程度。血流动力学变化主要取决于心室灌注主动脉及肺循环阻力的关系，因此肺动脉狭窄的程度具有决定意义。由于肺动脉狭窄，血液进入肺循环受阻，右心室代偿性肥厚，右心室压力增高，超过左心室压力时出现右向左分流，骑跨的主动脉同时接受来自右心室和左心室血液，患儿出现青紫；另外，由于肺动脉狭窄，进入肺循环进行气体交换的血流减少，更加重了青紫的程度（图 8-9）。

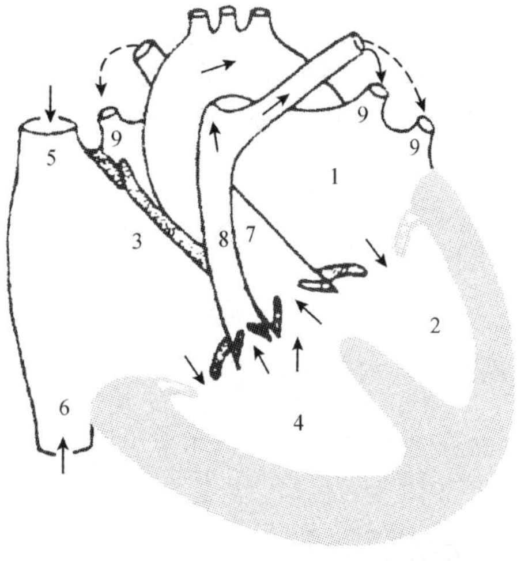

图 8-9　法洛四联症血液循环示意图

1. 左心房；2. 左心室；3. 右心房；4. 右心室；5. 上腔静脉；6. 下腔静脉；7. 主动脉；8. 肺动脉；9. 肺静脉

【临床表现】

1. 症状

（1）发绀：青紫为最主要表现，其发绀程度和出现的时间早晚与肺动脉狭窄程度有关。常见于唇、指（趾）甲床、球结合膜等。患儿啼哭、活动、天气寒冷刺激等，可出现气急及青紫加重，这是因为血氧含量下降，活动耐力差而致。

（2）蹲踞现象：患儿每于行走、游戏时，常主动下蹲片刻，即出现蹲踞。此时下肢屈曲，使静脉回心血量减少，可减轻心脏负荷，使右向左分流量减少；同时下肢动脉受压，体循环阻力增加，使右向左分流量减少，可以暂时缓解缺氧症状。

（3）阵发性缺氧发作：婴儿在吃奶、哭闹、大便、贫血、感染后，可出现阵发性呼吸困难，严重者突然昏厥、抽搐，甚至死亡。这是由于在肺动脉漏斗部狭窄的基础上，突然发生该处肌部痉挛，引起一时性肺动脉梗阻，使脑缺氧加重所致。年长儿常诉头痛、头昏。

（4）杵状指（趾）：由于患儿长期缺氧，指（趾）端毛细血管扩张增生，局部软组织和骨组织也增生肥大，指（趾）端膨大出现杵状指（趾）。

（5）血液黏稠：由于缺氧，刺激骨髓代偿性产生过多的红细胞，血液黏稠度高，血流变慢，易引起脑血栓，若为细菌性血栓，则易形成脑脓肿。

2. 体征　一般生长发育落后，心前区可稍隆起。听诊在胸骨左缘第 2～4 肋间常听到Ⅱ～Ⅲ级吹风样喷射性收缩杂音，其响度取决于肺动脉狭窄程度。漏斗部痉挛时，杂音暂时消失。肺动脉第二心音均减弱或消失。发绀持续 6 个月以上，出现杵状指（趾）。

【辅助检查】

1. 血液检查　周围血红细胞计数、血红蛋白含量和血细胞比容均显著增高，血小板降低，凝血酶原时间延长。

2. 心电图　电轴右偏，右心室肥大，右侧心前区各导联的 R 波明显增高，T 波倒置。部分患者标准导联和右侧心前区导联中 P 波高而尖，示右心房肥大。

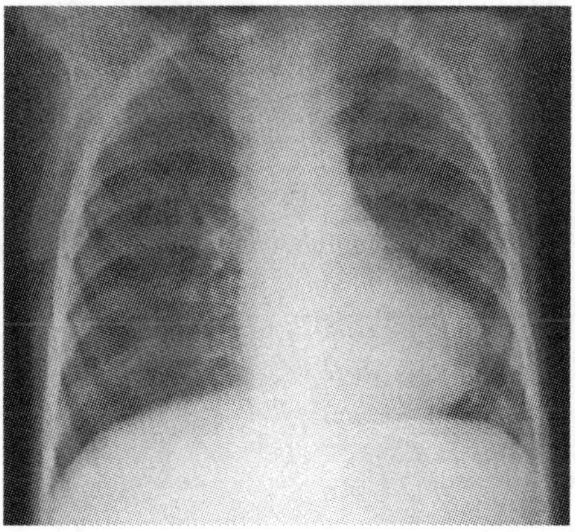
图 8-10　法洛四联症正位平片

3. X 线检查　心脏大小正常或稍增大，典型心影为“靴状”。侧支循环丰富者两肺野呈现网状肺（图 8-10）。

4. 超声心动图　主动脉骑跨于室间隔之上，内径增宽。右心室内径增大，流出道狭窄。左心室内径缩小。多普勒彩色血流显像可见右心室直接将血液注入骑跨的主动脉。

5. 心导管检查　一般情况不需要。导管不易进入肺动脉，提示肺动脉狭窄较重。导管较容易从右心室进入主动脉，说明主动脉骑跨。导管若从右心室进入左心室，说明有室间隔缺损。导管若能进入肺动脉，连续压力曲线可以帮助辨明狭窄的类型，测量肺动脉和右心室之间的压力阶差。

6. 心血管造影 造影剂注入右心室，主动脉与肺动脉几乎同时显影。主动脉阴影增粗且位置偏前、稍偏右。造影也可显示肺动脉狭窄的部位和程度，以及肺动脉分支的形态。造影对制订手术方案有较大帮助。必要时还需做左心室或冠状动脉造影。

案例 8-1 分析讨论

1. 该患儿的临床诊断依据

（1）症状：青紫，喂养困难，坐时喜欢屈膝，稍一活动即出现呼吸急促。

（2）体征：伴杵状指（趾），心前区稍隆起，胸骨左缘第 3 肋间闻及Ⅱ级收缩期杂音，肺动脉第二心音减弱。

（3）辅助检查：血红蛋白增高；心电轴右偏，右心室肥大；胸部 X 线显示心影呈“靴形”，双肺纹理减少。

【治疗原则】

1. 姑息术 年龄过小的婴幼儿可先行姑息分流手术，对重症患儿也宜先行姑息手术，待年长后一般情况改善，肺血管发育好转后，再做根治术。目前常用的方法有：

（1）BT-Shunt 术：锁骨下动脉-肺动脉吻合术，适用于肺动脉发育不良的婴儿。

（2）Rastelli 术：适用于肺动脉发育极差（闭锁状态）的患儿，以外管道连接右心室和肺动脉补片修补 VSD。

2. 根治术 临床症状不重的患儿，3 个月至 1 岁择期行根治手术。

五、肺动脉瓣狭窄

肺动脉瓣狭窄（pulmonary stenosis，PS）指肺动脉瓣结构改变，右心室收缩时肺动脉瓣无法完全张开而出现的一系列病理生理改变。单纯性肺动脉瓣狭窄约占先天性心脏病的 10%，是无分流型先天性心脏病中最常见的一种。

【分型】

肺动脉瓣狭窄根据病变累及部位不同分为两型。

1. 典型肺动脉瓣狭窄 三个瓣叶交界处互相融合，瓣膜开放受限，瓣口狭窄，瓣叶结构完整，瓣环正常，肺动脉干呈狭窄后扩张，其扩张程度与狭窄的严重程度不完全呈比例。如肺动脉瓣二瓣化畸形即为两个瓣叶的交界处融合，肺动脉瓣单瓣化畸形即瓣叶无交界处仅中心部留一小孔。

2. 发育不良型肺动脉瓣狭窄 肺动脉瓣叶明显增厚或呈结节状，形态不规则，瓣叶间无粘连，瓣叶开闭不灵活，瓣环发育不良，肺动脉干发育不良或不扩张。此型常有家族史，如 Noonan 综合征常合并此畸形。

【病理生理】

由于瓣孔狭窄，右心室排血受阻，右心室内压力增高，而肺动脉压力低，右心室因负荷增加而肥厚，其收缩压升高的程度与狭窄的严重性成正比，但心排血量一般能够维持。当右心室失代偿时，可导致右心衰竭，心排血量下降，右心室扩大，右心房及周围静脉压增高。如卵圆孔未闭或有房间隔缺损，当右心房压力升高时，出现右向左分流而形成青紫。左心房、左心室及主动脉一般不受影响。

【临床表现】

1. 症状 多数患儿生长发育正常，半数患儿面容硕圆，大多无青紫。轻度肺动脉狭窄可无症状；中重度狭窄，日常体力劳动可引起呼吸困难、心悸、乏力，甚至晕厥、猝死。部分患儿出现胸痛及上腹痛提示预后不良。狭窄严重者，合并其他畸形，可有青紫，并有杵状指（趾），常伴有红细胞增多。

2. 体征 心界向左、上扩大，胸骨左缘第2肋间可触及收缩期震颤。典型心脏杂音：胸骨左缘第2肋间有Ⅱ～Ⅴ级粗糙收缩期杂音，呈喷射性，向左锁骨下区传导，肺动脉瓣区第二心音减轻并分裂。

【辅助检查】

1. 心电图 右心房扩大，P波增高；右心室肥大，电轴右偏。狭窄严重时，出现T波倒置，ST段压低。

2. X线检查 肺血管影细小，右心室和右心房扩大。肺动脉段因肺动脉总干狭窄后扩张而向外突出，肺门血管阴影减少，肺野清晰。狭窄后的肺动脉扩张为本病特征性的改变，有时扩张延伸到左肺动脉（图8-11）。

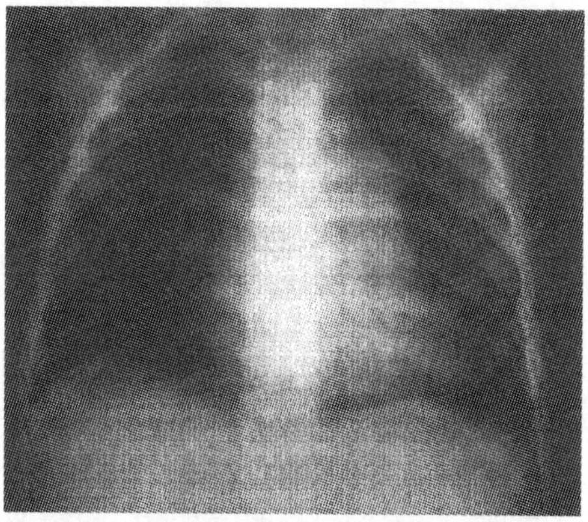

图8-11 肺动脉瓣狭窄正位平片

3. 超声心动图 由于肺动脉瓣的位置偏前，所以超声对肺动脉瓣的解剖和功能探查不如其他瓣膜的效果好。二维超声心动图可显示肺动脉瓣的厚度、收缩时的开启情况及狭窄后的扩张。多普勒超声可检查心房水平有无分流，能可靠地估测肺动脉瓣狭窄的严重程度。

4. 心导管检查 临床上肺动脉瓣中度或严重狭窄者可考虑进行心导管检查，有确定诊断的价值。右心室压力明显增高，肺动脉压明显降低，连续压力曲线显示两者之间明显压力阶差。当右心室压力超过体循环压力时肺动脉瓣孔多较小，导管难以通过瓣孔也较危险，需依靠心血管造影明确诊断。

5. 心血管造影 右心室造影可见明显“射流征”。

【治疗原则】

肺动脉瓣狭窄可行介入或手术治疗。

第三节 先天性心脏病患儿的护理

【护理评估】

1. 健康史 了解母亲的妊娠史，尤其是在孕期第2~8周有无接触致畸因素，孕母有无代谢性疾病；详细询问病史，了解患儿出生情况，食欲情况及生长发育史，既往有无反复呼吸道感染史，有无吃奶中断、面色苍白、多汗、声音嘶哑、是否青紫及出现青紫的时间，是否有蹲踞现象、阵发性缺氧发作、是否有意识障碍、偏瘫、失明等；家族中有无先天性心脏病患者。

2. 身体状况 观察记录患儿的精神状态、生命体征及生长发育情况，胸廓有无畸形及震颤，皮肤黏膜有无青紫及其程度，有无周围血管征，有无杵状指（趾），听诊心脏杂音的位置、时间、性质和程度。了解各项辅助检查的结果和临床意义。

3. 心理-社会状况 了解患儿既往有无住院经历，家长对疾病的病因和治疗方法、居家护理知识的了解程度；患儿居住环境及家庭经济状况如何，患儿及家属是否有自卑、恐惧、焦虑等不良心理反应。

【常见护理诊断/问题】

1. 活动无耐力 与血氧饱和度下降或体循环血量减少有关。

2. 生长发展迟缓 与血氧饱和度下降或体循环血量减少有关。

3. 有感染的危险 与疾病易导致心内膜损伤或肺血量增多有关。

4. 潜在并发症 阵发性缺氧发作、感染性心内膜炎、心力衰竭、脑血栓。

5. 焦虑 与家长或患儿对疾病的知识缺乏和疾病预后有关。

【预期目标】

1. 患儿合理休息和活动，维持正常的血氧饱和度及体循环血量。
2. 患儿及时得到正确的治疗方式和充足的营养，满足其生长发育的需要。
3. 患儿住院期间不发生再次感染。
4. 患儿不发生并发症，或发生并发症能及时发现并处理。
5. 患儿及家长能获得相关疾病知识和心理支持，较好地配合治疗和护理。

【护理措施】

1. 指导合理活动和休息 根据患儿病情指导适当活动和休息，严重者应卧床休息以减少心脏负担，活动以不感到疲惫为宜。集中护理操作，避免患儿大哭大闹。

2. 供给充足的营养需要 保证充足的能量、蛋白质和维生素，可根据患儿病情选择经口喂食、鼻饲管喂食或必要时静脉补充，注意营养搭配，增进患儿食欲。患儿可先吸氧再进食，婴儿给予斜抱位间歇喂乳。对喂养困难的小儿要耐心喂养，可少量多餐，避免呛咳和呼吸困难。心功能不全伴水肿时，可根据心功能情况短时限制钠盐摄入，行低盐或无盐饮食。一旦心功能改善，及时补充钠盐，以免影响患儿食欲。保持大便通畅。

3. 预防感染 监测体温变化，严格按照儿科护理常规规定，每日测量体温 2～4 次，及时发现感染征象。对于有条件的医院，对非感染性的先天性心脏病患儿进行保护性隔离，应尽量与非感染疾病患儿收治一室，注意手卫生，适时手消毒，防止院内交叉感染。保持病房空气清新，每日定时开窗通风，保持空气流通。所有侵入性操作均应严格按照无菌技术规范执行，保证患儿的医疗安全。注意个人卫生，指导患儿及家长注意保持衣物整洁，饮食器具清洁，做好个人卫生防护。做拔牙、摘除扁桃体等手术时，应在术前给予足量抗生素预防感染。

4. 观察病情，防止发生并发症

（1）防止紫绀型先天性心脏病患儿哭闹、活动、大便、蹲踞时强行其站立时缺氧发作的发生。一旦出现，患儿立即采取膝胸卧位，吸氧，并与医生合作及时给予抢救药物，皮下注射吗啡 0.1～0.2mg/kg，可抑制呼吸中枢和消除呼吸急促；静脉滴注碳酸氢钠可纠正代谢性酸中毒；静脉注射普萘洛尔可减慢心率，缓解发作。平时应注意常饮水，发热、汗多或吐泻时及时补液，预防血栓形成。

（2）注意观察患儿在住院期间有无面色发绀、呼吸增快、尿量突然减少等心力衰竭早期表现，及时发现并报告医师。

5. 心理护理 在建立良好护患关系的基础上，向家长及患儿提供心理支持，主动提供信息，消除患儿及家长的焦虑和紧张。在医疗诊治活动中配合医生解释相关治疗、检查，取得家长及患儿的认同。

案例 8-1 分析讨论

2. 本病例护理诊断

（1）活动无耐力：与血氧饱和度下降或体循环血量减少有关。

（2）生长发展迟缓：与血氧饱和度下降或体循环血量减少影响生长发育有关。

（3）有感染的危险：与疾病易导致心内膜损伤或肺血量增多有关。

（4）潜在并发症：阵发性缺氧发作、感染性心内膜炎、心力衰竭、脑血栓。

（5）焦虑：与家长对疾病及预后的知识缺乏有关。

本病例护理重点

（1）合理活动和休息：患儿应卧床休息以减少心脏负担，活动以不感到疲惫为宜。集中护理操作，避免患儿大哭大闹。

（2）供给充足的营养需要：保证充足的能量、蛋白质和维生素。注意营养搭配，增进患儿食欲。患儿可先吸氧再进食，可少量多餐，避免呛咳和呼吸困难。保持大便通畅。

（3）预防感染：每日测量体温2～4次，及时发现感染征象；避免院内交叉感染，适时手消毒，避免接触感染患儿；保持病房空气清新、流通；严格执行无菌技术规范；做好患儿个人卫生防护；做介入治疗或各种小手术时（如拔牙、摘除扁桃体等），应在术前给予足量抗生素预防感染。

（4）观察病情，防止发生并发症：患儿一旦出现缺氧，立即采取膝胸卧位，吸氧，并与医生合作及时给予普萘洛尔或皮下注射吗啡抢救，同时纠正酸中毒。日常注意常饮水，发热、汗多或吐泻时及时补液，预防血栓形成。注意观察患儿有无面色发绀、呼吸增快、尿量突然减少等心力衰竭早期表现，及时发现并报告医师。

（5）心理护理：在建立良好护患关系的基础上，向家长及患儿提供心理支持，主动提供信息，消除患儿及家长的焦虑和紧张。在医疗诊治活动中配合医生解释相关治疗、检查，取得家长及患儿的认同。

【护理评价】

经过治疗和护理，患儿能适当限制活动和合理休息；体重稳步增长；住院期间不发生再次感染和各种并发症，发生并发症后能得到及时处理；患儿或家长获得相关疾病知识或及时的心理支持，能积极配合治疗和护理。

第四节 病毒性心肌炎患儿的护理

案例 8-2

患儿，女性，5岁，因“发热、咽痛、咳嗽8天，伴胸前区不适1天”入院。患儿入院前8天开始发热，伴轻度咳嗽、咽痛，精神欠佳，头晕，乏力，食欲减退，有阵发性烦躁不安，在外院拟诊“上呼吸道感染”，对症治疗。入院前1天出现胸前区不适，体检发现心率增快、心音低钝，心电图示ST-T 改变，以“病毒性心肌炎”收入院。

体格检查：体温39.1℃，脉搏143次/分，呼吸27次/分，血压90/60mmHg。神志清楚，精神欠佳，皮肤无异常，面色苍白，口唇无发绀，脉搏细速；咽部充血，两侧扁桃体Ⅱ度肿大，无渗出物；两肺呼吸音粗糙，未闻及干湿啰音；心尖区第一心音低钝，心率快，节律整齐，腹部平软，肝肋下1cm，质软，边缘锐，脾肋下未及；神经系统检查未见异常。

辅助检查：中性粒细胞数增高，血清磷酸激酶、乳酸脱氢酶同工酶及心肌肌钙蛋白升高。

思考题：

1. 本病诊断为病毒性心肌炎的依据是什么？
2. 该患儿目前存在的护理诊断有哪些？护理重点是什么？

病毒性心肌炎（viral myocarditis）是指病毒侵犯心脏所引起的以心肌炎性病变为主的疾病，有时病变也可累及心包或心内膜。本病临床表现轻重不一，取决于年龄和感染的急性或慢性过程。

急性病毒性心肌炎很少因严重心律失常、急性心力衰竭和心源性休克而猝死，部分慢性病毒性心肌炎可演变为心肌病，心肌瘢痕明显形成的患者可表现出心律失常或心电图的持续异常、心脏扩大、心功能减退。

【病因与发病机制】

很多病毒感染均可引起心肌炎。常见病毒有柯萨奇病毒（B 组和 A 组）、埃可病毒、脊髓灰质炎病毒、腺病毒、传染性肝炎病毒、流感和副流感病毒、麻疹病毒、单纯疱疹病毒及流行性腮腺炎病毒等。新生儿期柯萨奇病毒 B 组感染可导致群体流行，死亡率高达 50%。

本病发病机制尚不清楚，一般认为与病毒及其毒素早期经血液循环直接侵犯心肌细胞有关，病毒感染后的变态反应和自身免疫也与发病有关。

【治疗要点】

大多数病毒性心肌炎患儿经适当治疗、休息后能痊愈。主要措施为控制感染、对症治疗和防治并发症。

1. 休息 可减轻心脏负荷，十分重要。

2. 改善心肌营养 1, 6-二磷酸果糖（FDP）可改善心肌细胞代谢。大剂量维生素 C 可改善心肌代谢及促进心肌恢复，对心肌炎有一定疗效。能量合剂有加强心肌营养、改善心肌功能的作用。辅酶 Q_{10} 有保护心肌和清除自由基的作用。在常规治疗的基础上加用中药生脉饮、丹参或黄芪等中药。

3. 大剂量丙种球蛋白 通过免疫调节作用减轻心肌细胞损害。

4. 控制心力衰竭 常用的强心药有地高辛、毛花甙 C。重症患儿加用利尿剂时，应注意电解质平衡，以免引起心律失常。

5. 救治心源性休克 一般应用肾上腺皮质激素静脉大剂量滴注或大剂量维生素 C 静脉推注可取得较好的效果，如效果不满意可应用调节血管紧张度的药物如多巴胺、异丙肾上腺素和间羟胺等。

6. 发生完全性房室传导阻滞者，使用临时起搏器。

【护理评估】

1. 健康史 详细询问病史，了解患儿有无呼吸道和肠道等感染史，有无心悸、气短、胸痛、活动受累等症状。

2. 身体状况

（1）症状：取决于病变的广泛程度、部位及急性或慢性过程。轻者可无症状，常因体检时发现心电图异常，重者可猝死。常以心律失常为主诉或首发症状。当心肌受累时，常诉心前区隐痛、胸闷、心悸、恶心、乏力、头晕等；心脏轻度扩张，心动过速、心音低钝及奔马律，少数患儿起病后迅速发展为心力衰竭或心源性休克。部分隐匿型心肌炎患儿，常无明显的呼吸道和肠道感染的前驱症状，只在劳累后出现身体不适，检查时发现心脏已扩大。

（2）体征：轻者无心脏扩大，心肌炎广泛而严重者心脏扩大显著；心尖区第一心音低钝，部分可有奔马律、心包摩擦音。可有心律失常，以房性与室性早搏最常见，严重者发生完全性房室传导阻滞，为猝死的原因之一。心尖区可能有收缩期吹风样杂音或舒张期杂音。重症患者可突然发生心源性休克，脉搏细弱，血压下降。

3. 辅助检查

（1）心电图：可见心律失常，心肌受累时可见 T 波降低或 ST-T 改变。

（2）实验室检查：急性期白细胞总数多轻度增高，以中性粒细胞为主，部分患儿血沉轻度增快。血清病毒中和抗体测定阳性结果；咽拭子、大便病毒分离如阳性有辅助意义。血清心肌酶谱测定，病程早期血清磷酸激酶（CPK）多有增高，血清乳酸脱氢酶（SLDH）同工酶增高在心肌炎早期诊断有提示意义。心肌肌钙蛋白（cTnI 或 cTnT）升高对心肌炎诊断具有更高的特异性。

（3）胸片或超声心动图检查：可见心脏扩大及心室收缩功能受损程度。

（4）心脏磁共振检查：是近几年发现的诊断心肌炎很有价值的检查手段。可以发现早期心肌炎的心肌水肿和晚期心肌纤维化。在儿科的应用价值尚需进一步研究。

（5）心肌活体组织检查：是诊断心肌炎的金标准。有研究发现，它不仅具有诊断价值，还可以预测预后。应用仍有局限性。

4. 心理-社会状况 了解患儿既往有无住院经历，家长及患儿对疾病的病因和防护知识的了解程度；患儿居住环境及家庭经济状况；家长是否因病程长、限制活动及休学后落课等产生焦虑、自卑等不良心理反应。

案例 8-2 分析讨论

1. 本病例诊断为病毒性心肌炎的依据

（1）患儿有前驱感染史，咽部充血，两侧扁桃体Ⅱ度肿大，无渗出物。

（2）胸前区不适，心尖区第一心音低钝，心率快，节律整齐。

（3）心电图示 ST-T 改变；中性粒细胞数增高，血清磷酸激酶、乳酸脱氢酶同工酶及心肌肌钙蛋白升高。

【常见护理诊断/问题】

1. 活动无耐力 与心肌收缩力下降，组织供氧不足有关。

2. 潜在并发症 心律失常、心力衰竭、心源性休克。

【预期目标】

1. 患儿能适当限制活动，满足基本生活需要。

2. 住院期间不发生并发症，或发生并发症能及时发现，及时处理。

【护理措施】

1. 合理休息 急性期应卧床休息，至少到热退后 3～4 周基本恢复正常时逐渐增加活动量。恢复期仍需限制活动，避免剧烈运动，一般总休息时间不少于半年。心功能不全或心脏扩大者，应绝对卧床休息，并延长卧床时间，直至心力衰竭控制、心脏功能好转再逐渐开始活动。

2. 严密观察病情，及时发现并发症并处理

（1）严密观察生命体征、意识、皮肤黏膜颜色、尿量。

（2）心律失常患儿的处理：对严重心律失常的患儿应持续进行心电监护，发现多源性期前收缩、频发期前收缩、心动过速、心动过缓、完全性房室传导阻滞或扑动、颤动时应立即报告医师，采取紧急处理措施。

（3）预防心力衰竭：尽量避免呼吸道感染、剧烈运动、情绪激动、饱餐、寒冷、用力排便等。静脉输液过程中滴速不应太快，以免诱发心力衰竭。一旦发现患儿有呼吸困难、咳嗽、颈静脉怒张、水肿、奔马律、肺部湿啰音等征象应立即给氧，置患儿于半卧位，保持安静，通知医生并协助处理。

（4）用药护理：注意药物毒副作用，观察用药反应。使用洋地黄类药物时，避免洋地黄中毒。心源性休克使用血管活性药物时，注意单位时间准确用药，保护静脉通道，避免组织损伤。大剂量使用丙种球蛋白时，注意用药反应，先慢速滴入，待患儿无不良反应时，再匀速输入，准确控制滴速。

3. 健康教育 向患儿及其家属说明休息的重要性，使患儿及家长能自觉配合治疗。对患儿和家长介绍本病的治疗过程和预后，减少患儿和家长紧张、焦虑及恐惧心理。教会患儿和家长测脉率、节律，若发现异常或出现心悸、胸闷等不适应及时复诊。带抗心律失常药物出院的患儿，告知家长用药的名称、剂量、使用方法、用药后可能的不良反应。指导患儿进食高蛋白、高维生素、易消化的饮食，尤其注意补充富含维生素 C 的食物。指导患儿及家长出院后预防感冒，门诊定期复查。出院后分别在 1 个月、3 个月、6 个月、1 年时到医院复查。

案例 8-2 分析讨论（续）

2. 本病例护理诊断

（1）活动无耐力：与心肌收缩力下降，组织供氧不足有关。

（2）潜在并发症：心律失常、心力衰竭、心源性休克。

本病例护理重点

（1）合理休息：急性期应卧床休息，至少至热退后 3～4 周。恢复期继续限制活动，避免剧烈运动，一般总休息时间不少于半年。

（2）严密观察病情，及时发现并发症并处理。

1）严密观察生命体征、意识、皮肤黏膜颜色、尿量。

2）心律失常患儿的处理：应持续进行心电监护，发现异常情况应立即报告医师，采取紧急处理措施。

3）预防心力衰竭：尽量避免呼吸道感染、剧烈运动、情绪激动、饱餐、寒冷、用力排便等。静脉输液过程中滴速不应太快，以免诱发心力衰竭。一旦发现患儿有呼吸困难、咳嗽、颈静脉怒张、水肿、奔马律、肺部湿啰音等征象应立即给氧，置患儿于半坐卧位，保持安静，通知医生并协助处理。

4）用药护理：注意药物毒副作用，观察用药反应。使用洋地黄类药物时，避免洋地黄中毒。心源性休克使用血管活性药物时，注意单位时间准确用药，保护静脉通道，避免组织损伤。大剂量使用丙种球蛋白时，注意用药反应，先慢速滴入，待患儿无不良反应时，再匀速输入，准确控制滴速。

（3）健康教育。

【护理评价】

经过治疗和护理，患儿能适当限制活动和合理休息；住院期间无并发症发生，发生并发症后能得到及时发现和处理。

思 考 题

1. 名词解释：先天性心脏病、杵状指（趾）、蹲踞现象。
2. 简述小儿出生后血液循环的改变有哪些？
3. 根据左、右两侧及大血管之间有无分流先天性心脏病可分为几类？各类常见的代表性疾病有哪些？
4. 青紫型心脏病患儿缺氧发作时的护理措施有哪些？
5. 病毒性心肌炎患儿该如何休息？

（吴心琦）

第九章 消化系统疾病患儿的护理

【目标要求】

掌握： 鹅口疮、疱疹性口炎、溃疡性口炎、胃食管反流、婴儿腹泻的临床表现；口炎、婴儿腹泻的护理措施。

熟悉： 口炎、胃食管反流、婴儿腹泻的护理诊断/问题、胃食管反流、婴儿腹泻疾病的辅助检查；口炎、胃食管反流、婴儿腹泻的治疗要点。

了解： 消化系统的解剖生理特点；口炎、胃食管反流、婴儿腹泻的病因；肠套叠、先天性巨结肠、胆道畸形、先天性直肠肛管畸形的临床表现特点和护理要点。

第一节 小儿消化系统解剖生理特点

一、口 腔

口腔是消化道的起端，具有吸吮、吞咽、咀嚼、消化、味觉、感觉和语言等功能。足月新生儿在出生时已具有较好的吸吮和吞咽功能，早产儿则较差。新生儿口腔黏膜薄嫩、血管丰富、干燥、唾液腺发育不够完善，易受损伤和局部感染。3 个月以下婴儿唾液中淀粉酶含量低；故不宜喂淀粉类食物。3～4 个月婴儿唾液分泌开始增加，5～6 个月时唾液分泌明显增多，但由于婴儿口底浅，又不能及时吞咽所分泌的唾液，常发生生理性流涎（图 9-1）。

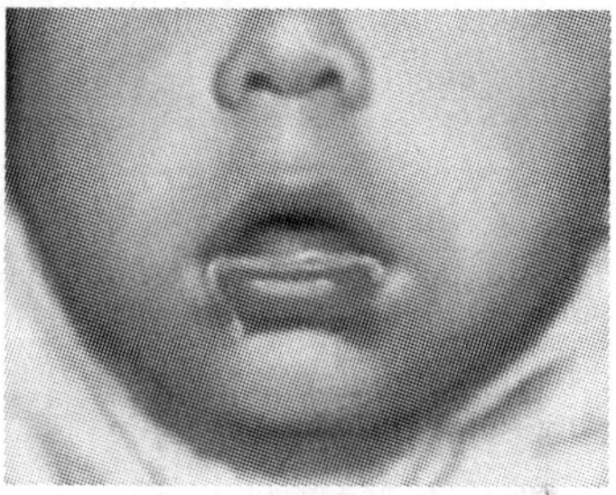

图 9-1 生理性流涎

二、食 管

新生儿食管长 8～10cm，1 岁时约 12cm，5 岁时约 16cm，学龄儿童长 20～25cm，成人时长 25～30cm。以上数据可作为插胃管时的参考依据。婴幼儿的食管呈漏斗状，缺乏腺体，弹力组织及肌肉发育不完善，食管下段贲门括约肌发育不成熟，控制能力差，常发生胃食管反反流，一般在 8～10 个月时症状逐渐消失。婴儿吸奶时常吞咽过多空气，易发生溢乳。

三、胃

婴儿胃呈水平位，当开始行走后逐渐变为垂直位。贲门及胃底部肌张力低，幽门括约肌发育良好而且贲门较宽，贲门括约肌不发达，其关闭作用不够强，故易发生呕吐和溢乳。小婴儿胃黏膜有丰富的血管，但腺体和杯状细胞较少，盐酸和各种消化酶的分泌少，并且酶活力较低，所以消化功能较差。胃容量：新生儿为 30～60ml，1～3 个月时为 90～150ml，1 岁时为 250～300ml；5 岁时为 700～850ml，成人时约 2000ml，哺乳后不久幽门即开放，胃内容物逐渐流入十二指肠，实际进食量常超过上述胃容量；胃排空时间随食物种类不同而异，水的排空时间为 1.5～2 小时，母乳为 2～3 小时，牛乳为 3～4 小时。早产儿胃排空慢，易发生胃潴留。

四、肠

小儿肠管较成人长，一般是身长的5～7倍。黏膜血管丰富，小肠绒毛发育较好，有助于消化吸收。但肠黏膜肌层发育差，肠系膜柔软而长，固定性差，容易发生肠套叠和肠扭转。直肠相对较长，黏膜及黏膜下层固定差，易发生脱肛。由于肠壁薄、通透性高、屏障功能差，故肠内毒素、消化不全产物及过敏原等易通过肠黏膜吸收进入体内，引起全身性感染和变态反应性疾病。

五、肝

年龄愈小肝脏相对愈大。婴幼儿肝在右肋可触及1～2cm，柔软、无压痛。6～7岁后则不易触及。婴儿肝血管丰富，肝脏结缔组织发育较差，肝细胞再生能力强，不易发生肝硬化。肝细胞发育不完善，肝功能不成熟，解毒功能差，故在感染、缺氧、中毒等情况下易发生肝肿大和变性，影响其正常生理功能。婴儿期胆汁分泌较少，故对脂肪的消化和吸收功能较差。

六、胰　腺

婴儿出生时胰液分泌量少，淀粉酶低，3个月以前不宜喂淀粉类食物。3～4个月时胰腺发育较快，胰液分泌量增多，但6个月以内胰淀粉酶活性较低，1岁后才接近成人。婴儿胰脂肪酶和胰蛋白酶的活性均较低，故对脂肪和蛋白的消化和吸收不够完善，易发生消化不良。

七、肠道细菌

在母体内，胎儿肠道内无细菌，出生后数小时细菌即从口、鼻、肛门侵入肠道，主要分布在结肠及直肠。肠道菌群受食物成分影响，母乳喂养者以双歧杆菌为主，人工喂养和混合喂养儿肠道内以大肠埃希菌为主，嗜酸杆菌、双歧杆菌及肠球菌所占比例几乎相等。正常肠道菌群对侵入肠道的致病菌有一定的拮抗作用，而婴幼儿肠道正常菌群脆弱，易受许多内外因素的影响易发生菌群失调，引起消化功能紊乱。

八、正常婴幼儿粪便特点

食物进入消化道至粪便排出时间因年龄及喂养方式而异，母乳喂养儿平均为13小时，人工喂养儿平均为15小时，成人平均为18～24小时。

1. 胎粪　呈墨绿色、黏稠、无臭味。是由胎儿肠道脱落的上皮细胞、消化液和吞下的羊水组成，多在生后12小时内开始排出，2～3天过渡为黄糊状粪便。如24小时内无胎粪排出，应注意检查有无肛门闭锁等消化道畸形。

2. 母乳喂养儿粪便　呈黄色或金黄色、均匀糊状，偶有细小乳凝块，不臭，呈酸性反应（pH4.7～5.1）。每日排2～4次，一般在添加辅食后次数即减少。

3. 人工喂养儿粪便　呈淡黄色或灰黄色，较干稠成形，量多，含乳凝块多，有臭味，呈中性或碱性反应（pH6～8），每日排1～2次，易发生便秘。

4. 混合喂养儿粪便　与人工喂养儿相似，但质地软、颜色黄。添加淀粉类、蛋、肉、蔬菜等食物后接近成人，每日排便1次。

5. 生理性腹泻　见于6个月以内虚胖的婴儿，生后不久即出现腹泻，大便呈黄绿色稀便，每日4～5次或更多，无其他症状，食欲好，生长发育不受影响，常随添加辅食后自然痊愈。

第二节　口炎患儿的护理

口炎（stomatitis）是指口腔黏膜由各种感染引起的炎症。若病变仅局限于舌、齿龈、口角亦可称为舌炎、齿龈炎或口角炎等。

【病因】

口炎多由病毒、真菌、细菌引起。全年可发病，多见于婴幼儿。本病可单独发生，亦可继发于全身性疾病如急性感染、腹泻、营养不良、久病体弱和维生素 B、维生素 C 缺乏等。目前细菌感染性口炎已经很少见，但病毒及真菌感染引起的口炎仍较常见。

一、鹅　口　疮

案例 9-1

患儿，女性，2 个月 15 天，因腹泻黄色稀水便 15 天伴口腔内有白色块状物 5 天入院。患儿于 15 天前无明显诱因出现腹泻为黄色稀水便，无黏液和脓血，每日 4～5 次，量和水分不多，伴发热，呈低度发热，测量最高体温 38℃，无鼻塞、流涕，无喘息、气促、呼吸困难等。吃奶欠佳，无呕吐。曾在家服用抗菌药物 7 天，症状未见明显好转。近 3 天进食较少，喂奶时发现患儿口腔内有白色块状物、患儿精神欠佳、易哭闹、无惊厥等。

体格检查：体温 38℃，脉搏 130 次/分，呼吸 32 次/分，体重 4.5kg。发育正常，营养一般，神志清，反应尚好，无脱水貌。全身皮肤无皮疹、出血点等。前囟 2cm×1.5cm，平坦，张力不高，口唇无青紫，口腔黏膜可见片状乳白色凝块状物，不易擦去，用压舌板强行剥落后，局部黏膜潮红，粗糙，少量渗血。颈软，双肺呼吸音清晰，心率 130 次/分，律齐，心音有力，未及杂音，腹软，肝脾未触及肿大。

思考题：

患儿的诊断是什么？诊断依据是什么？

鹅口疮（thrush，oral candidiasis）又称雪口病，为白色念珠菌感染所致，多见于新生儿、营养不良、腹泻、长期应用广谱抗生素或激素的患儿，使用污染的奶具（如奶头消毒不严）或新生儿在出生时经产道感染。病原体为白色念珠菌。

【临床表现】

本病特征表现是在口腔黏膜表面可见白色或灰白色乳凝块样小点或小片状物，可逐渐融合成大片，且不易拭去，若强行擦拭剥离后，局部黏膜出现潮红、粗糙、可有溢血（图 9-2、图 9-3）。患

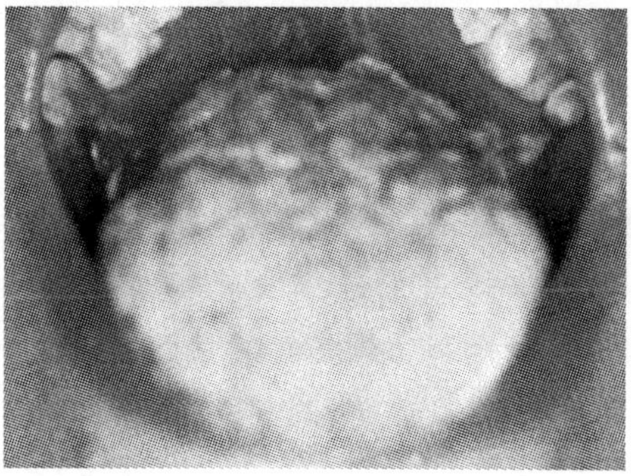

图 9-2　鹅口疮

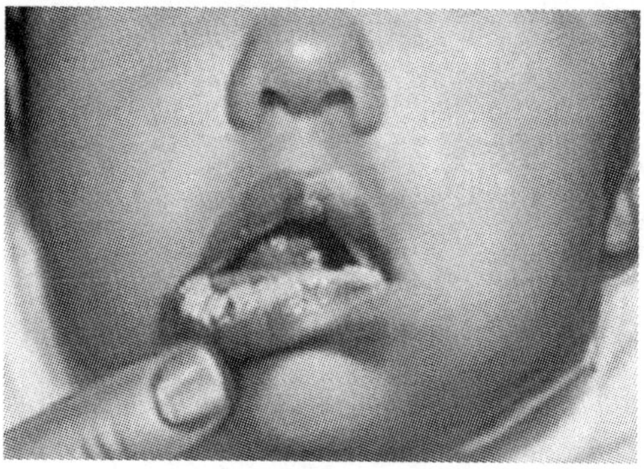

图 9-3　鹅口疮

处无疼痛感、不流涎，也不影响吃奶，一般无全身症状。以颊黏膜最常见，其次为舌、齿龈和上腭，严重者整个口腔均被白色斑膜覆盖，甚至可蔓延至咽、喉、食管、气管、肺等处，进而出现呕吐、吞咽困难、声音嘶哑或呼吸困难。

案例 9-1 分析讨论

诊断依据为：

（1）患儿，女性，2 个月 15 天。

（2）腹泻 15 天伴低热，有长期服抗生素史。

（3）口腔黏膜处可见片状乳白色凝块状物覆盖，强行剥去易出血。

（4）粪常规：脂肪球（+），白细胞少许，查见真菌。

诊断：小儿腹泻病，鹅口疮。

【治疗要点】

1. 保持口腔清洁 哺乳前后可使用 2%碳酸氢钠溶液清洁口腔。

2. 局部用药 每日局部涂抹 10 万～20 万 U/ml 制霉菌素鱼肝油混悬溶液 2～3 次。

3. 口服肠道微生态制剂 纠正肠道菌群失调，抑制真菌生长，必要时可加用抗真菌的药物。

4. 预防 应注意哺乳卫生，加强营养，适当增加维生素 B_2 和维生素 C。

二、疱疹性口炎

疱疹性口炎（herpetic stomatitis）由单纯疱疹病毒 I 型感染所致，多见于 1～3 岁婴幼儿，无明显季节性，传染性强，可在集体托幼机构引起小流行。病原体为单纯疱疹病毒（图 9-4、图 9-5）。

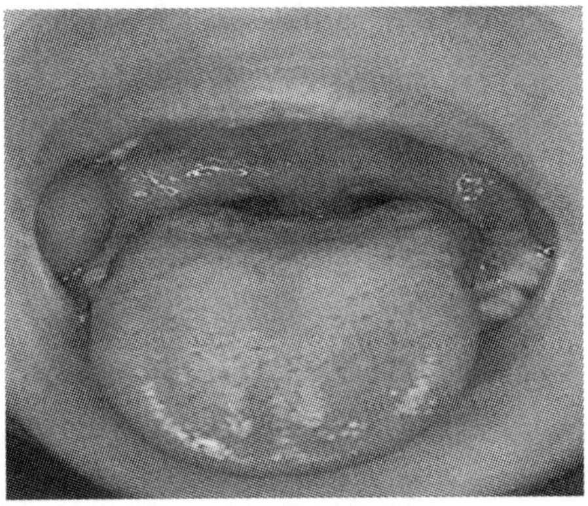

图 9-4 疱疹性口炎图

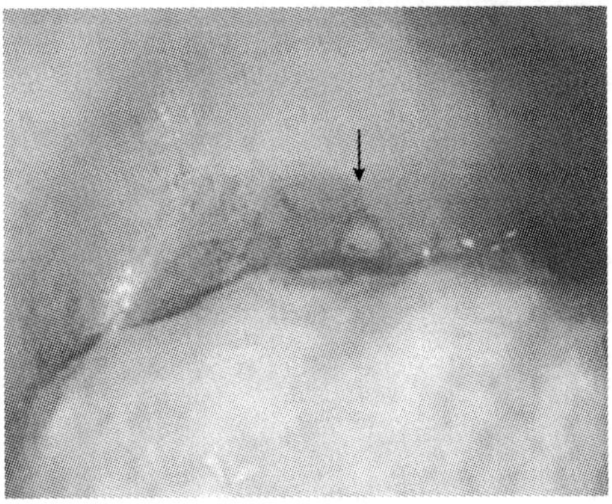

图 9-5 疱疹性口炎

【临床表现】

疱疹性口炎常好发于颊黏膜、齿龈、口唇、舌及邻近口周皮肤。起病时发热，体温达 38～40℃，齿龈红肿，触之易出血，继而在口腔黏膜上出现单个或成簇的小疱疹，直径约 2mm，周围有红晕，迅速破溃后形成表浅溃疡，有黄白色纤维素性分泌物覆盖，多个小溃疡可融合呈不规则的大溃疡，有时累及软腭、舌及咽部。由于疼痛剧烈，患儿可表现拒食、流涎、烦躁，常因拒食啼哭才被发现。体温在 3～5 天后恢复正常，病程为 1～2 周，淋巴结肿大和压痛可持续 2～3 周。

本病需与疱疹性咽峡炎鉴别，后者多由柯萨奇病毒引起，多发生于夏秋季，疱疹主要在咽峡部和软腭，有时可见于舌，但不累及齿龈和颊黏膜，颌下淋巴结无肿大，此点与疱疹性口炎迥异。

【治疗要点】

1. 保持口腔清洁　多饮水，以微温或凉的流质食物为宜，避免刺激性食物。亦可用3%过氧化氢溶液清洗口腔。

2. 局部用药　局部可涂碘苷（疱疹净）抑制病毒，亦可喷西瓜霜、锡类散、冰硼散等。为预防继发感染可涂2.5%～5%金霉素鱼肝油。疼痛严重者可在进食前用2%利多卡因涂局部。

3. 对症处理　发热者给予物理或药物降温，补充足够的营养和水分；有继发感染时按医嘱使用抗生素。

三、溃疡性口炎

溃疡性口炎（ulcerative stomatitis）主要由链球菌、金黄色葡萄球菌、肺炎链球菌、铜绿假单胞菌或大肠埃希菌等引起，多见于婴幼儿，常发生于感染、长期腹泻等机体抵抗力下降时，口腔不洁更有利于细菌繁殖而致病。病原体为链球菌、金黄色葡萄球菌等（图9-6）。

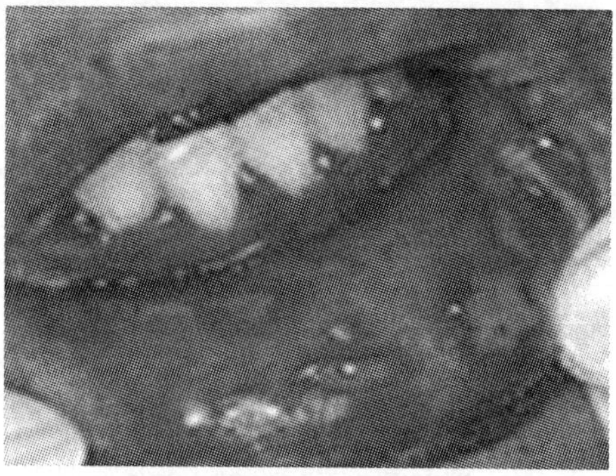

图9-6　溃疡性口炎

【临床表现】

口腔各部位均可发生溃疡性口炎，常见于舌、唇内、颊黏膜等处，可蔓延到唇及咽喉部。

开始时口腔黏膜充血水肿，随后形成大小不等糜烂或溃疡，上有纤维素炎性分泌物形成的假膜，呈灰白色或黄色，边界清楚，易拭去，露出溢血的创面，但不久又被假膜覆盖，涂片染色可见大量细菌。局部疼痛、流涎、拒食、烦躁、常有发热，体温可达39～40℃，局部淋巴结肿大，全身症状轻者1周左右体温恢复正常，溃疡逐渐愈合；由于疼痛严重而饮食甚少者可出现脱水和酸中毒。血常规结果可见白细胞总数和中性粒细胞增多。

【治疗要点】

1. 控制感染　选用有效抗生素。

2. 保持口腔清洁　可用3%过氧化氢溶液或0.1%利凡诺溶液清洁溃疡面。

3. 局部处理　溃疡面涂5%金霉素鱼肝油、锡类散等。疼痛严重者可在进食前用2%利多卡因溶液涂抹局部。

4. 其他　补充水分和营养。

四、口炎患儿护理

【常见护理诊断/问题】

1. 口腔黏膜改变　与感染、护理不当、抵抗力低下、口腔不洁有关。

2. 舒适的改变：疼痛　与口腔黏膜炎症和破损有关。

3. 体温过高　与口腔感染有关。

4. 营养失调：低于机体需要量　与疼痛引起拒食有关。

5. 知识缺乏　患儿及家属缺乏本病的预防及护理知识。

【预期目标】

1. 患儿口腔黏膜恢复正常。

2. 患儿疼痛消失。

3. 患儿体温恢复正常。

4. 患儿营养摄入正常，能满足患儿营养需要。

5. 患儿家属掌握本病的预防及护理知识。

【护理措施】

1. 口腔护理 根据不同病因选择不同溶液清洁口腔后涂药。①可用 2%碳酸氢钠溶液或 3%过氧化氢溶液清洁口腔后涂药。年长儿可用含漱剂。②鼓励患儿多饮水，进食后漱口，以保持口腔黏膜湿润和清洁。③对流涎者，及时清除分泌物，保持皮肤干燥、清洁，避免引起皮肤湿疹及糜烂。

2. 正确涂药 ①清洗口腔；②用无菌纱布或干棉球放在颊黏膜腮腺管口处或舌系带两侧；③用干棉球将病变部黏膜表面吸干；④涂药（应用棉签在溃疡面上滚动式涂药）；⑤嘱患儿闭口 10 分钟；⑥然后取出隔离唾液的纱布或棉球。涂药后不可马上漱口、饮水、进食。小婴儿不配合时可直接涂药。

3. 发热护理 密切监测体温变化，体温超过 38.5℃时，给予松解衣服、置冷水袋、冰袋等物理降温，必要时给予药物降温。

4. 饮食护理 给予高热量、高蛋白、高维生素的流质或半流质食物，宜微温或凉、不宜热，宜甜、不宜咸，避免摄入酸辣等刺激性食物或粗硬食物。对因口腔糜烂、溃疡引起疼痛影响进食者，为了减少进食时疼痛，可在进食前用 2%利多卡因溶液涂抹局部。对不能进食者，可静脉补充或给予肠道外营养。

5. 健康教育

（1）教育孩子养成良好的卫生习惯，纠正吮指、不刷牙等不良习惯。

（2）年长儿应教导其进食后漱口，保持口腔清洁，掌握正确的刷牙方式，避免用力或粗暴擦伤口腔黏膜。

（3）宣传均衡饮食对提高机体抵抗力的重要性，避免偏食、挑食，培养良好的饮食习惯（均衡饮食）。

（4）讲解哺乳期妇女的内衣要及时更换，保持乳头清洁。指导家长食具专用，患儿使用过的食具应煮沸消毒或高压灭菌消毒。

【护理评价】

经过治疗和护理，患儿口腔黏膜恢复正常；疼痛消失；体温正常，进食正常，能够满足营养需要。患儿家长掌握小儿口炎的相关知识。

第三节 胃食管反流患儿的护理

胃食管反流（gastroesophageal reflux，GER）是指胃内容物，包括从十二指肠流入胃的胆盐和胰酶等反流入食管甚至口咽部，分生理性和病理性（胃食管反流病，GERD）两种。在生理情况下，小婴儿由于食管下端括约肌（lower esophageal sphincter，LES）发育不成熟或神经肌肉协调功能差，会出现反流，往往出现于间餐时或餐后，又称“溢乳”。病理性反流是由于 LES 的功能障碍和（或）与其功能有关的组织结构异常，以致 LES 压力低下而出现的反流，可发生于睡眠、仰卧位及空腹时，引起一系列临床症状和并发症，即胃食管反流病。随着直立体位时间和固体饮食增多，60%的患儿到 2 岁时症状可自行缓解，部分患儿症状可持续到 4 岁以后。脑性瘫痪、21-三体综合征及其他原因所致的发育迟缓患儿，GER 发生率较高。

【病因与发病机制】

1. 抗反流屏障功能低下 ①LES 压力降低：是引起 GER 的主要原因。正常吞咽时 LES 反射性松弛，压力下降，通过食管蠕动推动食物进入胃内，然后压力又恢复到正常水平，并出现一个反应性的压力增高以防止食物反流。当胃内压和腹压升高时，LES 会发生反应性主动收缩，使其压力超过增高的胃内压，起到抗反流作用。如因某种因素使上述正常功能发生紊乱时，LES 短暂性松弛即可导致胃内容物反流入食管。②LES 周围组织作用减弱：例如，缺少腹腔段食管，致使腹内压增高时不能将其传导至 LES 使之收缩达到抗反流的作用；小婴儿食管角（由食管和胃贲门形成的角，即 His 角）较大（正常为 30°～50°）；膈肌食管裂孔钳夹作用减弱；膈食管韧带和食管下端黏膜瓣膜解剖结构存在器质性或功能性病变，以及胃压低、腹内压增高等，均可破坏正常的抗反流作用。

2. 食管廓清能力降低　正常情况下，食管廓清能力是依靠食管的推动性蠕动、唾液的冲洗、对酸的中和作用、食丸的重力和食管黏膜细胞分泌的碳酸氢盐等多种机制完成对反流物的清除，以缩短反流物和食管黏膜的接触时间。当食管蠕动减弱、消失或出现病理性蠕动时，食管清除反流物的能力下降，这样就延长了有害的反流物质在食管内停留时间，增加了对黏膜的损伤。

3. 食管黏膜的屏障功能破坏　屏障作用是由黏液层、细胞内的缓冲液、细胞代谢及血液供应共同构成。反流物中的某些物质，如胃酸、胃蛋白酶，以及从十二指肠反流入胃的胆盐和胰酶，使食管黏膜的屏障功能受损，引起食管黏膜炎症。

4. 胃、十二指肠功能失常　胃排空能力低下，使胃内容物及其压力增加，当胃内压增高超过 LES 压力时可使 LES 开放。胃容量增加又导致胃扩张，致使贲门食管段缩短，使其抗反流屏障功能降低。十二指肠病变时，幽门括约肌关闭不全则导致十二指肠胃反流，进而反流入食管。

【治疗要点】

胃食管反流的治疗要点包括体位治疗、饮食治疗、药物治疗和手术治疗，其中体位治疗和饮食治疗参见护理措施部分。

1. 药物治疗　主要作用是降低胃内容物酸度和促进上消化道动力。

（1）促胃肠动力药：能提高 LES 张力，增加食管和胃蠕动，提高食管廓清能力，促进胃排空，从而减少反流和反流物在胃内的停留。有多巴胺受体拮抗剂如多潘立酮（吗丁啉）和通过乙酰胆碱起作用的药物如西沙必利（普瑞博思）。

（2）抑酸和抗酸药：主要作用为抑制分泌、中和胃酸以减少反流物对食管黏膜的损伤，提高 LES 张力。①抑酸药：有 H_2 受体拮抗剂如西咪替丁和质子泵抑制剂如奥美拉唑（洛赛克）等；②中和胃酸药：有氢氧化铝凝胶，多用于年长儿。

（3）黏膜保护剂：可选用硫糖铝、硅酸铝盐、磷酸铝等。

2. 外科治疗　手术指征：①经内科治疗 6～8 周无效，有严重并发症（消化道出血、营养不良、生长发育迟缓）；②严重食管炎伴溃疡、狭窄或发现有食管裂孔疝者；③有严重的呼吸道并发症，如呼吸道梗阻、反复发作吸入性肺炎或窒息、伴支气管肺发育不良者；④合并严重神经系统疾病。

【护理评估】

1. 健康史　评估患儿的年龄及病因，询问患儿有无溢乳、呕吐等情况发生及发生的时间、体位。

2. 身体状况　产生症状和体征的主要原因，是食管上皮细胞暴露于反流的胃内容物中所致。

（1）呕吐：新生儿和婴幼儿以呕吐为主要表现；多数患儿于生后第 1 周即出现呕吐，另有部分患儿于生后 6 周内出现呕吐。呕吐程度轻重不一，多数发生在进食后，有时在夜间或空腹时，严重者呈喷射状。呕吐物为胃内容物，有时含少量胆汁，也可表现为溢乳、反刍或吐泡沫。年长儿以反胃、反酸、嗳气等症状多见。

（2）反流性食管炎：常见症状：①烧灼感，位于胸骨下端，常见于有表达能力的年长儿，饮用酸性饮料后可使症状加重，而服用抗酸剂症状缓解；②咽下疼痛，婴幼儿表现为喂奶困难、拒食、烦躁，年长儿吞咽时有疼痛感，如并发食管狭窄则会出现严重呕吐和持续性吞咽困难；③呕血和便血，食管炎严重者可发生糜烂或溃疡，出现呕血或黑便症状。严重的反流性食管炎可发生缺铁性贫血。

（3）Barrette 食管：由于慢性 GER，食管下端的鳞状上皮由增生的柱状上皮所替代，抗酸性能力增强，但更易发生食管溃疡、狭窄和腺癌。溃疡较深者可发生食管气管瘘。

知识链接

Barrette 食管

Barrette 食管是食管下段的鳞状上皮细胞被胃的柱状上皮细胞所取代的一种病理现象，是反流性食管炎的并发症之一。其诊断主要依赖于内镜和病理学检查；内镜下，在苍白色食管黏膜的背景下出现舌状或岛状的扁平红色柔软光滑的组织，或表现为红色柔软光滑的环状黏膜带。病理学检查发现食管鳞状上皮被含有杯状细胞的柱状上皮取代。Barrette 食管是一种癌前病变，有文献报道 8%～15%的 Barrette 食管发生食管腺癌。通常，Barrette 食管区域越大，发生癌的危险也越大。如发现有重度异型增生或早期癌变，应手术治疗，其他非的手术疗法包括激光消融术、电凝疗法、光动力学疗法等。

（4）食管外症状

1）与 GERD 相关的呼吸系统症状：①呼吸道感染：反流物直接或间接引发反复呼吸道感染、吸入性肺炎及肺间质纤维化。②哮喘：反流物刺激食管黏膜感受器反射性地引起支气管痉挛而出现哮喘。部分病例发现早、抗哮喘治疗无效，无特异体质家族史者可能由 GERD 引起。③窒息和呼吸暂停：多见于小婴儿和早产儿。原因为反流所致喉痉挛引起呼吸道梗阻。表现为面色青紫或苍白、心动过缓，甚至发生婴儿猝死综合征。

2）营养不良：见于 80%左右的患儿，因呕吐及食管炎引起喂食困难而营养摄取不足所致。主要表现为体重不增和生长发育迟缓、贫血。

3）其他：如声音嘶哑、中耳炎、鼻窦炎、反复口腔溃疡、龋齿等；部分患儿可出现精神、神经症状：①Sandifer 综合征，是指病理性 GER 患儿出现类似斜颈样的特殊“鸡公头样”的姿势，是一种保护性机制，以期保持气道通畅或减轻胃酸反流导致的疼痛，同时伴有蛋白丢失性肠病、贫血及杵状指；②婴儿哭吵综合征表现为夜惊、易激惹、进食时哭闹等。

3. 辅助检查

（1）食管钡剂造影：可对食管形态、运动状况、钡剂的反流、食管与胃连接部的组织结构做出判断，并能观察到是否存在食管裂孔疝等先天性疾病，以及严重病例的食管黏膜炎症的溃疡、狭窄及皱褶等改变。

（2）食管 pH 动态监测：经鼻孔将微电极放置在食管括约肌的上方，24 小时连续检测食管下端 pH，通过计算机软件进行分析，可区分生理性或病理性反流，是目前最可靠的诊断方法。

（3）其他检查：如胃-食管放射性核素闪烁扫描、食管胆汁反流动态监测、食管动力功能检查、食管内镜检查及黏膜活体组织检查等均有助于诊断。

4. 心理-社会状况 评估家长有无焦虑，对该病的预后、疾病的护理方法、药物的副作用、复发的预防等知识的认识程度。了解患儿家庭环境及家庭经济情况，既往有无住院的经历。

【常见护理诊断/问题】

1. 有窒息的危险 与溢奶和呕吐有关。

2. 营养失调：低于机体需要量 与反复呕吐致能量和各种营养素摄入不足有关。

3. 疼痛 与胃内容物反流致反流性食管炎有关。

4. 知识缺乏 患儿家长缺乏本病护理的相关知识。

【预期目标】

1. 患儿症状好转，营养均衡。
2. 患儿疼痛逐渐缓解直至消失。
3. 患儿住院期间未出现窒息。
4. 患儿家长掌握疾病及护理相关知识，能够配合治疗和护理。

【护理措施】

1. 保持适宜体位，防止窒息 将床头抬高30°，新生儿和小婴儿的最佳体位为前倾俯卧位，但为防止婴儿猝死综合征的发生，睡眠时宜采取仰卧位及左侧卧位。儿童在清醒状态下最佳体位为直立位和坐位，睡眠时宜采取左侧卧位及上体抬高，减少反流频率及反流物误吸。

2. 合理喂养 以稠厚饮食为主，促进生长发育，少量多餐，母乳喂养儿增加哺乳次数，缩短喂奶间隔时间，人工喂养儿可在牛奶中加入淀粉类食物或进食谷类食品。严重反流及生长发育迟缓者可管饲喂养，能减少呕吐和起到维持缓冲胃酸的作用。年长儿亦应少量多餐，以高蛋白低脂肪饮食为主，睡前2小时不予进食，保持胃处于非充盈状态，避免食用降低LES张力和增加胃酸分泌的食物，如碳酸饮料、高脂饮食、巧克力和辛辣食品。此外，应控制肥胖，不能吸烟及避免被动吸烟。

3. 用药护理，缓解疼痛 按医嘱给药并观察药物的疗效和副作用，注意用法和剂量，不能吞服时可将药片研碎；多潘立酮（吗丁啉）应饭前半小时或睡前口服。服用西沙必利时，嘱患儿不能同时饮用橘子汁，同时注意观察心率和心律的变化。出现心率加快或心律不齐时应及时联系医生进行处理。西咪替丁应在进餐时或睡前服用效果好。

4. 手术护理 GER患儿术前术后护理与其他腹部手术相似。术前配合做好各项检查和支持疗法；术后根据手术方式做好术后护理，应保持胃肠减压，做好引流管护理，注意观察有无腹部切口裂开、穿孔、大出血等并发症。

5. 健康教育 对新生儿和小婴儿，告知家长体位及饮食护理的方法、重要性和长期性。指导家长观察患儿有无发绀，判断患儿反应状况和喂养是否耐受，新生儿每日监测体重。带药出院时，详细说明用药方法和注意事项，尤其是用药剂量和不良反应。

【护理评价】

经过治疗和护理，患儿症状好转，营养均衡，疼痛感消失；住院期间未出现窒息。患儿家长掌握疾病及护理相关知识，能够配合治疗和护理。

第四节 腹泻病患儿的护理

案例 9-2

患儿，女性，10个月，因“呕吐、咳嗽3天，腹泻2天”入院。患儿于3天前无明显诱因出现呕吐，食物即吐，呕吐物为稀糊状胃内容物，咳嗽，呈阵发性，喉间少痰，痰黏不易咳出，伴发热，呈低度发热，测量最高体温38℃，无鼻塞、流涕，无喘息、气促、呼吸困难等。2天前患儿开始出现腹泻，每天20余次，量或多或少，以水样便和蛋花样便为主，含少许黏液，无脓血。患儿平素体质可，第2胎，第2产。足月剖宫产，出生时体重3.85kg。母乳喂养至7个月开始添加牛奶、米粉等辅食，9个月后人工喂养。

体格检查：体温37.5℃，心率145次/分，呼吸55次/分，血压70/50mmHg，体重10kg；患儿嗜睡，意识不清，呼吸深长，口唇干燥，皮肤弹性差。前囟1cm×1cm，前囟及眼眶明显凹陷，眼睑无水肿，结膜无充血，巩膜无黄染，双侧瞳孔等大等圆约0.3cm，对光反射灵敏。咽部充血。双肺呼吸音粗糙，左下肺可闻及少许中细湿啰音。心前区无隆起心界不扩大，心率

145 次/分，节律齐，心音有力，各瓣膜听诊区未闻及病理性杂音。腹部平坦，无异常蠕动及肠型，腹软，按压无哭闹，未扪及包块，肝脾未扪及，肠鸣音活跃，四肢端凉，有花纹，脉细弱。神经系统未引出病理征。

思考题：

1. 根据病史分析患儿的脱水性质。
2. 该患儿属于轻型腹泻还是重型腹泻？诊断依据是什么？
3. 在补液过程中应该观察哪些内容？

婴幼儿腹泻（infantile diarrhea）或称腹泻病，是一组由多病原、多因素引起的以大便次数增多和大便性状改变为特点的消化道综合征，严重者可引起脱水和电解质紊乱。该病为婴幼儿时期的常见病，其发病发病率仅次于呼吸道感染，是我国儿童保健重点防治的"四病"之一。年龄以 6 个月至 2 岁多见，其中 1 岁以内者约占半数，是造成儿童营养不良、生长发育障碍甚至死亡的主要原因之一。一年四季均可发病，但夏秋季发病率最高。

【病因】

引起婴幼儿腹泻病的病因分为易感因素、感染因素和非感染因素。

1. 易感因素

（1）消化系统发育未成熟，胃酸和消化酶分泌不足，消化酶活性低，对食物质和量变化的耐受性差。

（2）生长发育快，对营养物质的需求相对较多，消化道负担较重。

（3）机体防御功能差：①胃内酸度较低，胃酸偏低、排空快，对进入胃内的细菌杀灭能力较弱；②婴儿血清中免疫球蛋白和胃肠道分泌性 IgA（SIgA）均较低，对感染的防御能力差。

（4）肠道菌群失调：新生儿出生后尚未建立正常肠道菌群，改变饮食使肠道内环境改变，或因使用抗生素等导致肠道菌群失调。使正常菌群对入侵肠道致病微生物的拮抗作用丧失，从而引起肠道感染。

（5）人工喂养：母乳中含有大量体液因子（如 SIgA、乳铁蛋白），巨噬细胞和粒细胞、溶菌酶、溶酶体等，有很强的抗肠道感染作用。家畜乳中虽有某些上述成分，但在加热过程中被破坏，而且人工喂养的食物和食具易受污染，故人工喂养儿肠道感染发生率明显高于母乳喂养儿。

2. 感染因素

（1）肠道内感染：主要病原是病毒、细菌、真菌、寄生虫，尤以病毒和细菌多见。

1）病毒感染：寒冷季节的婴幼儿腹泻 80%由病毒感染引起，以轮状病毒引起的秋冬季儿童腹泻最为常见，其次有星状病毒、杯状病毒科的诺如病毒属和札如病毒属肠道病毒、肠道腺病毒等。其他肠道病毒包括埃可病毒、柯萨奇病毒。

2）细菌感染：夏季多见（不包括法定传染病），导致腹泻以大肠埃希菌为主，包括五组：①致病性大肠杆菌（EPEC）；②产毒性大肠埃希菌（ETEC）；③侵袭性大肠埃希菌（EIEC）；④出血性大肠埃希菌（EGEC）；⑤黏附-集聚性大肠埃希菌（EAEC）。其次是空肠弯曲菌和耶尔森菌。其他有沙门菌、变形杆菌、金黄色葡萄球菌等。

3）真菌感染：长期应用广谱抗生素和肾上腺皮质激素，使机体免疫功能低下，易发生真菌性肠炎，以白色念珠菌多见，其次是曲霉菌和毛霉菌。

4）寄生虫感染：常见的有蓝氏贾第鞭毛虫、阿米巴原虫、隐孢子虫。

（2）肠道外感染：因发热及病原体毒素作用使消化功能紊乱，或肠道外感染的病原体（主要是病毒）同时感染肠道，故当患中耳炎、上呼吸道感染、肺炎、泌尿道及皮肤感染时也可引起腹泻。

知识链接

抗生素相关性腹泻

除一些抗生素可降低碳水化合物的运转和乳糖水平外，多数研究者认为，抗生素的使用破坏了肠道正常菌群，是引起腹泻最主要的病因。抗生素会破坏肠道正常菌群，引起肠道菌群失调。肠道菌群紊乱时益生菌数量明显下降，条件致病菌数量异常增多，肠道黏膜屏障损伤，消化吸收代谢受到影响，从而导致抗生素相关性腹泻（antibiotic-associated diarrhea，AAD）。

3. 非感染因素

（1）饮食因素

1）食饵性因素：如喂养不当，喂养不定时、食物的质和量不适宜、过早给予淀粉类或脂肪类食物等均可引起腹泻。给予含高果糖或山梨醇的果汁，可产生高渗性腹泻。给予肠道刺激物如调料或富含纤维素的食物等也可引起腹泻。

2）过敏性腹泻：个别患儿对牛奶、豆浆及某些食物成分过敏或不耐受而引起腹泻。

3）其他因素：包括原发性或继发性双糖酶缺乏，乳糖酶的活力降低，肠道对糖的消化吸收不良而引起腹泻。

（2）气候因素：天气骤然变化、腹部受凉，可致肠蠕动加快、消化功能紊乱而腹泻；天气过热，出汗较多，消化液分泌减少或由于口渴饮奶过多等都可诱发消化功能紊乱而腹泻。

【发病机制】

导致腹泻发生的机制包括四种类型：①渗透性腹泻，肠腔内存在大量不能吸收的具有渗透活性的物质；②分泌性腹泻，肠腔内电解质分泌过多；③渗出性腹泻，炎症所致的液体大量渗出；④肠道功能异常性腹泻，肠道运动功能异常。但临床上不少腹泻并非由某种单一机制引起，而是多种机制共同作用的结果。

1. 感染性腹泻　大多数病原微生物通过污染的手、玩具、食物、水及日常用品，或带菌者传播进入消化道。当机体的防御功能下降，大量的微生物侵袭并产生毒力时可引起腹泻。

（1）病毒性肠炎：各种病毒侵入肠道后，在小肠绒毛顶端的柱状上皮细胞上复制，使小肠绒毛细胞受损，受累的肠黏膜上皮细胞脱落而遗留不规则的裸露病变，导致小肠黏膜回吸收水和电解质能力下降，肠液在肠腔内大量集聚而引起吸收障碍性腹泻。同时，发生病变的肠黏膜细胞分泌双糖酶不足且活力降低，使肠腔内的糖类消化不全并被肠道内细菌分解成小分子的短链有机酸，使肠腔的渗透压增加，微绒毛破坏造成载体减少，上皮细胞钠转运功能障碍，进一步造成水和电解质的丧失，引起渗透性腹泻。临床上以水样便为特征（图 9-7）。

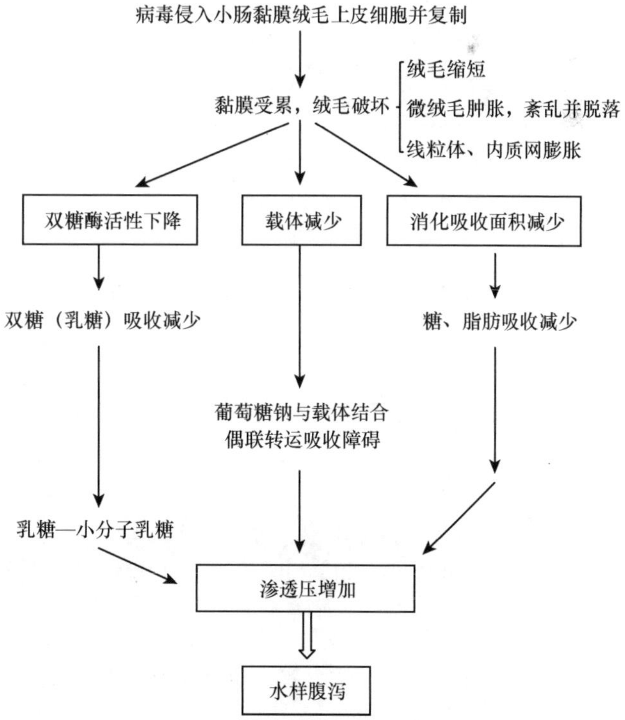

图 9-7　病毒性肠炎发病机制

（2）细菌性肠炎：肠道感染的病原体不同，其发病机制亦不相同。

1）肠毒性肠炎：各种病原体侵入肠道，繁殖并释放不耐热和耐热肠毒素，肠毒素与肠黏膜受体结合后，抑制肠对 Na^+、水的吸收，小肠液总量增多，刺激肠蠕动，排除大量水便，导致脱水和电解质紊乱（图 9-8）。

2）侵袭性肠炎：各种细菌直接侵袭小肠或结肠壁，致肠黏膜充血、水肿、渗出、溃疡等病变，产生广泛的炎性反应，引起黏液、脓血便、腹痛，甚至里急后重及发热等症状。

2. 非感染性腹泻 主要是饮食不当引起。当进食过量或食物的成分不当时，食物不能被充分消化而积滞于在小肠上部，使肠内酸度较低，有利于肠道下部细菌上移和繁殖，以及内源性感染，产生短链有机酸，使肠腔内渗透压增高（渗透性腹泻），腐败性毒性产物（如胺类等）刺激肠壁，使肠蠕动加快，导致腹泻、脱水和电解质紊乱（图 9-9）。

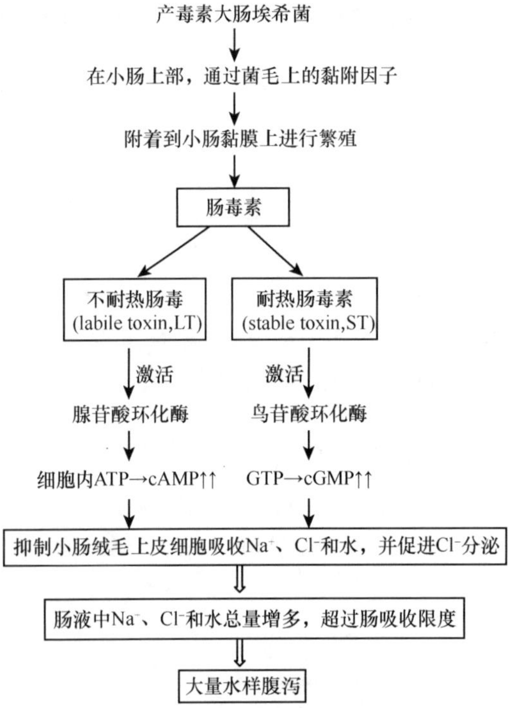

图 9-8 肠毒素引起的肠炎发病机制——以产毒素大肠埃希菌为例

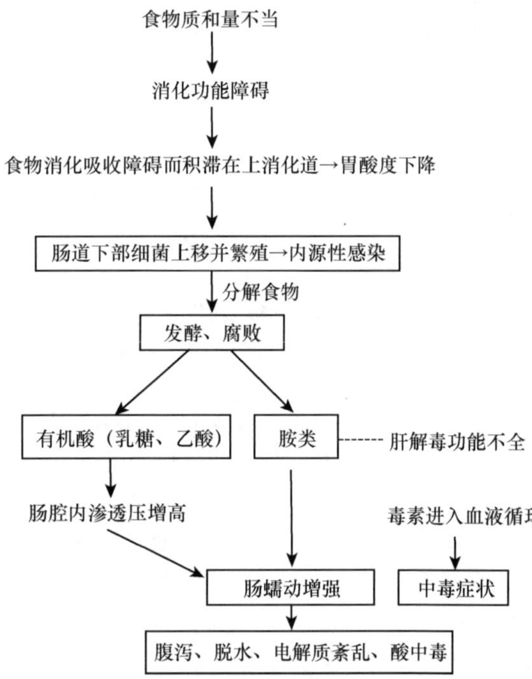

图 9-9 饮食不当引起腹泻的发病机制

案例 9-2 分析讨论

1. 患儿脱水的性质是等渗性的；血气分析提示有代谢性酸中毒。

（1）患儿，女性，10 个月。呕吐、腹泻已 3 天，呕吐 3～5 次/日，腹泻 18～20 次/日，烦躁不安、口渴、精神萎靡、嗜睡、反应差。尿量减少转为无尿。

（2）患儿意识不清，呼吸深长，前囟和双眼深陷，口唇红、干燥，皮肤弹性差，肠鸣音亢进，四肢凉，有花纹，脉细弱，神经系统无阳性体征。以上临床特点表明有重度脱水，酸中毒存在。

（3）辅助检查：粪常规：黄稀水样，脓细胞 0～2 个/HP，RBC0～1 个/HP，潜血（－）。血生化：Na^+138mmol/L，Cl^-103mmol/L，K^+4.0mmol/L，Ca^{2+} 2mmol/L，pH 7.20，HCO_3^-12mmol/L，$PaCO_2$30mmol/L，BE _8mmol/L。

【治疗要点】

婴幼儿腹泻的治疗原则是调整饮食，预防和纠正脱水，合理用药，控制感染，加强护理，预防并发症的发生。

1. 调整饮食 强调继续进食，供给足够、适宜的营养，以满足生理需要，对预防营养不良、促进疾病恢复非常重要。有严重呕吐者可暂时禁食4～6小时（不需禁水），尽快恢复母乳及原来已经熟悉的饮食，由少到多，由稀到稠，喂食与患儿年龄相适应的易消化饮食。

2. 纠正水电解质紊乱及酸碱平衡失调

（1）第1天补液：①口服补液盐：适用于腹泻时预防脱水和纠正轻、中度脱水。应用口服补液盐溶液（ORS）。轻度脱水50～80ml/kg，中度脱水80～100ml/kg，少量多次服用，于8～12小时内将累积损失量补足。新生儿和有明显呕吐、腹胀、休克、心肾功能不全或其他严重并发症的患儿不宜采用口服补液盐。②静脉补液：适用于中度以上脱水，吐泻严重或腹胀的患儿。原则是先盐后糖，先浓后淡，先快后慢，见尿补钾，见酸补碱，见惊补钙、镁。但静脉补钾浓度不超过0.3%，且不可静脉推注（参见第四章第九节液体疗法）。

（2）第2天及以后补液：经第1天补液后，脱水和电解质紊乱已基本纠正，故第2天及以后主要补充继续损失量和生理需要量，一般可改为口服补液盐。若腹泻、呕吐仍频繁者，仍需静脉补液，则需重新制订补液计划。

3. 药物治疗

（1）控制感染：应合理用药。水样便腹泻患者（约70%）多为病毒及非侵袭性细菌所致，一般不用抗生素，应合理使用液体疗法。其他肠炎应参考临床特点，同时应根据大便细菌培养和药敏试验结果选用针对病原菌的有效抗生素，如大肠埃希菌肠炎可选用磺胺甲基异噁唑、阿米卡星、氨苄西林等，抗生素诱发性肠炎应停用原使用的抗生素，改用万古霉素、新霉素、抗真菌药等；病毒性肠炎以饮食疗法和支持疗法为主。侵袭性细菌性肠炎避免早期使用止泻剂。

（2）肠道微生态疗法：有助于恢复肠道正常菌群的生态平衡，抵御病原菌侵袭，控制腹泻，常用双歧杆菌、嗜酸乳杆菌等制剂。

（3）肠黏膜保护剂：腹泻与肠黏膜屏障功能破坏有密切关系，因此维护和修复肠黏膜屏障功能是治疗腹泻的方法之一，常用蒙脱石散（思密达）。

（4）补锌治疗：对于急性腹泻患儿，年龄＞6个月者，应每日给予元素锌20mg。年龄＜6个月者，应每日给予元素锌10mg。疗程10～14天，可缩短疗程。

（5）对症治疗：腹泻一般不宜用止泻剂，因止泻会增加毒素的吸收。腹胀明显者可肌内注射新斯的明或肛管排气，呕吐严重者可肌内注射氯丙嗪或针刺足三里。

4. 预防并发症 迁延性、慢性腹泻常伴营养不良或其他并发症，病情复杂，必须采取综合治疗措施。

【护理评估】

1. 健康史 详细了解喂养史包括喂养方式，人工喂养儿喂何种乳品，冲调浓度、喂哺次数及量，添加辅食及断奶情况。注意有无不洁饮食史和食物过敏史；询问患儿腹泻开始时间，大便次数、颜色、性状、量、气味，有无发热、呕吐、腹胀、腹痛、里急后重等不适。既往有无腹泻史，有无其他疾病及长期使用抗生素史。

2. 身体状况 不同病因引起的腹泻常有不同临床过程。病程小于2周为急性腹泻，病程在2周至2个月为迁延性腹泻，超过2个月为慢性腹泻。由于致病因素不同，腹泻的严重程度也不同，根据病情轻重将腹泻分为轻型腹泻和重型腹泻。但轻型腹泻治疗不当也可也发展为重型腹泻。

（1）急性腹泻

1）腹泻的共同临床表现

A. 轻型腹泻：常由饮食因素及肠道外感染引起。起病可急可缓，临床表现以胃肠道症状为主：

表现为食欲不振、偶有溢乳或呕吐，为胃内容物，大便次数增多，大便<10 次/日，每次大便量不多，呈黄色或黄绿色，有酸味，常见白色或黄白色奶瓣和泡沫。大便镜检可见大量脂肪球。患儿精神尚好，体温大多正常，偶有低热，无明显脱水及电解质紊乱，多在数日内痊愈。

B. 重型腹泻：多由肠道内感染所致，常急性起病，也可由轻型腹泻逐渐发展而来，除有较重的胃肠道症状外，还有明显的全身中毒症状及脱水、酸碱平衡失调及电解质紊乱和全身中毒感染症状。

胃肠道症状：食欲低下，常有呕吐，严重者可吐咖啡渣样物。腹泻频繁，大便>10 次/日，多者可达数十次，量多，大便蛋花汤样、水样，可有少许黏液或血便，腹胀、腹痛。大便镜检可见脂肪球和红细胞、白细胞。由于大便的频繁刺激，肛门周围皮肤可发生糜烂，出现红臀。呕吐患儿因脱水使口腔黏膜干燥及呕吐物残留而发生口炎。

全身中毒症状：如发热或体温不升、烦躁不安、精神萎靡或嗜睡，甚至昏迷、惊厥、休克。

水电解质紊乱和酸碱平衡失调：主要表现为脱水、代谢性酸中毒、低钾、低钙、低镁、低磷等。脱水：由于呕吐、腹泻丢失体液及摄入不足，导致不同程度脱水（参照第四章第九节）；因腹泻、呕吐时水电解质丢失的比例不尽相同而导致不同性质脱水（参照第四章第九节体液疗法）。代谢性酸中毒：（参照第四章第九节体液疗法）。低钾血症：胃肠液中含钾较多，呕吐和腹泻丢失大量钾离子；进食较少，钾摄入不足；肾保钾功能比保钠差，故在缺钾时仍有一定量的钾继续排除，所以腹泻患儿都有不同程度缺钾，导致低钾血症。但在脱水未纠正前，由于血液浓缩，酸中毒时钾离子由细胞内向细胞外转移及尿少致钾排出减少等原因，体内钾离子总量虽减少，而血清钾多正常。随着脱水、酸中毒的纠正，排尿后钾排出增多等，血钾浓度迅速下降，出现不同程度的缺钾症状，如精神不振、全身乏力、腹胀、肠鸣音减弱，严重者出现肠麻痹，腱反射减弱或消失；心率增快、心音低钝、心电图出现典型的 U 波，重者可出现心律失常而危及生命。低钙血症和低镁血症：腹泻患儿由于进食少，吸收不良、大便中丢失钙、镁离子等因素，可使体内钙、镁离子减少，活动性佝偻病和营养不良患儿更多见。但是在脱水和酸中毒时，由于血液浓缩、离子钙增多等，患儿可不出现低血钙的症状。待脱水、酸中毒纠正后易出现手足抽搐和惊厥，极少数久泻和营养不良患儿输液后出现震颤、抽搐，用钙剂治疗无效时应考虑有低镁血症的可能。

2）几种常见类型肠炎的临床特点

A. 轮状病毒肠炎（秋季腹泻）：是婴儿腹泻最常见的病原。好发于秋、冬季，以秋季流行为主，故又称为秋季腹泻。病因：轮状病毒；传播途径：粪-口传播，也可通过气溶胶形式经呼吸道感染而致病。多见于 6 个月至 2 岁的婴幼儿，潜伏期 1～3 天。起病急，常伴有发热和上呼吸道感染症状，多无明显中毒症状。病初即出现呕吐，大便次数增多，量多，呈黄色或淡黄色，大便为水样或蛋花汤样，无腥臭味，次数多、量多、水多（三多）；大便镜检偶有少量白细胞。常并发脱水、酸中毒及电解质紊乱。本病为自限性疾病，自然病程 3～8 天。近年报道，轮状病毒感染也可侵犯多个脏器，如中枢神经系统、心肌等。

B. 致病菌和产毒性细菌引起的肠炎：多发生在夏季。潜伏期 1～2 天，起病较急。轻症仅大便次数稍增，性状轻微改变。重症腹泻频繁，量多，呈水样或蛋花汤样，混有黏液，镜检无白细胞。常伴呕吐，严重者可伴发热、脱水、电解质紊乱和酸碱平衡失调。本病为自限性疾病，自然病程 3～7 天或较长。

C. 侵袭性细菌性肠炎：全年均可发病，潜伏期长短不等。常引起志贺杆菌性痢疾样病变。起病急，高热甚至可以发生热性惊厥。腹泻频繁、大便呈黏液脓血，有腥臭味。常伴恶心、呕吐、腹痛、里急后重，可出现全身中毒症状甚至休克。大便镜检有大量白细胞及数量不等的红细胞。粪便细菌培养可找到相应的致病菌。其中空肠弯曲菌肠炎多发生在夏季，常侵犯空肠和回肠，有脓血便，腹痛剧烈，易误诊为阑尾炎，亦可并发严重的小肠结肠炎、败血症、肺炎、脑膜炎、心内膜炎和心包炎等。耶尔森菌小肠结肠炎多发生在冬、春季，可引起淋巴结肿大，亦可产生肠系膜淋巴结炎，症状可与阑尾炎相似，也可引起咽痛和颈淋巴结炎。以上两者均需与阑尾炎鉴别。鼠伤寒沙门菌小肠结肠炎有胃肠炎型和败血症型，新生儿和不足1岁婴儿容易感染，新生儿多为败血症型，常引起暴发流行，可排深绿色黏液脓便或白色胶冻样便，有特殊臭味。

D. 出血性大肠埃希菌肠炎：大便次数增多，大便开始呈黄色水样便，后转为血水便，有特殊臭味，伴腹痛。大便镜检有大量红细胞，一般无白细胞。

E. 抗生素诱发的肠炎：①金黄色葡萄球菌肠炎：多继发于用大量抗生素后，病程和症状常与菌群失调的程度有关。表现为发热、呕吐、腹泻、不同症状的中毒症状、脱水和电解质紊乱，甚至发生休克。典型大便暗绿色，量多，带黏液，少数为血便。大便镜检有大量脓细胞和成簇的革兰阳性球菌，培养有葡萄球菌生长，凝固酶阳性。②伪膜性小肠结肠炎：由难辨梭状芽孢杆菌引起，主要症状为腹泻，轻者每日数次，停用抗生素后很快痊愈；重者腹泻频繁，呈黄绿水样便，可有毒素致肠黏膜坏死所形成的伪膜排出，大便厌氧菌培养、组织培养法检测细胞毒素可协助诊断。③真菌性肠炎：多发生在体弱、长期用广谱抗生素、激素儿童。多为白色念珠菌感染所致，2岁以下婴儿多见。常伴发其他部位真菌感染如鹅口疮，大便次数增多，黄色稀便，泡沫较多、带黏液、豆腐渣样。镜检有真菌孢子和菌丝。

（2）迁延性腹泻和慢性腹泻：病因较复杂，多因肠道感染治疗不彻底、长期滥用广谱抗生素导致肠道菌群失调、营养不良等引起，必须采用综合治疗措施。迁延性腹泻和慢性腹泻多与营养不良和急性期治疗不彻底有关，以人工喂养儿，营养不良儿多见。表现为腹泻迁延不愈，病情时轻时重，大便次数和性质不稳定，严重时可出现水电解质紊乱。由于营养不良儿腹泻时迁延不愈，持续腹泻又加重营养不良，两者互为因果，形成恶性循环，导致消瘦、贫血、多种维生素缺乏及继发感染等。

（3）生理性腹泻（physiological diarrhea）：多见于6个月以下的婴儿，外观虚胖，常有湿疹；生后不久即出现腹泻，但除大便次数增多外，无其他症状，食欲好，不影响生长发育；添加换乳期食物后，大便即逐渐转为正常。近年研究发现可能为乳糖不耐受的一种特殊类型。

案例 9-2 分析讨论（续）

2. 诊断　重型腹泻。诊断依据为：

（1）急性起病，大便每日10次以上，除有较重的胃肠道症状外，有明显水电解质紊乱和酸碱平衡失调表现及全身中毒症状。

（2）患儿呕吐、腹泻3天，尿少1天，无尿12小时。

（3）嗜睡与烦躁交替，BP70/50mmHg，前囟凹陷，双眼深陷，口唇和皮肤干燥弹性差，四肢凉，有花纹，脉细弱，145次/分，呼吸深长，55次/分，肠鸣音亢进。

（4）中度酸中毒：血HCO_3^- 9～13mmol/L。

3. 辅助检查

（1）血常规：细菌感染时白细胞总数及中性粒细胞增多；寄生虫感染和过敏性腹泻时嗜酸粒细胞增多。

（2）大便常规：肉眼检查大便性状如外观、颜色、黏液脓血等；大便镜检有无脂肪球、白细胞、红细胞等。

（3）病原学检查：细菌性肠炎大便培养可检出致病菌；真菌性肠炎，大便镜检可见真菌孢子和菌丝；病毒性肠炎可做病毒分离等检查。

（4）血液生化：血钠测定可了解脱水性质；血钾测定可了解有无低钾血症；碳酸氢盐测定可了解体内酸碱平衡失调的性质及程度。

4. 心理-社会状况　腹泻是小儿的常见病、多发病，在贫困和卫生条件较差的地区，家长缺乏喂养及卫生知识是导致小儿易患腹泻的原因之一。故应注意评估家长的文化程度、对科学喂养知识的了解及对本病相关知识的了解情况，家庭经济状况、居住条件、饮食卫生习惯。腹泻初期家长往往为引起重视，忽视正规治疗而自己随意用药，一旦病情加重或迁延不愈，家长表现出急躁情绪，内疚并缺乏耐心。重型腹泻在住院期间因病情较重或病情反复等因素易产生焦虑情绪。在冬秋季发生的腹泻应了解有无流行史。

案例 9-2 分析讨论（续）

3. 补液过程中应观察的内容

（1）加强护理，注意消毒隔离、观察病情等。调整饮食、继续进食以预防营养不良。

（2）纠正水电解质紊乱和酸碱平衡失调。第 1 天的补液内容包括：

1）确定补液总量：150ml/kg×10kg＝1500ml。

2）确定液体种类：重度脱水先用 2∶1 等张含钠液扩容；因是等渗性脱水，随后选用 2∶3∶1（1/2 张）溶液继续补液。

3）补液的速度：①补充累积损失量阶段（纠正脱水阶段），重度脱水有明显周围循环障碍，用 2∶1 等张含钠液，以 20ml/kg，在 30～60 分钟内快速输入。累积损失量的余量以 8～10ml/（kg·h）的输液速度，在 8～12 小时输完。②维持输液阶段，以 5ml/（kg·h）的输液速度于 12～16 小时内静脉滴注，若吐泻缓解，可酌情减少补液量或改为口服补液。

4）纠正酸中毒：因输入的混合溶液中已含有一部分碱性溶液，输液后循环和肾功能改善，酸中毒可纠正。

5）补钾：输液后有尿时即可开始补钾，补钾的量按 200mg/kg 计算加入到 2∶3∶1 液中，氯化钾静脉滴注浓度不超过 0.3%，补钾时间不宜短于 8 小时。连续补钾 4～6 天。

（3）药物治疗：微生态疗法：用妈咪爱制剂；肠黏膜保护剂：蒙脱石散。

【常见护理诊断/问题】

1. 腹泻 与感染、喂养不当、肠道功能紊乱等有关。

2. 体液不足 与腹泻、呕吐致体液丢失过多和摄入不足有关。

3. 营养失调：低于机体需要量 与腹泻、呕吐丢失过多和摄入不足有关。

4. 体温过高 与肠道感染有关。

5. 有皮肤完整性受损的危险 与大便刺激臀部皮肤有关。

6. 潜在并发症 水电解质紊乱和酸碱平衡失调。

7. 知识缺乏 家长缺乏喂养知识及相关的护理知识。

【预期目标】

1. 患儿腹泻、呕吐次数逐渐减少至停止，大便性状正常。
2. 患儿脱水和电解质紊乱纠正，体重恢复正常。
3. 患儿体温恢复正常。
4. 患儿臀部皮肤完整、无破损。
5. 患儿家长掌握喂养知识及腹泻、护理知识。

【护理措施】

1. 调整饮食 限制饮食过严或禁食过久常造成营养不良，并发酸中毒，造成病情迁延不愈而影响生长发育，故腹泻脱水患儿除严重呕吐者暂禁食 4～6 小时（不需禁水）外，均应继续进食，以缓解病情，缩短病程，促进恢复。但必须调整和限制饮食。停喂不消化和脂肪类食物，母乳喂养者可限制哺乳次数，缩短每次哺乳时间，暂停辅食添加；人工喂养儿可喂米汤、酸奶、脱脂奶等。待好转后继续喂食，由少到多，由稀到稠。病毒性肠炎多有双糖酶缺乏，不宜用蔗糖，并暂停乳类喂养，改用酸奶、豆浆等。腹泻停止后逐渐恢复营养丰富饮食，并每日加餐 1 次，共 2 周。对少数严重病例口服营养物质不耐受者，应加强支持疗法，必要时全静脉营养。

2. 维持水电解质及酸碱平衡（参见第四章第九节液体疗法）

（1）口服补液盐：ORS 适用于腹泻时预防脱水和纠正轻、中度脱水。轻度脱水 50～80ml/kg，中度脱水 80～100ml/kg，少量多次服用，于 8～12 小时内将累计损失量补足。新生儿和有明显呕吐、腹胀、休克、心肾功能不全或其他严重并发症的患儿不宜采用口服补液盐。

（2）静脉补液：适用于中度以上脱水，吐泻严重或腹胀的患儿。原则是先盐后糖，先浓后淡，先快后慢，见尿补钾，见酸补碱，见惊补钙、镁。但静脉补钾浓度不超过 0.3%，且不可静脉推注。第 2 天及以后补液：经第一天补液后，脱水和电解质紊乱已基本纠正，故第 2 天及以后主要补充继续损失量和生理需要量，一般可改为口服补液盐。若腹泻、呕吐仍频繁者，仍需静脉补液，则需重新制订补液计划。

3. 控制感染　选用针对病原菌的抗生素以控制感染，严格执行消毒隔离，感染性腹泻与非感染性腹泻患儿分室居住，护理患儿前后认真洗手，腹泻患儿用过的尿布、便盆分类消毒，以防交叉感染。指导家属及探视人员执行隔离制度特别是洗手措施。

4. 发热护理　密切观察患儿体温变化，体温过高者应给予头枕冰袋、温水擦浴等物理降温措施或遵医嘱给予药物降温，鼓励患儿多喝水，做好口腔及皮肤护理。

5. 臀部护理　选用吸水性强的、柔软布质或纸质尿布，避免使用不透气塑料布或橡皮布；尿布湿了及时更换，每次便后用温水清洗臀部并擦干，以保持皮肤清洁、干燥；局部皮肤发红处涂以 5%鞣酸软膏或 40%氧化锌油并按摩片刻，促进局部血液循环；也可采用暴露法，臀下仅垫尿布，不加包扎，使臀部皮肤暴露于空气中或阳光下；局部皮肤溃疡可用灯光照射，每次照射 20～30 分钟，每日 1～2 次，使局部皮肤蒸发干燥。

6. 严密观察病情

（1）监测生命体征：如神志、体温、脉搏、呼吸、血压等。

（2）观察大便情况：观察并记录大便次数、颜色、性状、量，做好动态比较，为输液方案和治疗提供可靠依据。

（3）观察全身中毒症状：如发热、烦躁、嗜睡、倦怠等。

（4）观察水、电解质紊乱和酸碱平衡失调症状：如代谢性酸中毒表现、低血钾表现、脱水情况及其程度。

7. 健康教育

（1）宣传母乳喂养的优点，指导合理喂养，避免在夏季断奶。按时逐步添加换乳期食物，防止过食、偏食及饮食结构突然变动。

（2）注意饮食卫生，食物新鲜，食具定时消毒。饭前便后洗手，勤剪指甲，培养良好卫生习惯。

（3）加强体格锻炼，适当户外活动。

（4）注意气候变化，防止受凉或过热。

（5）避免长期滥用广谱抗生素。

【护理评价】

经过治疗和护理，患儿脱水电解质紊乱得到纠正；大便恢复正常；患儿体温恢复正常；臀部皮肤保持正常；未发生低血钾、低血钙、酸中毒等并发症；家长能掌握小儿喂养知识、腹泻的预防和相关知识。

第五节　肠套叠患儿的护理

案例 9-3

患儿，男性，6 个月，因阵发性哭闹 10 小时收入院。其母代述病史，可靠。患儿于 10 小时前无诱因出现哭闹不安，呈阵发性，面色苍白，蜷曲体位，出汗，间隙 10～20 分钟后反复发作，同时伴呕吐数次，呕吐物为奶块。大便 1 次，呈果酱样。病后精神差，拒乳，不发热，不咳嗽，未抽搐。来急诊就诊。既往健康，未患过其他疾病。患儿系混合喂养，5个月添加辅食，3个月抬头，现已认人。预防接种按时进行。

体格检查：体温36℃，脉搏140次/分，呼吸38次/分，体重7kg。发育正常，营养良好。神志清，精神差，哭闹不安。面色苍白，前囟平、软。双肺呼吸音粗，无啰音。心率140次/分，律齐，心音有力，未闻及杂音；腹胀，右侧中腹可触及约9cm腊肠样包块，右下腹似有空虚感，肠鸣音活跃，四肢未见异常，活动好。病理反射征未引出。

思考题：

1. 结合本病例分析本例肠套叠的诊断依据是什么？
2. 该患儿目前存在的首优的护理诊断是什么？

肠套叠（intussusception）指一部分肠管及其肠系膜套入相邻的肠腔内，重者导致绞窄性肠梗阻，是婴幼儿时期常见的急腹症之一。80%患儿发病是在2岁以内，罕见于新生儿期发病；男孩与女孩发病概率为4∶1，尤其多见于健康肥胖儿。本病分为原发性和继发性两种。前者约占95%，多见于婴幼儿。

【病因与发病机制】

肠套叠和病因尚不完全清楚。一般认为婴幼儿肠系膜的某些解剖特点，如回盲部系膜固定差，活动度大，可能是易致肠套叠的解剖因素。腹泻、饮食改变、环境和气候改变等所致的肠蠕动紊乱，均可能是促发因素。病毒（如腺病毒）感染或其他原因引起回盲部集合淋巴结肿大也可诱发本病。继发性肠套叠指肠壁或肠腔内器质性病变，如肠息肉、肿瘤、梅克尔憩室、肠囊肿、肠壁血肿等翻入，牵带肠壁作为起点引起的肠套叠，多见于年长儿，约占5%。

【治疗要点】

肠套叠是急症，复位是其常规首选疗法，国内研究显示，绝大多数原发性婴幼儿肠套叠可采用非手术疗法治愈，但时间长或病情严重需手术治疗。

1. 非手术疗法 灌肠疗法适用于病程在48小时以内的原发性回结型和结肠型肠套叠，一般状况较好，无明显腹胀及腹膜刺激症状者。

（1）空气灌肠复位法、钡剂灌肠复位法。

（2）注意事项：灌肠复位时应观察：①拔出肛管后排出大量带臭味的黏液血便和黄色粪水；②患儿很快入睡，不再哭闹及呕吐；③腹部平软，触不到原有的包块；④灌肠复位后给予0.5～1g活性炭口服，6～8小时后应有炭末排出，表示复位成功。

2. 手术治疗 肠套叠超过48～72小时，或虽时间不长但病情严重有肠坏死或穿孔者，以及小肠型肠套叠均需手术治疗。根据患儿全身情况有套叠肠管的病理变化选择进行肠套叠复位，肠切除吻合术或肠造瘘术等。5%～8%患儿可有肠套叠复发。灌肠复位比手术复位的复发率高。

【护理评估】

1. 健康史 询问患儿发病前有无上呼吸道感染，了解患儿发病前有无腹泻、饮食改变、环境和气候改变等所致的肠蠕动紊乱表现。

2. 身体状况 2岁以下婴幼儿多为急性发病。

（1）腹痛：患儿突然出现剧烈的阵发性肠绞痛，哭闹不安，面色苍白，拒食、出汗，持续数分钟或更长时间后，腹痛缓解，安静或入睡，间歇10多分钟又反复发作。

（2）呕吐：早期呕吐物为奶块或食物，次数不多。晚期呕吐物中含有胆汁，甚至粪便样物，为肠梗阻严重的表现。呕吐后常拒绝再进食。

（3）血便：为重要症状。出现症状的最初几小时大便可正常，以后大便少或无大便。约85%病例在发病后6～12小时排出果酱样黏液血便，或做直肠指检时发现血便。

（4）腹部包块：多数病例在右上腹季肋下可触及有轻微触痛的套叠肿块，呈腊肠样，光滑不太软，稍可移动，晚期病例发生肠坏死或腹膜炎时，出现腹胀、腹水、腹肌紧张和压缩，不易扪及肿块，有时腹部扪诊和直肠指检双合检查可触及肿块。

（5）全身情况：早期一般情况尚可，仅有面色苍白、精神欠佳、食欲不振。晚期出现精神萎靡、嗜睡、脉搏快而弱、发热、脱水、腹胀，甚至休克及腹膜炎等。

3. 辅助检查

（1）腹部 B 超检查：在套叠部位横断扫描可见同心圆或靶环状肿块图像，纵断扫描可见“套筒征”。

（2）空气灌肠：由肛门注入气体，在 X 线透视下可见杯口阴影，能清楚看见套叠头的块影，并可同时进行复位治疗。

4. 心理-社会状况　评估家长有无焦虑，对该病的预后、疾病的护理方法等知识的认识程度。了解患儿家庭环境及家庭经济情况，既往有无住院的经历。

案例 9-3 分析讨论

1. 诊断依据

（1）临床表现

1）6 个月婴儿，因阵发性哭闹就诊。

2）哭闹不安伴面色苍白，蜷曲体位，反复发作，同时伴呕吐，吐出物含胆汁，排果酱样大便。

3）精神差，哭闹烦躁，腹胀、腹肌紧，右上腹可触及腊肠样包块，右下腹有空虚感。

（2）辅助检查

1）血常规：Hb 110g/L；RBC 3.5×10^{12}/L；WBC 12×10^{9}/L；N 55%；L 45%。

2）粪常规：白细胞（+），潜血（+）。

3）腹部透视：示中腹部可见多个气液平面，呈梯状排列。右下腹密实。

4）肠套叠空气灌肠复位记录：经双腔管加压注入空气，于结肠脾曲处显示“杯口状”充盈缺损，缓慢加压排注气体，套头逐渐回复，气体进入小肠内，软组织充盈缺损消失。

【常见护理诊断/问题】

1. 急性疼痛　与肠系膜受牵拉和肠管强烈收缩或手术创伤有关。

2. 潜在并发症：电解质紊乱　与呕吐、便血有关。

3. 知识缺乏　患儿家长缺乏有关疾病护理的相关知识。

4. 焦虑　与患儿家长不了解手术及术后的护理有关。

案例 9-3 分析讨论（续）

2. 该患儿目前存在的首优的护理诊断是

急性疼痛：与肠系膜受牵拉和肠管强烈收缩有关。

【预期目标】

1. 患儿疼痛缓解，能安静入睡。

2. 患儿住院期间无电解质紊乱出现。

3. 患儿家长掌握肠套叠护理的相关知识。

4. 患儿家长表现出放松，了解治疗方案和治疗后的护理。

【护理措施】

1. 缓解疼痛

（1）成功复位后患儿可表现为疼痛缓解、安静入睡，呕吐消失、不再哭闹，如患儿再次出现哭闹、烦躁的表现，及时通知医生防止复套。

（2）术后伤口疼痛可使用镇痛泵，告知家长使用方法，安抚患儿，必要时使用解热镇痛药。

2. 灌肠复位的护理 肠套叠患儿常有肠梗阻、电解质紊乱，要尽快建立静脉通道，遵医嘱用药，纠正水电解质紊乱。

3. 术后护理

（1）小儿病情变化快，不能自述病情，因此术后要严密观察呼吸、血压、脉搏、体温的变化，重症患儿使用心电监护。

（2）由于小儿腹壁薄弱，术后哭闹、腹胀容易出现腹壁伤口裂开，因此为避免患儿术后哭闹，必要时用镇静剂，另外，有效的胃肠减压和腹带包扎可预防腹部切口裂开。

（3）患儿术后胃肠减压管和腹腔引流管应妥善放置，防止扭曲受压；保持通畅，严密观察引流液的颜色、性质及量等；遵守无菌操作原则，每天更换引流袋。

4. 心理护理 由于患儿的腹痛、腹胀常突然发生，患儿哭闹不安，家长情绪往往急躁，此时应主动向患儿家长讲解病情，以及采用治疗方法和手术的原因，减轻家长对手术的惧怕心理，争取家长的配合。医护人员对待患儿及家长要有爱心和耐心，主动和关心帮助他们，消除他们在医院中的不舒适感。

5. 健康教育

（1）介绍疾病知识：向患儿家长讲解肠套叠的病因、典型临床表现如腹痛、呕吐、血便、腊肠样包块等；肠套叠护理及预防保健知识，减少焦虑情绪。

（2）饮食指导：婴儿提倡母乳喂养、指导家长正确添加辅食、注意营养的合理搭配，食用高蛋白、粗纤维、易消化的食物，同时避免多种食物对肠道的刺激，避免感冒腹泻及剧烈活动，出院后如有恶心、呕吐、腹痛、腹胀及时就诊。

【护理评价】

经过治疗和护理，患儿疼痛缓解，能安静入睡，住院期间无电解质紊乱出现；患儿家长能够掌握肠套叠护理的相关知识，表现出放松，对治疗有信心。

第六节　先天性巨结肠患儿的护理

先天性巨结肠（congenital megacolon）是由于直肠或结肠远端的肠管持续痉挛，粪便淤滞在近端结肠，使该肠管肥厚、扩张。本病是小儿常见的先天性肠道畸形，发病率为1/5000～1/2000，男女之比（3～4）：1，有遗传倾向。主要临床表现为顽固性便秘和腹胀。

【病因与病理生理】

目前认为是一种多基因遗传和环境因素共同作用的结果。其基本病理变化是肠壁肌间和黏膜下神经丛内缺乏神经节细胞，致使远端无神经节细胞的肠段经常处于痉挛状态，发生非器质性肠狭窄，粪便通过困难，近端肠管逐渐扩张、肥厚，形成巨结肠。除形成巨结肠外，其他病理生理变化如排便反射消失等。

【治疗要点】

应进行根治手术切除无神经节细胞肠段和部分扩张结肠。先天性巨结肠许多并发症发生在生后2个月内，故要特别重视此期间的治疗。

1. 手术治疗 一旦确诊，应尽早手术，最好做根治术，若条件不成熟，可先做造瘘术；择期再行根治术。

2. 内科治疗 适用于轻症、并发感染或全身情况较差者。

（1）维持营养及水电解质平衡。

（2）温生理盐水反复洗肠：每次 50～100ml，使粪便、气体排出，可每日或隔日 1 次。可口服缓泻剂和润滑剂，也可用开塞露。忌用肥皂水或清水灌肠，以防发生水中毒。

【护理评估】

1. 健康史

（1）评估患儿出生后日龄、有无排胎粪、排胎粪时间及生长发育情况等。

（2）评估患儿出现顽固性便秘、呕吐的原因，有无家族史等。

2. 身体状况

（1）顽固性便秘：多数患儿生后 24～48 小时不排或仅排少量胎便，以后第 3～5 天或更长时间才排便一次，甚至不能自行排便，必须用开塞露、扩肛或灌肠。本病患儿易发生小肠结肠炎而出现腹泻，故便秘与腹泻交替出现，是该病特点之一。

（2）腹胀：是本病最突出体征，逐渐加重。典型患儿腹胀明显，腹壁皮肤紧张发亮，有静脉扩张，脐突出，可见肠型和蠕动波，甚至压迫膈肌引起呼吸困难。

（3）呕吐、营养不良、发育迟缓：由于功能性肠梗阻，可出现呕吐，量不多，呕吐物含少量胆汁，严重者可见粪样液，加上长期腹胀，便秘使患儿食欲下降，影响营养物质吸收致发育迟缓、消瘦、贫血或有低蛋白血症伴水肿。

（4）直肠指检：直肠壶腹部空虚，拔指后由于近端肠管内积存多量粪便，可排出恶臭气体及大便。

（5）并发症

1）小肠结肠炎：为本病的常见并发症。患儿表现有高热、高度腹胀、呕吐、排出恶臭并带血的稀便。重者炎症侵犯肌层，出现浆膜充血、水肿、增厚，导致渗出性腹膜炎。由于吐泻及扩张肠管内大量肠液的积存，会迅速出现脱水和酸中毒，而至死亡。

2）肠穿孔：多见于较小婴儿，常见的穿孔部位为乙状结肠和盲肠。

3）继发性感染：如败血症等。

3. 辅助检查

（1）X 线检查：有利于确定诊断。

1）腹部立位平片：常显示低位结肠梗阻，近端结肠扩张，下腹部或盆腔无气体。

2）钡剂灌肠检查：可显示痉挛段及其上方的扩张肠管，排钡功能差。若黏膜皱襞变粗（锯齿状变化），提示伴有小肠结肠炎。

（2）直肠肛管测压：当直肠受膨胀刺激时，正常人肛门外括约肌收缩，压力升高，内括约肌弛缓，肛管压力下降，称直肠肛管反射。本病患儿肛门外括约肌收缩，内括约肌无变化或有明显收缩，肛管压不变或升高。

4. 心理-社会状况 评估家长有无焦虑，对该病的预后、术后护理等知识的认识程度。了解患儿家庭环境及家庭经济情况，既往有无住院的经历。

【常见护理诊断/问题】

1. 便秘 与远端肠段痉挛、低位性肠梗阻有关。

2. 营养失调：低于机体需要量 与便秘、腹胀引起食欲减退有关。

3. 知识缺乏 家长缺乏疾病治疗与护理的相关知识。

【预期目标】

1. 患儿便秘解除，排出大便。

2. 患儿营养改善。

3. 家长掌握先天性巨结肠护理的相关知识。

【护理措施】

1. 清洁肠道、解除便秘

（1）重症患儿可用生理盐水进行清洁灌肠，肛管插入超过狭窄段肠管以上，为避免发生水中毒，可用清水灌肠。

（2）为帮助排便可口服缓泻剂和润滑剂。

（3）使用开塞露、扩肛等刺激括约肌可诱发排便。

2. 改善营养状况

（1）给予患儿高蛋白、高维生素、无渣饮食，提高机体抵抗力，利于肠道准备。对存在营养不良、低蛋白血症者应加强支持疗法。

（2）特别注意有无小肠结肠炎的征象，如高热、腹泻、排出奇臭粪液，伴腹胀、脱水、电解质紊乱等。

3. 手术护理

（1）做好术前准备：术前肠道准备目的是排出积粪，缓解腹胀，清洁肠道，减少手术时肠道的污染；入院后给予灌肠，1～2 次/天，连续 4～7 天直至粪便排尽，灌肠时应观察患儿面色、心率、呼吸及回流液的颜色，如回流液中带有血性液体，立即停止灌肠，防止肠穿孔；术前 2 天遵医嘱口服抗生素。

（2）术后护理：未完全清醒时，去枕平卧，头偏向一侧，清醒且生命体征平稳后，改为半坐卧位，利于患儿呼吸，减轻切口张力，利于引流；生命体征监测，严密观察体温、脉搏、呼吸、血压等生命体征，有异常及时报告医生；注意管道护理，胃管、引流管应妥善固定，严密观察引流液的颜色、性状、量；预防感染，引流袋要低于引流口，防止逆行感染，按无菌技术要求更换引流袋。

4. 健康教育 向家长介绍疾病的相关知识，治疗的必要性，手术的方法及可能发生的并发症，减轻心理负担，争取对治疗和护理的支持与配合。患儿出院后指导家长保持肛周皮肤清洁干燥的重要性，以免早期大便次数多引起肛周炎症，后期饮食上做到不挑食、不偏食，保持大便通畅，养成良好的排便习惯。

【护理评价】

经过治疗和护理，患儿能排出大便，营养状况得到改善，患儿及家长能够掌握疾病的相关护理知识。

第七节　先天性胆道疾病患儿的护理

一、胆道闭锁

胆道闭锁（congenital biliary atresia）是胆道发育障碍导致胆道梗阻，是新生儿病理性黄疸常见的原因。以前称为先天性胆道闭锁，但目前有学者提出后天获得性因素导致胆道闭锁的可能，故现在称胆道闭锁或新生儿胆道闭锁。

【病因与病理生理】

胆道闭锁是一种进展性的病变，很多患儿出生时能排泄胆汁，随病情进展，最终发展为完全性胆管闭锁。关于病因主要有两种学说：①先天性发育畸形学说：认为本病与染色体异常有关，若胚胎早期胆道发育障碍，造成胆道全部或部分闭锁；②病毒感染学说：胚胎后期或出生后早期患病毒感染，引起胆管损伤、炎症及纤维性变等而导致胆道部分或完全闭锁此外，有人提出本病与自身免疫有关。还有人发现胆道闭锁与硬化性胆管炎有相似的炎症过程。

大体类型主要分为三型，以前两型常见：Ⅰ型为完全性胆管闭锁，肝管未闭锁；Ⅱ型为近端胆管闭锁、远端胆管通畅；Ⅲ型为近端胆管通畅、远端胆管纤维化（图 9-10）。

【临床表现】

1. 黄疸 为本病突出表现。一般出生 1～2 周后出现，呈进行性加重，巩膜、皮肤由金黄色转为暗绿色，皮肤瘙痒加重。大便最终成白陶土样；尿色随黄疸加深而呈浓茶样。

2. 肝脾肿大 腹部逐渐膨隆，肝脏随病情发展而呈进行性肿大，质地由软变硬，2～3 个月即可发展为胆汁性肝硬化及门静脉高压。

3. 营养不良、发育迟缓 初期患儿正常，未治疗者随病情进展 3 个月后发育渐显迟缓，最终因营养不良、感染、门静脉高压、肝功能衰竭而死亡。

图 9-10 先天性胆道闭锁的病理分型

【治疗要点】

早期手术治疗是唯一有效方法。

二、先天性胆管扩张症

先天性胆管扩张症（congenital biliary dilatation，CBD）是临床上常见的一种先天性胆道畸形，可发生在肝内外胆管的任何部位。本病亚洲人群发病率高，由以日本常见，并且女孩发病率高于男孩，为（3～4）：1，约 80%的病例在儿童期发病。

【病因与病理生理】

胆管壁先天性发育不良及胆管末端狭窄或闭锁是导致胆管扩张的基本因素。病因未完全明确，可能与以下因素有关：①先天性胰胆管合流异常：胚胎期胆总管、胰管发育异常致胰管内压力异常增高，胰液可反流入胆总管，破坏其黏膜、管壁平滑肌和弹性纤维，使管壁失去张力，而使胆总管发生囊性扩张；②先天性胆道发育不良：胚胎发育过程中，原始胆管过渡空泡化，远端出现狭窄，可使胆管发生囊性扩张而形成本病；③遗传因素：女孩发病率明显高于男孩，有学者认为可能与性染色体异常有关。

根据胆管扩张的部位、范围和形态，分为Ⅰ型：囊状扩张，临床最常见约占 90%；Ⅱ型：憩室样扩张，临床少见；Ⅲ型：胆总管囊性脱垂；Ⅳ型：肝内外胆管扩张；Ⅴ型：单纯性肝内胆管扩张（Caroli 病）五种类型（图 9-12）。

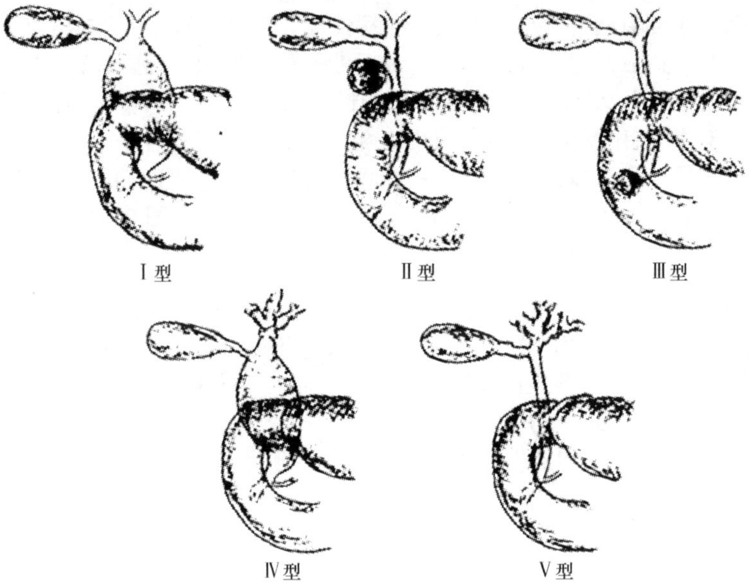

图 9-11　先天性胆管扩张症的分型

【临床表现】

典型临床表现为腹痛、黄疸和腹部肿块三联症，腹痛以右上腹多见，可为持续性钝痛，患儿常屈膝俯卧位；随腹痛、发热后出现黄疸，多呈间歇性发生，约 80%年长患儿的右上腹可触及表面光滑的囊性肿块。合并急性感染时可有畏寒、发热等表现。晚期可出现胆汁性肝硬化和门脉高压的临床表现。

【治疗要点】

本病一经确诊应及早手术。

三、胆道畸形患儿的护理

【常见护理诊断/问题】

1. 营养失调：低于机体需要量　与肝功能受损有关。

2. 生长发育迟缓　与肝功能受损致消化吸收功能障碍有关。

3. 慢性疼痛　与胆管扩张胰胆液反流有关。

【预期目标】

1. 患儿疼痛减轻或消失。

2. 营养状况得到改善。

3. 患儿及家长了解疾病的相关知识，能够积极配合治疗和护理。

【护理措施】

1. 改善营养状况　提倡母乳喂养。指导产妇定时哺乳或挤出奶汁喂养婴儿。由于肝功能受损，术前应积极纠正贫血、低蛋白血症、电解质及酸碱平衡紊乱。按医嘱静脉滴注白蛋白、全血、血浆、脂肪乳或氨基酸以改善患儿营养状况及贫血。

2. 心理护理　向家长介绍疾病的相关知识及手术的必要性，并给予心理上支持，鼓励家长参与护理过程。使其对患儿的疾病及病情有所了解，增强对手术的信心，并能积极配合疾病的治疗和病情的观察。多与患儿交流，抚摸患儿减少其恐惧，使用玩具等分散患儿注意力，注重工作中的细节，尽量轻柔，使用夸赞的语言使患儿心情愉悦。

3. 手术护理

（1）术前护理：积极配合医生完善术前各项检查、清洁肠道，术前使用抗生素预防感染，做好常规护理。

（2）术后护理：严密观察病情变化，术后给予心电监护，准确记录生命体征和出入液量，密切观察腹部切口和排便情况；注意管道护理，胃管、引流管应妥善固定，严密观察引流液的颜色、性状、量；预防感染，引流袋要低于引流口，防止逆行感染；营养支持，根据医嘱调整补液的量，维持体内代谢平衡，保证患儿生长发育需求。

【护理评价】

经过治疗和护理，患儿疼痛减轻或消失；营养状况得到改善。患儿及家长了解疾病的相关知识，能够积极配合治疗和护理。

第八节　先天性直肠肛管畸形患儿的护理

先天性直肠肛管畸形（congenital anorectal malformation）是小儿肛肠外科常见病，居先天性消化道畸形的首位，我国的发病率大约为 1∶4000，男、女孩发病比例大致相等，超过 50%的先天性直肠肛管畸形伴生殖道、泌尿道等其他畸形。

【病因与病理生理】

直肠肛管畸形的发生是胚胎期直肠肛管的发育发生障碍的结果。引起直肠肛管发育障碍的原因尚不清楚。

【治疗要点】

除少数肛门狭窄患儿可用扩肛疗法外，绝大多数患儿应经手术重建肛门位置和功能。

【护理评估】

1. 健康史　评估患儿是否有胎粪排出，是否有存在感染征象。

2. 身体状况　因为在正常位置没有肛门，大多数直肠肛管畸形患儿出生后容易被发现。如出生后 24 小时无胎粪排出，或仅有少量胎粪从尿道、会阴口排出，正常肛门位置无肛门开口。患儿早期即有恶心、呕吐，呕吐物为粪便样物等低位肠梗阻症状。闭锁位置较低者，如肛门膜状闭锁在原肛门位置有薄膜覆盖，通过薄膜隐约可见胎粪存在，啼哭时隔膜向外膨出。有瘘型瘘口狭小者，可排出少量胎粪，随着喂养逐渐出现腹胀和粪样呕吐物等低位肠梗阻症状；有瘘型瘘口较大者，排便困难等肠梗阻症状出现较晚，可延迟数月始被发现。高位直肠闭锁，虽有肛门但无胎粪排出。

3. 辅助检查

（1）发现异位瘘口或无肛门即可确诊。若患儿为直肠闭锁，需采用直肠直检确定。测定肛痕皮肤与直肠盲端的间距时，可采用穿刺法，有瘘者可采用探针测试。若间距较小，患儿哭闹时，肛痕处可有冲动感。

（2）影像学检查

1）X 线检查：为常用方法。判断畸形位置的高低时，可采用倒置位摄片法。

2）B 超：用于测量肛痕皮肤与直肠盲端的间距。

3）CT 或 MRI：用于判断直肠肛管畸形与邻近盆腔脏器及周围组织的关系。

4. 心理-社会状况　评估家长有无焦虑，对该病的预后、疾病的护理方法等知识的认识程度。了解患儿家庭环境及家庭经济情况，既往有无住院的经历。

【常见护理诊断/问题】

1. 排便异常 与直肠肛管畸形有关。

2. 有感染的危险 与粪便经异常瘘口逆行感染有关。

3. 知识缺乏 家长缺乏疾病治疗与护理的相关知识。

【预期目标】

1. 患儿症状得到缓解。

2. 住院期间无感染发生。

3. 患儿家长掌握疾病治疗与护理的相关知识。

【护理措施】

1. 术前护理 按腹部常规手术护理。禁食，建立静脉通道，纠正水电解质紊乱和酸碱平衡失调，腹胀明显者给予胃肠减压；向家长说明选择治疗方法及手术的目的，消除其心理负担，争取对治疗和护理的支持与配合。

2. 术后护理 参见本章第七节。

【护理评价】

经过治疗和护理，患儿症状得到缓解；住院期间无感染发生。患儿家长掌握疾病治疗与护理的相关知识。

思 考 题

1. 鹅口疮的临床特点有哪些？
2. 治疗胃食管反流的药物有哪些？
3. 婴幼儿为何易患腹泻？
4. 小儿肠套叠的临床表现是什么？
5. 列出先天性巨结肠患儿的护理诊断和具体护理措施。

（黄明桂　宋　薇）

第十章　泌尿系统疾病患儿的护理

【目标要求】

掌握：小儿泌尿系统解剖和主要生理功能；小儿排尿的特点；急性肾小球肾炎患儿的身体评估及护理措施；原发性肾病综合征患儿的身体评估及护理措施；泌尿系统感染患儿的身体评估及护理措施；尿培养的采集方法及注意事项。

熟悉：小儿排尿的特点；急性肾小球肾炎的病因、治疗要点及常见护理问题；原发性肾病综合征的病因、治疗要点及常见护理问题；泌尿系统感染患儿的病因、治疗要点及常见护理问题。

了解：小儿尿液的特点；急性肾小球肾炎的发病机制、病理生理改变、诊断依据及辅助检查；原发性肾病综合征的发病机制、病理生理改变、诊断依据及辅助检查；泌尿系统感染的发病机制、病理生理改变、诊断依据及辅助检查。

第一节　小儿泌尿系统解剖生理特点

小儿泌尿系统由肾脏（kidney）、输尿管（ureter）、膀胱（vesica）、尿道（urethra）及其相关的血管和神经等组成。其主要功能是生成和排泄尿液，并由此排除机体代谢过程所产生的废物，在调节水电解质和酸碱平衡，维持内环境（internal environment）的稳定方面发挥重要作用。

一、解 剖 特 点

（一）肾脏

肾脏为腹膜外器官，位于脊柱两侧，呈蚕豆形。出生时肾脏表面凹凸不平呈分叶状，1～4 岁分叶消失。婴儿时，肾脏位置较低，上极约平第 1 腰椎的上缘，下极约平第 4 腰椎的下缘，2 岁以后始达髂嵴以上。由于右肾上方有肝脏，故较左肾约低半个椎体。小儿年龄愈小，其肾脏的相对体积愈大，相对重量也愈重，新生儿两肾重量约占身体重量的 1/125，而成人两肾约占身体重量的 1/220。由于婴儿肾脏位置较低，体积相对较大，故 2 岁以内健康小儿腹部触诊时可触及肾脏。

肾脏由肾实质（renal parenchyma）和肾间质（renal interstitium）构成。肾实质包括肾血管、肾单位（nephrone）和集合管（collecting tubules）；肾间质为充填于肾实质之间的结缔组织。肾单位是肾脏的基本结构功能单位，它包含肾小体（renal corpuscle）和肾小管，前者又可分为肾小球（glomerulus）和肾小囊；后者则由近曲小管（proximal tubule）、髓袢和远曲小管（distal tubule）组成。

（二）输尿管

婴幼儿的输尿管长而弯曲，管壁的肌肉和弹力纤维发育较差，容易扩张、扭曲或受压导致梗阻，易发生尿潴留而诱发感染。

（三）膀胱

婴儿膀胱位置较年长儿高，尿液充盈时，膀胱顶部常在耻骨联合上方，顶入腹腔而易于触及，随年龄增长逐渐下降至盆腔内。婴儿膀胱黏膜柔嫩，肌肉层及弹力纤维层发育不良。

（四）尿道

女婴尿道短，新生女婴尿道长仅 1cm，到性成熟期长 3～5cm，尿道口相对较大，加之外阴部不洁，极易发生上行性感染。男婴尿道口较长，泌尿系感染的发生率较女婴低；若男性婴幼儿反复发生泌尿系感染，应考虑是否有包茎，尿垢积聚引起上行感染或需排除泌尿系畸形。

二、生 理 特 点

胚胎于 12 周末开始形成尿液，排入羊膜腔，成为羊水的来源之一。但胎儿期代谢废物的排泄及内环境的稳定主要是通过胎盘血液循环来完成，此时胚胎肾脏可呈“休眠状态”。故无肾的胎儿仍可存活和发育。在胎龄 36 周时，肾单位数量（约为 100 万个/每个肾脏）已和成人相同。新生儿出生时胎盘循环中断，肾脏必须实现其全部功能，虽可满足一般情况下生理需要，但储备能力较差，调节能力较弱，其是由未成熟逐渐趋向成熟的动态发育过程。一般而言，小儿 1～1.5 岁时，肾功能达到成人水平。

肾脏是泌尿系统最重要的器官，其主要生理功能有：①排泄功能：排除机体的代谢产物，如尿素、有机酸等；②滤过、重吸收功能：调节机体水电解质、酸碱平衡，维持机体内环境相对稳定；③内分泌功能：产生的激素或生物活性物质包括红细胞生成素、肾素、前列腺素、肾利尿钠肽和降压物质、激肽-缓激肽系统、活性维生素 D 等。

肾脏完成其生理活动，主要是通过肾小球滤过和肾小管的重吸收、分泌及排泄。

（一）肾小球滤过功能

新生儿出生时，肾小球的平均直径仅为成人的 1/2，肾小球滤过率（glomerular filtration rate，GFR）仅为 20ml/（min · 1.73m^2），约为成人的 1/4，到 1～2 岁时，按体表面积校正，才达到成人水平。由于此期肾小球体积较小，滤过率较低，故过量的水分和溶质不能有效排出。血清肌酐是反映肾小球滤过功能的常用指标。

（二）肾小管的重吸收和排泄功能

肾小管重吸收原尿中的水电解质及营养物质，如葡萄糖、氨基酸等。新生儿葡萄糖、氨基酸、磷的肾域较成人低，因而可出现一过性糖尿和氨基酸尿。新生儿血浆中醛固酮浓度较高，但近端小管对钠的重吸收差，远端小管重吸收钠相应增加，保持钠的正平衡，生后数周近端小管功能发育成熟，大部分钠在近端小管重吸收，此时醛固酮分泌相应减少。新生儿排钠能力较差，若输入过多的钠，易发生钠潴留和水肿。低体重儿排钠较多，如输入钠不足，可出现钠的负平衡而致低钠血症。新生儿排钾能力差，易有高血钾倾向。

（三）尿的浓缩和稀释

新生儿及婴幼儿由于髓袢短而髓旁肾单位的血流量丰富，尿素形成量少（婴儿蛋白合成代谢旺盛，呈正氮平衡），加之抗利尿激素分泌不足，使得肾脏的浓缩功能较差，在应激状态下保留水分的能力低于年长儿及成人。婴儿每由尿中排泄 1mmol 的溶质需要水 1.2～2.4ml，而成人仅需要 0.7ml；脱水时，小婴儿的尿渗透压最高不超过 700mmol/L，而成人则可以达到 1400mmol/L，因而，水入量不足时小儿极易发生脱水，乃至急性肾功能不全，而水负荷过多或输液过快时，又易发生水肿乃至水中毒。

（四）内分泌功能

新生儿的肾脏已经具有内分泌功能，其血浆肾素、血管紧张素及醛固酮均等于或高于成人，数周后逐渐降低。由于胎儿血氧分压较低，使胚肾合成红细胞生成素较多，生后随氧分压增高，红细胞生成素合成减少。婴儿血清 1, 25$(OH)_2D_3$ 水平高于儿童期。

（五）酸碱平衡

新生儿及婴幼儿时期，肾脏对碳酸氢盐的重吸收能力有限，碳酸氢钠的肾域值低，仅为 19～

22mmol/L，加之泌 H^+和产氨的能力低下，故血浆碳酸氢钠水平低，缓冲酸的能力有限，故极易发生代谢性酸中毒。

三、小儿排尿及尿液特点

（一）排尿的控制

正常排尿功能受脊髓和大脑控制，最初数月，排尿是反射性的；5～6 个月后，可建立起条件反射；1 岁半时，可养成主动控制排尿的能力；至 3 岁时已能控制排尿。儿童在 1.5～3 岁之间，主要通过控制尿道外括约肌和会阴肌控制排尿，如 3 岁后仍保留这种排尿机制，不能够控制膀胱逼尿肌收缩，则常表现为白天尿频、尿急，尿失禁和夜间遗尿，称为不稳定膀胱。

（二）排尿频次

93%的新生儿于生后 24 小时内、99%于生后 48 小时内排尿。如生后 72 小时尚未排尿，应考虑有泌尿系统的疾患。生后最初数日，每日排尿 4～6 次；1 周后增至每日 20～25 次；1 岁时每日排尿 15～16 次，学龄期每日排尿 6～7 次。

（三）排尿量

尿量的多少受多种因素的影响，一般而言，生后最初 2 天内，每日尿量在 25～75ml/kg，以后 4 周内可达 25～120ml/kg；婴儿每日排尿 400～500ml，幼儿每日排尿 500～600ml，学龄前儿童每日排尿 600～800ml，学龄儿童每日排尿 800～1400ml。若新生儿尿量＜1.0ml/（kg · h）为少尿，＜0.5ml/(kg ·h)为无尿；婴幼儿每日尿量＜200ml/m^2，学龄前儿童＜300ml/m^2，学龄儿童＜400ml/m^2 为少尿，每日尿量＜50ml/m^2 为无尿。

（四）小儿尿液特点

1. 尿的颜色　生后前 2～3 天尿色深，稍混浊，数日后，尿色变淡。小儿正常尿液为淡黄色或无色。尿液浓缩时，可呈深黄色；气温较低、尿中含较多磷酸盐结晶时，排出的尿冷却后可呈白色混浊；尿中含较高浓度的尿酸盐时，可呈粉红色。血尿时，尿液的颜色随着 pH 的变化而变化，碱性尿时为粉红色或洗肉水色；酸性尿时为烟灰色或浓茶叶水色。疾病、食物或药物均可引起尿色的变化。

2. 尿的气味　正常新鲜尿液无特殊气味，久置后因尿素分解而出氨臭味。糖尿病酮症酸中毒时，尿呈烂苹果味；苯丙酮尿症时呈特殊的鼠尿味。某些食物和药物可使尿液有特殊气味。

3. 尿的酸碱度　pH 在 4.5～8.0 之间波动。正常小儿在普通膳食条件下尿一般为弱酸性，pH 多为 5.0～7.0。

4. 尿比重及尿渗透压　正常尿比重在 1.001～1.030 之间，尿渗透压在 40～1200mmol/L。新生儿尿比重为 1.006～1.008，尿渗透压平均 240mmol/L；1 岁时尿渗透压可达 600mmol/L；1 岁以后接近成人水平，儿童通常尿比重 1.003～1.030，尿渗透压为 500～800mmol/L。

5. 尿蛋白　小儿正常尿液仅含微量蛋白，定量≤100mg/（m^2 · 24h），定性为阴性。24 小时尿蛋白含量＞150mg 为蛋白尿。150～500mg/24h 为轻度蛋白尿，500～2000mg/ 24h 为中度蛋白尿，＞2000mg/24h 为重度蛋白尿。

6. 尿沉渣镜检　取新鲜晨尿 10ml 以 1500 转/分离心 5 分钟，沉渣涂片镜检，正常尿液中红细胞＜3 个/HP，白细胞＜5 个/HP，不应有小圆形上皮细胞（肾小管上皮细胞）；在尿量减少时，或 1 周以内新生儿，可见透明管型，无临床意义。当尿沉渣中红细胞持续＞3 个/HP，即为镜下血尿；尿沉渣中白细胞＞5 个/HP 时，提示尿路感染可能。在一些病理情况下，则可见到上皮细胞管形、脂肪管形、颗粒管形和蜡样管形等异常改变。

第二节 急性肾小球肾炎患儿的护理

案例 10-1

患儿，男性，6岁，因“水肿、尿少、血尿2天”入院。发病以来纳差、乏力。半个月前曾患化脓性扁桃腺炎。

体格检查：体温36.2℃，脉搏90次/分，呼吸32次/分，血压138/105mmHg。神志清楚，双眼睑轻度水肿，巩膜无黄染，咽红，扁桃体Ⅱ度肿大。肝脾肋下未触及，双肾区叩痛（+）。双下肢非凹陷性水肿，活动正常，病理反射征未引出。

思考题：

1. 临床上，首先考虑该患儿何种诊断？有哪些诊断依据？
2. 该患儿有哪些护理诊断？护理重点是什么？

急性肾小球肾炎（acute glomerulonephritis，AGN）简称急性肾炎，是一组由多种病因引起自身免疫反应所致的弥漫性肾小球毛细血管炎性病变。临床以急性起病、血尿、蛋白尿、水肿、高血压和肾功能不全为主要表现的临床综合征。多见于5～14岁儿童，尤其是3～8岁小儿；2岁以下少见，男女之比约为2∶1。可分为链球菌感染后急性肾小球肾炎（acute poststreptococcal glomerulonephritis，ASPGN）和非链球菌感染后肾小球肾炎（non-poststreptococcal glomerulonephritis）两类。本节主要讨论ASPGN。

【病因与发病机制】

广义的AGN可见于多种病因，临床上绝大多数病例为感染后急性肾炎，病原体可包括：①细菌：链球菌、葡萄球菌、肺炎链球菌、脑膜炎双球菌等；②病毒：流感病毒、EB病毒、腮腺炎病毒、麻疹病毒、巨细胞病毒等；③其他：支原体、螺旋体、真菌、寄生虫等。

链球菌感染引起的APSGN是最常见的感染后急性肾炎，是由β-溶血性链球菌A族致肾炎菌株感染后引起的一种免疫复合物性肾小球肾炎，常继发于呼吸道和皮肤感染，呼吸道感染以12型为主，冬春季常见；皮肤感染以49型为主，以夏秋季常见。

目前认为急性链球菌感染导致肾小球肾炎的发病机制与以下几方面有关：①链球菌的某些成分作为外来抗原刺激机体产生抗体，抗原抗体结合以循环抗原抗体复合物的形式随血流到达肾脏，沉积于肾小球而致病；②链球菌中的阳离子蛋白作为抗原，通过电荷作用种植于肾小球，机体针对该抗原在肾小球形成原位免疫复合物而致病；③某些链球菌菌株可通过酶的作用与机体的IgG结合，改变了IgG的化学组成或其免疫原性，导致抗IgG抗体产生，形成自家源性免疫复合物而致病。

这些免疫复合物沉积于肾小球基底膜上并激活补体系统，引起局部免疫病理损伤和炎性反应。基底膜被破坏，血液成分漏出毛细血管，尿中出现红细胞、白细胞、蛋白及各种管型。炎症刺激使肾小球内皮细胞和系膜细胞肿胀、增生，毛细血管腔狭窄甚至闭塞，严重时可有新月小体形成，肾小球滤过率下降，肾脏对水电解质及代谢产物的排泄减少，出现少尿甚至无尿。由于滤过率降低，导致水钠潴留，细胞外液和血容量增多，表现为不同程度的水肿、循环充血和血压升高。

【诊断要点】

典型的APSGN诊断依据：有链球菌感染病史，急性起病、血尿、水肿、高血压和氮质血症等临床综合征，血清补体C3浓度下降。

【治疗要点】

本病目前无特异治疗方法，主要是对症治疗。原则是控制感染、消除水肿、控制血压至正常范围、有效治疗严重表现。

1. 一般治疗

（1）休息：急性期卧床休息 2～3 周，重症病例卧床时间延长，待肉眼血尿消失、水肿消退、血压正常后，逐步下床活动。

（2）饮食：水肿及高血压患儿限制盐的摄入；有循环充血、尿少的患儿限制水的摄入；氮质血症患儿应控制蛋白质的摄入。

2. 抗感染治疗　对仍有感染灶存在者一般应用青霉素或其他敏感抗生素治疗 10～14 天，避免使用肾毒性药物。

3. 对症治疗

（1）利尿：经控制水、盐摄入仍然少尿、水肿、高血压者均应给予利尿剂。一般用噻嗪类利尿剂，如双氢克尿噻 1～2mg/（kg·d），分 2～3 次口服，必要时可加用保钾利尿药螺内酯 2mg/（kg·d）口服。噻嗪类口服无效或重症者，可用强有力的袢利尿剂如呋塞米，口服剂量为 2～5mg/（kg·d），每天 2～3 次，注射剂量为每次 1～2mg/kg，每日 1～2 次，静脉注射剂量过大时可有一过性耳聋。

（2）降压：凡经休息、限盐、利尿治疗血压仍高者，给予降压治疗。临床常用：①钙离子拮抗剂：如硝苯地平，按 0.25～0.5mg/（kg·d）计算，最大剂量不超过 1mg/（kg·d），分 2～3 次口服或舌下含服；②血管紧张素转换酶抑制剂（ACEI）：如卡托普利，一般从小剂量开始，多按 0.3～0.5mg/（kg·d）计算，最大剂量为 5～6mg/（kg·d），分 3 次口服。

4. 重症病例治疗

（1）高血压脑病：及时有效降低血压。首选硝普钠，5～20mg 加入 5%葡萄糖溶液 100ml 中，以 1μg/（kg·min）的速度开始静脉滴注，本药起效快、作用强，给药过程中严密监测血压、心率变化，根据血压变化调整剂量；药物新鲜配制，严格避光滴注。高血压脑病出现抽搐时，给予苯巴比妥 5～8mg/（kg·次），如抽搐不止，给予地西泮 0.3mg/（kg·次）缓慢静脉注射，总量一般不超过 10mg。同时给予强力利尿剂。

（2）严重循环充血：治疗原则在于纠正水钠潴留，恢复有效循环血量。可使用呋塞米静脉注射，同时使用扩血管药物包括酚妥拉明以减轻心脏负荷。表现为急性肺水肿的患儿除对症治疗外，加用硝普钠（用法同上）。如上述治疗仍不能控制者可行透析或血液滤过治疗。

（3）急性肾衰竭：是 AGN 患儿死亡的主要原因。治疗主要是使患儿能度过肾衰竭期（少尿期）。治疗原则包括维持水电解质平衡、降压利尿，及时处理高钠血症及低钾血症等。必要时采用透析治疗。

【护理评估】

1. 健康史

（1）了解患儿现病史：本次发病的主要表现，如有无水肿、血尿、高血压等症状。有水肿的患儿，应询问水肿开始的时间、发生部位、持续时间、发展顺序及程度。询问患儿 24 小时的尿量、排尿次数、尿色。目前有无发热、头痛、乏力、呕吐、食欲下降等全身症状。

（2）询问患儿既往史：发病前的 1～4 周有无呼吸道和皮肤的感染史。既往有无类似病症。了解患儿的治疗及用药情况。本病的前期感染中，呼吸道感染至急性肾炎发病的间歇一般 10 天左右，皮肤感染至急性肾炎的发病间歇为 20 天左右。

2. 身体状况　观察患儿的临床表现。本病根据表现轻重程度，分典型病例、非典型病例、重症病例三大类。

（1）典型病例：起病时常伴有乏力、发热、头晕、食欲下降、年长儿诉腰部钝痛等非特异性全身症状。部分患者仍可见呼吸道或皮肤感染灶。肾功能受累后可出现下列症状：

1）水肿：是最常见症状。70%患儿发生水肿，一般不重，往往先累及眼睑和颜面部，晨起明显，继而累及下肢，重者波及全身，少数可出现胸腔、腹腔积液。水肿为非凹陷性。

2）血尿：半数患儿有肉眼血尿，几乎所有病例均有镜下血尿。尿液的 pH 高时，呈洗肉水样或鲜红色；尿液的 pH 低时，呈烟灰色或棕色。血尿严重时可有排尿不适甚至尿痛，排尿困难。肉眼血尿通常 1～2 周后转变为镜下血尿，镜下血尿多在 3 个月内恢复，个别患儿可迁延到 6 个月甚至更久。运动或感染后，血尿可暂时反复。

3）蛋白尿：血尿的同时，常伴有蛋白尿，典型病例蛋白尿的程度不重。

4）高血压：轻到中度的高血压见于 30%～80%的患儿，大多经降压处理或 1～2 周内随利尿消肿处理而降至正常。

5）肾功能减退表现为不同程度氮质血症，血尿素氮和肌酐一般在 2 周内随利尿消肿而恢复。

（2）非典型病例

1）无症状的亚临床病例仅在链球菌感染流行时，尿常规检查发现镜下血尿，而无其他临床表现。

2）肾外症状性肾小球肾炎临床上可出现水肿和高血压，甚至可出现高血压脑病及严重循环充血，但尿检时改变轻微或没有改变，有流行病学史，血中补体 C_3 降低。

3）以肾病综合征为表现的急性肾炎，除急性肾炎典型表现外，出现大量蛋白尿、高度水肿、低蛋白血症和高脂血症，临床表现类似肾病综合征。

（3）严重表现：少数病例在急性肾炎发病后 1～2 周内，出现以下严重表现：

1）严重循环充血，严重水钠潴留，血容量增加引起循环负荷过重，血浆透过肺毛细血管进入肺泡，临床出现咳嗽、气促、端坐呼吸，以及咳粉红色泡沫样痰等类似左心衰竭的表现。随着肺动脉的保护性收缩，右心负荷加重，当超过其代偿能力时，出现右心功能不全，表现为水肿加重、上腹部疼痛、肝脏肿大压痛、颈静脉怒张等。

2）高血压脑病：血压（尤其是舒张压）急剧增高，脑血管痉挛，导致缺血缺氧，脑水肿形成。同时，在血压急剧升高的情况下，脑血管被动扩张，血浆渗出，脑水肿形成。高血压脑病多发生于急性肾炎的早期，起病急骤；前趋表现如头痛、呕吐、烦躁不安等，继而头痛剧烈、呕吐频繁，且常伴眼花、复视、黑矇；如不能及时治疗，患儿出现惊厥、昏迷甚至脑疝形成而死亡。

3）急性肾衰竭（acute renal failure）：临床表现为尿量显著减少甚至无尿、血尿素氮和肌酐明显增高、血钾增高、代谢性酸中毒等。一般持续 3～5 天，个别患儿可达 10 天甚至更长，然后进入多尿期，尿量增加，血尿素氮和肌酐逐渐下降，肾功能恢复。

案例 10-1 分析讨论

1. 该患儿应诊断为急性肾小球肾炎，诊断依据：

（1）6 岁，男性，水肿，尿少，血尿 2 天就诊。

（2）病史特点：病前半个月有化脓性扁桃体炎病史，近 3 天出现水肿、血尿症状伴头痛、乏力、纳差。

（3）体格检查：血压增高，双眼睑水肿，咽红，扁桃体Ⅱ度大。肝脾无肿大，肾脏未触及，肾区叩痛（+），双下肢水肿。

（4）实验室检查：蛋白尿、血尿、血浆蛋白正常，补体降低，抗链球菌溶血素“O”增高，血沉增快。肾脏 B 超示双肾实质弥漫性炎性改变。

3. 辅助检查

（1）尿液检查：尿中可见红细胞、白细胞、肾小管上皮细胞、还可见到红细胞管型、较多的透明和颗粒管型。尿蛋白多为（+）～（+++）。

（2）血常规：由于血容量增加，血液稀释，血红细胞计数及血红蛋白可轻度下降，如原发感染灶仍然存在，白细胞计数可增高，血沉加快。

（3）肾功能及血生化：一过性氮质血症，血尿素氮和肌酐增高，肝功能多正常，尿蛋白明显者，血白蛋白降低，可出现高脂血症。

（4）血补体：急性肾炎早期血总补体和C3下降，6～8周后恢复正常；此规律变化非常常见，是本病的典型特征。

（5）细菌和血清学检测：链球菌有关抗体的检测可证实链球菌的前趋感染。

4. 心理-社会状况

（1）患儿心理：评估患儿年龄、理解力、心理状态及对疾病的认知程度。学龄前患儿由于疾病本身的不适症状和治疗对活动及饮食的严格限制，可表现出烦躁、哭闹、易激惹等情绪，配合治疗的主动性差。学龄期儿童随年龄增长，自我认知程度增加，其心理压力增大，可来源于对疾病及治疗限制活动和饮食的压力，中断正常生活和学习的压力，家长的负面情绪等来自家庭的压力。患儿表现为情绪低落、自卑或烦躁易怒等。

（2）家长心理：评估家长的理解力和对疾病的认知程度。家长可因患儿的烦躁哭闹而产生负面情绪，又因缺乏本病相关知识，担心转为慢性肾炎甚至尿毒症而产生焦虑、恐惧等心理，希望得到医务人员沟通帮助，接受健康指导。

【常见护理诊断/问题】

1. 体液过多　与肾小球滤过率下降，水钠潴留有关。

2. 有皮肤完整性受损的危险　与水肿有关。

3. 活动无耐力　与高血压及治疗需要限制活动有关。

4. 营养失调：低于机体需要量　与水肿导致消化功能下降及限制饮食有关。

5. 潜在并发症　严重循环充血、高血压脑病、急性肾衰竭。

6. 知识缺乏　患儿和家长对本病相关知识缺乏。

【预期目标】

1. 患儿尿量增加，水肿消退。
2. 患儿无皮肤破损情况发生。
3. 患儿血压控制在正常范围，适量活动。
4. 患儿营养均衡，促进机体恢复，满足其生长发育的需要。
5. 患儿无严重并发症发生或发生时得到及时发现和有效处理。
6. 患儿及家长了解本病相关知识，并掌握限制活动及饮食治疗的方法，并能主动配合治疗及护理，紧张焦虑情绪得到缓解。

【护理措施】

1. 心理护理　与患儿及家长建立良好的沟通，了解其心理状况，缓解其紧张、焦虑情绪。宣教疾病相关知识，告知本病是一种自限性疾病，预后良好，需要患儿和家长很好地配合治疗和护理，以达到更好的效果。

2. 一般护理

（1）休息：向患儿和家长强调，休息是最重要的治疗措施之一，它可以减轻心脏负担，增加心排血量，使流经肾脏血流量增加，提高肾小球滤过率，减少水钠潴留，减轻水肿，降低并发症的发生。具体的措施有：①发病后2周内应卧床休息，待肉眼血尿消失，水肿消退，血压正常后，逐步下床活动；②1～2个月内活动量限制，3～6个月内避免剧烈活动；③尿内红细胞减少、血沉正常可上学，但需避免剧烈体育活动；④Addis计数正常后可恢复正常活动。

（2）饮食管理：水肿、血压高患者给予低盐饮食，以小于60mg/（kg·d）为宜，严重者需无盐饮食；水肿重且尿少或循环充血者，限制水的摄入；有氮质血症时限制蛋白质摄入，于短期内给予优质蛋白如乳、蛋、鱼、瘦肉等，按0.5g/（kg·d）计算。可以糖类等为患儿提供热量。小儿生长发育快，限盐及蛋白质的时间不宜过长，可用糖、醋等调味食品，以增进患儿食欲，保证营养供给。在尿量增加、血压降至正常、水肿消退后，逐步过渡到正常饮食，以保证小儿正常生长发育需要。

3. 症状护理

（1）密切观察呼吸、心率、脉搏的变化：如患儿出现咳嗽、气促、端坐呼吸、咳粉红色泡沫样痰，奔马律等急性左心衰竭表现，应立即将患儿置于半卧位、镇静、吸氧，遵医嘱给药。

（2）密切观察血压的变化：如患儿突然出现血压急剧升高、剧烈头痛、呕吐、眼花等症状，提示高血压脑病，立即给予降压、镇静对症处理。

（3）密切观察排尿情况：观察尿的颜色、性状、次数、尿量，准确记录24小时出入量，每日测量体重并记录，定期复查尿常规及肾功能，了解病情变化。患儿尿量增加，肉眼血尿消失，提示病情有好转。如患儿尿量持续减少，出现恶心、呕吐、头痛等症状，警惕急性肾衰竭的发生，此时必须绝对卧床休息以减轻心脏和肾脏负担，除限制水钠摄入外，要限制蛋白质和含钾食物的摄入，以免发生氮质血症和高钾血症，做好透析前的心理护理。

（4）水肿的护理：观察水肿的部位、程度、性质及消长变化情况。眼睑、面部水肿患儿枕头应稍高，下肢水肿时应尽量平卧，抬高下肢。水肿严重者尽量减少肌内注射。如并发阴囊水肿，可用棉垫或纱布托起阴囊，高度以舒适无下坠感为宜。

（5）皮肤护理：保持皮肤清洁干燥，穿宽松棉质衣物，防止皮肤破损。病情严重绝对卧床患儿注意评估皮肤受压情况，防止压疮发生。

4. 用药护理

（1）利尿剂：遵医嘱用药，前后注意观察体重、尿量、水肿的变化并做记录。注意观察药物的效果及不良反应。

呋塞米为袢利尿剂，特点是静脉注射后起效快（2～5分钟，30分钟达高峰）、作用强、维持时间短（6～8小时）。主要不良反应：①大量利尿、脱水和电解质紊乱；②耳毒性。

氢氯噻嗪利尿作用温和、持久。主要不良反应：水电解质紊乱、高尿酸血症、高血糖及高脂血症等。

（2）降压药：遵医嘱用药，监测血压变化并记录，注意观察药物的不良反应。

1）口服药指导患儿及家属如何正确服药。一般常用钙离子通道阻滞剂如硝苯地平，口服或舌下含服。

2）硝普钠本药滴注10秒即可起效，停药3～5分钟后作用消失，需持续静脉滴注，输液过程中注意静脉滴注速度，严密监测血压、心率变化，根据血压调节滴速和剂量：本药应即配即用，放置超过4小时后不能再用；新配溶液为淡棕色，如变为暗棕色、橙色或蓝色，应弃去；本药溶液遇光分解，包括输液瓶、输液管在内整个输液系统须用铝箔或黑纸包裹严密遮光；溶液中不能加入其他药物。用药过程中严密观察药物副作用有恶心、呕吐、头痛、肌肉痉挛、情绪不定等。

5. 健康教育

（1）向患儿及家长讲解本病相关知识，强调限制患儿活动是控制病情发展的重要措施，特别是发病开始2周内尤为关键。

（2）积极锻炼身体、增强体质、预防上呼吸道感染、注意皮肤清洁是本病防治的关键，一旦发生上呼吸道或皮肤感染，应尽早使用抗生素彻底治疗，感染后1～2周内检查尿常规以及时发现异常。

（3）做好出院后家庭护理，1～2个月内适当限制活动，定期复查尿常规，按时随访。

【护理评价】

经过治疗和护理，患儿尿量恢复正常，水肿消退，血压维持在正常范围，且无皮肤破损；患儿及家属学会自我管理，掌握疾病相关知识及休息、饮食的调控方法，紧张焦虑情绪得到缓解。

案例 10-1 分析讨论（续）

2. 本病例护理诊断

（1）体液过多：与肾小球滤过率下降，水钠潴留有关。

（2）有皮肤完整性受损的危险：与水肿有关。

（3）活动无耐力：与高血压及治疗需要限制活动有关。

（4）营养失调：低于机体需要量，与水肿导致消化功能下降及限制饮食有关。

（5）潜在并发症：严重循环充血、高血压脑病、急性肾衰竭。

（6）知识缺乏：患儿和家长对本病相关知识缺乏。

本病例护理重点

（1）做好水肿皮肤的护理：①遵医嘱使用利尿剂，并注意观察水肿的消长情况及药物不良反应；②保持皮肤清洁干燥，穿宽松棉质衣物，避免搔抓，防止皮肤破损，卧床休息时经常变化体位以防压力性损伤发生；③限制活动急性期卧床休息，病情缓解后逐渐增加活动量。

（2）饮食护理：加强饮食管理，给予低盐低脂优质蛋白高维生素饮食，患儿纳差可用糖、醋等调味食品，以增进患儿食欲，保证营养供给。

（3）病情观察：①如患儿出现咳嗽、气促、端坐呼吸、咳粉红色泡沫样痰，奔马律等急性左心衰竭表现，应立即将患儿置于半卧位、镇静、吸氧，遵医嘱给药；②如患儿突然出现血压急剧升高、剧烈头痛、呕吐、眼花等症状，提示高血压脑病，立即给予降压、镇静对症处理；③如患儿尿量持续减少，出现恶心、呕吐、头痛等症状，警惕急性肾衰竭的发生，此时必须绝对卧床休息以减轻心脏和肾脏负担，除限制水钠摄入外，要限制蛋白质和含钾食物的摄入，以免发生氮质血症和高钾血症。

（4）心理护理和健康教育：①向患儿及家长讲解本病相关知识，强调限制患儿活动是控制病情发展的重要措施；②一旦发生上呼吸道或皮肤感染，应尽早使用抗生素彻底治疗，感染后1～2周内检查尿常规以及时发现异常；③做好出院后家庭护理，1～2个月内适当限制活动，定期复查，按时随访。

第三节　原发性肾病综合征患儿的护理

案例 10-2

患儿，男性，5岁，因全身水肿伴尿少3天，加重2天于2016年1月10日入院。半月前曾患上呼吸道感染。

体格检查：神清，体温36.7℃，脉搏100次/分，呼吸35次/分，血压96/62mmHg，神志清醒，精神尚可，食欲较差，呼吸急促，未见发绀，双眼睑高度水肿，巩膜无黄染，腹部叩诊移动性浊音阳性，阴囊高度水肿，双下肢水肿明显。

辅助检查：血浆白蛋白16g/L，尿蛋白定性++++，24小时尿蛋白定量大于3.5g，血清补体C3、C4下降，血浆胆固醇6.2mmol/L。

思考题：

1. 该患儿的诊断是什么？诊断依据是什么？
2. 该患儿目前护理诊断有哪些？
3. 该患儿护理重点是什么？

肾病综合征（nephrotic syndrome，NS）简称肾病，是一组由多种原因引起的肾小球滤过膜通透性增高，大量血浆蛋白自尿中丢失，并引起一系列病理生理改变的一组临床综合征。具有以下四大临床特点：①大量蛋白尿；②低蛋白血症；③高度水肿；④高胆固醇血症（高脂血症）。其中大量蛋白尿和低蛋白血症是诊断该病的必备条件。

NS 在小儿泌尿系疾病发病率中仅次于急性肾炎。按照病因，可将 NS 分为原发性、继发性和先天性肾病三大类。继发性肾病是指诊断明确的原发病基础上出现肾病表现，如过敏性紫癜、系统性红斑狼疮、慢性活动性肝炎、药物中毒等。先天性肾病通常指生后 3 个月龄内发病，临床具有肾病综合征四大特征，并除外继发性和少数生后早期发生的原发性肾病。本节主要叙述原发性肾病综合征（primary nephrotic syndrome，PNS），约占小儿时期肾病综合征总数的 90%。

【病因与发病机制】

PNS 的病因和发病机制尚不明确。目前认为：①微小病变肾病可能与细胞免疫功能紊乱有关；②膜性肾病和膜增生性肾炎可能与免疫复合物形成有关；③肾小球毛细血管壁结构或电荷的变化导致蛋白尿。

【病理生理】

1. 大量蛋白尿 是本病最根本和最重要的病理生理改变，是导致肾病综合征其他三大临床特征的基本原因。由于肾小球滤过膜受免疫或其他原因损伤，电荷屏障作用和（或）孔隙屏障作用减弱，血浆蛋白大量漏入尿中。微小病变肾病中，主要是肾小球滤过膜的电荷屏障减弱或消失，使得血液中分子量较小的阴电荷蛋白尤其是白蛋白大量进入原尿，临床上称之为选择性蛋白尿。在非微小病变肾病，由于免疫球蛋白和补体的沉积，破坏了肾小球滤过膜的完整性，电荷选择性屏障和空隙屏障均受到影响，不同分子量的血浆蛋白均可漏出，临床上称之为非选择性蛋白尿。

2. 低蛋白血症 是病理生理改变中的关键环节。大量血浆蛋白自尿中丢失是造成低蛋白血症的主要原因；血浆蛋白被肾小管吸收分解的增加是次要原因；蛋白的丢失速度超过肝脏合成蛋白的速度也使血浆蛋白减低。血浆白蛋白下降影响机体内环境的稳定和多种物质的代谢。当血白蛋白＜25g/L 时可出现水肿；同时由于血容量减少，当出现大量液体丢失时极易诱发低血容量性休克。低蛋白血症还影响脂类代谢。

3. 高脂血症 可能由于低蛋白血症刺激肝脏代偿性白蛋白合成增加，某些脂蛋白与白蛋白经共同合成途径而合成增加；同时，脂蛋白酯酶活力下降，使得其分解减少，脂蛋白不能从肾小球滤过从而产生高脂血症。患儿血清总胆固醇、甘油三酯、低密度脂蛋白和极低密度脂蛋白增高，而高密度脂蛋白却正常或降低，促进动脉硬化的形成；持续高脂血症，脂质从肾小球滤出，可导致肾小球硬化和肾间质纤维化。

4. 水肿 发生机制尚未完全明确。目前考虑以下因素：①低蛋白血症使血浆胶体渗透压下降，血浆中的水分由血管内进入组织间隙直接形成水肿。当血浆白蛋白＜25g/L 时，液体在间质区滞留；＜15g/L 时，可有腹腔积液或胸腔积液形成；②血浆胶体渗透压降低，导致血容量下降，刺激容量和压力感受器，促使体内抗利尿激素、肾素-血管紧张素-醛固酮分泌，利钠因子减少，使肾小管对水、钠重吸收增加，引起水钠潴留而致全身水肿。

【诊断要点与临床分型】

NS 诊断标准：①大量蛋白尿：尿蛋白定性（+++）～（++++），定量≥50mg/（kg · 24h）；②低蛋白血症：血浆白蛋白＜30g/L；③高脂血症：血浆胆固醇＞5.7mmol/L；④不同程度的水肿。其中①②是必备标准。

NS 诊断明确后，依据临床表现分为两型：单纯型肾病（simple type NS）和肾炎型肾病（nephritic type NS）。在 NS 典型临床表现基础上，凡具备以下四项之任意一项或多项者诊断为肾性肾病：①尿检查红细胞＞10 个/HP（2 周内 3 次以上离心尿），并证实为肾小球源性血尿者；②反复或持续出现高血压，学龄儿童＞130/90mmHg，学龄前儿童 120/80mmHg，并除外皮质类固醇所致者；③氮质血症：血尿素氮超过 10.71mmol/L（30mg/dl），并除外由于血容量不足所致者；

④血清总补体或 C3 持续或反复降低者。

【治疗要点】

采用以肾上腺皮质激素为主的综合治疗。治疗包括控制水肿、维持水电解质平衡、供给适量的营养、预防和控制伴随感染、正确使用肾上腺皮质激素。反复发作或对激素耐药者配合应用免疫抑制剂。中药以健脾补肾、配合控制西药副作用为主要原则。

1. 一般治疗

（1）休息：一般无需严格限制活动，高度水肿、高血压、低血容量及并发感染的患儿需卧床休息，但应经常变换体位。病情缓解后逐渐恢复活动量。3～6 个月后方可参加学习，但仍避免过劳。

（2）饮食：①低盐：水肿患儿限制盐的摄入，以 60mg/（kg · d）为宜，水肿严重和血压高者应短期无盐饮食，病情缓解后不必继续限盐；②限水：高度水肿或少尿患儿应适当限制水量；③优质蛋白：除非存在氮质血症，一般应给予足够优质蛋白 1.5～2g/（kg · d），如乳、蛋、鱼、瘦肉等；④低脂：减少脂肪的摄入，由其他营养物质补充热量；⑤补充足够的钙剂和维生素 D。

（3）防治感染：避免到公共场所；一般不常规预防性使用抗生素，一旦合并感染应积极治疗。病程中应避免接种疫苗，预防接种需在病情完全缓解且停用糖皮质激素 6 个月后才进行。

2. 水肿治疗　激素治疗后 7～14 天内多数患儿开始利尿消肿，一般可不用利尿剂；水肿较重伴有少尿者，可配合使用利尿剂，需密切观察出入量、体重变化及电解质紊乱，开始可用噻嗪类利尿剂，如双氢克尿噻 1mg/kg，每日 2～3 次口服，如治疗效果不佳可用强利尿剂如呋塞米，剂量为 1～2mg/（kg · 次），间隔 8～12 小时 1 次，口服或肌内注射；利尿剂无效且血浆蛋白过低者，可先用白蛋白、血浆、血浆代用品如低分子右旋糖酐扩容，继之利尿，低分子右旋糖酐 5～10ml/kg 静脉滴注，滴毕静脉注射呋塞米 1～1.5mg/kg，重症水肿可连用 5～10 天。

3. 糖皮质激素（简称激素）**治疗**　有使蛋白尿减少或消失及利尿作用，是治疗 PNS 的首选药物，以选用生物半衰期 12～36 小时的中效制剂为宜，如泼尼松；其优点为能够较快诱导 NS 缓解，也适用于减量时的隔日疗法。治疗包括短程疗法和中长程疗法两种方案。

（1）短程疗法：泼尼松 60mg/m^2 体表面积或 2mg/（kg · d）（按身高的标准体重计算），最大剂量不超过 80mg/d，分 3 次口服；4 周后，改为 40mg/m^2 体表面积或 1.5 mg/（kg · d），隔日早餐后顿服，再服 4 周停用，全疗程共 8 周。短程疗法易复发，国内少用。

（2）中长程疗法：遵循足量、分阶段、递减原则。①诱导缓解阶段：泼尼松 60mg/m^2 体表面积或 2mg/（kg · d）（总量不超过 60mg/d），先分 3 次口服，尿蛋白转阴后改为每晨顿服巩固 2 周，一般足量疗程用药 6～8 周，最长不超过 12 周。②巩固维持阶段：开始减量，改为以原足量 2 天量的 2/3，隔日晨顿服 4 周，如尿蛋白持续阴性，以后每 2～4 周减 2.5～5mg，至 0.5～1mg/L 时维持 3 个月，以后每 2 周减 2.5～5mg 直至停药。疗程 6 个月为中程疗法。疗程 9～12 周为长程疗法。

（3）复发病例治疗：延长隔日服药的时间，即给予中长程疗法。复发两次以上可考虑加用免疫抑制剂。

（4）对激素依赖或频繁复发病例：须参考用量及复发的病史，摸索能维持缓解的隔日剂量，长期维持，至少半年以后再尝试减量。也可加用免疫抑制剂。

（5）对激素耐药者：延长隔日用药时间和（或）加用免疫抑制剂，可使部分病例达到缓解或部分缓解，并可延缓肾功能减退的过程。

（6）甲泼尼龙静脉冲击治疗：大剂量静脉给药具有更强有力的免疫抑制和抗感染作用，能较快诱导尿蛋白转阴，多用于激素耐药或需较大剂量维持者，以及使用激素副作用明显者，剂量为 15～30mg/kg，加入 5%～10%葡萄糖溶液 100～200ml 稀释后静脉滴注 1～2 小时，每日或隔日 1 次，3 次为 1 个疗程，静脉滴注过程中需密切观察患儿的生命体征变化。

4. 免疫抑制剂治疗　主要适用于 NS 激素耐药、频繁复发、激素依赖、皮质激素副作用严重、不能耐受或有激素禁忌证者。

（1）环磷酰胺：剂量为 2～2.5mg/（kg · d），分 3 次口服，疗程 8～12 周，总剂量不超过 200mg/kg；或采用环磷酰胺静脉给药冲击治疗，可用 10～12 mg/（kg · d）加入 5%～10%葡萄糖溶液 100～200ml 内静脉滴注 1～2 小时，连用 2 天为 1 个疗程，每 2 周 1 个疗程，累积量＜150～200mg/kg。用药日注意水化和碱化尿液，以免出现出血性膀胱炎。

药物副作用：近期可有胃肠道反应、肝功能损害、脱发、骨髓抑制、白细胞减少等，少数可发生肺纤维化；远期有性腺损害。因此，需根据病情小剂量、短疗程、间断用药。

（2）其他免疫抑制剂：药物包括苯丁酸氮芥、盐酸氮芥、环孢素 A、霉酚酸酯等。

5. 抗凝及纤溶药物的治疗 因肾病常存在高凝状态和纤维蛋白原溶解障碍，易发生血栓形成，需要抗凝或溶栓治疗，常用药物有肝素、尿激酶、口服抗凝药双嘧达莫等。

6. 其他治疗 包括免疫调节剂、血管紧张素Ⅱ转换酶抑制剂、中药制剂的应用。

【护理评估】

1. 健康史

（1）询问患儿现病史：患儿水肿开始的时间、发生的部位、发展顺序及程度；24 小时排尿次数、尿色、性状及尿量；目前有无精神萎靡、疲惫、食欲缺乏、呕吐等症状。

（2）了解患儿既往史：本次发病前有无感染的病史，既往有无类似病症；了解目前药物治疗情况，用药的种类、剂量、疗效及副作用等。

2. 身体状况 观察患儿的临床表现。评估患儿发病年龄和性别，本病以学龄前为发病高峰，男性略多于女性。

（1）诱因：一般起病隐匿且缓慢，常无明显诱因。1/3 左右的患儿有病毒感染或细菌感染病史。2/3 左右患儿肾病复发与病毒感染有关。

（2）水肿：是最常见的临床表现，开始见于眼睑，继而累及颜面，逐渐累及四肢、全身，男孩常伴有显著的阴囊水肿。水肿呈凹陷性，有随体位而变化的趋势。血浆白蛋白＜15g/L 时，常出现腹腔积液、胸腔积液、心包积液。

（3）尿的改变：尿量减少，尿中因含大量蛋白而呈现多泡沫，颜色变深。肾炎性肾病患儿还可出现血尿。

（4）血压：大部分血压正常，约 15%的患儿有轻度高血压；肾炎型肾病有高血压。

（5）肾功能：一般肾功能正常，急性肾衰竭少见。

（6）其他表现：长期蛋白尿的患儿，可有蛋白质营养不良，表现为毛发干枯、皮肤干燥等。部分患儿有纳差、上腹不适等表现。

（7）并发症

1）感染：是最常见的并发症，也是引起死亡的主要原因。由于肾病患儿免疫力低下，蛋白质营养不良、水肿致局部循环障碍；使用皮质激素、免疫抑制剂治疗等进一步增加了感染的发生。感染的部位包括呼吸道、泌尿道、消化道、皮肤乃至全身，其中上呼吸道感染占 50%以上，且以病毒感染多见。

2）血栓形成和栓塞：肾病时体内凝血和纤溶系统的变化可导致任何部位的动、静脉血栓形成，引起相应的临床表现：①肾静脉血栓形成：最常见，表现为骤然发作的腰痛、出现血尿或血尿加重、少尿甚至急性肾衰竭，查体有脊肋角压痛和肾区肿块；②下肢动脉血栓形成：表现为下肢疼痛并逐渐加重伴足背动脉搏动消失等症状；③下肢静脉血栓形成：两侧肢体不对称性水肿，水肿不随体位变化而变化；④顽固性腹水；⑤阴囊水肿呈紫色；⑥皮肤血管血栓形成，表现为皮肤突发紫斑并迅速扩大；⑦肺栓塞：不明原因的咳嗽、咯血或突发的呼吸困难；⑧脑栓塞：突发的偏瘫、面瘫、失语、抽搐、神志改变甚至意识丧失等。

下肢深静脉血栓容易脱落，导致肺栓塞而危及患儿生命；中枢神经系统栓塞即使抢救成功也易留有后遗症；肢体的动脉栓塞如不能及时溶栓治疗，可导致指端坏死而需截肢。因此，此类并发症应早发现、早诊断、迅速治疗。

3）电解质紊乱及低血容量：电解质紊乱主要包括低钠血症、低钾血症及低镁血症等，水电解质代谢紊乱可造成精神萎靡、食欲减退、嗜睡、水肿加重。血容量不足可有体位性低血压、肾前性氮质血症，甚至低血容量性休克。

4）急性肾衰竭：临床上并不多见。当 NS 出现急性肾衰竭时可有以下原因：①低血容量、不恰当地大量利尿使肾血流灌注不足，可致肾小管坏死；②双侧肾静脉血栓形成；③药物引起的肾小管间质的病变；④严重的肾间质水肿或大量蛋白管型堵塞肾小管，导致肾内梗阻，肾小球滤过减少；⑤少数为肾组织严重增生性病变。

5）肾小管功能障碍：主要是近曲小管功能损害，表现为肾性糖尿或氨基酸尿，浓缩功能差等。

6）动脉粥样硬化：持续高血脂患儿偶可发生。累及冠状动脉时可有胸闷、心绞痛、心电图改变，甚至猝死。

7）钙及维生素 D 代谢紊乱：可有低钙血症、骨钙化不良等。

8）生长延迟：多见于频繁复发和长期接受大剂量糖皮质激素或免疫抑制剂治疗的患儿。

案例 10-2 分析讨论

1. 患儿诊断为肾病综合征。诊断依据为下：

（1）本病例患儿以全身性水肿伴尿少就诊，水肿先是双眼睑部位，渐渐遍及面部及全身。

（2）体格检查：全身高度水肿，双眼睑水肿，腹壁水肿明显，皮肤发亮，腹部叩诊移动性浊音阳性，双下肢水肿明显，阴囊水肿明显。

（3）实验室检查：血浆白蛋白 16g/L，尿蛋白定性（++++），尿蛋白定量大于 3.5g，血清补体 C3、C4 下降，血胆固醇 6.2mmol/L。

3. 辅助检查

（1）尿液分析

1）尿常规检查：尿蛋白定性多在（+++）以上，有 15%左右有短暂的镜下血尿，大多数可见透明管型、颗粒管型和卵圆脂肪小体。

2）尿蛋白定量：24 小时尿蛋白定量＞50mg/（kg · d）；或随机测晨尿中尿蛋白/尿肌酐比值（以 mg/mg 计），正常比值≤2.0；肾病水平的 24 小时尿蛋白＞3.5g。

（2）血液检查

1）血清蛋白：血浆总蛋白低于正常，白蛋白下降更为明显，常低于 25g/L，白蛋白、球蛋白比例倒置。由于肝脏合成增加，α_2、β 球蛋白和纤维蛋白原增高，γ-球蛋白下降。

2）免疫功能：IgG 和 IgA 水平降低，IgM 和 IgE 水平增多。

3）血清胆固醇 多显著增高，胆固醇＞5.7mmol/L，甘油三酯和磷脂等亦增高。

4）肾功能和补体测定：BUN、Cr 可升高，晚期患儿可有肾小管功能损害。补体 C3、C4 可降低。

（3）经皮肾穿刺组织病理学检查：大多数 NS 患儿不需要进行诊断性肾活检。肾穿刺活检指征：①对糖皮质激素治疗耐药、频繁复发者；②对临床或实验室证据支持肾炎性肾病者。

4. 心理-社会状况　了解患儿及家长的理解力、心理状态及对本病的认识程度。

（1）患儿心理：学龄前患儿由于疾病本身的不适症状和治疗对活动及饮食的严格限制，可表现出烦躁、哭闹、易激惹等情绪，配合治疗的主动性差。学龄期儿童随年龄增长，自我认知程度增加，心理压力增大，来源于对疾病及治疗限制活动和饮食的压力；中断正常生活和学习的压力；家长的负面情绪等来自家庭的压力，可产生紧张、忧虑、抱怨的心理。因本病激素治疗时间较长及应用免疫抑制剂，引起库欣面容及脱发，造成自我形象紊乱，患儿产生焦虑、自卑心理。

（2）家长心理：本病为慢性病且易复发，家长会担心孩子将来的健康，可产生焦虑、抑郁、失望等心理，渴望寻求多种治疗方法，愿意接受健康指导与医务人员合作。

【常见护理诊断/问题】

1. 体液过多 与低蛋白血症导致的水钠潴留有关。

2. 有皮肤完整性受损的危险 与水肿及感染有关。

3. 营养失调：低于机体需要量 与大量蛋白自尿中丢失有关。

4. 有感染的危险 与免疫力低下、水肿等因素有关。

5. 潜在并发症 电解质紊乱、低血容量、血栓形成、药物副作用、钙及维生素 D 紊乱。

6. 焦虑 与疾病反复及病程长有关。

案例 10-2 分析讨论（续）

2. 本病护理诊断

（1）体液过多：与低蛋白血症导致的水钠潴留有关。

（2）营养失调：低于机体需要量 与大量蛋白质自尿中丢失有关。

（3）有感染的危险：与免疫力低下有关。

（4）潜在并发症：电解质紊乱、低血容量、血栓形成、药物副作用、钙及维生素 D 紊乱。

（5）焦虑：与疾病反复及病程长有关。

【预期目标】

1. 患儿水肿逐渐消退，尿液恢复正常。

2. 患儿住院期间保持皮肤完整，不发生破溃、感染。

3. 患儿得到充足的营养，促进机体恢复。

4. 患儿无感染发生。

5. 患儿无相关并发症的发生或发生时得到及时发现与处理。

6. 患儿及家长的紧张焦虑情绪得到缓解，能轻松配合治疗及护理。

【护理措施】

1. 一般护理

（1）休息与活动：一般不需要严格限制活动，严重水肿及高血压患儿必须卧床休息，并遵医嘱应用利尿剂及降压药。卧床时要注意经常变换体位，以防发生压力性损伤及血管栓塞等并发症。病情缓解后逐渐增加活动量，但应避免过劳，以免病情复发。学龄期小儿肾病活动期应注意休息，限制活动，应休学治疗。

（2）饮食护理：轻症患儿一般不需要特别限制饮食，水肿明显者及高血压患者根据治疗原则给予低盐、低脂、优质蛋白、富含维生素饮食（详见本节治疗原则中饮食部分），在协助患儿进食中需注意以下几方面：

1）热量：供给足够热量以满足生长发育需要。为减轻高脂血症，应少食动物性脂肪，适当食用植物性脂肪。可增加富含多糖和纤维的食物提供热量，如燕麦、米糠及豆类。

2）蛋白质：大量蛋白尿期间蛋白摄入不宜过多，以免加重肾小球硬化，给肾脏造成负担；晚餐以优质蛋白摄入为主；特别强调的是尿蛋白消失后长期用糖皮质激素治疗期间，由于糖皮质激素可使机体蛋白质分解代谢增强，出现负氮平衡，应适当多补充蛋白质为宜。

3）维生素及微量元素：肾病综合征长期应用皮质激素可导致骨质疏松，并常有低钙血症倾向，应遵医嘱补充钙剂、铁剂、锌及维生素 D。

2. 症状护理

（1）观察生命体征变化，有高血压的患儿应监测晨起血压并记录。

（2）观察有无神志改变及严重并发症的发生，一旦出现立即配合医生进行急救和治疗。

（3）排尿的护理：观察尿的颜色、性状、尿量，准确记录 24 小时出入量，每日晨起测量体重并记录。

（4）水肿的护理：观察水肿的发生部位、发展顺序、程度、随体位变化情况及指压痕迹，腹水明显的患儿每日监测腹围变化。

（5）皮肤护理：高度水肿使皮肤张力升高，皮下血液循环不良，加上营养不良及使用激素等原因，皮肤极易破损进而感染。应保持皮肤干燥清洁，及时更换内衣。保持床铺平整无渣屑，被褥松软，并经常变换体位。阴囊水肿时，用棉垫或吊带托起；全身水肿严重时可用气垫床或受压部位垫棉圈。

（6）预防感染

1）向患儿及家长了解预防感染的重要性，肾病患儿由于免疫力低下继发感染，而感染常使病情加重或复发，严重感染是本病的主要致死原因。告知家长开窗通风，勤洗手，避免去人多的公共场所。

2）做好保护性隔离，与感染性疾病患儿分室收治，有条件的患儿最好单间收治，病房每日进行空气消毒，减少探视人数。

3）严重水肿应避免肌内注射，以防药液外渗，导致局部潮湿、糜烂。

4）做好会阴护理，便后及时清洁，每日可用3%硼酸溶液坐浴1～2次，以预防尿路感染的发生。

5）监测体温及血象，及时发现感染征象，积极治疗，但不主张预防性使用抗生素。

3. 用药护理

（1）糖皮质激素：治疗期间注意观察患儿的24小时出入量，监测尿蛋白变化及血浆蛋白的恢复等情况，每日监测血压，观察糖皮质激素药物的副作用如库欣综合征、高血压、消化性溃疡、骨质疏松等。遵医嘱给予补充钙剂及维生素D。

（2）糖皮质激素冲击治疗：注意监测血压、脉搏、心率、呼吸的变化，有异常及时告知医生。

（3）利尿剂：注意观察尿量，定期复查电解质，尿量过多要注意有无低血容量性休克及静脉血栓形成。

（4）免疫抑制剂（环磷酰胺）：注意有无粒细胞减少，出血性膀胱炎、胃肠道反应等。遵医嘱定期复查血常规。环磷酰胺对尿路有刺激性，用药期间嘱患儿多饮水；大剂量给药时应注意水化、利尿，同时给予尿路保护剂美司钠。环磷酰胺水溶液仅能维持2～3小时，应现配现用。

（5）抗凝及溶栓治疗：使用过程中注意监测凝血时间及凝血酶原时间。

4. 心理护理　关爱患儿，与患儿及家长建立良好的沟通，鼓励其说出内心感受，缓解其紧张、焦虑情绪，帮助家长安抚、鼓励患儿，保持良好情绪，在恢复期适当安排一定的娱乐学习活动，以增强患儿的信心。

5. 健康教育

（1）向患儿及家长讲解本病相关知识。本病病程长，容易复发。感染是本病最常见的并发症及复发的诱因，因此积极有效的预防感染至关重要。避免受凉、感冒，避免过劳和剧烈活动。活动时要避免磕碰和摔倒，以防发生骨折。

（2）讲解药物治疗的相关知识，特别是激素治疗对本病的重要性，使患儿及家长能够主动配合，坚持按计划用药，提高患儿及家长激素治疗的依从性，谨遵医嘱用药，不可随意增量或减药，以免造成病情复发。

（3）向家长及年长儿讲解如何观察水肿的变化。

（4）做好出院后的家庭护理，帮助患儿及家长做好心理调整适应，做好随访，提醒定期复查和告知预防接种的注意事项。

【护理评价】

经过治疗和护理，患儿水肿逐渐消退，尿蛋白转阴；患儿住院期间无皮肤破损、无感染发生，营养均衡；患儿无电解质紊乱、低血容量休克、血栓形成、急性肾衰竭等情况的发生，若发生时得到快速有效的处理；患儿及家长掌握用药的正确方法，充分认识到激素治疗在本病中的重要性，对治疗和护理的依从性能很好体现。

案例 10-2 分析讨论（续）

3. 该患儿的护理重点

（1）一般护理：①休息与活动患儿水肿严重须卧床休息，遵医嘱应用利尿剂及降压药，卧床时要经常变换体位以防发生压力性损伤及血管栓塞症。②饮食管理：遵医嘱给予低盐低脂优质蛋白高维生素饮食。患儿食欲差可在食物中加入少量糖、醋调味品，增加菜品的色泽和颜色，以增进患儿进食欲望。

（2）症状护理：①观察生命体征变化：观察 24 小时出入量及监测血压和体重、每日测量腹围；②水肿皮肤的护理：观察水肿的部位及消长情况，保持水肿皮肤干燥清洁，及时更换内衣，保持床铺平整无渣屑。患儿阴囊水肿严重，可用棉垫或吊带脱起，并注意观察。

（3）预防感染：①向患儿及家属宣讲预防感染的重要性，告知家长勤开窗通风并注意保暖，勤洗手，避免到人多公共场所；②保护性隔离患儿，每日进行空气消毒，减少探视人数；③避免肌内注射；④便后用温水清洗肛周。

（4）用药护理：注意观察药物的疗效及不良反应，尤其是激素治疗期间。

（5）心理护理与健康教育：①讲解本病及治疗护理的相关知识，特别是激素治疗对本病的重要性；②讲解如何观察水肿的变化；③做好出院后的家庭护理，定时复查，最好随访。

第四节　泌尿系统感染患儿的护理

案例 10-3

患儿，女性，3 岁，发热 3 天就诊。患儿 3 天前无明显诱因出现发热、恶心、呕吐。伴有腹痛、腹泻，家长给予“腹泻药物”治疗不见好转。既往患儿喂养良好。

体格检查：体温 38.0℃，神志清、精神不佳、双肺呼吸音清。肛周皮肤明显发红。

辅助检查：尿常规：WBC35/HP，尿培养菌落计数＞10^5 / ml。

思考题：

1. 本病诊断为泌尿道感染的依据是什么？
2. 该患儿目前存在的护理诊断有哪些？护理重点是什么？

泌尿系统感染（urinary tract infection，UTI）指的是病原体侵入泌尿道，在黏膜和组织中生长繁殖所引起的炎性损伤。感染可累及肾脏、肾盂、膀胱和尿道，分别称为肾盂肾炎、膀胱炎和尿道炎，肾盂肾炎又称为上尿路感染，膀胱炎和尿道炎合称为下尿路感染，因儿童期感染不局限，准确定位困难，故统称为 UTI。可根据临床有无症状分为症状性泌尿道感染和无症状性菌尿。

UTI 是儿童期最常见的感染性疾病之一。我国 1982 年 20 省市、105 所医院儿科泌尿系疾病住院患者调查显示，UTI 占泌尿系疾病 8.5%。1987 年全国 21 省市儿童尿筛查统计，UTI 占儿童泌尿系疾病的 12.5%。1999 年国际质量控制委员会（CQI）及泌尿系感染分会报道：发热原因不明的婴儿和小于 2 岁小儿中，UTI 占 5%。女孩发病率普遍高于男孩。此外，未做包皮环切术的男孩 UTI 的发病率是已做包皮环切术男孩的 5～20 倍。

【病因与发病机制】

1. 致病菌引起 UTI 的病原体　主要为细菌，且绝大多数为革兰阴性杆菌，主要包括大肠埃希菌、克雷白杆菌、副大肠埃希菌、变形杆菌等，少数为肠球菌和葡萄球菌。80%～90%小儿 UTI 是由大肠埃希菌引起，大肠埃希菌具有坚硬的细胞壁可抵御血清的杀菌作用、吞噬细胞的吞噬作用、高渗尿的破坏；它的 P-伞能黏附在尿路上皮细胞表面的受体上，释放脂多糖内毒素引起宿主细胞炎症反应或败血症反应。1 岁以下男孩和各年龄组女孩的致病菌，主要为大肠埃希菌；1 岁以上男孩尿感的致病菌主要为变形杆菌。除细菌外，病毒、真菌或其他病原体偶可引起 UTI。

2. 感染途径

（1）上行感染：致病菌由尿道口上行进入膀胱，引起膀胱炎，膀胱内致病菌经输尿管移行至肾脏，引起肾盂肾炎，此为小儿 UTI 的最主要感染途径。

（2）血行感染：病原菌通过血运到达肾脏和尿路其他部位所引起的感染，通常为全身败血症的一部分，主要致病菌为金黄色葡萄球菌，多发生在新生儿及小婴儿。

（3）淋巴通路感染和直接感染：少数病例可因泌尿系周围组织、器官的炎症感染直接侵犯或通过淋巴管蔓延而引起感染。

（4）尿路器械检查、留置尿管等引起感染。

3. 易感因素

（1）解剖结构因素：婴幼儿输尿管长而弯曲，管壁弹力纤维和肌肉发育不全，容易扩张、扭曲或受压，发生尿潴留而易感染。婴儿尿道口易受粪便污染，加之女婴尿道短，男婴包皮较长、包茎，更易患上行感染。

（2）母亲对婴儿的影响：母亲妊娠期菌尿会使婴儿出生后患 UTI 机会增加 4 倍；母乳中含抗感染物质，有抑制细菌对尿路上皮细胞黏附的物质（低聚糖），因此，缺乏母乳喂养的婴儿，UTI 危险性增加。

（3）尿道周围菌群失调：寄生的有氧及厌氧菌共同形成的良性防御屏障，抗生素的使用或其他原因可引起菌群失调，使毒力强的细菌占优势，引起感染。

（4）尿路分泌型 IgA：分泌型 IgA 能阻碍细菌黏附在尿道上皮表面，免疫功能低下时，分泌型 IgA 浓度降低，防御功能下降而感染。

（5）膀胱的防御机制：正常情况下，机体通过膀胱规律的排空来清除所有存在的细菌及自身的免疫防御功能（细菌附着在膀胱壁上 15 分钟内即被杀死）来杀灭细菌。当存在膀胱排空功能紊乱、神经性膀胱及非神经性膀胱炎时，出现残存尿，细菌不能被及时冲刷走而引起感染。

（6）先天性或获得性尿路畸形：膀胱输尿管反流与 UTI 发生和发展密切相关；各种原因所致肾盂积水、肾囊肿等增加了泌尿系感染的危险。

（7）其他疾病相关：糖尿病、高血压、慢性肾脏疾病、长期使用糖皮质激素或免疫抑制剂的患儿，UTI 发生率增高。

4. 细菌因素 细菌毒素促进粒细胞的趋化性和活性，使其释放氧自由基和溶酶体产物，引起组织损伤和死亡，进而发展形成纤维和瘢痕。当机体无特殊易感因素时，微生物的毒力是决定细菌能否引起 UTI 的主要因素。

【治疗要点】

UTI 的治疗原则：控制感染、根除病原体、去除诱因、防止复发、纠正尿路结构异常、防止瘢痕形成。

1. 一般治疗

（1）急性期应卧床休息，鼓励患儿多饮水、勤排尿。女童应注意外阴清洁及卫生。

（2）鼓励患儿进食，加强营养，以增强机体抵抗力。

2. 对症治疗

（1）对高热、头痛、腰痛的患儿应用解热镇痛药缓解症状。

（2）对尿路刺激症状明显的患儿，可用阿托品、山莨菪碱等抗胆碱能药物治疗，也可口服碳酸氢钠碱化尿液，减轻尿路刺激症状。

3. 抗菌药物治疗 早期积极应用抗菌药物治疗。

（1）抗生素选药原则：①感染部位，上尿路感染选择血药浓度高的药物，一般选用β-内酰胺类抗生素联合用药；下尿路感染选择尿浓度高药物如呋喃类；②感染途径，上行性感染首选磺胺类药物；有发热等全身症状明显或血源性感染者，选用青霉素类、头孢类或氨基糖苷类单独或联合用药；③根据尿培养及药敏试验结果，同时结合临床疗效选药；④广谱、长效、杀菌、不易产生耐药；⑤肾毒性小且经肾脏排泄的抗生素；⑥必要时联合用药。

（2）常用药物：①磺胺类药物，对大多数大肠埃希菌有较强的抑菌作用，尿中溶解度高，不易产生耐药性，常作为初次感染的首选药物。磺胺甲基异噁唑与增效剂甲氧苄氨嘧啶联合应用，即复方新诺明，剂量 50mg/（kg·d），分 2 次口服，疗程 1～2 周。注意多饮水防止尿中形成结晶，肾功能不全者慎用。②呋喃类药物，呋喃坦啶抑菌谱广，不易产生耐药性，对大肠埃希菌作用显著。剂量 8～10mg/（kg·d），分 3 次口服。③β-内酰胺类抗生素，临床常用抗生素有氨苄西林钠、阿莫西林、头孢曲松钠、头孢噻肟钠等，抗菌作用。④氨基苷类，肾毒性较大，且对听力有不良影响，应慎用。

（3）抗生素治疗疗程：①急性期感染，有效抗菌药物疗程 1～2 周，痊愈后定期随访 1 年以上；②慢性或反复发作的感染，急性发作期应使用足量有效的抗生素 2 周以上，待尿培养阴性后，以治疗量的 1/3 量维持 3～6 个月；③肾实质已出现损害的患儿，疗程可延长到 1～2 年，一般采用联合和交替用药方案，多不使用广谱抗生素，以防止耐药菌株出现。

4. 其他

（1）积极治疗尿路结构异常。

（2）膀胱内药物灌注治疗，主要针对经全身给药治疗无效的慢性膀胱炎患者。

（3）积极预防肾瘢痕的形成及进展。

【护理评估】

1. 健康史

（1）询问患儿现病史：评估患儿年龄，了解卫生习惯、排尿次数及排尿时感觉（有无尿频、尿急、尿痛等尿路刺激征），有无发热、头痛、腰痛等全身症状。

（2）了解患儿既往史：既往有无尿路感染病史，有无尿路畸形及其他系统的感染病史；男孩有无包皮过长；是否长期使用糖皮质激素或免疫抑制药，有无营养不良及贫血；有无引起机体抵抗力降低的因素。了解治疗过程及用药情况。

2. 身体状况 观察患儿临床表现。患儿的年龄、病程及感染部位均影响其临床表现。一般来说，年龄越小，症状越不典型；急性感染的全身症状较慢性感染者明显；上尿道感染的全身症状较下尿道感染明显。

（1）急性泌尿系感染：病程 6 个月以内，不同年龄症状不同。

1）新生儿：男女发病比例相等，临床表现极不典型，全身症状明显，主要表现为发热或体温不升、吃奶差，甚至拒乳、面色苍白、呕吐、腹泻、腹胀、哭闹不安、黄疸程度较重或消退延迟、体重不增等非特异性表现，还可有嗜睡、抽搐等神经系统表现。新生儿 UTI 常伴有败血症，一般局部泌尿系症状不明显，因此，对原因不明的发热应及早做尿常规及血尿培养，以免漏诊。

2）婴幼儿：女孩较男孩多见，临床症状不典型，仍以全身症状为主，如发热、纳差、呕吐、腹泻等，尿频、尿急、尿痛等尿路刺激症状随年龄增长逐渐明显。细心观察可发现婴儿排尿时有哭闹不安、尿频、尿布臭味和顽固性尿布疹等。

3）儿童：上尿道感染时全身症状明显，主要表现为发热、畏寒、全身不适、腹痛、腰部酸痛，伴有尿道刺激症状，查体可有肋脊角压痛、肾区叩痛；下尿道感染时主要为尿频、尿急、排尿痛等尿道刺激症状。年长儿可有尿液混浊、偶见肉眼血尿。

（2）慢性泌尿系感染：病程迁延达6个月以上，轻者可无症状，重者可出现高血压、贫血、发育迟缓及肾功能不全，反复发作者出现间歇热、腰部酸痛、乏力等症状。

（3）无症状性菌尿：无任何临床症状，仅在尿常规检查时存在有意义的菌尿，见于各年龄组，在儿童中学龄女童多见。无症状菌尿患儿常有既往尿道感染病史或尿路畸形，病原体多为大肠埃希菌。

（4）复发和再感染：复发多在治疗后6周内发生；再感染是由不同菌株再次引发感染，多在停药6周后发生。

3. 辅助检查

（1）尿液检查

1）尿常规：晨起清洁中段尿沉渣中白细胞＞5个/HP，需考虑UTI，如白细胞成堆或有白细胞管型，具有诊断价值；可有镜下血尿。肾盂肾炎患儿有轻至中度蛋白尿。慢性UTI患者尿比重和渗透压可降低。

2）尿培养和菌落计数：是诊断UTI的主要依据。在使用抗生素前，晨起清洁中段尿（要求尿液在膀胱中存留4小时以上，留尿前先用温水清洗外阴，再以1∶1000苯扎溴铵溶液消毒）培养，菌落计数≥10^5/ml或以上，可诊断UTI；10^4～10^5/ml为可疑，应重复培养；＜10^4/ml多为污染。由于粪链球菌一个链含有32个细菌，一般认为其菌落数在10^3～10^4/ml间即可诊断。耻骨上膀胱穿刺取尿标本培养，只要有细菌生长即可确诊，是诊断UTI的金标准。临床高度怀疑UTI而尿培养阴性的患儿，应考虑做厌氧菌培养和L-型细菌培养。在尿培养和菌落计数的同时，应做药敏试验，以选择有效抗生素。

3）尿涂片：油镜下每视野可见1个或多个细菌，表示尿中细菌数在10^5/ml以上。

（2）影像学检查

1）X线检查：包括静脉肾盂造影、计算机断层扫描、排泄性膀胱尿路造影等。对男性患儿和反复尿路感染的女性患儿，经有效抗生素治疗4～6周效果不佳者，应感染控制后选择进行此类检查，以发现先天畸形、膀胱输尿管反流等异常并检查肾脏瘢痕形成情况。

2）B型超声波和同位素肾图：可了解肾脏的大小、形态，有无畸形、梗阻、结石、积水或瘢痕形成和肾功能的改变等，可选择使用。

（3）肾功能检查慢性或反复发作的尿感患儿，应行肾功能检查。

尿培养标本的采集

1. 采集时间　在应用抗菌药物之前或停药1～2天后采集标本；最好采集晨起第一次尿液或采集在膀胱内潴留6～8小时的尿液。

2. 采集方法

（1）中段尿液采集法：①采样前应先用温水清洗会阴部，然后用1∶1000的苯扎溴铵（新洁尔灭）或1∶5000高锰酸钾溶液消毒局部；也可用2%碘伏按导尿法消毒外阴、尿道口，再用无菌纱布擦干外阴，注意男孩需将包皮翻开清洁；②护士用试管夹夹住无菌试管，酒精灯燃烧消毒管口；③嘱患儿排尿，弃去前段尿，以试管接取中段尿10～15ml；④再次酒精灯消毒试管口及管塞后塞紧，立即送检；⑤婴幼儿用无菌集尿袋留取标本。

（2）耻骨上膀胱穿刺：患儿取平卧位，在膀胱充盈状态下（可在下腹部触及或扪及），常规消毒自脐以下至尿道之间区域的皮肤，局麻穿刺位点，在耻骨联合与脐连线上，高于耻骨联合2cm处进针直接刺入膀胱，吸取20ml尿液，置于无菌容器中立即送检。

（3）导尿采集法：按导尿法常规消毒、置管，采集导尿管内尿液10～15ml于无菌容器内送检。此法可能将下尿道细菌带入膀胱，导致继发感染，一般不提倡使用。

3. 尿培养标本采集注意事项　①清洁中段尿留取易受到会阴部细菌污染，应在医护人员指导协助下正确留取样本；②尽量不采用导尿管采集法，以防医源性感染；③尿液中不得加防腐剂或消毒剂；④多次收集或24小时尿不能用于培养，以免污染误导临床；⑤集尿袋内和尿管末端的尿液不能用于尿培养。

案例 10-3 分析讨论

1. 诊断依据

（1）本病例患儿发热 3 天，腹痛腹泻，按“腹泻”治疗不见效。

（2）体格检查：体温 38.0℃，神志清、精神不佳、双肺呼吸音清。肛周皮肤明显发红。

（3）实验室检查：尿常规 WBC35/HP，尿培养菌落计数＞10^5/ml。

4. 心理-社会状况 评估患儿及家长心理状况、文化程度、对疾病的认识程度和应对方式。评估患儿家庭的居住环境、经济状况、卫生习惯等。患儿因出现膀胱刺激征，导致遗尿，可使年长儿出现紧张、焦虑、自卑等心理。家长因患儿尿频及排尿时疼痛、哭闹而感到焦虑和内疚心理。

【常见护理诊断/问题】

1. 体温过高 与细菌感染有关。

2. 排尿异常 与膀胱、尿道炎症刺激有关。

3. 焦虑 与缺乏泌尿系感染相关知识。

【预期目标】

1. 患儿体温维持正常。

2. 患儿尿路刺激症状消失。

3. 缓解患儿及家长的紧张焦虑情绪，表现出放松和舒适。

【护理措施】

1. 心理护理 与患儿及家长建立良好的沟通，鼓励其说出内心感受，缓解其紧张、焦虑情绪，帮助家长安抚、鼓励患儿，保持良好情绪，可让患儿适当参加轻松的娱乐活动，分散其注意力。

2. 一般护理

（1）休息：急性期需卧床休息，待体温恢复正常，尿路刺激症状减轻后可增加活动量。

（2）饮食：鼓励患儿多饮水，通过增加尿量起到冲洗尿道的作用，减少细菌在尿道停留时间，加速细菌、毒素和炎性物质的排出；还可降低肾髓质及肾乳头部的组织渗透压，不利于细菌的生长、繁殖。发热患儿宜给予流质或半流质饮食，食物应清淡、易消化、含丰富的蛋白和维生素，提供足够热量，以增强机体抵抗力。

3. 病情观察

（1）观察患儿生命体征，特别是体温变化。

（2）观察排尿情况，每日排尿次数、性状、尿量及排尿时表现。

（3）观察有无消化系统及神经系统症状。

（4）注意追踪尿常规和尿培养检查结果。

4. 症状护理

（1）发热的护理：监测体温变化，给予物理降温或药物降温，注意使用头孢类药物治疗期间避免使用乙醇擦浴。为患儿及时更换汗湿衣物，避免受凉。

（2）排尿异常的护理：保持会阴部清洁，便后及时清洗外阴；小婴儿勤换尿布，尿布要用开水烫洗、阳光下晒干，或煮沸、高压消毒。

5. 用药护理

（1）按医嘱应用抗菌药物，注意观察药物的疗效和不良反应。口服抗菌药物可出现恶心、呕吐、食欲减退等现象，饭后服用可减轻胃肠道症状；口服磺胺类药物时应多饮水，防止尿中形成结晶，同时注意观察有无血尿、尿少、无尿等。

（2）婴幼儿排尿时烦躁、哭闹，尿路刺激症状明显者，可应用抗胆碱能药物或碳酸氢钠碱化尿液来缓解症状。

6. 健康教育

（1）向患儿及家长讲解本病的相关知识及护理和预防。如幼儿不穿开裆裤，婴儿勤换尿布，便后及时清洗臀部；婴儿清洗外阴时，要注意从前向后擦洗，单独使用洁具。及时发现男孩包茎、女孩处女膜伞、蛲虫前行尿道等情况，及时处理。

（2）指导患儿按时服药，定期复查，防止复发和再感染。急性期治疗结束后每月随访一次，检查尿常规、中段尿培养，连续 3 个月，如无复发可认为治愈，反复发作者每 3～6 个月复查一次，持续 2 年或更长。

【护理评价】

经过治疗和护理，患儿体温恢复正常；尿路刺激症状得到缓解；尿常规及尿培养结果转正常；患儿表现出放松和舒适，积极配合护理和治疗。

案例 10-3 分析讨论（续）

2. 护理诊断

（1）体温过高：与细菌感染有关。

（2）排尿异常：与膀胱、尿道炎症刺激有关。

（3）焦虑：与缺乏泌尿系感染相关知识有关。

护理重点

（1）一般护理：①急性期需卧床休息，待病情缓解可逐渐增加活动量；②鼓励患儿多饮水。发热时给予流质或半流质饮食，清淡易消化丰富蛋白及维生素。

（2）病情观察：①密切观察患儿生命体征；②观察患儿排尿情况；③观察腹泻腹痛的情况；④追踪尿常规和尿培养结果。

（3）症状护理：①监测体温变化，给予物理降温或药物降温；②保持会阴部清洁，便后及时清洗。肛周发红可局部用油性保护剂。

（4）用药护理：①遵医嘱应用抗生素，注意观察药物疗效及不良反应；②口服用药注意胃肠道症状等。

（5）心理护理与健康教育：①与家长建立良好的沟通，鼓励其说出心中感受；②讲解相关知识及护理和预防，注意清洁和卫生，尤其是女宝宝要注意清洗顺序；③按时服药，定期复查，做好随访。

思　考　题

1. 急性肾小球肾炎的概念是什么？
2. 急性肾小球肾炎常见的护理诊断/问题有哪些？
3. 急性肾小球肾炎可出现哪些严重表现？
4. 急性肾小球肾炎需要哪些护理措施？
5. 肾病综合征的概念是什么？
6. 肾病综合征常见的护理诊断/问题有哪些？
7. 肾病综合征的护理措施包括哪些？
8. 肾病综合征的护理评估包括哪些？
9. 泌尿道感染的概念是什么？
10. 泌尿道感染的护理措施包括哪些？
11. 泌尿道感染选用抗生素的原则是什么？

（杨言慧）

第十一章　血液系统疾病患儿的护理

【目标要求】

掌握： 生理性贫血定义，营养性缺铁性贫血、营养性巨幼红细胞性贫血的概念、临床表现、护理诊断/问题、护理措施。

熟悉： 小儿贫血的分度及分类，营养性缺铁性贫血、营养性巨幼红细胞性贫血的病因、发病机制、治疗及实验室检查。

了解： 小儿造血和血液特点。

第一节　儿童造血和血液特点

一、儿童造血特点

造血是指造血干细胞分化、发育、增殖和成熟成各种外周血细胞的过程。由于受造血微环境和各种造血生长因子的调控作用，造血过程中，血细胞的生长与破坏处于动态平衡中。儿童时期造血分为胚胎期造血及生后造血两个阶段。

（一）胚胎期造血

胚胎期造血（fetal hematopoiesis）开始于卵黄囊，继之在肝、脾、胸腺、淋巴结，最后在骨髓。当前一个造血器官的造血功能达到高峰后，后一个造血器官才开始造血，并逐渐替代前者。故胚胎期造血分成三个不同的造血期，且三个造血时期不可截然分割。

1. 中胚叶造血期（mesoblastic hematopoiesis）　约于胚胎第2周末开始出现中胚层造血；在卵黄囊壁上的中胚层间质细胞分化聚集成细胞团，称为血岛。血岛中间的细胞进一步分化成为初级原始红细胞。自胚胎第6周后中胚叶造血开始退化，初级原始红细胞逐渐减少，至胚胎第12～15周消失。

2. 肝、脾造血期（hepatic hematopoiesis）　胚胎中期以肝脏造血为主。肝脏自胚胎第6～8周开始造血，至第4～5个月时达高峰，以后逐渐减退，约于出生时停止。主要产生有核红细胞，也可产生少量粒细胞和巨核细胞。

脾脏约自胚胎2个月时开始参与造血，可生成红细胞、粒细胞、淋巴细胞和单核细胞，并且出现破坏红细胞的功能。至胚胎5个月时停止造血功能，但保留造淋巴细胞的功能并维持终身。

于胚胎第6～7周开始出现胸腺，自第8周开始生成淋巴细胞，淋巴结约自胚胎第11周开始参与造淋巴细胞，并成为终生造淋巴细胞和浆细胞的器官。

3. 骨髓造血期（medullary hematopoiesis）　胚胎第6周时骨髓腔的发育已初步成型，其造血功能自胚胎第4个月开始，最初骨髓主要造粒细胞，很快成为胎儿后期主要的造血器官，至出生2～5周后骨髓成为正常情况下唯一的造血器官。

（二）生后造血

生后造血（postnatal hematopoiesis）为胚胎期造血的延续，主要是骨髓造血，生成各种血细胞；淋巴组织产生淋巴细胞；出现特殊情况由骨髓外进行造血。

1. 骨髓造血　出生后主要是骨髓造血。新生儿及5岁以内的小儿所有骨髓均为红髓，红髓含有大量发育的各阶段血细胞且呈红色，造血功能十分活跃，全部参与造血才可满足生长发育的需要。

5～7 岁开始，随着生长发育减慢，长骨干中的红髓开始脂肪化形成黄髓，逐渐代替红髓，黄髓造血功能不活跃，但有潜在的造血功能，当造血需要增加时，它可转变为红髓而恢复造血功能。至青春后期红髓仅集中在低位颅骨、椎骨、胸骨、肋骨、肩胛骨、脊柱、骨盆等短骨、扁骨、不规则骨及长骨近端。在出生后前几年，小儿由于缺少黄髓，造血的代偿潜力小，如果造血需要增加时，就容易出现骨髓外造血。

2. 髓外造血（extramedullary hematopoiesis） 生理情况下，出生后 2 个月，婴儿的肝、脾、淋巴结等已不再制造红细胞、粒细胞和血小板，故出现骨髓外造血极少。当婴幼儿期由于严重感染或溶血性贫血等需要增加造血，肝、脾、淋巴结可适应需要恢复到胎儿时期的造血状态，而出现肝、脾、淋巴结肿大。外周血中可出现有核红细胞和（或）幼稚粒细胞。这是小儿造血器官的一种特殊反应，称为"骨髓外造血"。髓外造血是机体的一种代偿方式，有较大的局限性。还可累及胸腺、肾上腺、腹腔的脂肪和胃肠道等。当病因去除后，可恢复到正常的骨髓造血。

二、血液特点

小儿血象因年龄不同而有异，应注意不同年龄的血象特点。

（一）红细胞数和血红蛋白量

红细胞的数量和血红蛋白的含量随生理功能而改变。婴儿高于成人，运动时高于安静状态。由于胎儿期处于相对缺氧的环境，红细胞素合成增加，故红细胞数及血红蛋白量较高，出生时红细胞数为（5.0～7.0）$\times 10^{12}$/L，血红蛋白量为 150～220g/L；未成熟儿与足月儿基本相等，部分可偏低。出生后随着婴儿自主呼吸的建立，血流动力学改变，血氧含量增加，红细胞生成素减少，骨髓造血功能暂时下降；加上胎儿红细胞寿命较短，红细胞破坏较多（生理性溶血）；婴儿生长发育迅速，循环血量迅速增加等因素，红细胞数和血红蛋白量逐渐降低，至生后 10 天左右较出生时减少 20%；2～3 个月时红细胞数降至 3.0×10^{12}/L，血红蛋白量降至 110g/L，此种现象称为"生理性贫血（physiological anemia）"。早产儿发生此种贫血更早，程度更重。"生理性贫血"呈自限性经过，3 个月后，随着红细胞生成素水平的上升，红细胞数和血红蛋白量又逐渐增加。

网织红细胞出生时为 4%～6%，生后 4～7 天下降至 0.5%～1.5%，于 4～6 周回升至 2%～8%，5 个月后接近成人水平。

（二）白细胞数及分类

出生时白细胞总数为（15～20）$\times 10^9$/L，生后 6～12 小时增至（21～28）$\times 10^9$/L，而后逐渐下降，1 周时平均为 12×10^9/L。婴儿期白细胞数维持在 10×10^9/L 左右，8 岁以后接近成人水平。

白细胞分类随年龄变化差别很大，主要是中性粒细胞与淋巴细胞比例的变化。出生时中性粒细胞约占 65%，淋巴细胞占 35%；随后白细胞总数下降，中性粒细胞比例也相应下降，生后 4～6 天两者比例相等（形成第一次交叉）；随后淋巴细胞比例上升，至婴幼儿期淋巴细胞约占 60%，中性粒细胞约占 35%；之后中性粒细胞比例逐渐增加，4～6 岁时两者比例再次相等（形成第二次交叉）。7 岁后白细胞分类与成人类似。嗜酸粒细胞、嗜碱粒细胞及单核细胞在各年龄阶段差异不大。

（三）血小板数

出生后血小板数量与成人相似，为（150～250）$\times 10^9$/L。

（四）血红蛋白的种类

血红蛋白是含卟啉铁的蛋白质，约占红细胞重量的 33%。血红蛋白分子由两对多肽链组成，正常情况下红细胞内有 α、β、γ、δ、ε 和 ζ6 种不同的血红蛋白分子，不同的多肽链构成不同的血红蛋白分子。胚胎期的血红蛋白为 Gower1（$\zeta_2\varepsilon_2$）、Gower2（$\alpha_2\varepsilon_2$）和 Portland（$\zeta_2\gamma_2$），于胚胎 12 周时被胎儿血红蛋白（HbF）取代；胎儿期的胎儿血红蛋白为（HbF，$\alpha_2\gamma_2$），出生后 HbF 又迅速被成人血红蛋白（HbA）代替，HbF 约占 70%，HbA 约占 30%，至 4 个月时 HbF＜20%，1 岁时 HbF＜5%，2 岁后达成人水平，HbF＜2%。成人血红蛋白为 HbA（$\alpha_2\beta_2$）和 HbA_2（$\alpha_2\delta_2$），HbA 约占 95%，HbA_2 占 2%～3%。

（五）血容量

小儿血容量相对较成人多，新生儿血容量约占体重的 10%，平均 300ml，儿童平均占体重的 8%～10%，成人占体重的 6%～8%。

第二节 小儿贫血的护理

贫血（anemia）是指单位容积末梢血中红细胞数或血红蛋白（Hb）量低于正常。按世界卫生组织（WHO）标准，6 个月至 6 岁者 Hb＜110g/L，6～14 岁 Hb＜120g/L 为贫血。海拔每升高 1000 米，Hb 上升 4%，低于此值为小儿贫血的诊断标准。6 个月以下婴儿 Hb 值变化较大，目前无统一标准，中国小儿血液学会议暂定：新生儿期 Hb＜145g/L，1～4 个月时 Hb＜90g/L，4～6 个月时 Hb＜100g/L 为贫血。临床主要表现为器官的低氧状态。

【贫血的分度】

根据外周血血红蛋白含量或红细胞数将贫血分为轻、中、重、极重四度（表 11-1）。

表 11-1 贫血的分度

项目		轻度	中度	重度	极重度
血红蛋白量（g/L）	儿童	120～90	90～60	60～30	＜30
	新生儿	144～120	120～90	90～60	＜60
红细胞（10^{12}/L）		3～4	2～3	1～2	＜1

【贫血的分类】

一般采用病因学和形态学分类，临床多采用病因学分类，形态学分类有助于病因推断。

1. 病因学分类 根据引起贫血的原因和发病机制可分为失血性贫血、溶血性贫血、红细胞及血红蛋白生成不足三类。

（1）失血性贫血：包括急性失血（出血性疾病、创伤性出血等）和慢性失血（钩虫病、溃疡病、肠息肉等）所致的贫血。

（2）红细胞破坏过多：可由红细胞内在异常因素或外部缺陷引起。

1）红细胞内在异常因素：①红细胞膜结构缺陷（遗传性球形红细胞增多症、遗传性椭圆形红细胞增多症、遗传性口形红细胞增多症等）；②红细胞酶缺陷（G-6-PD 缺陷症、丙酮酸激酶缺乏、阵发性睡眠性血红蛋白尿等）；③血红蛋白合成与结构异常（血红蛋白合成障碍性贫血、血红蛋白病等）。

2）红细胞外部缺陷：①免疫因素，是由于小儿体内存在破坏红细胞的抗体（新生儿同种免疫性溶血性贫血、自身免疫性溶血性贫血等）；②非免疫性因素（如药物、感染、化学物质、毒素或物理因素等）。

（3）红细胞生成减少：①造血物质缺乏或利用障碍，如缺铁性贫血、营养性巨幼红细胞性贫血（维生素 B_{12}、叶酸缺乏）、铁粒幼细胞贫血、维生素 B_6 缺乏性贫血、维生素 C 缺乏、铜缺乏、蛋白质缺乏所致的贫血等。②干细胞增殖分化障碍，再生障碍性贫血（原发性和继发性）、单纯红细胞再生障碍性贫血（先天性和后天性）、骨髓增生异常综合征。③骨髓被异常组织浸润，白血病、肿瘤骨转移、骨髓纤维化。④骨髓造血低下，继发性贫血。⑤其他，感染性疾病、炎症、慢性肾脏病引起的贫血。

2. 形态学分类　根据红细胞平均容积（MCV）、红细胞平均血红蛋白量（MCH）、红细胞平均血红蛋白浓度（MCHC）的值将贫血分为四类（表 11-2）。

表 11-2　贫血的细胞形态学分类

项目	MCV（fl）	MCH（pg）	MCHC（%）
正常值	80～94	28～32	32～38
正细胞性正色素性	80～94	28～32	32～38
大细胞性	＞94	＞32	32～38
单纯小细胞性	＜80	＜28	32～38
小细胞低色素性	＜80	＜28	＜32

注：MCV（fl）=血细胞比容（%）×10÷红细胞数（10^{12}/L）；MCH（pg）=血红蛋白量（g/L）÷红细胞数（10^{12}/L）；MCHC（%）=血红蛋白量（g/L）×10÷红细胞压积（%）

形态学分类见表 11-3。

表 11-3　形态学分类与病因

形态学分类	可能病因
正细胞性贫血	生成减少：再生障碍性贫血、单纯红细胞再生障碍性贫血、骨髓浸润（白血病、恶性肿瘤、骨髓纤维化）
大细胞性贫血	维生素 B_{12} 缺乏、叶酸缺乏、骨髓增生异常综合征、维生素 B_1 缺乏、网织红细胞增多症、肝疾病等
小细胞低色素性贫血	缺铁性贫血、海洋性贫血、铅中毒、慢性疾病（感染性疾病、炎症、恶性肿瘤、慢性肾脏疾病）、维生素 B_6 效应性贫血、铁粒幼红细胞性贫血、铜缺乏性贫血、肺含铁血黄素沉着症等

【临床表现】

贫血是临床上常见的一组症状，许多不同性质的疾病均可产生这组共同的临床表现。因此，贫血不是一个独立的疾病，而是一个综合征。贫血的临床表现与诱发贫血的病因、贫血的程度及发生的快慢等因素有关。不同原因导致的贫血，临床表现差异较大，除贫血症状外，常有原发病的表现。一般急性贫血程度较轻，但症状明显；慢性贫血早期，机体代偿功能良好，可无症状，当机体失代偿时才逐渐出现症状。

1. 一般表现　皮肤、面色苍白为突出表现。一般以观察指甲、手掌皮肤褶皱处及口唇、眼睑黏膜等较为可靠。贫血严重时面色蜡黄。患儿表现为疲乏、全身无力。中至重度贫血者常有活动后心悸、气促等表现。慢性贫血患儿可出现营养不良、体格发育水平低于正常、毛发干枯等。

2. 髓外造血表现　小儿贫血时，易出现骨髓外造血，伴随肝、脾和淋巴结肿大，周围血中可见有核红细胞、幼稚粒细胞。

3. 其他系统表现

（1）呼吸、循环系统：呼吸加速、心率增快、脉搏加强、动脉压升高、偶可见毛细血管搏动，均为机体处于缺氧状态下的代偿性反应。重度贫血失代偿期，出现心脏增大、心前区可闻及收缩期杂音，严重者发生充血性心力衰竭。

（2）消化系统：食欲减退、恶心、呕吐、便秘或腹胀等。

（3）神经系统：精神不振或烦躁不安、易激动、注意力不集中，年长儿可有头晕、耳鸣、眼前发黑等。

【辅助检查】

1. 血常规　血常规是诊断和判断贫血及其程度的基本检查。全血细胞计数可判断贫血是由于单细胞系（红细胞），还是多细胞系（红细胞、白细胞、血小板）的异常引起。红细胞计数和血红蛋白含量比例可初步反映贫血的形态学分类特征，如贫血患儿此比例正常提示为正细胞性贫血，如比例明显降低，提示为大细胞性贫血，如此比例明显增高则提示为小细胞低色素性贫血。外周血白细胞、血小板计数的改变对贫血的诊断也有重要意义（表 11-4）。

表 11-4　白细胞和血小板计数改变对贫血诊断的意义

白细胞、血小板计数	贫血的诊断
贫血，白细胞、血小板计数正常	缺铁性贫血、单纯红细胞再生障碍性贫血、铁粒幼细胞贫血、溶血性贫血、巨幼细胞性贫血、继发性贫血
贫血，白细胞或血小板计数减少	阵发性睡眠性血红蛋白尿症、巨幼细胞贫血、特发性血小板减少性紫癜并发失血性贫血
贫血，白细胞增多	骨髓纤维化、新生儿溶血、白血病、急性失血性贫血
贫血，白细胞和血小板计数减少	急性白血病、再生障碍性贫血、骨髓增生异常综合征、脾功能亢进、恶性组织细胞增多症、巨幼细胞贫血、急性造血停滞、癌骨髓转移

2. 网织红细胞计数　可反映骨髓造血功能，对贫血诊断有参考价值，通常用百分数和绝对值来表示，正常为 0.005～0.015（0.5%～1.5%），其绝对值为（24～84）$\times 10^9$/L（2.4 万～8.4 万/μl）。网织红细胞计数明显增高，见于溶血性贫血、叶酸或维生素 B_{12} 治疗后的巨幼细胞性贫血第 5～10 天、急性失血性贫血、缺铁性贫血用铁剂治疗后的第 5～10 天等；轻度增高见于骨髓纤维化、溶血缓解期、脾切除后等。网织红细胞计数降低常提示骨髓造血功能衰竭，考虑再生障碍性贫血、骨髓性贫血、急性造血停滞、单纯红细胞再生障碍性贫血。

3. 血涂片检查　中性粒细胞分叶过多，见于巨幼细胞性贫血；出现大量有核红细胞见于重型海洋性贫血、骨髓纤维化症、婴儿假白血病性贫血、新生儿溶血病；出现不成熟细胞见于骨髓纤维化症或婴儿假白血病性贫血。

4. 红细胞形态　红细胞形态如大小、形态、染色深浅改变及其内含物等对贫血的诊断有重要意义。中心浅染区扩大见于营养性缺铁性贫血、海洋性贫血、铁粒幼细胞性贫血；球形红细胞见于遗传性球形细胞增多症；椭圆形红细胞见于遗传性椭圆细胞增多症；口形红细胞见于口形细胞增多症；大小不等及异形红细胞见于巨幼细胞性贫血；红细胞形态正常见于骨髓造血功能障碍或急性溶血。

5. 骨髓检查　大部分贫血的病因可通过骨髓检查得到确诊。根据骨髓红细胞系统正细胞性、巨幼细胞性、铁粒幼细胞性贫血的病因诊断（表 11-5）。

表 11-5　骨髓红细胞系统贫血的病因诊断依据

疾病	病因
正常细胞性	缺铁性贫血（感染、肾病、恶性肿瘤、结缔组织病）
巨幼细胞性	维生素 B_{12} 和叶酸缺乏（DNA 合成异常的先天性疾病和获得性疾病、药物诱导）
铁粒幼细胞性	线粒体病（原发性、继发性、先天性、获得性）

6. 血红蛋白分析检查　如血红蛋白电泳、血红蛋白碱变性试验、包含体生成试验等，对珠蛋白生成障碍性贫血和异常血红蛋白病有诊断意义。

7. 特殊检查　红细胞酶活力测定对先天性红细胞酶缺陷引起的溶血性贫血的诊断有意义；抗人球蛋白试验可协助诊断自身免疫性溶血；基因分析方法不但对遗传性溶血性贫血有诊断意义，还有产前诊断价值；血清铁、铁蛋白、红细胞游离原卟啉等检查可协助诊断缺铁性贫血。

【诊断要点】

贫血的原因诊断非常关键。一般情况下，贫血的严重程度取决于导致贫血的病因或原发病的严重性，以及其是否能被治愈。因为部分病例中引起贫血的原发病是不可治愈的，如恶性肿瘤。所以，及时准确对贫血患儿的原发病做出诊断，关系到患儿的后续治疗及生存率。

找出贫血的病因是有效治疗的基石，去除和治疗病因是防治贫血的重点。首先要深入仔细了解患儿病史，进行全面的体格检查和各种必要的辅助检查，然后对掌握的材料进行综合分析做出诊断。

1. 询问病史的注意事项

（1）发病年龄：婴幼儿期贫血多具有年龄的特点。新生儿出生 24 小时内发现贫血并伴有黄疸者，多为新生儿溶血症；出生时表现面色、皮肤苍白，一般情况良好，多考虑为经胎盘输血给母亲或双胎生者胎儿间输血所致，或分娩前出血；生后 2～3 个月内可发生“生理性贫血”；6 个月至 3 岁婴幼儿发病者考虑营养性铁缺乏性贫血、遗传性溶血性贫血；年长儿贫血多考虑再生障碍性贫血、慢性出血性贫血、全身疾病引起的贫血等。

（2）性别和籍贯：我国南方地方多见 G6PD 缺陷症，男性多于女性。海洋性贫血也多见于南方，营养性巨幼红细胞性贫血主要见于北方贫困地区。

（3）饮食情况：详细询问饮食情况，对诊断营养性缺铁性贫血有意义。单纯母乳喂养且母亲为素食者或单纯羊乳喂养者多考虑为营养性巨幼红细胞性贫血。人工喂养又未及时添加辅食的幼儿多考虑发生营养性缺铁性贫血，年长儿童发生营养性缺铁性贫血多有偏食、挑食或常年食素史。

（4）病程经过：起病迅速但病程短，提示急性失血或急性溶血；起病缓慢，提示慢性失血或溶血、营养性贫血；如伴有呕血、便血、血尿、瘀斑等提示出血性疾病；伴有血红蛋白尿和黄疸者提示溶血；伴有骨痛提示白血病或骨髓浸润性病变等。

（5）既往史：多种疾病可伴发贫血，慢性感染或反复发作的感染，各种结缔组织病，寄生虫病特别是钩虫病史，肝肾疾病、内分泌疾病、恶性肿瘤等。

（6）家族史：与家族遗传有关的贫血，如 G6PD 缺陷症、海洋性贫血、遗传性球形细胞增多症等，家族或近亲中常有同种疾病的患者。

2. 体格检查的注意事项

（1）生长发育：重度海洋性贫血可因骨髓造血亢进而出现特殊病容，如颅骨增厚、颧骨突出，眼距宽，鼻梁塌陷，下颌骨较宽等。胸骨压痛提示白血病或溶血性贫血。伴有多处骨骼疼痛，如额骨、肋骨、脊柱疼痛，应考虑多发性骨髓瘤、白血病、骨转移癌。

（2）营养情况：营养不良者常伴发慢性贫血。

（3）指甲和毛发：营养性缺铁性贫血患儿指甲变薄脆、扁平或凹陷、不光滑甚至反甲（舟状指）。巨幼红细胞性贫血者毛发稀疏、细黄、无光泽。

（4）皮肤和黏膜：一般情况下，皮肤和黏膜（口唇、眼睑黏膜和甲床）苍白程度与贫血程度成正比。皮肤黄疸是溶血性贫血的重要表现之一。急性溶血时黄疸加重，新生儿溶血性贫血常伴重度黄疸，并出现神经系统症状。伴发皮肤、黏膜出血，检查时注意排除出血性疾病或白血病。

（5）肝、脾、淋巴结肿大：贫血伴有明显局部或全身性淋巴结肿大者提示造血系统恶性病变。贫血伴肝、脾轻中度肿大常提示遗传性溶血性贫血、恶性淋巴瘤、肝硬化、寄生虫感染，如明显脾肿大者多考虑骨髓纤维化、慢性粒细胞白血病。

（6）神经系统表现：维生素 B_{12} 缺乏所致巨幼红细胞性贫血可有周围神经炎和脊髓亚急性变性和大脑损害，表现为表情呆滞，反应迟钝，少哭不笑，智力及运动发育落后，重症患儿可出现不规则性震颤，少数病例腱反射亢进，浅反射消失，并出现踝部痉挛。

【治疗要点】

1. 病因治疗　必须强调贫血的病因治疗，及时治疗或去除病因，纠正或治疗原发病。在贫血未确诊前，一般不宜乱用抗贫血的药物，以免影响疾病的诊断。如由于婴幼儿喂养不当，消化道畸形，年长儿由于挑食、偏食、钩虫病、消化性溃疡等所致的贫血，或是因感染、内分泌、风湿等致的贫血，一般经过积极治疗原发病的同时加用铁剂或维生素 B_{12} 和（或）叶酸，贫血会得以纠正。

而因骨髓造血功能异常，各种溶血性贫血和肿瘤导致的贫血，则需要采取相应的免疫抑制剂、抗肿瘤药物及其他治疗措施，但这一类的贫血，医学上还未发现有效的治疗方法。

2. 一般治疗 由于各种贫血的原发病和发病机制不同，所表现出的临床症状和严重程度也各有侧重，如发生急性失血以缺氧和失血性休克为主要表现。发生急性溶血时除缺氧外，还应注意观察有无肾衰竭表现。而慢性失血或出血主要表现为贫血时，应按照贫血起始时间、严重程度及是否累及其他器官或系统来进行对症处理。有心力衰竭者应遵医嘱使用强心类药物，加强护理，预防感染。婴幼儿应及时合理搭配辅食，年长儿需改善饮食质量。

3. 药物治疗 贫血的药物治疗需根据不同病因、发病机制来选择对症的药物。如缺铁性贫血应予以铁剂治疗，再生障碍性贫血、溶血性贫血、肺含铁血黄素沉着症、部分症状性贫血，不可长期给予铁剂治疗，因铁剂会增加组织负荷，影响重要器官功能。巨幼红细胞性贫血应选用维生素 B_{12} 治疗，再生障碍性贫血应根据贫血程度，选择免疫抑制剂、造血干细胞移植、刺激红细胞生成的药物。而对于继发性贫血，需在治疗原发病的基础上补充造血原材料，才能达到治标治本的效果。

4. 输血 急性大量失血而引起的贫血首选输血，可补充血容量，防止发生休克。贫血伴心功能不全或血红蛋白<30g/L 时输血，可有效纠正贫血。输血也适用于大部分难治性贫血，但血液成分非常复杂，各种抗体和酶都有其所属的异质性，故输血疗法的疗效并不能长久。因全血抗原表现超过 10^{17}，输血可引起患儿发生一系列的不良反应，同时还有被输注传染性疾病的风险。大量输血可引起含铁血黄素沉着症，因此，输血时要严格遵守输血原则和输血指征。但长期慢性贫血患儿，如机体代偿功能良好，也可不必输血。严重贫血时输浓缩红细胞，就可达到使血红蛋白快速恢复，减少输血的副作用和节省血源的目的。

（1）输注红细胞的指征和剂量：输注红细胞应根据贫血的病因、病程快慢、程度，结合患儿的临床表现综合分析，参考以下几点：①对于能治愈的贫血病因，发生速度较慢，症状表现不明显，已有一定耐受程度和适应者，应及时去除病因，做好饮食健康宣教，在药物的辅助治疗下，可不予以输血。②对病因无法去除的慢性贫血，如慢性再生障碍性贫血、海洋性贫血等，在药物治疗的基础上，结合患儿的临床症状，不对患儿心肺功能和生长发育造成不良影响为原则，维持血红蛋白在 60～90g/L 为宜。③如患儿贫血程度加重速度过快，数小时或数天内血红蛋白成倍下降，由于患儿机体不能耐受和适应，临床症状常较重，甚至出现心力衰竭，需要及时输注浓缩红细胞，同时可输入呋塞米，以减少血容量，或用浓缩红细胞进行“换血”治疗，可快速并有效提高血红蛋白。如重症急性溶血所致的贫血用浓缩红细胞“换血”可在 1 小时内纠正贫血。

输血量应依据患儿的具体情况，以改善和去除贫血所致的临床症状为主要目的。输血的速度依据贫血发生速度和心肺功能的情况而定，贫血病程进展慢或心肺功能不全者，宜减慢输血速度，少量多次输入。

（2）常用的红细胞制剂：①全血，适用于大量失血、换血和体外循环。一般不使用全血来纠正贫血。②少浆全血，从全血中移出一半血浆，使血细胞比容约为 50%，适应证同全血。③代浆血或晶体盐红细胞悬液，含血红蛋白 150g/L，是最常用的细胞成分，保存期同全血，使用便捷。④浓缩红细胞，适用于心肺功能差者，含血红蛋白 220g/L。⑤洗涤红细胞，经过生理盐水反复洗涤 4～6 次，去除补体、抗体、杂蛋白、白细胞和血小板等物质，保留 70%以上红细胞，以减少输血的排斥反应。主要用于严重的免疫溶血、尿毒症等。⑥少白细胞的红细胞，是将健康全血中白细胞分离出来，剩下的血液成分制品。适用于防止产生白细胞抗体的输血或因输血产生白细胞抗体，引起不良反应的患儿。⑦照射红细胞，适用于骨髓、脏器移植，有非溶血性输血性发热反应的患儿，大剂量放疗、化疗的患儿等。⑧重组血，洗涤 O 型血红细胞加 AB 型血浆，主要用于重型新生儿溶血症。⑨年轻红细胞，输年轻红细胞可明显延长输血间隔时间，适用于需长期反复输血的慢性溶血患儿。⑩冰冻融化去甘油红细胞，临床使用较少，其保存期为 8 年。

5. 造血干细胞移植 造血干细胞具有自我复制和增殖分化功能，当造血干细胞植入机体后，可在人体内定居，增殖分化成定向祖细胞，再逐渐分化为成熟红细胞、血小板、白细胞等血细胞，通过自我复制使植入定居于人体的造血干细胞保持长期的造血免疫功能。目前，临床上应用的造血干细胞移植，根据其来源可分为五类：异基因骨髓移植、同基因骨髓移植、自体骨髓移植、外周血干细胞移植、脐血干细胞移植。

（1）异基因骨髓移植：由于造血干细胞来源于供体，具有良好的造血重建能力，通过移植物的抗肿瘤作用杀伤残存细胞。白血病、再生障碍性贫血的治愈率为60%～80%，但要求供者人类白细胞抗原（HLA）与受者相匹配成功，才可进行移植。骨髓移植后，因原有疾病和免疫抑制作用，患儿处于骨髓无能状态。出现免疫功能低下、粒细胞和血小板减少而伴随发生的一系列并发症，应注意观察并对症处理。

本疗法主要适用于急性非淋巴细胞性白血病、急性淋巴细胞白血病、慢性粒细胞白血病、骨髓增生异常综合征、恶性淋巴病等疾病。

（2）自体骨髓移植：主要应用于治疗白血病和实体瘤。自体骨髓移植后，不发生移植物抗宿主反应，并发症也较轻，对患者的年龄选择范围也更广；缺点是复发率高于异基因骨髓移植。

（3）同基因骨髓移植：同基因骨髓移植是指同卵孪生子之间的移植，这类移植效果最佳，但受限于可供者条件，此类移植案例较少。

（4）外周血干细胞移植：分为自体外周血干细胞移植和异基因外周血干细胞移植，自体外周血干细胞移植主要用于白血病和恶性肿瘤，经化疗完全缓解6个月以上，经粒细胞及粒-单细胞集落刺激因子进行干细胞动员5天以后，进行干细胞采集，采集出的干细胞悬液经冻存、净化、预处理后再经静脉回输到患儿体内。异基因外周血干细胞移植的适应证与异基因骨髓移植相同，选择组织相容性抗原匹配的供体，与自体外周血干细胞移植进行干细胞动员和采集，不经过冷冻处理立即经静脉输给患儿。

（5）脐血造血干细胞移植：随着人类造血细胞培养技术的出现，20世纪70年代发现脐血中造血细胞的数量和质量与骨髓相近，使脐血造血干细胞移植技术逐渐发育成熟。脐血的生物特性：①富含造血干细胞和祖细胞，可重建造血功能；②脐血中不含肿瘤细胞，病毒污染少；③脐血具有移植抗白血病的作用；④脐血中含有内源性集落刺激因子；⑤脐血造血干细胞和祖细胞对造血调节因子反应敏感，体外扩增性强；⑥脐血淋巴细胞免疫源性不高，移植物抗宿主反应发生率轻且低。脐血造血干细胞移植的适应证与异基因骨髓移植相同。其适应证有急性白血病、慢性白血病、恶性淋巴瘤、神经母细胞瘤、再生障碍性贫血、亨特综合征等。

6. 脾切除　脾切除治疗某些血液疾病时，虽不能从根本上改变患儿血液成分，但能消除免疫反应的持续状态及其伴随改变，解除脾功能亢进引起的血细胞成分减少，降低患儿的输血需求和肿大对机体的影响。但由于脾脏是一个多功能器官，切除后会导致机体多系统的功能紊乱而造成新的危害，因此在选择脾脏切除时，要充分权衡利弊。

（1）贫血症脾脏切除的指征包括：①急性溶血性贫血，引起急性溶血性贫血的原因较多，下面四种情况可考虑行脾切除，遗传性球形红细胞增多症，患儿临床表现有贫血、脾大和血红蛋白<110g/L时，可行脾切除术；遗传性椭圆形红细胞增多症，本病只能进行脾切除，无其他疗法；血红蛋白病，巨脾伴脾功能亢进或脾血栓均应进行脾切除，年龄宜在3岁以上；自身免疫性溶血性贫血，如此病合并有血小板减少，激素治疗疗效不佳，同位素体表测定红细胞主要在脾脏破坏者，可考虑脾切除。②再生障碍性贫血，尤其是慢性再障，长期内科治疗效果欠佳，虽出血不明显，但需大量输血和失血严重者，各种治疗无法控制，考虑为免疫机制导致者，可行脾切除，但急性再生障碍性贫血不宜行脾切除。

（2）脾切除的术前准备：脾切除前根据不同疾病输入成分血，预防性使用抗生素，对于长期应用糖皮质激素治疗者，术前1天应将用量加倍。

（3）脾切除术后的主要并发症：①出血，为主要的并发症之一，常可危及生命，术前出血倾向明显、血小板较低的患儿，应输入新鲜血或血小板，加大激素用量，术中注意仔细检查，认真止血。②感染，脾切除术后易发生感染，可发生在术后几周至数年内，多发于3年内，以3岁以下儿童多见，50%由肺炎球菌引起。③血栓，部分患儿脾切除后，血小板骤升，可造成脑、肺、肢体、肠系膜等部位的血栓形成，一般血小板＞400×10^9/L，其血栓发生率为 60%。

7. 并发症治疗 婴幼儿贫血发生急性或慢性感染，营养不良时，应积极治疗。

一、营养性缺铁性贫血患儿的护理

案例 11-1

患儿，女性，8 个月，因食欲减退，面色、唇部苍白入院。患儿 1 个月前开始食欲减退，吃母乳次数较平时减少。伴面色苍白，进行性加重，易疲乏，不爱活动，体重增长缓慢。有腹泻，无发热、咳嗽和呕吐。情绪易激惹，注意力集中时间短暂。自发病来无黄疸及腹痛，大小便均正常，未入院治疗过。患儿以前未诊断有其他疾病。第一胎足月顺产，出生体重 2.1kg，纯母乳喂养，未添加辅食，最近才能独坐自如，双手扶物无法站立。按期进行计划免疫接种，其父母均身体健康。

体格检查：体温 36.7℃，脉搏 120 次/分，呼吸 30 次/分，体重 6.8kg，头围 44cm，萌出 1 颗下中切牙；发育正常，营养欠佳，神志清楚，精神萎靡，面色苍白，中度贫血，口唇黏膜较苍白，皮肤、巩膜无黄染，前囟平软，毛发稀疏、发黄，胸部无压痛，双肺呼吸音清晰，心率整齐，心音有力，心肺无异常。腹部平软无压痛，肝右肋下 3.1cm，脾左肋下 2cm。脊柱四肢检查无畸形。

辅助检查：Hb 78g/L，RBC 2.90×10^{12}/L，WBC 9.5×10^9/L，N 0.35，L 0.65，M 0.02，MCV 70fl，MCH 25pg，MCHC 26%，HbF 7%。血清铁蛋白 9μg/L，总铁结合力 85μmol/L。

思考题：

1. 该患儿病史有何特点？诊断为何种疾病？诊断依据是什么？
2. 该患儿目前存在的护理诊断有哪些？护理重点有哪些？应如何治疗？

缺铁性贫血（iron deficiency anemia，IDA）是由于体内铁缺乏致血红蛋白合成减少而引起的一种小细胞低色素性贫血。临床上具有血清铁和铁蛋白减少、铁剂治疗有效等特点。缺铁性贫血在我国相当多见，为小儿贫血中最常见，多见于 6 个月至 2 岁婴幼儿，严重危害小儿健康，是我国儿童保健重点防治的常见病之一。

【铁的代谢】

1. 铁的总量及分布 铁是维持机体正常生理功能必需的营养素，几乎机体所有的细胞中都含铁。正常人体内的总铁含量随着年龄、体重、性别和血红蛋白水平的不同而异。正常成年男性体内总铁含量约为 50mg/kg，女性约为 35mg/kg，新生儿约为 75mg/kg，总量 2～4g。

铁在体内主要分为两大部分，一部分为功能铁，约占人体铁总量的 70%，包括血红蛋白、肌红蛋白及各种细胞的代谢和分化所需要的酶。另一部分为储存铁，约占铁总量的 30%，以含铁血黄素和铁蛋白的形式储存于骨髓及网状内皮系统，其中 1/3 储存于肝脏，1/3 储存于骨髓，其余 1/3 储存于脾和其他组织。正常情况下，铁蛋白与血浆铁处于动态平衡，当机体铁缺乏时，在还原酶的作用下，将铁蛋白的二价铁释放通过氧化酶氧化成三价铁，再与转铁蛋白结合，输送给需要的组织。介于功能铁和储存铁之间的是转运铁，以转铁蛋白的形式存在，它的主要作用是将铁运送到组织或储存部位。

2. 铁的来源 人体铁的来源有两种，一种是食物中获取的外源性铁，占人体铁摄入量的 1/3；另一种是由体内红细胞衰老或破坏释放的血红蛋白铁，占人体摄入量的 2/3。正常情况下的铁主要来源于食物，机体每日铁的摄入与排泄相等，各约 1mg。另外，衰老的红细胞破坏释放的铁几乎全部重新合成血红蛋白被吸收利用。婴幼儿每日需铁 1mg/kg，早产儿约 2mg/kg，各年龄段儿童最大摄铁量不超过 15mg。

3. 铁的吸收 机体整个肠道都具有对铁的吸收能力，但食物中的铁主要以二价铁的形式在十二指肠和空肠上段被吸收。肠黏膜上皮细胞对铁的吸收是主动的细胞内转运。进入肠黏膜细胞的二价铁被氧化成三价铁，一部分与细胞内的去铁蛋白结合形成铁蛋白，暂时保存在肠黏膜细胞中，另一部分与细胞质中载体蛋白结合后移出胞外进入血液，与血浆中的转铁蛋白结合，随血液循环将铁运送到需铁和储铁组织，供给机体利用，红细胞破坏后释放出的铁也同样通过与转铁蛋白结合运送到骨髓等组织，被利用或储存。食物铁分为血红素铁和非血红素铁，前者吸收率高于后者。动物性食物含铁量高且为血红素铁，吸收率可达 10%～25%，母乳与牛乳含铁量均低，但母乳的铁吸收率比牛乳高 2～3 倍。大部分植物性和动物性食物中的铁为非血红素铁，其吸收率仅为 1.7%～7.9%，且易受食物中其他成分（糖、脂肪、蛋白质等）的影响。

肠黏膜细胞调节铁的吸收，这种调节作用又通过体内储存铁和转铁蛋白受体来调控。当体内储存铁饱和或造血功能减退时，转铁蛋白受体与铁复合物合成减少，铁蛋白合成增加，肠黏膜细胞内的铁大部分以铁蛋白形式储存在细胞内，少量进入血浆中，随肠黏膜细胞的脱落而被排出体外，因而吸收减少；当体内缺铁或造血功能旺盛时，转铁蛋白合成增加，转铁蛋白合成增加，铁蛋白合成减少，肠黏膜细胞内的转铁蛋白受体-铁复合物大部分入血，铁吸收增加。而在正常的造血情况下，饮食中的铁虽然变动很大，但体内铁的含量较稳定。

铁的吸收也受肠腔内一些因素的影响。维生素 C、果糖、稀盐酸、氨基酸等还原物质使三价铁变成二价铁，有利于铁的吸收；草酸、磷酸等可与铁形成不溶性铁酸盐，不易吸收；茶、咖啡、植物纤维、蛋、牛奶、抗酸药物等均抑制铁的吸收。

4. 铁的运转 机体有 95%外源性铁和内源性铁是与转铁蛋白结合后被运送到骨髓和其他组织的。转铁蛋白主要由肝脏合成，属于运输蛋白，占血浆总量的 4%，含量最高。一般情况下，机体只有 1/3 的转铁蛋白在血浆中与铁结合，在组织之间运转，这部分结合的铁称为血清铁（serum iron，SI）。余下 2/3 也有与铁结合的能力，在机体摄入一定量的铁可呈饱和状态，所摄入的铁量称为未饱和铁结合力，血清铁与未饱和铁结合力之和称为血清总铁结合力（total iron binding capacity，TIBC）。血清铁在总铁结合力中所占的百分比称为转铁蛋白饱和度（transferrin saturation，TS）。

5. 铁的利用与储存 铁到达骨髓造血组织后即进入幼红细胞，在线粒体中与原卟啉结合形成血红素，血红素与珠蛋白结合形成血红蛋白。此外，铁参与肌蛋白和某些酶（如细胞色素 C、琥珀酸脱氨酶、单胺氧化酶、核糖核酸还原酶等）的合成。在体内未被利用的铁以铁蛋白及含铁血黄素的形式储存。在机体需要铁时，这两种铁均可被利用，通过还原酶的作用，使铁蛋白中的二价铁释放，然后被氧化酶氧化成三价铁，与转铁蛋白结合后转运到需铁的组织。

6. 铁的排泄 正常情况下，每日仅有极少量的铁排出体外。小儿每日铁排出量约为 15μg/kg，约 2/3 随脱落的红细胞、肠黏膜细胞、胆汁经肠道排出，其他经尿液和汗液排出，表皮细胞脱落也失去极微量的铁。

7. 儿童铁代谢的特点

（1）胎儿期铁代谢特点：胎儿期铁主要通过母体胎盘获取，在妊娠中晚期胎儿造血逐渐活跃，随其体重和血容量的增长速度，平均每日可获得约 4mg 铁，故足月新生儿从母体所获得的铁量足以满足其生后 4～5 个月的需要。大部分铁用于含铁蛋白质或酶的合成；小部分以铁蛋白或含铁血黄素形式储存在肝脾等组织内；另外，胎儿体内黄嘌呤氧化酶活性较低，故铁一旦被储存不易被动用。

（2）婴儿期铁代谢的特点：足月新生儿体内平均总铁量为 75mg/kg，其中储存铁占 25%。出生后 7 天内因“生理性溶血”释放大量铁，体内铁供大于求，多余的铁暂时被储存，生后 6～8 周时，血红蛋白降到最低。婴儿 2 个月时，造血功能开始活跃，血红蛋白增高并稳定在 125g/L，肝黄嘌呤氧化酶活化而开始动用储存铁，此时婴儿从母乳、其他乳类或食物中摄入吸收适量外源铁，故婴儿 4 个月前不易发生缺铁。但 4 个月以后，婴儿对外源铁的需要量增加，而母乳或其他乳类的含铁量均较低，不能满足婴儿生长发育所需，储存铁耗尽后可发生营养性缺铁性贫血，故此病多发于 6 个月至 2 岁的婴幼儿。

（3）儿童及学龄儿铁代谢特点：儿童期一般较少发生缺铁，此年龄段导致铁缺乏的主要原因是未合理搭配食物，年长儿偏食、挑食，铁摄入减少或铁吸收抑制；钩虫病或肠道疾病引起的隐形失血；青春期发育需铁量增加而未及时补充；少女月经致铁大量丢失等。

【病因】

铁是构成血红蛋白必需的原料，任何引起体内铁缺乏的原因均可导致贫血。

1. 先天储铁不足 胎儿通过胎盘从母体获得的铁，以孕后期 3 个月获铁量最多。如早产、双胎、多胎、分娩中胎盘血管破裂、胎儿失血（胎儿-胎儿输血或胎儿-母体输血）、孕妇严重缺铁等均可影响胎儿的铁供应。

2. 铁摄入不足 是导致缺铁性贫血的主要原因。婴儿主食的母乳和牛奶中铁含量均低，不能满足其生长发育的需要，婴儿 4 个月龄后，从母体获取的铁逐渐耗尽，单纯母乳、牛奶及谷物喂养未及时添加含铁丰富的辅食；另外，年长儿挑食、偏食等均可导致铁摄入量不足。

3. 生长发育快 婴儿期生长发育迅速，随着体重的增加，血容量相应增高，机体对铁的需要量增加，需要及时添加含铁丰富的辅食。早产儿因先天储备不足，加之生长速度快，更易发生缺铁。

4. 铁丢失过多 长期慢性失血如消化道畸形、溃疡病、肠息肉、膈疝、钩虫病等慢性小量出血、初潮后少女月经量过多等均可导致铁丢失过多。用未经煮沸的鲜牛乳喂养婴儿，可因对蛋白过敏而发生肠出血。每失血 1ml 即损失 0.5mg 铁。

5. 铁吸收障碍 饮食搭配不合理，如茶、咖啡、蛋、牛奶等可抑制铁吸收，慢性腹泻、消化道畸形、反复感染等可减少铁吸收。急慢性感染时胃肠道铁吸收不良，还可增加铁的消耗。

【发病机制】

铁是人体必需的微量元素，参与合成血红蛋白与各种重要的酶。铁缺乏会影响细胞的氧化还原功能，引起机体多个系统的功能紊乱。

1. 对造血系统的影响 红细胞中的血红蛋白是由铁、原卟啉及珠蛋白合成。当机体铁缺乏或铁的利用发生障碍时，血红素生成不足，血红蛋白合成减少，细胞质缺乏；缺铁对细胞的分裂与增殖影响不大，但对血红蛋白合成的影响明显，导致细胞变小，红细胞数量减少，从而形成小细胞低色素性贫血。另外还使血小板凝血功能降低，使出血症状加重。

根据铁在人体内的分布，可将缺铁分为三期，①储存铁减少期（iron depletion，ID），此期体内储存铁减少，但不影响红细胞生成，故对生理功能没有影响；②缺铁性红细胞生成期（iron deficient erythropoiesis，IDE），此期供于红细胞生成的铁不足，但未出现贫血；③缺铁性贫血期（iron deficiency anemia，IDA），此期机体循环血红蛋白总量减少，铁缺乏逐渐加重，储存铁耗尽，出现贫血的临床表现，因此缺铁性贫血在晚期临床症状才较明显。

2. 对其他系统的影响 缺铁严重时不仅发生贫血，还影响肌红蛋白的合成，使体内多种含铁酶（如细胞色素 C、过氧化酶、单胺氧化酶、核糖核苷酸还原酶、琥珀酸脱氢酶等）活性降低，这些酶与生物氧化、组织呼吸、胶原合成、卟啉代谢、淋巴细胞和粒细胞功能、神经介质合成与分解、神经组织等有关，故铁缺乏可使细胞功能紊乱，尤其是单胺氧化酶的活性降低，致使重要的神经介质，如去甲肾上腺素、肾上腺素、多巴胺及 5-羟色胺发生明显改变，不能维持正常功能，而产生一些非造血系统的表现，如易疲乏、体力减弱、表情淡漠、注意力减退和智力下降等。缺铁还可引起细胞免疫功能降低，易患感染性疾病。此外，缺铁还可引起组织器官的异常，如口腔黏膜异常角化、舌炎、胃酸分泌减少、脂肪吸收不良和反甲等。

【诊断要点】

根据患儿病史如喂养史、血象特点及临床表现可做出初步诊断，确诊需综合铁代谢方面的生化检查结果。红细胞形态有明显小细胞低色素的表现，血红蛋白值可诊断贫血的程度，血清铁、血清总铁结合力、红细胞游离原卟啉、血清铁蛋白等值均可协助诊断，必要时可做骨髓检查，铁剂治疗6周后，血红蛋白升高20g/L以上者也可证实诊断。

【治疗要点】

缺铁性贫血的治疗关键是去除病因和补充铁剂。

1. 去除病因　合理喂养，及时添加含铁丰富的食物，对饮食不当者应纠正不良的饮食习惯；对隐形失血者，积极治疗缺铁的原发病，如驱虫、控制慢性失血等。

2. 铁剂治疗　是治疗缺铁性贫血的特效药。分为口服铁剂和注射铁剂两种。常用口服铁剂有硫酸亚铁（含元素铁20%）、富马酸亚铁（含元素铁33%）、葡萄糖酸亚铁（含元素铁12%）等二价铁，二价铁比三价铁更利于机体吸收，故常采用二价铁。口服剂量以元素铁计算，常规为每次1～2mg/kg，每日2～3次，此剂量为吸收的最高限度，超过此量反而吸收下降，并加重对胃黏膜的刺激，剂量过大容易发生中毒现象。服用铁剂宜在两餐之间，既利于吸收，又可减少对胃黏膜的刺激。如同时服用维生素C可促进铁的吸收量，但禁与牛奶、茶、咖啡同服，以免影响铁的吸收。近年来国内外采用每周口服1～2次方法代替每日3次防治缺铁性贫血，疗效肯定且患儿顺应性好。铁剂服用疗程至血红蛋白达正常水平后2个月左右停药，以补充储铁量。

口服铁剂消化道反应不能耐受或吸收不良、胃肠疾病等致吸收不良者可采用注射铁剂。常用注射铁剂有：右旋糖酐铁、山梨醇枸橼酸铁复合物，均含元素铁50mg/ml，可做深部肌内注射，儿童每次注射量不超过100mg。应将总剂量分次多部位进行注射，首次注射宜少量，以后每次不超过5mg/kg。右旋糖酐铁注射72小时后吸收率为50%～65%，山梨醇枸橼酸铁注射24小时后吸收率为85%。不良反应有局部肌肉疼痛、色素沉着、头痛、发热、呕吐、荨麻疹等。

3. 输血治疗　轻度贫血一般无需输血，仅适用于重度贫血者。严重贫血并发心功能不全或明显感染者可少量多次输浓缩红细胞，但应注意输血时的速度，避免加重心肺负担。

【护理评估】

1. 健康史

（1）了解患儿母亲孕产史，是否有早产、多胎等。

（2）评估患儿的喂养方式及饮食习惯，了解是否添加换乳期食物，饮食结构是否合理，有无挑食、偏食等。

（3）了解患儿是否存在生长发育过快，有无慢性疾病如慢性腹泻、反复感染、吸收不良综合征等。如为青春期少女，评估是否因月经量过多导致铁丢失过多。

2. 身体状况　贫血起病缓慢，多不能确定发病时间，常就诊时贫血已较重。

（1）一般表现：患儿唇、口腔、眼睑黏膜及甲床苍白，患儿肌肉松软，易疲乏，运动能力发育滞后，体重不增或增长缓慢，年长儿可诉头晕、耳鸣、黑矇等。

（2）髓外造血表现：由于骨髓外造血反应，触诊肝浊音界增大，脾脏和淋巴结可轻度肿大，病程越长、年龄越轻，贫血越重，肝脾增大越明显，但肿大一般不超过中度。

（3）非造血系统表现

1）消化系统表现：食欲减退，可有呕吐、腹泻，少数有异食癖，如喜食泥土、墙皮等；可出现口腔炎、舌炎或舌乳头萎缩，严重者可出现萎缩性胃炎或吸收不良综合征。

2）神经系统表现：出现烦躁不安或萎靡不振，婴幼儿易激惹，精神不集中，记忆力减退，理解力下降，学习成绩下降，智力多数低于同龄儿低，以致影响心理的正常发育。

3）心血管系统表现：当血色素＜70g/L时，可出现心脏杂音。如血色素继续下降＜40g/L时，可无明显心功能不全的表现，如合并呼吸道感染时，可诱发心力衰竭。

4）其他表现：出现皮肤干燥、毛发枯黄易脱落，因上皮组织异常使指甲变薄脆、粗糙，部分患儿出现反甲（舟状指）；因细胞免疫功能降低，常并发感染。

3. 辅助检查

（1）血常规：血红蛋白量减少最明显，呈小细胞低色素性贫血。血涂片可见红细胞大小不等，以小细胞为主，中央淡染区扩大；网织红细胞正常或轻度减少，白细胞一般无明显异常，血小板在合并出血时增高，严重缺铁时降低。

（2）骨髓象：骨髓检查仅用于鉴别诊断时。表现为有核细胞增生活跃，以中、晚幼红细胞增生为主。各期红细胞体积均较小，细浆量少，边缘不规则，染色偏蓝，因而显示胞质成熟度较胞核差；粒细胞系、巨核细胞系一般无明显异常。

（3）有关铁代谢的检查：缺铁是一个循序渐进的过程，首先机体内储存铁减少，继而进入缺铁性红细胞生成期，缺铁中期机体虽无明显贫血变现，但各系统已发生了一系列的生化改变，最后才发展至缺铁性贫血。

1）血清铁蛋白（SF）：SF＜12μg/L 提示缺铁，能较敏感反映体内储存铁的情况；在缺铁早期开始下降，于缺铁中晚期下降更明显；红细胞内游离原卟啉（FEP）＞0.9μmol/L 而 SF 值降低且临床未出现贫血时，是红细胞生成缺铁期的典型表现；血清铁（SI）＜10.7μmol/L，总铁结合力（TIBC）＞62.7μmol/L，运铁蛋白饱和度（TS）＜15%。这三项反映血浆中铁的含量。

2）骨髓可染铁：骨髓可染铁是判断储存铁缺乏的特异敏感指标，常用于鉴别其他类型的贫血。正常骨髓中含一定量的含铁血黄素颗粒，称为细胞外铁，反应骨髓的储存铁量，骨髓涂片经普鲁士蓝染色镜可以识别定量，正常+～++。铁缺乏时，细胞外铁减少，缺铁性红细胞生成期和缺铁性贫血期均减少，同时铁粒幼细胞也减少。

3）血清铁、血清总铁结合力和转铁蛋白饱和度：血清铁正常值为 13～31μmol/L（75～175μg/dl）。血清铁＜9.0～10.7μmol/L（50～60μg/dl）有意义，但有时属于正常。血清总铁结合力反映血浆中转铁蛋白的浓度，正常值为 44～80μmol/L（250～450μg/dl），缺铁时升高，高于 62.7μmol/L（350μg/dl）有意义。转铁蛋白饱和度是血清铁与血清总铁结合力的比值，正常值为 33%～34%，缺铁晚期下降，此比值＜15%提示红细胞生成铁缺乏，高于 0%～25%可排除缺铁。

4）红细胞游离原卟啉：卟啉环通过与铁结合来合成血红素。当细胞内铁缺乏时，原卟啉不能与铁结合，使未被利用的原卟啉在红细胞内堆积过多，而红细胞游离原卟啉升高，此时尚未出现贫血表现。红细胞游离原卟啉可作为缺铁中期的典型表现，＞0.9μmol/L（50μg/dl）有诊断意义。但此值增高也见于慢性病贫血、铅中毒贫血和先天性原卟啉增多症，应结合综合指标来鉴别诊断。

案例 11-1 分析讨论

1. 该患儿的病史特点

（1）该患儿为婴儿，已 8 个月一直纯母乳喂养，未及时添加各种辅食，且患儿食欲减退，每日摄乳量不足。提示铁摄入不足。

（2）该患儿的临床表现特点

1）贫血表现：面色、口唇黏膜苍白，前囟平软，毛发稀疏、发黄，精神萎靡，易疲乏，不爱活动，体重增长缓慢。情绪易激惹，注意力集中时间短暂。双手扶物站立不稳。腹泻。

2）髓外造血表现：肝右肋下 3.1cm，脾左肋下 2cm。

（3）该患儿的实验室检查结果

1）血常规：Hb 78g/L，RBC 2.90×10^{12}/L，WBC 9.5×10^{9}/L，N 0.35，L 0.65，M 0.02，MCV 70fl，MCH 25pg，MCHC 26%，HbF 7%。提示小细胞低色素性贫血。

2）血清铁蛋白 9μg/L，总铁结合力 85μmol/L。

该患儿的临床诊断为营养性缺铁性贫血。诊断依据为：

（1）婴儿，纯母乳喂养，未添加辅食。

（2）有中度贫血表现：食欲减退、腹泻、易疲乏，不爱活动。伴面色苍白、面色、口唇黏膜苍白，前囟平软，毛发稀疏、发黄，体重增长缓慢。情绪易激惹，注意力集中时间短暂。双手扶物无法站立。

（3）有髓外造血表现：肝脾轻度肿大。

（4）辅助检查：血常规提示中度贫血，血清铁蛋白降低，血清总铁结合力升高。

4. 心理-社会状况 评估患儿及家长的心理状态，对疾病相关知识的了解程度等。

【常见护理诊断/问题】

1. 活动无耐力 与贫血致组织器官缺氧有关。

2. 营养失调：低于机体需要量 与铁的供给不足、吸收障碍、丢失过多或消耗增加有关。

3. 有感染的危险 与机体免疫功能低下有关。

4. 知识缺乏 家长及年长患儿缺乏本病的防护知识。

【预期目标】

1. 患儿倦怠乏力有所减轻，活动耐力逐渐增强。

2. 家长能正确选择含铁较多的食物，经指导能正确服用铁剂。

3. 患儿不发生感染。

4. 家长及年长患儿能叙述其发病的原因，积极主动配合治疗合理搭配饮食，纠正不良的饮食习惯。

【护理措施】

1. 合理安排休息与活动 贫血程度较轻者，一般不需卧床休息，日常活动均可耐受，但应避免剧烈运动，保证足够的睡眠。可根据活动耐力情况做适合自身的运动，制订活动强度、持续时间及休息方式，以不感到疲劳为度；对活动后有明显心悸、气短、缺氧等表现者，应严格限制活动量，并注意安全防范，必要时卧床休息，给予吸氧。对哭闹、烦躁不安的患儿，应耐心抚慰，专人看护，避免激惹，各种护理操作集中完成。

2. 合理安排饮食

（1）向年长患儿及家长解释不良饮食习惯会导致本病，积极创造良好的进餐环境，更换饮食品种，帮助纠正不良的饮食习惯。

（2）指导合理搭配患儿饮食：告知家长含铁丰富易吸收的食物有动物血、黑木耳、紫菜、海带、肝、瘦肉等；维生素 C、氨基酸、稀盐酸等，可与铁剂或含铁食品同时服用；茶、牛奶、蛋类、咖啡、麦麸、植物纤维、抗酸药物等可抑制铁的吸收，应避免与铁剂或含铁食品同食。对于因服用鲜牛奶过敏而致的慢性肠道失血，牛奶必须加热煮沸，牛奶的量应减至每日 500ml 以下，或改用奶粉、蒸发奶或代乳品。对肠道畸形、钩虫病等在贫血纠正后应行外科手术或驱虫。

（3）提倡母乳喂养：人乳含铁虽少，但吸收率利用率高，而牛奶中铁的吸收率仅为 10%～25%。婴儿 6 个月后，应逐渐减少每日奶类量，增加摄入含铁丰富的辅食或补充铁强化食品如铁强化奶、铁强化食盐。

（4）对早产儿和低出生体重儿遵医嘱及早（自出生 2 个月左右）给予铁剂（元素铁不超过每日 2mg/kg，最大不能超过每日 15mg）预防。

3. 应用铁剂的护理 首选易吸收的二价铁（经济、安全、不良反应少）。

（1）指导家长掌握服用铁剂的正确剂量和疗程；药物应放在患儿不能触及之处且不能存放过多，以防误服过量而导致中毒。

（2）因口服铁剂对胃肠道刺激较大，会引起胃肠不适、恶心、呕吐、厌食、腹泻或便秘，故口服宜从小剂量开始，逐渐加至足量；两餐间服用，既可减少胃肠道副反应，又可增加吸收；服用铁剂时，牙齿可被染黑，可使用吸管或滴管服药；服用铁剂后，大便可呈黑或柏油样，停药后即可恢复正常，应向家长说明原因，消除紧张心理。

（3）铁剂可与维生素 C、果汁等同服，促进铁的吸收，忌与抑制铁吸收的食物同服。维生素 C 可使三价铁还原成二价铁，使其易于溶解，以利于吸收。例如，将维生素 C60mg 加入米饭中，可使铁的吸收增加 3 倍。故服用铁剂时，宜同服用维生素 C。如果于服铁剂前 4 小时服用维生素 C，则无此作用。

（4）注射铁剂应深部肌内注射，注射前更换针头或注射器内留微量（0.1ml）气体，以防药液渗入皮下组织，造成注射部位疼痛、皮肤着色及局部炎症；每次更换注射部位，可采用“Z”字形注射，注射后按揉注射部位，以利吸收，减轻疼痛，避免形成硬结或局部组织坏死。注射铁剂可有过敏现象，如面红、发热、荨麻疹，甚至过敏性休克，首次注射应观察 1 小时，警惕发生过敏反应。

（5）观察疗效：铁剂治疗有效者，在用药后 12～24 小时临床症状好转，烦躁等精神症状减轻，食欲增加；36～48 小时后骨髓出现红系增生现象，2～3 天后网织红细胞开始升高，5～7 天达高峰，2～3 周后降至正常；1～2 周后血红蛋白逐渐上升，一般 3～4 周达正常。服药无效者应积极查找原因。

4. 输血时护理 由于本病发病缓慢，机体代偿能力强，一般病例不需要输血。重度贫血并发心功能不全或明显感染者应给予输血。血红蛋白＜30g/L 的极重度贫血应立即进行输血或输浓缩红细胞。

（1）在取血和输血过程中，要严格执行无菌操作及查对制度。在输血前，一定由两名护士根据需查对的项目再次进行查对，避免差错事故的发生。

（2）输血前后及两袋之间需要滴注少量生理盐水，以防发生不良反应。宜少量多次输入新鲜浓缩红细胞，每次 2～3ml/kg。贫血程度越重，每次输血量越少，速度应越慢。

（3）血液内不可随意加入其他药物。密切观察输血过程，疑有输血反应，应立即减速或停止输血，并报告医生紧急处理。给予氧气吸入，建立静脉通道，遵医嘱给予药物治疗。将输血器、剩余血、患者血标本一同送检。严密观察生命体征。安慰患儿及家属，减轻其紧张、恐惧心理。

5. 预防感染 病室应阳光充足，温、湿度适宜，空气新鲜；保持皮肤、口腔清洁；尽量避免去人群集中的公共场所；与感染性疾病患儿分室收治，必要时对患儿进行保护性隔离，以免交叉感染。

6. 健康教育 提倡母乳喂养，及时添加含铁丰富的辅食，贫血纠正后，仍应为小儿合理安排膳食，以提高铁的吸收率；培养良好的饮食习惯；坚持正确用药，因缺铁性贫血可致智力下降，应加强教育与训练，减轻自卑心理。

【护理评价】

经过治疗和护理，患儿倦怠乏力减轻，活动耐力增强；家长能为患儿正确选择含铁较多的食物，正确服用铁剂；患儿无感染情况发生；家长及年长患儿了解本病的发病原因，纠正不良的饮食习惯，并主动配合治疗。

案例 11-1 分析讨论（续）

2. 本病例的护理诊断

（1）活动无耐力：与贫血致组织器官缺氧有关。

（2）营养失调：低于机体需要量　与铁的供给不足、吸收障碍、丢失过多或消耗增加有关。

（3）知识缺乏：家长及年长患儿缺乏本病的防护知识。

本病例的护理重点

（1）合理安排休息与活动：根据活动耐力情况做适合自身的运动，制订活动强度、持续时间及休息方式，以不感到疲劳为度；注意安全防范。对哭闹、烦躁不安的患儿，应耐心抚慰，专人看护，避免激惹，各种护理操作集中完成。

（2）合理安排饮食

1）指导合理搭配患儿饮食：告知家长含铁丰富易吸收的食物有动物血、黑木耳、紫菜、海带、肝、瘦肉等；维生素C、氨基酸、稀盐酸等，可与铁剂或含铁食品同时服用；茶、牛奶、蛋类、咖啡、麦麸、植物纤维、抗酸药物等可抑制铁的吸收，应避免与铁剂或含铁食品同食。

2）指导家长在母乳喂养的基础上，增加摄入含铁丰富的辅食或补充铁强化食品如铁强化奶、铁强化食盐。

（3）应用铁剂的护理：首选易吸收的二价铁（经济、安全、不良反应少）。

1）指导家长掌握服用铁剂的正确剂量和疗程；药物应放在患儿不能触及之处且不能存放过多，以防误服过量而导致中毒。

2）因口服铁剂对胃肠道刺激较大，会引起胃肠不适、恶心、呕吐、厌食、腹泻或便秘，故口服宜从小剂量开始，逐渐加至足量；两餐间服用，既可减少胃肠道副反应，又可增加吸收；服用铁剂时，牙齿可被染黑，可使用吸管或滴管服药；服用铁剂后，大便可呈黑或柏油样，停药后即可恢复正常，应向家长说明原因，消除紧张心理。

3）铁剂可与维生素C、果汁等同服，促进铁的吸收，忌与抑制铁吸收的食物同服。

4）注射铁剂应深部肌内注射，注射前更换针头或注射器内留微量（0.1ml）气体，以防药液渗入皮下组织，造成注射部位疼痛、皮肤着色及局部炎症；每次更换注射部位，可采用“Z”字形注射，注射后按揉注射部位，以利吸收，减轻疼痛，避免形成硬结或局部组织坏死。注射铁剂可有过敏现象，如面红、发热、荨麻疹，甚至过敏性休克，首次注射应观察1小时，警惕发生过敏反应。

5）观察疗效：铁剂治疗有效者，在用药后12～24小时临床症状好转，烦躁等精神症状减轻，食欲增加；36～48小时后骨髓出现红系增生现象，2～3天后网织红细胞开始升高，5～7天达高峰，2～3周后降至正常；1～2周后血红蛋白逐渐上升，一般3～4周达正常。服药无效者应积极查找原因。

（4）预防感染：病室应阳光充足，温、湿度适宜，空气新鲜；保持皮肤、口腔清洁；尽量避免去人群集中的公共场所；与感染性疾病患儿分室收治，必要时对患儿进行保护性隔离，以免交叉感染。

（5）健康教育：及时添加含铁丰富的辅食，贫血纠正后，仍应为小儿合理安排膳食，以提高铁的吸收率；培养良好的饮食习惯；坚持正确用药。

本病例的治疗要点

（1）去除病因：在母乳喂养的基础上添加有营养丰富的辅食。

（2）铁及治疗：口服硫酸亚铁1mg/次，每日3次，同时服用维生素C 1mg/次，每日3次。

二、营养性巨幼红细胞性贫血患儿的护理

案例 11-2

患儿，男性，13个月，因皮肤苍白1个月、烦躁不安1周余入院。于入院前1个月余无明显诱因出现皮肤苍白，逐渐加重，食欲减退、恶心呕吐，毛发细黄，精神萎靡，不喜运动，嗜睡，少哭不笑，双手扶物无法站立，不会走路，无发热、鼻出血、血便及皮肤瘀斑、瘀点。未给予任何治疗，今面色苍白加重，即来院就诊。母孕期体健，孕39周顺产，第一胎。患儿出生体重3100g。混合喂养，以母乳为主，近期刚添加辅食，辅食种类不多。按期预防接种。既往无贫血、无新生儿期病理性黄疸史，无药物过敏史或出血史。其父母平素体健，非近亲结婚，无传染病及遗传病史。

体格检查：体温 36.2℃，脉搏 110 次/分，呼吸 28 次/分，体重 10kg。中度贫血外貌，发育正常，营养一般，精神差，患儿表情呆滞、无哭闹现象、反应迟钝，颜面轻度水肿，全身皮肤中度苍白，巩膜及皮肤无黄染、无出血点、浅表淋巴结无肿大。心率 110 次/分，心律齐，心前区可闻及 3/6 级全收缩期吹风样杂音，双肺呼吸音清。肝肋下 3cm、脾肋下 1.5cm，质软。

辅助检查：红细胞 4.0×10^{12}/L，血红蛋白 80g/L，白细胞 7.0×10^{9}/L，PLT 220×10^{9}/L，网织红细胞 1.0%。血涂片示红细胞大小不等，以小细胞为主，中央苍白区变大，血小板计数减少。MCV 97fl，MCH 33pg，血清维生素 B_{12}90 ng/L，尿常规（–），粪常规（–），便潜血试验（–）。骨髓象显示有核细胞量丰富，红系细胞增生明显，红细胞系统各阶段出现巨幼变，细胞胞体与细胞核均增大，核染色质疏松；巨核细胞系统出现核分裂过多现象，血小板体积增大。

思考题：

1. 本病的病史特点，诊断为营养性巨幼红细胞性贫血的依据是什么？
2. 该患儿目前存在的护理诊断有哪些？护理重点是什么？

营养性巨幼红细胞性贫血（nutritional megaloblastic anemia，NMA）是由于缺乏维生素 B_{12} 和（或）叶酸所致的一种大细胞性贫血。临床上以贫血、神经精神症状、红细胞胞体变大、红细胞数较血红蛋白量减少更为明显，骨髓中出现巨幼红细胞为主要表现，用维生素 B_{12} 和（或）叶酸治疗有效。

【病因与发病机制】

1. 病因

（1）储存量不足：胎儿可通过胎盘获得维生素 B_{12} 和叶酸，储存于肝脏内供生后所需。如孕妇缺乏维生素 B_{12}，可致婴儿维生素 B_{12} 储存不足。

（2）摄入量不足：机体所需的维生素 B_{12} 主要从食物中获取。婴儿每日需要量 0.5～1μg，成人每日 2～3μg，合理的饮食搭配即可满足机体每日生理需要量。出生后单纯母乳、单纯牛奶或羊奶喂养而未及时添加辅食可引起维生素 B_{12} 及叶酸摄入不足；乳母长期素食，年长儿偏食或挑食均可导致维生素 B_{12} 缺乏。

（3）吸收和运输障碍：食物中的维生素 B_{12} 与胃底黏膜壁细胞分泌的糖蛋白结合成复合物后，又与胃底黏膜壁细胞分泌的内因子分离经主动转运被肠黏膜上皮细胞吸收入血，再与转钴蛋白结合运输至肝脏储存。以上环节任何一项出现异常均可导致维生素 B_{12} 缺乏。此外，慢性腹泻、小肠疾病、小肠切除等使叶酸吸收障碍，先天性叶酸代谢障碍也可致叶酸缺乏。

（4）需要量增加：婴儿生长发育较快，对维生素 B_{12} 和（或）叶酸的需要量也增加，如摄入不足易导致此病。严重感染使维生素 B_{12} 和叶酸消耗增加，宜增加摄入量。

（5）其他：长期或大量服用广谱抗生素可致正常结肠内部分含叶酸的细菌被清除，使叶酸供应减少；抗叶酸制剂（甲氨蝶呤）可抑制叶酸代谢，以及某些抗癫痫药（苯妥英钠、扑米酮、苯巴比妥）可致叶酸缺乏。遗传性叶酸代谢障碍、某些参与叶酸代谢的酶缺陷亦可致叶酸缺乏。

2. 发病机制 维生素 B_{12} 和叶酸均为合成 DNA 必需的辅酶，吸收进入体内的叶酸被二氢叶酸还原酶还原成四氢叶酸，而维生素 B_{12} 在叶酸转变成四氢叶酸的过程中具有催化作用，促进 DNA 合成。维生素 B_{12} 和叶酸缺乏时，DNA 合成障碍，造血细胞内 DNA 减少使红细胞的分裂和增殖时间延长，胞质成熟而核发育落后，红细胞胞体变大，骨髓中巨幼红细胞增生而出现巨幼红细胞，红细胞生成减少，巨幼红细胞在骨髓内容易遭受破坏，红细胞寿命缩短，而导致贫血。粒细胞核也因 DNA 不足而致成熟障碍，胞体增大，出现巨大幼稚粒细胞和中性粒细胞分叶过多现象；骨髓中巨核细胞核分叶亦过多。

维生素 B_{12} 与神经髓鞘中脂蛋白的形成也有关，因而能保持神经纤维的正常组织结构和功能，缺乏时可致中枢和外周神经变性、脊髓亚急性联合变性和大脑损害，出现神经精神症状，还可使中性粒细胞和巨噬细胞作用减退而易感染。叶酸缺乏症主要引起情感改变，偶见深感觉障碍，目前机制尚不清楚。

【诊断要点】

患儿有贫血表现，血象呈大细胞正色素性，骨髓检查可发现巨幼变，可诊断为巨幼红细胞性贫血。在此基础上综合患儿发病年龄，喂养史及神经精神系统表现，可确诊是否为维生素 B_{12} 缺乏性巨幼红细胞性贫血。若无神经精神症状可考虑为叶酸缺乏，另外患儿的维生素 B_{12} 和叶酸含量可协助诊断。

案例 11-2 分析讨论

1. 该病例的诊断依据

（1）幼儿，混合喂养，以母乳为主，近期刚添加辅食，辅食种类不多。

（2）有贫血表现：皮肤苍白、精神萎靡、不喜运动、毛发细黄。

（3）有神经精神症状：智力及动作发育落后并有倒退现象，双手扶物无法站立，不会走路。表情呆滞，反应迟钝。

（4）消化道症状：食欲减退、恶心呕吐。

（5）血常规提示大细胞性贫血。

（6）血清维生素 B_{12} 90 ng/L，低于正常值。

（7）骨髓涂片：红细胞系统各阶段出现巨幼变；巨核细胞系统出现核分裂过多现象。

临床诊断：营养性巨幼红细胞性贫血（维生素 B_{12} 缺乏）。

【治疗要点】

1. 一般治疗　合理喂养，及时添加辅食；加强护理，防止感染；震颤而不能进食者可鼻饲喂养。

2. 去除病因　对引起维生素 B_{12} 和叶酸缺乏的原因应予以去除。

3. 维生素 B_{12} 和叶酸治疗　有神经系统受累表现时，应以维生素 B_{12} 治疗为主，若单用叶酸治疗，会加重神经系统的损害。无神经系统损害者，维生素 B_{12} 500～1000μg 1 次肌内注射，或维生素 B_{12} 每次肌内注射 100μg，每周 2～3 次，持续 2～4 周，直到临床症状好转，血象恢复正常；有神经系统损害者，维生素 B_{12} 可每日肌内注射 1mg，维持治疗 2 周以上。由于维生素 B_{12} 吸收缺陷所致者，每月肌内注射 1mg，长期应用。恶性贫血、胃切除者、先天性内因子缺陷者等疾病需终身维持治疗。

叶酸缺乏者可口服叶酸，每次 5mg，每日 3 次，对肠道吸收不良者也可肌内注射亚叶酸钙（甲酰四氢叶酸钙）3～6mg/d，直至贫血和病因被纠正。先天性叶酸吸收障碍者，口服叶酸剂量应增至每日 15～50mg 才有效；同时口服维生素 C 有助于叶酸的吸收。因使用抗叶酸制剂致病者给予亚叶酸钙治疗。

4. 其他　重度贫血者可输注红细胞制剂。肌肉震颤者可给予镇静剂。

【护理评估】

1. 健康史　了解患儿母亲孕产史，是否有早产、多胎等。评估患儿的喂养方式及饮食习惯，了解是否添加换乳期食物，饮食结构是否合理，有无挑食、偏食等。

2. 身体状况　多见于 6 个月至 2 岁婴幼儿，起病缓慢，急性感染常作为发病诱因。

（1）一般表现：外观多呈虚胖或颜面轻度水肿，大部分为非凹陷性、虚胖。毛发纤细、稀疏、枯黄。

（2）贫血表现：一般为轻度或中度贫血。皮肤常呈蜡黄色，睑结膜、口唇、指甲等处苍白，偶有轻度黄疸；疲乏无力，常伴有肝脾肿大，肝脏肿大较为明显，淋巴结可不肿大。

（3）神经系统症状：可出现烦躁不安、易怒等症状。维生素 B_{12} 缺乏患儿还可出现表情呆滞、目光发直、对周围环境反应迟钝，嗜睡、不认亲人，少哭不笑，智力、动作发育落后甚至退步，如坐起、爬行、直立、走路等动作均发育较晚，或者由会走路倒退至不会坐、爬、站立等；哭时没有眼泪，很少出汗。重症病例可出现不规则震颤，手足无意识运动，甚至抽搐、感觉异常、共济失调、踝阵挛和巴宾斯基征阳性等。神经精神症状主要见于婴幼儿期，与贫血程度可不平行，叶酸缺乏患儿不出现神经系统症状。

（4）消化系统症状：常出现较早，如舌炎，表现为舌苔光滑，乳头消失，舌质绛红并疼痛，恶心、呕吐、厌食、腹泻，口腔及舌下溃疡等。

（5）其他：易发生感染，可出现皮肤瘀斑和出血点。重症者心脏扩大或心力衰竭。

3. 辅助检查

（1）血象：呈大细胞性贫血，MCV＞96fl，MCH＞32pg，红细胞平均血红蛋白容积和平均血红蛋白量均高于正常标准，而红细胞数减少较血红蛋白量降低更明显，红细胞胞体变大，中心淡染区不明显。可见巨幼变的有核红细胞，在此病早期可见巨大幼稚粒细胞和中性粒细胞呈分叶过多现象。网织红细胞、白细胞、血小板一般均减低。

（2）骨髓象：增生明显活跃，以红细胞系增生为主，粒细胞和红细胞比值倒置，各期幼红细胞巨幼变，胞体变大，核染色质疏松，副染色质明显，核浆发育不一，巨核细胞核分叶过多，可见巨大血小板。

（3）血清维生素 B_{12} 和叶酸测定：血清维生素 B_{12} 的标准值为 200～800ng/L，＜100ng/L 为缺乏，叶酸的标准值为 5～6μg/L，＜3μg/L 为缺乏。

【常见护理诊断/问题】

1. 活动无耐力 与贫血致组织器官缺氧有关。

2. 营养失调：低于机体需要量 与维生素 B_{12} 和（或）叶酸摄入不足，吸收不良等有关。

3. 生长发育改变 与营养不足、贫血及维生素 B_{12} 缺乏有关。

4. 知识缺乏 家长缺乏相关的营养知识及本病的防护措施。

【预期目标】

1. 患儿活动耐力逐渐增加。
2. 家长能积极主动配合治疗合理搭配饮食，纠正不良的喂养习惯。
3. 患儿生长发育改变有所改善。
4. 家长能掌握本病的营养喂养知识，能叙述其发病的原因。

【护理措施】

1. 注意休息，适当活动 根据患儿的活动耐受情况制订作息方案。轻、中度贫血患儿可适当活动，一般不需卧床休息；严重贫血、有心悸、气促等明显症状的患儿适当限制活动，协助满足日常生活需要；烦躁、震颤、抽搐者遵医嘱用镇静剂，以防受伤等意外。

2. 指导喂养，加强营养 指导家长及年长患儿含维生素 B_{12} 和叶酸丰富的食物种类；改善哺乳母亲营养；及时添加辅食，注意饮食均衡，合理搭配患儿食物；年长儿防止偏食、挑食，养成良好的饮食习惯，以保证能量和营养素的摄入；震颤明显而不能进食患儿给予鼻饲。

3. 药物疗效观察 用维生素 B_{12} 治疗 6～72 小时后骨髓内巨幼红细胞可转为幼红细胞，一般精神症状 2～4 天后开始好转，食欲增加，随即网织红细胞开始增加，6～7 天达高峰，精神神经症状恢复较慢。

服叶酸 1～2 天后食欲好转，骨髓中巨幼红细胞恢复正常，2～4 天后网织红细胞增加，4～7 天达高峰，2～6 周红细胞和血红蛋白恢复正常。

4. 监测生长发育　评估患儿的体格、智力、运动发育情况，及早发现发育落后者并加强训练和教育。

【护理评价】

经过治疗和护理，患儿活动耐力明显增强。家长积极主动配合治疗，合理搭配饮食，养成良好的喂养习惯。患儿生长发育改变有所改善。家长掌握本病的营养喂养知识，能叙述其发病的原因。

案例 11-2 分析讨论（续）

2. 该病例护理诊断

（1）活动无耐力：与贫血致组织器官缺氧有关。

（2）营养失调：低于机体需要量，与维生素 B_{12} 和（或）叶酸摄入不足，吸收不良等有关。

（3）生长发育改变：与营养不足、贫血及维生素 B_{12} 缺乏有关。

（4）知识缺乏：家长缺乏相关的营养知识及本病的防护措施。

该病例护理要点

（1）注意休息，适当活动：根据患儿的活动耐受情况制订作息方案。可适当活动，一般不需卧床休息。

（2）指导喂养，加强营养：指导家长含维生素 B_{12} 和叶酸丰富的食物种类；改善哺乳母亲营养；及时添加辅食，注意饮食均衡，合理搭配患儿食物。

（3）药物疗效观察：用维生素 B_{12} 治疗 6～72 小时后骨髓内巨幼红细胞可转为幼红细胞，一般精神症状 2～4 天后开始好转，食欲增加，随即网织红细胞开始增加，6～7 天达高峰，精神神经症状恢复较慢。

（4）监测生长发育：评估患儿的体格、智力、运动发育情况，及早发现发育落后者并加强训练和教育。

思　考　题

1. 小儿造血特点有哪些?
2. 缺铁性贫血患儿常见的护理问题/诊断有哪些?
3. 缺铁性贫血患儿常见的护理措施有哪些?
4. 巨幼红细胞贫血常见的护理问题/诊断有哪些?
5. 巨幼红细胞贫血常见的护理措施有哪些?

（曲桂玉）

第十二章　神经系统疾病患儿的护理

【目标要求】

掌握：化脓性脑膜炎、病毒性脑炎、脑性瘫痪、癫痫、急性感染性多发性神经根神经炎的定义、临床表现、常见护理诊断/问题及护理措施。

熟悉：化脓性脑膜炎、病毒性脑炎、脑性瘫痪、癫痫、急性感染性多发性神经根神经炎的病因、辅助检查及治疗要点。

了解：小儿神经系统解剖生理特点。

第一节　小儿神经系统解剖生理特点

在小儿各系统生长发育过程中，神经系统发育最早也是最快的，特别是婴儿时期尤为明显。小儿神经系统发育尚未完善，不同年龄阶段神经系统的发育各具特点。

一、脑和脊髓

1. 脑　小儿脑的发育迅速，年龄越小，生长发育速度越快。出生时脑的平均重量约为 370g，占体重的 10%～12%，2 岁时脑重约为 1000g，4～6 岁时脑重接近成人约 1500g。出生时的大脑形态和结构及神经细胞数目与成人无明显差异，已有主要的沟回，但发育不完善，脑皮质较薄，脑回较宽，沟裂较浅，神经细胞分化差，髓鞘形成不全。3 岁时神经细胞分化基本完成，8 岁时接近成人。神经纤维髓鞘化始于胚胎 7 个月，至 4 岁时基本完成，故在婴幼儿时期神经冲动传导速度慢，且易于扩散和泛化。

2. 脊髓　出生时脊髓的结构已较完善，重 2～6g，功能也相对成熟。脊髓下端在胎儿时期位于第 2 腰椎下缘，生后脊髓的发育与脊柱的发育不平衡，出生时脊髓下端位于第 3、4 腰椎水平，4 岁时位于第 1、2 腰椎之间。因此，婴幼儿时期小儿进行腰椎穿刺检查时，应取第 4、5 腰椎间隙为宜，以免损伤脊髓，4 岁以后与成人相同。

二、脑脊液

小儿年龄不同，其脑脊液的量、压力、常规及生化指标的正常值有所不同。新生儿期脑脊液的量少，约为 50ml，压力低为 0.29～0.78kPa（30～80mmH_2O），故脑脊液抽取困难。随着年龄不断增长，脑脊液的量逐渐增加，压力也逐渐升高。正常儿童脑脊液外观清亮透明，压力 0.69～1.96kPa（80～200mmH_2O），白细胞数 0×10^6/L～10×10^6/L（婴儿 0×10^6/L～20×10^6/L），蛋白 0.2～0.4g/L（新生儿 0.2～1.2g/L），糖 2.0～4.5mmol/L（新生儿 3.9～5.0mmol/L），氯化物 117～127mmol/L（新生儿 110～122mmol/L）。

三、神经反射

小儿神经系统发育不完善，神经反射也有别于成人，包括终生存在的反射、暂时性反射、病理反射和脑膜刺激征。常见的异常神经反射表现有不对称、该出现时未出现、该消失时未消失、出现病理反射。

1. 终生存在的反射　包括浅反射和腱反射。浅反射如腹壁反射和提睾反射，在新生儿期不易引出，腹壁反射至 1 岁时明显，提睾反射在生后 4～6 个月时明显。腱反射包括肱二头肌、膝和踝反射，反射减弱提示神经、肌肉或神经肌肉接头处疾病；反射亢进伴有病理反射则提示上运动神经元疾病。

2. 暂时性反射　在婴儿时期存在一些暂时性反射，往往在数月后消失。如拥抱反射、吸吮反射、觅食反射和握持反射出生时已存在，至生后 6 个月左右消失；颈肢反射生后 2 个月出现，至 5～6 个月消失；支撑反射和迈步反射，出生时出现，至 2～3 个月消失；颈拨正反射出生时出现，至 6 个月消失。此类暂时性反射若在该出现时未出现或该消失时未消失则提示病理状态。

3. 病理反射　亦称锥体束征，包括巴宾斯基（Babinski）征、卡道克（Chaddock）征、奥本海姆（Oppenheim）征、戈登（Gordon）征和踝阵挛等。2 岁以内小儿巴宾斯基（Babinskin）征两侧对称阳性为正常生理现象，若为单侧阳性或 2 岁以后阳性则为异常，提示锥体束损害。

4. 脑膜刺激征　包括颈项强直、屈髋伸膝试验（Kernig 征）和抬颈试验（Brudzinski 征），阳性则提示脑膜病变或颅内压增高。但小婴儿时期由于前囟和颅缝未闭合，可以缓解颅内高压，因此，即便是有脑膜病变时，脑膜刺激征可能不明显或出现较晚。

第二节　化脓性脑膜炎患儿的护理

案例 12-1

患儿，男性，8 个月。因“发热 3 天，抽搐伴昏迷 1 天”入院。3 天前出现发热，体温为 39～40℃；伴有呕吐，每天 2～3 次，为喷射性胃内容物，量多，无胆汁样及咖啡样物；1 天前出现抽搐，共发作 3 次，表现为突发四肢强直抖动、双目凝视、意识丧失、颜面及口唇青紫，持续约 4 分钟缓解，发作后精神差，逐渐出现昏迷。发病来精神差、纳差、大小便正常。病前 1 周有“上呼吸道感染”病史，于当地某医院治疗好转。

体格检查：体温 39.8°C，呼吸 55 次/分，脉搏 156 次/分，体重 8kg。昏迷状，呼吸规则，刺激反应差。全身皮肤未见出血点、瘀斑。前囟 1.0cm×1.0cm，饱满，张力高。双瞳孔正圆等大，对光反射迟钝。颜面及口唇无发绀，三凹征阴性，颈强直。双肺呼吸音清，未闻及干湿啰音。心率 156 次/分，律齐，心音有力，未闻及杂音、期前收缩。腹软，未扪及包块，无压痛反应，肠鸣音正常。四肢肌张力高，双膝反射活跃，Kernig 征和 Brudzinski 征阳性。

辅助检查：血常规：WBC19.2×10^9/L，N0.86，L0.14。脑脊液检查结果：压力 220mmH_2O，外观混浊；WBC1400×10^6/L，N0.89，L0.11；蛋白 0.8g/L，糖 2.1mmol/L，氯化物 112mmol/L。

思考题：

1. 患儿最可能的临床诊断是什么？诊断依据是什么？
2. 患儿存在的护理诊断/问题有哪些？
3. 主要的护理措施有哪些？

化脓性脑膜炎（purulent meningitis，PM）简称化脑，是由各种化脓性细菌所致的以脑膜炎症为主的中枢神经系统急性感染性疾病，常见于婴幼儿时期。临床上以发热、颅内压增高、惊厥、意识障碍、脑膜刺激征及脑脊液脓性改变为其特征。随着医学诊疗水平的不断发展，本病的病死率仍高达 10%，且约有 1/3 的幸存者会遗留各种不同的神经系统后遗症，如认知功能障碍、肢体瘫痪、视听觉障碍及继发性癫痫等。

【病因】

1. 致病菌　多种化脓性细菌均可引起本病，临床上以脑膜炎双球菌、流感嗜血杆菌和肺炎链球菌最常见，占 2/3 以上。年龄不同，引起化脑的致病菌有所差异：新生儿和小婴儿（特别是小于

3个月者）以金黄色葡萄球菌和革兰阴性杆菌（如大肠埃希菌最多见，其次是变形杆菌和铜绿假单胞菌等）感染为主；3个月至3岁患儿以流感嗜血杆菌为主；学龄前和学龄期儿童则以脑膜炎双球菌、肺炎链球菌和金黄色葡萄球菌多见。

2. 入侵途径 各种化脓菌侵入颅内引起脑膜炎症的途径包括以下三种：

（1）血流：即菌血症，最常见。化脓菌多通过呼吸道侵入血液，新生儿也可经皮肤、胃肠道黏膜或脐部入血，并经血流透过血脑屏障引起脑膜炎症。

（2）邻近组织器官的感染：如中耳炎、鼻窦炎、乳突炎等部位的感染，感染的病原菌可直接蔓延至颅内引起脑膜炎症。

（3）存在与颅腔直接相通的因素：如颅脑外伤、颅骨骨折、脑脊膜膨出及皮肤窦道等，为化脓菌提供了入侵的门户，从而引起脑膜炎症。

【治疗要点】

1. 抗生素治疗

（1）用药原则：早期、足量、足疗程、联合静脉用药、良好的血脑屏障通透性。即临床诊断化脑后，尽早使用抗生素且剂量要高于普通用量，并根据不同的病原菌决定治疗疗程，静脉用药为主，且选用的抗生素能通过血脑屏障。

（2）病因未明：临床诊断化脓性脑膜炎，病原菌不清，首选头孢曲松100mg/（kg·d）或头孢噻肟200mg/（kg·d），效果不理想时加用万古霉素，对β内酰胺类过敏者选用氯霉素，但氯霉素会出现骨髓抑制等副作用，使用时需注意监测。

（3）病因明确及疗程：病原菌明确，针对性地选择抗生素及疗程（表12-1）。

表12-1 不同病原菌抗生素选择及疗程

致病菌	抗生素	疗程
脑膜炎双球菌	青霉素、三代头孢	7～10天
肺炎链球菌	青霉素、三代头孢、氯霉素	10～14天
流感嗜血杆菌	氨苄西林、三代头孢、氯霉素	10～14天
革兰阴性杆菌	三代头孢、美罗培南	3周以上
金黄色葡萄球菌	乙氧萘青霉素、万古霉素	3周以上

2. 对症、支持治疗 及时处理发热、惊厥、颅内高压和休克，注意补液保证能量供给，维持机体内环境稳定。惊厥发作时选用地西泮、水合氯醛、苯巴比妥等；颅内高压时给予20%甘露醇溶液脱水治疗，严重者可加用利尿剂；出现感染性休克予以扩容、纠正酸中毒、血管活性药物等治疗。

3. 肾上腺糖皮质激素 糖皮质激素可抑制炎症反应，降低血管通透性，减轻中毒症状，降低颅内高压。常用地塞米松0.6mg/（kg·d），分4次静脉注射，连用2～3天。

4. 并发症治疗

（1）硬脑膜下积液：积液量少无需处理，积液量大可反复多次行硬脑膜下穿刺放液，但每次放液量每侧应少于15ml。个别迁延不愈者，需外科手术引流，若出现硬脑膜下积脓时需局部注入抗生素。

（2）脑室膜炎：侧脑室穿刺引流可缓解症状，同时选择适宜的抗生素脑室内注入。

（3）脑积水：主要依赖于外科手术治疗，常用的手术方式包括正中孔粘连松解、导水管扩张和脑脊液分流术。

【护理评估】

1. 健康史 评估患儿病前有无呼吸道、消化道、皮肤、脐部等部位感染史，以及有无中耳炎、乳突炎、颅脑外伤、颅骨骨折等病史；评估患儿有无发热、意识障碍、呕吐、惊厥等症状。

2. 身体状况　多为急性起病，部分患儿病前数日有上呼吸道或消化道感染的病史，好发于 5 岁以下小儿，一年四季均可发病。脑膜炎双球菌所致的暴发型流行性脑脊髓膜炎常见于春季，临床上起病急骤，出现进行性休克、皮肤瘀点、瘀斑及中枢神经系统功能障碍的表现，可在 24 小时内死亡。

（1）典型表现

1）感染中毒和脑功能障碍的症状：常表现为发热、疲乏无力、易激惹、烦躁不安、惊厥及进行性意识障碍。随着病情的发展，意识水平逐渐从精神萎靡、嗜睡、昏睡至昏迷，部分患儿出现全身或局限性惊厥发作。

2）颅内压增高的表现：年长儿表现为剧烈头痛、喷射性呕吐；婴儿由于前囟未闭合，则表现为前囟饱满、张力增高、头围增大、颅缝增宽、尖叫等。重症患儿可合并脑疝，出现中枢性呼吸衰竭危及生命。

3）脑膜刺激征：颈项强直、Kernig 征和 Brudzinski 征阳性，以颈项强直最明显。

（2）不典型表现：新生儿和 3 个月以下的小婴儿化脓性脑膜炎，临床表现不典型，具体表现在以下四个方面。

1）体温不典型：表现为升高、正常、偏低和不升。

2）颅高压症状不明显：表现为拒奶、吸吮力差、尖叫、前囟饱满及张力高等。

3）惊厥不典型：表现为眨眼、口唇青紫、呼吸不规则、口角或眼睑抽动及局部或全身的肌阵挛等。

4）脑膜刺激征不明显：由于前囟和颅缝未闭合，可以缓解颅内高压，故脑膜刺激征不明显。

（3）并发症

1）硬脑膜下积液：最常见。1 岁以下小儿多见，常发生于起病 1 周以内，以肺炎链球菌和流感嗜血杆菌感染为主。临床特征包括：积极治疗后体温不降或退而复升；病程中出现进行性颅内高压症状。颅骨透照试验、颅脑 B 超或 CT、MR 检查有助于诊断；硬脑膜下穿刺则可确诊，如穿刺液＞2ml，蛋白定量＞0.4g/L，或涂片找到细菌即可明确。

2）脑室管膜炎：多见于婴儿，以革兰阴性杆菌感染为主，常由于患儿诊治不及时出现。临床特征包括：积极治疗后持续高热、进行性颅内高压症状、频繁惊厥，甚至出现中枢性呼吸衰竭。头颅 CT 或 MR 检查可显示脑室扩大，脑室穿刺检查如脑室液白细胞≥50×10^6/L，蛋白＞0.4g/L，糖＜1.6mmol/L，或细菌学检查阳性即可确诊。

3）脑积水：多见于小婴儿和新生儿，常由于治疗不当或治疗过晚所致，可引起交通性或梗阻性脑积水。临床上患儿表现为烦躁不安、嗜睡、呕吐、头围增大、颅缝开裂、频繁惊厥、前囟饱满、张力增高等。重症脑积水由于颅内压增高，导致大脑皮质退行性萎缩，部分患儿可出现智力倒退、视听觉损伤、继发癫痫等。

4）抗利尿激素异常分泌综合征：由于炎症刺激神经垂体致抗利尿激素异常分泌，引起稀释性低钠血症。临床上表现为肢体软弱无力，脑水肿加重出现惊厥、意识障碍程度加重等。

5）其他神经功能障碍：智力障碍、失明、耳聋、继发性癫痫、瘫痪及中枢性尿崩症等。

3. 辅助检查

（1）脑脊液检查：是确诊本病最重要的依据。典型脑脊液改变为压力增高，外观混浊；常规检查白细胞数明显增高，多在 1000×10^6/L 以上，分类以中性粒细胞为主；生化检查糖含量降低（＜1.1mmol/L），蛋白质含量增高（＞1.0g/L），氯化物含量多数降低。脑脊液涂片或培养对明确病原菌及指导治疗意义重大（表 12-2）。

表 12-2 常见脑膜炎脑炎的脑脊液改变

	压力（kPa）	外观	潘氏实验	白细胞数及分类（10^6/L）	蛋白质（g/L）	糖（mmol/L）	氯化物（mmol/L）	病原学检查
正常	0.69～1.96kPa	清亮	–	0～10 淋巴细胞	0.2～0.4	2～4.5	117～127	–
化脓性脑膜炎	增高	混浊	+～+++	数百至数千 多核为主	明显升高	降低	正常或降低	涂片、培养可明确致病菌
结核性脑膜炎	增高	毛玻璃样	+～+++	数十至数百 淋巴为主	增高	降低	降低	抗酸染色、培养可见结核菌
病毒性脑炎	正常或增高	多清亮	–～++	正常至数百 淋巴为主	正常或稍高	正常	正常	可分离出病毒

（2）血培养：临床疑似化脓性脑膜炎均应做血培养检查，以帮助确定病原菌。应在起病早期，使用抗生素以前进行培养。

（3）血常规：白细胞总数明显增高，可达（20～40）×10^9/L，分类以中性粒细胞为主，占 80%以上。

（4）皮肤瘀点、瘀斑涂片：诊断暴发性流行性脑脊髓膜炎简便而重要的方法，阳性率可达 50%以上。

（5）头颅影像学（CT/MRI）：非常规检查方法，临床上疑有并发症时（如硬脑膜下积液、脑室膜炎及脑积水等）选用。

案例 12-1 分析讨论

1. 该患儿最可能的临床诊断为化脓性脑膜炎。诊断依据为：

（1）8 个月男性患儿，急性起病，病前 1 周有上呼吸道感染史。

（2）该患存在感染中毒症状（持续高热，体温波动在 39～40℃之间）、脑功能障碍症状（惊厥、昏迷）、颅高压表现（喷射性呕吐，前囟饱满张力高）及脑膜刺激征阳性。

（3）辅助检查：血常规白细胞总数明显增高，分类以中性粒细胞为主；脑脊液检查示典型的脓性改变；均提示化脓性细菌感染。

4. 心理-社会状况 评估患儿家长对该病的认识程度。该病常见于 5 岁以下小儿，以起病急、进展快、死亡率高、后遗症重为特点，由于家长缺乏对疾病的认知程度较低，需要评估家长的心理状况，有无因疾病所致的紧张、焦虑、恐惧的情绪。

【常见护理诊断/问题】

1. 体温过高 与化脓性细菌感染有关。

2. 潜在并发症 脑疝、中枢性呼吸衰竭及水电解质紊乱等。

3. 有窒息的危险 与颅内高压所致呕吐及惊厥有关。

4. 有受伤的危险 与惊厥发作、意识障碍有关。

5. 营养失调：低于机体需要量 入不足、机体消耗增多有关。

6. 焦虑（家长） 与病情严重、后遗症发生率高有关。

案例 12-1 分析讨论（续）

2. 鉴于患儿有发热、意识障碍、惊厥、颅高压等表现，本病例存在的护理诊断/问题包括：

（1）体温过高：与化脓性细菌感染有关。

（2）有窒息的危险：与颅内高压所致呕吐及惊厥有关。

（3）潜在并发症：脑疝、中枢性呼吸衰竭。

（4）有受伤的危险：与惊厥发作、意识障碍有关。

（5）焦虑（家长）：与病情严重、后遗症发生率高有关。

【预期目标】

1. 患儿体温恢复正常。
2. 意识转清、颅内压恢复正常。
3. 无潜在并发症的发生。
4. 无受伤、窒息的发生。
5. 患儿营养充足，满足机体的需求。
6. 家长能用正确的态度对待疾病，积极配合各项护理和治疗。

【护理措施】

1. 发热的护理　密切监测患儿体温变化，出现高热时每半小时测量一次体温，嘱患儿绝对卧床休息。体温超过 38.5℃时，及时给予物理降温或者药物降温，以降低脑的消耗量，防止发生惊厥。体温下降出汗时应及时更换汗湿的衣裤，同时注意保暖，保持患儿皮肤、床单、被套的干燥清洁，记录降温效果，做好详细客观的护理记录。鼓励患儿多饮水，保证机体液量的需求，必要时静脉补充液体，按照体温每升高 1℃液体量应增加 10ml（kg · d）计算，并记录液体出入量保持病室安静、空气新鲜，每日开窗通风 3～4 次。维持病室温度为 18～20℃，湿度为 50%～60%。

2. 用药护理　遵医嘱及时给予抗生素、止惊药、脱水剂、退热药等药物治疗，了解各种药物的配伍要求、适应证、禁忌证及副作用，并对家属及患儿进行相关注意事项的宣教。严格掌握药物配伍的禁忌证，药物使用的精确性，药物静脉输液的速度，严格无菌技术操作规范。

3. 密切观察病情变化

（1）观察生命体征，注意有无潜在并发症：密切监测患儿体温、脉搏、呼吸、血压等生命体征的变化。若患儿出现意识障碍程度加重、瞳孔变化（两侧瞳孔不等大或瞳孔忽大忽小）、呼吸节律改变等表现，需高度警惕脑疝、中枢性呼吸衰竭；若患儿在治疗过程中出现腹胀、肠鸣音弱、四肢肌张力低下等表现，需注意有无电解质紊乱，特别是低钾、低钠，及时汇报医生，酌情遵医嘱处理。详细记录各项观察结果，早期预测病情变化。

（2）并发症的观察：若患儿在治疗过程中出现持续高热或者体温退而复升、前囟隆起、颅缝裂开、剧烈呕吐及频繁惊厥等表现，需考虑合并硬脑膜下积液或脑室膜炎的可能；若出现烦躁不安、头围增大、颅缝开裂、前囟饱满张力增高等，应注意是否合并脑积水；若出现肢体软弱无力、反复惊厥、意识障碍加重等，则提示可能并发了抗利尿激素异常分泌综合征。护理过程中需严密观察有无以上症状、体征变化，及时告知医生，配合医生行相关检查，包括头颅影像学、经前囟彩超、硬脑膜下或侧脑室穿刺、电解质检查等；以期早期发现，及时处理。

（3）做好抢救药品及器械的准备：做好呼吸兴奋剂、脱水剂、氧气、吸引器、人工呼吸机、硬膜下穿刺包、侧脑室穿刺引流包的准备。

4. 日常生活护理

（1）保持病室环境和患儿安静，进行护理操作时应动作轻柔、集中进行，做好患儿基础护理，重症患儿需 24 小时专人守护和陪伴患儿。频繁呕吐的患儿应使其头偏向一侧，呕吐后协助患儿漱口并及时清理呕吐物，减少不良刺激，保持呼吸道通畅，防止造成误吸和窒息的发生。患儿惊厥发作时应使其头偏向一侧，给予口腔保护以免舌被咬伤，拉好床挡，适当约束患儿，注意患儿安全，躁动不安或惊厥时预防受伤或坠床。

（2）指导并协助患儿洗漱、大小便及个人卫生等生活护理，做好口腔护理，保持口腔清洁；做好皮肤护理，及时清除大小便，保持臀部干燥，预防压疮发生。

5. 饮食护理　根据患儿的年龄及病情状况，保证足够热量的摄入，给予高热量、清淡、易消化的流质或半流质饮食，少量多餐，减轻胃肠道负担，预防呕吐的发生，同时注意饮食的搭配，增加患儿的食欲。频繁呕吐不能进食者，注意观察呕吐情况，必要时遵医嘱给予鼻饲或静脉输液，维持水电解质平衡。

6. 心理护理 针对患儿和家长，采取多样化的方式进行心理安慰、关心和爱护，消除焦虑、恐惧心理，使其接受疾病的事实。及时解除患儿的不适，取得家长及患儿的信任。根据患儿及家长对疾病的理解及接受程度，做好病情的介绍及疾病知识的讲解、告知治疗护理的目的、方式及方法，使其积极主动的配合，增强战胜疾病的信心。

7. 康复护理 对于疾病恢复期的患儿应进行功能训练，指导家属根据不同情况给予相应护理，以避免、减少后遗症的发生。

8. 健康教育 向家长进行健康宣教，告知化脓性脑膜炎的预防知识，积极防治上呼吸道、消化道、皮肤等部位的感染，并注意看护以防颅脑外伤、颅骨骨折等意外发生。对于恢复期和遗留神经系统后遗症的患儿，配合并指导家长进行正确的功能训练方法，促进机体康复。

案例 12-1 分析讨论（续）

3. 根据该患儿存在的护理诊断/问题，应采取的护理措施有：积极处理发热；注意保持呼吸道通畅，特别是意识障碍程度重和惊厥发作时，防止窒息、外伤、舌咬伤发生；严密监测病情变化，若出现潜在并发症，及时汇报医生，遵医嘱及时给予相应的护理；对家长进行心理护理以缓解焦虑情绪。

【护理评价】

经过治疗和护理，患儿体温平稳并恢复正常，意识转清；惊厥、颅内高压得到控制；无外伤、窒息的发生，未出现脑疝、中枢性呼吸衰竭等潜在并发症；机体内环境包括水电解质等稳定，患儿有无营养失调的发生；家长焦虑的情绪得到改善，能够积极配合护理及治疗，并正确掌握了相应的训练方法。

第三节 病毒性脑炎患儿的护理

案例 12-2

患儿，男性，1 岁。因“发热伴抽搐 3 天”入院。3 天前开始出现发热，体温波动于 38～40℃之间；伴抽搐，每天发作 2～3 次，表现为四肢强直抖动、双目凝视、口周青紫、意识丧失，持续 5 分钟左右缓解，发作后精神欠佳。时有呕吐，为喷射性胃内容物，每天 4～5 次。病前 1 周有上呼吸道感染史。

体格检查：体温 39.5℃，呼吸 52 次/分，脉搏 136 次/分，体重 11.0kg。昏迷状，呼吸规则，刺激反应差。前囟 0.5cm×0.5cm，饱满，张力高。双瞳孔正圆等大，对光反射迟钝。咽稍红，颜面及口唇无发绀，三凹征阴性，颈软。四肢肌张力高，双膝反射正常，Kernig 征和 Brudzinski 征阴性。

辅助检查：脑脊液检查结果：压力 90mmH_2O，外观清亮；WBC50×10^6/L，N 15%，L 85%；蛋白 0.35g/L，糖 3.1mmol/L，氯化物 121mmol/L。血常规：WBC3.8×10^9/L，N 16%，L 84%。

思考题：

1. 患儿最可能的临床诊断是什么？诊断依据是什么？
2. 患儿存在的护理诊断/问题有哪些？
3. 主要的护理措施有哪些？

病毒性脑炎（viral encephalitis）是指各种病毒感染引起的以脑实质炎症为主的中枢神经系统感染性疾病。如感染仅有脑膜受累称为病毒性脑膜炎（viral meningitis），同时累及脑实质和脑膜者则称为病毒性脑炎脑膜炎（viral meningoencephalitis）。本病的病程多具有自限性，病情轻重不等，轻者可完全自行缓解，重症病例呈急进性进展，可导致死亡及遗留神经系统后遗症。

【病因】

多种病毒感染均可引起脑炎、脑膜炎，其中以肠道病毒最常见（80%以上），包括柯萨奇病毒、埃可病毒等，其次为腺病毒、疱疹病毒、腮腺炎病毒、虫媒病毒和其他病毒。虫媒病毒性脑炎（如流行性乙型脑炎）以蚊虫为传播媒介，好发于夏季（7～9 月份），主要是儿童期发病。

【发病机制】

病毒自呼吸道（如腺病毒和疱疹病毒）、消化道（如肠道病毒）或蚊虫叮咬（如虫媒病毒）侵入人体，在淋巴系统繁殖后经血行播散通过血脑屏障进入颅内，累及脑实质和（或）脑膜。此外，一些嗜神经病毒（如单纯疱疹病毒、狂犬病毒）可经外周神经通路侵入中枢神经系统致病。中枢神经系统病变可以是病毒直接损伤的结果，表现为脑实质和（或）脑膜的充血、水肿，伴血管周围淋巴细胞浸润、胶质细胞增生、组织坏死及囊性脑软化等；也可以是免疫介导的神经脱髓鞘、血管及血管周围的损伤。

【治疗要点】

本病无特异性治疗方法，主要是抗病毒及对症支持治疗，减低病死率及致残率。

1. 抗病毒　常用阿昔洛韦和更昔洛韦。阿昔洛韦对单纯疱疹病毒疗效确切，具体剂量为每次 5～10mg/kg，每 8 小时 1 次静脉滴注；更昔洛韦主要针对巨细胞病毒感染，每次 5mg/kg，每 12 小时 1 次。其他抗病毒药物如干扰素、利巴韦林等可酌情选用。

2. 对症支持治疗　包括退热、止惊、脱水降低颅内压、补液维持水电解质平衡等。

【护理评估】

1. 健康史　评估患儿病前有无呼吸道、消化道及中耳等部位的感染史，评估患儿有无发热、意识障碍、呕吐、惊厥等症状。

2. 身体状况　多急性起病，病情轻重与病变受累部位有关。一般来说，病毒性脑炎的临床过程较脑膜炎重，重症脑炎患儿易在急性期死亡或遗留后遗症。

（1）病毒性脑炎：急性起病，病前多有上呼吸道或消化道感染史。临床表现因脑实质受累的部位、范围和严重程度而不同。主要表现为发热、惊厥、意识障碍和颅内压增高症状。

1）前驱症状：非特异性全身感染症状，如发热、头痛、呕吐及腹泻等。

2）中枢神经系统症状：①惊厥，多呈全面性，也可是局限性发作，严重者呈惊厥持续状态；②意识障碍，可有嗜睡、昏睡、昏迷等不同程度的意识改变，严重者甚至出现去皮质状态；③颅内高压症状，年长儿出现头痛、呕吐，前囟未闭合患儿表现为前囟饱满、张力增高、头围增大、颅缝增宽、尖叫等，若出现呼吸节律不规则或瞳孔不等大，需警惕并发脑疝的可能；④局灶性表现，如果受累脑实质为局灶性病变，则引起受累部位对应的局灶性症状与体征，如出现偏瘫、失语等；⑤神经精神障碍，出现幻觉、躁狂及定向力、记忆力障碍等。以上全部临床表现在起病 1 周内出现，总病程一般 2～3 周，轻症患儿可完全恢复，重症者可遗留肢体运动功能障碍、认知障碍、继发性癫痫等后遗症。

（2）病毒性脑膜炎：急性疾病，病前多有呼吸道或消化道感染史。主要表现为发热、恶心、呕吐和脑膜刺激征阳性。部分病例累及脑实质称为病毒性脑炎，出现惊厥、意识障碍和颅内压增高的表现。

3. 辅助检查

（1）脑脊液检查：外观清亮，压力正常或稍高；常规示白细胞正常或轻度增高，分类以淋巴细胞为主；生化表现为蛋白正常或轻度增高，糖和氯化物正常。常规及生化检查也可完全正常。

（2）脑电图检查：主要表现为弥漫性或局限性慢波活动，部分患儿会出现痫样放电，随病情好转逐渐恢复。某些患者脑电图也可完全正常。

(3) 病原学检查：病毒分离和血清学检查有助于明确病因。早期采集脑脊液、血液、呼吸道分泌物、大便等做病毒分离；取急性期和恢复期两份血标本，进行血清学病毒抗体检查，恢复期特异性抗体滴度较急性期高 4 倍以上具有诊断意义。

(4) 血常规：白细胞正常或偏低，分类以淋巴细胞为主。

案例 12-2 分析讨论

1. 该患儿最可能的临床诊断为病毒性脑膜炎。诊断依据为：

(1) 患儿，男性，1 岁，急性起病，病前 1 周有上呼吸道感染史。

(2) 患儿具备典型的临床表现，包括发热、惊厥、意识障碍、颅内高压的表现，且脑膜刺激征阴性。

(3) 辅助检查：血常规示白细胞偏低，分类以淋巴细胞为主；脑脊液检查颅内压正常范围、外观清亮、白细胞轻度增高且分类以淋巴细胞为主，且糖、蛋白和氯化物均正常；两项检查均提示病毒感染。

4. 心理-社会状况 评估患儿家长对该病的认识程度。本病起病急骤，部分重症者死亡率高，且可能遗留神经精神后遗症。由于家长缺乏相关的疾病知识，需要评估家长的心理状况，有无因疾病所致的精神紧张和焦虑情绪。

【常见护理诊断/问题】

1. 体温过高 与病毒感染有关。

2. 有受伤的危险 与惊厥发作、意识障碍有关。

3. 有窒息的危险 与呕吐、惊厥、意识障碍有关。

4. 躯体活动障碍 与意识障碍、脑实质受损致肢体瘫痪有关。

5. 营养失调：低于机体需要量 与摄入不足、消耗增加有关。

6. 潜在并发症 脑疝、中枢性呼吸衰竭。

7. 焦虑（家长） 与家长担心疾病预后有关。

案例 12-2 分析讨论（续）

2. 鉴于患儿有发热、惊厥、意识障碍、颅高压等表现，本病例存在的护理诊断/问题包括：

(1) 体温过高：与病毒感染有关。

(2) 有受伤的危险：与惊厥发作、意识障碍有关。

(3) 有窒息的危险：与呕吐、惊厥、意识障碍有关。

(4) 躯体活动障碍：与意识障碍、脑实质受损致肢体瘫痪有关。

(5) 潜在并发症：脑疝、中枢性呼吸衰竭。

(6) 焦虑（家长）：与家长担心疾病预后有关。

【预期目标】

1. 体温恢复正常。
2. 惊厥控制、意识转清、颅内压恢复正常。
3. 无受伤、窒息的发生。
4. 无潜在并发症的发生。
5. 患儿营养充足，满足机体的需求。
6. 家长能用正确的态度对待疾病，积极配合各项护理和治疗。

【护理措施】

1. 发热的护理　按时通风，保持病室环境安静整洁，空气清新。给予物理降温，温水或30%～40%乙醇溶液擦浴，擦浴过程中注意观察体温是否下降，亦可予以冰帽置于患儿头部降温，并可降低大脑耗氧量。鼓励患儿多饮水，促进排汗，并密切监测体温的变化，防止骤降。若患儿持续高热不退，及时汇报医生，遵医嘱酌情使用药物退热。由于发热可致不显性失水增加，需注意患儿有无脱水症状，保证足够的液体入量。

2. 密切观察病情变化　脑疝、中枢性呼吸衰竭是病毒性脑炎患儿的潜在并发症，也是导致患儿死亡的常见原因，此类患儿可出现进行性意识障碍、频繁惊厥、瞳孔忽大忽小或两侧不等大、呼吸节律改变等临床表现。因此，需要密切监测意识障碍的程度及是否加重、惊厥发作的情况、瞳孔的变化及呼吸情况，如出现以上表现立即汇报并配合医生，积极对症处理。

（1）保证呼吸道通畅，清理呼吸道分泌物，必要时行气管插管或气管切开术，若行气管切开术，应严格按气管切开术的护理常规。

（2）遵医嘱积极使用止惊药、脱水剂，脱水降低颅内压常用 20%甘露醇溶液，由于甘露醇时容易引起静脉炎，注意血管的选择及用药的准确性；对于病情严重者可开辟两条静脉通路，以备紧急抢救和抗感染同时进行。

3. 意识障碍的护理　病毒性脑炎患儿由于存在意识障碍且长期卧床，需预防皮肤压疮、坠积性肺炎、泌尿系感染等并发症。

（1）保持口腔清洁、呼吸道通畅，保持床铺干燥清洁，定时翻身并轻拍患儿背部，促进其排出痰液，预防坠积性肺炎发生。

（2）指导并协助家长每天清洗会阴部，告知清洗时的注意事项及无菌观念，保持局部卫生，以免发生泌尿系感染。

（3）按时变换患儿体位，指导家属对患儿背部及四肢进行按摩，以促进血液循环，防止出现压疮。

4. 患儿安全的护理　嘱 24 小时专人守护，以防止患儿跌倒/坠床；若出现惊厥发作时立即置压舌板或舌垫于上齿和下齿之间、取侧卧位，注意避免舌后坠，适当运用约束带。

5. 饮食护理　加强营养支持，促进恢复，给予高热量、高蛋白、高维生素、易消化的清淡饮食，少量多餐，减少呕吐。对于拒食或因昏迷不能进食的患儿予以鼻饲或静脉高营养治疗，以增加机体抗病能力。

6. 康复护理　病情稳定后尽早给予患儿康复护理指导及训练，如语言功能的训练、肢体功能的训练、心理疏导等促进患儿康复，减少后遗症发生。注意循序渐进，采取保护措施，耐心帮助，给予鼓励。

7. 心理护理　对家长及年长的患儿进行心理疏导及健康教育，帮助其减轻心理压力，用亲和的语言和安抚行为，鼓励他们树立战胜疾病的信心。

8. 健康教育　向患儿和家长介绍本病的基本知识、用药指导及护理方法，按时接种计划疫苗，住院期间严格遵守医嘱，积极配合治疗护理；告知患儿平时注意饮食卫生，勤洗手，适度运动，保证充足的睡眠，以提高机体免疫力；若院外呼吸道或消化道感染后出现发热、头痛、呕吐等神经系统症状，及时到正规医院就医。

案例 12-2 分析讨论（续）

3. 根据该患儿存在的护理诊断/问题，应采取的护理措施有：积极处理发热；注意保持呼吸道通畅，防止窒息、外伤发生；严密监测病情变化，若出现潜在并发症，及时汇报医生，遵医嘱及时给予相应的护理；对家长进行心理护理以缓解焦虑情绪。

【护理评价】

经过治疗及护理，患儿体温恢复正常，意识障碍恢复，惊厥、颅内高压得到控制；无外伤、窒息的发生，未出现脑疝、中枢性呼吸衰竭等潜在并发症；患儿无营养失调的发生；家长焦虑的情绪得到改善，能够积极配合护理及治疗，对于遗留后遗症患儿，家长能够正确掌握相应的训练方法。

第四节　癫痫发作和癫痫患儿的护理

案例 12-3

患儿，男性，8 岁。因“反复抽搐 3 年”入院。3 年前不明原因开始出现抽搐，每月发作 3～5 次，表现为入睡不久出现面部抽搐、喉头发声、唾液增多，继之出现四肢强直抖动、双目凝视、呼之不应，持续数分钟缓解。发作间期无异常。患儿家中有类似发病史。体格检查无异常。脑电图显示：背景活动正常，中央颞区可见尖波、棘波或棘慢复合波。

思考题：

1. 患儿最可能的临床诊断是什么？诊断依据是什么？
2. 患儿存在的护理诊断/问题有哪些？
3. 主要的护理措施有哪些？

癫痫发作（seizures）是指发作性皮质功能异常所引起的一组临床症状，大多短暂呈自限性，由于异常放电所累及的脑功能区域不同，临床上发作形式多种多样，包括全身性和局限性肌肉抽搐、感知觉异常、认知功能及行为异常等。癫痫（epilepsy）是多种原因引起的慢性脑功能障碍综合征，以大脑神经元反复发作性异常放电引起相应的突发性和一过性脑功能障碍为特征，可合并认知、精神状态及社会适应性行为障碍。

【病因】

根据病因，将癫痫分为特发性、症状性和隐源性三类。

1. 特发性　又称原发性癫痫，由遗传因素决定。多数为单基因遗传病，也包括多基因遗传病、染色体异常伴癫痫发作、线粒体脑病等。

2. 症状性　又称继发性癫痫，指先天或后天性脑损伤产生异常放电的致病灶，或降低了痫性发作的阈值，如各种脑发育畸形、代谢性疾病所致的脑发育障碍、中毒性脑病、产伤、中枢神经系统感染后遗症、脑外伤后遗症等。

3. 隐源性　指应用目前的检查手段，未找到明确的病因，但很可能是症状性癫痫。随着医学检查技术不断发展，越来越多的患者被发现确切的病因。

4. 诱发因素　多种因素均可促使癫痫发作，如年龄、内分泌、睡眠、过度劳累、预防接种等。

【治疗要点】

1. 抗癫痫治疗　主要以长期口服抗癫痫药物为主。药物治疗的目标是完全控制痫性发作，避免药物的不良反应和提高生活质量。临床上抗癫痫药物的选用遵循以下原则：

（1）早期治疗：长期反复癫痫发作会导致脑损伤，故早期使用抗癫痫药物是治疗成功与否的关键。

（2）根据发作类型选择药物：不同的发作方式药物选用不一。常用的有丙戊酸（VPA）、氯硝西泮（CZP）、妥泰（托吡酯，TPM）及拉莫三嗪（LTG）等，对多数发作类型均有效。左乙拉西坦（LEV）作为新型抗癫痫药物，对儿童部分性发作和难治性癫痫显示出良好的疗效。

（3）单药或联合用药：首先选择单药治疗，效果不理想或存在多种发作类型者，需联合使用 2～3 种抗癫痫药物，但应考虑药物间的相互作用。

（4）药物剂量：从小剂量开始，根据癫痫控制情况、患者的依从性和血药浓度调整用药剂量，直至癫痫完全控制。

（5）定期复查：随诊观察疗效、血药浓度、药物毒副作用及脑电图变化。定期检查血常规、肝肾功能，至少每半年至1年复查一次脑电图，癫痫症状反复或疗效欠佳时应监测血药浓度。

2. 手术治疗 对于抗癫痫治疗无效的难治性癫痫患儿，若有明确的局灶性发作起源，在充分进行术前评估后可考虑手术治疗。如颞叶病灶切除、非颞叶皮质区病灶切除术、胼胝体切开术、多处软脑膜下横行纤维切断术等。

【护理评估】

1. 健康史 评估患儿有无脑发育畸形、中毒性脑病、出生时产伤、中枢神经系统感染、脑外伤等病史；评估患儿癫痫发作的诱因、发作的形式、发作持续时间及有无发作后症状等；评估有无阳性家族史，包括单基因遗传病、多基因遗传病、染色体异常伴癫痫发作及线粒体脑病等。

2. 身体状况

（1）癫痫发作：癫痫表现形式多种多样，根据发作时的临床表现和相伴随的脑电图特征，将癫痫发作分为局灶性（部分性、限局性）发作和全身性（全面性、广泛性）发作。

1）局灶性发作：神经元过度放电起源于脑的某一部位，发作期脑电图可见某一脑区的局灶性痫性放电。主要包括单纯局灶性发作和复杂局灶性发作。

A. 单纯局灶性发作：临床上以局灶性运动性发作最常见，表现为面、颈或四肢某部分的强直或阵挛性抽动，伴头、眼向同侧偏斜，无意识丧失，持续10～20秒缓解。部分患儿发作后出现短暂的肢体麻痹，数分钟至数小时自行消失，称为Todd麻痹。

B. 复杂局灶性发作：可从单纯性局灶性发作发展而来，表现为部分意识丧失、精神行为异常，伴有自动症如吞咽、噘嘴、拍手、摸索、舔唇、解衣扣、敲打等。

C. 局灶性发作演变为全身性发作：单纯局灶性和复杂局灶性发作均可演变为全身性发作，但局灶性发作继发全身性发作仍属局灶性发作的范畴。

2）全身性发作：两侧大脑半球同时过度异常放电，发作时均伴有不同程度的意识丧失。主要包括强直-阵挛发作、失神发作、肌阵挛发作、失张力发作和痉挛发作。

A. 强直-阵挛发作：临床上最常见的发作类型之一，又称为大发作。表现为突发全身骨骼肌强直性收缩，继之出现肢体阵挛，伴意识丧失、呼吸暂停、全身发绀，持续数十秒钟至更长时间缓解，常有嗜睡、疲乏、头痛等发作后症状。

B. 失神发作：表现为正在进行某一活动时，出现意识丧失、双眼凝视，但不摔倒、手中物品不落地，持续数秒钟缓解。患儿对发作时的情况不能回忆，过度换气可以诱发其发作。

C. 肌阵挛发作：表现为突发的全身或局部骨骼肌电击样短暂收缩，常出现点头、躯干前倾或后仰、两臂抬起等，整个发作过程大约0.2秒。

D. 失张力发作：表现为突发全身或局部肌肉肌张力丧失，不能维持正常姿势，出现跌倒、头和肢体下垂样动作。

E. 痉挛发作：婴儿痉挛最常见，表现为同时出现点头、伸臂（或屈肘）、弯腰、踢腿（或屈腿）或过伸样等动作。

（2）癫痫综合征：是指一组在临床上具有相同发作症状和体征的特殊癫痫综合征。

1）伴中央颞区棘波的儿童良性癫痫（benign childhood epilepsy with centrotemporal spikes）：最常见的癫痫综合征，常有家族史，属常染色体显性遗传。占小儿癫痫15%～20%，5～10岁多见，8～9岁为发病高峰。多数在入睡后不久或睡醒前发生，呈局灶性发作，表现为口面部感觉异常如唾液增多、喉头发声、不能言语或主动发声及面部抽搐等，部分患儿很快继发全身性强直-阵挛发作伴意识丧失，因此常被家属描述为全身性发作。体格检查无异常。发作间期脑电图背景活动正常，在中央区或中央颞区可见尖波、棘波或棘慢复合波。本病神经系统影像学检查正常，药物易于控制，预后良好，大多在12～16岁前停止发作，17岁时99%停止发作。

2）儿童失神癫痫（childhood absence epilepsy）：3～13岁多见，6～7岁为发病高峰，约占学龄

期癫痫患儿 8%。女孩发病多于男孩，有遗传倾向。表现为频繁的失神发作，每天数次至数十次不等，每次发作数秒钟，发作后患儿不能回忆，无头痛、精神恍惚、嗜睡等发作后症状。体格检查无异常。脑电图表现为双侧弥漫性、同步高波幅 3Hz 棘慢波。过度换气可诱发棘慢波发放。本病预后良好，一般不影响智力，药物易于控制。

3）婴儿痉挛（infantile spasm）：是一种年龄依赖性癫痫性脑病，婴儿期起病，4～8 个月为发病高峰，男孩发病多于女孩，又称 West 综合征。临床上主要包括屈曲型、伸展型和混合型三种形式，以屈曲型和混合型常见。屈曲型表现为头颈部及躯干前屈、肢体屈曲，呈点头哈腰样；伸展型表现为头后仰、躯干及肢体伸展。痉挛常成串出现，每串连续数次或数十次。脑电图表现为典型或非典型的高幅失律。本病治疗困难，预后较差，发病年龄越小预后越差，若早期诊断并规律治疗，40%患儿有望获得基本正常的智力和运动发育。

（3）癫痫持续状态（status epileptics，SE）：是指一次癫痫发作持续 30 分钟以上，或反复发作多次而间歇期意识不能恢复超过 30 分钟。各型癫痫均可发生癫痫持续状态，以强直-阵挛持续状态最常见，为儿科常见急症，即使积极处理，病死率仍达 3.6%，而且 9%～20%患儿会遗留瘫痪、智力障碍等持续性脑损害后遗症。

3. 辅助检查

（1）脑电图：是癫痫诊断和分型最重要的检查手段。典型的癫痫样放电包括棘波、尖波、棘慢复合波和多棘慢波复合波等。此外，临床疑似癫痫的患儿，脑电图方法的选择也尤为重要，睡眠脑电图和长程脑电图检测异常放电阳性率高，而清醒脑电图阳性率较低。

（2）影像学检查：常选用头颅 CT、MRI 等，对症状性癫痫的病因诊断意义重大。

（3）遗传学检查：包括癫痫相关基因、染色体及染色体微阵列分析等，有助于寻找特发性癫痫的病因，对产前诊断也具有一定的指导作用。

案例 12-3 分析讨论

1. 该患儿最可能临床诊断为癫痫。诊断依据为：

（1）2 岁男性患儿，发作性病程 3 年，其形式为局灶性发作继发全身发作，具有阳性家族史。

（2）辅助检查：脑电图显示典型的痫样放电。

4. 心理-社会状况 评估患儿家长对该病的认识程度。本病病程长，常反复发作，治疗时间长，且部分难治性或重症患儿会遗留认知、语言、运动功能等障碍。由于家长缺乏相关的疾病知识，难免会产生紧张、焦虑、恐惧的情绪，需要评估家长的心理状况。

【常见护理诊断/问题】

1. 有窒息的危险 与喉痉挛、呼吸道分泌物增多有关。

2. 有受伤的危险 与癫痫发作有关。

3. 潜在并发症 脑水肿、酸中毒、呼吸衰竭、循环衰竭。

4. 知识缺乏 患儿家长缺乏癫痫发作的急救知识及正确服用抗癫痫药物的知识。

5. 焦虑（家长） 与家长担心疾病预后有关。

案例 12-3 分析讨论（续）

2. 鉴于患儿有反复癫痫发作的表现，本病例存在的护理诊断/问题包括：

（1）有窒息的危险：与喉痉挛、呼吸道分泌物增多有关。

（2）有受伤的危险：与癫痫发作有关。

（3）潜在并发症：脑水肿、酸中毒、呼吸衰竭、循环衰竭。

（4）知识缺乏：患儿家长缺乏癫痫发作的急救知识及正确服用抗癫痫药物的知识。

（5）焦虑（家长）：与家长担心疾病预后有关。

【预期目标】

1. 癫痫发作完全控制。

2. 无窒息、受伤的发生。

3. 无潜在并发症发生。

4. 家长掌握疾病相关知识，正确心态应对，积极配合各项治疗及护理。

【护理措施】

1. 病情观察　密切监测生命体征、瞳孔大小和对光反射，动脉血气结果等。癫痫患儿具有反复发作性的特点，护理人员要按时巡视病房，密切注意患儿有无癫痫发作。若患儿出现癫痫发作，以及发作后出现意识障碍、烦躁不安、喷射性呕吐、呼吸节律改变、四肢末端变凉等情况，及时汇报医生，酌情对症处理。

2. 癫痫发作时的护理　癫痫发作时，应拉起床挡，避免患儿坠床；注意体位，应取平卧位，头偏向一侧，以使口腔分泌物能顺利流出，若分泌物较多，及时用吸引器清理，并准备好开口器和气管插管所需物品；牙关紧闭者，应使用牙垫或纱布包裹的压舌板置于上下臼齿间，以防舌咬伤；保持呼吸道通畅，防止呼吸道堵塞，预防舌后坠发生；给予低流量吸氧，保护发作的肢体，切勿抓紧患儿或制止抽搐，防止骨折或脱臼、坠床；详细记录癫痫发作的具体表现形式、发作持续的时间、有无发作后症状等，及时报告医生进行处理。

3. 癫痫发作间期的护理　患儿癫痫发作缓解后，常因肢体过度活动、能量消耗导致再次癫痫发作，嘱家属注意看护患儿，避免引起癫痫发作的诱因，如剧烈活动、精神紧张、预防接种等。

4. 用药指导　长期规律服用抗癫痫药物，对于控制癫痫发作尤为重要。在用药过程中需要监测血药浓度及患儿的发作情况，并根据医嘱酌情调整抗癫痫药物的使用剂量，以达到控制癫痫发作的目的。对家长进行长期服药指导，使其充分认识规律服药的重要性，督促患儿按时服药，定期复查，注意有无药物毒副作用的发生，并动态监测脑电图痫波及发放的变化情况。

5. 饮食护理　有规律进食，加强营养，给予高蛋白、高热量、高纤维、易消化饮食，如肉类、鱼类、蛋等，同时多食水果、蔬菜等，保持大便通畅。对于重症患儿，特别是癫痫持续状态者，如存在意识障碍，应留置胃管进行鼻饲。

6. 心理护理　评估不同年龄患儿的心理状态，有针对性地进行心理疏导；多给予他们鼓励、关怀和爱护，帮助他们建立信心，克服自卑、孤独、退缩等心理，树立战胜疾病的信心。

7. 康复指导　部分难治性或重症癫痫患儿，可能会遗留认知、语言和肢体运动功能障碍，根据患儿的功能障碍特点，配合医生、康复治疗师制订具体的康复治疗计划，并指导家长如何进行家庭康复，以提高患儿的认知、语言和肢体运动功能。

8. 健康教育

（1）对癫痫相关知识进行健康宣教，减轻患儿和家属的顾虑、心理负担，积极配合治疗及护理；尽量避免癫痫发作的诱发因素，如过度劳累、感染、情绪激动、暴饮暴食、睡眠不足等。

（2）出院时指导家长合理安排患儿的生活与学习，不能自行停药或减药，定时检测血药浓度等相关检查，教会家长癫痫发作时的紧急护理措施，必要时送往医院救治。

案例 12-3 分析讨论（续）

3. 根据该患儿存在的护理诊断/问题，应采取的护理措施有：密切观察病情变化，注意有无癫痫发作及潜在并发症，发现异常及时汇报医生，遵医嘱及时给予相应的护理；出现癫痫发作及时配合医生进行相应的治疗和护理；指导癫痫发作间期的注意事项；对家长进行用药指导，督促患儿按时服药，定期复查；对家长进行心理护理以缓解焦虑情绪。

【护理评价】

经过治疗和护理，患儿癫痫发作得到控制；无外伤、窒息的发生，无潜在并发症（脑水肿、酸中毒、呼吸衰竭、循环衰竭）发生；家长焦虑的情绪得到改善，能够积极配合护理及治疗，对于遗留认知、语言及运动功能障碍等后遗症的患儿，家长能够正确掌握了相应的家庭训练方法。

第五节　脑性瘫痪患儿的护理

案例 12-4

患儿，男性，3 岁 6 个月。因“至幼即出现右侧肢体活动障碍”就诊。患儿系孕 1 产 1，母孕期有先兆流产史，32 周剖腹产，出生时有重度窒息史，于当地某医院住院治疗，诊断为“新生儿窒息、缺氧缺血性脑病、早产儿”。生后生长发育落后于同龄儿，6 个月抬头，1 岁会独坐，1 岁 4 个月会独行。现 3 岁 6 个月，独行时姿势异常，右侧肢体活动障碍。

体格检查：神志清楚，反应可，右手精细动作差，分离运动不充分，言语不清，心肺腹无异常，右侧肢体肌张力高，右膝反射亢进，右侧巴氏征、踝阵挛阳性，步行时呈偏瘫步态、右侧尖足、右下肢外旋、稳定性差。

辅助检查：头颅 MRI 示左侧侧脑室旁白质软化症（PVL）。

思考题：

1. 患儿最可能的临床诊断是什么？诊断依据是什么？
2. 患儿存在的护理诊断/问题有哪些？
3. 主要的护理措施有哪些？

脑性瘫痪（cerebral palsy，CP）简称脑瘫，是一组持续存在的中枢性运动和姿势发育障碍、活动受限综合征，这种综合征是由于发育中的胎儿或婴幼儿脑部非进行性损伤所致。常伴有感觉、知觉、认知、交流和行为障碍，以及癫痫和继发性肌肉、骨骼问题。患病率为每 1000 活产儿中有 2.0～3.5 个。脑瘫的脑部病理改变主要是脑白质损伤、脑部发育异常、颅内出血、脑部缺氧引起的脑损伤等。

【病因】

脑性瘫痪的直接病因是脑发育成熟以前各种脑损伤和（或）脑发育缺陷，按时间可划分为出生前、出生时和出生后三个阶段。

1. 出生前

（1）母体因素：母孕期吸烟、酗酒、宫内感染、先兆流产、理化因素、糖尿病、营养不良、贫血、母亲智力落后、胎儿宫内缺氧所致脑室周围白质软化（PVL）及先天脑发育缺陷（如巨脑回、无脑回畸形）等。

（2）遗传因素：双胞胎同时患脑瘫、家族中已有脑瘫患儿再发脑瘫的概率偏高，共济失调型脑瘫与常染色体隐性遗传有关，部分痉挛型双瘫、偏瘫具有遗传倾向。

2. 出生时　包括出生时窒息、产伤、早产、低出生体重、胎盘功能不全等。

3. 出生后　3 岁以前的各种原因所致的脑损伤，包括缺氧缺血性脑病、颅内出血、脑积水、颅内感染、呼吸窘迫综合征、低血糖症等。

【治疗要点】

遵循早期发现、早期干预、综合康复治疗的原则，并根据患儿具体的障碍特点制订个体化康复方案。具体的康复治疗方法主要包括物理治疗、作业治疗、言语治疗、药物治疗、手术治疗、水疗、马术治疗、中医针灸治疗及矫形器应用等。

【护理评估】

1. 健康史　评估母孕期有无感染、宫内窘迫、有无不良生活习惯（如吸烟、酗酒等），以及母亲有无营养不良、贫血、智力落后等；评估患儿有无先天脑发育畸形病史；评估家中有无类似脑性瘫痪病史；评估患儿出生时有无窒息、产伤、早产、低出生体重、胎盘功能不全等病史；评估患儿生后有无缺氧缺血性脑病、颅内出血、脑积水、颅内感染、呼吸窘迫综合征、低血糖症等；评估患儿运动发育情况。

2. 身体状况　脑瘫的主要症状是中枢性运动障碍和姿势异常，具体表现为运动发育落后、姿势异常、原始反射延迟消失、立直反射及平衡反应延迟消失、肌张力异常，常伴有感觉、知觉、认知、交流和行为障碍，以及癫痫和继发性肌肉、骨骼问题。根据运动功能障碍的特点，临床上可分为以下几种类型。

（1）痉挛型：最常见，占脑瘫的 60%～70%，主要损伤部位是锥体系。患儿肌张力增高、姿势异常，被动屈伸肢体时有“折刀”样感觉。主要表现为上肢手指关节掌屈，拇指内收，腕关节屈曲，前臂旋前，肘关节屈曲，肩关节内收；坐位时出现圆背、W 状坐位；下肢髋关节屈曲、内收、内旋，膝关节屈曲或过伸展，足内、外翻，尖足，行走时呈剪刀步态；由于关节活动受限，自主运动困难，严重者可出现肌肉痉挛和关节畸形。根据受累肢体的不同，痉挛型脑瘫常分为痉挛型双瘫、偏瘫和四肢瘫。

（2）不随意运动型：约占脑瘫的 20%，损伤部位为锥体外系。表现为肌张力在紧张兴奋时肌张力增高，安静和睡眠时肌张力变化不明显，难以用意志控制头部、手、脚、上肢等部位的运动，动作不稳，走路摇晃，头部控制差，分离动作困难，当进行有意识、有目的的运动时，不自主运动增多，安静时不随意运动消失。常伴有流涎、咀嚼吞咽困难、挤眉弄眼、表情奇特等。原始反射持续存在并通常反应剧烈，尤其以非对称性紧张性颈反射（asymmetrical tonic neck reflex，ATNR）姿势多见。本型可表现为手足徐动、舞蹈样动作、扭转痉挛等，也可同时具有上述几种表现。此型患儿易紧张、怕受刺激，护理人员应注意采取相应的护理措施避免刺激。

（3）共济失调型：本型不多见，多与其他型混合，约占脑瘫的 5%。主要损伤部位为小脑，表现为平衡障碍，肌张力低下，无不自主运动。本体感觉及平衡感觉丧失，不能保持稳定姿势。患儿步态不稳，走路呈醉酒步态，容易跌倒，步幅小，重心在足跟部，身体僵硬，方向不准确，过度动作或多余动作较多，动作呆板而机械。常伴手和头部轻度震颤，眼球震颤极为常见。语言缺少抑扬声调，而且徐缓。

（4）混合型：两种或几种类型的症状同时存在于一个患儿身上，以痉挛型和不随意运动型症状同时存在为多见。

3. 辅助检查

（1）影像学检查：包括头颅 CT、MRI 及功能性磁共振检查，可确定病变部位、性质及程度。

（2）运动、认知功能评估：常用 Gesell 评估量表、韦氏学龄前/学龄儿童智力智力量表、粗大运动功能评估量表、精细运动功能评估量表等进行认知和运动功能评估。

（3）神经电生理检查：视觉、听觉诱发电位可了解有无合并视听觉损伤，脑电图检查了解患儿有无继发癫痫。

（4）遗传学检查：基因检查有助于寻找与遗传相关的脑瘫的病因，对产前诊断也具有一定的指导作用。

案例 12-4 分析讨论

1. 该患儿最可能临床诊断为脑性瘫痪。诊断依据为：

（1）3 岁 6 个月男性患儿，自幼即出现右侧肢体活动障碍。

（2）存在引起脑瘫的高危因素：母孕期有先兆流产史，曾诊断为“新生儿窒息、缺氧缺血性脑病、早产儿”。

（3）生后运动发育落后，步行时姿势异常。
（4）体格检查：右手精细动作差，分离运动不充分，右侧肢体肌张力高，右膝反射亢进，右侧巴氏征、踝阵挛阳性，步行时呈偏瘫步态、右侧尖足、右下肢外旋、稳定性差。
（5）辅助检查：头颅 MRI 示左侧侧脑室旁白质软化症（PVL）。

4. 心理-社会状况 评估患儿家长对该病的认识程度。本病病程长，需终生康复治疗，部分重型病例终生不能行走、生活不能自理，给家庭带来了沉重的心理负担，家长患儿家长缺乏相关的疾病知识，难免会产生焦虑、紧张的情绪，需要评估家长的心理状况。

【常见的护理诊断/问题】

1. 运动发育落后 与脑损伤、脑发育缺陷有关。
2. 有受伤的危险 与运动功能障碍有关。
3. 有窒息的危险 与吞咽功能障碍有关。
4. 潜在并发症 癫痫、营养不良、感染等。
5. 营养失调：低于机体需要量 与脑性瘫痪造成的进食困难有关。
6. 焦虑（家长） 与病情重、预后不良有关。

案例 12-4 分析讨论（续）

2. 鉴于患儿运动功能障碍、右侧肢体肌张力高，本病例存在的护理诊断/问题包括：
（1）运动发育落后：与脑损伤、脑发育缺陷有关。
（2）有受伤的危险：与运动功能障碍有关。
（3）有窒息的危险：与吞咽功能障碍有关。
（4）潜在并发症：癫痫、营养不良、感染等。
（5）焦虑（家长）：与病情重、预后不良有关。

【预期目标】

1. 运动功能障碍得到改善。
2. 无受伤、窒息的发生。
3. 无潜在并发症发生。
4. 营养充足，满足机体需要。
5. 家长掌握疾病相关知识及康复训练手法，积极配合各项治疗及护理。

【护理措施】

1. 一般护理 由于脑瘫患儿存在运动功能障碍，需构建宽敞、安全的病区环境，病床需要使用床挡或约束具，嘱家属 24 小时陪伴患儿，防止发生坠床、跌倒等意外伤害。

2. 功能训练 脑瘫患儿的主要症状是中枢性运动功能障碍和姿势异常，因此功能训练是护理最核心的内容。根据患儿功能障碍的特点，遵循从简单到复杂、从被动到主动训练的原则，制订个体化的康复训练方案，多学科协作，配合物理治疗师、作业治疗师、言语治疗师、特殊教育老师、中医针灸医师实施相应的功能训练，全面改善和提高患儿的运动功能、言语功能、认知功能等。

（1）运动疗法：脑瘫患儿的运动障碍表现为运动发育落后、运动模式异常及肌力、肌张力的异常等，需积极配合物理治疗师进行运动功能训练，达到促进运动发育、纠正异常姿势和运动模式、降低肌张力及提高肌力的目的。

（2）作业疗法：脑瘫患儿可出现精细运动发育障碍，表现为精细运动功能低下，配合作业治疗师进行训练，如采用患儿手抓玩具、小毛巾擦嘴、穿脱衣物鞋袜等训练方式，以改善患儿的精细运动功能障碍。

（3）言语训练：脑瘫患儿常合并语言发育迟缓、构音障碍等，配合言语治疗师对患儿的发音、语言及咀嚼吞咽功能等进行矫正，以促进语言发育、提高言语表达能力。

（4）认知训练：根据认知评估结果，以特殊教育老师指定的训练计划为指导，配合老师进行认知功能训练，提高患儿的认知水平。

（5）按摩：根据患儿运动功能障碍的特点，配合按摩治疗师对患儿的瘫痪肢体进行按摩护理，有助于降低肌张力、提高肢体肌力，改善患儿的运动功能，同时按摩护理能帮助维持局部肌肉血液循环的正常，达到防止失用性肌萎缩的目的。

积极配合治疗师做好以上功能训练外，在对患儿进行常规护理时，需对以上功能训练的内容进行复习、强化，以达到更好的疗效。

3. 饮食护理　根据患儿年龄、体重、皮下脂肪的厚度综合判断有无营养失调，评估患儿吞咽功能障碍的程度，积极配合言语治疗师，进行吞咽功能训练，同时做好口腔护理，并为患儿制订科学的饮食计划，以高热量、高蛋白、富有维生素且容易消化的食物为主，保障营养素和能量的摄入，以达到纠正营养失调的目标。

4. 日常生活护理　协助、指导患儿进行生活自理能力训练，包括进食、洗脸、漱口、如厕、穿脱衣物及鞋子等，以提高患儿的生活自理能力。指导家长进行正确、科学的家庭护理方法及技巧，利用日常生活中的一切机会进行训练和强化，训练过程中注意避免外伤。

5. 心理护理　脑性瘫痪患儿由于疾病的原因，往往存在焦虑、自卑、孤独的心理，特别是部分智力正常的脑瘫儿童尤为明显，不愿与同龄儿交流，不愿参加集体活动。因此与患儿交流时，需要营造轻松愉快的氛围，耐心解答患儿内心的疑惑，鼓励患儿多参加集体活动，克服自卑、孤独的心理，树立战胜疾病的信心，积极主动的配合治疗与护理。

6. 健康教育

（1）对脑瘫相关知识进行健康宣教，缓解家长焦虑、紧张、怨天尤人的悲观情绪，积极配合医师、康复治疗师和护士进行治疗及护理。

（2）根据患儿的功能障碍特点制订个体化的康复护理方案，教会家长进行针对性的训练手法和技巧，如各种姿势的管理、肢体功能训练、语言训练、认知训练及生活自理能力训练等，最大程度提高患儿的治疗效果。

（3）营造和睦的家庭环境，规律安排患儿的学习与生活，多关心、鼓励患儿，增强战胜疾病的信心，以促进患儿心理发育。

（4）借助社会、学校、社区康复机构的力量，构建“医院康复-社区康复-家庭康复”三位一体的康复模式，全面提高患儿的运动、认知、语言等功能，使患儿能更好地回归社会和家庭。

案例 12-4 分析讨论（续）

3. 根据该患儿存在的护理诊断/问题，应采取的护理措施有：多学科协作，配合医师和治疗师进行功能训练；做好饮食护理，保证营养素和能量的摄入；协助、指导患儿进行生活自理能力训练；对患儿进行心理护理，克服自卑、孤独的心理；对家长进行健康宣教，缓解家长紧张、焦虑的情绪，指导家庭康复训练。

【护理评价】

经过治疗和护理，患儿运动功能得到提高，无受伤、窒息的发生；无潜在并发症（癫痫、营养不良、感染等）的发生；无营养失调；患儿的日常生活能力得到提高；家长紧张、焦虑的情绪得到缓解，并握了家庭康复训练方法。

第六节　急性感染性多发性神经根神经炎患儿的护理

案例 12-5

患儿，男性，5 岁。因“进行性四肢乏力 4 天”就诊。4 天前不明原因开始出现双下肢乏力、步行不稳、易摔倒，渐累及双上肢，呈进行性加重趋势，现已不能独坐及独行、双手持物不稳。无语音低微、声音嘶哑及饮水呛咳。

体格检查：神志清楚，反应可，双手持物不能，无声音嘶哑，颜面及口唇无发绀，三凹征阴性，双肺呼吸音清，未闻及干湿啰音，心腹无异常，四肢肌张力低，双下肢肌力Ⅳ级，双上肢肌力Ⅲ级，双膝反射未引出，病理征阴性，脑膜刺激征阴性。

辅助检查：神经传导功能检查：双下肢各神经 CMAP 波幅显著降低，远端潜伏期延长，传导速度减慢，F 波、H 波反射未引出，提示周围神经传导阻滞或轴索性异常。

思考题：

1. 患儿最可能的临床诊断是什么？诊断依据是什么？
2. 患儿存在的护理诊断/问题有哪些？
3. 主要的护理措施有哪些？

急性感染性多发性神经根神经炎（acute infectious polyradiculoneuritis），又称吉兰-巴雷综合征（Guillain-Barre syndrome，GBS），曾译为格林-巴利综合征，是一种免疫介导的主要侵犯脊神经根、脊神经和脑神经的自身免疫性疾病，以致周围神经发生炎症节段性脱髓鞘改变。全年均可发病，以夏秋季居多，好发于学龄前期和学龄期儿童，是儿科最常见的周围神经病。临床上主要表现为四肢急性进行性对称性迟缓性麻痹，伴感觉障碍，重症患者因累及呼吸肌危及生命。

【病因与发病机制】

吉兰-巴雷综合征的病因尚不明确。多数学者认为引起本病的机制主要是感染诱发的急性免疫性周围神经病，手术、外伤及疫苗接种等也可能是少见的诱因。约 2/3 的患儿病前 1～3 周有上呼吸道或消化道感染的病史。感染的病原体包括细菌、病毒等，细菌以空肠弯曲菌最常见，病毒包括巨细胞病毒、麻疹病毒、带状疱疹病毒、EB 病毒等，其中空肠弯曲菌感染与 GBS 发病的关系最为密切。

【治疗要点】

1. 一般治疗　急性期卧床休息，定时翻身拍背，保持呼吸道通畅。出现呼吸肌麻痹者，应及时气管插管或气管切开，并给予呼吸机辅助呼吸。

2. 免疫学治疗

（1）静脉注射免疫球蛋白：早期使用，能延缓本病的进展速度，降低呼吸机麻痹发生率。免疫球蛋白的剂量一般按 400mg/（kg · d），连用 5 天，也可按 2g/kg 一次负荷量给药。

（2）血浆置换：病程在 1～2 周内可进行血浆置换，每次置换量为 30～50ml/kg，疗效肯定。但其专用设备昂贵、操作复杂，儿科应用受限。

（3）肾上腺皮质激素：常用于免疫性疾病治疗，有个别报道可缓解 GBS 根痛症状，单独使用时疗效不确切，故临床应用较少。

3. 神经营养药　常用 B 族维生素，包括维生素 B_1、维生素 B_6 和维生素 B_{12} 等。

【护理评估】

1. 健康史　评估患儿病前有无呼吸道、消化道等部位的感染史；评估患儿肢体乏力的起病、进展情况，以及有无语言低微、饮水呛咳、吞咽困难、声音嘶哑、眼球运动障碍等脑神经受累表现。

2. 身体状况　任何年龄均可发病，好发于学龄前期和学龄期儿童。急性或亚急性起病，病前常有前驱感染史，多为呼吸道或消化道感染。

（1）运动障碍：是本病最主要的临床表现，表现为四肢或双下肢进行性、对称性、迟缓性麻痹，以肢体的近端或远端为主，或近端、远端同时受累。多数患儿肌肉麻痹开始于双下肢，表现为步行时肌肉无力、易摔跤，逐渐上行性发展，数天或数周累及双上肢及躯干。重症病例进展迅速，24小时或稍长时间即出现严重的肢体麻痹，甚至引起呼吸肌麻痹危及生命。部分患儿可合并脑神经受累，面神经最常见，其次是外展神经、舌咽神经、迷走神经、动眼神经等，出现周围性面瘫、语言低微、饮水呛咳、吞咽困难、声音嘶哑、眼球运动障碍等。

（2）感觉障碍：症状相对轻微，主要表现为神经根痛和麻木感。感觉障碍多在数天内自行消失。

（3）自主神经功能障碍：症状较轻微，主要表现为汗多、颜面潮红、心率增快、一过性尿潴留、腹痛、便秘等。

3. 辅助检查

（1）脑脊液检查：疾病早期脑脊液多正常，起病2周后80%～90%会出现特征性脑脊液改变，即蛋白细胞分离现象，表现为蛋白增高而细胞数正常。

（2）神经电生理检查：以脱髓鞘为主要病理改变者，表现为运动和感觉神经传导速度减慢、远端潜伏期延长；以轴索变性为主要病变者，表现为运动神经反应电位波幅显著降低。

案例 12-5 分析讨论

1. 该患儿最可能临床诊断为急性感染性多发性神经根神经炎。诊断依据为：

（1）5岁男性患儿，学龄前期起病。

（2）临床表现为上行性肢体乏力，进行性加重；查体四肢肌张力低、肌力低、膝反射未引出。

（3）神经传导功能检查显示周围神经传导阻滞或轴索性异常。

4. 心理-社会状况　评估患儿家长对该病的认识程度。部分病例起病急、进展快，甚至引起呼吸肌麻痹危及患儿生命。由于家长缺乏对该病的认知，会产生紧张、焦虑的情绪，需要评估家长的心理状况。

【常见的护理诊断/问题】

1. 躯体移动障碍　与肢体瘫痪、感觉障碍有关。

2. 低效性呼吸形态　与呼吸肌麻痹、咳嗽反射消失有关。

3. 营养失调：低于机体需要量　与脑神经受累以致吞咽困难有关。

4. 有皮肤完整性受损的危险　与肢体瘫痪、长期卧床有关。

5. 坠积性肺炎　与长期卧床、咳嗽无力有关。

案例 12-5 分析讨论（续）

2. 根据患儿肢体瘫痪的特点，长期卧床，本病例存在的护理诊断/问题有：

（1）躯体移动障碍：与肢体瘫痪、感觉障碍有关。

（2）营养失调：低于机体需要量，与脑神经受累以致吞咽困难有关。

（3）有皮肤完整性受损的危险：与肢体瘫痪、长期卧床有关。

（4）坠积性肺炎：与长期卧床、咳嗽无力有关。

【预期目标】

（1）运动障碍得以恢复，无关节挛缩和肌肉萎缩的发生。

（2）如出现低效性呼吸形态，能得到及时的治疗与护理，避免危及患儿生命。

（3）营养充足，营养失调得到纠正。

（4）无皮肤受损、坠积性肺炎的发生。

【护理措施】

1. 一般护理 按时通风，保持病室环境安静、整洁、温湿度适宜。保持床单干净、整洁、无渣屑。

2. 病情观察 密切观察生命体征及其变化，持续心电监护，注意呼吸频率和节律有无改变。保持呼吸道通畅，头应偏向一侧，鼓励患儿咳嗽，及时清理呼吸道分泌物。定时反射拍背，以促进分泌物排出，防止发生坠积性肺炎。患儿出现呼吸困难，及时予以吸氧、吸痰，如无效且出现明显呼吸节律改变、发绀等，应考虑呼吸肌麻痹，床旁备气管切开包，做好气管切开和机械通气的准备，立即汇报医师，并遵医嘱给予相应的治疗与护理。

3. 促进肢体功能恢复 让肢体保持于功能位，早期即给予肢体功能训练，如肢体按摩、关节被动活动等，以防发生关节挛缩、失用性肌肉萎缩等。进行功能训练时幅度不宜过大，注意避免肌肉拉伤。疾病恢复期积极与医师沟通，了解患儿功能训练的最佳时机，鼓励、指导、督促患儿进行肢体的主动运动训练，以提高肢体的肌力，并辅以按摩、中频电疗、针灸治疗等综合康复训练，全面改善患儿的运动功能。

4. 饮食护理 由于患儿存在吞咽困难，应选择流质或半流质饮食，注意防止误吸。评估患儿的营养状况，注意有无营养失调，给予高蛋白、高能量、高维生素易消化食物，不能进食者给予鼻饲。

5. 皮肤护理 指导及协助家长对卧床患儿定时翻身、更换体位，按摩受压部位，必要时使用保护器具，减轻局部皮肤受压，防止压疮发生。保持皮肤清洁，尤其是臀部和皮肤皱褶处，并动态观察、评估皮肤颜色、受压程度和完整性。

6. 健康教育 向家长讲解疾病相关知识，告知患儿目前的病情、治疗方法及护理措施。指导家长对卧床患儿定时翻身拍背，并注意保持皮肤清洁，防止坠积性肺炎和压疮的发生。指导家长在急性期和恢复期进行肢体功能训练的方法和注意事项。做好患儿出院前的健康宣教，强调注意保暖，避免受凉感冒；注意饮食卫生，防止消化道感染；经常参加体育锻炼，增强体质。

案例 12-5 分析讨论（续）

3. 根据该患儿存在的护理诊断/问题，应采取的护理措施有：保持呼吸道通畅，及时清理呼吸道分泌物；严密观察病情变化，注意有无合并呼吸肌麻痹，发现异常及时汇报医师，酌情处理；定时翻身拍背，保持皮肤清洁，防止坠积性肺炎和压疮发生；急性期和恢复期均应进行肢体功能训练，教会家长训练的方法和注意事项；对家长进行健康宣教。

【护理评价】

经过治疗和护理，患儿肢体运动功能恢复，无皮肤完整性受损、坠积性肺炎的发生，无营养失调；家长掌握了相关的疾病知识，掌握了肢体功能训练的方法和注意事项。

思 考 题

1. 化脓性脑膜炎的概念？
2. 化脓性脑膜炎常见的护理诊断/问题？
3. 化脓性脑膜炎最常见的并发症是什么？
4. 化脓性脑膜炎需要哪些护理措施？
5. 病毒性脑炎会遇到哪些护理诊断/问题？

6. 重症病毒性脑炎患儿会遗留哪些后遗症?
7. 病毒性脑炎护理措施包括哪些?
8. 癫痫发作类型有哪些?
9. 癫痫的护理诊断/问题有哪些?
10. 癫痫发作时如何进行护理?
11. 痉挛型脑性瘫痪有哪些临床表现?
12. 脑性瘫痪存在哪些护理诊断/问题?
13. 脑性瘫痪的护理措施有哪些?
14. 急性感染性多发性神经根神经炎存在哪些护理诊断/问题?
15. 急性感染性多发性神经根神经炎出现低效性呼吸形态，应如何护理?

（李同欢）

第十三章　内分泌系统疾病患儿的护理

【目标要求】

掌握：先天性甲状腺功能减低症、生长激素缺乏症、1 型糖尿病的临床表现和护理措施；糖尿病酮症酸中毒的处理。

熟悉：尿崩症、性早熟的临床表现和护理措施；先天性甲状腺功能减低症、生长激素缺乏症、1 型糖尿病的发病机制、治疗要点和常见的护理问题。

了解：儿童内分泌系统疾病的特点。尿崩症、性早熟的发病机制、治疗要点和常见的护理问题。

第一节　先天性甲状腺功能减低症患儿的护理

案例 13-1

患儿，女性，1 岁，因食欲不振，运动发育迟缓就诊。患儿出生后即出现不主动觅食，6 个月时开始表情淡漠，至今尚不会爬及独立行走。体格检查：体温 35.6℃，脉搏 72 次/分，呼吸 23 次/分，表情淡漠，皮肤苍黄、干燥、眼距宽，鼻梁低平。

思考题：

1. 该患儿首先应考虑的临床诊断是什么？其诊断依据有哪些？
2. 该患儿目前存在的主要护理诊断/问题是什么？

先天性甲状腺功能减低症（congenital hypothyroidism CH）简称先天性甲低，又称呆小症、克丁病，是由于多种原因引起的甲状腺素合成障碍、分泌不足和生物效应不应，导致以全身新陈代谢率降低为特征的内分泌疾病。患儿主要表现为生长迟缓和智能发育障碍，是小儿常见的内分泌疾病。

【病因与分类】

根据病变部位分为原发性和继发性。原发性甲低是指甲状腺本身的疾病所致，其特点为血促甲状腺激素（TSH）升高和游离甲状腺素降低，甲状腺先天性发育异常是最常见病因。继发性甲低病变部位在下丘脑和垂体，又称中枢性甲低，特点为 FT_4 降低，TSH 正常或者下降，较为少见。因甲状腺激素受体功能缺陷所致的甲低称为外周性甲低，较罕见。

根据疾病的转归，先天性甲低可分为持续性甲低和暂时性甲低。持续性甲低患儿体内的甲状腺素水平持续缺乏，需终身治疗；暂时性甲低多是由于母亲妊娠期服用抗甲状腺药物或母体存在抗甲状腺抗体等原因导致出生时甲状腺素暂时性缺乏，患儿的甲状腺功能可恢复正常。

【治疗要点】

早期诊断与及时治疗先天性甲状腺减低症对于改善患儿生长发育状况、避免发育迟缓与智力低下意义重大。

1. 治疗原则

（1）确诊后立即治疗。

（2）先天性甲状腺发育异常或代谢异常引起的甲低者需终身治疗。

（3）下丘脑-垂体性甲低的甲状腺素治疗需从小剂量开始，同时使用生理需要量氢化可的松，防止突发性肾上腺皮质功能衰竭。

（4）暂时性甲低，需正规治疗2～3年，停药1个月后复查甲状腺功能，正常可停药。

2. 药物治疗　甲状腺素替代疗法，开始用量和最佳维持量应根据患儿具体病情和年龄特点选择。首选左旋甲状腺素钠（$L\text{-}T_4$），每日口服1次。新生儿10～15μg/（kg·d），婴儿一般在5～10μg/（kg·d），儿童约为每日4μg/（kg·d）。

【护理评估】

1. 健康史

（1）询问家族史：了解家族中是否有类似疾病。

（2）询问孕产情况：了解母亲孕期饮食中碘的摄入情况及是否服用抗甲状腺药物；了解产后是否进行常规新生儿筛查。

（3）了解喂养及生长发育情况：询问精神、食欲及活动情况，是否有喂养困难，是否有智力和体格发育低下。

2. 身体状况

（1）新生儿甲低：没有特异性的症状和体征，且多数在生后3～6个月后出现症状，常为过期产儿、巨大儿，哭声低，嗜睡，并伴有喂养困难、腹胀、便秘、脐疝等；生理性黄疸时间延长，末梢循环差。

（2）典型的临床表现

1）特殊面容：头大，颈短，皮肤苍黄、干燥，面部黏液性水肿，眼睑水肿，眼距宽，鼻梁低平，舌大而唇厚、常伸出口外。

2）体格发育迟缓：患儿身材矮小，躯干长而四肢短小。

3）智能发育低下：智力低下，表情淡漠、呆板，记忆力、注意力均下降。

4）其他系统改变：消化道功能紊乱，伴有食欲差、腹胀、便秘，常有脐疝；心血管功能低下，表现为脉搏弱、心音低钝等；动作发育迟缓，不爱活动，安静少哭，嗜睡，畏寒等基础代谢率降低的表现。

（3）地方性甲低：孕妇缺碘，导致胎儿碘缺乏而出现的甲状腺功能减退。

1）“神经性”综合征：表现为共济失调、痉挛性瘫痪、聋哑和智能低下，但身材正常，甲状腺功能正常或轻度减低。

2）“黏液水肿性”综合征：表现为显著的生长发育和性发育落后，智力低下和黏液性水肿，部分患儿伴有甲状腺肿大。

3. 辅助检查

（1）新生儿筛查：出生后2～3天的新生儿干血滴纸片检测TSH浓度作为初筛，当结果大于15～20mU/L时，再检测血清T_4和TSH以确诊。

（2）血清T_3、T_4、TSH测定：T_4降低、TSH明显升高，诊断为先天性甲状腺功能减低症；TSH正常或降低，T_4降低，诊断为继发性或者中枢性甲低。

（3）TRH刺激试验：对疑有TSH、TRH分泌不足者做此实验。当TRH刺激后，TSH峰值升高或出现时间延长，病变在下丘脑；若TSH不升高，病变在垂体。

（4）X线检查：测定骨龄及骨成熟度。

（5）其他检查：甲状腺B超检查甲状腺发育情况；甲状腺放射性核素摄取和显像可判断甲状腺的位置、大小、发育情况及摄取功能；心电图可示低电压、窦性心动过缓等改变；基础代谢率测定可见基础代谢率低下；有的患儿伴有贫血，可通过相关检查帮助诊断。

案例13-1分析讨论

1. 该患儿最可能的临床诊断是先天性甲状腺功能减低症。诊断依据为：

（1）特殊面容：皮肤苍黄、干燥，眼距宽，鼻梁低平。

（2）动作发育迟缓：1 岁尚不会爬及独立行走。
（3）其他：表情淡漠，出生后即出现不主动觅食，长期食欲不振。
并应进行血清 T_3、T_4、TSH 测定以明确诊断。

4. 心理-社会状况 甲低可导致患儿生长迟缓和智力低下，产生神经系统损害，所以应注意评估家长有无焦虑；对该病的治疗、护理、预后的认识程度，是否掌握对患儿进行智力、体力训练的方法；了解患儿家庭环境及家庭经济情况。

【常见护理诊断/问题】

1. 体温过低 与代谢率低有关。
2. 营养失调：低于机体需要量 与喂养困难、食欲差有关。
3. 便秘 与肌张力低下、活动量少有关。
4. 生长发育迟缓 与甲状腺素合成不足有关。
5. 知识缺乏 患儿父母缺乏有关疾病的知识。

案例 13-1 分析讨论（续）
2. 该患儿目前存在的主要护理诊断/问题有：
（1）体温过低：与代谢率低有关。
（2）营养失调：低于机体需要量，与喂养困难、食欲差有关。
（3）生长发育迟缓：与甲状腺素合成不足有关。

【预期目标】

1. 患儿体温保持正常。
2. 患儿营养均衡，体重增加。
3. 患儿大便通畅。
4. 患儿智力、行为发育提高，掌握基本的生活技能，无意外伤害发生。
5. 患儿及其父母掌握正确服药方法及药效观察。

【护理措施】

1. 一般护理 注意保暖，维持适宜的室内温度和湿度，适时增减衣物，避免受凉。患儿皮肤粗糙，须加强护理，内衣裤选择棉质，每天用温水清洗并用润肤露保护皮肤，防止皮肤开裂或感染。

2. 保证营养供给 指导喂养方法，供给高蛋白，高维生素，富含钙及铁的易消化食物。对吸吮困难，吞咽缓慢者要耐心喂养，提供充足的进餐时间，必要时用滴管喂或鼻饲，保证生长发育所需。

3. 保持大便通畅 便秘是患儿常见症状，应给予患儿每日顺肠蠕动方向按摩腹部数次；多饮水，多吃水果、蔬菜；适当增加活动量；养成定时排便的习惯；必要时采用大便软化剂、缓泻剂或灌肠。

4. 加强训练，提高自理能力 通过玩具、音乐、语言等各种方法加强智力、体力、行为训练，以促进生长发育，使其掌握基本生活技能。加强患儿日常生活护理，防止意外伤害的发生。

5. 用药护理 告知患儿和家属药物治疗的必要性，并做好长期服药的心理准备，掌握药物服用方法及疗效观察。甲状腺制剂作用缓慢，用药 1 周左右才能达到最佳疗效。服药后要密切观察患儿的食欲、活动量及排便情况。在治疗过程中应注意随访，治疗开始时，每 2 周随访 1 次；血清 TSH 和 T_4 正常后，每 3 个月随访 1 次；服药 1～2 年后，每 6 个月随访 1 次。

6. 宣传新生儿筛查的重要性　本病在内分泌代谢性疾病中发生率最高，早期诊断至关重要，生活 1～2 个月即开始治疗者，可避免严重神经系统损害。注意由于新生儿出生时的环境刺激会引起新生儿一过性 TSH 增高，故标本采集需在出生第 3 天以后进行，避开这一生理性 TSH 高峰。

【护理评价】

经过治疗和护理，患儿的体温升高，营养、饮食、排泄等情况好转，患儿没有便秘，体重增加，智力、行为发育提高，能掌握基本的生活技能，能按照要求服用药物，家属能准确地观察药效。

第二节　生长激素缺乏症患儿的护理

案例 13-2

患儿，男性，6 岁 5 个月，因个子矮小，生长缓慢 4 年就诊。患儿出生时体重 3750g，身长 53cm，母乳喂养至 12 个月，4 个月添加辅食，11 个月出牙，至今尚未换牙，目前为小学一年级，身高是班级最矮的，近一年身高增加约 4cm，以“矮小待查”收住院。

体格检查：身高 113cm，体重 21.5kg，骨龄 4 岁。

辅助检查：甲状腺功能 FT_3 4.06nmol/L，FT_4 1.67nmol/L，TSH 4.074μIU/ml；IGF-1 118ng/ml；肝功能 ALT 16U/L，ALB 46g/L，TBIL 12.7μmol/L，DBIL3.9μmol/L。

思考题：

1. 该患儿首先应考虑的临床诊断是什么？其诊断依据有哪些？
2. 该患儿身材矮小的可能原因是什么？

生长激素缺乏症（growth hormone deficiency，GHD）又称为垂体性侏儒症。是由于腺垂体合成和分泌的生长激素（GH）部分或完全缺乏，或由于结构异常、受体缺陷等所导致的生长发育障碍，致使儿童身高低于同年龄、同性别、同地区正常儿童平均身高 2 个标准差或在儿童生长曲线第 3 个百分位数以下，是儿科临床常见的内分泌性疾病之一。男性多于女性，大多为散发，少数为家族性遗传。

【病因】

根据生长激素缺乏的原因分为原发性、获得性和暂时性三种。

1. 原发性

（1）遗传包括激素异常或者受体异常，也包括与垂体发育有关的基因缺陷。

（2）特发性下丘脑功能异常，神经递质-神经激素信号传导途径的缺陷。

（3）发育异常，垂体不发育、发育不良，空蝶鞍，视中隔发育异常等。

2. 继发性（获得性）

（1）肿瘤下丘脑、垂体或颅内其他肿瘤，如颅咽管瘤、神经纤维瘤、错构瘤等。

（2）放射性损伤下丘脑、垂体肿瘤放疗后。

（3）头部创伤产伤、手术损伤、颅底骨折等。

3. 暂时性　社会心理性因素、原发性甲状腺功能减退等造成的暂时性 GH 分泌功能低下，当外界不良因素消除或原发疾病治疗后可恢复正常。

【治疗要点】

1. 生长激素　基因重组生长激素（recombination hGH，rhGH）替代治疗已被广泛应用，目前大多采用 0.1U/kg，每晚睡前皮下注射，每周 6～7 次。治疗应持续至骨骺愈合为止。治疗过程中需监测甲状腺功能，必要时予以补充治疗。对恶性肿瘤或有潜在肿瘤恶变者及严重糖尿病者禁用。

2. 生长激素释放激素（GHRH） 用于下丘脑功能缺陷、GHRH 释放不足的 GHD 患儿，但对垂体性 GH 缺乏者无效。剂量一般为每天 8～30μg/kg，每日早晚各一次皮下注射或 24 小时皮下微量泵连续注射。

3. 性激素 用于同时伴有性腺轴功能障碍的 GHD 患儿，当骨龄达 12 岁时可开始用性激素治疗，以促使第二性征发育。男孩可肌内注射庚酸睾酮 25mg，每月 1 次，每 3 个月增加 25mg，直至每月 100mg；女孩用炔雌醇 1～2μg/d，应避免用大剂量性激素，同时需监测骨龄。

【护理评估】

1. 健康史

（1）评估患儿的年龄及生长发育状况。重点评估身高、骨龄的发育情况，与同龄人对比。

（2）评估发病原因，预防接种情况，有无感染史，家族史。

（3）了解喂养及患病情况 询问精神、食欲及活动情况，是否有喂养困难；有无垂体性疾病，有无累积下丘脑或垂体前叶的病变，如肿瘤、放射损伤、头部创伤、颅内感染等。

2. 身体状况

（1）生长障碍：患儿多有难产史，可有新生儿窒息史，出生时身长可正常，1 岁以后出现生长速度减慢，身长落后比体重更为严重，身高低于同年龄、同性别正常健康儿童生长曲线第 3 百分位数以下（或低于正常儿童平均身高两个标准差），学龄期年增长不足 5cm，严重者仅 2～3cm。患儿自幼食欲低下，但智能发育正常。随着年龄增长，患儿外观明显小于实际年龄，面容幼稚（娃娃脸），肢体匀称为本病典型表现。

（2）骨成熟延迟：患儿骨骼发育落后，下颌部发育不良，牙齿萌出延迟且排列不整齐。骨化中心发育迟缓，骨龄小于实际年龄 2 岁以上，但与其身高年龄相仿。骨骺融合较晚。

（3）青春期发育延迟。

（4）伴有其他异常的症状：一部分生长激素缺乏患儿伴有一种或多种其他垂体激素缺乏：伴有促肾上腺皮质激素（ACTH）缺乏者，易发生低血糖；伴促甲状腺激素（TSH）缺乏，可有食欲不振、不爱活动等轻度甲状腺功能不足的症状；伴有促性腺激素缺乏者性腺发育不全，到青春期仍无性器官和第二性征发育等。

继发性生长激素缺乏症可发生于任何年龄，其中围生期异常情况导致者，常伴有尿崩症。患儿出现头痛、呕吐、视野缺损等颅内压增高和视神经受压迫的症状和体征者应警惕颅内肿瘤。

3. 辅助检查

（1）生长激素分泌测定：生长激素分泌功能的生理性试验包括运动试验和睡眠试验，这两种试验可用于对可疑患儿的筛查。

（2）生长激素药物激发试验：正常人体 GH 是呈脉冲性释放，故随机采血检测 GH 无诊断价值。临床多采用药物激发试验来判断垂体合成及分泌 GH 的功能。常用药物有胰岛素、精氨酸、L-多巴、可乐定、GHRH 等。由于各种药物激发 GH 反应途径不同，各种实验的敏感性、特异性亦有差异，故通常采用至少两种作用途径不同的药物进行激发试验才能作为判断的结果。GH 激发峰值＜5μg/L 为 GH 完全缺乏；介于 5～9μg/L 为部分缺乏；≥10μg/L 即为 GH 不缺乏。

（3）其他：生长激素结合蛋白（GHBP）对人 GH 的分布、代谢和生理活动有重要影响。临床检测血清 GHBP 有助于 GH 抵抗患者的诊断。此外，根据临床表现可选择性地检测血 TSH、T_4、TRH 激发试验和 LHRH 激发试验等，以判断有无甲状腺和性腺轴激素缺乏。

（4）影像学检查：CT 或 MRI 检查：已确诊为 GHD 的患儿，根据需要选择头颅 CT 或 MRI 检查，以了解下丘脑-垂体有无器质性病变，尤其对肿瘤有重要意义。

（5）X 线检查：常用左手腕掌指骨片评定骨龄。GHD 患儿骨龄落后于实际年龄 2 岁或 2 岁以上。

（6）其他内分泌检查：GHD 一旦确立，必须检查下丘脑-垂体的其他功能。根据临床表现可选择测定 TSH、T_4、T_3 或促甲状腺素释放激素（TRH）刺激试验和促黄体生成素释放激素（LHRH）刺激试验以判断下丘脑-垂体-甲状腺轴和性腺轴的功能。

4. 心理-社会状况　患有矮小症的儿童自信心缺乏，且患儿身材愈矮，心情愈焦虑，更加抑制了其生理性生长激素的分泌。患儿自信心、社交能力与异性接触方面均较差，就业、受教育水平均受影响。

案例 13-2 分析讨论

1. 该患儿最可能的临床诊断是生长激素缺乏症。诊断依据为：

（1）身材矮小：出生时体重 3.75 kg，身长 53cm，现 6 岁 5 个月身高 113 cm，体重 21.5kg。

（2）生长缓慢，生长速率＜4cm/年。

（3）骨龄落后于实际年龄 2 年以上：现 6 岁 5 个月骨龄 4 岁。

（4）智能正常，与年龄相称。

2. 该患儿身材矮小的可能原因　生长激素主要生理作用是对人体各种组织尤其是蛋白质有促进合成作用，并能促进骨及软骨的生长，从而使躯体增高。因此，生长激素分泌不足，会导致生长发育迟缓，身体长得特别矮小。

【常见护理诊断/问题】

1. 生长发育迟缓　与生长激素缺乏有关。

2. 自我形象紊乱　与疾病所致的生长发育迟缓有关。

【预期目标】

1. 患儿积极配合治疗，生长发育得到促进。
2. 患儿认同自己的形象，没有自卑感。

【护理措施】

1. 生活护理　指导患儿调整饮食结构，不偏食，以富含维生素、蛋白质及高热量易消化饮食为主，适当补充钙剂，确保患儿有充足的营养摄入，满足生长发育的需要；指导患儿选择最佳的入睡时间，保证充足的睡眠。

2. 运动指导　每天运动 1 次，饭前 1 小时进行，运动强度先增加后再降低。

3. 用药指导　为患儿及家长提供有关激素替代治疗的信息和相关教育资料，用药期间注意随访，监测骨龄发育情况，每 3 个月测量身高、体重 1 次，并记录生长发育曲线，以观察疗效。

4. 心理护理　尊重患儿，不用异样目光或语气轻视、嘲笑患儿，使患儿走出自卑心理误区，以保证患儿身心健康。通过沟通交流，与患儿及其家人建立良好信任关系。鼓励患儿表达自己的情感和想法，帮助与社会建立交往。

【护理评价】

经过治疗和护理，患儿及家属能掌握激素替代治疗的服药方法，能积极配合治疗，经过治疗和护理，患儿的生长发育得到促进。患儿能正确评价自我的形象，能积极参与社交活动。

第三节　尿崩症患儿的护理

案例 13-3

患儿，男性，13 岁 1 个月，因多饮、多尿、夜尿增多 1 个月就诊。患儿 1 个月前因受凉后出现发热，经治疗5天后体温降至正常。此后出现口渴，每日饮水量4～5L，喜冷饮，日夜尿量相当（具体尿量不详），夜尿由0次增加至2～3次。伴食欲下降，腹胀及乏力，偶有恶心，无呕吐、腹痛及腹泻。以“尿崩症，原因待查”收住院。

辅助检查：ALT 125 U/L，AST 73 U/L，Cr 61μmol/L，血钾 4.0mmol/L，血钠 145mmol/l，GLU 6.1mmol/L，TC 5.71mmol/L，TG 0.58mmol/L，LDL-C 3.58mmol/L，HDL-C 1.97mmol/L。

思考题：

1. 该患儿首先应考虑的临床诊断是什么？其诊断依据有哪些？
2. 该患儿需进一步做哪些检查以协助诊断？

尿崩症（diabetes insipidus，DI）是一种以患儿完全或部分丧失尿浓缩功能的临床综合征。临床主要特征为烦渴、多饮、多尿和排出低比重尿。根据不同病因可将尿崩症分为三种类型：①中枢性尿崩症（central diabetesinsipidus，CDI）；②肾性尿崩症（nephrogenic diabetesinsipidus，NDI）；③精神性烦渴症（psychogenic polydipsia，PP），其中以中枢性尿崩症较多见，多是由于垂体抗利尿激素（antidiuretichormone，ADH）即精氨酸加压素（argininevasopressin，AVP）分泌不足或缺乏所引起。

【病因与分类】

尿崩症大致可分为获得性、遗传性或特发性三种。

1. 获得性 是由不同类型的损伤或疾病而造成：①肿瘤：如颅咽管瘤、垂体瘤、松果体瘤、神经胶质细胞瘤及黄色瘤等，其中颅咽管瘤、垂体瘤、松果体瘤最为多见；②损伤：新生儿期的低氧血症、缺血缺氧性脑病均可在儿童期发生 DI；③感染：可由脑炎、脑膜炎、寄生虫病等；④其他：全身性疾病（白血病、结核病等）、先天性颅脑畸形物等。

2. 遗传性 呈常染色体显性或隐性遗传。其分子病理基础是垂体加压素基因（AVP G NP Ⅱ）突变。大多为基因点突变，且具有一定的遗传异质性，其主突变效应为编码蛋白表达不足及突变蛋白的功能障碍。

3. 特发性 是儿童最常见的原发性尿崩症，即缺乏任何原因的选择性 ADH 缺乏。在某些病例可能与中枢大细胞神经元的退行性变有关。大多为散发，发病较晚，无家族史，亦可能是某些疾病过程的一种临床分离表现。

【治疗要点】

1. 病因治疗 对有原发病灶的患儿必须针对病因治疗。肿瘤可手术切除。特发性中枢性尿崩症，应检查有无垂体及其他激素缺乏情况。渴感正常的患儿应充分饮水，但若有脱水、高钠血症时应缓慢给水，以免造成脑水肿。

2. 药物治疗

（1）鞣酸加压素：即长效尿崩停，为混悬液，开始注射剂量为 0.1～0.2ml，作用可维持 3～7 天，需待多饮多尿症状再出现时再给用药，可根据疗效调整剂量。

（2）L-脱氨-8-D-精氨酸加压素（DDAVP）：为合成的 AVP 类似物。喷鼻剂：含量 100μg/ml，用量 0.05～0.15ml/d，每日 1～2 次鼻腔滴入，用前需清洁鼻腔，症状复现时再给用药。口服片剂（弥凝），100μg/d，每日 2 次。

【护理评估】

1. 健康史

（1）了解患儿的患病史。

（2）评估患儿的饮水、排尿习惯，判断是否有多尿、多饮、烦渴等表现。

（3）了解患儿的生活状况，重点询问有无遗尿史。

2. 身体状况　本病可发生于任何年龄，男孩多于女孩，以烦渴、多饮、多尿为主要症状。饮水多，尿量多，尿比重低且固定。临床症状轻重不一，这不仅取决于患儿体内 AVP 完全或部分缺乏的程度不同，而且还与渴觉中枢、渗透压感受器是否受损及饮食内容相关。夜尿增多，可出现遗尿。婴幼儿烦渴时哭闹不安，不肯吃奶，饮水后安静，由于喂水不足可发生便秘、低热、脱水甚至休克，严重脱水可致脑损伤及智力缺陷。儿童期患者因多饮、多尿可影响学习和睡眠，出现少汗、皮肤干燥、苍白、精神不振、食欲低下、体重不增和生长缓慢等症状。如充分饮水，一般情况正常，无明显体征。

案例 13-3 分析讨论

1. 该患儿首先应考虑的临床诊断是尿崩症。其诊断依据为：

患儿因多饮、多尿、夜尿增多 1 个月就诊。且每日饮水量 4～5L，喜冷饮，夜尿由 0 次增加至 2～3 次。

2. 该患儿需进一步做弥凝试验、禁水加压素试验以协助诊断。

3. 辅助检查

（1）尿液检查：每日尿量可达 4～10L，尿色清淡无气味、尿比重≤1.005，而尿蛋白、尿糖均为阴性。

（2）血生化检查：血钠、钾、氯、钙、镁、磷等一般正常，肌苷、尿素氮正常，血渗透压正常或偏高。无条件查血浆渗透压的可以公式推算：渗透压（mmol/L）=2×（血钠+血钾）+血糖+血尿素氮。

（3）禁水试验：通过实验观察患儿在细胞外液渗透压增高时的尿浓缩能力，以鉴别原发性烦渴症。

（4）加压素试验：一般在禁水试验第二次采血后即可紧接进行加压素试验。皮下注射垂体后叶素 5U（或精氨酸加压素 0.1U/kg），此后 2 小时内多次留尿检测渗透压。如尿渗透压上升峰值超过给药前的 50%，则被认为是完全性 CDI；在 9%～50%之间者为部分性 CDI；肾性尿崩症患儿尿渗透压上升不超过 9 %。

（5）血浆 AVP 测定：直接测定血浆 AVP 为尿崩症的鉴别诊断提供了新途径。测定血浆 AVP 结合禁水试验，对鉴别诊断更有价值。中枢性尿崩症血浆 AVP 浓度低于正常；肾性尿崩症血浆 AVP 基础状态可测出，禁饮后明显升高而尿液不能浓缩；精神性多饮 AVP 分泌能力正常，但病程久、病情严重者，由于长期低渗状态，AVP 的分泌可受到抑制。

（6）影像学检查：进行头颅 X 线平片、CT 或 MRI 检查，以明确病因，指导临床治疗。

4. 心理-社会状况　患儿因疾病导致经常口渴、多尿、多饮，并因此产生恐惧、焦虑和无助。夜尿增多，甚至遗尿，严重影响患儿的休息，并加重了患儿的心理负担，使患儿缺乏自信心，性格上也变得内向孤僻、胆小恐惧、好发脾气。

【常见护理诊断/问题】

1. 排尿异常：多尿　与抗利尿激素缺乏有关。

2. 有体液不足的危险　与多尿、供水不足有关。

3. 潜在并发症：药物副作用。

【预期目标】

1. 排尿次数减少，总尿量降低。

2. 没有脱水症状。

3. 恶心、呕吐、胃痛等药物副作用得到有效护理。

【护理措施】

1. 一般护理 患儿尿量多，饮水量大，因此睡前备好饮用水，可供患儿随时饮用；夜间备好便盆，定时唤醒患儿排尿；保持皮肤清洁、干燥，及时更换衣裤、床单，病室勤通风。

2. 禁水加压素试验的护理 患儿自试验前一天晚上 7～8 时开始禁食，直至实验结束。试验当日晨 8 时开始禁饮，先排空膀胱，测定体重、采血测血钠及渗透压；然后每小时排尿 1 次，测尿量、尿渗透压（或尿比重），直至相邻 2 次尿渗透压之差连续 2 次＜30mmol/L，或体重下降达 5%，或尿渗透压≥800mmol/L，即再次采血测渗透压、血钠。结果：正常儿童禁饮后不出现脱水症状，每小时尿量逐渐减少，尿比重逐渐上升，尿渗透压可达 800mmol/L 以上，而血钠、血渗透压均正常。尿崩症患者每小时尿量减少不明显，尿渗透压变化不大（为 50～200mmol/L），血清钠和血渗透压分别上升超过 145mmol/L 和 295mmol/L 可诊断为中枢性尿崩症或肾性尿崩症。试验过程中必须严密观察患儿，如患儿烦渴加重并出现严重脱水症状或体重下降超过 5%或血压明显下降，一般情况恶化时，需迅速终止试验并给予饮水。由于不能饮水，患儿感到烦渴，有些焦急。安慰患儿并与其进行交谈，分散其注意力。

3. 用药护理 注意观察药物的作用及副作用。鞣酸加压素，用前需稍加温并摇匀，再进行深部肌内注射，用药期间应注意患儿的饮水量，以免发生水中毒。DDAVP 的副作用很小，偶有引起头痛或腹部不适。弥凝的主要不良反应为头痛、胃痛、恶心、鼻出血等，在服用弥凝时应限制饮水，否则可能会引起水潴留或低钠血症及并发症，如恶心、呕吐、体质量增加，严重时引起抽搐。

4. 维持出入量平衡 准确记录 24 小时出入量，监测尿比重、血清钠、血清钾的水平，注意患儿有无高渗性脱水的表现，并及时处理。治疗期间应注意患儿水摄入量，以防发生水中毒，有脱水、高钠血症时应缓慢给水，以免造成脑水肿。

5. 健康教育 向家长讲解有关疾病的知识，让家长明白本病需长期药物替代治疗，教会家长掌握药物的名称、剂量、用法、副作用及药物过量或不足症状的观察等，定期进行血、尿化验，监测体温，定期复查。

【护理评价】

经过治疗和护理，患儿排尿次数明显减少，夜尿减少，脱水症状得到缓解。患儿服用的药物所产生的副作用，通过有效的护理方法，得到缓解。

第四节　性早熟患儿的护理

性早熟（sexualprecocity）是指青春期提前出现，即男孩在 9 岁前，女孩在 8 岁前出现性腺（睾丸或卵巢等）增大和第二性征者，临床可判断为性早熟。性早熟可分为中枢性性早熟（真性），周围性性早熟（假性）和部分性性早熟（假性）三类。

【病因和分类】

性早熟的病因很多，可按下丘脑-垂体-性腺轴功能是否提前发动，而分为中枢性（真性）、周围性（假性）和部分性（假性）三类（表 13-1）。

表 13-1　性早熟的分类、病因、临床表现

分类	病因	主要临床表现
中枢性性早熟（真性）	特发性	下丘脑对性激素的负反馈的敏感性下降，使促性腺素释放激素过早分泌所致。女性多见，女：男为 23：1
	下丘脑垂体病变	错构瘤、神经母细胞瘤、松果体瘤等中枢神经系统感染或损伤
	先天畸形	脑积水、脑穿通畸形、视中隔发育不全等

续表

分类	病因	主要临床表现
周围性性早熟（假性）	其他	原发性甲状腺功能减低症等
	性腺肿瘤	卵巢颗粒-泡沫细胞瘤、黄体瘤、畸胎瘤等
	肾上腺疾病	肾上腺肿瘤、先天性肾上腺皮质增生症等
	外源性	如含雌激素的药物、食物、化妆品等
	其他	McCune-Albright 综合征
部分性性早熟（假性）		单纯乳房早发育，单纯阴毛早发育，单纯性早初潮

【治疗要点】

本病治疗依病因而定，中枢性性早熟的治疗目的：①抑制或减慢性发育，特别是阻止女孩月经来潮；②抑制骨骼成熟，改善成人期最终身高；③恢复相应年龄应有的心理行为。

1. 病因治疗　继发于颅内肿瘤、肾上腺或性腺肿瘤者，宜手术切除和放疗或化疗。

2. 药物治疗

（1）促性激素释放激素类似物（GnRHa）：可抑制垂体促性腺激素释放剂量 60～100μg/kg，每月肌内注射 1 次。患者的性发育及身高增长、骨龄成熟均得以控制，其作用为可逆性，若能尽早治疗可改善成人期最终身高。

（2）甲羟孕酮（甲孕酮）：抑制促性腺激素释放，用于女孩性早熟，每日剂量 10～30mg。有疗效后减量维持。

（3）环丙孕酮：用于女孩性早熟，每日剂量 70～150mg/m^2。不能改善最终身高。

（4）达那唑：每日 0.05～0.2g。

（5）酮康唑：可应用于男性原发性性早熟，每日剂量 4～12mg/kg，副作用为肝脏损害。

【护理评估】

1. 健康史

（1）了解患儿的生长发育状况，重点评估骨龄及第二性征出现的时间及具体情况。

（2）评估患儿的发病原因，了解患儿的饮食特点、家庭结构特点，以及有无药物误服等情况。

2. 身体状况　性早熟以女孩多见，女孩发生特发性性早熟较男孩多；而男孩性早熟以中枢神经系统异常（如肿瘤）的发生率较高。一般根据正常人体青春发育进程可分为 5 期（Tanner 分期法）：Ⅰ期是青春发育前期，Ⅱ、Ⅲ和Ⅳ期分别为青春发育早期、中期和晚期，Ⅴ期则是成人期。中枢性性早熟的临床特征是提前出现的性征发育与正常青春期发育程序相似，但临床表现差异较大。在青春期前的各个年龄组都可以发病，症状发展快慢不一，有些可在性发育一定程度后停顿一时期再发育，亦有的症状消退后再发育。女孩首先表现为乳房发育，乳腺组织增生，乳核形成，继之乳头增大，乳晕增大，乳房明显增大，乳晕、乳头着色；皮下脂肪增多，出现女性体型；在乳房发育后 1 年长出阴毛、腋毛、月经初潮、大小阴唇增大、阴道出现白色分泌物、子宫逐渐长大，并可有成熟性排卵月经。男孩首先表现为睾丸增大（≥4ml 容积），阴囊皮肤皱褶增加，色素加深，阴茎增长增粗；阴毛、腋毛、胡须生长、声音变低沉、精子生成、肌肉容量增加、皮下脂肪减少、遗精等症状。外周性性早熟的性发育过程常与上述规律迥异。颅内肿瘤所致者在病程中常仅有性早熟表现，后期始见颅内压增高、视野缺损等定位征象，需加以警惕。

3. 辅助检查

（1）骨龄测定：根据手和腕部 X 线片评定骨龄，判断骨骼发育是否超前。性早熟患儿一般骨龄超过实际年龄。

（2）B 超检查：选择盆腔 B 超检查女孩卵巢、子宫的发育情况；若盆腔 B 超显示卵巢内可见多个≥4mm 的卵泡，则为性早熟；若发现单个直径>9mm 的卵泡，则多为囊肿；若卵巢不大而子宫长度>3.5cm，并见内膜增厚则多为外源性雌激素作用。男孩注意睾丸、肾上腺皮质等部位。

（3）CT 或 MRI 检查：对疑有脑肿瘤和肾上腺皮质病变患儿应选择进行脑部或腹部扫描。

（4）血浆 FSH、LH 测定：特发性性早熟患儿血浆 FSH、LH 基础值可高于正常，常常不易判断，需借助于 GnRH 刺激试验，亦称黄体生成素释放激素（LHRH）刺激试验。一般采用静脉注射 GnRH，按 2.5μg/kg（最大剂量≤100μg），于注射前（基础值）和注射后，30、60、90 及 120 分钟分别采血测定血清 LH 和 FSH。当 LH 峰值>15U/L（女），或>25U/L（男）；LH/FSH 峰值>0.7；LH 峰值/基值>3 时，可以认为其性腺轴功能已经启动。

（5）其他检查：根据患儿的临床表现可进一步选择其他检查，如怀疑甲状腺功能低下可测定 T_3、T_4、TSH；性腺肿瘤睾酮和雌二醇浓度增高；先天性肾上腺皮质增生症患儿血 17-羟孕酮（17-OHP）和尿 17-酮类固醇（17-KS）明显增高。

4. 心理-社会状况 由于青春期发育提前出现，患儿生理上的急剧变化，使心理上也产生改变，有的患儿因身体变化出现害羞、不愿参加集体活动，逐渐出现社交退缩。

【常见护理诊断/问题】

1. 生长发育改变 与下丘脑-垂体-性腺轴功能失调有关。

2. 自我概念紊乱 与性早熟有关。

【预期目标】

1. 患儿积极配合治疗，抑制或减慢性发育。

2. 患儿能正确对待自己的形象改变，没有自卑感。

【护理措施】

1. 饮食护理 控制油炸食品、甜食的摄入，增加蛋白质、蔬菜、水果的补充，不食用含有生长激素的食物、营养品、保健品等。

2. 指导用药 药物治疗可帮助延缓骨骺愈合，增加成人期的身高，但应注意药物使用的剂量和副作用。

3. 心理护理 性早熟患儿的心理状态落后于性发育，过早的发育会给患儿带来巨大的心理压力，产生恐惧、害羞，影响正常学习和生活。护士应首先给予患儿各方面的关心和爱护，注意倾听患儿的感触，耐心对患儿进行必要的性教育，使患儿了解疾病，正确对待，并积极治疗。

4. 健康教育 给予患儿及家属讲解疾病预防的相关知识。避免盲目进补；避免成人避孕药物的儿童误服；注意观察儿童的发育情况，特别是毛发、生殖器、胡须、喉结等是否过早发育。一旦发现孩子过早出现第二性征，应该及时到内分泌科检查诊治，以免病情发展。

【护理评价】

经过治疗和护理，患儿性发育得到抑制或减慢；骨骼成熟度被有效抑制，成人期最终身高有望提高；心理发育与年龄相符。

第五节 儿童糖尿病患儿的护理

案例 13-4

患儿，男性，3 岁 7 个月，因发热、呕吐 2 天入院。患儿近 2 个月多饮、多尿、多食和体重不增，近 2 天出现发热、流涕、呕吐。

体格检查：体温 38.3℃，呼吸 32 次/分，心率 124 次/分，体重 12kg。一般情况稍差，神清，轻度脱水征，咽充血，双肺呼吸音粗，未闻及干湿啰音。

实验室检查：尿糖阳性，血糖 15mmol/L，HCO_3^- 11mmol/L。

思考题：

1. 该患儿的初步诊断是什么？治疗护理原则有哪些？
2. 目前，对患儿应采取的主要护理措施有哪些？

糖尿病（diabetes mellitus，DM）是常见的多种病因引起的慢性全身性代谢性疾病，以慢性高血糖为其主要生化特征伴全身性代谢紊乱。儿童原发性糖尿病主要分为三大类：①1 型糖尿病，是以胰岛 β 细胞破坏、胰岛素分泌绝对缺乏所造成的糖、脂肪和蛋白质代谢紊乱的一类糖尿病，且必须使用胰岛素治疗，故又称胰岛素依赖型糖尿病（IDDM），绝大多数儿童期糖尿病属此类型；②2 型糖尿病：是由于胰岛 β 细胞分泌胰岛素不足和（或）靶细胞对胰岛素不敏感（胰岛素抵抗）所致的糖尿病，亦称非胰岛素依赖性糖尿病（noninsulin-dependent diabetes mellitus，NIDDM），在儿童期发病者甚少，我国近年来有增加趋势；③其他特殊类型糖尿病：如青少年 MODY（Maturity-onset Type Diabetes of The Young）型糖尿病，这是一种常染色体显性的单基因遗传病，多伴有染色体异常，属非胰岛素依赖型糖尿病，儿童极为罕见。据我国 22 个省市的初步调查，15 岁以下儿童发病率为 5.6/10 万，较西欧和美国低。糖尿病在北方较多见，可发生于任何年龄，高峰在学龄前期和青春期，婴幼儿期较少。本节主要叙述 1 型糖尿病。

【病因与发病机制】

1 型糖尿病确切病因机制尚未完全阐明。可能与胰岛自身免疫、遗传易患性及环境因素密切相关。但确切的病因仍不清楚。一般认为是在遗传易患性基因的基础上，在外界环境因素的作用下，引起自身免疫反应，导致胰岛 β 细胞的损伤和破坏，当胰岛素分泌减少至正常的 90%以上时即出现临床症状。

1. 自身免疫　90%的 1 型糖尿病患者在诊断时血中有胰岛细胞自身抗体（ICA）、胰岛 β 细胞膜抗体（ICSA）、胰岛素自身抗体（IAA）及谷氨酸脱羧酶（GAD）自身抗体、胰岛素受体自身抗体（IRA）等多种抗体，T 淋巴细胞是破坏胰岛的主要浸润细胞，可直接或间接地杀伤 β 细胞。同时 T 淋巴细胞、巨噬细胞等分泌产生的 1 型淋巴因子（IFN-γ、IL-2、TNF-β）和炎症前因子（IL-1α、IL-1β、TNFα 等）对胰岛 β 细胞有破坏作用。氧自由基可作为细胞因子诱导 β 细胞破坏的中介者。新近证实细胞免疫异常对 1 型糖尿病的发病起重要作用，如抗谷氨酸脱羧酶（GAD）抗体、胰岛素抗体、胰岛素受体抗体（如酪氨酸磷酸酶抗体 LA2）和胰岛细胞抗体（ICA）等。此类抗体可能引起免疫细胞间的复杂作用，产生一些有攻击胰岛 β 细胞作用的细胞因子，如 IL-1、TNF-α、IFN-γ 及 NO 等引起大量炎症介质的释放，导致胰岛组织 β 细胞的破坏。

2. 遗传易患性　根据同卵双胎的研究，1 型糖尿病的患病一致性为 50%，说明在 1 型糖尿病的发病过程中遗传因素起着重要的作用。目前认为该病是多基因遗传病，有多个基因与糖尿病的遗传易患性有关。研究最多的是 1 型糖尿病与人类白细胞抗原（HLA）的 D 区Ⅱ类抗原基因，后者位于第 6 号染色体短臂（6p21.3）与本病的发生有关。发现携带 HLA-DQA152 位精氨酸、HLA-DQB157 位非门冬氨酸决定了 1 型糖尿病的易感基因，反之 HLA-DQα52 位非精氨酸和 HLA-DQβ57 位门冬氨酸决定 1 型糖尿病的保护性。但遗传易感基因在不同种族间有一定的差异，说明遗传基因可能存在多态性。

3. 环境因素　环境因素与 1 型糖尿病的发病有一定关系一般认为 DM 发病率与下列因素有关。①病毒感染：在环境因素中某些病毒（柯萨奇病毒、巨细胞病毒、脑心肌病毒等）在动物研究中可引起糖尿病。②牛乳蛋白：包括 BSA、α-酪蛋白、β-酪蛋白、乳球蛋白等，可作为 1 型糖尿病体液和细胞免疫的靶抗原，可致机体产生相应交叉抗体，破坏胰岛 β 细胞引起糖尿病。③牛胰岛素：牛乳中含有牛胰岛素，可引起机体免疫反应。④其他：如年龄、出生体重等也可能有一定影响。

【病理生理】

糖尿病主要病理变化为胰岛 β 细胞大都被破坏，分泌胰岛素明显减少，而分泌胰高糖素的 A 细胞和其他细胞则相对增生，即引起代谢紊乱。人体中有六种涉及能量代谢的激素：胰岛素、胰高糖素、肾上腺素、去甲肾上腺素、皮质醇和生长激素，其中唯有胰岛素是促进能量储存的激素，其余五种激素在饥饿状态下皆促进能量释放，因而称为反调节激素。胰岛素可促进细胞内葡萄糖的转运，促进糖的利用和蛋白质的合成，促进脂肪合成并抑制肝糖原的分解。糖尿病患儿的胰岛素分泌不足或缺如，使葡萄糖的利用减少，胰高糖素、生长激素、皮质醇等反调节激素增高，且又促进肝糖原分解和葡萄糖异生作用，使脂肪和蛋白质分解加速，造成血糖和细胞外液渗透压增高，细胞内液向细胞外转移。当血糖浓度超过肾阈值（10mmol/L 或 180mg/dl）时，即产生糖尿，导致渗透性利尿，临床出现多尿症状，由于机体的代偿，患儿呈现渴感增强、饮水增多。因为组织不能利用葡萄糖，能量不足而产生饥饿感，引起多食。胰岛素不足和反调节激素的增高也促进了脂肪分解，血中脂肪酸增高，肌肉和胰岛素依赖性组织即利用这类游离脂肪酸供能，以弥补细胞内葡萄糖不足，而过多的游离脂肪酸在进入肝脏后则在胰高糖素等生酮激素作用下加速氧化，导致乙酰乙酸、β-羟丁酸等酮体长期累积在各种体液中，形成酮症酸中毒。酮症酸中毒时氧利用减低，脑功能受损，二氧化碳严重潴留，呼吸中枢兴奋而出现不规则的呼吸深快，呼气中的丙酮产生特异的气味（烂水果味）。

【治疗要点】

糖尿病是终身的内分泌代谢紊乱性疾病。其治疗应是综合性的，其中包括胰岛素治疗、饮食管理、运动及精神心理治疗。治疗目的是：①控制临床症状；②积极预防并及时纠正酮症酸中毒；③避免发生低血糖；④保证患儿正常生长发育和性成熟；⑤防止肥胖及其脂代谢紊乱；⑥防止和纠正情绪障碍；⑦预防远期并发症。

1. 一般治疗

（1）饮食治疗：与胰岛素治疗同步进行，注意根据患儿的年龄、个人口味和生活习惯制订个体的饮食治疗方案。

（2）运动治疗：运动可增加葡萄糖的利用，调节血糖，同时，运动可促进生长发育，促进患儿的身心发展，因此，只要病情稳定就可以参加各种运动。

2. 基本药物治疗 即胰岛素替代治疗，根据胰岛素作用快慢及持续时间可分为短效、中效和长效胰岛素。治疗过程分三个阶段。

（1）初治阶段：新患者普通胰岛素每日 0.5～1U/kg，已用胰岛素治疗者从每日 0.7U/kg 开始，年龄小于 3 岁者从每日 0.25U/kg 开始，分 3～4 次在进餐前 20～30 分钟皮下注射。如空腹血浆 C 肽过低及病程较长者，早餐前用量偏大，中、晚餐前用量可相等。

（2）调整阶段：根据血糖、尿糖及对胰岛素敏感性调整。病情重、年龄大、病程长者的胰岛素用量大，在感染、外伤、手术者用量大，存在胰岛素抗体者用量大。

（3）维持阶段：可用中效、短效或长效、短效胰岛素混合，目前多主张多次、多成分皮下注射胰岛素（强化胰岛素治疗），剂量早晨 3/5，晚餐前，2/5 或早、中、晚（2/5、1/5、2/5）分 3 次注射。

胰岛素的种类和作用时间见表 13-2。

表 13-2 胰岛素的种类和作用时间

胰岛素种类	开始作用时间（小时）	作用最强时间（小时）	维持时间（小时）
短效（RI）	0.5	3～4	6～8
中效（NPH）	1.5～2	4～12	18～24
混合（短效+中效）	0.5	2～8	18～24
长效（PZI）	3～4	14～20	24～36

3. 儿童糖尿病酮症酸中毒治疗 ①纠正脱水、酸中毒及电解质紊乱：按中度脱水计算输液量（80～100ml/kg），再加继续丢失量后为24小时的总液量，开始先给予生理盐水15～20ml/kg，以后根据血钠决定给予半张或1/3张不含糖的液体。前8小时输入总液量的1/2，余量在后16小时输入，同时见排尿后即加入氯化钾3～6mmol/kg。一般不用碱剂纠正酸中毒，只有当血pH＜7.2时才用碳酸氢钠纠正酸中毒，碱剂补充量=（22−所测 HCO_3^-mmol/L）×体重（kg）×0.6。通常先给计算量的一半，再测血pH＞7.2时则不再需碱性液。酸中毒纠正后一般以低张液（1/2～1/3张）补给。②胰岛素应用：采用小剂量胰岛素持续静脉输入，儿童胰岛素用量采用每小时胰岛素0.1U/kg，每1～2小时测血糖一次，根据测量结果调整胰岛素用量。

【护理评估】

1. 健康史

（1）评估患儿的年龄及生长发育状况。

（2）了解患儿生活方式、饮食习惯、有无糖尿病家族史等，了解可能的病因。

（3）了解喂养及生长发育情况 询问精神、食欲及活动情况，是否有喂养困难，是否有智力和体格发育低下。

2. 身体状况 评估糖尿病的临床表现，如有无多饮、多食、多尿、体重减轻的典型症状，有无乏力、头晕、头痛、视力障碍，有无皮肤干燥和瘙痒、皮肤疖和溃疡等感染灶等。

1型糖尿患儿起病较急，多有感染或饮食不当等诱因。其典型症状为多饮、多尿、多食和体重下降（即“三多一少”）。婴幼儿多饮多尿不易发现，并很快发展为脱水和酸中毒。学龄儿童有时因夜间遗尿而就诊。年长儿还可出现消瘦、精神不振、倦怠乏力等症状。约40%糖尿病患儿在就诊时即处于酮症酸中毒状态，这类患儿常因急性感染、过食、突然中断胰岛素治疗等因素诱发，多表现为起病急，进食减少、恶心、呕吐、腹痛、关节或肌肉疼痛，皮肤黏膜干燥，呼吸深长，呼气中带有酮味，脉搏细数，血压下降，甚至嗜睡、淡漠、昏迷。常被误诊为肺炎、败血症、急腹症或脑膜炎等。少数患儿起病缓慢，以精神呆滞、软弱、体重下降等为主。

体格检查时除见体重减轻、消瘦外，一般无阳性体征。酸中毒时可出现呼吸深长，带有酮味。病程较久，对糖尿病控制不好时可发生生长落后、智能发育迟缓、肝大。晚期可出现蛋白尿、高血压等糖尿病肾病表现，最后致肾功能衰竭，还可出现白内障、视力障碍、视网膜病变，甚至双目失明。

糖尿病治疗中常见的并发症如下：

（1）急性并发症：①糖尿病酮症酸中毒，儿童时期糖尿病约有1/3以上发生酮症酸中毒，常易误诊为肺炎、败血症、急腹症或脑膜炎等。酸中毒表现为不规则深长呼吸、有酮体味，突然发生恶心、呕吐、厌食或腹痛、腿痛等症状，严重者出现神志改变。血生化检查有不同程度酸中毒，血尿酮体增高。②低血糖，多是医源性胰岛素用量过多或用药后未进食而引起。表现心悸、出汗、饥饿感、头晕或震颤等，严重者可昏迷、惊厥，若不及时抢救可致死亡。③感染，各种病毒、细菌感染、结核病等常与糖尿病共存，严重感染可发生中毒型休克。这与免疫功能障碍有关。

（2）治疗后并发症：糖尿病治疗后会出现某些并发症，可能与治疗不当有关。其并发症持续时间长则可引起骨骼和关节异常，表现为关节活动受限，又称Rosenbloom综合征；生长障碍或身材矮小等症状；年长儿性成熟延迟和神经心理发育可有一定程度受损。

（3）晚期并发症：①糖尿病视网膜病是糖尿病最常见的并发症，表现为视力障碍，甚至失明；②糖尿病肾病，患儿有明显的肾病，表现为水肿、蛋白尿及高血压等，但少见终末期肾病。肾衰竭亦是引起儿童期糖尿病死亡的原因之一；③糖尿病周围神经病变，并不多见。

3. 辅助检查 了解患者实验室检查结果，如空腹血糖、餐后血糖、糖耐量试验、糖化血红蛋白等，以便了解病情。

（1）尿液检查：①尿糖，一般在治疗开始时分段收集晨8时至午餐前；午餐后至晚餐前；晚餐后至次晨 8 时的尿液，以了解 24 小时尿糖的变动情况。当糖尿病患者治疗前血糖超过肾阈值（10mmol/L 或 180mg/dl）尿糖出现阳性。②尿酮体，糖尿病伴有酮症酸中毒时呈阳性。③尿微量白蛋白排泄率（UAE），是用放射免疫方法定量分析尿中白蛋白含量，可及时了解肾脏的病变情况。

（2）血液检查：①血糖增高，随机检测血糖＞11.1mmol/L（＞200mg/ml）；②血脂，血清胆固醇、三酰甘油均可明显增高；③血电解质，测血 Na^+、K^+、Cl^-、CO_2CP；④血酮体增高；⑤血气分析，pH＜7.30，HCO_3^-＜15mmol/L 时，提示代谢性酸中毒；⑥血常规检查 WBC 可增高。

（3）葡萄糖耐量试验（OGTT）：本试验用于空腹血糖正常或正常高限，餐后血糖高于正常而尿糖偶尔阳性的患儿。通常采用口服葡萄糖法：试验当日自 0 时起禁食，于清晨按 1.75g/kg 口服葡萄糖（最大量不超过 75g），3～5 分钟内服完；在口服前（0 分钟）和口服后 60、120 及 180 分钟分别采血测血糖和胰岛素浓度。正常人 0 分钟血糖＜6.7mmol/L（110mg/dl），口服葡萄糖后，60 分钟和 120 分钟后血糖分别低于 10.0mmol/L 和 7.8mmol/L；糖尿病患儿 120 分钟血糖值＞11mmol/L。试验前应避免剧烈运动、精神紧张，停服双氢克尿噻、水杨酸等影响糖代谢的药物。

（4）糖化血红蛋白：血红蛋白在红细胞内与血中葡萄糖或磷酸化葡萄糖呈非酶化结合，形成糖化血红蛋白（HbA_1C），其量与血糖浓度呈正相关。正常人 HbA_1C＜7%，治疗良好的糖尿病患儿应低于 9%，如高于 12%时则表示血糖控制不理想。因此，HbA_1C 可作为糖尿病病情衡量满意控制的指标之一。

4. 心理-社会状况 1 型糖尿病患儿多发病突然，需要终身进行治疗，患儿及家属往往不能接受这种现实，需进行有效的心理护理。

案例 13-4 分析讨论

1. 该患儿的初步诊断是 1 型糖尿病合并酮症酸中毒。

治疗护理原则：给予特级护理，吸氧，纠正脱水、酸中毒及电解质紊乱、抗感染治疗；并采用小剂量胰岛素持续静脉输入，儿童胰岛素用量采用每小时胰岛素 0.1U/kg，每 1～2 小时测血糖一次，根据测量结果调整胰岛素用量。

【常见护理诊断/问题】

1. 营养失调：低于机体需要量 与胰岛素缺乏所致代谢紊乱有关。

2. 潜在并发症 酮症酸中毒、低血糖。

3. 有感染的危险 与蛋白质代谢紊乱所致抵抗力低下有关。

4. 知识缺乏 与患儿和家长缺乏糖尿病治疗的知识和技能有关。

【预期目标】

1. 制订符合个体生长发育需求及血糖水平的饮食方案。
2. 定期检测体重，体重增长符合生长发育要求。
3. 定期监测血糖，有效避免糖尿病酮症酸中毒的发生。
4. 患儿及家长了解糖尿病治疗的相关知识和监测血糖、尿糖的相关技能。

【护理措施】

1. 饮食控制 为了使血糖能控制在要求达到的范围内，与胰岛素治疗的同时应同步进行饮食控制。饮食控制过程中应注意：①热量需要，既满足儿童年龄、生长发育和日常生活的需要但又不过量。每日总热量 kcal（千卡）=1000+[年龄×（80～100）]。对年幼儿宜稍偏高；②食物的成分，糖类 50%～55%、蛋白质 15%～20%、脂肪 30%；③热量分配，全日热量分三大餐和三次点心，早餐为总热量的 20%，午餐和晚餐各为 30%，上午和下午的餐间点心各 5%，睡前点心为 10%。饮食控制以能保持正常体重，减少血糖波动，维持血脂正常为原则。应根据患者的生活方式制订食谱，注重现实可行，鼓励家庭配合。

2. 胰岛素的使用

（1）胰岛素的注射：胰岛素注射方法包括注射器注射、胰岛素笔注射和胰岛素泵等方法。使用注射器时应尽量用同一型号的 1ml 注射器（刻度以 0.1ml 为单位，每 0.1ml=4U），以保证剂量的准确。注射部位可选用股前部、上臂外侧、臀部、腹壁等，每次注射须更换部位，注射点至少相隔 1～2cm，以防局部皮下脂肪萎缩硬化，影响胰岛素的吸收。胰岛素泵法是指连续皮下输入胰岛素的方法，是目前最先进的胰岛素注射方法。它可以平稳、有效地控制血糖。

（2）监测：根据血糖、尿糖监测结果，每 2～3 天调整胰岛素剂量 1 次，直至尿糖不超过“++”。教会患儿及家长测定血糖和尿糖的方法，鼓励其独立完成监测。

（3）注意事项

1）胰岛素过量：胰岛素过量可致 Somogyi 现象。由于胰岛素过量，在午夜至凌晨时发生低血糖，在反调节激素作用下使血糖升高，清晨出现高血糖。即出现低血糖-高血糖反应。如未及时诊断，因日间血糖增高而盲目增加胰岛素用量，可造成恶性循环。故对于尿量增加，同时有低血糖出现或一日内血糖波动较大，胰岛素用量大于每日 1.5U/kg 者，应怀疑 Somogyi 现象，可测午夜后 1～3 时血糖，以及时诊断并合理调整胰岛素用量。

2）胰岛素不足：胰岛素不足可致“清晨现象”。因晚间胰岛素不足，在清晨 5～9 时呈现血糖和尿糖增高，可加大晚间注射剂量或将 NPH 注射时间稍往后移即可。持久的胰岛素用量不足可使患儿长期处于高血糖状态，症状不能完全消除，导致生长停滞、肝脾肿大、高血糖、高血脂，并容易发生酮症酸中毒。

3）胰岛素耐药：患儿在无酮症酸中毒情况下，每日胰岛素用量＞2U/kg，仍不能使高血糖得到控制时，在排除 Somogyi 现象后称为胰岛素耐药。可换用更纯的基因重组胰岛素。

3. 运动锻炼　病情稳定后可参加各种体育活动，但注意运动时间以进餐 1 小时后，2～3 小时以内为宜，注意摸索出胰岛素治疗、饮食和运动三者间的平衡协调状态，避免发生运动后低血糖。运动后有低血糖症状时可适量加餐；空腹血糖大于 15mmol/L，具有发生酮症酸中毒迹象的患儿不能剧烈运动。

4. 糖尿病酮症酸中毒的护理　一旦发生应立即建立两条静脉通路，一条为纠正脱水酸中毒快速输液用，另一条输入小剂量胰岛素降血糖，最好采用微量输液泵调整滴速，保证胰岛素均匀滴入。静脉输液速度及用量需根据小儿年龄及需要调节，并详细记录出入液量，防脑水肿、低血糖、低血钾、心力衰竭而突发死亡。

（1）纠正、电解质、酸碱平衡的紊乱，保证出入量的平衡。

（2）密切观察病情变化，监测血气、电解质及血糖、尿糖和尿酮体的变化。

（3）协助胰岛素治疗，严密监测血糖波动，随时调整用药方案。

5. 预防感染　保持良好的卫生习惯，经常洗头、洗澡，保持皮肤清洁。勤剪指甲，避免皮肤抓伤、刺伤和其他损伤。做好会阴部护理，防止泌尿系感染。如已发生感染，需用抗生素治疗，以免感染促发或加重酮症酸中毒发生。

6. 预防并发症　按时做血糖、尿糖测定，根据测定结果调整胰岛素的注射剂量、饮食量及运动量，定期进行全面身体检查。重点预防酮症酸中毒、低血糖、糖尿病肾病、视网膜病变等并发症。

7. 心理支持　帮助建立与同类疾病患儿的联系，通过饮食、运动及药物的共同使用，达到最佳治疗效果，减轻心理压力，树立治疗信心。

案例 13-4 分析讨论（续）

2. 对患儿应采取的主要护理措施

（1）立即建立两条静脉通路，一条为纠正脱水酸中毒快速输液用，另一条输入小剂量胰岛素降血糖，最好采用微量输液泵调整滴速，保证胰岛素均匀滴注。静脉输液速度及用量需根据小儿年龄及需要调节。

（2）密切观察病情变化，监测血气、电解质，以及血糖、尿糖和尿酮体的变化。并详细记录出入液量。

（3）协助胰岛素治疗，严密监测血糖波动。

8. 健康教育和病情监控 由于糖尿病是慢性终生疾病，因此对本病的管理和监控非常重要。应做到及时联络、定期随访。

（1）糖尿病教育：①了解糖尿病的并发症及其危害；②糖尿病治疗目的；③胰岛素注射技术及注意事项；④如何根据监测的血糖、尿糖调整胰岛素用量；⑤饮食的注意事项和如何制订食谱；⑥运动疗法的选择及注意事项；⑦低血糖症的识别、预防和治疗；⑧皮肤、眼睛、口腔的保健及其护理。

（2）糖尿病监控：①血糖监控，根据血糖的浓度调节胰岛素用量，故每天应常规 4 次测量血糖（三餐前及临睡前），每周测 1 次凌晨 2～3 时血糖。②并发症监控，糖尿病患者并发症较多，其中皮肤、眼睛及其他微血管炎应高度注意。③糖化血红蛋白（HbA_1c）测定监控，应每 3～4 个月检测一次。要求青少年 $HbA_1c \leq 8\%$，婴幼儿控制在 9%～9.5%。④尿微量白蛋白排泄率测定监控，一般每年检测 1～2 次，注意早期糖尿病肾病的发生，同时严密观察血压，以防发生高血压脑病。⑤并发症的监控，预防并发症积极预防微血管继发损害所造成的肾功能不全、视网膜和心肌等病变。

【护理评价】

经过治疗和护理，患儿能按照所指定的饮食方案进餐，并能积极配合治疗，按时用药，血糖得到有效控制；患儿及家长掌握疾病的相关知识，学会检测血糖、尿糖及体重等的方法，并掌握糖尿病酮症酸中毒、低血糖的常见表现，能及时发现并发症的发生并合理处置。

思 考 题

1. 如何促进甲状腺功能减低症患儿的智力发育？

2. 生长激素缺乏症患儿的主要临床表现是什么？

3. 患儿，女性，10 岁，被诊断为 1 型糖尿病，应用胰岛素治疗 3 年，近日出现清晨 5～9 时血糖、尿糖增高。

（1）应如何调整治疗方案？

（2）如何做好该患儿的饮食护理？

（3）如何指导患儿及家长监控糖尿病的病情变化？

（刘　晶）

第十四章　免疫性疾病患儿的护理

【目标要求】

掌握：免疫性疾病、风湿热、幼年特发性关节炎、过敏性紫癜和皮肤黏膜淋巴结综合征的概念、临床表现、护理要点及健康教育。

熟悉：免疫性疾病、风湿热、幼年特发性关节炎、过敏性紫癜和皮肤黏膜淋巴结综合征的病因、发病机制、常见护理诊断/问题、辅助检查及治疗要点。

了解：儿童免疫系统发育特点，艾滋病的流行病学特点。

第一节　儿童免疫系统发育特点

一、非特异性免疫

非特异性免疫反应是机体在长期种族进化中不断与病原体相互斗争而建立起来的一种系统防御功能，是一种天然免疫力，它可以遗传给后代，对各种有害异物无选择性地起防御作用。主要包括屏障免疫机制、细胞吞噬系统、补体系统和其他免疫分子作用。

1. 屏障防御机制　主要包括由皮肤-黏膜屏障、血-脑脊液屏障、血-胎盘屏障、淋巴结过滤作用等构成的解剖（物理）屏障和由溶菌酶、乳铁蛋白、胃酸等构成的生化屏障。小儿时期非特异性免疫功能尚未发育完善，随年龄增长而逐步发育成熟。新生儿和婴幼儿皮肤角质层薄嫩，容易破损，故屏障作用差，对外界刺激的抵抗力弱，易受机械或物理损伤而继发感染；此外，新生儿皮肤较成人偏碱性，易于细菌或真菌的增殖；肠道通透性高，胃酸较少，杀菌力弱；血-脑脊液屏障、淋巴结功能未发育成熟，以及呼吸道纤毛细胞发育不完善等，均导致新生儿和婴幼儿的非特异性免疫功能较差。

2. 细胞吞噬系统　血液中具有吞噬功能的细胞主要是单核/巨噬细胞和中性粒细胞。在胎龄第9周前后，末梢血中开始出现中性粒细胞，在胎龄第34周，中性粒细胞的趋化、吞噬和细胞内杀菌功能已趋成熟。但新生儿的各种吞噬细胞功能可呈暂时性低下状态，这与新生儿时期缺乏血清补体、调理素、趋化因子等有关。

3. 补体系统　6～14周时胎儿便能合成补体成分，但母体的补体不能传输给胎儿，故新生儿血清补体含量低，补体经典途径（CH_{50}）和C3、C4、C5活性是其母亲的50%～60%，一般在生后3～6个月，补体浓度或活性才接近成人水平。未成熟儿补体经典途径和旁路途径均低于成熟儿。

二、特异性免疫

特异性免疫反应是机体在后天生活过程中与抗原物质接触后产生的，在非特异性免疫的基础上由免疫器官和免疫活性细胞完成的，一般对有害异物有针对性，为后天获得性免疫。包括细胞免疫和体液免疫两种，其中，T细胞主要参与细胞免疫，B细胞主要参与体液免疫。

1. 细胞免疫（T细胞免疫）　细胞免疫是由T淋巴细胞（T细胞）介导产生的一种特异性免疫反应，其主要功能是抵御细胞内的病原微生物（病毒、真菌、寄生虫等）感染和免疫监视。机体在抗原刺激后产生致敏的T细胞，再与相应抗原作用产生各种淋巴因子（转移因子、移动抑制因子、淋巴毒素、趋化因子、干扰素等），发挥免疫防御和免疫监视作用。胎儿期淋巴样干细胞在胸腺中发育形成成熟的 T 细胞，在 T 细胞成熟的过程中形成了对自身组织的耐受性和对异体物质的反应性。足月新生儿外周血中 T 细胞绝对计数已达成人水平，但 T 淋巴细胞分类比例和功能与成人不同。出生时 T 细胞自身发育已完善，故新生儿的皮肤迟发型超敏反应在出生后不久即已形成，新生儿接种卡介苗后数周结核菌素试验即呈阳性反应。但新生儿 T 细胞辅助 B 细胞产生免疫球蛋白的能力受限，活化吞噬细胞和产生细胞毒性 T 细胞（CTL）的能力下降；T 细胞产生的 γ-干扰素（INF-γ）和白细胞介素-4（IL-4）为成人的 10%～20%，约 3 岁时达成人水平。由于从未接触抗原，需在较强抗原刺激下才有反应，随着与多种抗原接触 T 细胞更趋完善。其中具有辅助/诱导作用的 CD4 阳性 T 细胞数比具有抑制/细胞毒性作用的 CD8 阳性 T 细胞数多，使 $CD4^+/CD8^+$ 的比值高达 3～4，约 2 岁时比值为 2，接近成人水平。

2. 体液免疫（B 细胞免疫） 体液免疫是指 B 淋巴细胞在抗原刺激下转化成浆细胞并产生抗体（免疫球蛋白），特异性地与相应抗原在体内结合而产生免疫反应。其主要功能是抵御细胞外的细菌和病毒感染。

（1）B 细胞：B 细胞功能在胚胎早期即已成熟，但因缺乏抗体及 T 细胞多种信号的辅助刺激，新生儿 B 细胞产生抗体的能力低下，出生后随着年龄增长特异性体液免疫才逐步完善。胎儿和新生儿 B 细胞对抗原刺激可产生相应的 IgM 类抗体，而有效的 IgG 类抗体应答需在生后 3 个月才出现，直到 2 岁时分泌 IgG 的 B 细胞才发育达成人水平，而分泌 IgA 的 B 细胞到 5 岁时才达成人水平。

（2）免疫球蛋白（immunoglobulin，Ig）：具有抗体活性的球蛋白称为免疫球蛋白，是 B 细胞最终分化为浆细胞的产物，存在于血液、体液、分泌液和 B 细胞的膜上，发挥特异性体液免疫作用，根据其理化和免疫性能不同分为 IgG、IgA、IgM、IgD 及 IgE 五类。

1）IgG：在胚胎 12 周末时开始合成，但含量不多，IgG 是唯一可以通过胎盘的免疫球蛋白。新生儿血液中的 IgG 主要是通过胎盘从母体获得，这对婴儿出生后数月内防御麻疹、白喉、脊髓灰质炎等细菌和病毒感染起重要作用。儿童出生后 3 个月内自身产生的 IgG 数量不多，3 个月后产量逐渐增加，而来自母体的 IgG 于儿童出生后因代谢分解而逐渐下降，至 6 个月时全部消失，故出生 6 个月后，儿童易患感染性疾病。儿童 6～7 岁时血清中的 IgG 才接近成人水平。

2）IgM：是个体发育过程中最早合成和分泌的抗体，但因无抗原刺激，胎儿自身合成的 IgM 极少，且母亲的 IgM 不能通过胎盘，故新生儿血液中 IgM 含量较低，若出生时脐血 IgM 增高，提示有宫内感染可能。因 IgM 是抗革兰阴性杆菌的主要抗体，故新生儿易患革兰阴性细菌尤其是大肠埃希菌感染。新生儿出生后 3～4 个月时 IgM 在血清中的含量为成人的 50%，1 岁时达成人的 75%。

3）IgA：胎儿期不产生 IgA，且 IgA 不能通过胎盘，所以新生儿血清 IgA 含量很低，若脐血 IgA 含量升高也提示宫内感染。IgA 分为血清型和分泌型两种。血清型 IgA 于新生儿出生后第 3 周逐渐合成，1 岁时仅为成人的 20%，12 岁时达到成人水平。分泌型 IgA（SIgA）存在于唾液、泪水、乳汁等外分泌液中，是黏膜局部抗感染的重要因素，新生儿和婴幼儿 SIgA 水平很低，2～4 岁时达成人水平，是其易患呼吸道和胃肠道感染的重要原因。

4）IgD：不能通过胎盘，在新生儿血中含量甚微，5 岁时才达成人水平的 20%，其功能目前尚不清楚。

5）IgE：母亲的 IgE 不能通过胎盘传给胎儿，新生儿体内 IgE 含量极少，出生时后可从母乳中获取部分 IgE，约 7 岁左右达成人水平。IgE 参与 Ⅰ 型变态反应，IgE 的应答对 T 细胞有高度的依赖性。婴幼儿合成 IgE 能力不弱，患过敏性疾病时血清 IgE 水平可显著升高。

第二节　原发性免疫缺陷病患儿的护理

案例 14-1

患儿，女性，1 岁 4 个月，因反复咳嗽、发热 6 个月入院。患儿于半年前出现伴有发热、咳嗽、气喘，体温为 39.6℃，无寒战及抽搐。在当地医院诊断为“支气管炎”住院治疗 15 余天好转。此后患儿经常感冒，每月 2 次左右，症状时好时重。4 个月前因“肺炎”治疗 15 天。3 天前又出现咳嗽、发热。自出生 6 个月后患儿经常皮肤患脓疱疮，左耳流脓性物 2 个月余。系第 1 胎，第 1 产，足月剖宫产，现在刚会走路，无家族遗传病史。

体格检查：体温 38.5℃，脉搏 116 次/分，呼吸 44 次/分，体重 8.5kg，发育落后，营养较差，神志清，精神不振。全身皮肤可见陈旧性瘢痕，未见皮疹及出血点等，浅表淋巴结未及肿大。方颅，前囟未闭，毛发稀疏枯黄，左耳道可见有淡黄色黏稠分泌物流出，有臭味。咽充血，咽后壁可见 2 个绿豆大小的浅表溃疡，扁桃体未见发育，双肺呼吸音粗，可闻及散在干啰音。腹软，肝脾肋下未触及。四肢肌张力正常，生理反射存在，病理反射征未引出。

实验室检查：血常规：Hb 94g/L，WBC 14.3×10^9/L，L 30%，N 70%，RBC 3.5×10^{12}/L，PLT 160×10^9/L，HGB 100g/L，血沉 30mm/h。ASO＜400U/L，百日咳及白喉特异性 IgG 抗体滴度测不出。血清 IgG 0.064g/L，IgM ＜0.05g/L，IgA＜0.02g/L，骨髓涂片未见浆细胞。胸部正位 X 线片示双肺纹理增粗，可见斑片状阴影。

思考题：

1. 该患儿最可能的临床诊断是什么？诊断依据有哪些？
2. 该患儿的护理重点是什么？

原发性免疫缺陷病（primary immunodeficiency diseases，PID）是因免疫系统遗传缺陷或先天发育不全，导致机体免疫功能障碍的一组综合征。临床以抗感染功能低下，反复发生严重的感染为主要特征，同时可伴有免疫监视和免疫稳定功能异常，易发生自身免疫性疾病、过敏性疾病和恶性肿瘤。本病有遗传倾向，主要发生于婴幼儿和儿童期。大约 40%的 PID 于 1 岁以内起病，另外 40%于 5 岁以内起病，15%于 16 岁以内起病，仅 5%发病于成人期。

【病因与分类】

PID 的病因尚未十分清楚，但这类疾病的表现多种多样，很可能是多种因素所致。遗传因素在众多 PID 中起重要作用。大多数 PID 的遗传形式已明确，几乎均为单基因遗传，多数为常染色体隐性遗传，其次为 X-连锁隐性和常染色体显性遗传。多基因遗传性原发性免疫缺陷病的确定较困难，至今尚无确切的报道。另外，有报道称胎儿受风疹病毒、巨细胞病毒、疱疹病毒等宫内感染后可引起免疫系统发育障碍。目前 PID 尚无统一分类，2011 年国际免疫学会联盟（IUIS）PID 专家委员会会议将 PID 分为联合免疫缺陷病、伴有免疫缺陷的明确综合征、抗体为主的缺陷、免疫调节失衡疾病、吞噬细胞数量功能或两者兼有的先天缺陷、固有免疫缺陷、自身炎症性疾病和补体缺陷八种。

【治疗要点】

1. 一般治疗

（1）预防和控制感染：对患儿进行保护性隔离，若有感染应及时治疗，有时需长期预防性应用抗菌药物。糖皮质激素类药物应慎用。

（2）T 细胞缺陷患儿不宜输血或新鲜血制品，以防发生移植物抗宿主反应。患儿最好不做扁桃体和淋巴结切除术，且脾切除术视为禁忌。必须做脾切除者，应长期给予抗菌药物预防感染。

（3）若患儿尚有一定抗体合成能力，可接种灭活疫苗。严重抗体和细胞免疫缺陷患儿，禁用减毒活疫菌，以防发生疫苗感染。

（4）有明确家族史者应接受遗传学咨询并做产前检查。

2. 替代治疗 可暂时性缓解临床症状。静脉注射丙种球蛋白用于治疗低 IgG 血症；高效价免疫血清球蛋白用于严重感染的治疗和预防；血浆含有免疫球蛋白、补体等多种免疫活性成分，但应注意做严格生物学污染过筛试验。

3. 免疫重建 是采用正常细胞或基因片段植入患儿体内，使之发挥功能，以持久地纠正免疫缺陷。免疫重建的方法有骨髓移植、胎肝移植、胎儿胸腺移植、脐血干细胞移植和基因治疗等。

【护理评估】

1. 健康史

（1）评估患儿的年龄及生长发育状况。

（2）评估患儿发病原因、接种情况、有无感染史及家族史。

2. 身体状况

（1）共同表现：PID 的临床表现由于病因不同而极为复杂，但其共同的临床表现却非常一致，即反复感染、易患肿瘤和自身免疫性疾病。多数患儿有明确家族史。

（2）反复和慢性感染：免疫缺陷病最常见的表现是感染，且为反复、严重、持久的感染。不常见和致病力低下的细菌也能致病。许多患儿常需要持续使用抗菌药物以预防感染的发生。感染主要包括复发性或慢性中耳炎、鼻窦炎、结合膜炎、支气管炎或肺炎，部位以呼吸道最常见，其次为胃肠道，也可见皮肤感染和全身感染。抗体缺陷时易发生化脓性细菌感染；T 细胞缺陷时则易发生病毒、结核杆菌和沙门菌属等细胞内病原体感染，也易发生真菌和原虫感染；补体成分缺陷易发生奈瑟菌属感染；中性粒细胞功能缺陷时常为金黄色葡萄球菌感染。病原体的毒力可能并不很强，常呈机会感染。感染常反复发作或迁延不愈，治疗效果欠佳，尤其是抑菌剂疗效更差，必须使用杀菌剂，剂量偏大，疗程较长时才有一定疗效。

（3）自身免疫性疾病和恶性肿瘤：长期存活的 PID 患儿随年龄增长易发生自身免疫性疾病和肿瘤，尤其是淋巴系统肿瘤。其发生率较正常人群高 10 倍乃至 100 倍以上。

（4）其他临床表现：某些 PID 有其特殊的临床特征，有助于对这些特殊疾病做出临床诊断。如胸腺发育不全表现为低钙血症、先天性心脏病和特殊面容；共济失调毛细血管扩张综合征表现为神经系统进行性变、共济失调伴反复呼吸道感染；湿疹血小板减少伴免疫缺陷表现为严重湿疹、出血倾向伴免疫缺陷等。

（5）遗传性：以 X-连锁遗传、常染色体隐性遗传多见。

（6）特殊表现：除反复感染外，不同的免疫缺陷可有不同的临床特征。

1）X-连锁无丙种球蛋白血症（X-linked agammaglobulimaemia，XLA）：本病又称为先天性无丙种球蛋白血症或 Bruton 综合征，为最常见的原发性 B 细胞免疫缺陷病，仅见于男性，近半数患儿可询问到家族史。由于新生儿体内有来自母体的 IgG，一般在出生后数月内不出现任何症状，随着来自母体的 IgG 不断减少，通常在生后 6 个月左右开始出现反复严重的化脓性感染，如呼吸道感染、中耳炎、脑膜炎、败血症和皮肤脓疱病等。患儿常伴有恶性肿瘤、白血病、幼年特发性关节炎等，淋巴结和扁桃体缺如或很小，胸腺发育正常。如不积极诊治，约半数患儿于 10 岁之前死亡。

2）婴儿暂时性低丙种球蛋白血症：为发病机制不详、遗传方式不确定的自限性疾病，男女均可发病，偶有家族史。其特点是婴儿自身开始合成免疫球蛋白的时间推迟，在生后 9～18 个月才开始出现，B 细胞数目正常，一种或多种免疫球蛋白浓度暂时性降低，期间患儿容易罹患由革兰阳性菌所致的皮肤、呼吸道和脑膜感染。随年龄增长（通常为 2～4 岁时），其免疫球蛋白浓度可达到或接近正常值。

3）选择性 IgA 缺陷：为最常见的免疫缺陷病，可为常染色体隐性遗传或常染色体显性遗传，也可散发。主要免疫学异常为 IgA 水平低，SIgA 含量极低，其他各类 Ig 水平正常，细胞免疫功能正常。多无明显症状，或仅表现为呼吸道反复感染，部分病例存在消化道症状，约 50%病例伴有自身免疫性疾病。

4）胸腺发育不全（DiGeorge anomaly，DA）：本病因胚胎 6～8 周时第三和第四对咽囊管分化发育障碍，导致胸腺、甲状旁腺、部分颜面及大血管等多脏器发育不全。男女均可发病，主要临床特点为反复感染及不易纠正的低钙抽搐，常伴有先天性心脏病、特殊面容（人中短、眼距宽、下颌发育不良、耳位低等）。

5）联合免疫缺陷病：是指 T 细胞和 B 细胞功能联合缺陷引起的原发性免疫缺陷病，以 T 细胞缺如尤为严重和突出。

A. 重症联合免疫缺陷病（severe combined immunodeficiency disease，SCID）：是一组胸腺、淋巴组织发育不全及 Ig 缺乏的遗传性疾病，机体体液免疫和细胞免疫功能缺陷。遗传方式为性连锁遗传或常染色体隐性遗传，以 X 连锁遗传最常见。该疾病临床特点是婴儿早期出现致死性严重感染，常见化脓菌、病毒、真菌等感染引起的中耳炎、肺炎、败血症、腹泻、皮肤感染及卡氏肺囊虫肺炎、白色念珠菌病，并伴生长发育障碍。预防接种活菌苗、活疫苗也可导致严重感染。若未经恰当治疗，患儿多在 1 岁内死于严重感染。

B. 共济失调毛细血管扩张综合征：为常染色体隐性遗传病。患儿胸腺和外周淋巴组织发育不良。一般在幼儿期发病，主要表现为进行性小脑共济失调和毛细血管扩张（球结膜和耳垂明显），反复发生呼吸道感染、鼻窦炎和肺炎，易伴发恶性肿瘤，预后不良。

3. 辅助检查

（1）实验室检查

1）皮肤迟发型变态反应和淋巴母细胞转化试验：测定细胞免疫的功能。

2）血清免疫球蛋白含量的测定：以判断体液免疫功能。

3）基因突变分析：基因测定能提高诊断准确率，并能提供遗传咨询、产前诊断。

（2）影像学检查：婴儿期胸部 X 线片缺乏胸腺影，提示 T 细胞功能缺陷。

4. 心理-社会状况　评估家长有无焦虑，对该病的预后、疾病的护理方法、预防感染的方法等知识的认识程度。了解患儿家庭环境及家庭经济情况，既往有无住院的经历。

案例 14-1 分析讨论

1. 该患儿最可能的临床诊断是：原发性免疫缺陷病先天性低丙种球蛋白血症；支气管肺炎、化脓性中耳炎。诊断依据：

（1）患儿经常感冒，约每月 2 次；患儿经常皮肤患脓疱疮，左耳流脓性物 2 个月余，现双肺呼吸音粗，可闻及散在干啰音。 说明患儿出生 6 个月后出现反复慢性感染，主要包括呼吸道感染、皮肤感染和中耳炎。

（2）实验室检查结果：①WBC $14.3\times10^9/L$，N 70%，提示有感染征象；②百日咳及白喉特异性 IgG 抗体滴度测不出，说明患儿缺乏破伤风、百日咳疫苗的抗体应答；③血清 IgG 0.064g/L，IgM＜0.05g/L，IgA＜0.02g 含量极低。

【常见护理诊断/问题】

1. 有感染的危险　与免疫功能缺陷有关。

2. 焦虑　与反复感染、预后较差有关。

3. 知识缺乏　缺乏疾病相关的预防、护理知识。

【预期目标】

1. 患儿感染状况降低、免疫力增强。

2. 患儿维持足够能量，得到适当休息。

3. 患儿能较好地表达自己的感受，保持安静，较少出现焦虑、恐惧。

【护理措施】

本病的特征是反复感染，护理的重点是采用多种措施预防感染。

1. 预防感染

（1）隔离患儿：给予患儿保护性隔离，避免与感染性疾病患儿接触；保持室内空气新鲜，定时消毒、通风换气，但应避免患儿受凉，防止发生呼吸道感染；患儿的食具、用具等应做好消毒处理，衣物应整洁，地面应湿扫；医护人员做各种操作前要洗手、戴口罩，严格执行消毒隔离制度，禁止呼吸道、皮肤感染的人员进入隔离区，避免医源性感染。

（2）生活护理：指导患儿及家长进食易消化、营养丰富的饮食，食物应含足够热量、蛋白质和维生素，保证营养的摄入，增强机体抵抗力。同时，做好皮肤和口腔护理。

（3）监测病情：密切观察患儿病情变化，监测体温，及时发现感染迹象。使用免疫球蛋白的患儿在用药过程中应密切观察有无过敏反应，以免发生意外。

2. 减轻焦虑/恐惧 患儿由于反复发生感染，长期多病易致孤独、焦虑、沮丧、恐惧等心理，医护人员应经常与患儿及家长沟通，倾听患儿和家长的感情表达，评估患儿及家长对疾病的认识程度及心理状况，及时给予心理支持，提供力所能及的帮助，减轻其负性情绪，以利于疾病恢复。

3. 健康教育

（1）向患儿及家长介绍本病的病因、预防感染知识、疫苗接种的注意事项、主要治疗方法及护理措施，做好心理护理，帮助患儿和家长树立战胜疾病的信心。

（2）做好遗传咨询，检出致病基因携带者。对曾生育过免疫缺陷病患儿的孕妇应做产前检查，必要时终止妊娠。

【护理评价】

经过治疗和护理，患儿体温维持正常，感染情况降低，机体免疫力增强；患儿营养状况良好，能量供给充足。无其他并发症发生；住院过程中得到一定的照顾，焦虑、恐惧等情绪减轻。

案例 14-1 分析讨论（续）

2. 预防感染是本病护理的重点

（1）隔离患儿：给予患儿保护性隔离，避免与感染性疾病患儿接触；保持室内空气新鲜，定时消毒、通风换气，但应避免受凉，防止发生呼吸道感染；患儿的食具、用具等应做好消毒处理，衣物应整洁，地面应湿扫；医护人员做各种操作前要洗手、戴口罩，严格执行消毒隔离制度，禁止呼吸道、皮肤感染的人员进入隔离区，避免医源性感染。

（2）监测病情：密切观察患儿病情变化，监测体温，及时发现感染迹象。使用免疫球蛋白的患儿用药过程中应密切观察有无过敏反应，以免发生意外。

（3）耳部护理：保持患儿耳道清洁干燥，叮嘱患儿家长为患儿洗头洗澡时注意保护耳朵，避免水进入耳道，遵医嘱对耳内进行局部用药，并注意观察耳道内分泌物情况。

（4）生活护理：指导患儿及家长进食易消化、营养丰富的饮食，食物应含足够热量、蛋白质和维生素，保证营养的摄入，增强机体抵抗力。同时，做好皮肤和口腔护理。

第三节　继发性免疫缺陷病患儿的护理

一、概　　述

继发性免疫缺陷病（secondary immunodeficiency diseases，SID）是出生后由于某些疾病或某些理化因素所致的免疫系统暂时的或持续的障碍，原发疾病治愈或致病因素消除后，免疫功能可恢复正常。在人的一生中，在某一特定的时期或环境下大多数人都可能发生过 SID。SID 的发病率远高于 PID，及早确诊和去除诱因对 SID 的治疗尤为重要。

【病因】

1. 营养紊乱　是儿童时期最常见的 SID 的病因。包括蛋白质-热能营养不良、亚临床微量元素锌、镁和铁缺乏，以及亚临床维生素 A、维生素 B 族和维生素 D 缺乏，脂肪、糖类摄入过多等营养障碍都是引起 SID 的原因。

2. 感染　是免疫缺陷的临床表现之一，也是导致 SID 的原因。人类免疫缺陷病毒（HIV）感染致获得性免疫缺陷综合征便是感染引起 SID 的典型例子。事实上任何一次感染都可能在不同的程度上引起暂时性免疫损伤。

3. 其他　使用免疫抑制剂（如放射线、抗体、糖皮质激素、环孢素），遗传病（如染色体异常、血红蛋白病），肿瘤和血液病等都是可能引起 SID 的原因。

【临床表现】

SID 最常见的临床表现为反复呼吸道感染，包括反复上呼吸道感染、支气管炎和肺炎，亦有胃肠道感染者，一般症状较轻，但反复发作。反复感染尤其是胃肠道感染可引起更严重的营养吸收障碍，从而加重营养不良；感染本身也可直接引起免疫功能进一步恶化。如此，形成“营养不良-免疫功能下降-感染-加重营养不良”的恶性循环，构成了儿童时期重要的疾病谱。

【治疗要点】

1. 积极防治原发性疾病，去除导致免疫损伤的诱发因素。
2. 对于体液免疫缺陷者，每月肌内注射丙种球蛋白 1 次。
3. 对于蛋白质-热能营养不良或补体缺损者，输注新鲜或冷藏血浆。
4. 对于 T 细胞功能受损、粒细胞功能缺陷者，口服左旋咪唑，注射转移因子、胸腺肽等。

二、获得性免疫缺陷综合征

获得性免疫缺陷综合征（acquired immunodeficiency syndrome，AIDS）即艾滋病，由人类免疫缺陷病毒（human immunodeficiency virus，HIV）引起，是一种传播迅速且病死率极高的感染性疾病。

【病因】

HIV 属 RNA 反转录病毒，直径 100～200nm。该病毒对热敏感，56℃下 30 分钟能被灭活，应用 50%乙醇溶液、0.3%过氧化氢溶液、0.2%次氯酸钠溶液及 10%漂白粉溶液，经 10 分钟能够灭活病毒，但 HIV 对甲醛溶液、紫外线和 γ 射线不敏感。

【流行病学】

本病遍及全世界，据 WHO 估计，截至 2008 年底，全球有 430 万 15 岁以下儿童感染 HIV。我国于 1995 年首次发现经母婴途径传播的 HIV 感染者。感染 HIV 的新生儿约占 1/4 在 1 岁前死亡，约 2/3 在 2 岁前死亡，绝大多数患儿在 5 岁以前死亡。

1. 传染源　本病的传染源是患者和无症状病毒携带者，特别是后者。HIV 主要存在于血液、精子、子宫和阴道分泌物中。其他体液如眼泪、唾液和乳汁亦含有病毒，均具有传染性。

2. 儿童 HIV 感染者的传播方式

（1）母婴传播：儿童感染的主要途径。感染本病的孕妇可以通过胎盘、产程中及产后出血性分泌物或喂奶等方式将疾病传播给婴儿。

（2）血源传播：如注射、输血、器官移植等。

（3）其他途径：如性传播、人工授精。目前尚未证实昆虫、空气、水及食物或与 AIDS 患者的一般接触，如公共游泳、握手、被褥等能造成感染，亦未见到偶然接触发病的报道。

【发病机制】

HIV 产生的逆向转录酶以病毒 RNA 为模板，使逆向转录而产生 cDNA，然后整入宿主细胞 DNA 链中，随着宿主细胞 DNA 的复制而得以繁殖。病毒感染靶细胞后 1～2 周内芽生脱落而离开原细胞侵入新靶细胞，使得人体 $CD4^{+}T$ 淋巴细胞遭受破坏。近年研究发现，HIV 侵入 $CD4^{+}T$ 淋巴细胞时，必须借助融合素，使 $CD4^{+}T$ 淋巴细胞融合在一起，致未受 HIV 侵犯的 $CD4^{+}T$ 淋巴细胞与受害的 $CD4^{+}T$ 淋巴细胞融合而直接遭受破坏。由于 $CD4^{+}T$ 淋巴细胞被大量破坏，丧失辅助 B 淋巴细胞分化的能力，使体液免疫功能亦出现异常，表现为高免疫球蛋白血症、出现自身抗体和对新抗原反应性降低。抗体反应缺陷，使患儿易患严重化脓性病变；细胞免疫功能低或衰竭，引起各种机会性感染，如结核菌、卡氏肺囊虫、李斯特菌、巨细胞病毒等感染，常是致死原因。

【治疗要点】

1. 抗病毒治疗

（1）核苷类反转录酶抑制剂：如齐多夫定、二脱氧肌苷、拉米夫定和司坦夫定。

（2）非核苷类反转录酶抑制剂：如奈韦拉平、地拉韦啶，其主要作用于 HIV 反转录酶的某个位点，使其失去活性，从而抑制 HIV 复制。

（3）蛋白酶抑制剂：如沙奎那、茚地那韦、奈非那韦和利托那韦。单用一种药物治疗效果差，目前提倡两种以上药物联合使用，但药物最佳搭配尚无定论。已确诊的 AIDS 患儿需转入指定医院接受治疗。

2. 免疫学治疗　抗病毒药物与基因重组 IL-2 同时应用对改善免疫功能是有益的。

3. 支持及对症治疗　包括输血和营养支持疗法，补充维生素尤其是维生素 B_{12} 和叶酸。

4. 抗感染和抗肿瘤治疗　患儿若发生感染和肿瘤，应给予相应的治疗。

【预后】

15%～25%围生期 HIV 感染的婴儿在数月内发病，并迅速发展为 AIDS，并于 1～5 岁死亡，少数存活到 9 岁或更长。最初临床表现的年龄和 CD4 细胞数为影响预后的主要因素。症状轻，相对稳定在较高水平 CD4 细胞数的患儿相对较好，而淋巴细胞减少的患儿在 1 岁前表现为 AIDS 性感染者则预后较差。总的来说，有效的抗病毒治疗，预防机会感染及良好的护理能够延长患儿生命和提高生活质量。

【护理评估】

1. 健康史　评估患儿的发病原因，有无感染的发生等。

2. 身体状况　儿童 HIV 感染临床表现差异很大，出生前即感染者发病较早，发展较快。而出生后感染者，发病较晚且发展较慢。

（1）潜伏期：为 2～10 年，平均 5 年。胎内感染者多在 1 年内发病，此期没有任何临床表现。

（2）发病后的临床表现

1）一般表现：①发热、厌食、多汗、疲乏无力和体重减轻；②口腔真菌感染，上呼吸道感染或中耳炎；③全身浅表淋巴结肿大，肝脾肿大；④慢性腹泻；⑤生长发育障碍。

2）突出表现：主要为感染。可发生反复或持续的病毒、真菌、细菌或寄生虫的感染，尤其是机会性感染。最常见的机会性感染为卡氏肺囊虫肺炎（pneumocystis carinal pneumonia，PCP），典型表现为发热、呼吸困难、缺氧，肺部 X 线片可见间质浸润或弥漫性肺泡病灶，呈结节状或大叶浸润等，可导致死亡。

（3）先天性 HIV 感染：出生时感染 HIV 的婴儿，通常为小样儿，可表现淋巴结肿大，其余表现则不明显，通常在出生后 9 个月左右才能确诊。

（4）其他表现

1）HIV 脑病：较为常见，表现为：①生长发育滞后或倒退，智力倒退；②脑发育受损；③后天性系统性运动功能障碍：瘫痪、病理性反射征、共济失调和敏捷运动失调，常具有其中 2 项。

2）淋巴细胞间质性肺炎（lymphocytic interstitial pneumonitis，LIP）：在气管、支气管上皮有结节性淋巴结增殖，呈慢性间质性过程，常会导致肺泡破裂，患儿出现发作性呼吸困难、缺氧、肺泡可闻及啰音等。

3）肿瘤：约有 2%的 AIDS 患儿可合并恶性病变，如非霍奇金淋巴癌、多发性软组织瘤、中枢神经系统淋巴瘤等。

3. 辅助检查

（1）病毒抗体检测：是初筛实验的主要手段。

1）初筛实验：血清或尿的酶联免疫吸附试验，血快速实验。

2）确认实验：蛋白印迹实验或免疫荧光检测试验。病原抗体检查对小于 18 个月婴幼儿的诊断存在局限性。

（2）抗原检测：主要是检测病毒核心抗原 P_{24}，一般在感染后 1～2 周内即可检出。

（3）病毒核酸检测：利用 PCR 或连接酶链反应（LCR）技术，可检出微量病毒核酸。

（4）血淋巴细胞亚群分析：$CD4^{+}/CD8^{+}$倒置，自然杀伤细胞活性降低，皮肤迟发型变态反应减退或消失，抗淋巴细胞抗体或抗精子抗体，抗核抗体阳性。β_2 微球蛋白增高，尿中新蝶呤升高。

（5）病毒分离：目前常采用的方法是将受检者周围血单个核细胞与经支取血凝素即活泼 3 天的正常人周围血单个核细胞共同培养。3 周后观察细胞病变，检测逆转录酶或 P_{24} 抗原或病毒核酸，确定有无 HIV。目前只用于实验研究不作为诊断指标。

【常见护理诊断/问题】

1. 有感染的危险　与机体免疫功能缺陷有关。

2. 营养失调：低于机体需要量　与疾病消耗和感染有关。

3. 恐惧　与 AIDS 病情重，治疗效果差，预后不良及担心受歧视有关。

4. 社交孤立　与 AIDS 不易被社会接受有关。

【预期目标】

1. 患儿免疫力增强，机会感染减少。

2. 患儿能够维持足够能量，得到适当休息。

3. 患儿能面对现实，焦虑、恐惧情绪减轻，树立起恢复正常生活的信心。

【护理措施】

1. 预防和控制机会性感染　由于目前 AIDS 无特效药物治疗，因此预防和控制机会性感染是减轻患儿痛苦、缓解病情和延长患儿生命的重要措施。

（1）对患儿采取保护性隔离，以减少机会性感染，同时注意观察患儿有无真菌感染或继发性病毒感染。

（2）每月 2 次输注免疫球蛋白以减少感染机会。

（3）对于腹泻患儿，要注意认真观察患儿肛门周围是否有表皮脱落或发炎。排便后及时用清水清洗肛门周围的皮肤，用软布吸干并涂抹凡士林以防止发生糜烂。腹泻频繁者遵医嘱给予止泻剂。

（4）对于卡氏肺囊虫感染的患儿，应注意保持呼吸道通畅，给予吸氧，并协助患儿排痰，安抚患儿并让其学会放松的技巧，以减少氧消耗。严密观察患儿呼吸频率和深度的变化，并遵医嘱使用硫胺甲噁唑控制感染。

2. 监测病情　每周测量患儿体重，每日监测生命体征 2～4 次，观察有无感染迹象；观察患儿的一般情况，如精神状态，有无疲乏、消瘦、盗汗等；观察皮肤、口腔和生殖道黏膜的病损情况，如口腔黏膜白斑、溃疡、皮肤的斑丘疹、疱疹、瘀点、瘀斑和结节病变的存在与演变情况；观察患儿有无头痛、呕吐、意识障碍、痴呆、抽搐等神经系统症状；观察患儿有无咳嗽、咳痰、胸痛及呼吸困难等呼吸道症状；了解患儿有无腹泻及排便的次数、量和性状，并做好粪便标本的留取。

3. 用药护理 抗病毒药物齐多夫定临床应用较多，能控制 HIV 的逆向转录过程，对本病有一定的治疗作用。但因其毒性副作用较强，约有 30%的患儿不能耐受药物反应。故使用中要注意骨髓抑制、头痛、恶心等副作用；使用 IL-2、干扰素、胸腺刺激素、抗胸腺素 α-1、细菌性死疫苗可以改善免疫功能，但要注意观察药物疗效及副作用。

4. 生活护理

（1）休息与活动：如病情允许，可以进行户外活动，病情重或伴有严重并发症时，应限制患儿活动或卧床休息。指导患儿有效咳嗽，必要时吸痰，以保持呼吸道通畅。保持患儿皮肤清洁干燥，及时翻身以防止压疮的发生。患儿出现意识障碍时，应加床挡防止坠床，做好安全护理。

（2）饮食：给予患儿含锌、铁和维生素丰富的清淡易消化食物，少量多餐；每日 2 次口腔护理，保持口腔清洁增加食欲；不能进食者经静脉补充液体及营养。

5. 心理护理 在严格执行血液、体液隔离措施的前提下，多巡视患儿，不可歧视、孤立患儿，尊重患儿的人格，多与患儿及家长交谈，解除其恐惧感及压抑、沮丧的不良心理状态，鼓励其面对现实，树立恢复正常生活的信心；若患儿是由于母婴传播引起的，母亲常有罪恶感，应给予母亲心理支持，多与之沟通，倾听其叙述，使不良情绪得以宣泄，缓解其心理压力。

6. 健康教育 儿童 AIDS 的预防应特别注意以下几点：

（1）普及艾滋病知识，减少育龄期女性感染 HIV。

（2）HIV 感染者应该避免妊娠，HIV 感染或 AIDS 孕妇应规劝其终止妊娠或尽量进行剖宫产。

（3）严格禁止高危人群献血，严格血源管理，合理、安全使用血液制品，控制 HIV 的血源传播。注射、手术、拔牙等均应严格无菌操作，对精液及组织器官提供者严格筛查，防止医源性感染。

（4）HIV 抗体阳性母亲应服用齐多夫定（zidovudine，AZT），以降低母婴传播的概率。

（5）患儿常由于免疫功能低下死于机会性感染，应向患儿及家长介绍预防和减少感染的措施、感染时的症状及体征、常见的危急症状，以及必要时采取的紧急措施和护理。

【护理评价】

经过治疗和护理，患儿体温维持正常，感染情况降低，机体免疫力增强，机会感染减少；患儿营养状况良好，能量供给充足。住院过程中得到一定的照顾，患儿及家长能够面对现实，焦虑、恐惧情绪减轻，树立起恢复正常生活的信心，生活质量得到提高。

第四节　风湿热患儿的护理

案例 14-2

患儿，女性，8 岁，因持续发热 20 余天，关节游走性肿痛 3 周以“风湿热”收入院。患儿 20 余天前无明显原因出现发热，体温波动在 38～39℃，以上午发热为主，无咳嗽、呕吐、腹泻等。伴有精神不振、食欲差、乏力、易出汗，有时腹痛，以脐周为多，反复发作。近期出现胸闷、心慌、乏力明显。曾在当地医院就诊，治疗后发热一直未退，患儿 20 天前曾患“化脓性扁桃体炎”，予以注射“先锋霉素”4 天后停药。患儿及家属表现出焦虑、恐惧、痛苦。

体格检查：神清，面色苍白，呼吸急促，体温 38.4℃。躯干、四肢可见环形红色斑丘疹，咽充血，扁桃体Ⅱ度肿大，两肺无异常。双肘关节伸侧可扪及数个如豌豆粒大小的结节，位于皮下，活动度好，无压痛，对称性分布，颈部浅表淋巴结轻度肿大。膝、肘、腕关节游走性疼痛，肿胀。心率 140 次/分，心尖部可闻及Ⅱ级收缩期杂音，主动脉瓣区闻及Ⅱ级舒张期杂音，肝脾肋下未触及。

辅助检查：TBC12×10^9/L，ASO 800U，血沉 29mm/h，CRP（+），心电图 P-R 间期延长。

思考题：

1. 患儿诊断为风湿热的依据是什么？

2. 该患儿目前存在的主要护理诊断/问题有哪些？护理重点是什么？

风湿热（rheumatic fever）是一种与 A 组乙型溶血性链球菌感染密切相关的免疫炎性疾病。临床表现为发热，多伴有心肌炎、关节炎，较少伴有舞蹈病、皮下结节和环形红斑。发病年龄以 6～15 岁多见。以冬、春季节，寒冷、潮湿地区发病率高，严重者可形成慢性风湿性瓣膜病。近年来风湿热的发病率有回升趋势，值得重视。

【病因与发病机制】

风湿热是 A 组乙型溶血性链球菌咽峡炎后的自身免疫性疾病。风湿热的发病机制与 A 组乙型溶血性链球菌的特殊结构成分和细胞产物有关。

1. 链球菌抗原的分子模拟　一般认为与多种 A 组溶血性链球菌感染有密切的关系：其荚膜透明质酸与人体关节、滑膜有共同抗原；其细胞膜的脂蛋白与人体心肌肌纤维有共同抗原。当链球菌感染后，机体产生抗链球菌抗体，一方面能清除链球菌起保护作用，另一方面由于链球菌抗原的分子模拟，此抗体也可与人体组织产生免疫交叉反应导致器官损害。

2. 免疫复合物致病　链球菌抗原与抗链球菌抗体可形成循环免疫复合物，沉积于人体关节滑膜、心肌、心瓣膜后激活补体成分，产生炎性病变。

3. 其他　①细胞免疫损伤：细胞免疫反应也参与风湿热的发病机制；②遗传机制：以遗传特征为基础的人体易感性或免疫应答的个体差异性在风湿热发病机制中起一定作用。

【治疗要点】

1. 一般治疗　包括卧床休息、加强营养、补充维生素等。

2. 清除链球菌感染　大剂量青霉素静脉滴注，持续 2～3 周。青霉素过敏者改用红霉素。

3. 抗风湿热治疗　心肌炎时早期使用糖皮质激素，总疗程为 8～12 周，无心肌炎者使用阿司匹林，总疗程为 4～8 周。

4. 对症治疗　有充血性心力衰竭者加用地高辛，但剂量宜小，并加用卡托普利、呋塞米和螺内酯。患儿合并舞蹈病时可用苯巴比妥、氯丙嗪等镇静剂。关节肿痛时应给予制动。

【护理评估】

1. 健康史

（1）询问患儿发病前有无上呼吸道感染的表现，有无发热、关节疼痛，是否伴有皮疹等，有无精神异常或不自主的动作表现。

（2）了解发病原因，既往有无心脏病或关节炎病史。家庭居住的气候、环境条件如何，家族成员中有无类似的疾病。

2. 身体状况　临床表现轻重不一，取决于疾病侵犯部位和程度。风湿热发生于咽峡部链球菌感染后，潜伏期多为 1 周致数周，如不进行预防，可反复周期性发作。

（1）一般表现：发热，热型不规则，患儿有面色苍白、食欲差、多汗、疲倦、腹痛等症状，个别患儿有风湿性胸膜炎和肺炎表现。

（2）心肌炎：是本病最严重的表现，占风湿患儿的 40%～50%，以心肌内膜炎多见，亦可发生全心炎。轻者不明显，重者可致心力衰竭，甚至死亡。

1）心肌炎：轻者无症状，重者可伴有不同程度的心力衰竭。常见临床表现为心率增快与体温升高不成比例，心尖区第一心音减弱，可出现期前收缩、心动过速等心律失常；心尖部可闻及轻度收缩期杂音，主动脉瓣区可闻及舒张中期杂音；ECG 示 P-R 间期延长，伴有 T 波低平和 ST 段异常。

2）心内膜炎：主要侵犯二尖瓣，其次为主动脉瓣。二尖瓣关闭不全表现为心尖部全收缩期杂音，向腋下传导。主动脉瓣关闭不全约占 20%，主动脉瓣关闭严重者脉压增大。急性期瓣膜损害多为充血水肿，恢复期可渐消失。多次复发可使心瓣膜形成永久性瘢痕，导致风湿性心瓣膜病。

3）心包炎：表现为心前区疼痛、心动过速、呼吸困难，部分患儿心底部可闻及心包摩擦音。少数患儿积液量多时心前区搏动消失，心音遥远，有颈静脉怒张、肝肿大等心脏压塞表现。

（3）关节炎：占风湿热患儿的 50%～60%，以游走性和多发性为特点，常累及膝、踝、肘、腕等大关节，局部出现红、肿、热、痛，活动受限。治疗后关节可不留强直或畸形。

（4）舞蹈病：占风湿热患儿的 3%～10%，也称 Sydenham 舞蹈病。女童多表现为皱眉、挤眼、努嘴、伸舌等奇异面容和颜面肌肉抽动、耸肩等动作，在兴奋或注意力集中时加剧，入睡后消失。可单独存在或与其他症状并存，约 40%伴心脏损害，伴关节炎者罕见。

（5）皮肤症状

1）皮下小结：常见于复发病例，好发于肘、腕、膝、踝等关节伸侧。呈无痛的结节，经 2～4 周自然消失。

2）环形红斑：呈环形或半环形边界清楚的淡色红斑，大小不等，中心苍白，边缘可轻度隆起，分布于躯干及四肢屈侧，可反复出现，不留痕迹（图 14-1）。

3. 辅助检查

（1）风湿热活动指标：白细胞计数增高，血沉增快、C-反应蛋白（CPR）阳性和黏蛋白增高为风湿活动的标志，但对诊断本病无特异性。

（2）抗链球菌抗体测定：80%的患儿抗链球菌溶血素“O”（ASO）滴度升高，同时测定抗脱氧核苷酸酶 B（Anti-DNase B）、抗链激酶（ASK）和抗透明质酸酶（AH）则阳性率可提高至 95%。

案例 14-2 分析讨论

1. 该患儿诊断为风湿热的依据

（1）长期发热，发热 20 余天，体温波动在 38～39℃，以上午发热为主，反复发作，治疗后体温一直不退，伴有精神不振、食欲差、乏力、易出汗。

（2）患儿出现腹痛，以脐周为多。

（3）本病例患儿 20 天前曾患化脓性扁桃体炎，予以注射“先锋霉素”4 天后停药，提示患儿有 A 组溶血性链球菌感染的病史，且治疗疗程不足。

（4）关节炎症状：膝、肘、腕关节游走性疼痛，肿胀。

（5）皮肤损害：①躯干、四肢可见环形红色斑丘疹；②皮下结节：双肘关节伸侧可扪及数个如豌豆粒大小的结节，位于皮下，活动度好，无压痛，对称性分布，颈部浅表淋巴结轻度肿大。

（6）心脏炎症状：出现胸闷、心慌、乏力明显。体检示心率快、心尖部可闻及Ⅱ级收缩期杂音，主动脉瓣区间及Ⅱ级舒张期杂音。

（7）实验室检查示：白细胞计数增高，血沉增快，C-反应蛋白阳性。

4. 心理-社会状况 因风湿热常反复发作，产生心脏损害，易导致慢性风湿性心脏病，严重影响患儿的生命质量。所以应注意评估家长有无焦虑，对该病的预后、疾病的护理方法、药物的副作用、复发的预防等知识的认识程度。对年长儿还需注意评估有无因长期休学带来的担忧、由于舞蹈病带来的自卑等。了解患儿家庭环境及家庭经济情况，既往有无住院的经历。

【常见护理诊断/问题】

1. 心排血量减少　与心脏受损有关。

2. 疼痛　与关节受累有关。

3. 体温过高　与感染的病原体毒素有关。

4. 焦虑　与发生心脏损害有关。

【预期目标】

1. 患儿保持充足的心排血量，表现为生命体征在正常范围。
2. 患儿主诉疼痛减轻并能进行自理活动。
3. 患儿体温恢复正常。
4. 患儿表现出放松和舒适。

【护理措施】

1. 防止发生严重的心功能损害

（1）限制活动：急性期卧床休息 2 周，有心肌炎时轻者绝对卧床 4 周，重者 6～12 周，至急性症状完全消失，血沉接近正常时方可下床活动，伴心力衰竭者待心功能恢复后再卧床 3～4 周，活动量要根据心率、心音、呼吸、有无疲劳而调节。一般恢复至正常活动量所需时间是：无心脏受累者 1 个月，轻度心脏受累者 2～3 个月，严重心肌炎伴心力衰竭者 6 个月。

（2）监测病情：注意患儿面色、呼吸、心率、心律及心音的变化。如有烦躁不安、面色苍白、多汗、气急等心力衰竭的表现，应及时处理。

（3）加强饮食管理：给予易消化、营养丰富的食物，少量多餐。心力衰竭患儿适当地限制盐和水，并详细记录出入量，注意保持大便通畅。

（4）按医嘱抗风湿治疗，有心力衰竭者加用洋地黄制剂，同时配合吸氧、利尿、维持水电解质平衡等治疗。

2. 缓解关节疼痛　关节疼痛时，嘱患儿保持舒适体位，避免患肢受压，移动肢体时动作要轻柔，也可使用热水袋热敷局部关节止痛。注意患肢保暖，避免寒冷潮湿，并做好皮肤护理。

3. 降低体温　密切观察体温变化，注意热型。高热时采用物理降温法或按医嘱抗风湿治疗。

4. 用药护理　服药期间注意观察药物副作用，如阿司匹林可引起胃肠道反应，肝功能损害和出血，可饭后服药以减少对胃的刺激，并按医嘱加用维生素 K 防止出血。密切观察使用泼尼松后引起的副作用，如满月脸、肥胖、消化性溃疡，肾上腺皮质功能不全、精神症状、血压增高、电解质紊乱、抑制免疫等；发生心肌炎时对洋地黄敏感且易出现中毒。用药期间应注意观察有无恶心、呕吐、心律不齐、心动过缓等副作用。

5. 心理护理　向患儿及家属耐心解释各项检查、治疗、护理措施的意义，以争取其配合。关心爱护患儿，及时解除各种不适感，如发热、出汗、疼痛等。以利于缓解急躁情绪，增强其战胜疾病的信心。

6. 健康教育

（1）积极锻炼身体，增强体质，预防上呼吸道感染，避免寒冷潮湿。教育家长在疾病流行季节期间，尽量减少带儿童去公共场所。若发生链球菌感染，应及时彻底治疗。

（2）合理安排患儿的日常生活，避免剧烈的活动，以及防止受凉。讲解疾病的有关知识和护理要点，使家长学会观察病情、预防感染和防止疾病复发的各种措施。

（3）定期到医院门诊复查，强调预防复发的重要性，预防药物首选长效青霉素 120 万 U 肌内注射，每月 1 次，至少持续 5 年，最好持续到 25 岁，有风湿性心脏病者，宜终身药物预防。

【护理评价】

经过治疗和护理，患儿生命体征恢复正常，疼痛减轻并能进行自理活动，患儿表现出放松和舒适，积极参与护理计划，配合治疗和护理。

案例 14-2 分析讨论（续）

2. 该患儿目前存在的主要护理诊断/问题

（1）心排血量减少：与心脏受损有关。

（2）疼痛：与关节受累、腹痛有关。

（3）体温过高：与感染的病原体毒素有关。

护理重点

（1）进一步防止发生心功能损害：①限制活动，绝对卧床 4 周，至急性症状完全消失，血沉接近正常时方可下床活动，动量要根据心率、心音、呼吸、有无疲劳而调节。2～3 个月恢复至正常活动量所需时间；②监测病情，注意患儿面色、呼吸、心率、心律及心音的变化。如有烦躁不安、面色苍白、多汗、气急等心力衰竭的表现，应及时处理；③加强饮食管理，给予易消化、营养丰富的食物，少量多餐。

（2）缓解关节疼痛：让患儿保持舒适的体位，避免患肢受压，移动肢体时动作轻柔，也可用热水袋热敷局部关节止痛。注意患肢保暖，避免寒冷潮湿，并做好皮肤护理。

（3）降低体温：密切观察体温变化，注意热型。高热时采用物理降温法或按医嘱抗风湿治疗。

第五节 幼年特发性关节炎患儿的护理

案例 14-3

患儿，女性，3 岁，因持续高热半月余，伴皮疹 10 天入院。患儿于半月前无明显原因出现发热，体温达到 39～40℃，发热时精神不振、食欲差、乏力，热退后精神好转，有时出现膝关节、踝关节疼痛，伴有关节肿胀，1～2 天后可自行消退，近 10 天发热时出现红色斑丘疹，大小不等，以胸背部多见，随体温升降而时隐时现，乏力明显，发热时膝关节疼痛加剧。

体格检查：体温 39.4℃，脉搏 130 次/分，呼吸 34 次/分。发育正常，营养良好，神清，呼吸急促，未见三凹征等，颈部淋巴结轻度肿大，诸关节活动正常，病理反射征未引出。

实验室检查：WBC 23.35×10^9/L，L 13%，N 86.8%，RBC 3.5×10^{12}/L，PLT 412×10^9/L，HGB 100g/L，血沉 96mm/h。类风湿因子（RF）阴性，抗核抗体阳性，CRP 阳性。

思考题：

1. 该患儿最可能的临床诊断是什么？诊断依据有哪些？
2. 该患儿目前的护理重点是什么？

幼年特发性关节炎（juvenile idiopathic arthritis，JIA）是一种以慢性关节滑膜炎为特征，伴全身多脏器功能损害的自身免疫性疾病，是小儿时期残疾或失明的重要原因。多见于 16 岁以下的儿童，男孩多于女孩。表现为长期不规则发热及关节肿痛、疼痛持续 6 周以上，伴皮疹、肝脾淋巴结肿大，若反复发作可致关节畸形和功能丧失。年龄越小，全身症状越重，年长儿则以关节症状为主。

【病因与发病机制】

JIA 的病因至今尚不明确，可能与多种因素有关。①感染：虽有报道细菌、病毒、支原体和衣原体的感染与本病有关，但不能证实是引起本病的直接诱因；②遗传因素：有资料证明 JIA 有遗传学背景，有单卵双胞及同胞兄妹共患的病例；③免疫学因素：有许多证据显示 JIA 与免疫功能异常密切相关。

综上所述，JIA 的发病机制可能为：各种感染性微生物的特殊成分作为外来抗原，作用于具有遗传学背景的人群，就会激活免疫细胞，通过直接损伤或分泌细胞因子、自身抗体触发异常免疫反应，引起自身组织的损害和变性。自身组织变性成分如变性 IgG 或变性的胶原蛋白，也可作为抗原引发针对自身组织成分的免疫反应，进一步加重损伤。

【病理】

以关节病变为主。早期关节病变呈非特异性水肿、充血，伴有淋巴细胞及浆细胞浸润。反复发作后滑膜组织增厚呈绒毛状向关节腔突起，并沿软骨延伸形成血管翳。关节软骨被侵蚀，随之关节面相互粘连，关节腔被纤维组织所代替，引起关节强直和变形。受累关节周围可以发生肌腱炎、肌炎、骨质疏松和骨膜炎。胸膜、心包膜及腹膜可发生非特异性纤维素性浆膜炎。

【治疗要点】

治疗原则：控制病变的活动度，减轻或消除关节疼痛和肿胀，预防感染和关节炎症的加重；预防关节功能不全和残疾，恢复关节功能和生活与劳动能力。

1. 药物疗法　应用水杨酸制剂与非甾体抗炎药物（阿司匹林、萘普生、布洛芬等）、甲氨蝶呤、羟基氯喹、肾上腺皮质激素、免疫抑制剂等进行抗 JIA 治疗。

2. 理疗　对保持关节活动、肌力强度是极为重要的。所有病例都要尽早开始为保护关节活动及维持肌肉强度所设计的锻炼。如清晨热浴、中药热浴都可能减轻病情及晨僵。根据具体情况选择锻炼方式或夹板固定等手段有利于防止发生或纠正关节残疾。

3. 眼科治疗　与眼科医师一起联合治疗 JIA 患儿虹膜睫状体炎，局部使用皮质激素和阿托品能够有效控制眼部炎症。

【护理评估】

1. 健康史　了解发病原因，询问既往有无细菌、病毒、支原体和衣原体的感染、免疫功能异常等病史，家族成员中有无类似的疾病。

2. 身体状况　根据关节症状与全身症状分为不同类型，各型表现极为不同。

（1）全身型：任何年龄均可发病，多起病于 5 岁以前。以全身症状起病，发热和皮疹为典型症状，每日发热至少 2 次以上，呈弛张热，每日体温为 36～40℃，伴一过性斑样皮疹，多见于胸部和四肢，皮疹特点为随体温升降而出现或消退。关节症状主要是关节痛或关节炎，常在发热时加剧，热退后减轻或缓解。胸膜、心包或心肌也可受累。肝、脾、淋巴结常有不同程度的肿大。

（2）多关节型：任何年龄均可发病，但起病有两个高峰，即 1～3 岁、8～10 岁，女孩多见。发病最初 6 个月受累关节≥5 个，多为对称性，大小关节均可受累，颞颌关节受累时导致张口困难，小颌畸形。晨僵是本型的特点。反复发作者关节发生强直变形，最终一半以上患儿关节发生强直变形影响关节功能。

（3）少关节型：多起病于 5 岁以前，女孩多见。发病最初 6 个月有 1～4 个关节受累，多为非对称性，以膝、踝、肘等大关节为主，多无严重的关节活动障碍。20%～30%患儿发生虹膜睫状体炎而造成视力障碍甚至失明。

（4）与附着点炎症相关的关节炎：多于 8 岁以上起病，男孩多见，首发症状为四肢关节炎，但以下肢关节炎多见，如髋、膝、踝关节，表现为肿、痛和活动受限。患儿还可有反复发作的急性虹膜睫状体炎和足跟疼痛。

（5）银屑病性关节炎：1 个或更多的关节炎合并银屑病，或关节炎合并以下任意 2 项：①指（趾）炎；②指甲凹陷或指甲脱离；③家族史中一级亲属有银屑病。此型儿童时期罕见，女性多见，表现为 1 个或几个关节受累，常为不对称性，约半数以上患儿有远端指间关节受累及指甲凹陷。关节炎可发生于银屑病发病之前或数月、数年后。40%患者有银屑病家族史。

3. 辅助检查　实验室检查的任何项目都不具有确诊价值，但可帮助了解疾病的程度和除外的其他疾病。

（1）实验室检查

1）血液检查：在活动期间可有轻度或中度贫血，多数患儿白细胞数增高，以中性粒细胞增高为主；血沉加快，但少关节型患者的血沉结果多数正常，在多关节型和全身型患者中急性反应物（C

反应蛋白、IL-1 和 IL-6 等）增高。

2）免疫检测：免疫球蛋白 IgG、IgM、IgA 均增高，部分病例类风湿因子和抗核抗体可为阳性。

（2）影像学检查　X 线检查早期（病程 1 年左右）仅显示软组织肿胀、关节周围骨质疏松，关节附近呈现滑膜炎；晚期可见关节面骨破坏，关节腔变窄，关节面融合，骨膜反应和关节半脱位，以手腕关节多见。

案例 14-3 分析讨论

1. 该患儿最可能的临床诊断是幼年特发性关节炎（全身型），诊断依据为：

（1）本例患儿长期发热：发热半月，体温达到 39～40℃，热退后精神好转，经治疗体温一直未下降。

（2）膝关节、踝关节疼痛，伴有关节肿胀，1～2 天后可自行消退。

（3）皮疹：近 10 天发热时出现红色斑丘疹，大小不等，以胸背部多见，随体温升降而时隐时现，乏力明显，发热时膝关节疼痛加剧。

（4）颈部淋巴结轻度肿大，咽部充血，扁桃体Ⅰ度肿大，心率快、肝脾肿大。

（5）辅助检查：轻度贫血，白细胞明显增高，血沉加快，RF 阴性，抗核抗体阳性，CRP 阳性，血清免疫球蛋白升高。

【常见护理诊断/问题】

1. 体温过高　与非化脓性炎症有关。

2. 疼痛　与关节炎症和肿胀有关。

3. 躯体活动障碍　与关节疼痛、畸形有关。

4. 潜在并发症　药物副作用。

5. 焦虑　与发生关节强直畸形有关。

【预期目标】

1. 患儿症状好转，体温逐渐降低至恢复正常。
2. 患儿疼痛缓解。
3. 住院期间无药物副作用等并发症发生。
4. 患儿及家长掌握疾病相关知识，焦虑情绪缓解，能够配合治疗及护理。

【护理措施】

1. 降低体温　密切监测体温变化，注意热型。观察有无皮疹、眼部受损及心功能不全的表现，有无脱水体征。高热时采用物理降温法（有皮疹者忌用乙醇擦浴），及时擦干汗液，更换衣服，以保持皮肤清洁，防止受凉。同时要保证患儿摄入充足水分及热量，并给予高热量、高蛋白、高维生素、易消化饮食。遵医嘱给予抗感染药物。

2. 减轻关节疼痛，维护关节的正常功能

（1）急性期应卧床休息，并注意观察关节炎症状，如有无晨僵、疼痛、肿胀、热感、运动障碍及畸形。

（2）利用夹板、沙袋固定患肢于舒适的位置或用支被架保护患肢不受压等以减轻疼痛。也可教患儿用放松、分散注意力的方法控制疼痛或局部湿热敷止痛。

（3）急性期过后尽早开始关节的康复治疗，指导家长帮助患儿做关节的被动运动和按摩，同时将治疗性的运动融入游戏中，如游泳、抛球、骑脚踏车、踢球、捻黏土等，以恢复关节功能，防止畸形。若运动后关节疼痛肿胀加重可暂时停止运动。鼓励患儿在日常生活中尽量独立，像正常儿童一样生活，并提供帮助独立的设备。

（4）对关节畸形的患儿，注意防止外伤。

3. 用药护理 使用免疫抑制剂应注意观察药物副作用，如白细胞计数降低；非甾体类抗炎药常见副作用有胃肠道反应，对凝血功能、肝、肾和中枢神经系统也有影响。故长期用药的患儿应每2～3个月检查血象和肝、肾功能。

4. 心理护理 多与患儿及家长沟通，了解患儿及其家长的心理感受，关心、安慰患儿。帮助患儿面对现实，克服因慢性病或残疾造成的自卑心理。

5. 健康教育 提供本病的治疗进展和有关康复的信息指导，介绍引发本病的诱因，如寒冷、潮湿、疲劳、营养不良、外伤、精神因素等，指导患儿及家长做好受损关节的功能锻炼，并且多尝试一些新的活动，鼓励患儿参加正常的活动和学习，促进其身心健康的发展。

【护理评价】

经过治疗和护理，患儿症状好转，体温逐渐降低至恢复正常；疼痛缓解；住院期间无药物副作用等并发症发生。患儿及家长掌握疾病相关知识，焦虑情绪缓解，能够配合治疗及护理。

案例 14-3 分析讨论（续）

2. 该患儿目前的护理重点

（1）降低体温：密切监测体温变化，注意热型。观察皮疹情况、有无眼部受损及心功能不全的表现，有无脱水体征。高热时采用物理降温法（有皮疹者忌用乙醇擦浴），及时擦干汗液，更换衣服，以保持皮肤清洁，防止受凉。同时要保证患儿摄入充足水分及热量，并给予高热量、高蛋白、高维生素、易消化饮食。遵医嘱给予抗感染药物。

（2）减轻关节疼痛，维护关节的正常功能。

第六节 过敏性紫癜患儿的护理

案例 14-4

患儿，男性，8岁，因双下肢皮疹10天，全身水肿5天，腹痛1天入院。患儿于半月前无明显诱因出现皮肤紫癜，以臀部、双下肢、足背为主，伴有低热，体温37.8℃，轻度咳嗽。口服抗过敏药治疗3天，皮疹加重，同时出现腹痛、腰痛，尿色加深，无肉眼血尿，5天前出现全身水肿，以双下肢、眼睑明显，尿量减少，既往体健，1个月前患儿出现感冒、发热、咳嗽，在家注射“青霉素”5天，咳嗽减轻。无食物及药物过敏史，近日未做预防接种。

体格检查：体温36.9℃，脉搏82次/分，呼吸18次/分，体重21kg。发育正常，营养尚可，神志清，精神尚好，呼吸平稳，双侧臀部、下肢及上肢皮肤散在暗红色紫癜，压之不褪色，略高出皮面，呈对称性分布，双下肢轻度凹陷性水肿，膝、踝关节肿痛。头颅未见异常，双眼睑及颜面部轻度水肿。咽充血，扁桃体Ⅰ度肿大，颈软，双肺呼吸音粗，心音有力，心律齐、未闻及杂音。腹平软，脐周围有轻度压痛，无肌紧张及反跳痛，肝脾肋下未及，肠鸣音5～6次/分，四肢肌张力正常。

辅助检查：血常规示WBC 18.35×10^9/L，L 19.7%，N 71.8%，RBC 4.89×10^{12}/L，PLT 412×10^9/L，Hb 134g/L。尿常规检查，尿蛋白（+++），红细胞（++）。

思考题：

1. 该患儿最可能的临床诊断是什么？诊断依据是什么？
2. 目前对该患儿的护理重点是什么？

过敏性紫癜（anaphylactoid purpura）又称亨-舒综合征（Henöch-Schönlein syndrome），是一种侵犯皮肤和其他器官细小动脉和毛细血管的过敏性血管炎，常伴腹痛、关节痛、便血和肾损害，但血小板不减少。主要见于2～8岁儿童，男孩多于女孩，四季均有发病，但春秋季多见。

【病因与发病机制】

过敏性紫癜的病因尚未明确，可能与链球菌感染、病毒感染、药物（阿司匹林、抗生素等）、食物（蛋类、乳类、豆类）、虫咬、疫苗接种等致敏因素引起的自身免疫反应有关，发生机制是由于抗原与抗体结合形成免疫复合物在血管壁沉积，激活补体，导致毛细血管和小血管壁及其周围产生炎症，使血管壁通透性增高。本病的基础病理改变为全身性白细胞碎裂性小血管炎，皮肤小血管周围有多形核细胞、淋巴细胞和嗜酸粒细胞。

【治疗要点】

1. 一般治疗 卧床休息，积极寻找和去除致病因素，如控制感染，补充维生素等。

2. 糖皮质激素和免疫抑制剂 泼尼松每日 1～2mg/kg，分次口服，症状缓解后即可停药。重症过敏性紫癜肾炎可加用免疫抑制剂如环磷酰胺等。

3. 抗凝治疗 应用阻止血小板凝集和血栓形成的药物，阿司匹林每日 3～5mg/kg；双嘧达莫（潘生丁）每日 2～3mg/kg，分次服用。以过敏性紫癜性肾炎为主要病变时，可选用肝素治疗。

4. 对症治疗 出血患儿应卧床休息，给予镇静剂，有消化道症状时限制粗糙饮食，有大量出血时要考虑输血并禁食；抗阻胺药及钙剂等可减轻一些过敏反应强度，恢复毛细血管内壁完整性，缓解部分患儿腹痛症状。

【护理评估】

1. 健康史

（1）询问患儿发病前有无上呼吸道感染的表现，有无低热、乏力、精神萎靡、食欲缺乏等症状。

（2）了解发病原因，既往有无链球菌感染、病毒感染、虫咬等病史，有无药物及食物过敏史。家族成员中有无类似的疾病。

2. 身体状况 多为急性起病，发病前 1～3 周常有上呼吸道感染史。约半数患儿伴有低热、乏力、精神萎靡、食欲缺乏等全身症状。仅有皮肤损害者称单纯性紫癜，伴有腹痛、腹泻、便血，甚至胃肠道出血者称为胃肠型紫癜；伴有关节肿胀、疼痛、甚至关节积液者称为关节型紫癜；伴血尿、蛋白尿，肾损害者称为肾型紫癜。

（1）皮肤紫癜：常为首发症状，好发于四肢伸侧，尤其是双下肢和臀部。皮损对称分布，成批出现，容易复发，初起为针头至黄豆大小瘀点、瘀斑或荨麻疹样皮疹，高出皮肤，压之不褪色，此后颜色加深呈暗紫色，最终呈棕褐色而消退。严重者可发生水疱、血疱，甚至溃疡。皮肤紫癜一般在 4～6 周后消退，部分患儿间隔数周、数月后再次复发。

（2）消化道症状：约半数以上患儿可出现消化道症状，称为胃肠型紫癜，常见脐周或下腹部疼痛，伴恶心、呕吐，部分患儿有腹泻或便血。偶可发生肠套叠、肠梗阻、肠穿孔及出血坏死性小肠炎。

（3）关节症状：约 1/3 患儿出现关节肿胀、疼痛和活动受限，甚至关节积液痛，多累及膝、踝、肘、腕等大关节，数日后症状消失，不遗留关节畸形。

（4）肾脏症状：30%～60%患儿有肾脏损害的临床表现，是儿科最常见的继发性肾小球疾患，是否引起肾脏病变及其程度直接决定远期预后情况。多发生于起病 1 个月内，症状轻重不一。多数患儿出现血尿、蛋白尿及管型，伴血压增高和水肿，称为紫癜性肾炎。少数呈肾病综合征表现。大多数患儿肾损害较轻，能完全恢复。肾脏病变常较迁延，可持续数月或数年，少数发展为持续性肾脏疾病，甚至肾功能不全。

（5）其他：偶因颅内出血导致瘫痪、失语、惊厥、昏迷。个别患儿有鼻出血、牙龈出血、咯血等表现。也可发生心肌炎、心包炎、喉头水肿、哮喘、肺出血等。

3. 辅助检查

（1）实验室检查

1）血象：白细胞数正常或轻度增高，中性粒细胞和嗜酸粒细胞可增高。血小板计数正常或升高，出血时间和凝血时间正常，血块退缩试验正常，部分患儿毛细血管脆性试验阳性。

2）其他：肾脏受损可有血尿、蛋白尿、管型；血沉轻度增快；血清 IgA 浓度升高，IgG、IgM 水平升高或正常；大便隐血试验阳性。

（2）影像学检查：早期 X 线仅显示软组织肿胀，关节周围骨质疏松，关节附近呈现骨膜炎。晚期可见关节面破坏，以手腕关节多见。腹部超声波检查有利于早期诊断肠套叠。头颅 MRI 可诊断有中枢神经系统症状的患儿。肾脏症状较重或迁延者可行肾穿刺了解病情。

4. 心理-社会状况 评估家长有无焦虑，对该病的预后、疾病的护理方法、药物的副作用、复发的预防等知识的认识程度。对年长儿还需注意评估有无自卑感等。了解患儿家庭环境及家庭经济情况，既往有无住院的经历。

案例 14-4 分析讨论

1. 该患儿最可能的临床诊断是过敏性紫癜，紫癜性肾炎。诊断依据为：

（1）患儿发病前 1 个月曾患感冒、发热、咳嗽。提示患儿有感染史。

（2）患儿于半月前无明显诱因出现皮肤紫癜，以臀部、双下肢、足背为主；5 天前出现全身水肿，以双下肢、眼睑明显，尿量减少，自诉腹痛，脐周围有轻度压痛。

（3）双下肢可见散在暗红色斑丘疹，高出皮面，压之不褪色，双侧对称分布。

（4）尿常规检查，尿蛋白（+++），红细胞（++），白细胞（++）。

【常见护理诊断/问题】

1. 皮肤完整性受损 与血管炎有关。

2. 疼痛 与关节肿痛、肠道炎症有关。

3. 潜在并发症 消化道出血、紫癜性肾炎。

【预期目标】

1. 患儿皮肤恢复正常形态和功能。
2. 患儿主诉疼痛减轻并能进行自理活动。
3. 患儿表现出放松和舒适。

【护理措施】

1. 恢复皮肤的正常形态和功能

（1）观察皮疹的形态、颜色、数量、分布，是否反复出现，绘成人体图形，每日详细记录皮疹变化情况。

（2）患儿衣着应宽松、柔软，保持清洁、干燥，保持皮肤清洁，防擦伤和抓伤，如有破溃及时处理，防止出血和感染。

（3）避免接触可能的各种致敏原，同时遵医嘱使用脱敏药物等。

2. 缓解关节疼痛 观察患儿关节疼痛及肿胀程度，协助患肢采取不同的功能位置。依据病情给予热敷，教会患儿利用放松、娱乐等方法分散注意力减轻疼痛。患儿腹痛时应卧床休息，遵医嘱应用解痉剂，并做好日常生活护理。按医嘱使用肾上腺皮质激素，以缓解关节疼痛和解除痉挛性腹痛。

3. 监测病情

（1）观察有无腹痛、便血等情况，同时注意腹部体征并及时报告和处理。有消化道出血时，应卧床休息，限制饮食，给予无渣流质饮食，出血量多时要考虑输血并禁食，经静脉补充营养。

（2）观察尿色、尿量，定时做尿常规检查，若有血尿和蛋白尿，提示紫癜性肾炎，按肾炎护理。

4. 健康教育

（1）近年来研究表明 A 组溶血性链球菌感染是导致过敏性紫癜的重要原因，本病以春、秋两季好发，故在春、秋季节向小儿及家长宣传预防感染的重要性，避免去人群集中的公共场所，防止受凉。

（2）指导家长和患儿尽量避免接触各种可能的过敏原，学会观察病情，合理调配饮食，定期去医院复查。

（3）过敏性紫癜可反复发作或并发肾损害，给患儿和家长带来心理负担，故应针对具体情况予以相关疾病知识指导和心理疏导，帮助其树立战胜疾病的信心。

案例 14-4 分析讨论（续）

2. 目前患儿的护理要点

（1）按肾炎护理：急性期卧床休息，为患儿提供优质的病房环境，减少刺激能增加肾血流量和尿量减轻水肿，减少蛋白尿，当症状好转后可适当下床活动；根据患儿病情制订合理的饮食计划，积极寻找过敏原，患病初期暂禁食动物蛋白，如鱼虾、蛋类、牛奶等，进食营养丰富易消化、高维生素少渣饮食，限制食盐的摄入量，每日小于 3g，水的摄入量小于 1500ml。

（2）恢复皮肤的正常形态和功能

1）观察皮疹的形态、颜色、数量、分布，是否反复出现，绘成人体图形，每日详细记录皮疹变化情况。观察皮疹出现的数量与饮食药物有无关系，做好记录及时报告医生。

2）观察患儿水肿情况有无减轻，患儿衣着应宽松、柔软，保持清洁、干燥。保持皮肤清洁，防擦伤和小儿抓伤，如有破溃及时处理，防止出血和感染。

3）避免接触可能的各种致敏原，同时遵医嘱使用止血药物和脱敏药物等。

（3）缓解关节疼痛：观察患儿关节疼痛及肿胀程度，协助患肢采取不同的功能位置。依据病情给予热敷，教会患儿利用放松、娱乐等方法分散注意力减轻疼痛。患儿腹痛时应卧床休息，遵医嘱应用解痉剂，并做好日常生活护理。遵医嘱使用肾上腺皮质激素，以缓解关节疼痛和解除痉挛性腹痛。

（4）监测病情

1）观察腹痛情况，有无便血，同时注意腹部体征并及时报告和处理。有消化道出血时，应卧床休息，限制饮食，给予无渣流质饮食，出血量多时要考虑输血并禁食，经静脉补充营养。

2）观察尿色、尿量变化，观察肉眼血尿有无减轻，定时做尿常规检查。

【护理评价】

经过治疗和护理，患儿皮疹消退体温维持正常，感染情况降低，机体免疫力增强；患儿营养状况良好，能力供给充足；无其他并发症发生；焦虑、恐惧情绪减轻。

第七节　皮肤黏膜淋巴结综合征患儿的护理

案例 14-5

患儿，男性，1 岁 6 个月。5 天前受凉出现发热，体温 38.5～40℃，无寒战，惊厥，使用退热药无效。3 天以来出现荨麻疹样皮疹。

体格检查：体温 39.6℃，脉搏 140 次/分，呼吸 40 次/分。发育正常，营养良好，发热病容，神志清，精神一般。全身皮肤隐约散发暗红色斑丘疹，压之褪色，躯干部多见。左颈旁可触及数个肿大淋巴结，如花生米大小。双眼球结膜充血。口唇干燥、皲裂，口腔黏膜潮红，咽部明显充血，舌乳头明显突起、充血呈草莓舌。四肢活动正常，诸关节无肿痛，手足弥漫性红肿，手指、脚趾肿胀，拒触，触之有发硬的感觉，部分指（趾）有膜状脱皮，肛周脱皮。心率 140 次/分，心音有力，可闻及Ⅱ/Ⅵ收缩期杂音。

辅助检查：WBC15.0×10^9/L，N 70%，L30%。心脏检查：心电图示窦性心动过速，ST 段压低、T 波稍低平。心脏彩色多普勒：右冠状动脉入口处内径约 4.5mm，左冠状动脉内径 3.5mm。

思考题：

1. 该患儿最可能的临床诊断是什么，诊断依据是什么？
2. 该患儿目前主要的护理措施有哪些？

皮肤黏膜淋巴结综合征（mucocutaneous lymphnode syndrome，MCLS）又称川崎病（kawasaki disease，KD），由日本川崎富作于 1967 年首次报道，是一种全身中、小动脉炎性病变为主要病理改变的急性发热出疹性疾病。表现为急性发热、皮肤黏膜病损和淋巴结肿大。本病以婴幼儿多见，男孩多于女孩。一年四季均有发病，以春、秋两季居多。

【病因与发病机制】

MCLS 的病因不明，流行病学资料提示立克次体、短棒球菌（丙酸杆菌）、链球菌、反转录病毒、支原体感染可能为其病因，但均未能证实。

MCLS 的发病机制尚不清楚。目前认为川崎病是一定易患宿主对多种感染病原触发的一种免疫介导的全身性血管炎。

【治疗要点】

1. 阿司匹林　剂量为 30～50mg/（kg·d），分 2～3 次口服，热退后 3 天逐渐减量。如有冠状动脉病变时，根据血小板调整剂量、疗程直至冠状动脉病变恢复正常。

2. 静脉注射丙种球蛋白（IVIG）　IVIG 可明显降低急性期冠状动脉病变的发生率，对已形成冠状动脉瘤者可使其早期退缩。剂量为 1～2g/kg，于 8～12 小时静脉缓慢注射，宜于发病早期应用。

3. 糖皮质激素　静脉注射丙种球蛋白无效者可考虑使用糖皮质激素，也可与阿司匹林和双嘧达莫合并使用。剂量每日 2mg/kg 使用 2～4 周。

4. 其他治疗　根据病情对症和支持治疗，如纠正心律失常、控制心力衰竭等；有心肌梗死时及时溶栓治疗，本病患儿需要随访半年至 1 年，严重冠状动脉病变者可进行冠状动脉搭桥术。

【护理评估】

1. 健康史　询问患儿发病前有无上呼吸道感染、高热的表现，既往有立克次体、短棒球菌（丙酸杆菌）、链球菌、反转录病毒、支原体等病毒感染等病史。

2. 身体状况

（1）主要表现

1）发热：常以高热为最初表现，体温 39～40℃，持续 1～2 周，甚至更长，呈稽留热或弛张热，抗生素治疗无效。

2）皮肤表现：常在第 1 周出现。呈多形红斑样或猩红热样皮疹，无疱疹及结痂，躯干部多见，持续 4～5 天后消退；肛周皮肤发红、脱皮。

3）黏膜表现：双眼球结膜充血，但无脓性分泌物或流泪，于起病 3～4 天出现，无脓性分泌物，热退后消散；口唇潮红、皲裂或出血，舌乳头明显突起、充血呈草莓舌；咽部弥漫性充血，扁桃体可有肿大或渗出。

4）手足症状：急性期手足硬性水肿和手掌和脚底早期出现潮红，恢复期指（趾）端膜状脱皮，重者指（趾）甲亦可脱落，此为川崎病的典型临床特点。

5）颈淋巴结肿大：单侧或双侧，质硬有触痛，表面不红无化脓，病初出现，热退后消散。

（2）心脏表现：可于病后 1～6 周出现心肌炎、心包炎和心内膜炎；冠状动脉损害多发生在疾病的第 2～4 周，心肌梗死和巨大冠状动脉瘤破裂可导致心源性休克，甚至猝死。

（3）其他：可有间质性肺炎、无菌性脑膜炎、消化系统症状（呕吐、腹泻、腹痛、肝肿大、黄疸等）、关节痛和关节炎。

3. 川崎病并发冠状动脉瘤的高危因素　男性，年龄＞1 岁；热程大于 16 天或反复发热；白细胞>30×10^9/L；血沉和 C 反应蛋白增加大于 30 天；血沉和 C 反应蛋白反复增加；心电图异常，表现为Ⅱ、Ⅲ、aVF 导联和（或）心前区导联异常 Q 波；心肌梗死症状体征。

4. 辅助检查

（1）实验室检查

1）血液检查：轻度贫血，白细胞计数升高，以中性粒细胞增高为主，有核左移现象。血沉增快、C 反应蛋白和免疫球蛋白增高，为炎症活动指标。

2）免疫学检查：血清 IgG、IgM、IgA、IgE 和血液循环免疫复合物升高，总补体和 C_3 正常或增高。

（2）X 线检查：肺纹理增多，少数患儿有片状阴影或胸膜反应；心影常轻度扩大，少数患儿可见冠状动脉钙化。

（3）心血管系统检查：心脏受损者可见心电图、超声心动图改变和冠状动脉造影。心电图早期示非特异性 ST-T 段改变、P-R 间期和 Q-T 间期延长、低电压、心律失常等；超声心动图急性期可见心包积液，左心室内径增大，二尖瓣、主动脉瓣或三尖瓣反流，亦可有冠状动脉异常；超声波检查有多发性冠状动脉瘤，或心电图有心肌缺血表现者，应进行冠状动脉造影，冠状动脉造影是诊断冠状动脉病变最精确的方法，根据冠状动脉造影时冠状动脉瘤的特征，可确定冠状动脉瘤的类型、分级和部位，以指导治疗。

5. 心理-社会状况 评估家长有无焦虑，对该病的预后、疾病的护理方法等知识的认识程度。了解患儿家庭环境及家庭经济情况，既往有无住院的经历。

案例 14-5 分析讨论

1. 该患儿最可能的临床诊断是为川崎病合并冠状动脉扩张、心肌损害，诊断依据为：

（1）发热：常发热 5 天，体温 38.5～40℃，使用退热药无效。

（2）皮肤表现：3 天以来全身皮肤隐约散发暗红色斑丘疹，压之褪色，躯干部多见。

（3）黏膜表现：双眼球结膜充血。口唇干燥、皲裂，口腔黏膜潮红，咽部明显充血，舌乳头明显突起、充血呈草莓舌。

（4）手足症状：手足弥漫性红肿，手指、脚趾肿胀，拒触，触之有发硬的感觉，部分指（趾）有膜状脱皮。

（5）颈淋巴结肿大：淋巴结肿大，左颈旁可触及数个肿大淋巴结，如花生米大小。

（6）实验室检查示血象明显增高；心脏检查：心电图示窦性心动过速，ST 段压低、T 波稍低平。心脏彩色多普勒：右冠状动脉入口处内径约 4.5mm，左冠状动脉内径 3.5mm，提示心肌损害，右冠状动脉明显扩张。

【常见护理诊断/问题】

1. 体温过高 与感染、免疫反应等因素有关。

2. 皮肤完整性受损 与全身性血管炎有关。

3. 口腔黏膜受损 与小血管炎有关。

4. 潜在并发症 心脏受损。

【预期目标】

1. 患儿体温逐渐降低至恢复正常。

2. 患儿皮肤及黏膜受损状况减轻，无继发感染发生。

【护理措施】

1. 降低体温

（1）急性期患儿应绝对卧床休息，及时监测体温变化、观察热型及伴随症状，及时采取必要的降温措施。

（2）给予清淡的高热量、高维生素、高蛋白质的流质或半流质饮食。鼓励患儿多饮水，必要时静脉补液。

（3）按医嘱用药并注意观察应用阿司匹林是否出血倾向和静脉注射丙种球蛋白有无过敏反应，一旦发生及时处理。

2. 皮肤护理　保持皮肤清洁，每天清洗患儿皮肤，剪短指甲，可给患儿戴手套以免抓伤和擦伤；衣被质地柔软及时更换，每次便后清洗臀部；及时剪掉半脱落的痂皮，切忌强行撕脱，防止出血和继发感染。

3. 黏膜护理　每日用生理盐水冲洗双眼 2 次，并涂抹眼膏，预防眼部感染；密切观察患儿口腔黏膜破损情况，常漱口，加强口腔护理，保持口腔清洁，防止继发感染与增进食欲；禁食生、辛、硬的食物，以免刺激口腔黏膜，必要时遵医嘱给予药物涂擦口腔创面；口唇干裂者可涂护唇油。

4. 监测病情　密切监测患儿有无心血管损害的表现，如面色、精神状态、心率、心律、心音、心电图异常，一旦发现立即进行心电监护，根据心血管损害程度采取相应的护理措施。

5. 心理支持　家长因患儿心血管受损及可能发生猝死而产生不安心理，应及时向家长交代病情，给予心理支持；根据病情患儿需定期做心电图、超声心动图等，应结合患儿年龄进行解释，以取得配合；给患儿安排一些床上娱乐，制订合理的活动与休息，多给其精神安慰，减少各种不良刺激。

6. 健康教育　及时向家长交代病情，并给予心理支持。指导家长观察病情，定期带患儿复查，对于无冠状动脉病变患儿，于出院后 1 个月、3 个月、6 个月及 1 年全面检查 1 次。有冠状动脉损害者需要长期密切随访，至少每半年做一次超声心动图检查，直至冠心病消失。

案例 14-5 分析讨论（续）

2. 该患儿目前主要的护理措施

（1）降低体温：①患儿应绝对卧床休息，及时监测体温变化、观察热型及伴随症状，及时采取必要的降温措施；②给予清淡的高热量、高维生素、高蛋白质的流质或半流质饮食。鼓励患儿多饮水，必要时静脉补液；③按医嘱用药并注意观察应用阿司匹林有否出血倾向和静脉注射丙种球蛋白有无过敏反应，一旦发生及时处理。

（2）皮肤护理：保持皮肤清洁，每天清洗患儿皮肤，剪短指甲，给患儿戴手套以免抓伤和擦伤；衣被质地柔软及时更换，每次便后清洗臀部；及时剪掉半脱落的痂皮。

（3）黏膜护理：每日用生理盐水冲洗双眼 2 次，并涂抹眼膏；加强口腔护理，保持口腔清洁，防止继发感染；禁食生、辛、硬的食物，以免刺激口腔黏膜，必要时遵医嘱给予药物涂擦口腔创面；口唇干裂者可涂护唇油。

（4）监测病情：密切监测患儿面色、精神状态、心率、心律、心音、心电图变化，一旦发现异常立即进行心电监护，根据心血管损害程度采取相应的护理措施。

【护理评价】

经过治疗和护理，患儿体温逐渐降低至恢复正常；皮肤及黏膜受损状况减轻，无继发感染发生。

思　考　题

1. 小儿风湿热发生心脏炎的临床表现是什么？
2. 预防风湿热的措施都有什么？
3. 简述防止风湿热发生心功能损害的护理措施。
4. 简述过敏性紫癜皮肤紫癜的临床特点。
5. 简述皮肤黏膜淋巴综合征的皮肤黏膜表现。

（李珊珊）

第十五章　遗传代谢性疾病患儿的护理

【目标要求】

掌握： 21-三体综合征、苯丙酮尿症和糖原累积病的身体状况评估特点和主要护理措施。

熟悉： 遗传性疾病的概念及分类，21-三体综合征、苯丙酮尿症和糖原累积病的常见护理诊断/问题及治疗要点。

了解： 遗传性疾病的预防手段，21-三体综合征、苯丙酮尿症和糖累积病的病因与发病机制。

第一节　概　　述

遗传病（genetic disease）是指由遗传物质发生变异而导致的或由致病基因所引起的疾病，具有家族性、先天性和终身性特征。

多达2万余种疾病属于遗传性疾病，在儿科疾病中所占比例较高，是构成我国出生缺陷的重要组成部分。它不但可造成全身各系统的结构或功能障碍，还多伴有智力低下，引起畸形、代谢异常、神经和肌肉功能障碍，其死亡率和致残率均较高。近年来，遗传性疾病的诊断技术进展很快，并且对疾病严重程度的预测更加准确，但目前，仍然缺乏对多数遗传病有效的治疗手段，所以早期筛查、预防和诊断，及时治疗和正确护理，可以改善患儿预后，提高其生存质量，具有非常重要的意义。

尽管遗传性疾病种类繁多、病因复杂，但随着分子生物学技术的快速发展，人类对3000多种遗传性疾病的致病基因和临床表型都有了确切的认识，为这些疾病的诊断、治疗和预防等拓展了新的途径。

（一）遗传的基本概念及物质基础

各种生物的子代，其形态结构和生理功能特点与亲代很相似的现象，称为遗传。但亲代与子代之间、子代各个体之间存在一定差异而不会完全相同的现象，称为变异。人类的遗传物质由细胞中的染色体及染色体上的基因构成，遗传信息的载体是染色体，实现遗传功能的物质基础是基因。

染色体（chromosome，CS）是由一条线性的、完整的双螺旋脱氧核糖核酸（DNA）分子和围绕其中的组蛋白和非组蛋白构成的，位于细胞核内。正常人体细胞有23对（46条）染色体，每对染色体中一条来自父亲，另一条来自母亲。其中22对为常染色体（autosome），男女相同，另一对为决定性别的性染色体（sex chromosome）。正常女性染色体核型为46，XX，男性为46，XY。遗传信息相对稳定的基础是染色体数目和形态的相对稳定。

基因（gene）是成对地位于相对应的染色体上的、呈线状排列的、有功能的DNA序列。人体每个细胞中包含有2万～2.5万个基因，可分为结构基因和调控基因两类。前者编码多肽链，经加工、修饰和形成各种高级结构，包括结构蛋白、酶、受体及各种转运蛋白等，执行各种蛋白质的功能；调控基因只起调控基因表达的作用，包括启动子、增强子和沉默子等，不作为合成蛋白质的模板。基因表达是DNA分子储存的遗传信息经过转录，形成mRNA，释放入细胞质作为合成蛋白质的模板，由tRNA按照密码子选择相应的氨基酸，在核蛋白体上合成蛋白质的过程。基因突变（gene mutation）是指DNA序列中的碱基改变。大多数突变可以自发性修复，一些突变导致了疾病的发生，一些突变未发现与疾病有关，而是构成了人类基因的多态性。

（二）遗传病的分类

根据遗传物质的结构和功能改变的特点，可将遗传性疾病分为五大类，不同的遗传病其遗传方式不同。

1. 染色体病（chromosome disorders） 指由多种因素引起的染色体数目和（或）结构异常的疾病，可分为常染色体病和性染色体病两大类。通常累及数个甚至上百个基因，造成机体多发畸形、智力低下、生长发育迟缓和多系统功能障碍，又被称为染色体畸变综合征。染色体病在新生儿中的总发生率约为 0.6%，常见的如唐氏综合征、Turner 综合征和 Klinefelter 综合征等。孕母年龄过大、接触有毒有害化学物质、放射线、孕期病毒感染及父母携带异常染色体等因素与疾病发生相关。

2. 单基因遗传病（monogenic diseases） 是指由单个基因突变所致的遗传性疾病，其遗传符合孟德尔定律。根据主基因所在的染色体定位和等位基因的显性与隐性特征分为五类：①常染色体显性遗传病：致病基因在常染色体上，亲代只要有 1 个显性致病基因传递给子代，子代就会表现出疾病性状，常见疾病如软骨发育不全、成骨不全等。其家系特点是患者为杂合子，亲代中有 1 人患病；父母一方患病，子女有 50%的患病风险率；父母双方患病，子女有 75%的患病风险率；男女发病机会均等；父母无病，子女一般无病。②常染色体隐性遗传病：致病基因在常染色体上，为一对隐性基因。只有携带 2 个相同的致病基因（纯合子）才发病，只携带 1 个致病基因的个体不发病，为致病基因携带者，常见疾病如苯丙酮尿症、白化病等。其家系特点是父母均无患病，患者为纯合子，同胞中 25%发病，25%正常，50%为携带者，近亲婚配其发病风险增高。③X 连锁显性遗传病：致病基因位于 X 染色体上，常见疾病如抗维生素 D 佝偻病。家系特点是患者双亲之一是患者，男性患者后代中女性发病，男性正常；女性患者后代中 50%发病。女性患者的病情常较男性轻。④X 连锁隐性遗传病：致病基因位于 X 染色体上，女性为表现正常的致病基因携带者，男性只有一条 X 染色体，隐性基因也会发病，常见疾病如血友病、进行性肌营养不良等。其家系特点是男性患者与正常女性婚配，子代中男性正常，女性为致病基因携带者；女性携带者与正常男性婚配，子代中男性 50%发病，女性 50%为致病基因携带者。⑤Y 连锁遗传病：致病基因位于 Y 染色体上，只有男性发病，由父传子，如性反转症、外耳道多毛等，较少见。

3. 多基因遗传病（polygenic diseases） 是多对微效基因的累积效应与环境因素的共同作用所致的遗传病。这类疾病总数已达 100 种以上，如高血压、2 型糖尿病、神经管缺陷、先天性唇裂等。

4. 线粒体病（mitochondrial diseases） 有一部分 DNA 存在于人类细胞质的线粒体内，即线粒体 DNA，含 37 个基因，按母系遗传。基因突变为一组较为独特的遗传病，目前已发现 60 余种，如脂肪酸氧化障碍、呼吸链酶缺陷、特殊类型糖尿病、脑病、肌病等。

5. 基因组印记（genomic imprinting） 是指基因根据来源亲代的不同而有不同的表达，又称为遗传印记。例如，同样是 15 号染色体长臂 15q11-13 缺失患儿，父源性缺失者患 Prader-Willi 综合征，患者表现为身材矮小、肥胖、智力轻度障碍；母源性缺失者患 Angelman 综合征，患者表现为重度智力障碍、癫痫和步态异常。基因组印记还影响着某些遗传病的表现度、外显率等。

（三）遗传病的诊断

遗传病的诊断是开展遗传咨询和进行防治的基础，应广泛收集临床资料和实验室数据，以提供诊断依据。

1. 病史和临床特征 新生儿期若出现持续黄疸、腹泻、持续呕吐、肝肿大、反复惊厥、低血糖、酸中毒、高氨血症、电解质异常或特殊体味等，应做进一步检查，以明确是否有遗传代谢性疾病；对有先天性畸形、特殊面容、生长发育障碍、智力发育落后、性发育异常或有遗传病家族史者，应做详细的家系调查和分析；了解妊娠史、孕期用药史及疾病史等有无异常。

2. 体格检查 ①观察头面部外观特点，有无小头、大头、舟状头、方颅、窄前额、面中部发育不良等，观察发际高低等；②观察眼部特征，有无眼距宽、眼球内陷或突出、内眦赘皮、小眼球、角膜环、蓝巩膜等表现；③观察耳部外形，有无低位耳、小耳、大耳、耳郭畸形等；④观察鼻部，有无鼻梁低平、鼻根宽大、鼻孔前倾等；⑤观察颈部，有无颈短、颈蹼等；⑥测量身体上部量与下部量比例、手指长度，观察指距及指纹、外生殖器、脊柱、四肢及关节有无异常；⑦有无异常的汗味或尿味等。

3. 实验室检查

（1）用于染色体畸变、缺失或重复突变的细胞和细胞分子遗传学方法：①染色体核型分析：该方法能检出染色体数目和大片段结构异常，是诊断染色体畸变的重要手段。其方法是取患儿外周血进行淋巴细胞培养制备染色体进行分析，也可采用骨髓细胞或皮肤成纤维细胞进行培养分析。②荧光原位杂交技术（fluorescence in situ hybridization，FISH）：FISH是用荧光素标记的特定DNA作为探针进行原位杂交来检测患者样本中目的DNA序列，该技术主要用于染色体上的微小缺失检测。通过荧光显微镜对样品进行观察，能够实时看到探针信号的有无及在染色体上的位置。③基因芯片技术：是一种高分辨率、高通量的新技术，可以通过一次实验对样本的整个基因组进行检测。用于诊断各类染色体微缺失和微重复，以及进行单核苷酸多态性分析等。

（2）常用分子学诊断方法：包括聚合酶链反应（polymerase chain reaction，PCR）技术、限制性内切酶、印记杂交、DNA测序等方法，进行各种基因病变的检测。

（3）其他检查：包括生化检查、酶活性检测、免疫学检查、影像学检查、神经电生理检查等，可以为相关疾病的诊断提供依据。

（四）遗传病的治疗

近年来，遗传病的治疗有了较大进展，一方面可通过饮食、药物、手术、脏器移植等方法改善患儿内、外环境以纠正代谢紊乱，改善症状；另一方面可改造和修补有缺陷的基因，来达到治疗目的。主要的治疗方法包括：①饮食及药物疗法：包括补充缺乏物质（如维生素、电解质和氨基酸等），避免摄入有害物质（如乳糖类、苯丙氨酸、蚕豆等），排除过多有害物质（如铜、尿酸）等。②酶疗法：通过酶诱导、酶补充等补充必需的酶，纠正代谢缺陷。③外科治疗：通过脏器移植、干细胞移植和矫形手术等，修复或替换丧失功能的组织和器官，矫正畸形和恢复功能。④基因治疗：基因治疗是指运用DNA重组技术设法修复或构建患者细胞中有缺陷的基因，使细胞恢复正常功能而达到治疗疾病或赋予机体新的抗病功能。基因治疗的目标：一是治疗体细胞中的基因缺陷，使患者的症状消失或得到缓解；二是治疗生殖细胞中的基因缺陷，使其有害基因终止在人群中的散布。

（五）遗传病的预防

遗传病严重危害患儿身心健康，不仅给家庭及社会带来沉重的负担，而且危及子孙后代，直接影响人口素质的提高，因此遗传病的预防极其重要。

1. 携带者的检出 遗传携带者（genetic carrier）是指带有隐性致病基因（杂合子）或平衡易位染色体，且能传递给子代的外表正常的个体。及时检出携带者，并在检出后积极进行婚育指导或产前诊断，对预防和减少遗传病患儿的出生具有重要意义。

2. 医学遗传咨询 遗传咨询是由医学遗传咨询者针对遗传病患者及其家属，就某种遗传病的疾病信息、疾病后果、再发风险和防治的相关问题进行讨论和交流，以帮助患者理解遗传因素对疾病的作用及和适应遗传病对医学、心理和家庭影响的一个过程。主要咨询对象为：①已确诊或疑有遗传病的患者及其亲属；②连续发生不明原因疾病的；③疑与遗传有关的先天畸形、原发性低智者；④易位染色体或致病基因携带者；⑤不明原因的反复流产、死胎、死产及不孕（育）夫妇；⑥性发育异常者；⑦孕早期接触放射线、化学毒物、致畸药物或病原微生物感染者；⑧有遗传病家族史并拟结婚或生育者。

3. 产前诊断 产前诊断是在遗传咨询的基础上，通过直接或间接的方法对孕期胚胎或胎儿进行生长和生长标志物的检测，以明确诊断，减少遗传病患儿的出生。目前采用的方法有通过超声、胎儿镜检查来观察胎儿的形态特征，以及通过染色体检查（细胞遗传学技术）、基因分析或其表达产物（酶和生化）的测定进行诊断。

4. 出生缺陷监测和预防 出生缺陷是指胚胎发育紊乱所致的形态、结构、功能、代谢、精神、行为等方面的异常，亦称先天异常。出生缺陷检测是指对出生时发现的新生儿在结构和功能方面异常的检测。通过对一定数量的婴儿进行定期的、系统的动态检测，可及时掌握人群中出生缺陷的分布、频率和顺位，总结和分析原因并采取相应的干预措施，消除不利因素的影响，减少出生缺陷，达到健康生育的目的。

5. 发病前的预防　对某些需要有诱发因素的遗传病，尽量在日常生活中避免接触相关物质，以减少疾病的发生。如 6-磷酸葡萄糖脱氢酶缺乏症患者，应避免进食蚕豆、解热镇痛药等。

6. 环境保护　环境污染可导致基因突变、染色体畸变等。胚胎在发育的早期对致畸因素高度敏感，应特别注意避免接触致畸剂、诱变剂（如亚硝酸盐、着色剂等）、超剂量电离辐射等物质。

第二节　21-三体综合征

案例 15-1

患儿，男性，1 岁 6 个月，因“伸舌流涎以及说话少”就诊。患儿母亲孕 2 产 1，患儿足月顺产，出生体重 2650g。母亲 36 岁，父亲 40 岁，非近亲结婚，无遗传代谢性疾病家族史。

体格检查：神志清楚，表情呆滞。体重 9100kg，身长 69cm，头围 44cm，前囟 1cm×1cm，眼裂小，双眼外眦上斜，眼距宽，鼻梁低，耳郭小，唇厚舌大，常伸舌、流涎，牙 10 枚，心前区可闻及Ⅲ/Ⅳ级收缩期杂音。四肢肌张力低下，手指粗短，通贯手，小指向内弯曲。普通饮食，食量少，食欲差，还不能独走，除“爸爸、妈妈”外，不会说其他话语。患儿母亲非常焦虑，很想知道孩子是否患了严重疾病。

思考题：

1. 患儿最可能的临床诊断是什么？需要进一步做什么检查以明确诊断？
2. 患儿主要的护理诊断/问题有哪些？

21-三体综合征（trisomy 21 syndrome）又称唐氏综合征（Down syndrome，DS），其主要临床特征为特殊面容、智能落后和生长发育迟缓，并可伴有多种畸形。是人类最早发现的常染色体畸变疾病，在活产婴儿中的发生率为 1∶1000～1∶600，发病率随孕妇年龄增大而增加。

【病因与发病机制】

本病的发生可能与孕母高龄、致畸变物质及疾病的影响，导致了染色体畸变有关。新生儿的患病率随孕母年龄增加而增高，孕母年龄在 35 岁及以上时，约为 0.3%，40 岁时可达 1%，45 岁时可高达 5%。接触放射线、化学因素（如抗代谢药物、抗癫痫药物、苯、农药等），以及病毒感染（如 EB 病毒、流行性腮腺炎病毒、风疹病毒及肝炎病毒等），可使染色体发生畸变。

本病发病机制是由于亲代之一的生殖细胞在减数分裂形成配子时，或受精卵在有丝分裂时，21 号染色体发生不分离，致使胚胎体细胞内存在一条额外的 21 号染色体，即第 21 号染色体呈三体型的常染色体畸变。

【治疗要点】

尚无特殊有效治疗方法。注意预防和治疗感染，如伴有其他畸形，可考虑手术矫治。对患儿可以进行长期教育和训练，以提高生活自理的能力，以及掌握一定的工作技能。

【护理评估】

1. 健康史

（1）一般情况：患儿年龄，是否有智力低下及体格发育较同龄儿落后表现，生活自理能力、生活环境、居住条件、卫生习惯等。

（2）家庭史：家族成员中是否有类似疾病发生，患儿父母是否近亲结婚，母亲妊娠年龄，母孕期是否接触放射线、化学药物及患病毒感染性疾病。

（3）既往史：既往健康状况，近期有无患感染性疾病。

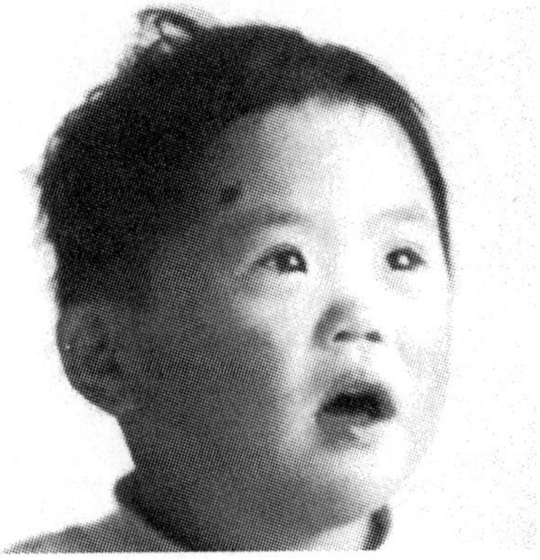

图 15-1　21-三体综合征患儿的面容

2. 身体状况

（1）特殊面容：患儿有明显的特殊面容（图 15-1）：头小而圆，前囟大且闭合延迟，颈短而宽。表情呆滞，眼裂小，眼距宽，双眼外眦上斜，可有内眦赘皮。鼻梁低平，耳小异形。唇厚舌大，张口伸舌，流涎多。常呈现嗜睡状，可伴有喂养困难。

（2）智能落后：绝大部分患儿有不同程度的智能发育障碍，是本病最严重、最突出的临床表现。随年龄增长逐渐明显，智商通常为 25～50，抽象思维能力受损最大。

（3）生长发育迟缓：患儿身材矮小，头围小于正常，骨龄落后。出牙延迟，且常错位。肌张力低下，腹膨隆，可伴脐疝。四肢短，韧带松弛，关节可过度弯曲。手指粗短，小指向内弯曲。运动发育及性发育均延迟。

（4）皮纹特点：手掌出现猿线（通贯手），轴三角的 atd 角度一般大于 45°，第 4、5 指桡箕增多，脚踇指球胫侧弓形纹和第 5 指只有一条指褶纹等（图 15-2）。

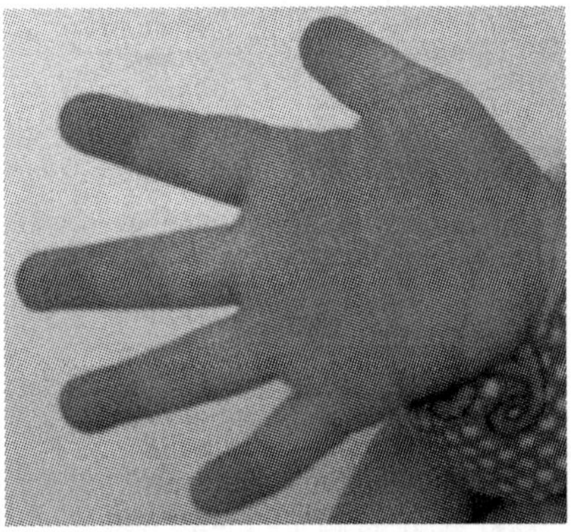

图 15-2　21-三体综合征患儿的皮纹特点

（5）伴发畸形：约 50%患儿伴有先天性心脏病，其次是消化道畸形。部分男孩有隐睾，成年后多无生育能力。女孩多无月经，仅少数可有生育能力。免疫功能低下，易患各种感染性疾病，白血病的发病率明显高于正常人群。存活至成人期，则常在 30 岁以后即出现老年性痴呆症状。

3. 辅助检查

（1）染色体核型分析：外周血淋巴细胞或羊水细胞染色体核型检查可以发现本病患者第 21 号染色体比正常人多一条，即第 21 号染色体三体，细胞染色体总数为 47 条。常见核型有：①标准型，占全部患儿的 95%，体细胞染色体总数为 47 条，核型为 47，XY（或 XX），+21，有一个额外的 21 号染色体；②易位型，占 2.5%～5%，染色体总数为 46 条，其中一条是额外的 21 号染色体的长臂与一条近端着丝粒染色体长臂形成的易位染色体。有 D/G 易位和 G/G 易位两类：D/G 易位型，最常见。G 组 21 号染色体与 D 组着丝粒易位，其中 D 组中以 14 号染色体为主，核型为 46，XY（或 XX），-14，+t（14q21q）；G/G 易位型，是由于 G 组中两个 21 号染色体发生着丝粒融合，形成等臂染色体 t（21q21q），核型为 46，XY（或 XX），-21，+ t（21q21q）；③嵌合型，占 2%～4%。患儿体内有两种以上细胞株（以两种为多见），一株正常，另一株为 21-三体细胞，形成嵌合体，其核型为 46，XY（或 XX）/47，XY（或 XX），+21。

（2）荧光原位杂交：用荧光素标记的 21 号染色体的相应片段序列做探针，与外周血中的淋巴细胞或羊水细胞进行荧光原位杂交（FISH 技术），在本病患者的细胞中呈现 3 个 21 号染色体的荧光信号。

案例 15-1 分析讨论

1. 患儿表情呆滞，特殊面容，生长发育迟缓，心前区可闻及Ⅲ/Ⅳ级收缩期杂音，四肢肌张力低下，手指粗短，通贯手，小指向内弯曲且智能发育落后，符合 21-三体综合征临床表现。可能的诊断是：21-三体综合征。

需要进一步做的检查：采集外周血淋巴细胞做染色体核型分析来明确临床诊断。

4. 心理-社会状况　注意评估患儿家长有无焦虑，对该病的预后、疾病的护理方法等知识的认识程度。了解患儿家庭环境及家庭经济情况，既往有无住院的经历。

【常见护理诊断/问题】

1. 自理缺陷　与智能低下有关。

2. 焦虑（家长）　与儿童患严重疾病有关。

3. 知识缺乏　患儿家长缺乏疾病的相关认识。

【预期目标】

1. 患儿能逐步自理生活，从事简单劳动。

2. 患儿家长达到良好心理适应。

3. 患儿家长掌握有关疾病知识及对患儿进行教育、训练的技巧。

【护理措施】

1. 加强生活护理，培养自理能力　协助患儿吃饭、穿衣，定期洗澡，并防止意外事故发生。应及时擦干流涎，做好下颌及颈部皮肤护理，避免皮肤糜烂。帮助家长制订个性化教育及训练方案，使患儿通过训练能逐步生活自理，从事简单劳动。

2. 预防感染　保持空气清新，避免接触感染者。注意个人卫生，保持口腔、鼻腔清洁，勤洗手。呼吸道感染者接触患儿需戴口罩。

3. 家庭支持　向家长及时提供情感支持和信息支持，协助家庭成员适应疾病带来的影响，维持家庭的正常结构与功能。

4. 遗传咨询及健康教育　35 岁以上妇女，妊娠后做羊水细胞检查。注意发现易位染色体携带者，子代有先天愚型者，或姨表姐妹中有此患者，应及早检查子亲代染色体核型。孕期避免接受 X 线照射，勿滥用药物，预防病毒感染。

案例 15-1 分析讨论（续）

2. 主要的护理诊断/问题

（1）自理缺陷：与智能低下有关。

（2）焦虑（家长）：与儿童患严重疾病有关。

（3）知识缺乏：患儿家长缺乏疾病的相关认识。

【护理评价】

经过治疗和护理，患儿逐步自理生活，从事简单劳动。患儿家长达到良好心理调适；患儿家长掌握有关疾病知识及对患儿进行教育、训练的技巧。

第三节　苯丙酮尿症

案例 15-2

患儿，男性，1 岁，因“反复面部肌肉抽搐、头发变黄”就诊。患儿母亲孕 1 产 1，患儿足月顺产，出生体重 2950g，无产伤窒息史。出生后牛奶喂养，奶量尚可，3 个月后逐渐出现喂养困难，并有间歇性呕吐，易激惹。患儿 6 个月时发现智力与运动发育水平较同龄儿落后，近 2 个月来反复抽搐发作，头发由黑渐渐变黄。母孕期健康，患儿无特殊服药史。

体格检查：体重 8000kg，身长 65cm，头围 43cm，营养发育较差，面部有湿疹，皮肤白皙，头发黄。心率 100 次/分，律齐，未闻及杂音。全身有特殊气味。饮食为软食（肉沫丸子）加牛奶。

思考题：

1. 该患儿最可能的临床诊断是什么？应做哪些检查以明确诊断？
2. 应如何帮助患儿母亲正确喂养？

苯丙酮尿症（phenylketonuria，PKU）是一种常染色体隐性遗传病，是由于苯丙氨酸羟化酶基因突变导致酶活性降低，苯丙氨酸及其代谢产物在体内蓄积引起的疾病，是先天性氨基酸代谢障碍中最为常见的一种。临床特征为智力发育落后，皮肤、毛发色素浅淡和鼠尿样体味。其发病率有地区和种族差异，我国发病率为 1：11000，北方地区高于南方地区。

【病因与发病机制】

PKU 可分为典型和非典型两种，绝大多数患儿为典型病例（约占 99%）。

典型 PKU 是由于患儿肝细胞缺乏苯丙氨酸羟化酶（phenylalanine hydroxylase，PAH），不能将苯丙氨酸转化为酪氨酸，而引起苯丙氨酸在血液、脑脊液、各种组织和尿液蓄积所致。高浓度的苯丙氨酸及其旁路代谢产物导致脑损伤，其旁路代谢产物自尿中排出，产生特殊气味。同时，由于酪氨酸生成减少，致使黑色素合成不足，患儿毛发、皮肤色素减少。

非典型 PKU 是由于四氢生物蝶呤（tetrahydrobiopterin，BH_4）的缺乏，使苯丙氨酸不能氧化成酪氨酸，造成多巴胺、5-羟色胺等重要神经递质缺乏，加重神经系统的功能损害。

【治疗要点】

一旦确诊，立即治疗，治疗的年龄越小，效果越好。

1. 低苯丙氨酸饮食 为典型 PKU 的主要治疗手段，其原则是使摄入苯丙氨酸的量既能保证生长发育和体内代谢的最低需要，又能使血中苯丙氨酸浓度维持理想控制范围内。血苯丙氨酸理想控制浓度范围为：0～1 岁，120～240μmol/L；1～12 岁，120～360μmol/L；＞12 岁，120～600μmol/L。如血苯丙氨酸浓度异常，应每周监测一次；如血苯丙氨酸浓度在理想控制范围之内，饮食无明显变化时，可每月监测 1～2 次。

2. BH_4、5-羟色氨酸和 L-DOPA 治疗 对非典型病例除饮食控制外，需给予此类药物。

【护理评估】

1. 健康史

（1）一般情况：患儿年龄，是否有智力落后及皮肤、毛发色素浅淡表现，生活自理能力、生活环境、居住地区等。

（2）家庭史：家族成员中是否有类似疾病发生，母亲妊娠史。

（3）既往史：既往健康状况。

2. 身体状况 患儿出生时无异常，一般在 3～6 个月时开始出现症状并逐渐加重，1 岁时症状明显。

（1）神经系统表现：智能发育落后为主要表现，可有表情呆滞、行为异常、多动、肌痉挛或癫痫发作。少数患儿有肌张力增高和腱反射亢进，80%患儿有脑电图异常。非典型 PKU 患儿的神经系统症状出现较早且较重，肌张力明显减低，嗜睡或惊厥，智能明显落后。

（2）外貌变化：生后数月逐渐出现毛发由黑变黄，皮肤和虹膜色泽变浅。皮肤干燥，常伴湿疹。

（3）特殊体味：由于尿及汗液中排出较多苯乙酸，有明显的鼠尿样臭味。

（4）其他表现：可有呕吐、喂养困难。PKU 母亲在血苯丙氨酸浓度异常情况下妊娠，其子女常伴有小头畸形和智力低下。

苯丙酮尿症患儿的上述症状大部分是可逆的，经过饮食控制后，行为异常可好转，癫痫可控制，脑电图转为正常，毛发由浅变为正常色，特殊气味消失，但智能发育落后很难转变，只有在出生后早发现早治疗才能预防。

3. 辅助检查

（1）新生儿筛查：新生儿哺乳 3 天后，采集婴儿足跟血液 1 滴，滴于专用采血滤纸上，晾干后即可寄送至筛查实验室，进行苯丙氨酸浓度测定。当苯丙氨酸浓度大于切割值时，应进一步检查和确诊。

（2）苯丙氨酸浓度测定：正常浓度＜120μmol/L（2mg/dl），典型 PKU＞1200μmol/L，中度 PKU 为 360～1200μmol/L，轻度 PKU 为 120～360μmol/L。

（3）尿蝶呤图谱分析和 DHPR 活性测定：主要用于 BH_4 缺乏症的鉴别诊断。

（4）DNA 分析：用 DNA 分析方法进行基因突变检测、基因诊断和产前诊断。

4. 心理-社会状况　注意评估患儿家长有无焦虑，对该病的预后、疾病的护理方法、患儿的饮食等知识的认识程度。了解患儿家庭环境及家庭经济情况，既往有无住院的经历。

【常见护理诊断/问题】

1. 生长发育迟缓　与高浓度的苯丙氨酸导致脑细胞受损有关。

2. 有皮肤完整性受损的危险　与皮肤异常分泌物的刺激有关。

3. 焦虑（家长）　与担心患儿疾病预后有关。

【预期目标】

1. 患儿症状有所改善。
2. 患儿住院期间皮肤保持完整。
3. 患儿家长了解疾病相关知识，焦虑情绪有所缓解，能够配合治疗和护理。

【护理措施】

1. 饮食护理　新生儿期主要采用无（低）苯丙氨酸配方奶粉，待血苯丙氨酸浓度降至理想浓度时，可逐渐少量添加天然饮食，因母乳的苯丙氨酸含量仅为牛奶的 1/3，应首选母乳。较大婴儿及儿童可加入牛奶、粥、面、蛋等，添加的食物应以低蛋白、低苯丙氨酸为原则，根据血苯丙氨酸浓度而调整其量和次数，常用食物的苯丙氨酸含量见表 15-1。定期监测血中苯丙氨酸浓度，同时注意生长发育情况。饮食控制应至少延续到青春期以后，终身治疗对患者更有益。

成年女性患者在怀孕前应重新开始饮食控制，将血苯丙氨酸浓度控制在 120～360μmol/L，直至分娩，避免母亲高苯丙氨酸血症影响胎儿。

表 15-1　常用食物的苯丙氨酸含量　（每 100g 食物）

食物	蛋白质（g）	苯丙氨酸（mg）	食物	蛋白质（g）	苯丙氨酸（mg）
人奶	1.3	36	藕粉或麦淀粉	0.8	4
牛奶	2.9	113	北豆腐	10.2	507
籼米	7.0	352	南豆腐	5.5	266
小麦粉	10.9	514	豆腐干	15.8	691
小米	9.3	510	瘦猪肉	17.3	805
白薯	1.0	51	瘦牛肉	19.0	700
土豆	2.1	70	鸡蛋	14.7	715
胡萝卜	0.9	17	水果	1.0	—

摘自中国预防医学科学院营养食品卫生研究所编著：食物成分表，1991

2. 皮肤护理　对皮肤皱褶处特别是腋下、腹股沟应保持清洁，有湿疹时应及时处理。勤换尿布，保持会阴部清洁干燥。

3. 家庭支持　协助家长制订患儿饮食方案，并指导定期随访监测血苯丙氨酸浓度。提供遗传咨询，避免近亲结婚，所有新生儿出生数日后做常规筛查。有阳性家族史的新生儿生后应做详细检查，对患儿家族成员做苯丙氨酸耐量试验，检出杂合子。

案例 15-2 分析讨论（续）

1. 该患儿最可能的临床诊断为苯丙酮尿症。应测定血苯丙氨酸浓度以协助诊断。

2. 指导正确喂养　添加辅食应以淀粉类、蔬菜和水果等低蛋白质食物为主，忌用肉、蛋、豆类等含苯丙氨酸较高的食物。治疗时应根据年龄定期随访血中苯丙氨酸浓度，同时注意生长发育情况。

【护理评价】

经过治疗和护理，患儿症状有所改善；住院期间皮肤保持完整。患儿家长了解疾病相关知识，焦虑情绪有所缓解，能够配合治疗和护理。

第四节　糖原累积症

案例 15-3

患儿，女性，3 岁 8 个月，因“腹部逐渐膨隆伴发育落后 2 年余”就诊。患儿母亲孕 2 产 1，患儿足月顺产，母乳喂养，无产伤窒息史。家长于患儿半岁后发现其腹部逐渐膨隆，生长发育较同龄儿落后。1 岁时会叫“爸”“妈”，1 岁 4 个月会坐，2 岁会走。时常感觉软弱无力、出汗，大便次数增多。

体格检查：体重 12.5kg，身高 85cm，腹部明显膨隆，肝肋下 8cm，剑突下 5cm，质地中等，缘钝，脾肋下未及。空腹血糖 2.7mmol/L，肝功能异常。腹部 CT：肝脏体积明显增大，肝内胆管轻度扩张；双肾体积增大，密度不均匀减低。患儿母亲想知道孩子饮食应该注意些什么。

思考题：

1. 患儿可能患有什么疾病？主要的护理诊断/问题有哪些？

2. 应如何帮助患儿母亲正确喂养？

糖原累积症（glycogen storage disease，GSD）是一组由于先天性酶缺陷所造成的代谢障碍性疾病。该类疾病的共同特征是糖原分解或合成过程中各种酶缺乏，以致结构正常或异常的糖原累积在肝脏、肌肉、心脏、肾脏等组织而出现一系列的临床症状。根据受累器官和临床表现，分为肝糖原贮积症和肌糖原贮积症。GSD 依据其所缺陷的酶可分为 12 型，I 型糖原累积症最为多见，约占 25%。除 GSDⅨa 型为 X 连锁隐性遗传外，其余都是常染色体隐性遗传。发病率为 1/20000～1/25000。

【病因与发病机制】

该病的病因不清楚。I 型糖原累积病是由于肝、肾组织中葡萄糖-6-磷酸酶系统活力缺陷造成的。正常情况下，葡萄糖-6-磷酸酶分解糖原为葡萄糖，在维持血糖稳定方面起重要作用。该酶编码基因位于第 17 号染色体上，由于遗传因素导致的该酶系统活力受损，即造成 I 型糖原累积病。

由于葡萄糖-6-磷酸酶系统的缺陷，6-磷酸葡萄糖不能进一步水解成葡萄糖，而造成机体低血糖。由于低血糖刺激分泌的胰高血糖素不仅不能提高血糖浓度，反而使大量糖原分解产生的部分 6-磷酸葡萄糖进入糖酵解途径。同时由于 6-磷酸葡萄糖的累积，大部分 1-磷酸葡萄糖又重新再合成糖原。而低血糖又不断导致组织蛋白分解，向肝脏输送糖异生原料。这些异常代谢都加速了肝糖原的合成。糖代谢异常同时还造成脂肪代谢紊乱，亢进的糖异生和糖酵解过程不但使血中丙酮酸和乳酸含量增高导致酸中毒，还产生大量乙酰辅酶 A，为脂肪和胆固醇的合成提供原料，同时还产生合成脂肪和胆固醇所必需的辅酶。这些代谢改变最终造成脂质合成旺盛，引起高脂血症和肝脂肪变性。

【治疗要点】

治疗目的主要是维持正常血糖，抑制低血糖所继发的代谢紊乱，延缓并发症的出现。

1. 饮食治疗　可采用日间少量多餐和夜间使用鼻饲管持续滴注高碳水化合物液的治疗方案，以维持血糖水平在 4～5mmol/L。为避免长期鼻饲的困难，在 1 岁以后也可用每 4～6 小时口服生玉米淀粉混悬液的替代方法（每次幼儿 1.0～1.5 g/kg，儿童 1.5～2.0g/kg）。饮食治疗需注意补充各种微量元素和矿物质。

2. 严重低血糖可静脉补充葡萄糖 0.5g/（kg · h）。

3. 其他　肝移植或骨髓移植等。家庭中有未发病的同胞兄妹，应定期检查，尽早做出诊断。生育二胎时，可进行相关遗传咨询、产前基因诊断。

【护理评估】

1. 健康史

（1）一般情况：患儿精神食欲及体格发育情况，有无生长发育落后的表现，生活条件及居住环境等。

（2）家庭史：家族成员中是否有类似疾病发生，母亲妊娠史有无异常。

（3）既往史：既往健康状况。

2. 身体状况　患儿表现轻重不一，大多数起病隐匿，婴儿期除肝大外，无其他典型表现。重症者在新生儿即发病，表现为严重低血糖（血糖可低至 0.5mmol/L）、酸中毒、呼吸困难和肝肿大等。主要的临床表现有：

（1）生长发育落后：由于糖代谢紊乱、慢性酸中毒及肝脏受损，患儿身材矮小，骨龄落后，骨质疏松，但身体各部分比例正常。

（2）腹部膨隆：肝脏体积增大而质地变实，表面光滑无触痛，不伴黄疸或脾大。

（3）饥饿性低血糖：患儿常有低血糖和腹泻发生，严重者可因低血糖伴发惊厥。随年龄增长，低血糖发作次数减少。

（4）其他表现：可有肌肉松弛，四肢伸侧皮下常可见黄色瘤。患儿常有鼻出血等出血倾向。还有青春期延迟，视网膜黄斑周围病变等表现。

3. 辅助检查

（1）血生化检查：血糖降低，血乳酸、血脂及尿素升高，肝功能可有异常。

（2）葡萄糖耐量试验：空腹测定血糖和血乳酸，口服葡萄糖 2g/kg 后 30、60、90、120、180 分钟测定血糖和血乳酸。正常时血乳酸升高不超过 20%，明显下降提示 GSD Ⅰ 型。

（3）胰高血糖素刺激试验：空腹和餐后 2 小时，肌内注射胰高血糖素后 0、15、30、45、60 分钟测定血糖。患者血糖无明显升高，或升高低于正常。

（4）外周血白细胞 DNA 分析：进行基因诊断。

4. 心理-社会状况　评估家长有无焦虑，对该病的预后、疾病的护理方法、低血糖的预防等知识的认识程度。了解患儿家庭环境及家庭经济情况，既往有无住院的经历。

【常见护理诊断/问题】

1. 活动无耐力　与酶缺乏致低血糖有关。

2. 生长发育迟缓　与糖代谢障碍有关。

3. 有感染的危险　与免疫力低下有关。

4. 有受伤的危险　与骨质疏松和血小板功能不良有关。

【预期目标】

1. 患儿血糖维持在正常水平，活动耐力增加。

2. 患儿住院期间未发生感染及受伤。

【护理措施】

1. 合理饮食，防止低血糖 给予患儿高蛋白、低脂肪、丰富的维生素和无机盐、总热量适宜的饮食。乳类应根据年龄和病情灵活掌握；各种谷类、瘦肉、蛋、鱼、蔬菜等为常选食物；忌选糖果、甜点等含糖量高的食品。少量多餐，两餐之间和夜间应加 1～2 次淀粉类食物，根据不同年龄和血糖浓度及时调整食物种类，保证必需营养物质供给。避免剧烈运动，防止低血糖。

2. 预防酸中毒 低脂肪饮食可减少酮体与血脂的产生，防止酸中毒发生。因患儿有高乳酸血症，故常用碳酸氢钠纠正酸中毒，禁用乳酸钠。

3. 预防感染 患儿可进行适度锻炼，增强体质，避免与感染者接触。一旦发现患儿有感染征象时，应及时治疗，以免诱发低血糖和酸中毒。

4. 心理护理 增强患儿心理承受力，帮助其树立正确的态度对待生长发育的改变。

5. 注意安全 应注意环境的安全，避免跌倒、坠床和各种损伤的发生。

案例 15-3 分析讨论

1. 患儿腹部逐渐膨隆，生长发育较同龄儿落后，空腹血糖 2.7mmol/L，肝功能异常，可能为糖原贮积症。

该患儿存在的主要护理诊断/问题为：

（1）活动无耐力：与酶缺乏致低血糖有关。

（2）生长发育迟缓：与糖代谢障碍有关。

（3）知识缺乏：患儿家长缺乏喂养的相关认识。

2. 指导正确喂养 主要为高蛋白、高葡萄糖、低脂饮食。以各种谷类、瘦肉、蛋、鱼、蔬菜等为常选食物；糖果、甜点等含糖量高的食品应忌选。平时少量多餐，在两餐之间和夜间应加 1～2 次淀粉类食物，根据不同年龄和血糖浓度及时调整食物种类，保证必需营养物质供给。

【护理评价】

经过治疗和护理，患儿血糖维持在正常水平，活动耐力增加；住院期间未发生感染及受伤。

思 考 题

1. 患儿，男性，1 岁 2 个月，因个子矮、伸舌流涎及尚不能说话就诊。体格检查：患儿表情呆滞，眼距宽，眼裂小，双眼外眦上斜，可有内眦赘皮。鼻梁低平，耳小异形。唇厚舌大，张口伸舌，流涎多。头小而圆，颈短而宽。常呈现嗜睡状，有喂养困难。

（1）首先应采用什么辅助检查来明确临床诊断？

（2）患儿目前存在的主要护理诊断/问题是什么？

（3）如何帮助患儿家长制订教育计划，培养其自理能力？

2. 患儿，女性，8 个月，因反复抽搐、有特殊体味就诊。患儿出生后牛奶喂养，奶量尚可，3 个月后逐渐出现喂养困难，并有间歇性呕吐，易激惹，近 2 个月来反复抽搐发作，头发由黑渐渐变黄，全身及尿液有特殊气味。

（1）患儿最可能的临床诊断是什么？

（2）患儿应接受的主要辅助检查是什么？

（3）护士如何给患儿家长进行饮食指导？

（蒋小平）

第十六章　运动系统畸形患儿的护理

【目标要求】

掌握： 先天性肌性斜颈、发育性髋关节脱位及先天性马蹄内翻足患儿的临床特点及护理要点。

熟悉： 先天性肌性斜颈、发育性髋关节脱位及先天性马蹄内翻足患儿的治疗要点。

了解： 先天性肌性斜颈、发育性髋关节脱位及先天性马蹄内翻足患儿的病因及发病机制。

儿童骨骼肌肉系统的发育缺陷引起的形态和功能异常，不但会影响患儿生长发育和适应能力，还会影响到其家庭的正常功能。家长应携患儿早就诊、早治疗，以使患儿获得运动功能的最大康复。医务人员应给予患儿及其家庭以最大的支持，及时解决治疗护理中的各种问题，帮助其获得相关信息并建立战胜疾病的信心和勇气。

第一节　先天性肌性斜颈

案例 16-1

患儿，女性，56 天，因右侧颈部肿块 40 天就诊。患儿母亲孕 2 产 2，患儿足月顺产，头位，出生体重 3200g。出生后 10 天发现右侧颈部肿块，家长描述肿块位于胸锁乳突肌中下部，大小约 40mm×30mm×20mm。现患儿头偏向右侧，下颌转向左侧，右胸锁乳突肌下段质硬。

思考题：

1. 患儿最可能的诊断是什么？
2. 患儿主要的护理诊断/问题有哪些？
3. 护士应该怎样指导患儿母亲进行主动矫正？

先天性肌性斜颈（congenital muscular torticollis）是指由于一侧胸锁乳突肌纤维化和挛缩引起的头颈偏向患侧、下颌转向健侧的头颈部特殊姿势的先天畸形。发病率为 0.3%～0.5%，是小儿常见的先天性畸形之一，以右侧多见。

【病因与发病机制】

引起本病的直接原因是胸锁乳突肌纤维化引起的挛缩。但引起胸锁乳突肌纤维化的原因目前仍不清楚，存在多种学说与观点。

1. 产伤学说　有学者认为该病的发生与在分娩过程中局部受到损伤，造成胸锁乳突肌血肿、机化有关。

2. 宫内供血不足　有学者认为胎儿颈部在宫内受到压迫或发生扭转，引起胸锁乳突肌缺血、水肿、变性和纤维化而引起挛缩。

3. 其他学说　如先天畸形学说、筋膜室综合征后遗症学说等。

【治疗要点】

治疗越早效果越好，部分患儿可以通过非手术疗法得以矫正。

1. 非手术疗法　非手术疗法包括主动生活矫正、按摩、推拿、手法矫正、热敷和固定等方法。其中生后 2 年内通过日常生活中进行主动矫正，能使约 90%的患儿得到矫正，其方法为利用喂食、卧位姿势、光线、玩具等诱使患儿头颈向患侧主动旋转。

2. 手术疗法 对于非手术疗法无效或被延误的 1 岁以上患儿，应该选择手术治疗，其目的是矫正外观畸形、改善颈部的活动度。对 12 岁以上的患儿，手术治疗可以改善颈部活动功能，但很难矫正颌面部畸形。常用手术方式为胸锁乳突肌切除术、胸锁乳突肌锁骨及胸骨头肌腱切断术、皮下腱切断术。术后要佩戴矫形器具保持矫正位至少 4 周，以防止复发。

【护理评估】

1. 健康史 询问家属患儿是否有宫内感染史、难产史、斜颈的家族史及颈部肿块出现和消失的时间。

2. 身体状况 主要特征为患儿颈部活动有不同程度受限，头向患侧偏斜，下颏转向健侧。通常在婴儿出生 7～10 天后，发现一侧颈部胸锁乳突肌中、下 1/3 处有硬而无疼痛的梭形肿物，在 2～4 周内逐渐增大如成人拇指末节大小，2 个月后开始退缩，直至逐渐消失。绝大多数患儿不遗留斜颈；少数患儿肌肉远段为纤维索条所代替，头部因挛缩肌肉的牵拉向患侧偏斜。头与面部因不正常的位置可产生继发性畸形，患者面部长度变短，面部增宽，患侧眼外眦至口角间的距离比对侧变短。随着骨骼的发育，面部的不对称加重。严重病例可出现颅骨发育不对称，颈椎及上胸椎出现侧弯畸形。

3. 心理-社会状况 评估患儿及家长的心理状态，对病情的认识程度和对护理的要求；评估家庭经济状况及其支持系统。

案例 16-1 分析讨论

1. 患儿出生后 10 天发现右侧颈部肿块，家长描述肿块累及胸锁乳突肌中下部，大小约 40mm×30mm×20mm。现患儿头偏向右侧，下颌转向左侧，右胸锁乳突肌下段质硬。

可能的诊断是：先天性肌性斜颈。

【常见护理诊断/问题】

1. 运动障碍 与胸锁乳突肌挛缩/矫形治疗有关。

2. 体象紊乱 与头颈及面部畸形有关。

3. 社会交往障碍 与头颈及面部畸形有关。

4. 知识缺乏 患儿父母缺乏疾病相关照护知识。

【预期目标】

1. 患儿头颈部运动功能逐渐得到恢复。
2. 患儿能接受自己的体像。
3. 患儿的心理社会发育未受到负面影响。
4. 患儿父母能获得疾病相关照护知识。

【护理措施】

1. 主动生活矫正的护理 指导患儿的照顾者在日常生活中尽可能有意识地协助患儿主动牵伸患侧肌肉，达到矫正效果。每次喂食应从患侧方向给予，利用声音或彩色玩具引导患儿主动向患侧转头；坚持健侧靠墙卧位，利用室内环境中家人讲话等声响诱导患儿头转向患侧；待生后 5 个月时，若患儿能较长时间俯卧抬头玩耍，可让患儿俯卧位睡觉，患儿每次向患侧转头时，就可起到矫正作用。

2. 按摩和热敷的护理 按摩时用拇指轻轻按摩患侧肿块部位，手法轻柔缓慢，每日重复多次；热敷宜采用温度不超过 45℃的热砂袋置于患侧，可达到热敷和固定的作用，热砂袋使用毛巾包裹注意防范局部皮肤烫伤的发生。

3. 手法矫正护理 手法矫正是被动牵伸患侧胸锁乳突肌的保守治疗方法，可从出生后 2 周开始。具体方法为：固定好患儿肩背部，将患儿的头牵拉至健侧，使健侧耳郭触及健侧肩部，然后将患儿下颌由健侧转向患侧，尽量对准患侧肩部，可同时进行肿块按摩。每天进行4～6次，每次重复进行15遍。手法应轻柔，以免造成损伤。

4. 手术治疗护理　按照手术前后护理要求，增加患儿的舒适感，注意观察患儿呼吸及进食情况。佩戴矫形器具时要保持正确的体位姿势，避免皮肤损伤。

5. 心理护理　鼓励患儿积极配合治疗，消除自卑心理，参加社会交往，帮助患儿树立信心。

6. 健康教育　向患儿家长讲解疾病相关知识，指导家长坚持治疗，以及居家照护的护理要点。

案例16-1分析讨论（续）

2. 该患儿主要的护理诊断/问题

（1）运动障碍：与胸锁乳突肌挛缩有关

（2）体象紊乱：与颈面部畸形有关

（3）知识缺乏：患儿父母缺乏疾病相关知识及照护知识

3. 指导家长在每次喂奶、饮水时都从患侧方向给予，利用声音和彩色引导患儿主动向患侧转头；坚持健侧靠墙卧位，利用室内环境中家人走动、讲话等声响诱导患儿头转向患侧；教会家长手法矫正，固定好患儿肩背部，将患儿的头牵拉至健侧，使健侧耳郭触及健侧肩部，然后将患儿下颌由健侧转向患侧，尽量对准患侧肩部，可同时进行肿块按摩。每天进行4～6次，每次重复进行15遍。手法应轻柔，以免造成损伤。

【护理评价】

经过治疗和护理，患儿头颈部运动功恢复；患儿能够接受自己的体象；心理社会发育未受到负面影响。患儿父母能够掌握疾病相关照护知识。

第二节　发育性髋关节脱位

案例16-2

患儿，女性，16个月，因步态不稳6个月就诊。患儿母亲孕1产1，患儿足月顺产，出生体重2500g。入院前，患儿学步时发现其走路不稳，易跌倒，随年龄增长无改善。体格检查：体温36.6℃，脉搏106次/分，呼吸24次/分，神志清楚，反应正常。双下肢不等长，左髋关节外展试验阳性，步态不稳，呈跛行步态。

思考题：

1. 患儿最可能的诊断是什么？可以采用什么治疗方法？

2. 患儿有哪些护理要点？

发育性髋关节脱位（developmental dislocation of the hip，DDH）是指出生前及出生后股骨头和髋臼在发育和（或）解剖关系中出现异常而导致髋关节功能障碍的疾病，是一种较为常见的发育畸形，也称之为发育性髋关节发育不良。国内本病的发病率为1.1‰～3.8‰，北方比南方多见，女孩多见。单侧脱位是双侧的2倍，单侧者又以左侧多见。如未及时诊治或处理不当，年长后可造成髋关节功能丧失和局部疼痛，影响正常的工作和生活。

【病因与发病机制】

本病病因至今尚不完全清楚。原发性髋臼发育不良及关节囊、韧带松弛是发育性髋关节脱位的主要发病因素。近年来大多数学者认为先天性因素是基础，发育异常是主要原因。可能的相关因素如下。

1. 解剖学因素　髋臼在胎儿期发育速度相对落后于股骨头和圆韧带，使髋关节活动度变大，有利于胎儿娩出，但不利于髋关节的稳定。该解剖学缺陷是造成本病发生的因素之一。

2. 遗传因素 此病有遗传倾向，有家族史者发病率为无家族史者的 7 倍，不同种族的发病率也有较大差别。

3. 内分泌因素 本病多见于女性患儿。可能与女婴的雌酮水平高，以及分娩时母亲分泌大量雌激素有关。雌激素具有很强的关节韧带松弛作用，使其髋关节处于松弛状态，若受到外力影响，极易发生髋关节脱位。

4. 体位与机械因素 分娩时胎位、分娩次数、分娩方式等与本病的发生有关，臀位产婴儿的发病率是其他婴儿的 5 倍。

5. 其他因素 与养育方式、生活习惯和环境因素等有关。在我国天气寒冷的北方，襁褓包裹婴儿较为多见，由于捆绑双下肢，使髋关节处于伸直位，DDH 发病率较高；而在我国南方地区，习惯用背带兜裹婴儿，使其双髋处于外展位，有利于髋关节的发育和稳定，其发病率明显低于北方。

DDH 可分为三种类型：①髋关节脱位：股骨头明显脱离髋臼，关节面无接触，多向外、上移位；②髋关节半脱位：股骨头和髋臼发育差，股骨头向外上方移位，但未完全脱离髋臼，保留部分关节面接触；③髋臼发育不良：股骨头和髋臼发育差，髋关节呈不稳定状态，早期无症状，部分患儿年长后出现相应症状。

【治疗要点】

不同年龄段治疗效果明显不同，治疗越早，效果越好，经济花费越小。治疗方法因患儿的年龄、病变程度及病理变化而有所不同，可分为非手术治疗和手术治疗两种。

1. 非手术治疗 主要适用于 18 个月内的患儿。6 个月以内的婴儿，可用 Pavlik 挽具固定 3～6 个月，或采用持续牵引，逐渐外展髋关节，而获得复位；6～18 个月患儿，行下肢皮肤牵引后，麻醉下进行内收肌松解及手法复位，用人类位石膏固定至少 3 个月，再换用外展位支具或石膏维持固定 6 个月或以上。

2. 手术治疗 适用于 18 个月至 8 岁的患儿。通过手术去除妨碍复位的软组织，以及骨盆和股骨近端截骨矫正髋臼和股骨近端的畸形，以实现股骨头中心性复位。常见术式有 Salter 截骨术和 Pemberton 髋臼成形术等。8 岁以上患儿的疗效并不理想，易致患侧髋关节僵硬，日后不能耐受远程走路及腰、髋疼痛问题。10 岁以上患儿可考虑行姑息性手术，如 Chiari 骨盆内移截骨术。

案例 16-2 分析讨论

1. 患儿双下肢不等长，左髋关节外展试验阳性，跛行步态。可能的诊断是：左侧发育性髋关节脱位，需要摄 X 线片进行检查。

治疗方法：患儿 16 个月可以采用非手术疗法，术前充分牵引后，麻醉下进行内收肌松解后行手法复位，用人类位石膏固定 3 个月，再换外展位支具或石膏固定 6 个月。

【护理评估】

1. 健康史

（1）一般情况：患儿年龄，运动功能发育情况及营养状况，生活环境、居住条件、卫生习惯以及养育方式等。

（2）家族史：是否具有发育性髋关节脱位的家族史。

（3）既往史：了解患儿分娩时胎位、胎次及方式，有无胎位不正、臀位产史，以及婴儿期是否采用固定双下肢襁褓包裹等。

2. 身体状况 患儿年龄、脱位程度及单侧或双侧病变不同，临床特点不同。

（1）婴儿期：此期症状并不明显。主要表现为大腿内侧及臀纹加深上移，患侧肢体缩短，会阴部增宽，髋部牵拉时有弹响，下肢活动受限。

（2）幼儿期及儿童期：患儿已开始学步并独立行走，主要表现为开始行走时间较晚，步态异常。

单侧脱位者，身体向患侧晃动，呈跛行步态；双侧脱位者，左右摇摆，呈明显“鸭步”。单侧者，双下肢不等长，双膝不等高，患髋外展受限。患儿站立时，可以出现臀部后耸、腹部前坠的体态。

（3）体征

1）Ortolani 征和 Barlow 征：仰卧，屈髋屈膝 90°，检查者握力向下使髋关节内收时可致脱位，外展髋关节时可使其复位，正常新生儿外展外旋髋关节可使大腿外侧贴到床面，若在髋关节出现弹响后才贴到床面者即为 Ortolani 征阳性。弹响是股骨头滑过盂唇复位到髋臼所致，是诊断 DDH 的可靠体征之一，主要用于新生儿及 6 个月内婴儿；检查者一手握住足踝与股骨大、小粗隆，另一手固定骨盆，将髋关节从中立位逐渐内收并轻轻用力向下或拇指在小粗隆部加压，若有弹响或股骨头滑出感，则为 Barlow 征阳性。Barlow 试验多用于新生儿。

2）Galeazzi 征或 Allis 征：适用于单侧脱位的患儿。仰卧位，双侧髋关节屈曲并拢，双足跟平置于台面上，患侧膝平面低于健侧为阳性。

3）髋关节外展试验：屈膝和屈髋后，婴幼儿双髋可外展至膝外侧触及台面，脱位侧外展角度不能超过 80°，为外展试验阳性。

4）Trendelenburg 征：患儿单腿独立，正常侧站立时对侧骨盆上升以保持平衡，脱位侧站立时因臀中肌松弛力弱，而出现对侧骨盆下沉，为阳性。

3. 辅助检查　影像学检查可显示发育性髋关节脱位的类型和程度。6 个月以下的婴儿宜采用超声检查。骨化中心出现后，可采用 X 线来帮助诊断和治疗；必要时可行 CT 或 MRI 检查。

4. 心理-社会状况　评估患儿及家长的心理状态，对病情的认识程度和对护理的要求及对病情预后的担忧；评估家庭经济状况及其支持系统。

【常见护理诊断/问题】

1. 躯体活动障碍　与 DDH 复位固定治疗有关。

2. 有皮肤完整性受损的危险　与使用外固定器具及制动有关。

3. 潜在并发症　便秘、肌肉萎缩与关节僵硬。

4. 知识缺乏　患儿家长缺乏 DDH 照护相关护理知识。

5. 焦虑（家长）　与担心患儿预后有关。

【预期目标】

1. 患儿能够获得治疗所允许的最大活动。
2. 患儿能够保持皮肤完整性。
3. 患儿能够避免并发症的发生。
4. 患儿家长能够复述并掌握 DDH 照护相关护理知识。
5. 患儿（家长）能消除负性情绪，获得良好心理调适。

【护理措施】

1. 保持外固定的有效性　复位后，无论选择何种器具进行固定，均应保持髋关节屈曲、外展外旋位，以利于髋关节的正常发育。佩戴 Pavlik 吊带患儿应保证持续穿戴，做清洁护理时，勿去掉吊带。对行牵引复位的患儿应维持正确牵引体位，不允许随意去除固定装置。石膏或支具固定时，应注意保持髋关节稳定，变换体位时应防止髋关节移动而发生再脱位。

2. 皮肤护理　对使用各种外固定器具固定患儿，必须给予合适的衬垫，避免皮肤直接接触外固定器具。每天至少检查患儿皮肤 2～3 次，观察肢体有无摩擦、卡压等现象，有无皮肤破损或局部肿胀，发现异常，应及时通知医生予以调整。注意倾听患儿啼哭或主诉，发现异常时，应注意观察肢端血液循环情况，并检查外固定装置，以便及时发现有无异常发生。保持患儿皮肤清洁，轻柔按摩局部皮肤，避免使用对皮肤有刺激性的清洗剂或扑粉。

3. 日常生活护理　保证营养及水分的摄入，注意大小便护理，勤换尿布，每日定时为婴儿清洗会阴部，防止大小便污染石膏支具及会阴部湿疹发生。在外固定器具使用治疗时，要指导患儿主动或被动活动未受影响的肢体或关节，指导患儿进行呼吸运动，观察并处理便秘、泌尿道或呼吸道并发症。保证患儿得到年龄相应的娱乐和刺激，对外固定牢固的患儿，应尽可能保证每天户外活动2小时，冬季要注意肢体保暖。

4. 手术治疗护理 遵照手术前后护理要求，增加患儿的舒适感，观察患儿伤口情况、生命体征、疼痛及肢端感觉运动情况等，保障营养供给，及时观察并处理手术及制动所致的相关并发症，促进患儿康复。

5. 心理护理 消除患儿及家长的负性情绪，以取得积极的配合，获得最大程度的康复。

6. 健康教育

（1）加强新生儿出生后的早期体检筛查工作，以提高 DDH 的检出率，进行早期治疗和干预，防止漏诊、误诊。

（2）宣传有利于髋关节发育的养育知识，保持髋关节的适度屈曲外展，避免将婴儿双下肢伸直位包裹；新生儿出生后建议穿连体衣裤，以利于髋关节的发育。

（3）教会家长外固定器具护理相关知识，保障有效固定，避免固定和制动所致的各种并发症，应告知其正确固定的重要性，确保家长不会自行拆除外固定装置。

（4）指导家长定期随访复诊，保障患儿完成治疗流程。

案例 16-2 分析讨论（续）

2. 护理要点 该患儿要注意牵引的护理，保持其有效性，为手法复位做好准备；手法复位石膏固定术后，要做好皮肤护理，避免压疮发生，检查患儿皮肤有无破损或局部肿胀。做好日常生活护理，坚持户外活动。做好健康教育，指导家长做好居家护理。

【护理评价】

经过治疗和护理，患儿能够得到治疗所允许的最大活动，不产生因制动所导致的并发症；患儿皮肤能够保持完整；无并发症发生。患儿家长能够复述并掌握 DDH 照护相关护理知识；患儿（家长）能够消除负性情绪，获得良好心理适应。

第三节 先天性马蹄内翻足

案例 16-3

患儿，男性，2个月，因发现双足畸形2个月就诊。患儿母亲孕2产2，患儿足月剖宫产，出生体重3250g。患儿出生时即发现双足呈马蹄内翻状，但未做任何处理。体格检查：患儿神志清楚，精神食欲正常。双小腿内旋，双足前足内收内旋、中足内移、后足内翻，呈马蹄样畸形。

思考题：

1. 患儿可以的诊断是什么？可采用什么治疗方法？
2. 如何护理？

先天性马蹄内翻足（congenital clubfoot）是最常见的足部先天性畸形，发生率约为1/1000，以前足内收内旋、中足内侧移位、后足内翻和马蹄样畸形为特点，常合并有胫骨内旋。男性多于女性，以双侧多见。随患儿年龄增长而逐渐发生骨骼发育障碍和畸形变。患儿年龄愈大，畸形愈严重，治疗效果愈差。

【病因与病理变化】

病因尚不清楚，但有如下因素与学说。

1. 遗传因素　先天性马蹄足患者的子代发病率是正常人群的近30倍，被认为是多基因遗传基础上的多因素协同作用所导致的。

2. 神经肌肉病变　有研究发现部分患儿有脊髓和周围神经损伤，以及足和小腿肌肉纤维分别异常。

3. 其他学说　有基因突变、胚胎期骨骼发育异常和纤维组织挛缩等。

前足内收、踝关节跖屈和跟骨内翻是该病的主要病理变化。软组织的变化主要为足踝的肌腱、筋膜、韧带和关节囊不同程度的挛缩，骨骼出现畸形和关节力线的改变。

【治疗要点】

治疗目的是矫正畸形，改善外观，恢复足的正常负重区，使患儿能正常负重行走，避免和减少复杂手术。治疗越早，效果越好。

1. 非手术治疗　Ponseti治疗方法已成为许多国家的标准治疗方法，主要适用于2岁以内的患儿。其原理在于病变早期，挛缩韧带、肌腱及关节囊尚未纤维化，通过手法的机械刺激逐渐牵张、拉伸可逐步复位，并以长腿石膏管型固定维持矫正位置，防止再挛缩，最后佩戴支具防止复发。该方法在生后7～10天即可进行，包括手法矫正、系列管型石膏固定、经皮跟腱切断及矫形支具穿戴维持。

2. 手术治疗　适用于非手术治疗失败或畸形矫正不满意，以及延误治疗的病例。手术方法有两类：一类是单纯软组织松解术，如跟腱延长、跖筋膜切断术、足内侧软组织松解术等；另一类是软组织松解合并骨性手术，如关节融合术、骨骼矫形术，主要适用于大年龄儿童。

案例16-3分析讨论

1. 该患儿的临床特点符合先天性马蹄内翻足。该患儿年龄小于2岁，可采取非手术治疗，如Ponseti方法。

【护理评估】

1. 健康史　了解患儿是否有先天性马蹄内翻足的家族史、母亲孕期胎位等各项指标是否正常，并了解患儿出生体重情况。

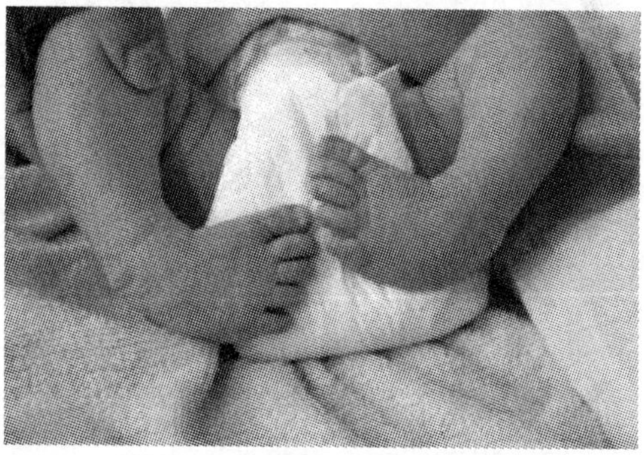

图16-1　先天性马蹄内翻足

2. 身体状况　患儿在新生儿期就表现有不同程度的马蹄内翻畸形，即足下垂、前足内收内旋、中足内侧移位、后足内翻和马蹄样改变，畸形程度随病理变化的轻重而异。随患儿年龄的增长，站立、行走时足背外侧负重，骨骼出现变形，足背外侧出现胼胝和滑囊（图16-1）。根据其临床特点可以分为僵硬型和松软型两类。

松软型：畸形程度轻，皮肤肌腱均不紧，轻轻用手矫正即可恢复至正常位置，但松手后畸形又出现，骨骼无明显畸形变。

僵硬型：畸形程度重而不易改变，跖面可见一条深的横形皮肤皱褶，皮肤紧绷，跟腱细而紧，呈明显马蹄、内翻、内收畸形，多为双侧，骨骼有畸形变。

幼儿期患儿走路推迟。患肢肌肉发育较差，患侧小腿瘦细且有不同程度的内旋，但皮肤感觉正常，也无病理反射出现。

3. 辅助检查　X线片可了解骨化中心发育情况，骨骼有无畸形改变。

4. 心理-社会状况　评估患儿及家长的心理状态，注意评估家长有无焦虑；对病情的认识程度和对护理的要求对该病的预后、疾病的护理方法等知识的认识程度；评估患儿有无因疾病带来的自卑感；评估家庭经济状况及其支持系统。

【常见的护理诊断/问题】

1. 躯体活动障碍　与患儿足部畸形、使用矫形器具及手术有关。

2. 有皮肤完整性受损的危险 与石膏或支具固定有关。

3. 知识缺乏 患儿家长缺乏疾病相关知识。

4. 焦虑 与足部畸形和身体移动障碍有关。

【预期目标】

1. 患儿足踝运动功能及躯体活动得到恢复。
2. 患儿皮肤保持完整。
3. 患儿家长获得疾病相关知识。
4. 患儿及家长焦虑得以解除。

【护理措施】

1. 指导家长正确进行手法矫正 指导家长在患儿安静、舒适的状态下进行手法矫正，每日 3～5 次，每次 3～5 分钟。患儿屈膝平卧，操作者拇指顶在距骨头处，背屈第一跖骨使前足置于旋后位，在旋后位外展患足。手法应连续、轻柔，防止暴力损伤骨骺及软组织，循序渐进，以患儿能耐受为宜。

2. 皮肤护理 石膏固定患儿要注意石膏边缘部位皮肤的保护，避免将石膏兜入尿不湿内，防止尿液浸入长腿石膏内。每天至少 3 次观察石膏边缘部位皮肤有无发红及破溃，并注意观察肢端血液循环情况，注意分辨患儿有无异常的哭闹，疑有异常时，应及时到医院就诊；使用矫形支具患儿，坚持每晚用温热水泡脚并进行足部按摩，注意经常检查双足固定位置有无移动，局部皮肤有无受压及损伤。

3. 做好生活护理 进行大小便护理和个人卫生，以防皮肤湿疹和压疮发生；做好饮食护理，保证患儿摄入年龄所需的充足营养；保证患儿得到与年龄相应的娱乐活动，坚持户外活动。

4. 心理护理 使患儿及家长获得相关治疗信息，取得其主动配合，以获得最大程度的康复。

5. 健康教育

（1）教会患儿家长掌握居家照护知识，教会家长手法矫正及皮肤护理方法，坚持按时随访复诊。当患儿出现异常哭闹、肢端皮温、色泽异常改变时，应及时到医院就诊。

（2）指导家长坚持随访复查。在矫正后的最初半年内每月复查 1 次，若无复发倾向可每 3 个月复查 1 次，坚持复查 1 年以上。

案例 16-3 分析讨论（续）

2. 护理要点 教会家长手法矫正的具体方法，在石膏固定期间注意皮肤护理，强调观察肢端血液循环情况并注意患儿有无异常的哭闹。做好生活护理、心理护理和健康教育。

【护理评价】

经过治疗和护理，患儿足踝运动功能及躯体活动得到恢复；患儿皮肤保持完整。患儿家长能够掌握疾病相关知识；患儿及家长焦虑情绪得以解除。

思 考 题

患儿，女性，2 个月，因发现双下肢皮纹不对称就诊。患儿家长在给患儿洗澡时，发现左臀部皮纹及左侧大腿内侧皮纹较右侧上移。查体发现，患儿双下肢不等长，左下肢较右下肢短 2cm，左侧髋关节外展实验阳性。

（1）患儿最可能的临床诊断是什么？还需要做什么辅助检查以明确诊断？

（2）患儿可能接受的主要治疗是什么？

（3）护士如何给患儿家长进行居家护理指导？

（蒋小平）

第十七章　感染性疾病患儿的护理

【目标要求】

掌握： 麻疹、水痘、流行性腮腺炎、幼儿急疹、手足口病、猩红热、中毒性细菌性痢疾、原发型肺结核、结核性脑膜炎、蛔虫病、蛲虫病的概念、护理评估和主要护理措施。掌握结核菌素试验的方法、临床意义。

熟悉： 麻疹、水痘、流行性腮腺炎、幼儿急疹、手足口病、猩红热、中毒性细菌性痢疾、原发型肺结核、结核性脑膜炎、蛔虫病、蛲虫病患儿的治疗要点、常见护理诊断/问题。

了解： 麻疹、流行性腮腺炎、猩红热患儿的常见并发症。了解麻疹、水痘、流行性腮腺炎、幼儿急疹、手足口病、猩红热、中毒性细菌性痢疾、原发型肺结核、结核性脑膜炎、蛔虫病、蛲虫病的病因及发病机制和病理特点。

儿童时期是感染性疾病的高发时期，因为儿童免疫功能低下。儿童感染性疾病通常起病急、症状重、病情发展多变，容易发生并发症。因此，护士应掌握儿童常见感染性疾病的临床表现及发病规律，严密观察病情变化，做出正确的护理诊断并采取有效的护理措施，促进儿童疾病的康复。

第一节　病毒感染患儿的护理

一、麻疹患儿的护理

麻疹（measles）是由麻疹病毒引起的一种急性呼吸道传染病。临床以发热、咳嗽、流涕、结膜炎、口腔麻疹黏膜斑（Koplik spots）及皮肤斑丘疹为主要表现。我国自从普遍接种麻疹减毒活疫苗以来，麻疹的流行已得到基本控制。

患儿是唯一的传染源。发病前 2 天至出疹后 5 天均有传染性。传染期患者眼结膜分泌物及口、鼻、咽、气管的分泌物均含有病毒，恢复期不带病毒。传播途径主要是空气飞沫传播。人群普遍易感。本病的传染性极强，易感儿童接触患者后 90%以上发病，病后可获持久免疫力。麻疹一年内均可发病，以冬、春季多见。好发年龄为 6 个月至 5 岁的儿童。

【病因与发病机制】

麻疹病毒属副黏液病毒科，只有一个血清型，抗原性稳定。麻疹病毒体外抵抗力弱，对热、日光和消毒剂均敏感，但在低温下能长期存活。麻疹病毒侵入上呼吸道和眼结膜上皮细胞内繁殖，通过局部淋巴组织进入血流，于感染后 2～3 天引起第 1 次病毒血症。病毒被单核-巨噬细胞系统吞噬并在该处繁殖，大量病毒再次入血，于感染后 5～7 天形成第 2 次病毒血症，出现高热和出疹。

案例 17-1

患儿，男性，1 岁 2 个月，因发热 4 天，出疹 1 天，于 2016 年 3 月 15 日 7am 入院。患儿于 4 天前开始发热伴流眼泪及流涕，体温高时达 39～40℃，在家曾服“APC”、“阿莫西林”、“复方大青叶合剂”治疗，疗效不佳，仍高热不退，1 天前自耳后、颈部及面部出现较多小红疹，逐渐遍及胸背及四肢，即来医院就诊。发病以来无吐泻，食欲减低。平素健康，患儿堂姐 3 岁，半月前患麻疹，患儿与其接触较密切。系第一胎，足月顺产，母乳喂养，6 个月添加辅食（鸡蛋、米粥、青菜饼干等），尚未断奶。已注射卡介苗、白百破疫苗，未接受麻疹疫苗注射。

体格检查：体温 38.9℃，脉搏 140 次/分，呼吸 42 次/分，体重 10kg。发育正常，营养中等，热性病容，神志清，精神不振，呼吸急促，皮肤弹性可，耳后发际、颈部、面部及躯干部可见较多暗红色斑丘疹，压之褪色，疹间皮色正常，以前后发际及耳后为著，双手及双足心亦见有皮疹。 前囟闭合，双眼畏光、多泪，结膜充血明显，咽红，双侧颊黏膜近第二磨牙处可见散在直径 1mm 的白色小点，外周有红晕或暗红色，颈软，胸廓无畸形，双肺呼吸音清晰，未闻痰鸣音及干湿啰音，心率 140 次/分，律齐、心音有力、无杂音。腹软，肝脾未及肿大，四肢活动好，生理反射存在、病理反射征未引出。

思考题：

1. 患儿最可能的临床诊断是什么？其诊断依据有哪些？
2. 该患儿符合本临床诊断的皮疹特点有哪些？
3. 提出患儿现存的常见护理诊断/问题有哪些？
4. 对患儿应采取的主要护理措施有哪些？

【治疗要点】

1. 一般治疗 卧床休息，保持室内适宜的温湿度。维持水、电解质及酸碱平衡，必要时给予静脉补液。

2. 对症治疗 高热时可根据患儿病情使用少量退热剂，但注意避免急骤退热，尤其是在出疹期。患儿烦躁时可适当给予镇静剂。患儿频繁剧咳时可给予镇咳祛痰剂或雾化吸入。继发细菌感染可使用抗生素对症治疗。

3.并发症治疗 有并发症者给予相应的治疗。补充维生素 A 可以减少并发症的发生。

【护理评估】

1. 健康史

（1）询问患儿是否有麻疹接触史及接触方式，出疹前有无发热、畏光、流泪、咳嗽、喷嚏及口腔黏膜改变等。

（2）询问患儿出诊顺序及出诊的性状，发热与出疹的关系。

（3）询问患儿的营养状况及既往史，是否接种麻疹减毒活疫苗及接种时间。

2. 身体状况

（1）典型麻疹：临床经过可分为 4 期。

1）潜伏期：一般 6～18 天，平均 10 天左右，潜伏期末可有全身不适、低热、精神差等症状。

2）前驱期（出疹前期）：从发热至出疹，常持续 3～4 天，以发热、上呼吸道炎、结膜炎和麻疹黏膜斑为主要表现。发热为首发症状，多为中度以上，热型多样，伴有喷嚏、咳嗽、咽部充血等上呼吸道感染症状，流涕、畏光、流泪、结膜充血及眼睑水肿等症状是本病特点。出疹前的 1～2 天可出现麻疹黏膜斑（柯氏斑）（koplik spots），起初见于患儿第二磨牙相对应的颊黏膜处，为直径 1mm 左右的灰白色小点，其周围有红晕，随后迅速增多，可累及整个颊黏膜，出疹后 1～2 天消失，具有早期诊断价值。

3）出疹期：一般持续 3～5 天，多在发热 3～4 天后按一定顺序出现皮疹，始于耳后发际、颈部，渐至面部、躯干、四肢及手心足底，初为红色的充血性斑丘疹，大小不等，压之褪色，疹间皮肤正常，以后逐渐融合成片，颜色加深，呈暗红。此时全身中毒症状加重，出现烦躁或嗜睡，体温可突然高达 40～40.5℃，咳嗽加剧，易并发肺炎、喉炎等。

4）恢复期：一般持续 3～5 天。若无并发症，出疹 3～4 天后，皮疹按出疹的先后顺序逐渐消退，有棕色色素沉着及糠麸样脱屑，体温逐渐恢复正常，其他症状也逐渐好转，一般 7～10 天痊愈。

案例 17-1 分析讨论

1. 该患儿最可能的临床诊断是麻疹。其诊断依据如下。

（1）患儿 1 岁 2 个月，春季发病，有麻疹接触史，未接受过麻疹疫苗注射，持续高热第 3 天出疹，出疹顺序为耳后、发际、颈部及面部，逐渐遍及全身。

（2）全身可见较多暗红色斑丘疹，压之褪色，疹间皮色正常，疹间皮色正常，以前后发际及耳后为著，双手及双足心亦见有皮疹。双眼畏光、多泪，结膜充血明显，口腔可见麻疹黏膜斑。

（2）非典型麻疹：少数患儿的病程呈非典型经过。潜伏期内接受过被动免疫者或 8 个月以内的婴儿，会出现轻型麻疹，其全身情况良好，常表现为低热，轻度上呼吸道感染症状，麻疹黏膜斑不明显，皮疹稀而色淡，疹退后无脱屑和色素沉着，无并发症；继发严重感染者及营养不良患儿常呈重型麻疹，其体温持续 40℃以上，中毒症状重，皮疹密集融合，部分患儿可出现皮疹骤退、血压下降、四肢冰冷等循环衰竭表现，此型常有肺炎、心力衰竭等并发症，死亡率高；接种过麻疹减毒活疫苗而再次感染者，可出现皮疹不典型的异型麻疹；而应用免疫抑制剂者，可出现无麻疹黏膜斑、无皮疹的无皮疹型麻疹。

（3）并发症：在麻疹病程中患儿可并发喉炎、肺炎、心肌炎、脑炎、营养不良及维生素 A 缺乏症等。其中肺炎是麻疹最常见的并发症。

麻疹患儿应注意与其他出疹性疾病相鉴别（表 17-1）。

3. 辅助检查

（1）血常规：血白细胞总数减少，淋巴细胞相对增多。若中性粒细胞增多提示继发细菌感染，若淋巴细胞严重减少多提示预后不良。

（2）病毒学检查：从呼吸道分泌物中分离出麻疹病毒，或检测到麻疹病毒均可做出特异性诊断。

（3）血清学检查：多采用酶联免疫吸附试验（ELISA 法）进行麻疹病毒特异性 IgM 抗体检测，出疹早期即可阳性。

（4）多核巨细胞检查：于出疹前 2 天至出疹后 1 天，取患儿鼻、咽分泌物或尿沉渣涂片，瑞氏染色后直接镜检，可见多核巨细胞或包涵体细胞，阳性率较高。

案例 17-1 分析讨论（续）

2. 该患儿符合本临床诊断的皮疹特点　持续高热第 3 天出疹，出疹顺序为耳后、发际、颈部及面部，逐渐遍及全身。且全身可见较多暗红色斑丘疹，压之褪色，疹间皮色正常，疹间皮色正常，以前后发际及耳后为著，双手及双足心亦可见皮疹。双眼畏光、多泪，结膜充血明显，口腔可见麻疹黏膜斑。

表 17-1　小儿出疹性疾病的鉴别要点

疾病	病原体	全身症状及特征	皮疹特点	发热与皮疹的关系
麻疹	麻疹病毒	呼吸道卡他性炎症，结膜炎，发热第 2～3 天口腔黏膜斑	红色斑丘疹，自头面部→颈→躯干→四肢，退疹后有色素沉着及细小脱屑	发热 3～4 天，出疹期热更高
风疹	风疹病毒	全身症状轻，耳后、枕部淋巴结肿大并触痛	面部→躯干→四肢，斑丘疹，疹间有正常皮肤，退疹后无色素沉着及脱屑	发热后半天至 1 天出疹
幼儿急疹	人疱疹病毒 6 型	一般情况好，高热时可有惊厥，耳后枕部淋巴结亦可有肿大	红色斑丘疹，颈及躯干部多见，一天出齐，次日消退	高热 3～5 天，热退疹出
猩红热	乙型溶血性链球菌	高热，中毒症状，咽峡炎，杨梅舌，口周苍白圈，扁桃体炎	皮肤弥漫充血，上有密集针尖大小丘疹，持续 3～5 天退疹，1 周后全身大片脱皮	发热 1～2 天出疹，出疹时高热

续表

疾病	病原体	全身症状及特征	皮疹特点	发热与皮疹的关系
肠道病毒感染	埃可病毒、科萨奇病毒	发热、咽痛、流涕、结膜炎、腹泻、全身或颈、枕后淋巴结肿大	散在斑疹或斑丘疹，很少融合，1～3 天消退，不脱屑，有时可呈紫癜样或水泡样皮疹	发热时或热退后出疹
药物疹	—	原发病症状	皮疹痒感，摩擦及受压部位多，与用药有关，斑丘疹、疱疹、猩红热样皮疹、荨麻疹	发热、服药史

4. 心理-社会状况 评估患儿及家长的心理状况及其对疾病的应对方式；了解患儿家庭及社区对疾病的认知程度和防治态度。

【常见护理诊断/问题】

1. 体温过高 与病毒血症、继发感染有关。

2. 皮肤完整性受损 与麻疹病毒感染导致皮疹有关。

3. 营养失调：低于机体需要量 与食欲下降、高热消耗增加有关。

4. 潜在并发症：肺炎、喉炎、脑炎等。

5. 有传播感染的危险 与呼吸道排出病毒有关。

案例 17-1 分析讨论（续）

3. 该患儿现存的常见护理诊断/问题

（1）体温过高：与病毒血症、继发感染有关。

（2）皮肤完整性受损：与麻疹病毒感染导致皮疹有关。

【预期目标】

1. 患儿体温降至正常。
2. 患儿皮疹消退，皮肤完整、无感染。
3. 患儿住院期间能得到充足的营养。
4. 患儿不发生并发症或并发症得到及时发现和处理。

【护理措施】

1. 一般护理 绝对卧床休息至皮疹消退、体温正常。保持室内空气新鲜，每日通风 2 次。调节室内温、湿度，使室温保持在 18～22℃，湿度 55%～65%。以清淡、易消化的流食、半流食为宜，少量多餐。鼓励多饮水。恢复期应添加高蛋白、高能量、富含多种维生素的食物。

2. 病情观察 麻疹并发症较多且重，为及早发现，护理时应密切观察病情：出疹期间若出现高热不退、咳嗽加剧、呼吸困难及肺部细湿啰音等为并发肺炎的表现；而重症肺炎可致心力衰竭，应严密观察；若患儿出现声音嘶哑、犬吠样咳嗽、气促、吸气性呼吸困难、三凹征等为并发喉炎的表现；若患儿出现意识障碍、惊厥、脑膜刺激征、病理反射阳性等为并发脑炎的表现；若患儿出现气促、烦躁、面色苍白、发绀、心率快等为并发心肌炎的表现。一旦出现相关并发症的表现，应及时通知并配合医生予以处理。

3. 对症护理

（1）维持正常体温：监测体温，观察热型。出疹期不宜用药物或物理方法强行降温，禁用乙醇擦浴和冷敷，以免皮肤血管收缩，末梢循环障碍而使皮疹不易透发或突然隐退。若高热时可酌情给予小剂量的退热剂或温水擦浴，使体温稍降，以免发生惊厥。体弱病重患儿可早期肌内注射丙种球蛋白。

（2）恢复皮肤黏膜的完整性：保持床单的清洁、干燥，勤换内衣，保持皮肤清洁。剪短指甲，防止患儿抓伤皮肤导致继发感染。及时评估出疹情况，如出疹不畅，可用鲜芫荽煎服或外用，帮助透疹。加强眼、耳、鼻部及口腔的护理。室内光线应柔和，眼部分泌物多且形成眼痂者，先用生理盐水洗净双眼，再滴入抗生素眼药水或眼膏，一日数次，并口服鱼肝油预防干眼症；防止眼泪及呕吐物流入耳道而引起中耳炎；鼻腔分泌物多且形成鼻痂时，可用经生理盐水润湿的棉签轻轻拭除，保持鼻腔通畅；多喝白开水，常用生理盐水或2%硼酸溶液洗漱口腔以保持清洁。

4. 用药护理　药物降温时，应防止用药量大，以免体温骤降引起末梢循环障碍而使皮疹突然隐退。口服祛痰止咳药后不要立即喝水，以使药物更好地发挥疗效。使用镇静剂时应注意观察止惊的效果和不良反应。

案例 17-1 分析讨论（续）

4. 对患儿应采取的主要护理措施

（1）维持正常体温：监测体温，观察热型。禁用乙醇擦浴和冷敷，并可酌情给予小剂量的退热剂或温水擦浴，使体温稍降，以免发生惊厥。

（2）恢复皮肤黏膜的完整性：保持床单的清洁、干燥，勤换内衣，保持皮肤清洁。剪短指甲，防止患儿抓伤皮肤导致继发感染。及时评估出疹情况，如出疹不畅，可用鲜芫荽煎服或外用，帮助透疹。

5. 预防感染的传播

（1）隔离患儿：隔离患儿至出疹后5天，并发肺炎者延长至出疹后10天。对接触患者的易感儿应隔离观察21天，并给予被动免疫。

（2）切断传播途径：患儿房间每天通风换气并用紫外线照射消毒，患儿衣被及玩具等在阳光下暴晒，减少不必要的探视。医护人员接触患儿前后应洗手，更换隔离衣。接触患儿后需在日光下或流动空气中停留半小时以上，才能再接触其他患儿或健康易感者。

（3）保护易感儿童：疾病流行期间易感儿应避免去公共场所，托幼机构应加强晨间检查。对8个月以上未患过麻疹者应接种麻风疫苗或麻疹减毒活疫苗，与麻疹患儿接触后的易感儿需在5天内注射免疫球蛋白，以预防发病或减轻症状。

6. 心理护理　评估患儿及家长的心理状态，加强与患儿及家长的沟通交流，增加信任感，减轻其焦虑情绪。耐心向家长解释疾病相关知识，鼓励其参与治疗和护理计划。

7. 健康教育

（1）疾病知识指导：做好预防麻疹的宣教工作，对密切接触的易感儿，应隔离观察3周，若接触后接受过免疫制剂者则延至4周。

（2）生活指导：房间每日开窗通风换气，患儿衣物应在阳光下暴晒2小时。麻疹流行期间不带易感儿童去公共场所。

（3）用药指导：药物降温防止用药量过大，以免体温骤降引起末梢循环障碍而使皮疹突然隐退。

【护理评价】

经过治疗和护理，患儿体温降至正常，皮疹出齐、出透，皮肤完整，未合并其他感染，能够得到充足的营养；患儿家长了解麻疹的有关知识，能够配合做好消毒隔离、家庭护理等。

二、水痘患儿的护理

案例 17-2

患儿，女性，7岁，因发热3天、皮疹2天，于2015年3月9日10am以“水痘”收入院。

患儿于 3 天前始无明显诱因出现发热，体温高达 39.5℃，无咳嗽及吐泻。发热当天胸、背部皮肤渐及面部出现斑状红疹，部分皮疹中央出现小水疱、发痒。发病以来精神尚可，饮食好，曾服退热药物“APC 及清开灵”治疗，效果不佳，未行其他治疗。平素健康，10 天前有类似发热出疹性疾病接触史。已接种卡介苗、乙肝疫苗、麻疹疫苗、白百破疫苗、脊灰疫苗等计划免疫用药。

体格检查：体温 37.4℃，脉搏 88 次/分，呼吸 22 次/分，体重 24kg，发育营养好，神志清，精神尚可，皮肤无黄染，面部、躯干及四肢皮肤均可见淡红色斑疹，直径为 5mm×5mm，部分皮疹中央部有似“露珠”样椭圆形小水疱、部分皮疹有结痂，有抓痕，以面部发际、胸背部为多，四肢未见皮损。头颅正常，咽充血，扁桃体不大，软、硬腭部黏膜散在小红丘疹及溃疡，颈软，心肺无异常，腹软，肝脾未触及，四肢活动好，神经系统无异常。

思考题：

1. 列出患儿符合该病皮疹特点及出疹时间的依据。
2. 列出患儿现存的主要护理诊断/问题。
3. 对患儿应采取的主要护理措施有哪些？

水痘（varicella，chicken pox）是由水痘-带状疱疹病毒引起的一种急性出疹性传染病。以皮肤黏膜相继出现并同时存在斑疹、丘疹、疱疹及结痂，全身症状轻微为主要临床特征。

水痘一年四季均可发病，以冬、春季多发。人群普遍易感，2～6 岁儿童为高峰。水痘患者是唯一的传染源。病毒存在于患儿的上呼吸道鼻咽分泌物及疱疹液中，主要通过空气飞沫或直接接触传播。出疹前 1～2 天至疱疹结痂为止均有传染性。本病传染性极强，病后可获持久免疫，但以后可发生带状疱疹。

【病因与发病机制】

水痘-带状疱疹病毒属疱疹病毒科 α 亚科，仅有一种血清型。人是唯一的宿主，该病毒在体外抵抗力弱，对酸、热及各种有机溶剂敏感，在痂皮中不能存活。

病毒经口、鼻或眼结合膜进入人体后，在局部黏膜和淋巴组织中繁殖，2～3 天后进入血液，产生第一次病毒血症。若病毒不能被患儿的免疫力清除，其在单核-吞噬细胞系统内再次增殖后释放入血，形成第二次病毒血症，引起各器官病变。主要损害部位在皮肤及黏膜，偶尔累及内脏。由于病毒侵入血液往往是间歇性的，故皮疹分批出现，且各类皮疹同时存在。皮肤病变仅限于表皮棘细胞层，故愈后不留瘢痕。皮疹出现 1～4 天后，产生特异性细胞免疫及抗体，病毒血症消失，症状随之缓解。

【治疗要点】

水痘为自限性疾病，无并发症者以一般治疗及对症处理为主。

1. 抗病毒治疗 药物首选阿昔洛韦，在病后 48 小时内使用效果显著，口服每次 20mg/kg，每日 4 次；重症患儿静脉给药，每次 10～20mg/kg，每 8 小时 1 次；另外，早期应用 α 干扰素能较快抑制皮疹发展，加快病情恢复。

2. 对症治疗 高热时给予退热剂，但禁用阿司匹林。皮肤瘙痒可局部涂抹炉甘石洗剂或口服抗组胺药。

【护理评估】

1. 健康史

（1）询问患儿有无水痘接触史及接触方式，出疹前有无发热、不适、厌食等。

（2）询问出诊顺序及出诊的性状。

（3）询问患儿的营养状况及既往史。

2. 身体状况

（1）典型水痘：潜伏期约 2 周，前驱期仅 1 天左右。症状轻微，表现为低热、全身不适、厌食、流涕、咳嗽等。常在起病当天或次日出现皮疹。其特点是：①皮疹陆续分批出现，最初的皮疹为红色斑疹或丘疹，迅速发展为清亮的椭圆形水疱，周围有红晕，疱液先透明而后混浊，且有脐凹，易破溃，常伴痒感，2～3 天结痂。在疾病高峰期不同性状的皮疹（斑疹、丘疹、疱疹及结痂）同时存在是水痘皮疹的重要特征。②皮疹首发于头、面及躯干，随之发展到四肢，躯干多，四肢少，呈向心性分布。③黏膜皮疹可出现于睑结膜、口腔、咽及生殖器等处，易破溃形成溃疡，疼痛明显。④轻型水痘多为自限性疾病，全身症状和皮疹较轻，一般 10 天左右自愈。

案例 17-2 分析讨论

1. 患儿符合该病皮疹特点及出疹时间的依据

（1）患儿发热 1 天，当天胸、背部皮肤渐及面部出现斑状红疹，部分皮疹中央出现小水疱，伴有痒感。

（2）患儿皮疹特点为分批出现红色斑疹及水疱样疹、有的已结痂，皮疹分布呈向心性，口腔黏膜皮疹出现破溃形成浅溃疡。

（2）重症水痘：恶性疾病或免疫功能低下的患儿感染水痘-带状疱疹病毒时，全身中毒症状明显，持续高热、皮疹广泛分布，可融合成大疱型疱疹或出血性皮疹，可继发感染或伴血小板减少而发生暴发性紫癜。

（3）先天性水痘：孕妇在妊娠早期感染水痘-带状疱疹病毒可累及胎儿，导致多发性先天畸形，患儿常在 1 岁内死亡，存活者遗留严重的神经系统伤残；若孕妇发生水痘数天后分娩可导致新生儿水痘，患儿病情严重，死亡率高。

（4）并发症：常见为皮肤继发性细菌感染，也可并发水痘肺炎、脑炎、心肌炎等。

3. 辅助检查

（1）血常规：白细胞总数大多正常，继发细菌感染时可增高。

（2）疱疹刮片检查：刮取新鲜疱疹基底组织及疱疹液涂片，瑞氏染色可见多核巨细胞。苏木素-伊红染色可见细胞核内包涵体。

（3）血清学检查：血清水痘病毒特异性 IgM 抗体检测有助早期诊断，双份血清特异性 IgG 抗体滴度 4 倍以上增高可帮助诊断。

（4）病毒分离：取水痘疱疹液、血液或咽部分泌物做病毒分离。

4. 心理-社会状况　评估患儿及家长的心理状况、对疾病的应对方式；了解家庭及社区对疾病的认知程度、防治态度。

【常见护理诊断/问题】

1. 体温过高　与病毒血症有关。

2. 皮肤完整性受损　与水痘病毒引起的皮疹及继发感染有关。

3. 有传播感染的危险　与呼吸道及疱疹液排除病毒有关。

4. 潜在并发症　肺炎，脑炎。

案例 17-2 分析讨论（续）

2. 患儿现存的主要护理诊断/问题

（1）体温过高：与病毒血症有关。

（2）皮肤完整性受损：与水痘病毒引起的皮疹及继发感染有关。

【预期目标】

1. 患儿皮肤完整、无感染。

2. 患儿不发生并发症或并发症得到及时发现和处理。

【护理措施】

1. 一般护理 发热期卧床休息，多饮水，给予富含营养的清淡饮食。室温应适宜，衣被不宜过厚，以免造成患儿不适，增加痒感。勤换内衣，保持皮肤清洁，防止继发感染。

2. 病情观察 水痘临床过程一般顺利，偶可发生播散性水痘及并发肺炎或脑炎，应注意观察，及早发现，并给予相应的治疗和护理。

3. 对症护理

（1）恢复皮肤完整性：剪短指甲，小婴儿可戴并指手套，以免搔抓皮肤，引起继发感染或留下瘢痕。皮肤瘙痒难忍时，可分散其注意力，或用温水洗浴，可在疱疹未破溃处涂炉甘石洗剂或 5% 碳酸氢钠溶液。疱疹已破溃、有继发感染者局部用抗生素软膏，或遵医嘱口服抗生素控制感染。

（2）降低体温：监测体温，高热可应用物理降温或适量退热剂，并多饮水。

4. 用药护理 发热者忌用阿司匹林，以防诱发 Reye 综合征。避免使用肾上腺皮质激素类药物包括软膏，防止病毒播散加重病情。阿昔洛韦必须在水痘发病后 24 小时内应用才有效，同时观察药物的疗效和不良反应。

5. 预防疾病的传播

（1）隔离患儿：无并发症的患儿多在家庭实施呼吸道隔离治疗，隔离至皮疹全部结痂。托幼机构中若发现水痘患儿应检疫 3 周。

（2）切断传播途径：保持患儿房间空气新鲜，定时空气消毒。

（3）保护易感儿童：流行期间易感儿避免去公共场所，托幼机构应做好晨间检查；易感儿接触水痘患儿后应隔离观察 3 周，对易感儿童也可接种水痘减毒活疫苗，其抗体可持续 10 年以上；对体弱、正在应用大剂量肾上腺糖皮质激素、免疫功能受损者，在接触水痘 72 小时内肌内注射水痘-带状疱疹免疫球蛋白，可起到预防或减轻症状的作用。

6. 心理护理 加强与患儿及家长的沟通，提供心理支持，减轻其自责与焦虑情绪。

案例 17-2 分析讨论（续）

3. 患儿应采取的主要护理措施

（1）监测体温：高热可应用物理降温或适量退热剂，并多饮水。

（2）恢复皮肤完整性：剪短指甲，可戴并指手套，以免搔痒抓破皮肤，引起继发感染而留下瘢痕。皮肤瘙痒难忍时，可分散其注意力，或用温水洗浴，可在疱疹未破溃处涂炉甘石洗剂或 5%碳酸氢钠溶液。疱疹已破溃、有继发感染者局部用抗生素软膏，或遵医嘱口服抗生素控制感染。

7. 健康指导

（1）疾病知识指导：避免易感儿、孕妇去公共场所，避免与水痘患儿接触。托幼机构应做好晨间检查、空气消毒，防止扩散。

（2）生活指导：室温适宜，保持室内空气新鲜，给予足够水分和营养；衣被不宜过厚，保持皮肤清洁。为家长示范皮肤护理方法，采取措施防止抓伤皮肤。

（3）用药指导：告知家长发热者忌用阿司匹林。病程中禁止给患儿使用肾上腺糖皮质激素。

【护理评价】

经过治疗和护理，患儿皮疹出齐、出透，皮肤完整，未合并其他感染；患儿家长了解水痘的有关知识，能够配合做好消毒隔离、家庭护理等。

三、流行性腮腺炎患儿的护理

流行性腮腺炎（epidemic parotitis）是由腮腺炎病毒引起的一种急性呼吸道传染病，以腮腺肿大及疼痛为临床特征，多伴发热及咀嚼受限，可累及其他腺体及器官。

流行性腮腺炎一年四季均可发病，以冬、春季多见，好发于5～15岁的儿童及青少年。腮腺炎患儿和健康带病毒者为本病传染源。患儿自腮腺肿大前6天至发病后5天或更长时间均可排出病毒。病毒主要通过呼吸道飞沫传播，亦可因直接接触经唾液污染的食具和玩具而感染，且病毒存在于患儿唾液、血液、尿及脑脊液中。该病传染性较强，一次感染后可获持久性免疫。

案例 17-3

患儿，男性，6岁，因发热伴双腮肿痛3天，于2014年6月22日入院。患儿于3天前始发热，继之发现其左腮腺肿胀，自述疼痛，当天下午右腮腺也出现肿痛，在张口咀嚼及食酸性食物时疼痛加剧，体温最高时可达39℃，无吐泻及咳嗽，无明显腹痛。在院外曾肌内注射“青霉素”治疗，服退热药物（不详），效果不佳来诊。平素健康，无传染病史，当地有“流行性腮腺炎”流行。系第一胎，第一产，生于当地，生长、智力发育同一般同龄儿，饮食同成人，生后曾接种卡介苗。

体格检查：体温38.6℃，脉搏100次/分，呼吸26次/分，体重21kg。发育正常，营养一般，神志清，精神不振，呼吸稍促，无发绀，咽充血，扁桃体不大，腮腺管口红肿，双侧腮腺以耳垂为中心肿大，约3.5cm×4.0cm，质软，无结节，局部皮肤无红热，触痛明显，颈部无抵抗，双肺呼吸音清，心率100次/分，律整，无杂音。腹稍胀，肝脾未触及，腹部无压痛，肠鸣音正常，四肢肌张力可，BrudzGinski征阳性，Kernig征阴性，Babinski征左侧阳性、右侧阴性。

思考题：

1. 判定该患儿最可能的临床诊断是？其诊断依据有哪些？
2. 为明确临床诊断应做哪些实验室检查？
3. 提出该患儿现存的主要护理诊断/问题。
4. 对患儿应采取的主要护理措施有哪些？

【病因与发病机制】

腮腺炎病毒为RNA病毒，属于副黏液病毒科，仅有一个血清型，人是该病毒的唯一宿主，病毒存在于患者的血液、唾液、尿液及脑脊液中。紫外线照射可将其杀灭，加热至56℃持续20分钟失去活力，来苏水、甲醛等均能在2～5分钟内将其灭活，但4℃时可存活数天。

腮腺炎病毒经口、鼻侵入机体后，在上呼吸道黏膜上皮组织中生长繁殖，引起局部炎症和免疫反应，然后进入血液引起病毒血症，进而扩散到腮腺和全身各器官，也可经口腔沿腮腺管传播到腮腺。由于病毒对腺体组织及神经组织有高度亲和性，使多种腺体（如腮腺、颌下腺、舌下腺、胰腺和性腺等）发生炎症改变，也可侵犯神经系统导致脑膜脑炎等严重病变。

【治疗要点】

本病无特殊治疗方法，以对症处理为主。发病早期可应用利巴韦林静脉滴注，每日15mg/kg，疗程5～7天，也可应用干扰素治疗。重症患儿可短期使用肾上腺糖皮质激素治疗，疗程3～5天。中药治疗多用清热解毒、软坚消痛方法，常用普济消毒饮加减内服及青黛散调醋局部外敷等。头痛和并发睾丸炎者给予解热止痛药物，睾丸肿痛时可用丁字带托起。

【护理评估】

1. 健康史

（1）询问患儿有无腮腺炎接触史及接触方式，询问患儿是否有发热、腮腺疼痛、乏力、食欲减退等症状。

（2）询问患儿既往史。

2. 身体状况 潜伏期14～25天，平均18天。典型患者有如下临床表现。

（1）症状：部分病例有发热、头痛、乏力、肌痛、厌食等前驱期症状。腮腺肿大常是本病的首发体征，常先见于一侧，2～3天内可波及对侧，也有双侧同时肿大或始终限于一侧者。局部疼痛，张口咀嚼或吃酸性食物时疼痛加剧。病程中患儿可有不同程度发热，持续时间不一，亦有体温始终正常者。

（2）体征：肿大的腮腺以耳垂为中心，向前、后、下发展，边缘不清，表面发热但不红，触之有弹性感并有触痛，腮腺管口可见红肿，但无分泌物。腮腺肿大约持续5天，以后逐渐消退。在腮腺肿胀时，常波及邻近的颌下腺和舌下腺，使颈前下颌处及舌下肿胀。

（3）并发症

1）脑膜脑炎：较常见，常发生在腮腺肿大前、后或同时，表现为发热、头痛、呕吐、颈项强直等。脑脊液的改变与其他病毒性脑炎相似。以脑膜受累为主，大多预后良好，若侵犯脑实质，可能遗留神经系统后遗症，甚至死亡。

2）睾丸炎：是男孩最常见的并发症，多为单侧，常发生在腮腺炎起病后的4～5天，患儿的睾丸肿胀疼痛，可伴有剧烈触痛，多数患儿有突发高热、寒战等严重的全身反应。部分病例可发生睾丸萎缩，若双侧萎缩可导致不育症。

3）卵巢炎：少数青春期女性患者可并发卵巢炎，症状多较轻，表现为下腹疼痛及压痛等，不影响受孕。

4）胰腺炎：严重的急性胰腺炎较少见。常发生于腮腺肿大数日后，表现为上腹部剧痛及触痛，伴发热、寒战及呕吐等。

5）其他：可有心肌炎、肾炎及甲状腺炎等。

案例 17-3 分析讨论

1. 该患儿最可能的临床诊断是流行性腮腺炎。其诊断依据如下。

（1）患儿发热3天，出现左右腮腺肿胀，伴疼痛，在张口咀嚼及食酸性食物时疼痛加剧。且当地有“流行性腮腺炎”流行。

（2）患儿咽充血，腮腺管口红肿，双侧腮腺以耳垂为中心肿大，为3.5cm×4.0cm，软，无结节，局部皮肤无红热，触痛明显。

3. 辅助检查

（1）血常规：白细胞总数正常或稍低，淋巴细胞相对增多。有并发症时白细胞总数及嗜中性粒细胞可增高。

（2）血清、尿淀粉酶测定：90%患儿血清、尿淀粉酶增高，并与腮腺肿胀平行。血脂肪酶增高，有助于胰腺炎的诊断。

（3）血清学检查：血清特异性IgM抗体阳性提示近期感染。

（4）病毒分离：患者唾液、脑脊液、尿或血中可分离出病毒。

4. 心理-社会状况 评估患儿及家长的心理状况、对疾病的应对方式；了解家庭及社区对疾病的认知程度、防治态度。

【常见护理诊断/问题】

1. 疼痛 与腮腺非化脓性炎症有关。

2. 体温过高 与病毒感染有关。

3. 有传播感染的危险 与病毒的排出有关。

4. 潜在并发症 脑膜脑炎、睾丸炎、胰腺炎。

案例 17-3 分析讨论（续）

2. 为明确临床诊断患儿入院后进行了下列相关实验室检查：

（1）血常规：Hb120g/L；RBC4.20×10^{12}/L；WBC8×10^9/L；N 43%；L 54%；M3%。

（2）尿淀粉酶：1850U/dl（正常值 200～1200U/dl）。

（3）血淀粉酶：298U/dl（正常值 35～200U/dl）。

（4）脑脊液：无色、清澈，WBC198 个/mm，多核细胞 28%，单核细胞 72%，糖 2.9mmol/L，Cl^- 118mmol/L，蛋白质 270mg/L。

【预期目标】

1. 患儿主诉疼痛减轻或无疼痛。
2. 患儿体温降至正常。
3. 对患儿进行隔离，预防传播。
4. 患儿不发生并发症或并发症得到及时发现和处理。

案例 17-3 分析讨论（续）

3. 患儿现存的主要护理诊断/问题

（1）疼痛：与腮腺非化脓性炎症有关。

（2）体温过高：与病毒感染有关。

【护理措施】

1. 一般护理 保持室内空气新鲜，卧床休息，多饮水，给予易消化、营养丰富的流食或半流食，避免进食酸、辣、硬等刺激性食品或酸性饮料。保持口腔清洁，做好口腔护理，饭后用生理盐水或 4%硼酸溶液漱口。

2. 病情观察 注意有无脑膜脑炎、睾丸炎、急性胰腺炎等并发症的临床征象，若有变化立即通知医生，给予相应治疗和护理。若合并睾丸炎时可用棉花垫和丁字带托起胀痛睾丸以减轻疼痛，局部可间歇冷敷。

3. 对症护理

（1）减轻腮腺肿痛：局部冷敷腮腺肿胀处，可减轻炎症充血及疼痛，亦可用茶水或食醋调中药如意金黄散外敷患处，药物应保持湿润，以发挥药效并防止干裂引起疼痛。避免刺激性食物。保持口腔清洁，鼓励患儿多饮水、用温盐水勤漱口，以防止继发感染。

（2）维持正常体温：高热时给予物理或药物降温。

4. 用药护理 应用利巴韦林时观察药物的疗效和不良反应。

5. 预防感染的传播

（1）隔离患儿：采取呼吸道隔离至腮腺肿大完全消退后 3 天为止，有接触史的易感儿应观察 3 周。

（2）切断传播途径：对患儿的呼吸道分泌物及其污染的物品进行消毒。居室应空气流通。

（3）保护易感儿：对易感儿可接种腮腺炎减毒活疫苗，能起到保护作用。易感儿接种麻腮风疫苗。流行期间易感儿应尽量避免去公共场所，幼儿园和学校应加强晨检。

6. 心理护理 加强与患儿及家长的沟通，提供心理支持，减轻其自责与焦虑情绪。

案例 17-3 分析讨论（续）

4. 对患儿应采取的主要护理措施

（1）减轻腮腺肿痛：局部冷敷腮腺肿胀处，可减轻炎症充血及疼痛，亦可用茶水或食醋调中药如意金黄散外敷患处，药物应保持湿润，以发挥药效并防止干裂引起疼痛。避免刺激性食物。保持口腔清洁，鼓励患儿多饮水、用温盐水勤漱口，以防止继发感染。

（2）维持正常体温：高热时给予物理或药物降温。

7. 健康指导

（1）疾病知识指导：指导家长做好隔离，居室应空气流通，对患儿口、鼻分泌物及污染用品都应进行消毒。学会观察病情，若有并发症相应的表现时，应及时送医院就诊。介绍减轻疼痛的方法。

（2）生活指导：指导患儿休息、饮食，避免食用酸性食品或饮料，保持口腔清洁。

（3）用药指导：告知家长抗病毒药物的使用剂量、方法及疗程，注意观察药物的疗效和不良反应。

【护理评价】

经过治疗和护理，患儿体温降至正常，疼痛减轻，未合并其他感染；对患儿进行了有效的消毒隔离，未出现并发症。

四、幼儿急疹的护理

案例 17-4

患儿，男性，9 个月，因发热 4 天，全身皮疹 1 天，于 2015 年 3 月 6 日 9am 入院。患儿于 4 天前无明显诱因出现发热，体温达 39～40℃，无咳嗽及吐泻。在院外按“上感”治疗，给予口服“罗红霉素”治疗，体温仍不退，波动在 39℃左右，于 1 天前自其颈部渐及全身出现红色斑丘疹，且未再发热。平素健康，无传染病史，1 周前其堂姐曾有类似病史，已痊愈，并与其接触密切。患儿系第一胎第一产，足月顺产，母乳喂养，6 个月始添加辅食，尚未断奶。6 个月独坐，现能扶站，预防接种按计划进行。

体格检查：体温 36.8℃，脉搏 106 次/分，呼吸 35 次/分，体重 10kg。发育正常，营养良好，神志清，精神可，全身较多淡玫瑰色斑丘疹，直径为 2～3mm，压之褪色，以躯干、腰、臀部为著，疹间皮色正常，枕后及颈后可触及 1～2 枚黄豆大小的淋巴结，咽赤，颈软，双肺呼吸音清，心率 106 次/分，律整，心音有力，无杂音，腹软，肝肋下 1cm，质软，脾未触及。四肢活动好，神经系统无异常。

思考题：

1. 患儿最可能的临床诊断是什么？其特征性的临床特点有哪些？
2. 提出患儿现存的主要护理诊断/问题。

幼儿急疹（exanthema subitum）又称婴儿玫瑰疹（roseola infantum），是人类疱疹病毒 6 型（human her-pesvirus6）导致的婴幼儿期发疹性热病，特点是持续高热 3～5 天，热退疹出。

病原体为人类疱疹病毒 6 型，无症状的成人患者是本病的传染源。经呼吸道飞沫传播，胎儿可通过胎盘从母体得到抗体，出生后 4 个月时抗体阳性率为 25%，11 月为 76%，5 岁时 90%，17 岁时达 98%。本病多见于 6～18 个月小儿，3 岁以后少见，春、秋雨季发病较多，无男女性别差异。

【治疗要点】

幼儿急诊无特殊治疗方法，高热时除降低周围环境温度外，应给予足够水分，酌情给予解热镇静剂。可服用清热解毒的中成药。

【护理评估】

1. 健康史

（1）询问患儿有无幼儿急疹的接触史及接触方式，询问患儿是否有发热、乏力、食欲减退等症状。

（2）询问患儿既往史。

2. 身体状况　潜伏期 7～14 天，平均 10 天。起病急骤，病初即有高热，体温达 39～40℃，可出现高热惊厥及上呼吸道感染症状。持续 3～5 天而骤降，热退后疹出。发热期间食欲精神尚好，咽峡部充血，偶有前囟膨隆，热退后 9～12 小时内出疹，皮损呈红色斑疹或斑丘疹，主要散布在躯干、颈部及上肢，皮疹间有 3～5mm 空隙，偶尔在皮疹周围可见晕圈。几小时内皮疹开始消退，一般在 2～3 天内消失，无色素沉着及脱屑。在流行时，少数病例亦可无皮疹出现。起病第 1 天白细胞计数增加，中性粒细胞占优势，第 2 天以后白细胞数明显下降，淋巴细胞相对增高，可达 90%。

案例 17-4 分析讨论

1. 患儿最可能的临床诊断是幼儿急疹。其特征性的临床特点如下。

（1）患儿发热 4 天，体温正常后全身皮肤出现红色斑丘疹。

（2）患儿精神好，全身皮肤较多淡玫瑰色斑丘疹，直径为 2～3mm，压之褪色，以躯干、腰、臀部为著，疹间皮色正常，枕后及颈后可触及 1～2 枚黄豆大小的淋巴结。

3. 辅助检查　以间接免疫荧光法检测特异性抗体在急性期为阴性，恢复期转阳性，且效价升高 4 倍以上。

4. 心理-社会状况　评估患儿及家长的心理状况、对疾病的应对方式；了解家庭及社区对疾病的认知程度、防治态度。

【常见护理诊断/问题】

1. 皮肤完整性受损　与疾病导致的皮疹有关。

2. 体温过高　与病毒感染有关。

3. 潜在并发症　惊厥。

【预期目标】

1. 保持患儿皮肤的完整，预防感染。

2. 患儿体温降至正常。

3. 患儿不发生并发症或并发症得到及时发现和处理。

案例 17-4 分析讨论（续）

2. 患儿现存的主要护理诊断/问题

（1）皮肤完整性受损：与疾病导致的皮疹有关。

（2）体温过高：与病毒感染有关。

（3）潜在并发症：惊厥。

【护理措施】

1. 环境与休息　保持室内空气新鲜，适宜温湿度，每日空气消毒，实行呼吸道隔离，防止交叉感染。患儿应绝对卧床休息，以减少心肌耗氧量，减轻心脏负担。待隔离症状缓解后适当下床活动，脾肿大者避免剧烈运动，以防脾破裂。

2. 维持正常体温 观察患儿体温变化，高热患儿给予物理降温或药物降温。使用药物后注意观察患儿体温、血压、尿量等。出汗多者，应及时更换衣物，保持皮肤清洁，鼓励患儿多饮水，以防虚脱。

3. 密切观察病情，控制惊厥 咽部肿胀者可出现呼吸和吞咽困难，应密切观察患儿呼吸、脉搏、血压等，及时发现惊厥先兆表现，如烦躁不安、口角或指（趾）抽动、两眼凝视、肌张力增高等。一旦出现上述表现，应立即通知医师，并及时配合处理，让患儿取仰卧位，头偏向一侧，松解衣服和领口，清除口鼻分泌物；用牙垫或开口器置于患儿上下臼齿之间，防止咬伤舌头，或用舌钳拉出舌头，以防止舌后坠阻塞呼吸道。同时，遵医嘱使用止惊药物。

4. 保证营养供应 患儿出汗较多时应及时补充水分、电解质，并做好口腔护理。鼓励患儿少食多餐，进食高热量、高蛋白、清淡易消化食物。逐渐增加粗纤维食物，确保大便通畅。

5. 心理护理 加强与患儿及家长的沟通交流，建立良好的护患关系，增加患儿的安全感。耐心向家长解释疾病的相关知识，减轻患儿及家长的焦虑情绪。

6. 健康教育 向患儿家长介绍患儿病情、诊疗和护理措施，取得其理解并能积极配合。患儿出院后定期门诊复查血常规及肝、肾功能。加强营养，适当参加体育锻炼，增强体质。

【护理评价】

经过治疗和护理，患儿体温降至正常，皮肤完整；未发生感染及其他并发症。

五、手足口病患儿的护理

案例 17-5

患儿，男性，2 岁 6 个月，因发热、流涎 2 天，手足皮疹 1 天，于 2015 年 5 月 16 日 10am 入院。患儿于 2 天前无明显诱因出现发热，体温高达 38.5～39.3℃，并伴拒食、流涎，无咳嗽及吐泻。在院外门诊给予口服“小儿咽扁颗粒”治疗，体温仍不退。1 天前患儿手、足出现皮疹。平素健康，无传染病史，1 周前幼儿园曾有类似病例。患儿系第一胎第一产，足月顺产，母乳喂养，6 个月始添加辅食，尚未断奶。6 个月独坐，现能扶站，预防接种按计划进行。

体格检查：体温 39.8℃，脉搏 106 次/分，呼吸 35 次/分，体重 15kg。发育正常，营养良好，神志清，精神可。咽部充血，咽弓、软腭，牙龈散在疱疹及少许溃疡。手、足、臀部可见斑丘疹、疱疹，疱疹周围有炎性红晕。颈软，双肺呼吸音清，心率 106 次/分，律齐，心音有力，无杂音，腹软，肝脾未触及。四肢活动好，神经系统无异常。

思考题：

1. 该患儿最可能的临床诊断是什么？其皮疹的临床特点有哪些？
2. 如何解决患儿“皮肤完整性受损”？

手足口病（hand-foot mouth disease，HFMD）是由肠道病毒引起的急性传染病，主要症状表现为手、足、口腔等部位的斑丘疹、疱疹。少数病例可出现脑膜炎、脑炎、脑脊髓炎、肺水肿、循环障碍等，致死原因主要为脑干脑炎及神经源性肺水肿。

传染源为患者或隐性感染者。感染了 EV71 的患者会经粪便、唾液或口鼻分泌物排除病毒，所以传播途径主要为粪-口传播、飞沫传播或密切接触传播。本病多发生于学龄前儿童，尤以 3 岁以下年龄组发病率最高。

【病因与发病机制】

肠道病毒 71 型（EV71）经各种传播途径侵入人体后，主要在咽部或小肠黏膜等上皮细胞和局部淋巴组织繁殖。大部分人为隐性感染，产生特异性抗体。少数人因机体免疫力低下，病毒可进入血液产生病毒血症，进而侵犯不同靶器官造成感染的播散。

【治疗要点】

1. 普通病例　无须住院治疗，注意隔离，避免交叉感染。适当休息，清淡饮食，做好口腔和皮肤护理。发热等症状采用中西医结合治疗。

2. 重症病例　使用甘露醇等脱水利尿剂降低颅内高压；适当控制液体入量；及时应用血管活性药物，同时给予氧疗和呼吸支持；酌情应用丙种球蛋白、糖皮质激素；根据病情应用呼吸机，进行正压通气或高频通气。

3. 恢复期治疗　给予支持疗法，促进各脏器功能恢复；肢体功能障碍者给予康复治疗。

【护理评估】

1. 健康史

（1）询问患儿有无手足口病接触史及接触方式，有无咳嗽、流涕、食欲减退等表现。

（2）询问患儿出疹的性状。

2. 身体状况　潜伏期：多为2～10天，平均3～5天。根据临床表现，将EV71感染分为以下5期。

（1）第1期（手足口出疹期）：急性起病，主要表现为发热，手、足、口、臀部位出疹（斑丘疹、丘疹、小疱疹），疱疹周围可有炎性红晕，疱内液体较少。可伴有咳嗽、流涕、食欲缺乏等症状。部分患儿仅表现为皮疹或疱疹性咽峡炎，个别患儿可无皮疹。此期病例属于手足口病普通病例，绝大多数患儿在1周内痊愈，预后良好。

（2）第2期（神经系统受累期）：少数患儿可出现中枢神经系统损害，多发生在病程1～5天内，表现为精神差、嗜睡、易惊、头痛、呕吐、烦躁、肢体抖动、急性肢体无力、颈项强直等。此期病例属于手足口病重症病例重型，大多数患儿可痊愈。

（3）第3期（心肺功能衰竭前期）：多发生在病程5天内。表现为心率、呼吸增快，出冷汗，面色苍灰，皮肤花纹，四肢发凉，指（趾）发绀，血压升高，血糖升高。此期病例属于手足口病重症病例重型。及时发现上述表现并正确治疗，是降低病死率的关键。

案例17-5分析讨论

1. 该患儿最可能的临床诊断是手足口病，其皮疹的临床特点如下。

（1）患儿发热、流涎2天，出现手、足出现皮疹。且1周前幼儿园曾有类似病例。

（2）患儿体温39.8℃，咽部充血，咽弓、软腭，牙龈散在疱疹及少许溃疡。手、足、臀部可见斑丘疹、疱疹，疱疹周围有炎性红晕。

（4）第4期（心肺功能衰竭期）：病情继续发展，患儿出现心肺功能衰竭，多发生在病程5天内。表现为心动过速或过缓，呼吸浅促，口唇发绀，咳粉红色泡沫样痰或血性液体，持续血压降低或休克。此期病例属于手足口病重症病例危重型，病死率较高。

（5）第5期（恢复期）：体温逐渐恢复正常，神经系统受累症状和心肺功能逐渐恢复，少数可遗留神经系统后遗症状。

3. 辅助检查

（1）血常规：白细胞计数正常或降低，病情危重者白细胞计数可明显升高。

（2）脑脊液检查：外观清亮，压力增高，白细胞计数增多，多以单核细胞为主，蛋白正常或轻度增多，糖和氯化物正常。

（3）血清学检查：急性期与恢复期血清EV71等肠道病毒中和抗体有4倍以上的升高。

4. 心理-社会状况　评估患儿及家长的心理状况、对疾病的应对方式；了解家庭及社区对疾病的认知程度、防治态度。

【常见护理诊断/问题】

1. 体温过高 与病毒感染有关。

2. 皮肤完整性受损 与病毒引起的皮损有关。

3. 潜在并发症 脑膜炎、肺水肿、呼吸衰竭、心力衰竭。

【预期目标】

1. 患儿体温降至正常。

2. 患儿皮肤完整、无感染。

3. 患儿不发生并发症或并发症得到及时发现和处理。

【护理措施】

1. 维持正常体温 保持室内适宜温湿度，患儿衣被不宜过厚，汗湿的衣被及时更换。密切监测患儿体温并记录，及时采取物理降温或药物降温措施。鼓励患儿多饮水，以补充高热消耗的大量水分。

2. 口腔、饮食护理 给予患儿营养丰富、易消化、流质或半流质饮食，以减少对口腔黏膜的刺激。保持口腔清洁，进食前后用生理盐水漱口。有口腔溃疡的患儿可将维生素 B_2 粉剂直接涂于口腔糜烂部位，或涂以碘甘油，以消炎止痛，促进溃疡面愈合。

3. 皮肤护理 保持患儿衣被清洁，剪短患儿指甲以免抓破皮疹。手足部疱疹未破溃处涂炉甘石洗剂或5%碳酸氢钠溶液；疱疹已破溃者、有继发感染者，局部用抗生素软膏。臀部有皮疹的患儿，保持臀部清洁干燥，及时清理患儿的大小便。

4. 病情观察 密切观察病情，尤其是重症患儿。若患儿出现烦躁不安、嗜睡、肢体抖动、呼吸及心率增快等表现时，提示有神经系统受累或心肺功能衰竭的表现，应立即通知医师，并积极配合治疗，给予相应的护理。保持呼吸道通畅，积极控制颅内压，酌情使用糖皮质激素，静脉使用人血丙种球蛋白等治疗，使用脱水剂等药物治疗时，应观察药物的作用及不良反应。

5. 消毒隔离 病房每天开窗通风 2 次，并定时消毒病房空气及患儿用物。医护人员接触患儿前后均需消毒双手，尽量减少陪护及探视人员，并做好陪护宣教，要求勤洗手、戴口罩等。

6. 心理护理 评估患儿及家长的心理状态，耐心与患儿及家长的沟通交流，减轻其焦虑情绪。用通俗易懂的语言向家长解释疾病的一般知识，帮助患儿及家长克服紧张焦虑情绪。

7. 健康教育 应向家长介绍手足口病的流行特点、临床表现及预防措施。不需住院治疗的患儿可在家中隔离，教会家长做好口腔护理、皮肤护理及病情观察，如有病情变化及时到医院就诊。流行期间不要带孩子到公共场所，并教会孩子养成良好的卫生习惯，加强锻炼，增强机体抵抗力。

案例 17-5 分析讨论（续）

2. 处理该患儿的皮肤破损问题 保持患儿衣被清洁，剪短患儿指甲以免抓破皮疹。手足部疱疹未破溃处涂炉甘石洗剂或5%碳酸氢钠溶液；疱疹已破溃者、有继发感染者，局部用抗生素软膏。臀部有皮疹的患儿，保持臀部清洁干燥，及时清理患儿的大小便。

【护理评价】

经过治疗和护理，患儿体温降至正常，皮肤完整，未合并其他感染，未发生并发症。

第二节　细菌感染患儿的护理

一、猩红热患儿的护理

案例 17-6

患儿，女性，5 岁，因发热 2 天、皮疹 1 天而于 2016 年 2 月 15 日 9pm 入院。患儿于 2 天前开始发热，体温可达 39℃，伴咽痛，无咳嗽及吐泻，在家给予“复方大青叶、清开灵”口服治疗，效果不佳，于 1 天前自面、颈部渐及全身皮肤出现较多小红疹，且全身皮肤发红，尤以胸背部为重。即来医院就诊。既往健康，无肝炎、结核接触史，当地有类似发热出疹性疾病患儿。患儿母亲孕 1 产 1，患儿生后母乳喂养，1 岁断奶后饮食同成人，无异食癖，6 个月会坐，1 岁独立行走、会说话。现上学前班，生长及智力发育同同龄儿。预防接种按程序进行。

体格检查：体温 38.6℃，脉搏 102 次/分，呼吸 32 次/分，体重 20kg。发育正常，营养良好，神志清，热性病容，精神稍差，颈部及颌下淋巴结肿大，颈部、面部及全身皮肤布满针尖大小的红色丘疹，触之似砂纸感，疹间皮肤充血明显，压之暂呈苍白，约数秒钟可恢复红色。面部发红，口周皮肤明显苍白，双腋下及双肘窝、腹股沟处皮疹明显密集，呈紫红色线状，其局部有散在性针尖大小出血点，咽部充血，扁桃体Ⅱ度肿大，局部散在小脓栓，舌黏膜充血鲜红，舌乳头红肿，散在部分灰白色舌苔，心肺听诊无异常，腹软，肝脾未触及，无压痛，麦氏点压痛（–），四肢肌张力可，生理反射存在，病理反射征未引出。

思考题：

1. 判断患儿最可能的临床诊断是什么？其诊断依据有哪些？
2. 提出患儿常见护理诊断/问题有哪些？
3. 对患儿应采取的主要护理措施有哪些？

猩红热（scarlet fever）是由 A 组 β 型溶血性链球菌引起的急性呼吸道传染病。其临床特征是发热、咽峡炎、全身弥漫性鲜红色皮疹和疹后脱屑。

患者和带菌者是主要传染源。传播途径主要经空气飞沫传播。人群普遍易感。感染后人体可产生抗菌免疫和抗毒免疫。本病全年均可发病，以温带、冬春季节发病较多。5～15 岁为好发年龄。

【病因与发病机制】

A 组 β 型溶血性链球菌为革兰染色阳性。按其菌体细胞壁上所含多糖类抗原（C 抗原）的不同，可分为 A～U（无 I、J）19 个组，A 组是猩红热的主要病原体。A 组又可依其表面蛋白抗原 M 分为 80 个血清型。M 蛋白及链球菌产生的脂壁酸、红疹毒素和一些酶，在本病发病过程中起重要作用。A 组 β 型溶血性链球菌对热及干燥的抵抗力较弱，加热至 56℃持续 30 分钟及一般消毒剂均可将其杀灭，但在痰及脓液中可生存数周。病原体侵入人体后，主要产生三种病变，即化脓性、中毒性和变态反应性病变。

【治疗要点】

1. 抗菌治疗　主要是病原治疗，早期病原治疗可缩短病程，减少并发症。首选药物是青霉素，疗程 5～7 天，每日剂量 5 万 U/kg，分 2 次肌内注射；严重感染者可静脉滴注，剂量 10 万～20 万 U/kg。青霉素过敏者可应用红霉素。高热患儿，可应用物理或化学药物降温。

2. 一般治疗　供给充分的营养、能量。发热、咽痛期间可给予流质或半流质饮食，维持口腔清洁，较大儿童可用温盐水漱口。

【护理评估】

1. 健康史

（1）询问患儿有无猩红热接触史及接触方式，出疹前有无发热、畏寒、头痛、恶心、呕吐、惊厥及烦躁等表现。

（2）询问出诊顺序及出诊的性状，发热与出疹的关系。

（3）询问患儿的既往史。

2. 身体状况 潜伏期 1～7 天，平均 3 天，外科型 1～2 天。

（1）普通型：典型病例分 3 期。

1）前驱期：一般数小时至 1 天。起病急、高热、乏力、咽痛、头痛、全身不适等。检查可见咽部、扁桃体充血、肿胀，重者咽及软腭有脓性渗出物和点状红疹或出血性红疹，可有假膜。颌下和颈部淋巴结肿大伴压痛。

2）出疹期：多在发病后 1～2 天出现皮疹，始于耳后、颈及上胸部，迅速波及全身。皮疹特点为在弥漫性充血潮红的皮肤上广泛分布针尖大小的充血性斑丘疹，有痒感，触之粗糙，压之褪色，疹间无正常皮肤，以手按压则红色可暂时消退数秒钟，出现苍白的手印，此种现象被称为贫血性皮肤划痕。在腋窝、肘窝、腹股沟等皮肤皱褶处皮疹密集，易摩擦出血呈紫红色线状，称为帕氏线。病初舌被覆白苔，3～4 天后白苔脱落，舌乳头红肿突起，称为“杨梅舌”。而部分患儿面部仅有充血而无皮疹，口鼻周围充血不明显，称为“口周苍白圈”。

案例 17-6 分析讨论

1. 该患儿最可能的临床诊断是猩红热。其诊断依据如下。

（1）患儿发热 2 天，体温达 39℃，伴咽痛。1 天后自面、颈部渐及全身皮肤出现较多小红疹，且全身皮肤发红尤以胸背部为重。

（2）患儿体温 38.6℃，热性病容，颈部、面部及全身皮肤布满针尖大小的红色丘疹，触之似砂纸感，疹间皮肤充血明显，压之暂呈苍白，约数秒可恢复红色。面部发红，口周皮肤明显苍白，双腋下及双肘窝、腹股沟处皮疹明显密集，呈紫红色线状，其局部有散在性针尖大小出血点，咽部充血，扁桃体Ⅱ度肿大，局部散在小脓栓，舌黏膜充血鲜红，舌乳头红肿。

3）恢复期：皮疹于 3～5 天后颜色转暗，逐渐隐退，按出疹顺序脱皮。皮疹越多，脱屑越明显。躯干呈糠皮样脱屑，手掌、足底可见大片状脱皮，呈“手套”、“袜套”状。无色素沉着。全身中毒症状和局部炎症也很快消退。此期维持 1 周左右。

（2）轻型：起病缓，全身症状轻，低热、咽部稍充血，皮疹稀少，色淡或隐约可见，常被漏诊，因其特征性脱屑或并发急性肾小球肾炎等才会被回顾性诊断。

（3）重型：起病急，全身中毒症状重，咽峡炎明显，皮疹呈片状红斑，患儿常出现高热、烦躁、惊厥、嗜睡、昏迷，易并发中耳炎、肺炎、急性肾小球肾炎、风湿性关节炎等，甚至发生中毒性休克。

（4）外科型：多继发于产道感染或皮肤创伤、烧伤等，皮疹常先在创口附近出现，后波及全身，全身症状轻，预后好。

（5）并发症：初期可发生化脓性和中毒性并发症，如化脓性淋巴结炎、中毒性心肌炎等。在病程 2～3 周，常见变态反应性疾病，主要有风湿病、肾小球肾炎和关节炎，为变态反应所致。

3. 辅助检查

（1）血常规：白细胞总数增高，以中性粒细胞为主，严重时可出现中毒性颗粒。

（2）细菌培养：从鼻咽拭子或其他病灶内取标本做细菌培养。

（3）血清学检查：可用免疫荧光法检测咽拭子涂片进行快速诊断。

4. 心理-社会状况　评估患儿及家长的心理状况、对疾病的应对方式；了解家庭及社区对疾病的认知程度、防治态度。

【常见护理诊断/问题】

1. 体温过高　与感染、毒血症有关。

2. 皮肤黏膜完整形受损　与皮疹、脱皮有关。

3. 有传播感染的危险　与病原体播散有关。

4. 潜在并发症　风湿病、肾小球肾炎、关节炎。

案例 17-6 分析讨论（续）

2. 该患儿常见护理诊断/问题

（1）体温过高：与感染、毒血症有关。

（2）皮肤黏膜完整形受损：与皮疹、脱皮有关。

【预期目标】

1. 患儿体温降至正常。

2. 患儿皮疹消退，皮肤完整、无感染。

3. 对患儿进行隔离，预防传播。

4. 患儿不发生并发症或并发症得到及时发现和处理。

【护理措施】

1. 一般护理　保持室内空气新鲜、流通。急性期绝对卧床休息 2～3 周，给予营养丰富、易消化、富含维生素的流质或半流质饮食，恢复期给予软食，鼓励并帮助患儿进食，供给充足水分，以利散热及毒素的排泄。

2. 病情观察　观察皮疹的变化及脱皮情况，注意有无风湿病、肾小球肾炎和关节炎并发症的临床征象，如有变化立即通知医生，给予相应的治疗和护理。

3. 对症护理

（1）皮肤护理：保持皮肤清洁，可用温水清洗皮肤（禁用肥皂水），剪短患儿指甲，避免抓破皮肤。脱皮时勿用手撕扯，可用消毒剪刀修剪，以防感染。皮肤瘙痒较重者，可用炉甘石洗剂涂擦局部。

（2）维持体温正常：高热时给予适当物理或药物降温，但忌用冷敷或乙醇擦浴。

4. 用药护理　按医嘱给予抗生素，观察有无过敏反应的发生，抗生素的疗效及不良反应。

案例 17-6 分析讨论（续）

3. 对患儿应采取的主要护理措施

（1）皮肤护理：保持皮肤清洁，可用温水清洗皮肤（禁用肥皂水），剪短患儿指甲，避免抓破皮肤。脱皮时勿用手撕扯，可用消毒剪刀修剪，以防感染。皮肤瘙痒较重者，可用炉甘石洗剂涂擦局部。

（2）维持体温正常：高热时给予适当物理或药物降温，但忌用冷敷或乙醇擦浴。

5. 预防感染的传播

（1）隔离患儿：实施呼吸道隔离至症状消失后 1 周或连续咽拭子培养 3 次阴性为止。有化脓性并发症者应隔离至治愈为止。

（2）切断传播途径：患儿居室要经常通风换气或用紫外线照射进行消毒；被患儿分泌物污染的食具、玩具、衣被等可采用消毒液浸泡、擦拭、蒸煮或日光暴晒等措施。

（3）保护易感人群：对密切接触者需医学观察 7 天，并可口服磺胺类药物或红霉素 3～5 天以预防疾病发生。

6. 心理护理　评估患儿及家长的心理状态，耐心与患儿及家长沟通交流，减轻其紧张焦虑的情绪。向家长解释疾病一般知识，鼓励其参与治疗和护理计划。

7. 健康指导

（1）疾病知识指导：向患儿及家长介绍猩红热的流行特点、病程、隔离时间、症状、并发症和预后，告知家长流行期间不要带儿童去公共场所，接触患者应戴口罩。

（2）生活指导：保持室内空气新鲜，患儿鼻咽分泌物需以 2%～3%氯胺溶液或漂白粉澄清液消毒，患儿衣物应在阳光下曝晒。

（3）用药指导：向家长和患儿强调抗生素使用的原则，尤其要强调足量、足疗程，使咽部的病原得到完全清除，避免猩红热并发症的发生。

【护理评价】

经过治疗和护理，患儿体温降至正常，皮疹出齐、出透，皮肤完整，未合并其他感染，未出现并发症。

二、中毒性细菌性痢疾患儿的护理

案例 17-7

患儿，男性，5 岁，因发热、腹泻半天、抽风 1 次，于 2016 年 8 月 13 日急诊入院。患儿于半天前开始发热，体温最高达 40.5℃，无流涕及咳嗽，伴呕吐，呈喷射性，抽风 1 次，表现为双眼上翻、口吐泡沫、颈后仰、四肢抖动，持续 2～3 分钟，经按压人中、合谷穴后缓解。同时出现腹泻 2 次，为绿色稀便，无明显脓血，量中等。既往体健。无传染病史及其接触史。患儿系第一胎第一产，足月顺产，母乳喂养，1 岁断乳，生长发育同一般同龄儿。

体格检查：体温 39.5℃，脉搏 160 次/分，呼吸 35 次/分，血压 88/56mmHg，体重 16.5kg。发育正常，营养中等，神志恍惚，精神极差，皮肤无皮疹及出血点，弹性好，浅表淋巴结未触及肿大，头颅无畸形。双侧瞳孔等大、等圆，对光反射尚灵敏，耳、鼻无异常分泌物，口唇无发绀，咽无充血，颈软，双肺呼吸音清晰，未闻及啰音。心率 140 次/分，律齐，心音有力，无杂音。腹软，肝肋下 1.0cm，质软，脾未触及。四肢皮温低、皮肤发花、活动好，生理反射存在，脑膜刺激征阴性，Babinski 征阴性。

思考题：

1. 该患儿最可能的临床诊断是什么？其发病的主要特点有哪些？
2. 列出患儿首要护理诊断/问题。
3. 对患儿应采取的主要护理措施有哪些？

中毒性细菌性痢疾（toxic bacillary dysentery）是急性细菌性痢疾的危重型，起病急骤，临床以突发高热、反复惊厥、昏迷、迅速发生休克和呼吸衰竭为特征。病死率较高。

传染源为患儿及带菌者。主要经粪-口途径传播，还可通过生活接触传播。若水源或饮用水被污染可引起暴发流行。苍蝇是传播媒介之一。人群普遍易感，病后产生一定免疫力，但维持时间不长。且不同菌群及血清型间无交叉免疫，故易反复感染。易感人群以 2～7 岁体质较好的儿童多见。在环境和个人卫生差的地区发病率明显增高，农村高于城市。夏、秋季节高发。

【病因与发病机制】

病原菌为痢疾杆菌，属志贺菌属，为革兰阴性杆菌。痢疾杆菌对外界抵抗力较强，耐寒、耐湿，但不耐热和阳光，对化学消毒剂敏感。痢疾杆菌经口进入人体后，侵入肠上皮细胞并生长繁殖，细菌裂解后可释放大量内毒素。内毒素进入血液循环，不但可引起发热和毒血症，还可直接作用于肾上腺髓质、刺激交感神经系统和单核-吞噬细胞系统释放各种血管活性物质，引起急性微循环障碍、感染性休克、DIC、重要脏器功能衰竭、脑水肿及脑疝。

【治疗要点】

采取病原治疗和对症治疗的综合措施。

1. 病原治疗　用头孢曲松钠等三代头孢菌素静脉滴注，病情好转后改口服。

2. 对症治疗

（1）降温止惊：高热时采用物理和药物降温。高热伴惊厥者可用亚冬眠疗法。惊厥时用地西泮、苯巴比妥钠、10%水合氯醛。

（2）防治循环衰竭：扩充血容量，纠正酸中毒。在充分扩容、纠正酸中毒的基础上应用血管活性药以改善微循环。首选山莨菪碱，如效果不佳则改用酚妥拉明、多巴胺或阿拉明。及早使用肾上腺皮质激素。

（3）防治脑水肿和呼吸衰竭：首选20%甘露醇，疗程3～5天，可与呋塞米交替使用。也可短期静脉注射地塞米松。保持呼吸道通畅，给氧。若出现呼吸衰竭可使用洛贝林等药物，必要时使用呼吸机。

【护理评估】

1. 健康史

（1）询问患儿有无中毒性细菌性痢疾接触史及接触方式，有无高热、惊厥、呼吸困难、腹泻等表现。

（2）询问患儿是否吃过不清洁的食物。

（3）询问患儿的既往史。

2. 身体状况　潜伏期数小时至2天。临床以严重毒血症状、休克和（或）中毒性脑病为主，而肠道症状反而不明显，患者开始时无腹痛、腹泻，可于发病24小时内出现痢疾样大便。根据临床表现，将本病分为三型。

（1）休克型：此型较为多见，主要表现为感染性休克。由于全身微血管痉挛，微循环障碍，患儿出现面色苍白、肢端厥冷、脉搏细数、呼吸增快、血压下降、皮肤花纹、发绀。后期可伴心、肾功能不全的症状。

（2）脑型：中枢神经系统症状为其主要临床表现。由于脑血管痉挛，引起脑缺血、缺氧，导致脑水肿、颅内压增高，甚至脑疝。患儿有剧烈头痛、频繁呕吐、血压增高、心率相对缓慢、肌张力增高、烦躁、惊厥、昏迷、瞳孔不等大、对光反应消失等表现。严重者可呈现中枢性呼吸衰竭的表现。

（3）肺型（肺微循环障碍型）：主要表现为呼吸窘迫综合征，以肺微循环障碍为主，常由休克型或脑型发展而来，病情危重，病死率高。

（4）混合型：具有以上两型的表现，此型最为凶险，病死率极高。

案例 17-7 分析讨论

1. 该患儿最可能的临床诊断是中毒性细菌性痢疾，其发病的主要特点有：该患儿起病急骤，高热伴呕吐、腹泻，无明显脓血便，同时有抽搐，体格检查：体温39.5℃，神志恍惚，精神极差，四肢皮温低、皮肤发花。脑膜刺激征（–），Babinski 征（–）。

3. 辅助检查

（1）血常规：血白细胞总数增高，多为（10～20）$\times 10^9$/L，中性粒细胞增高，并可见核左移。当出现弥散性血管内凝血（DIC）时，血小板明显减少。

（2）大便常规：病初可正常，以后出现黏液脓血便，镜检可见大量脓细胞、红细胞及巨噬细胞。

（3）大便培养：分离出痢疾杆菌是确诊本病的依据。在抗菌治疗前尽早取新鲜粪便的脓血部分多次送检，以提高检出率。

（4）特异性核酸检测：采用核酸杂交或聚合酶链式反应（PCR）可直接检查粪便中的痢疾杆菌核酸，灵敏度高，特异性强，快速简便。

4. 心理-社会状况 评估患儿及家长的心理状况、对疾病的应对方式；了解家庭及社区对疾病的认知程度、防治态度。

【常见护理诊断/问题】

1. 体温过高 与毒血症有关。

2. 组织灌注量不足 与机体的高敏状态和毒血症致微循环障碍有关。

3. 潜在并发症 脑水肿及呼吸衰竭。

4. 有传播感染的危险 与病原体播散有关。

5. 焦虑（家长） 与病情危重有关。

案例 17-7 分析讨论（续）

2. 该患儿现存的首要护理诊断/问题

（1）体温过高：与毒血症有关。

（2）组织灌注量不足：与机体的高敏状态和毒血症致微循环障碍有关。

【预期目标】

1. 患儿体温恢复正常。
2. 患儿组织灌注量恢复正常。
3. 患儿不发生并发症或并发症得到及时发现和处理。
4. 对患儿进行隔离，预防传播。
5. 减轻患儿家长的焦虑。

【护理措施】

1. 一般护理 保持患儿房间清洁、通风，保持室内温、湿度适宜。给予患儿高蛋白、高维生素、易消化的清淡流质或半流质饮食，忌生冷、油腻、多渣及刺激性食物，少食多餐，多饮淡盐水。严重腹泻伴呕吐者暂禁食，静脉补充所需营养，病情缓解后再调整饮食。保持室内安静，减少对患儿的刺激。患儿应绝对卧床，专人监护，平卧位或休克体位，注意保暖。

2. 病情观察 观察患儿大便次数和性状，准确采集标本送检，注意应取黏液脓血部分化验以提高阳性率。密切观察意识、面色、体温、脉搏、呼吸、血压、瞳孔、血氧饱和度等，详细记录 24 小时出入量。如有变化，立即通知医生，做出相应处理。注意抽搐患儿的安全，防止发生外伤。

3. 对症护理

（1）高热时给予物理降温或药物降温，控制体温在 37℃左右。惊厥者给予地西泮、水合氯醛和苯巴比妥等镇静止痉药。对持续高热伴惊厥者可用亚冬眠疗法。

（2）休克时，迅速建立静脉通路，按医嘱给予扩容、纠正酸中毒及改善微循环药物。调节输液速度，速度过慢则休克难以纠正；过快易导致心力衰竭、肺水肿。

（3）脑水肿时，遵医嘱给予脱水剂、利尿剂、镇静剂等。保持呼吸道通畅、给氧，准备气管插管、气管切开包、人工呼吸器等物品以备用。

4. 用药护理 按医嘱给予抗生素，观察有无过敏反应的发生。对明显尿少者，宜立即停用肾毒性药物，观察药物的副作用。应用血管活性药物多巴胺时应注意剂量和滴速。静脉使用镇静剂时速度宜慢，以免发生呼吸抑制。

5. 心理护理 向家长及患儿介绍病情及处理措施，减轻其焦虑与不安。多关心、安慰和爱护患儿，使其树立战胜疾病的信心。

6. 预防感染的传播

（1）隔离患儿：对患儿采取肠道隔离至临床症状消失后 1 周或 3 次大便培养阴性止。

（2）切断传播途径：污染的水源和食品要及时消毒，对患儿食具要煮沸消毒 15 分钟，患儿的粪便要用 1%含氯石灰澄清溶液浸泡消毒后才能倒入下水道或粪池，患儿的尿布及内裤要煮过或用沸水浸泡后再洗。培养患儿良好的卫生习惯。

（3）保护易感儿：在流行期间口服痢疾减毒活疫苗。对暴发疫情地区中的密切接触者应进行医学观察 7 天。

案例 17-7 分析讨论（续）

3. 对患儿应采取的主要护理措施

（1）给予物理降温或药物降温，控制体温在 37℃左右。按医嘱给予地西泮、水合氯醛和苯巴比妥等镇静止痉药。对持续高热伴惊厥者可用亚冬眠疗法。

（2）迅速建立静脉通路，按医嘱给予扩容、纠正酸中毒及改善微循环药物。调节输液速度，速度过慢则休克难以纠正；过快易导致心力衰竭、肺水肿。

（3）同时按医嘱给予脱水剂、利尿剂等。并保持呼吸道通畅、给氧，准备气管插管、气管切开包、人工呼吸器等物品以备用。

7. 健康指导

（1）疾病知识指导：指导家长对急慢性患儿和带菌者应隔离或定期进行访视管理，并给予彻底治疗，直至大便培养阴性。加强对饮食、饮水、粪便的管理及消灭苍蝇。

（2）生活指导：卧床休息，保持室内空气新鲜流通。给予营养丰富、易消化的流质或半流质饮食，禁食生冷、油腻、多渣及刺激性食物。搞好环境卫生及个人卫生，指导家长和儿童注意饮食、饮水卫生，不喝生水，不吃生冷、不洁食物。养成饭前便后要洗手、不随地大小便的良好卫生习惯。

（3）用药指导：向家长和患儿解释药物使用的原则、方法、疗程，观察用药效果及副作用。

【护理评价】

经过治疗与护理，患儿体温降至正常，未出现并发症；进行了有效的消毒隔离；患儿家长了解中毒性细菌性痢疾的有关知识，能够配合做好消毒隔离、家庭护理等；增强了治愈患儿的信心，缓解了其焦虑的心情。

第三节 结核病患儿的护理

一、概 述

结核病（tuberculosis）是由结核分枝杆菌引起的慢性感染性疾病，全身各个脏器均可受累，但以肺结核最为常见。由于卡介苗的预防接种和抗结核药的问世，结核病的发病率明显下降。但是近年来，多药耐药性结核分枝杆菌株（MDR-TB）的产生，已成为防治结核病的严重问题。

【病因】

结核分枝杆菌属于分枝杆菌属，具抗酸性，为需氧菌，革兰染色阳性，抗酸染色呈红色。结核杆菌分裂繁殖缓慢，在固体培养基上需 4～6 周才出现菌落，其可分为四型：人型、牛型、鸟型和鼠型，对人类有致病力的主要为人型和牛型，人型是人类结核病的主要病原体。结核分枝杆菌的抵抗力较强，在外界环境中可长期存活并保持致病力，在阳光直射下 1～2 小时死亡，而紫外线照射只需 10 分钟，湿热至 68℃持续 20 分钟即可灭活，干热 100℃则需 20 分钟以上才能杀灭。痰液中的结核分枝杆菌用 5%苯酚（石炭酸）或 20%漂白粉需经 24 小时处理才能杀灭。

【流行病学】

1. 传染源 开放性肺结核（open pulmonary tuberculosis）患者是主要传染源。正规化疗 2～4 周后，随着痰菌排量减少传染性逐渐降低。

2. 传播途径 呼吸道为主要传染途径，儿童吸入带结核分枝杆菌的飞沫或尘埃后即可引起感染，形成肺部原发病灶。少数经消化道传染者，产生咽部或肠道原发病灶；经皮肤或胎盘传染者少见。

3. 易感人群 生活贫困、居住拥挤、营养不良、社会经济落后等是人群结核病高发的原因。新生儿对结核分枝杆菌非常易感。儿童发病与否主要取决于：①结合分枝杆菌的毒力及数量；②机体抵抗力的强弱，如患麻疹、百日咳、白血病、淋巴瘤或艾滋病等疾病时，小儿免疫功能受抑制及接受免疫抑制剂治疗时，尤其好发结核病；③遗传因素，与本病的发生有一定的关系。单卵双胎儿结核病的一致性明显高于双卵双胎儿；亚洲人种（主要为菲律宾）发病率最高，白种人最低；身材瘦长者较矮胖者易感。另外，经研究发现组织相容性抗原（HLA）与结核病密切相关，特别是有 HLA-BW35 抗原者发生结核病的危险性比一般儿童高 7 倍。

【发病机制】

儿童初次接触结核分枝杆菌后是否发展为结核病，主要与细菌的数量、毒力及机体的免疫力有关，尤其与机体细胞免疫力强弱相关。机体在感染结核分枝杆菌后，在产生免疫力的同时，也产生变态反应，均为致敏 T 细胞介导的，是同一细胞免疫过程的两种不同表现。

1. 细胞介导的免疫反应 巨噬细胞吞噬和消化结核分枝杆菌，并将特异性抗原传递给辅助 T 淋巴细胞（$CD4^+$细胞），巨噬细胞分泌 IL-12，诱导 $CD4^+$细胞向 Thl 细胞极化，分泌和释放 IFN-γ。IFN-γ 增强细胞毒性 T 淋巴细胞和自然杀伤（NK）细胞的活性，溶解已吞噬结核分枝杆菌和受抗原作用的巨噬细胞。上述细胞免疫反应，可最终消灭结核分枝杆菌，但亦可导致宿主细胞和组织破坏。当细胞免疫反应不足以杀灭结核分枝杆菌时，结核杆菌尚可通过巨噬细胞经淋巴管扩散到淋巴结。

2. 迟发型变态反应 由 T 细胞介导，以巨噬细胞为效应细胞。由于迟发型变态反应直接和间接作用，引起细胞坏死及干酪样改变，甚至形成空洞。

感染结核分枝杆菌后机体可获得免疫力，90%可终生不发病，5%因免疫力低下当即发病，为原发性肺结核。另 5%仅于日后机体免疫力降低时才发病，称继发性肺结核，为成人肺结核的主要类型。初染结核分枝杆菌除潜匿于胸部淋巴结外，亦可随着感染初期菌血症转到其他脏器，并长期潜伏，成为肺外结核（extra -pulmonary tuberculosis）发病的来源。

【辅助检查】

1. 结核菌素试验 儿童受结核感染 4～8 周后结核菌素试验即呈阳性反应。结核菌素试验属于迟发型变态反应。其发生机制主要是由于致敏淋巴细胞和巨噬细胞积聚在真皮的血管周围，血管通透性增高，在注射局部形成硬结所致。

（1）方法：皮内注射 0.1 ml 含 5 个结核菌素单位的纯蛋白衍生物（protein purified derivative，PPD）。一般在左前臂掌侧面中下 1/3 交界处行皮内注射，使之形成直径为 6～10 mm 的皮丘。

（2）结果判断：注射 48～72 小时后观察反应结果。测定局部硬结的平均直径（横径和纵径的平均值），硬结平均直径＜ 5 mm 为阴性（－），5～9 mm 为阳性（＋），10～19 mm 为中度阳性（++），≥20 mm 为强阳性（+++），局部除硬结外，还可见水疱、破溃、淋巴管炎及双圈反应等为极强阳性反应（++++）。

若患儿结核变态反应强烈，如患疱疹性结膜炎、结节性红斑或一过性多发性结核过敏性关节炎等，宜用 1 个结核菌素单位的 PPD 试验，以防局部的过度反应及可能的病灶反应。

（3）临床意义

1）阳性反应见于：①接种卡介苗后；②年长儿无明显临床症状，仅呈一般阳性反应，表示曾感染过结核杆菌；③婴幼儿，尤其是未接种卡介苗者，阳性反应多表示体内有新的结核病灶，年龄越小，活动性结核可能性越大；④强阳性反应者，表示体内有活动性结核病；⑤由阴性反应转为阳性反应，或反应强度由原来小于 10 mm 增至大于 10 mm，且增幅超过 6 mm，表示新近有感染。

接种卡介苗后与自然感染阳性反应的主要区别见表 17-2。

表 17-2　接种卡介苗后与自然感染阳性反应的主要区别

项目	接种卡介苗后	自然感染
硬结直径	多为 5～9 mm	多为 10～15 mm
硬结颜色	浅红	深红
硬结质地	较软、边缘不整	较硬、边缘清楚
阳性反应持续时间	较短，2～3 天即消失	较长，可达 7～10 天以上
阳性反应的变化	有较明显的逐年减弱倾向，一般于 3～5 年内逐渐消失	短时间内反应无减弱倾向，可持续若干年，甚至终身

2）阴性反应见于：①未感染过结核；②结核迟发型变态反应前期（初次感染后 4～8 周内）；③假阴性反应，机体免疫功能低下或受抑制所致。如部分危重结核病；急性传染病如麻疹、水痘、百日咳等；体质极度衰弱，如重度营养不良、重度脱水、重度水肿等；皮质激素或其他免疫抑制剂使用期间；原发或继发免疫缺陷病；④技术误差或结核菌素失效。

2. 实验室检查

（1）结核分枝杆菌检查：从痰液、胃液（婴幼儿可抽取空腹胃液）、脑脊液、浆膜腔液中找到结核分枝杆菌是重要的确诊手段。

（2）免疫学诊断及分子生物学诊断：如酶联免疫吸附试验（ELISA）；核酸杂交、聚合酶链反应（PCR）能快速检测结核分枝杆菌核酸物质。

（3）血沉检查：多增快，反应结核病的活动性。

3. 影像学诊断

（1）X 线：胸部 X 线检查是筛查结核病不可缺少的重要手段。应同时拍摄正侧位片。可检出结核病灶的范围、性质、类型、活动或进展情况。重复检查有助于结核与非结核疾病的鉴别，亦可作为治疗过程中疗效判断的指标。

（2）CT：胸部 CT 检查有利于发现隐蔽区病灶，对肺结核的诊断及鉴别诊断很有意义。

4. 其他辅助检查　纤维支气管镜检查，有助于支气管内膜结核及支气管淋巴结结核的诊断。周围淋巴结穿刺液涂片检查，可发现特异性结核改变；肺穿刺活体组织检查或胸腔镜取肺活体组织检查对特殊疑难病例确诊有帮助。

【治疗要点】

1. 一般治疗　患儿居住环境应阳光充足，空气流通。注意营养，选用蛋白质和维生素含量丰富的食物。有明显结核中毒症状及高度衰弱者应卧床休息。避免传染麻疹、百日咳等疾病。

2. 抗结核药物

治疗目的：①杀灭病灶中的结核分枝杆菌；②防止血行播散。

治疗原则：①早期治疗；②适宜剂量；③联合用药；④规律用药；⑤坚持全程；⑥分段治疗。

（1）常用的抗结核药物可分有两类：

1）杀菌药物：①全杀菌药物，如异烟肼（INH）和利福平（RFP）；②半杀菌药，如链霉素（SM）和吡嗪酰胺（PZA）。

2）抑菌药物：常用的是乙胺丁醇（EMB）及乙硫异烟胺（ETH）。

（2）针对耐药菌株的几种新型抗结核药物：①老药的复合剂型，如利福平和异烟肼合剂（含 INH 150 mg 和 RFP 300 mg）；卫非特（内含 INH、RFP 和 PZA）；②老药的衍生物，如利福喷汀；③新的化学制剂，如力排肺疾（帕司烟肼）。

（3）抗结核药物的使用见表 17-3。

表 17-3　儿童抗结核药物

药物	剂量（kg/d）	给药途径	主要副作用
异烟肼（INH 或 H）	10 mg（≤300 mg/d）	口服（可肌内注射、静脉滴注）	肝毒性，末梢神经炎，过 敏，皮疹和发热
利福平（RFP 或 R）	10 mg（≤450 mg/d）	口服	肝毒性，恶心、呕吐和流 感样症状
链霉素（SM 或 S）	20～30 mg（≤0.75 g/d）	肌内注射	Ⅷ脑神经损害，肾毒性，过敏，皮疹和发热
吡嗪酰胺（PZA 或 Z）	20～30 mg（≤0.75 g/d）	口服	肝毒性，高尿酸血症，关 节痛，过敏和发热
乙胺丁醇（EMB 或 E）	15～25 mg	口服	皮疹，视神经炎
乙硫异烟胺（ETH） 丙硫异烟胺	10～15 mg	口服	胃肠道反应，肝毒性，末梢神经炎，过敏.皮疹和发热
卡那霉素	15～20 mg	肌内注射	肾毒性，Ⅷ脑神经损害
对氨柳酸	150～200 mg	口服	胃肠道反应，肝毒性，过敏，皮疹和发热

（4）抗结核治疗方案

1）标准疗法：一般用于无明显自觉症状的原发型肺结核。每日服用 INH、RFP 和（或）EMB，疗程 9～12 个月。

2）两阶段疗法：用于活动性原发型肺结核、急性粟粒性结核病及结核性脑膜炎。①强化治疗阶段：联用 3～4 种杀菌药物。目的在于迅速杀灭敏感菌、生长繁殖活跃的细菌与代谢低下的细菌，防止或减少耐药菌株的产生，为化疗的关键阶段。在长程化疗时，此阶段一般需要 3～4 个月；短程疗法时一般为 2 个月。②巩固治疗阶段：联用两种抗结核药物，目的在于杀灭持续存在的细菌以巩固疗效，防止复发。长程疗法长达 12～18 个月，短程疗法一般为 4 个月。

3）短程疗法：为结核病现代疗法的重大进展，直接监督下服药与短程化疗是 WHO 治愈结核患儿的重要策略。可选用以下几种 6～9 个月短程化疗方案：①2HRZ/4HR（数字为月数，以下同）；②2SHRZ/4HR；③2EHRZ/4HR。若无 PZA 则将疗程延长至 9 个月。

【预防】

1. 管理传染源　结核分枝杆菌涂片阳性患者是儿童结核病的主要传染源，早期发现及合理治疗结核分枝杆菌涂片阳性患者，是预防儿童结核病的根本措施。

2. 普及卡介苗接种　其是预防儿童结核病的有效措施。目前我国计划免疫要求在全国城乡普及新生儿卡介苗接种。

下列情况禁止接种卡介苗：①先天性胸腺发育不全症或严重联合免疫缺陷病患者；②急性传染病恢复期的患者；③注射局部有湿疹或患全身性皮肤病的患者；④结核菌素试验阳性者。

3. 预防性抗结核治疗

（1）目的：①预防儿童活动性肺结核；②预防肺外结核病；③预防青春期结核病复燃。

（2）适应证：①密切接触家庭内开放性肺结核者；②3 岁以下婴幼儿未接种卡介苗而结核菌素试验阳性者；③结核菌素试验新近由阴性转为阳性者；④结核菌素试验阳性伴结核中毒症状者；⑤结核菌素试验阳性，新患麻疹或百日咳患儿；⑥结核菌素试验阳性患儿需较长期使用糖皮质激素或其他免疫抑制剂者。

（3）方法：INH 每日 10 mg/kg（≤300 mg/d），疗程 6～9 个月；或 INH 每日 10 mg/kg（≤300 mg/d）联合 RFP 每日 10 mg/kg（≤300 mg/d），疗程 3 个月。

二、原发型肺结核

案例 17-8

患儿，男性，5 岁，因发热 20 天，伴咳嗽 5 天入院。患儿于 20 天前起无明显诱因发热，体温波动在 38℃左右。纳差，盗汗，无呕吐及腹泻。在当地诊所按“上呼吸道感染”给予口服消炎药物及退热药物（具体不详），先后静脉滴注青霉素 7 天、先锋Ⅴ号 10 天，效果不佳。近 5 天来患儿咳嗽明显，呈干咳，非痉挛性。为明确诊断和治疗入院。自幼健康，无传染病史。生长发育如同龄儿。生后曾注射卡介苗。其祖母患肺结核病已半年，现仍治疗中，与其接触密切。父母健康。

体格检查：体温 38.6℃，脉搏 110 次/分，呼吸 32 次/分，体重 19kg。发育正常，营养一般，精神不振，热性病容，呼吸稍急促，口唇无发绀。双肺叩诊清音，呼吸音稍粗糙，未闻及干湿啰音。心率 100 次/分，律齐，心音有力，未闻及杂音。腹部软，肝右锁骨中线肋下 0.5cm，神经系统无异常。左上臂可见卡痕。

辅助检查：血沉增快；5 单位 PPD 试验：强阳性；胸片：右肺上叶及肺门可见团块状阴影，其中间索条状连接，呈哑铃状。

思考题：

1. 该患儿最可能的临床诊断及诊断依据是什么？
2. 患儿存在的主要护理诊断及相应的护理措施有哪些？

原发型肺结核（primary pulmonary tuberculosis）为结核分枝杆菌初次侵入肺部后发生的原发感染，是儿童肺结核的主要类型，亦是原发性结核病中最常见的类型。包括原发综合征（primary complex）与支气管淋巴结结核。前者由肺原发病灶、局部淋巴结病变和两者相连的淋巴管炎组成；后者以胸腔内肿大淋巴结为主。肺部原发病灶或因其范围较小，或被纵隔影掩盖，X 线片无法查出，或原发病灶已经吸收，仅遗留局部肿大的淋巴结，故在临床上诊断为支气管淋巴结结核。此两者并为一型，即原发型肺结核。

【病理】

肺部原发病灶多位于右侧，肺上叶底部和下叶的上部，近胸膜处。基本病变为渗出、增殖、坏死。渗出性病变以炎症细胞、单核细胞及纤维蛋白为主要成分；增殖性改变以结核结节及结核性肉芽肿为主；坏死的特征性改变为干酪样改变，常出现于渗出性病变中。结核性炎症的主要特征是上皮样细胞结节及朗汉斯巨细胞。

典型的原发综合征呈“双极”病变，即一端为原发病灶，一端为肿大的肺门淋巴结。由于儿童机体处于高度过敏状态，使病灶周围炎症广泛，原发病灶范围扩大到一个肺段甚至一叶。儿童年龄越小，此种大片性病变越明显。引流淋巴结肿大多为单侧，但亦有对侧淋巴结受累者。原发型肺结核的病理转归为好转、进展或恶化，其中以好转最常见。

【治疗要点】

一般治疗及治疗原则见概述。抗结核药物的应用如下。

1. 无明显症状的原发型肺结核 选用标准疗法，每日服用 INH、RFP 和（或）EMB，疗程 9～12 个月。

2. 活动性原发型肺结核 采用直接督导下短程化疗（DOTS）。强化治疗阶段宜用 3～4 种杀菌药：INH、RFP、PZA 或 SM，2～3 个月后以 INH、RFP 或 EMB 巩固维持治疗。常用方案为 2HRZ/4HR。

【护理评估】

1. 健康史

（1）询问患儿有无与开放性肺结核患者的密切接触史，是否接种过卡介苗，生活环境、居住环境等。

（2）询问患儿家庭中有无肺结核患者。

（3）询问患儿近期有无患其他急性传染病，如麻疹、百日咳等。

2. 身体状况 症状轻重不一，轻者可无症状，仅在胸部 X 线检查时发现。

一般起病缓慢，常以全身结核中毒症状为主，可有低热、食欲缺乏、疲乏、盗汗等症状，多见于年龄较大儿童。婴幼儿及症状较重者可急性起病，突然高热达 39～40℃，但一般情况尚好，与发热不相称，持续 2～3 周后转为低热，并伴结核中毒症状，干咳和轻度呼吸困难是最常见的症状。婴儿可表现为体重不增或生长发育迟缓。部分高度过敏状态小儿可出现眼部疱疹性结膜炎，皮肤结节性红斑及（或）多发性一过性关节炎。当胸内淋巴结高度肿大时，可产生一系列压迫症状：压迫气管分叉处可出现类似百日咳样痉挛性咳嗽；压迫支气管使其部分阻塞时可引起喘鸣；压迫喉返神经可致声音嘶哑；压迫静脉可致一侧或双侧胸部静脉怒张。

体格检查可见周围淋巴结不同程度肿大。肺部体征与肺内病变不一致，胸片已呈中到重度肺结核病变者，50%以上仍可无体征。如原发病灶较大，叩诊可呈浊音，听诊呼吸音减低或有少许干湿啰音。婴儿可伴肝脏肿大。

3. 辅助检查

（1）结核菌素试验：呈强阳性或由阴性转为阳性者，应做进一步检查。

（2）胸部 X 线检查：可同时做正、侧位胸片检查。局部炎性淋巴结相对较大而肺部的初染灶相对较小是原发型肺结核的特征。儿童原发型肺结核在 X 线胸片上呈现典型哑铃状双极影者已少见。支气管淋巴结结核是儿童原发型肺结核 X 线胸片最为常见者，分为炎症型和结节型两种类型。

（3）CT 扫描：对疑诊肺结核但胸部平片正常病例有助于诊断。

（4）纤维支气管镜检查：结核病变蔓延至支气管内造成支气管结核时可见到病变。

（5）实验室检查：见本节概述部分。

案例 17-8 分析讨论

1. 该患儿的临床诊断是原发型肺结核，诊断依据为：

（1）患儿系学龄前儿童，热程较长，有纳差、盗汗，咳嗽等结核中毒症状，有结核接触史。

（2）病史特点：热程较长，超过 2 周，体温在 38℃ 左右，伴纳差、盗汗、咳嗽。

（3）体格检查：体温 38.6℃，呼吸稍促，双肺呼吸音稍粗糙。符合肺部体征可不明显的特点。

（4）辅助检查：血沉增快；5 单位 PPD 试验：强阳性；胸片：右肺上叶及肺门可见团块状阴影，其中间索条状连接，呈哑铃状。

4. 心理-社会状况 评估患儿及家长对本病的病因、病情、隔离方法、服药、预后及预防的认知程度；评估家长是否有焦虑等心理问题；了解家长对患儿的关心程度、家庭的经济承受能力及社会支持系统。

【常见护理诊断/问题】

1. 营养失调：低于机体需要量　与疾病消耗及食欲下降有关。

2. 活动无耐力　与结核杆菌感染、机体消耗增加有关。

3. 有传播感染的危险　与排出结核杆菌有关。

4. 知识缺乏　缺乏结核病防治的相关知识。

5. 潜在并发症　抗结核药物副作用。

【预期目标】

1. 患儿摄入足够的能量和营养素，体重恢复正常。
2. 患儿能合理进行休息与活动，无活动不耐受情况。
3. 患儿发热、咳嗽等症状逐渐改善甚至消失。
4. 家长及（或）患儿了解结核病的防治知识。
5. 家长及患儿能够在医护人员指导下坚持治疗。
6. 患儿无发生严重药物副作用等并发症或发生时能及时发现与处理。

【护理措施】

1. 保证营养摄入　鼓励进食，食物应以高热量、高蛋白、高维生素、富含钙质为宜，如牛奶、鸡蛋、瘦肉、鱼、新鲜水果、蔬菜等，以增强抵抗力，促进机体修复和病灶愈合。服用抗结核药物常见胃肠道不良反应，注意患儿食欲的变化。指导家长为患儿选择每天的食物种类和量，尽量提供患儿喜爱的食品，注意食物的制作，增进患儿食欲。

2. 建立合理的生活制度　保持居室空气流通，阳光充足。保证患儿有充足的睡眠时间，适当进行户外活动，增强抵抗力。结核病患儿出汗多，应保持皮肤清洁，及时更换汗湿衣物。

3. 预防感染的传播　结核病活动期应进行呼吸道隔离，对患儿呼吸道分泌物、痰杯、餐具等进行消毒处理；室内保持适宜温、湿度，病室每日通风至少 3 次，空气紫外线消毒每日 2 次；积极防治各种急性传染病，避免受凉引起上呼吸道感染，避免与其他急性传染病患者、开放性结核患者接触，以免加重病情。

4. 指导合理用药　向患儿及家长讲解抗结核药物的作用及使用方法，部分抗结核药物有肝、肾毒性，指导患儿定期检查尿常规、肝功能等。使用链霉素的患儿，需注意有无听神经损害的表现，发现异常及时与医师联系。

5. 健康指导

（1）向家长和患儿介绍肺结核的病因、传播途径及消毒隔离措施。指导家长对居室、患儿用具进行消毒处理。

（2）指导家长观察患儿病情变化，监测体温，观察热型及热度。

（3）指导坚持化疗是治愈肺结核的关键，治疗期间需坚持全程规律服药；指导观察药物疗效及副作用，发现不良反应及时就诊。

（4）指导日常生活护理和饮食护理，注意定期复查，了解疗效和药物使用情况，便于根据病情调整治疗方案。

案例 17-8 分析讨论（续）

2. 本病例护理诊断/问题

（1）体温过高：与感染有关。

（2）活动无耐力：与结核杆菌感染、机体消耗增加有关。

（3）有传播感染的危险：与排出结核杆菌有关。

（4）知识缺乏：缺乏结核病防治的相关知识。

本病例护理措施

（1）维持体温正常：监测体温变化，高热时可用物理降温，必要时遵医嘱使用退热剂。保持室内空气流通，温湿度适宜。

（2）建立合理的生活制度：保持居室空气流通，阳光充足。保证患儿有充足的睡眠时间，适当进行户外活动，增强抵抗力。结核病患儿出汗多，应保持皮肤清洁，及时更换汗湿衣物。

（3）预防感染的传播：结核病活动期应进行呼吸道隔离，对患儿呼吸道分泌物、痰杯、餐具等进行消毒处理；室内保持适宜温、湿度，病室每日通风至少3次，空气紫外线消毒每日2次；积极防治各种急性传染病，避免受凉引起上呼吸道感染，避免与其他急性传染病患者、开放性结核患者接触，以免加重病情。

（4）健康指导

1）向家长和患儿介绍肺结核的病因、传播途径及消毒隔离措施。指导家长对居室、患儿用具进行消毒处理。

2）指导家长观察患儿病情变化，监测体温，观察热型及热度。

3）指导坚持化疗是治愈肺结核的关键，治疗期间需坚持全程规律服药；指导观察药物疗效及副作用，发现不良反应及时就诊。

4）指导日常生活护理和饮食护理，注意定期复查，了解疗效和药物使用情况，便于根据病情调整治疗方案。

【护理评价】

经过治疗和护理，患儿摄入足够的能量和营养素，体重恢复情况；患儿能合理进行休息与活动，无活动不耐受情况；患儿发热、咳嗽等症状逐渐改善。家长及（或）患儿了解结核病的防治知识，并能积极配合治疗。

三、结核性脑膜炎

案例 17-9

患儿，男性，1岁6个月。因发热7天，呕吐4天，抽搐、昏迷1天入院。患儿1周前无明显诱因发热，体温为38～39℃，并哭闹不安。先后给予青霉素、头孢曲松钠静脉滴注3天，无明显效果。4天前起频繁呕吐，呕吐为喷射性，于当地医院给予头孢呋辛加青霉素及对症治疗，呕吐症状有所改善，但持续发热。昨日患儿突然昏迷，伴四肢抽动。平时体质较弱，否认有肺结核、麻疹、水痘等传染病史，否认有结核等传染病接触史。未接种过卡介苗、乙脑、流脑疫苗。

体格检查：体温38.8℃，脉搏140次/分，呼吸38次/分，体重8000g。浅昏迷状态，消瘦，面色稍苍白，全身皮肤黏膜无黄染，未见皮疹，皮下脂肪菲薄、双颌下、颈部可摸及数枚绿豆到黄豆大小浅表淋巴结，活动、无压痛。前囟已闭，双瞳孔等大等圆，左侧瞳孔对光反射稍迟钝，右侧灵敏；左侧鼻唇沟变浅，口角稍向右侧歪斜；咽部稍充血，扁桃体无肿大，颈部有明显抵抗感。心率140次/分，律齐，心音中等，未闻及杂音。呼吸快，两肺呼吸音粗，未闻及干湿啰音。腹部平坦，肝肋下1cm，质软，无压痛；脾肋下未触及；无移动性浊音，肠鸣音正常。右侧肢体肌力较左侧减弱，肌张力增高；腹壁反射及右侧提睾反射未引出，左侧提睾反射存在，双膝反射亢进，克氏征阳性、布氏征阳性，双侧巴氏征阳性。

辅助检查：PPD（++），脑脊液外观混浊，细胞总数 140×10^6/L，以单核为主；脑脊液生化示葡萄糖和氯化物均降低，蛋白质升高；头颅CT出现基底核阴影增强，脑池密度增高、模糊。

思考题：

1. 该患儿的哪些表现提示有结核性脑膜炎？
2. 患儿存在的主要护理诊断和相应护理措施有哪些？

结核性脑膜炎（tuberculous meningitis）简称结脑，是结核菌侵犯脑膜所引起的中枢神经系统感染，常为血行播散所致的全身性粟粒性结核病的一部分，是小儿结核病中最严重的类型。常在原发感染结核后1年内发生，尤其在初染结核3～6个月最易发生。多见于3岁以内婴幼儿，约占60%。自普及卡介苗接种和有效抗结核药物应用以来，本病的发病率较过去明显降低，预后有很大改善，但若诊断不及时和治疗不当，病死率及后遗症的发生率仍较高，故早期诊断和合理治疗是改善本病预后的关键。

【发病机制】

婴幼儿中枢神经系统发育不成熟、血-脑脊液屏障功能不完善、免疫功能低下与本病的发生密切相关。结核性脑膜炎常为全身性粟粒性结核病的一部分，通过血行播散而来。亦可由脑实质或脑膜的结核病灶溃破，结核分枝杆菌进入蛛网膜下隙及脑脊液中所致。偶见脊椎、颅骨或中耳与乳突的结核灶直接蔓延侵犯脑膜。

【病理】

软脑膜弥漫充血、水肿、炎性渗出，并形成许多结核结节，蛛网膜下腔大量炎性渗出物积聚，因重力关系、脑底池腔大、脑底血管神经周围的毛细血管吸附作用等，使炎性渗出物易在脑底诸池聚集，渗出物中可见上皮样细胞、朗汉斯巨细胞及干酪样坏死。浆液纤维蛋白渗出物波及脑神经鞘，包围挤压脑神经引起脑神经损害，常见面神经、舌下神经、动眼神经、展神经障碍的临床症状。早期出现急性动脉炎，病程较长者，增生性结核病变较明显，可见栓塞性动脉内膜炎，严重者可引起脑组织梗死、缺血、软化而致偏瘫。炎症可蔓延至脑实质，或脑实质原已有结核病变，可致结核性脑膜脑炎。少数病例脑实质内有结核瘤。室管膜及脉络丛受累，出现脑室管膜炎。如室管膜或脉络丛结核病变使一侧或双侧室间孔粘连狭窄，可出现一侧或双侧脑室扩张。脑底部渗出物机化、粘连、堵塞使脑脊液循环受阻可导致脑积水。有时炎症蔓延至脊膜、脊髓及脊神经根，脊膜肿胀、充血、水肿和粘连，蛛网膜下隙完全闭塞。

【治疗要点】

治疗应抓住抗结核治疗和降低颅内高压两个重点环节。

1. 一般疗法　应卧床休息，细心护理，应经常变换体位，防止压疮和坠积性肺炎的发生。做好眼睛、口腔、皮肤的清洁护理。注意喂养，昏迷患者可予鼻饲或胃肠外营养，以保证足够热量。

2. 抗结核治疗　联合应用易透过血脑屏障的抗结核杀菌药物，分阶段治疗。

（1）强化治疗阶段：联合使用INH、RFP、PZA及SM。疗程3～4个月，开始治疗的1～2周，将INH全日量的一半加入10%葡萄糖溶液中静脉滴注，余量口服，待病情好转后改为全日量口服。

（2）巩固治疗阶段：继续应用INH、RFP或EMB。RFP或EMB 9～12个月。抗结核药物总疗程不少于12个月，或待脑脊液恢复正常后继续治疗6个月。早期患者采用9个月短程治疗方案（3HRZS/6HR）。

3. 降低颅内压

（1）脱水剂：常用20%甘露醇溶液，一般剂量为每次0.5～1.0g/kg，于30分钟内快速静脉滴注，每4～6小时1次，脑疝时可加大剂量至每次2g/kg。2～3天后逐渐减量，7～10天后停用。

（2）利尿剂：乙酰唑胺一般于停用甘露醇前1～2天加用该药，每天20～40mg/kg（<0.75g/d）口服。根据颅内压情况，可服用1～3个月或更长时间，每日服或间歇服（服4天，停3天）。

（3）侧脑室穿刺引流：适用于急性脑积水而其他降颅压措施无效或疑有脑疝形成时。引流量根据脑积水严重程度而定，一般每日 50～200ml，持续引流时间为 1～3 周。有室管膜炎时可于侧脑室内注药。

（4）腰穿减压及鞘内注药：适应证：①颅内压较高，应用激素和甘露醇效果不明显，但不急需做侧脑室引流或没有做侧脑室引流的条件者；②脑膜炎症控制不好以致颅内压难于控制者；③脑脊液蛋白量 ＞3.0g /L。

（5）分流手术：由于脑底脑膜粘连梗阻发生梗阻性脑积水时，经侧脑室引流等处理难以奏效，而脑脊液检查已恢复正常时，为彻底解决颅内高压问题，可考虑做侧脑室小脑延髓池分流术。

4. 糖皮质激素 能抑制炎症渗出，从而降低颅内压，可减轻中毒症状及脑膜刺激症状，有利于脑脊液循环，并可减少粘连，从而减轻或防止脑积水的发生，早期使用效果好。一般使用泼尼松，每日 1～2mg/kg（＜45mg/d），1 个月后逐渐减量，疗程 8～12 周。

5. 对症治疗 积极对惊厥患儿进行止惊处理，积极纠正水电解质紊乱等。

6. 随访观察 停药后随访观察至少 3～5 年，凡临床症状消失、脑脊液正常、疗程结束后 2 年无复发者，方可认为治愈。

【护理评估】

1. 健康史

（1）询问患儿有无结核的接触史，是否接种过卡介苗，生活环境、居住环境等。

（2）询问患儿家庭中有无肺结核患者。

（3）询问患儿既往有无感染肺结核、近期是否有感染麻疹、百日咳等急性传染病。

2. 身体状况 典型结核性脑膜炎起病多较缓慢，病程大致可分为三期。

（1）早期（前驱期）：为 1～2 周，主要症状为患儿性格改变，如少言、懒动、易倦、烦躁、易怒等。可有发热、食欲不振、盗汗、消瘦、呕吐、便秘（婴儿可为腹泻）等。年长儿可自诉头痛，多轻微或非持续性；婴儿则表现为蹙眉皱额，或凝视、嗜睡，或发育迟滞等。

（2）中期（脑膜刺激期）：为 1～2 周，因颅内压增高致剧烈头痛、喷射性呕吐、嗜睡或烦躁不安、惊厥等。出现明显脑膜刺激征。幼婴儿则表现为前囟膨隆、颅缝裂开。此期可出现脑神经障碍，最常见为面神经瘫痪。部分患儿出现脑炎症状及体征。眼底检查可见视乳头水肿、视神经炎或脉络膜粟粒状结核结节。

（3）晚期（昏迷期）：为 1～3 周，以上症状逐渐加重，由意识朦胧，半昏迷继而转为昏迷。阵挛性或强直性惊厥频繁发作。患儿极度消瘦，呈舟状腹。常出现水电解质代谢紊乱。最终因颅内压急剧增高导致脑疝而死亡。

不典型结脑表现为：①婴幼儿起病急，进展快，有时仅以惊厥为主诉；②早期脑实质损害者，可表现为舞蹈症或精神障碍；③早期脑血管损害者，可表现为肢体瘫痪；④合并有脑结核瘤者，出现颅内肿瘤样表现；⑤当颅外结核病变极端严重时，脑膜炎表现被掩盖而不易识别；⑥在抗结核治疗过程中发生脑膜炎时，常表现为顿挫型。

3. 辅助检查

（1）脑脊液检查：对本病的诊断极为重要。常规检查：脑脊液压力增高，外观呈无色透明或毛玻璃样，蛛网膜下腔阻塞时可呈黄色，静置 12～24 小时后，取脑脊液中蜘蛛网状薄膜涂片进行抗酸染色，结核分枝杆菌检出率较高。白细胞数多为（50～500）$\times 10^6$/L，以淋巴细胞为主。糖和氯化物均降低为结核性脑膜炎的典型改变。蛋白量增高，一般多为 1.0～3.0g/L，椎管阻塞时可高达 40～50g/L。脑脊液改变不典型者需重复检查，动态观察变化。脑脊液（5～10ml）沉淀物涂片抗酸染色镜检阳性率可达 30%。

（2）结核分枝杆菌抗原检测：是敏感、快速诊断结核性脑膜炎的辅助方法。

（3）抗结核抗体测定：以 ELISA 法检测结核性脑膜炎患儿脑脊液 PPD-IgM 抗体和 PPD-IgG 抗体水平常高于血清中的水平。

（4）结核菌素试验：阳性对诊断有帮助，但高达 50%的患儿可呈阴性反应。

（5）脑脊液结核分枝杆菌培养：是诊断结核性脑膜炎可靠的依据。

（6）聚合酶链反应（PCR）：检测出脑脊液中极微量的结核分枝杆菌菌体 DNA 被准确地检测。

（7）胸部 X 线检查、CT 扫描或磁共振（MRI）：约 85%的结核性脑膜炎患儿的胸片有结核病改变，其中 90% 为活动性病变，胸片证明有血行播散性结核病对确诊结核性脑膜炎很有意义。脑 CT 在疾病早期可正常，随病情进展可见基底核阴影增强，脑池密度增高、模糊、钙化、脑室扩大、脑水肿或早期局灶性梗死症等。

案例 17-9 分析讨论

1. 该患儿以下表现提示有结核性脑膜炎

（1）患儿，1 岁 6 个月，平时体质较弱，未接种卡介苗，PPD（++）。

（2）患儿持续高热，全身中毒症状明显；呕吐频繁，为喷射性；症状进行性加重出现抽搐、昏迷，出现明显的脑膜刺激征、脑神经损害症状、颅内压增高症状，提示为中枢神经系统感染。

（3）脑脊液外观混浊，细胞总数 140×10^6/L，以单核为主；脑脊液生化示葡萄糖和氯化物均降低，蛋白质升高；头颅 CT 出现基底核阴影增强，脑池密度增高、模糊。提示结核性脑膜炎。

4. 心理-社会状况　了解患儿及家长对本病的性质、病因、严重程度、治疗、预后、康复训练及隔离治疗的认知程度；了解患儿及家长是否对疾病的症状及预后有焦虑的情况；了解家长对患儿的关心程度、家庭的经济承受能力及社会支持系统等。

【常见护理诊断/问题】

1. 潜在并发症　颅内压增高、水电解质紊乱等。

2. 营养失调：低于机体需要量　与摄入不足、消耗增多有关。

3. 有皮肤完整性受损的危险　与长期卧床、排泄物刺激有关。

4. 焦虑（家长）　与患儿病情重、病程长、预后差有关。

【预期目标】

1. 患儿无发生颅内压增高、水电解质紊乱等并发症。
2. 患儿摄入足够的能量和营养素，体重恢复正常。
3. 患儿皮肤完整、无受损。
4. 家长焦虑程度逐渐减轻。

【护理措施】

1. 密切观察病情变化，维持正常生命体征

（1）密切观察体温、脉搏、呼吸、血压、神志、双侧瞳孔大小及对光反射、尿量等，早期发现颅内高压或脑疝，积极采取抢救措施。

（2）保持室内安静，避免一切不必要的刺激，治疗、护理操作尽量集中完成。

（3）惊厥发作时，应在上、下齿之间安置牙垫，以防舌咬伤；放置床挡，移开患儿周围易致受伤的物品，避免受伤或坠床；保持呼吸道通畅，给予吸氧，必要时吸痰或行人工辅助呼吸。

（4）遵医嘱给予脱水剂、利尿剂、肾上腺皮质激素、抗结核药物等，注意药物输注速度及观察药物副作用。

（5）必要时配合医师行腰穿术、侧脑室引流术，做好术后护理，腰穿术后取去枕平卧位 4～6 小时。根据医嘱定期复查脑脊液结果。

2. 改善营养状况　评估患儿的进食及营养状况，提供营养丰富、易消化的食物，保证足够的热量、蛋白质及维生素。少量多餐，耐心喂养。清醒患儿采取舒适体位并协助进食；对昏迷、不能吞咽者，可鼻饲和静脉补液，维持水电解质平衡，鼻饲时压力不宜过大，以免呕吐。

3. 维持皮肤、黏膜的完整性 及时清除呕吐物和大小便，保持皮肤清洁干燥，床铺整洁。昏迷和瘫痪患儿，每2小时予以翻身、拍背1次，骨隆突处可垫气圈或海绵垫。昏迷不能闭眼患儿，可涂眼膏，用纱布覆盖，保护角膜。每日口腔护理2～3次。

4. 消毒隔离 对伴有肺部结核病灶的患儿，采取呼吸道隔离措施，并对患儿呼吸道分泌物、餐具、痰杯等进行消毒处理。

5. 心理护理 加强与患儿及家长的沟通，用通俗易懂的语言讲述疾病的一般知识，评估他们的心理状态，了解其心理需求，关心体贴患儿及家长，给予耐心解释和心理上的支持，及时解除患儿的不适，帮助患儿及家长克服焦虑，保持情绪稳定。

6. 健康指导 患儿病情好转出院后，应给予家庭护理指导。

（1）强调出院后坚持服药、定期到医院复查的重要性。指导患儿及家长严格执行治疗计划，坚持全程、合理用药，指导进行病情及药物毒副作用的观察，介绍结核病复发的时间多发生在停药后2～3年，复发的危险因素有营养不良、使用免疫抑制剂等。

（2）与患儿及家长一起讨论制订良好的生活制度，保证足够的休息时间，适当进行户外活动。解释加强营养的重要性。

（3）指导患儿避免与开放性结核患者接触，积极预防和治疗各种急性传染病。

（4）对留有后遗症的患儿，指导家长对瘫痪肢体进行理疗、针灸、被动活动等功能锻炼，促进肢体功能恢复。对失语和智力障碍者，进行语言训练和适当教育。

案例 17-9 分析讨论（续）

2. 本病例护理诊断

（1）体温过高：与感染有关。

（2）营养失调，低于机体需要量：与频繁呕吐、摄入不足、消耗增多有关。

（3）有皮肤黏膜完整性受损的危险：与惊厥发作、长期卧床及排泄物刺激有关。

（4）焦虑（家长）：与患儿病情重、病程长、预后差有关。

（5）潜在并发症：脑疝。

本病例护理措施

（1）维持体温正常：监测体温变化，高热时可用物理降温，必要时遵医嘱使用退热剂，及时更换汗湿衣物。保持室内空气流通，温湿度适宜。

（2）密切观察病情变化，维持正常生命体征：观察生命体征、神志、瞳孔，及早发现脑疝表现。保持呼吸道通畅，给予吸氧，必要时吸痰或行人工辅助呼吸。

（3）遵医嘱给予脱水剂、利尿剂、肾上腺皮质激素、抗结核药物等，注意药物输注速度及观察药物副作用。

（4）改善营养状况：评估患儿液体出入量及营养状况，可鼻饲和静脉补液，维持水、电解质和酸碱平衡，鼻饲时压力不宜过大以免呕吐。

（5）维持皮肤、黏膜的完整性：及时清除呕吐物和大小便，保持皮肤清洁干燥，床铺整洁。每2小时予以翻身、拍背一次，骨隆突处可垫气圈或海绵垫。不能闭眼时，可涂眼膏，用纱布覆盖，保护角膜。每日口腔护理2～3次。惊厥发作时，应在上、下齿之间安置牙垫，以防舌咬伤；放置床挡，移开患儿周围易致受伤的物品，避免受伤或坠床。

（6）心理护理：加强与患儿家长的沟通，用通俗易懂的语言讲述疾病的一般知识，评估他们的心理状态，了解其心理需求，关心体贴患儿及家长，给予耐心解释和心理上的支持，及时解除患儿的不适，帮助家长克服焦虑，保持情绪稳定。

【护理评价】

经过治疗和护理，患儿未发生颅内压增高、水电解质紊乱等并发症；患儿摄入足够的能量和营养素，体重恢复正常；患儿皮肤完整、无受损。家长焦虑程度逐渐减轻，能够配合治疗。

第四节 寄生虫病患儿的护理

寄生虫病（parasitic disease）是儿童时期常见病，对儿童健康危害较大，轻者出现消化不良、营养不良等症状，严重者可导致生长发育障碍，甚至致残或致命。

一、蛔 虫 病

蛔虫病（ascariasis）是由蛔虫寄生于人体引起的一组疾病。是最常见的严重危害儿童健康与发育的寄生虫病之一。人蛔虫亦称似蚓蛔线虫（ascaris lumbricoides linnaeus），简称蛔虫。成虫寄生于人体小肠，可引起蛔虫病，幼虫能在人体内移行引起内脏移行症（visceral larva migrans）或眼幼虫移行症（ocular larva migrans）。

【病因与流行病学】

蛔虫是寄生于人体肠道内最大的线虫。雌雄异体，形似蚯蚓，活虫略带粉红色或微黄色。成虫寄生于人体小肠，以肠内容物为食物，雌虫每天排卵可多达 20 万个，随粪便排出。排出的虫卵在适宜环境条件下 5～10 天发育成熟，即为感染性虫卵。感染性虫卵被人吞食后，大部分被胃酸杀灭，仅少数随食物到小肠，幼虫破卵而出穿入肠壁静脉，通过门静脉系统循环而进入肺，穿破肺组织进入肺泡腔，沿支气管向上移行到气管又重新被吞咽。幼虫进入小肠逐步发育成熟为成虫。在移行过程中幼虫也可随血流到达其他器官，一般不发育为成虫，但可造成器官损害。自人体感染到雌虫产卵需 60～75 天，雌虫寿命为 1～2 年。

蛔虫病患者是主要的传染源，通过被感染性虫卵污染的食物、水或手经口吞入是主要的传染途径，虫卵亦可随飞扬的尘土被吸入咽下。由于雌虫产卵量极大和虫卵具有对恶劣环境条件的抵抗力而广泛流行，虫卵可在泥土中生存数月仍具感染力，在 5～10℃可生存 2 年。在温暖、潮湿和卫生条件差的地区感染较普遍。感染率农村高于城市，儿童高于成年人。在国内，蛔虫是感染率最高、分布最广的寄生虫，近年来由于在全国学校贯彻肠道感染综合防治方案，其感染率逐渐下降。

【治疗要点】

1. 驱虫治疗

（1）甲苯咪唑：为广谱驱虫药，是治疗蛔虫病的首选药物之一，能杀灭蛔虫、蛲虫、钩虫等。可抑制虫体对葡萄糖的摄入，导致 ATP 生成减少，使虫体无法生存，并在杀灭幼虫、抑制虫卵发育方面亦起作用，副作用小，偶见胃肠不适、头昏、头痛等，不需特殊处理。

（2）枸橼酸哌嗪：为安全有效的抗蛔虫和蛲虫药物，阻断虫体神经肌肉接头冲动传递，使虫体不能吸附在肠壁而随粪便排出体外。因麻痹前不兴奋虫体，适用于有并发症的患儿。此药毒性低，量大时偶有恶心、呕吐、腹痛、荨麻疹、震颤、共济失调等。肝肾功能不良及癫痫患儿禁用。在肠梗阻时，最好不用，以免引起虫体骚动。

（3）左旋咪唑：为广谱驱肠虫药，可选择性抑制虫体肌肉中琥珀酸脱氢酶，抑制无氧代谢，减少能量产生，使虫体肌肉麻痹随粪便排出。口服吸收快，由肠道排泄，无蓄积中毒。驱蛔虫效果达 90%～100%，对钩虫、蛲虫也有效，同时也是一种免疫调节剂，可恢复细胞免疫功能。副作用有头痛、恶心、呕吐、腹痛，偶有白细胞减少、肝功能损害、皮疹等，肝肾功能不良者慎用。

2. 并发症的治疗

（1）胆道蛔虫症：主要为解痉止痛、驱虫、控制感染及纠正脱水、酸中毒及电解质紊乱。驱虫最好选用虫体肌肉麻痹驱虫药。内科治疗持久不缓解者，必要时可手术治疗。

（2）蛔虫性肠梗阻：不完全性肠梗阻可采用禁食、胃肠减压、输液、解痉、止痛等处理，疼痛缓解后可予以驱虫治疗。完全性肠梗阻时应及时手术治疗。

（3）蛔虫性阑尾炎或腹膜炎：一旦诊断明确，应及早手术治疗。

【护理评估】

1. 健康史

（1）询问患儿个人卫生、饮食卫生习惯及环境卫生状况等。

（2）询问患儿有无不定时的轻微脐周痛；有无排蛔虫或呕吐蛔虫史。

2. 身体状况

（1）幼虫移行引起的症状：①幼虫移行，蛔虫卵移行至肺使细支气管上皮细胞脱落、肺部出血而造成肺蛔虫病，表现为咳嗽、胸闷、血丝痰、血嗜酸粒细胞增多，肺部体征不明显，X 线胸片可见肺部点状、片状或絮状阴影，病灶易变或很快消失，称为蛔幼性肺炎或蛔虫性嗜酸粒细胞性肺炎，即 Loffler 综合征。症状 1～2 周消失。②严重感染，幼虫可侵入脑、肝、脾、肾、甲状腺和眼，引起相应的临床表现，如惊厥、肝肿大、眼睑水肿、肝功能异常、腹痛等。

（2）成虫引起的症状：成虫寄生于肠道，以肠腔内半消化食物为食。临床表现为食欲不振或多食易饥饿，异食癖；常腹痛，位于脐周，喜按揉，不剧烈；部分患儿烦躁易惊或萎靡、磨牙；虫体的异种蛋白可引起荨麻疹等过敏症状。感染严重者可造成营养不良，影响生长发育。

（3）并发症：蛔虫有钻孔的习性，在人体不适（发热、胃肠病变等）或大量食入辛辣食物和服用驱虫药物剂量不当等因素刺激下，蛔虫钻入开口于肠壁的各种管道，不仅可引起胆道蛔虫症、蛔虫性肠梗阻，而且上窜阻塞气管、支气管造成窒息死亡，亦可能钻入阑尾或胰管引起炎症。

1）胆道蛔虫症：是最常见的并发症。典型表现为阵发性右上腹剧烈绞痛、屈体弯腰、哭叫打滚、恶心、呕吐，可吐出胆汁或蛔虫。腹部检查无明显阳性体征或仅有右上腹压痛。部分患儿可发生胆道感染，出现发热、黄疸、外周血白细胞数增高。个别患儿，蛔虫可直接窜入肝脏引起出血、脓肿或虫体钙化。其他还包括胆道大出血、胆结石、胆囊破裂、胆汁性腹膜炎、急性出血性坏死性胰腺炎、肠穿孔等。

2）蛔虫性肠梗阻：大量感染成虫可因蛔虫团形成肠梗阻，或蛔虫毒素刺激肠壁引起痉挛所致。多见于 10 岁以下的儿童，又以 2 岁以下发病率最高。常为不完全性肠梗阻，起病急骤、脐周或右下腹阵发性剧痛、呕吐、腹胀、肠鸣音亢进、可见肠型和蠕动波、可扪及条索状包块。腹部 X 线检查可见肠充气或液平面。虫体的异种蛋白可引起荨麻疹等过敏症状。感染严重者可造成营养不良，影响生长发育。

3）肠穿孔及腹膜炎：表现为突发全腹的剧烈绞痛、伴恶心、呕吐、进行性腹胀。其是由于肠壁血液循环障碍导致缺血、坏死而穿孔，发生腹膜炎。多继发于持续较久的蛔虫性肠梗阻或阑尾炎。体检可见明显的腹膜刺激症状。腹部 X 线检查见膈下游离气体。

3. 辅助检查 大便常规检查有蛔虫卵，血象中嗜酸粒细胞增高，血红蛋白降低。

4. 心理-社会状况 了解家长对疾病的认识程度；评估家长和（或）患儿是否因反复腹痛造成心理压力，如焦虑等。

【常见护理诊断/问题】

1. 疼痛 与蛔虫寄生于体内造成各器官损害有关。

2. 营养失调：低于机体需要量 与蛔虫吸收肠腔内食物及妨碍正常消化吸收有关。

3. 潜在并发症 胆道蛔虫症、蛔虫性肠梗阻、肠穿孔、腹膜炎。

4. 知识缺乏 家长和（或）患儿缺乏蛔虫病的有关预防及治疗知识。

【预期目标】

1. 患儿腹痛减轻或消失。
2. 患儿食欲好转、贫血改善、体重增加。
3. 患儿在住院期间不发生并发症。
4. 家长和（或）患儿能陈述蛔虫病的防治知识。

【护理措施】

1. 减轻疼痛　密切观察腹痛的性质、部位、程度、发作时间及伴随症状，有无压痛及肌紧张。在患儿没有急腹症表现时，可局部给予按揉或俯卧位用软枕垫压腹部，以缓解疼痛，必要时遵医嘱使用解痉镇痛药，并注意观察疗效。

2. 改善营养状况　评估患儿的饮食习惯，给予营养丰富且易消化的饮食，根据患儿喜好制作食物，经常变换食物种类以增进食欲。遵医嘱使用驱虫药，指导患儿正确服用药物，并观察药物疗效及副作用，观察大便有无虫体排出，必要时遵医嘱给予静脉补液，以纠正水电解质紊乱及酸碱平衡失调。

3. 密切观察病情变化　密切观察患儿生命体征及临床症状的变化，预防并及时发现并发症的发生。如患儿表现为突发剑突下偏右侧剧烈绞痛，屈体弯腰，伴恶心、呕吐应警惕胆道蛔虫症的发生，及时报告并遵医嘱给予解痉镇痛、驱虫等治疗，必要时进行术前准备。如患儿突然出现脐周或右下腹阵发性剧痛，呕吐出食物、胆汁甚至蛔虫，应注意是否发生肠梗阻，遵医嘱予以禁食、胃肠减压、解痉、止痛等处理，完全性肠梗阻时积极行术前准备。如患儿有肠穿孔及腹膜炎的表现，应及时通知医师并及早进行术前准备。

4. 健康教育

（1）向家长及患儿讲解疾病的防治知识，指导其注意饮食卫生及环境卫生。

（2）培养儿童良好的个人卫生习惯。如饭前便后洗手，不随地大小便，不吸吮手指，不生食未洗净的瓜果蔬菜，不饮用生水等。

（3）指导家长做好粪便管理，消灭传染源。

（4）指导患儿定期随访，首次服药 3～6 个月后应再次服药，避免重复感染。

【护理评价】

经过治疗和护理，患儿腹痛减轻，食欲好转、贫血改善、体重增加，住院期间未发生并发症。家长和（或）患儿能够掌握蛔虫病的防治知识。

二、蛲虫病

蛲虫又称蠕形住肠线虫（enterobius vermicularis）。蛲虫病（enterobiasis）是由蛲虫寄生于人体小肠末端、盲肠和结肠所引起的一种常见寄生虫病，多见于幼儿期，其主要特征是夜间会阴部和肛门附近瘙痒。

【病因与流行病学】

蛲虫的成虫细小，呈乳白色线头状。雌雄异体，雄虫长 2～5mm，尾部弯曲，雌虫长 8～13mm，中部较粗。成虫寄生于人体的回肠下段、盲肠及结肠。在人体内存活 2～4 周，一般不超过 2 个月，交配后雄虫很快死亡；雌虫向肠腔下段移行，当儿童入睡时，肛门括约肌松弛，雌虫从肛门爬出，受温度、湿度改变和空气的刺激大量排卵，然后大多数死亡，少数雌虫可再进入肛门及阴道、尿道等处，引起异位损害。虫卵在肛周约 6 小时发育成为感染期虫卵。当虫卵污染患儿手指，再经口食入而自身感染。感染期虫卵抵抗力强，在室内一般可存活 3 周，虫卵可散落在衣裤、被褥或玩具、食物上，经吞食或空气吸入等方式传播。蛲虫患者是唯一的传染源，经粪-口传播。儿童普遍易感。

蛲虫病常在集体儿童机构和家庭中传播流行。

蛲虫感染呈世界性分布，国内感染也较普遍。感染率一般城市高于农村，儿童高于成人，尤其集体生活的儿童感染率更高。

【治疗要点】

1. 驱虫治疗 ①恩波吡维铵：是治疗蛲虫感染的首选药物。可干扰蛲虫的呼吸酶系统，抑制呼吸，并阻碍虫体对葡萄糖的吸收。不良反应轻微，少数有腹痛、腹泻、恶心，呕吐。偶有感觉过敏、肌肉痉挛。②噻嘧啶：为广谱高效驱虫药，可抑制虫体胆碱酯酶，阻断虫体神经肌肉接头冲动传递，麻痹虫体，使其安全排出体外。而且口服很少吸收，毒性极低。不良反应轻微，有腹痛、恶心，眩晕等，严重胃溃疡者慎用。③甲苯咪唑：剂量和方法与驱蛔虫治疗相同，2 周后重复 1 次。

2. 局部用药 每晚睡前清洗会阴和肛周，局部涂擦蛲虫软膏（含百部浸膏 30%、甲紫 0.2%）杀虫止痒；或噻嘧啶栓剂塞肛，连用 3～5 天。

【护理评估】

1. 健康史

（1）了解患儿有无肛门瘙痒和睡眠不安、夜惊、易激动等精神症状。

（2）了解患儿的个人卫生习惯，有无吸吮手指等不良卫生习惯。

2. 身体状况 蛲虫感染可引起局部和全身症状，最常见的症状是肛周会阴部强烈瘙痒和睡眠不安。局部皮肤可因搔抓而发生皮炎和继发感染。全身症状有胃肠激惹现象，如恶心、呕吐、腹痛、腹泻、食欲不振，还可见焦虑不安、失眠、夜惊、易激动及注意力不集中等精神症状。偶可见异位寄生其他器官和侵入邻近器官引起阑尾炎，女孩尿道炎、阴道炎、盆腔炎、腹膜炎等。外周血可见嗜酸粒细胞增多。

3. 辅助检查 因蛲虫一般不在肠内产卵，故粪便直接涂片法不易检出虫卵，必须从肛门周围皮肤皱襞处直接采集标本。于凌晨用透明胶纸紧压肛周部位粘取虫卵，在显微镜下观察见到虫卵可诊断，多次检查可提高阳性率。

4. 心理-社会状况 评估家长和（或）患儿的心理状况，患儿有无焦虑不安、失眠、夜惊、易激动及注意力不集中等精神症状。

【常见护理诊断/问题】

1. 舒适度减弱：肛周皮肤瘙痒 与蛲虫感染，雌虫移行至肛周排卵有关。

2. 知识缺乏 家长和（或）患儿缺乏蛲虫病的有关治疗及预防知识。

【预期目标】

1. 患儿肛周皮肤瘙痒减轻至消失。

2. 家长和（或）患儿能掌握蛲虫病的防治知识。

【护理措施】

1. 加强肛周和会阴局部的护理，减轻瘙痒 每次排便后及每晚睡前均用温水清洁肛周及会阴部，遵医嘱涂抹蛲虫膏或用栓剂塞肛，连用 3～5 天。

2. 健康教育

（1）指导家长检查成虫和收集虫卵的方法。可在夜间患儿入睡后 1～3 小时，观察肛周会阴部皮肤皱褶处有无乳白色小线虫，并用透明胶纸和蘸过生理盐水的棉花获取虫卵。

（2）向患儿及家长讲解本病的传播方式、防治知识，强调在药物治疗的同时，必须与预防相结合，否则难以彻底治疗。主要措施：培养患儿良好的卫生习惯，如便前便后洗手，勤剪指甲，不吸吮手指等，提倡儿童穿封裆裤，并注意玩具、图书、用品、被褥等的清洗和消毒。指导家长每日将患儿内衣裤煮沸消毒或开水浸泡、阳光暴晒，可连续 10 天，以彻底杀灭虫卵。

【护理评价】

经过治疗和护理，患儿肛周皮肤瘙痒逐渐减轻至消失。家长和（或）患儿能够掌握蛔虫病的防治知识，无重复感染发生。

思　考　题

1. 名词解释：麻疹黏膜斑；麻疹；水痘；流行性腮腺炎；幼儿急疹；手足口病；线状疹（帕氏线）；口周苍白圈；草莓舌；杨梅舌。
2. 麻疹患儿主要的临床表现有哪些？
3. 如何做好麻疹患儿的健康指导？
4. 水痘皮疹的特点有哪些？
5. 水痘皮肤护理的要点有哪些？
6. 腮腺肿胀的特点是什么？
7. 如何减轻流行性腮腺炎的疼痛？
8. 简述猩红热的皮疹特点。
9. 猩红热皮肤护理的要点有哪些？
10. 猩红热常见并发症有哪些？如何观察？
11. 简述中毒性细菌性痢疾临床类型及表现。
12. 简述中毒性细菌性痢疾的治疗要点及护理措施。
13. 结核菌素试验的方法及阳性反应的意义是什么？
14. 原发型肺结核的临床表现有哪些？
15. 原发型肺结核的常见护理问题及护理措施有哪些？
16. 结核性脑膜炎的临床表现有哪些？
17. 结核性脑膜炎的常见护理问题及护理措施有哪些？
18. 蛔虫病的常见并发症及其表现如何？
19. 预防蛲虫病的措施有哪些？

（李胜玲　万峰静）

第十八章　危重症患儿的护理

【目标要求】

掌握：小儿惊厥、急性颅内压增高、急性呼吸衰竭、充血性心力衰竭、急性肾衰竭和心跳呼吸骤停患儿的常见护理诊断/问题及护理措施。

熟悉：小儿惊厥、急性颅内压增高、急性呼吸衰竭、充血性心力衰竭、急性肾衰竭和心跳呼吸骤停患儿的病因与治疗要点。

了解：小儿惊厥、急性颅内压增高、急性呼吸衰竭、充血性心力衰竭、急性肾衰竭和心跳呼吸骤停患儿的发病机制、病理生理及辅助检查。

第一节　小儿惊厥的护理

案例 18-1

患儿，男性，2岁。因“间断咳嗽3天，发热1天伴抽搐2次”入院。患儿于入院3天前出现流涕、轻咳，入院前1天出现发热，最高体温39.1℃，自用退热贴，体温下降不明显。该患儿于入院前6小时抽搐1次，表现为双眼凝视，牙关紧闭，颜面及口唇发绀，四肢发硬抖动，呼之不应，持续约2分钟缓解，缓解后入睡，醒后精神反应稍差，急来我院就诊。

体格检查：体温 38.2℃，呼吸 32次/分，脉搏 120次/分。神志清，精神稍差，热性面容。咽红，双肺呼吸音粗糙，闻及少量痰鸣音及细湿啰音。心音有力，律齐，未闻及杂音。腹软，肝脾不大。四肢活动无异常，肌力、肌张力正常，生理反射正常引出，病理反射阴性，脑膜刺激征阴性。

思考题：

1. 该患儿的可能诊断是什么？
2. 该患儿发作时如何进行护理？

惊厥（convulsion）是指全身或局部骨骼肌群突然发生不自主收缩，以强直性或阵挛性收缩为主要表现，常伴有意识障碍。这种暂时性的神经系统功能紊乱，大多由于过量的中枢神经性冲动引起。惊厥是儿童常见的急症，以婴幼儿多见，尤其是3岁以下者多见，反复发作可引起脑组织缺氧性损害。

【病因分类与特点】

1. 感染性病因

（1）颅内感染：常见细菌、病毒、原虫、真菌等引起的脑膜炎、脑炎及脑脓肿等，其表现为反复而严重的惊厥发作，大多出现在疾病的初期或极期，可伴有不同程度的意识障碍和颅内压增高。

（2）颅外感染：常见热性惊厥，其他部位感染如重症肺炎、细菌性痢疾等疾病引起的中毒性脑病、败血症、破伤风等。常于原发病的极期出现反复惊厥、意识障碍及颅内压增高的症状。

2. 非感染性病因

（1）颅内疾病：见于产伤、脑外伤、原发性癫痫、先天脑发育异常、脑占位性病变（如肿瘤、囊肿、血肿）等。产伤与出血引起者表现为伤后立即起病，反复惊厥伴有意识障碍和颅内压增高。脑先天发育畸形者，常伴有智力和运动落后。颅内占位性病变者，除反复发作外，伴有颅内压增高和定位体征，病情进行性加重。

（2）颅外疾病：见于窒息、缺氧缺血性脑病、各类代谢性疾病（包括水电解质紊乱、肝肾衰竭、中毒、遗传代谢性疾病如苯丙酮尿症等）。缺氧缺血引起者表现为窒息后立即起病，反复惊厥伴有意识障碍和颅内压增高。代谢性疾病引起者，患儿均有相应的临床表现及基础病因。

【治疗要点】

治疗原则：控制惊厥发作，积极寻找和治疗病因，预防惊厥复发及其他并发症的发生。

1. 镇静止惊

（1）地西泮（安定）：为惊厥的首选药，对各型发作均有效，尤其适合于惊厥持续状态，其发挥作用快，大多在 1～2 分钟内止惊，较安全。剂量按每次 0.1～0.3mg/kg 缓慢肌内注射或静脉注射，15～30 分钟重复一次。地西泮的缺点是作用短暂，过量可致呼吸抑制、血压降低，使用时需观察患者呼吸及血压的变化。

（2）苯巴比妥钠（鲁米那）：是新生儿惊厥首选药物，但新生儿破伤风应首选地西泮。首剂负荷量为 10mg/kg，缓慢静脉注射，必要时 30 分钟后再用 1 次。惊厥控制后，维持量为 5mg/（kg·d）。本药抗惊厥作用维持时间较长，也有呼吸抑制及降低血压等副作用。

（3）10%水合氯醛溶液：每次 0.5ml/kg，一次最大剂量不超过 10ml，由胃管给药或加等量生理盐水保留灌肠。

（4）苯妥英钠：惊厥持续状态地西泮治疗无效时使用，可按每次 15～20mg/kg 静脉注射，速度为每分钟 0.5～1.0mg/kg，应在心电监护下应用。维持量为 5mg/（kg·d）静脉注射，共 3 天。

2. 对症治疗 脑水肿者可静脉应用甘露醇、呋塞米或肾上腺皮质激素，高热者给予物理降温或药物降温，必要时给予氧气吸入。

3. 病因治疗 针对引起惊厥不同的病因，采取相应的治疗措施。

【护理评估】

1. 健康史

（1）询问患儿有无感染史，如脑膜炎、脑炎及脑脓肿等颅内感染，是否有其他部位感染引起的中毒性脑病、败血症、破伤风等颅外感染。

（2）询问患儿是否有颅内、颅外疾病史，如脑外伤、产伤、先天性脑发育异常、窒息、各类代谢性疾病等。

2. 身体状况

（1）惊厥

1）典型表现：惊厥发作时表现为突然意识丧失，头向后仰，面部及四肢肌肉呈强直性或阵挛性收缩，眼球固定、上翻或斜视，口吐白沫、牙关紧闭，面色青紫，部分患儿有大小便失禁。惊厥持续时间为数秒钟至数分钟或更长，发作停止后多入睡。惊厥典型表现常见于癫痫大发作。

2）局限性抽搐：新生儿或小婴儿多见。惊厥发作不典型，多为微小发作，如呼吸暂停、不规则，两眼凝视，反复眨眼或吸吮，咀嚼动作，一侧肢体抽动或双侧肢体交替抽动等，一般神志清楚。如抽搐部位局限而固定，常有定位意义。

（2）惊厥持续状态：惊厥持续状态（statural convulsivus）是指惊厥持续 30 分钟以上，或两次发作间歇期意识不能完全恢复者。惊厥持续状态为惊厥危重型，多见于癫痫大发作、严重的颅内感染、破伤风、代谢紊乱、脑瘤等。由于惊厥时间过长，可引起缺氧性脑损害、脑水肿甚至死亡。

（3）热性惊厥：热性惊厥（febrile seizures，FS）是儿童时期最常见的惊厥性疾病，其发作均与发热性疾病中体温骤然升高有关。多见于 6 个月至 3 岁的儿童，男孩稍多于女孩，绝大多数 5 岁后不再发作。患儿多有热性惊厥的家族史，多发生于上呼吸道感染的初期，当体温骤升至 38.5～40℃（大多 39℃）时，突然发生惊厥。根据发作特点和预后分为以下两型：

1）单纯性热性惊厥（又称典型热性惊厥）其临床特点为：①多呈全身强直-阵挛性发作，持续数秒至 10 分钟，可伴有发作后短暂嗜睡；②发作后，除原发病的表现外，一切如常，不留任何神经系统体征；③在一次热性疾病中，大多只发作一次；④约有 50%的患儿在以后的热性疾病中再次或多次发作。

2）复杂性热性惊厥的临床特点为：①一次惊厥发作持续 10 分钟以上；②24 小时以内发作≥2 次；③惊厥形式呈局限性或不对称性；④惊厥反复发作 5 次以上。

多数热性惊厥的患儿随年龄增长而停止发作，部分患儿转变为癫痫，其转为癫痫的危险因素：①有癫痫家族史；②复杂性热性惊厥；③首次热性惊厥前已有神经系统发育延迟或异常体征。具有 2～3 个危险因素者，7 岁时癫痫的发生率平均在 9%以上，无危险因素者，癫痫的发生率不到 1%。单纯性和复杂性热性惊厥的鉴别要点见表 18-1。

表 18-1　单纯性和复杂性热性惊厥的鉴别要点

项目	单纯性热性惊厥	复杂性热性惊厥
发病率	在 FS 中约占 80%	在 FS 中约占 20%
发病年龄	6 个月至 3 岁	年龄不定
惊厥发作形式	全身性发作	局限性或不对称
惊厥持续时间	短暂发作，大多数持续数秒至 10 分钟	长时间发作，大于 10 分钟
惊厥发作次数	一次热程中仅有 1 次，偶发 2 次	24 小时内反复多次发作
惊厥持续状态	少有	较常见
预后	良好	较差

案例 18-1 分析讨论

1. 本例患儿的临床特点

（1）入院前 1 天出现发热，最高体温 39.1℃，自用退热贴，体温下降不明显。

（2）入院前 6 小时抽搐 1 次，双眼凝视，牙关紧闭，颜面及口唇发绀，四肢发硬抖动，呼之不应。

（3）抽搐持续约 2 分钟缓解，缓解后入睡，醒后精神反应稍差。

根据以上特点，患儿的诊断是典型热性惊厥。

3. 预后　本病的预后与原发病有关，如单纯由于可纠正的代谢紊乱引起的惊厥预后良好，而由脑或皮质发育异常引起者预后极差。由于窒息、颅内出血或脑膜炎引起的脑损伤，其预后取决于损伤的严重性和范围。

4. 辅助检查　根据病情需要做血、尿、便常规检查，血生化、脑脊液检查。必要时可做眼底、脑电图、心电图、B 超、CT、MRI 检查等。

【常见护理诊断/问题】

1. 急性意识障碍　与惊厥发作有关。

2. 有窒息的危险　与惊厥发作、咳嗽和呕吐反射减弱、呼吸道堵塞有关。

3. 有受伤的危险　与抽搐、意识障碍有关。

4. 体温过高　与感染或惊厥持续状态有关。

5. 知识缺乏　与家长缺乏相关疾病知识有关。

【预期目标】

1. 患儿惊厥症状得到有效控制。

2. 住院期间未发生窒息及受伤。

3. 体温下降，维持在正常水平。

4. 患儿无焦虑及自卑心理。

5. 患儿家长掌握疾病相关知识及应急护理措施。

【护理措施】

1. 惊厥发作时的护理

（1）预防窒息：惊厥发作时应就地抢救，立即让患儿平卧，头偏向一侧，在头下放一些柔软的物品。解开衣领，松解衣服，清除患儿口鼻腔分泌物、呕吐物等，使气道通畅。将舌轻轻向外牵拉，防止舌后坠阻塞呼吸道造成呼吸不畅。备好急救用品，如开口器、吸痰器、气管插管用具等。按医嘱给予止惊药物，观察并记录患儿用药后的反应。

（2）预防外伤：惊厥发作时，将柔软的棉质物放在患儿手中和腋下，防止皮肤摩擦受损。对已出牙的患儿上下臼齿之间垫牙垫，防止舌咬伤。牙关紧闭时，不要用力撬开，以避免损伤牙齿。床边放置床挡，防止坠床，在床栏杆处放置棉垫，防止患儿抽搐时碰到栏杆，同时将床上硬物移开。勿强力按压或牵拉患儿肢体，以免骨折或脱臼。患儿要有专人守护，防止受伤。

2. 密切观察病情变化，预防并发症的发生　各种刺激均可使惊厥加剧或时间延长，故应保持患儿安静，避免刺激。密切观察体温、脉搏、呼吸、血压、意识及瞳孔变化。高热时及时采取物理降温或药物降温。若出现脑水肿早期症状应及时通知医师，并按医嘱用脱水剂；在紧急的情况下可针刺人中、合谷等穴位止惊；按医嘱给予止惊药，以免惊厥时间过长，导致脑水肿或脑损伤。惊厥较重或时间较长者给予吸氧。

3. 健康教育

（1）做好解释工作：向家长解释发生惊厥的病因和诱因，指导家长掌握预防惊厥的措施，保持镇静，有效应对。

（2）指导患儿家长应急处理措施：因热性惊厥患儿在今后发热时还可能发生，故应告诉家长及时控制体温是预防惊厥的关键，教给家长在患儿发热时进行物理降温和药物降温的方法。演示惊厥发作时急救的方法（如按压人中、合谷穴），发作缓解时迅速将患儿送往医院。

（3）加强沟通与交流：经常和患儿及家长交流，消除其焦虑和自卑心理，增强战胜疾病的勇气和信心。由于热性惊厥易复发，应告知患儿及家长避免受凉感冒；对于反复发作的热性惊厥患儿，应遵医嘱给予药物预防，指导其按时按量服药，不能随意停药。

（4）定期随访：根据病情及用药情况定期门诊随访。对惊厥发作时间较长的患儿应指导家长今后用游戏的方式观察患儿有无神经系统后遗症，如耳聋、肢体活动障碍、智能低下等，如有应及时给予治疗和康复锻炼。

案例 18-1　分析讨论（续）

2. 患儿发作时的护理措施

（1）立即抢救：应就地抢救，按医嘱给予止惊药物，如地西泮肌内注射。也可针刺人中、合谷等穴位止惊，同时备好急救用品，如开口器、吸痰器、气管插管用具等。

（2）预防窒息：立即让患儿平卧，松解衣服，头偏向一侧，清除患儿口鼻腔分泌物，将舌轻轻向外牵拉，保持呼吸道畅通。

（3）预防外伤：患儿牙关紧闭时，不要用力撬开，在患儿上下臼齿之间垫牙垫，防止舌咬伤。床边放置床挡，且放置棉垫，同时将患儿身边硬物移开。勿强力按压或牵拉患儿肢体，以免骨折或脱臼。使用床栏，避免坠床发生。

（4）密切观察病情变化：密切观察患儿的体温、脉搏、呼吸、血压、意识及瞳孔变化。高热时及时采取物理降温，效果不佳者予以药物降温，必要时遵医嘱予以吸氧。

【护理评价】

经过治疗和护理，患儿惊厥症状得到控制，预防窒息、外伤等情况发生；生命指征平稳，无高热情况出现；患儿家长掌握疾病相关知识及应急护理措施；患儿无焦虑及自卑心理。

第二节　急性颅内压增高患儿的护理

案例 18-2

患儿，女性，8 个月，因“发热 3 天，呕吐伴抽搐 1 次”入院。3 天前患儿开始发热，体温 38～40℃，持续不降，伴有流涕、咳嗽，烦躁不安，呕吐 1 次，呈喷射状，为胃内容物，量多。1 天前突然抽搐 1 次，表现为意识丧失、双眼上翻、四肢强直，持续 15 分钟。患病以来精神萎靡，大小便正常。

体格检查：体温 39.5℃，脉搏 155 次/分，呼吸 42 次/分，体重 8000g。精神萎靡，嗜睡状。皮肤黏膜未见瘀点、瘀斑。前囟 1cm×1cm，膨隆。双瞳孔等大等圆，对光反射迟钝。鼻通气顺畅，咽红。颈抵抗，双肺呼吸音粗，心音有力无杂音，肝脾不大。脊柱四肢未见异常。腱反射活跃，Kernig 征阳性、Brudzinski 征阳性、babinski 征阳性。四肢肌张力增高。

辅助检查：脑脊液检查：脑压 $220mmH_2O$，外观混浊，白细胞数 $1580\times10^6/L$，多核 0.83，单核 0.17，蛋白 800mg/L，糖 2.24mmol/L，氯化物 100mmol/L。

思考题：

1. 该患儿急性颅内压增高的主要症状有哪些？
2. 该患儿应采取哪些护理措施？

急性颅内压增高（acute intracranial hypertension）简称颅内高压，是由多种原因引起脑实质和（或）颅内液体量增加所致的一种临床综合征。重者迅速发展成脑疝而危及生命。

【病因】

引起颅内高压的原因很多，最常见的原因是感染、脑缺血缺氧、颅内占位性病变、脑脊液的循环异常等。

1. 感染　见于各种脑膜炎、脑炎、脑脓肿、颅内寄生虫、重症肺炎和败血症等。

2. 脑缺血缺氧　见于窒息、溺水、一氧化碳中毒、呼吸衰竭、休克和癫痫持续状态等。

3. 颅内占位性病变　见于颅内出血、外伤所致硬膜下或硬膜外血肿、神经胶质瘤、髓母细胞瘤等。

4. 脑脊液循环异常　见于脑积水和先天性颅脑畸形等各种原因所致脑脊液产生过多或循环受阻及吸收障碍。

5. 其他　如高血压脑病、Reye 综合征等。

【发病机制】

颅内压是指颅腔内各种结构产生的压力总和，即脑组织、脑血管系统及脑脊液所产生的压力总和。在正常情况下颅内压保持相对恒定（$60\sim160mmH_2O$），当其中一种内容物容积在一定范围内增加时，其余内容物相应减少以维持颅内压相对稳定。当脑脊液压力超过 $180mmH_2O$（1.67kPa），称为颅内高压。

其机制包括以下几个方面：①脑脊液循环障碍，导致脑积水和脑脊液量增加，可使颅内压增高；②颅内占位病变，致使颅腔内容物体积增加，可致颅内压增高；③缺氧、感染、中毒等因素，可使脑血管通透性增加或脑细胞内能量代谢障碍、钠泵失活而致细胞内、外液量增多，使脑组织体积增大和颅内压增高；④颅内压持续上升，致使脑血流量下降而造成脑损伤，严重时迫使部分脑组织嵌入孔隙，形成脑疝。

儿童囟门或颅缝未闭合时，对颅内压增高具有一定的缓冲作用，可暂时避免颅内高压对脑的损伤，但也会在一定程度上掩盖颅内压增高的临床表现而延误诊断，应引起足够的重视。

【治疗要点】

1. 急诊处理　疑有脑疝时需进行气管插管保持呼吸道通畅，以气囊通气或呼吸机控制呼吸，使血中 $PaCO_2$ 控制在较低水平。快速注入 20%甘露醇溶液。有脑干受压表现者，行颅骨钻孔减压术，或做脑室内或脑膜下穿刺以降低颅内压。

2. 脱水疗法　首选甘露醇 0.5～1g/kg 快速静脉注射，根据病情需要，可重复给药。重症患儿可使用利尿剂如呋塞米 0.5～1mg/kg 静脉注射，可在两次应用脱水剂之间或与脱水剂同时应用，也可给予肾上腺皮质激素如地塞米松 0.2～0.4mg/kg，每日 2～3 次，连用 2～3 天。

3. 对症治疗　如改善通气、抗感染、纠正休克与缺氧、消除颅内占位性病变等。对躁动或惊厥者，给予地西泮，为减少惊厥对脑细胞的继续损害可采用亚冬眠疗法或头置冰帽，使体温控制在 33～34℃。应用脱水剂时应注意补充白蛋白、血浆，以维持血浆胶体渗透压。补液时注意液体的供给量要入量略少于出量。

【护理评估】

1. 健康史　询问患儿有无感染、脑缺血缺氧、颅内占位性病变、脑脊液循环异常等疾病史。

2. 身体状况　颅内高压的临床表现与其发病原因、发展速度及病变部位密切相关。

（1）头痛：为颅内高压时硬脑膜、血管及神经受挤压或炎症刺激所致，常表现为广泛性、持续性疼痛，晨起较重，当咳嗽、用力大便或头部位置改变时头痛加剧。婴儿不会诉说头痛，常表现为烦躁不安、尖叫、拍打头部，新生儿表现为睁眼不睡及尖叫。

（2）呕吐：由于延髓呕吐中枢受刺激所致，多为喷射性，在剧烈头痛时发生，常不伴恶心，与进食无关。

（3）眼征：患儿可由于第Ⅵ对脑神经麻痹、上丘受压、第三脑室和视交叉受压产生复视、落日眼、视觉模糊、偏盲、失明等。

（4）意识障碍：早期出现表情淡漠、反应迟钝、嗜睡或躁动，以后可发生昏迷。

（5）头部体征：婴儿可见前囟紧张、隆起、失去正常搏动，颅缝裂开等。

（6）生命体征改变：在颅内压急剧增高时可出现血压先升高，脉搏变慢，呼吸变慢且不规则，若不能及时治疗，可发生脑疝。体温调节中枢受累可出现高热。

（7）惊厥和四肢肌张力增高：颅内压增高刺激大脑皮质运动区可出现惊厥。脑干网状结构受刺激时出现肌张力增高。

（8）脑疝：小脑幕切迹疝表现为四肢肌张力增高，意识障碍加深，患侧瞳孔先缩小继而扩大，对光反射减弱或消失，两侧瞳孔不等大。两侧瞳孔不等大是早期诊断小脑幕切迹疝的一项可靠依据。另外，可出现对侧肢体瘫痪，锥体束征阳性，呈去皮质强直，频发惊厥。枕骨大孔疝表现为颈项强直，四肢强直性抽搐，中枢性呼吸衰竭或呼吸骤停，双侧瞳孔先缩小后扩大、眼球固定、昏迷加深。

案例 18-2 分析讨论

1. 该患儿急性颅内压增高的主要症状

（1）患儿发热，呕吐呈喷射状，抽搐 1 次。

（2）精神萎靡，嗜睡状，双瞳孔等大等圆，对光反射迟钝。

（3）颈抵抗，腱反射活跃，Kernig 征阳性、Brudzinski 征阳性、babinski 征阳性，四肢肌张力增高。

（4）脑脊液检查：脑压 220mmH_2O。

3. 预后 弥漫性颅内压增高通常预后良好，压力解除后神经功能恢复较快；局部性颅内压增高压力解除后神经功能恢复较慢。

4. 辅助检查

（1）血、尿、便常规检查及肝肾功能等检查，以确定相应的病因。

（2）腰椎穿刺：用以确定炎症、出血、肿瘤或颅内其他病变。疑有颅内高压者腰穿应慎重，以免诱发脑疝。需进行腰椎穿刺以明确诊断者，应术前给予甘露醇，正常颅内压新生儿 30～80mm H_2O（0.29～0.78kPa），儿童 70～200mmH_2O（0.69～1.96kPa）。小儿侧卧位在安静状态下测脑脊液压力≥200mmH_2O 即为颅内高压，严重颅内压增高时常可引起脑疝。脑脊液除常规检查外应做细胞学检查以排除肿瘤。

（3）影像学检查：B 型超声波检查可发现脑室扩大、脑血管畸形及占位性病变；CT、MRI 成像、脑血管造影有助于颅内占位性病变的诊断。

（4）眼底检查：可见视乳头水肿、视网膜水肿、视神经萎缩等改变。

【常见护理诊断/问题】

1. 头痛 与颅内压增高有关。

2. 有窒息的危险 与意识障碍及呕吐有关。

3. 有意识障碍的危险 与颅压增高有关。

4. 有皮肤完整性受损的危险 与意识障碍，不能自主变更体位，局部血液循环障碍有关。

5. 潜在并发症 脑疝、呼吸骤停。

【预期目标】

1. 患儿头痛症状缓解或消失。
2. 住院期间未发生窒息。
3. 患儿未出现意识障碍，或出现意识障碍时得到及时处理。
4. 患儿保持良好的皮肤完整性。
5. 无脑疝、呼吸骤停等潜在并发症发生。

【护理措施】

1. 严密观察病情变化 定时监测生命体征、瞳孔、肌张力、意识状态及有无惊厥等，记录出入液量。若有脑疝迹象，立即通知医师，并配合抢救。

2. 避免加重颅内压增高的因素 抬高床头 25°～30°，使头部处于正中位以利颅内血液回流，疑有脑疝前驱症状时以平卧为宜，但要保证气道通畅。保持患儿绝对安静，避免躁动、剧烈咳嗽，可应用约束带，手法约束、器械约束等护理措施保持患儿制动状态，检查和治疗尽可能集中进行。护理患儿时要动作轻柔、不要猛力转动患儿头部、翻身和按压腹部及肝区。

3. 气道管理 根据病情选择不同方式供氧，保持呼吸道通畅，及时清除气道分泌物，以保证血氧分压维持在正常范围。备好呼吸机，必要时行人工辅助通气。

4. 用药护理 按医嘱要求调整输液速度，及时应用脱水剂、利尿剂等以减轻脑水肿。遵医嘱按时给予止惊药，并观察有无呼吸抑制发生。头部应用冰帽降温，全身降温可采用亚冬眠疗法，但大剂量氯丙嗪注射可促进气道分泌物增多，需注意吸痰，以防呼吸道阻塞。注意观察药物的疗效及不良反应。

5. 皮肤黏膜的护理 防止暴露性角膜炎、中耳炎、口腔炎、吸入性肺炎及压疮等的发生。

6. 健康教育 向家长做好解释工作，让家长了解患儿的病情及预后，鼓励其战胜疾病的信心。说明保持安静的重要性及头肩抬高的意义，以取得家长的合作。根据原发病的特点，做好相应的指导工作。

案例 18-2 分析讨论（续）

2. 根据患儿的临床表现提出如下护理措施

（1）立即用药：按医嘱应用脱水剂、利尿剂、止惊药，并观察有无呼吸抑制发生。该患儿高热，采用冰帽降温，全身降温可采用亚冬眠疗法。注意观察药物的疗效及不良反应。

（2）气道管理：吸氧，保持呼吸道通畅。备好呼吸器，必要时行人工辅助通气。

（3）采取措施，避免加重颅内压增高：抬高床头 25°～30°，使头部处于正中位。保持患儿绝对安静，避免躁动、剧烈咳嗽，检查和治疗尽可能集中进行。护理患儿时要动作轻柔。

（4）严密观察病情变化：定时监测生命体征、瞳孔、肌张力、意识状态及有无惊厥等，记录出入液量。

（5）加强皮肤护理及做好家长的解释指导工作。

【护理评价】

经过治疗和护理，患儿头痛症状得到有效缓解或头痛症状消失；生命指征平稳；保持呼吸道通畅；未出现窒息及意识障碍；皮肤完整性良好；无脑疝、呼吸骤停等潜在并发症发生。

第三节 急性呼吸衰竭患儿的护理

案例 18-3

患儿，女性，3 个月，因发热、咳嗽 4 天，加剧伴气急 1 天入院。4 天前开始出现发热，同时咳嗽呈阵发性，体温波动于 39～40℃。今晨出现气促，尿量可。

体格检查：体温 39.0℃，呼吸 80 次/分，脉搏 150 次/分。可见鼻翼扇动、三凹征、口周轻度发绀，面色苍灰。气管略偏向右侧。右肺可闻及细湿啰音，左肺触觉语颤消失，呼吸音减弱，叩诊呈鼓音，腹平软，肝肋下 3.5cm，质软，脾未及，颈软，Kernig 征阴性、Brudzinski 征阴性、Babinski 征阳性。血常规：WBC 22.5×10^9/L，N 85%，L 15%。血气分析：pH 7.29，PaO_2 48mmHg，$PaCO_2$ 52mmHg，BE 5mmol/L，Na 133mmol/L，K 3.9mmol/L。

思考题：

1. 哪些依据说明该患儿出现了急性呼吸衰竭？
2. 对该患儿如何制订护理措施？

急性呼吸衰竭（acute respiratory failure，ARF）简称呼衰，是指各种原因导致的中枢和（或）外周性的呼吸功能障碍，出现低氧血症和（或）高碳酸血症，并由此引起一系列生理功能和代谢紊乱的临床综合征，是儿科危重症抢救的主要问题。其血气诊断标准为动脉血氧分压（PaO_2）小于 50mmHg（6.5kPa）和（或）动脉血二氧化碳分压（$PaCO_2$）大于 50mmHg（6.5kPa）。

【分型】

按病变部位，呼吸衰竭分为中枢性和周围性；根据呼吸功能障碍的性质，呼吸衰竭分为通气功能衰竭和换气功能衰竭；依据血气分析结果，呼吸衰竭分为Ⅰ型即低氧血症型和Ⅱ型即高碳酸低氧血症型。

【病因】

中枢性呼吸衰竭由呼吸驱动障碍引起，而呼吸器官的本身可正常，如颅内感染、颅内出血、脑损伤、肿瘤、中毒、颅内压增高等。周围性呼吸衰竭由呼吸器官或呼吸肌的病变所致，如急性喉炎、异物梗阻、肺炎、哮喘、急性感染性多发性神经根神经炎伴呼吸肌麻痹、重症肌无力等。

儿童呼吸衰竭的病因在不同年龄有较大的差异，常见的原因：①新生儿，见于呼吸窘迫综合征、新生儿窒息、吸入性肺炎；②小于 2 岁儿童，见于支气管肺炎、哮喘持续状态、喉炎、先天性心脏病、气道异物、先天性气道畸形、腺样体增生或扁桃体肥大所致的鼻咽梗阻；③2 岁以上儿童，见于哮喘持续状态、急性感染性多发性神经根神经炎、中毒、溺水、脑炎、损伤等。

【病理生理】

呼吸衰竭的基本病理生理变化为呼吸系统不能有效地在空气-血液间进行氧气和二氧化碳（CO_2）的交换，导致机体低氧血症和高碳酸血症，并由此引起机体代谢紊乱和重要脏器功能障碍。

1. 低氧血症和高碳酸血症 某些疾病引起呼吸中枢功能障碍、无效腔通气量增加、胸廓和肺扩张受限或气道阻力增加，均可引起肺通气障碍。通气障碍使肺泡有效通气量减少，CO_2 排出受阻，肺泡内氧分压降低，故出现低氧血症和高碳酸血症。此时低氧血症较易于通过吸氧得到纠正。任何原因引起的通气/血流比例失调、氧及 CO_2 的弥散障碍或肺内动静脉分流，均可引起肺换气功能障碍。由于 CO_2 的弥散能力明显高于氧，故 CO_2 的排出受阻不明显（血 $PaCO_2$ 正常或稍低），主要出现低氧血症，且低氧血症多不易通过吸氧纠正。

2. 低氧血症和高碳酸血症对机体的影响 严重缺氧时糖无氧降解增加造成酸性代谢产物堆积，引起代谢性酸中毒，同时能量供给锐减而钠泵失活，使 Na^+和 H^+进入细胞内而 K^+移向细胞外，导致电解质平衡紊乱。急性 CO_2 潴留，可导致呼吸性酸中毒。在急性呼吸衰竭失代偿期，往往呼吸性和代谢性酸中毒同时存在。

严重缺氧和 $PaCO_2$ 升高时，引起以下改变：①心肌收缩力减弱、心律不齐、心排血量减少，肺动脉压增高，甚至导致右心衰竭；②出现肾动脉收缩、肾缺血而发生肾功能障碍，甚至肾衰竭；③可出现脑水肿、颅内高压和脑功能障碍；④严重缺氧可使肝细胞功能障碍，严重者肝小叶中心坏死，还可造成胃肠道黏膜损害。

【治疗要点】

1. 病因治疗 在抢救的同时对其原发病和诱因进行有效治疗。

2. 一般治疗 将患儿置于舒适的体位。对于重症呼吸衰竭需要呼吸支持者，如患儿病情允许，可采用俯卧位可能对通气及患儿的预后更为有利。胸部物理治疗如给予翻身、拍背、湿化、雾化、吸痰，必要时使用支气管扩张剂，使呼吸道保持通畅，可减少呼吸道的阻力。给予营养支持，维持液体平衡。

3. 氧疗及呼吸支持 低氧血症较高碳酸血症的危害更大，但用氧较安全，因此在呼吸衰竭的早期应给予氧气吸入。严重的呼吸衰竭者需以机械通气维持呼吸。

4. 特殊的呼吸支持 重症呼吸衰竭在常规呼吸支持无效的情况下，可给予较特殊的呼吸或生命体征支持，包括体外膜氧合、液体通气、高频通气、NO 吸入治疗等。

【护理评价】

1. 健康史 评估患儿的年龄及发病原因。

2. 身体状况 除原发病的表现外，主要是呼吸系统症状及低氧血症和高碳酸血症引起的脏器功能紊乱。中枢性呼吸衰竭主要为呼吸节律的改变。周围性呼吸衰竭主要为呼吸困难和缺氧的表现。本症预后较差，死亡率高。

（1）原发病的表现：如脑炎、肺炎等症状及体征。

（2）呼吸系统症状

1）中枢性呼吸衰竭：主要表现为呼吸节律和频率的改变。呼吸快慢深浅不均，可出现各种异常呼吸，如潮式呼吸、毕奥呼吸、双吸气、呼吸暂停和下颌式呼吸等。

2）周围性呼吸衰竭：主要表现为呼吸困难。呼吸增快是婴儿呼吸衰竭的最早表现。患儿过度使用辅助呼吸肌参与呼吸、鼻翼扇动。因儿童胸廓的顺应性好，三凹征非常明显。早期呼吸多浅快，但节律齐，之后出现呼吸无力及缓慢。呼吸减至 8～10 次/分提示病情极其严重，一旦减至 5～6 次/分，则数分钟内呼吸即可停止。在新生儿及婴儿，由于在呼气时有将会厌关闭以增加呼气末正压的保护机制，可在呼气时出现呻吟。

（3）低氧血症表现

1）发绀：是缺氧的典型表现。SaO_2 低于 80%时出现发绀，以唇、口周、甲床等处最为明显。但当严重贫血、血红蛋白低于 50g/L 时，可不出现发绀。休克时，由于末梢循环不良，SaO_2 即使高于 80%也可有发绀。

2）神经系统：早期可有睡眠不安、烦躁、易激惹等表现，继而出现神志模糊、嗜睡、意识障碍，严重时出现颅内压增高、惊厥及脑疝的表现。

3）循环系统：早期可有血压升高、心率增快、心排血量增加；严重时可有心音低钝、心率减慢、心律不齐、心排血量减少，并可因血压下降引起休克。

4）肾功能障碍：出现少尿或无尿，尿中可有蛋白、红细胞、白细胞、管型；严重时血尿素氮和肌酐增高，甚至发生肾衰竭。

5）消化系统：可有食欲减退、恶心等胃肠道表现，严重时可出现消化道出血。肝功能损害时出现氨基转移酶增高等。

（4）高碳酸血症表现：$PaCO_2$ 轻度增高时，患儿出现多汗、摇头、不安，并可出现四肢潮湿、皮肤潮红、瞳孔缩小、脉速、血压升高、口唇暗红；当 $PaCO_2$ 进一步增高时，则表现为昏睡、肢体颤动、心率减慢、球结膜充血；如继续增高则出现惊厥、昏迷、视乳头水肿等。

（5）电解质紊乱与酸碱失衡。

案例 18-3 分析讨论

1. 本例患儿的临床特点

（1）本例患儿出现发热、气促，尿量可。可见鼻翼扇动、三凹征、口周轻度发绀，面色苍灰。气管略偏向右侧。

（2）右肺可闻及细湿啰音，左肺触觉语颤消失，呼吸音减弱，叩诊呈鼓音。

（3）本例患儿血气分析：pH 7.29，PaO_2 48mmHg，$PaCO_2$ 52mmHg，BE 5mmol/L，Na 133mmol/L，K 3.9mmol/L。

根据以上特点，说明该患儿出现了急性呼吸衰竭。

3. 辅助检查　根据动脉血血气分析做出诊断，PaO_2＜60mmHg（8.0kPa）、$PaCO_2$＞45mmHg（6.0kPa），SaO_2＜0.91 为呼吸功能不全；PaO_2≤50mmHg（6.67kPa），$PaCO_2$≥50mmHg（6.67kPa），SaO_2≤0.85 为呼吸衰竭。

按血气分析结果，急性呼吸衰竭可分为下列两型：

Ⅰ型：即低氧血症呼吸衰竭，PaO_2≤50mmHg（6.67kPa），$PaCO_2$ 正常。常见于呼吸衰竭早期或轻症。

Ⅱ型：即高碳血症型呼吸衰竭，PaO_2≤50mmHg（6.67kPa），$PaCO_2$≥50mmHg（6.67kPa）。常见于呼吸衰竭的晚期和重症。

【常见护理诊断/问题】

1. 气体交换受损　与肺换气功能障碍有关。

2. 清理呼吸道无效　与呼吸道分泌物黏稠、无力咳痰、呼吸功能受损有关。

3. 恐惧　与病情危重有关。

4. 有窒息的危险　与呼吸道分泌物多，咳嗽咳痰无力有关。

【预期目标】

1. 患儿呼吸困难症状逐渐改善以致消失，呼吸平稳。

2. 患儿能够顺利有效地咳出痰液，呼吸道通畅。

3. 住院期间无窒息发生。

4. 患儿恐惧情绪得到缓解。

【护理措施】

1. 保持呼吸道通畅

（1）协助排痰：鼓励清醒患儿用力咳痰，对咳痰无力的患儿每 2 小时翻身 1 次，经常轻拍背部，边拍背边鼓励患儿咳嗽，使痰易于排出。

（2）气道护理：咳嗽无力、昏迷、气管插管或气管切开的患儿，及时给予吸痰。吸痰前应充分给氧。吸痰时应取仰卧位，注意无菌操作，按顺序吸出口、鼻、咽部、气管的痰液。吸痰时动作轻柔，负压不宜过大，吸引时间不宜过长，以防损伤气道黏膜和继发感染。

（3）湿化和雾化：可用加温湿化器，也可用超声雾化器湿化呼吸道，每日数次。湿化液中可同时加入解痉、化痰和抗炎药物，有利于通气和排痰。具体方法：将 60℃左右的温水放入超声雾化器的水槽内，也可在气管插管或气管切开者吸痰前向气道滴入 3～5ml（新生儿 0.4～0.6ml）的生理盐水等。

（4）按医嘱使用支气管扩张剂等缓解支气管痉挛和气道黏膜水肿。

2. 给氧 患儿常用鼻导管及面罩吸氧。在新生儿和婴儿，可采取头罩吸氧。主张低流量持续给氧。急性缺氧吸氧浓度为 40%～50%；慢性缺氧吸氧浓度为 30%～40%。吸纯氧时不超过 4～6 小时，以免氧中毒。注意在吸氧过程中，吸入氧应加温和湿化，以利于呼吸道分泌物的稀释和排出。

3. 机械通气

（1）机械通气的指征：①经综合治疗后病情加重；②出现急性呼吸衰竭，$PaCO_2 > 60mmHg$（8.0kPa），pH＜7.3，经治疗无效者；③吸入纯氧时 $PaO_2 < 50mmHg$（6.67kPa）；④呼吸骤停或即将停止；⑤新生儿呼吸暂停＞20 秒，经治疗仍反复发作。但在肺大疱、张力性气胸及支气管异物取出前禁用或慎用。

（2）专人监护：使用呼吸机的过程中应经常检查各项参数是否符合要求，观察胸部起伏、患儿面色和周围循环状况，注意防止导管脱落、堵塞和可能发生的气胸等情况；若患儿有自主呼吸，应观察是否与呼吸机同步，否则应进行调整。

（3）防止继发感染：做好病室空气和地面的消毒，有条件的可设置空气净化装置。定期清洁、更换气管内套管、呼吸管道、湿化器等物品，每日更换加温湿化器滤纸，雾化液要新鲜配制。做好口腔和鼻腔的护理。限制探视人数，接触患儿前后应洗手。

（4）呼吸机的消毒和保管：呼吸机管道、呼吸活瓣、雾化罐和各种零件用苯扎溴铵（新洁尔灭）溶液浸泡消毒后清水冲洗洁净，晾干后用环氧乙烷消毒。对于特殊细菌感染者，如铜绿假单胞菌等，管道应专用。长期使用呼吸机者，管道应每周消毒 1 次，治疗停止后应及时消毒备用。

（5）当出现以下指征时，可考虑撤离呼吸机：①患儿病情改善、呼吸循环系统功能稳定；②吸入 50%的氧时，$PaO_2 >$ 50mmHg（6.7kPa），$PaCO_2 <$ 50mmHg（6.7kPa）；③能够维持自主呼吸 2～3 小时以上无异常改变；④在间歇指令通气等辅助通气条件下，能以较低的通气条件维持血气正常。

对长期使用呼吸机的年长患儿，虽进入恢复期，但因已习惯呼吸机的辅助呼吸，对自己的自主呼吸产生怀疑，担心停机后会出现呼吸困难，会产生对呼吸机的依赖心理。因此应耐心做好解释工作，树立其自主呼吸的信心。应根据病情逐步撤离呼吸机，同时帮助患儿进行呼吸肌功能锻炼。

4. 病情观察　监测呼吸频率、节律、心率、心律、血压和意识变化，发现异常及时报告医生。监测的次数根据病情而定，重症患儿需连续 24 小时监测。除此以外，还需观察皮肤颜色、末梢循环、肢体温度、尿量等变化。昏迷患儿还需观察瞳孔、肌张力、腱反射及病理反射，受压部位是否有压疮的发生。观察患儿体温及周围血白细胞的变化、咳嗽、咳痰的性质，发现感染征象及时处理。

5. 饮食护理　危重患儿可通过鼻饲法供给营养，选择高热量、高蛋白、易消化和富含维生素的饮食，以免产生负氮平衡。

6. 用药护理　按医嘱用洋地黄类药、血管活性药、脱水药、利尿药等，密切观察药物的疗效及副作用，呼吸兴奋剂如尼可刹米、洛贝林等适用于呼吸道通畅而呼吸不规则或浅表者，在呼吸道梗阻、广泛肺部病变或神经肌肉疾患、心搏骤停时中枢神经系统严重缺氧、呼吸肌疲劳、低氧血症型呼吸衰竭时不宜使用。

案例 18-3 分析讨论（续）

2. 根据患儿的临床表现提出如下护理措施

（1）给氧及保持呼吸道通畅：采取头罩低流量持续吸氧。吸入氧应加温和湿化，将 60℃左右的温水放入吸入氧气的湿化瓶中。鼓励患儿用力咳痰，每 2 小时翻身 1 次，轻拍背部排痰。

（2）立即用药：按医嘱用洋地黄类药、血管活性药、脱水药、利尿药等药物，密切观察药物的疗效及副作用。

（3）密切观察病情：监测呼吸频率、节律、心率、心律、血压和意识变化；观察皮肤颜色、末梢循环、肢体温度、尿量等变化；观察患儿体温及周围血白细胞的变化、咳嗽、咳痰的性质及时给予处理。

（4）饮食护理：选择高热量、高蛋白、易消化和富含维生素的饮食。

（5）根据病情变化，必要时进行机械通气，并做好家长解释工作。

【护理评价】

经过治疗和护理，患儿呼吸困难症状逐渐改善以致消失，呼吸平稳；能够顺利有效地咳出痰液，呼吸道保持通畅；住院期间无窒息发生；患儿恐惧情绪得到缓解。

第四节　充血性心力衰竭患儿的护理

案例 18-4

患儿，女性，9 个月，因“发热，咳嗽 3 天伴气促 1 天”入院。患儿 3 天前发热，体温持续在 39～40℃，咳嗽较剧，无痰，无抽搐。曾去当地医院就诊，用氨苄青霉素，头孢拉定静脉滴注 2 天，无效。今起咳嗽加重并出现气急，哭闹不安，时有口周发绀，故转本院。发病以来纳差，有咳嗽后呕吐，大便无特殊，尿量偏少。既往常有“感冒”。

体格检查：体温 38.9℃，脉搏 180 次/分，呼吸 64 次/分，体重 6500g，身长 70cm，头围 45cm，前囟 1cm×2cm，较平。乳牙未萌，面色青灰，唇绀，精神萎靡，点头呼吸，鼻翼扇动，三凹征明显。向左背腋下传导，两肺呼吸音粗，背部闻及中小细湿啰音，心律齐，心音低钝，胸骨左缘 3～4 肋间闻及 4/6 收缩期吹风样杂音，腹平软，腹壁皮下脂肪 0.8cm，肝右肋下 3cm，剑下 4cm，质软，边缘钝，脾未及，颈软，Kernig 征（–）、Brudzinski 征（–）、babinski 征（–）。

血常规：WBC 8.2×10^9/L，N 28%，L 70%，Hb 112g/L，ECG：左右心室肥厚。

思考题：

1. 哪些依据说明该患儿出现了充血性心力衰竭？
2. 对该患儿如何制订护理措施？

充血性心力衰竭（congestive heart failure，CHF）简称心衰，是指心脏的收缩或舒张功能下降，即心排血量绝对或相对不足，不能满足全身组织代谢的需要的病理状态。充血性心力衰竭是儿童时期常见的危重急症之一。

【病因】

1. 心血管因素 儿童时期 1 岁以内心衰的发病率最高，其中先天性心脏病引起者最多见。其他如心肌炎、心内膜弹力纤维增生症、心糖原累积症、心瓣膜狭窄、主动脉狭窄、肥厚型心肌病等使心肌收缩力减弱或使心脏的负荷增加导致心衰的发生。

2. 非心血管因素 支气管肺炎、毛细支气管炎、支气管哮喘、急性肾炎、严重贫血、脓毒败血症、婴儿期严重电解质紊乱和酸中毒、甲状腺功能亢进、维生素 B_1 缺乏、低血糖等均可导致心衰的发生。

【病理生理】

当心肌发生病变或心脏长期负荷加重，可使心肌收缩力逐渐下降。早期机体可通过加快心率、心肌肥厚和心脏扩大进行代偿，以调整心排血量来满足机体需要，这个阶段临床上无症状，为心功能代偿期。心功能进一步减退后，以上代偿机制不能维持足够的心排血量，从而出现静脉回流受阻、组织间液过多、脏器瘀血等，即发展为充血性心力衰竭。

案例 18-4 分析讨论

1. 本例患儿的临床特点　患儿呼吸急促，面及口唇发绀；体格检查：脉搏 180 次/分，呼吸 64 次/分，精神萎靡，点头呼吸，鼻翼扇动，三凹征明显，两肺呼吸音粗，背部闻及中细湿啰音，心音低钝，肝右肋下 3cm，剑下 4cm，质软，边缘钝。

根据以上特点，说明该患儿出现了充血性心力衰竭。

【诊断要点】

心力衰竭的临床诊断依据：①安静时心率增快，婴儿＞180 次/分，幼儿＞160 次/分，不能用发热或缺氧解释者；②呼吸困难，发绀突然加重，安静时呼吸＞60 次/分；③肝脏肿大，超过肋缘下 3cm 以上，或肝在短时间内较前增大，而不能以横膈下移等原因解释者；④心音明显低钝或出现奔马律；⑤突然烦躁不安，面色苍白或发灰，而不能用原有疾病解释者；⑥尿少和下肢水肿，除外其他原因造成者。上述前 4 项为主要临床诊断依据，也可根据其他表现和 1～2 项辅助检查综合分析。

【治疗要点】

心力衰竭治疗主要是去除病因，改善心功能，消除水钠潴留，降低氧的消耗和纠正代谢紊乱。

1.一般治疗 患儿应充分休息和睡眠，以减轻心脏的负担。烦躁、哭闹的患儿可适当给予镇静剂如苯巴比妥、吗啡等。给予易消化营养丰富的饮食，减少盐的摄入量。对呼吸困难者及时给予吸氧。

2. 洋地黄类药物 迄今为止，洋地黄仍是儿科临床广泛应用的强心药之一。洋地黄能增强心肌的收缩力，减慢心率，从而增加心排血量，有效改善心脏功能。地高辛为儿童时期最常用的洋地黄制剂，可口服或静脉注射，用药后发挥作用快，排泄迅速，可通过监测血药浓度来调节剂量，药物中毒时处理也比较容易。儿童常用剂量和用法见表 18-2。

表 18-2　洋地黄类药物的临床应用

制剂	年龄	给药方法	洋地黄化总量（mg/kg）	效始时间	效力最长时间（小时）
地高辛	新生儿	静脉	0.02～0.03	10 分钟	1～2
	2 个月至 2 岁	口服	0.05～0.06	2 小时	4～8
		静脉	0.03～0.04	10 分钟	1～2
	2～8 岁	口服	0.03～0.05	2 小时	4～8
		静脉	0.02～0.03	10 分钟	1～2
毛花甙丙	≤2 岁	静脉	0.03～0.04	15～30 分钟	1～2
	>2 岁	静脉	0.02～0.03	15～30 分钟	1～2

儿童心力衰竭多采用首先达到洋地黄化的方法，然后根据病情需要继续使用维持量。

（1）洋地黄化：病情较重或不能口服者可选择毛花甙丙或地高辛静脉注射，首次给予洋地黄化总量的 1/2，余量分 2 次，每隔 4～6 小时静脉注射 1 次，多数患儿可于 8～12 小时内达到洋地黄化。能口服的患儿，开始给予地高辛口服，首次给予洋地黄化总量的 1/3 或 1/2，余量分为 2 次，每隔 6～8 小时给予。

（2）维持量：洋地黄化后 12 小时可给予维持量。维持量的疗程视病情而定。

3. 利尿剂　能促使水、钠排出，减轻心脏负荷，以利于心功能的改善。当使用洋地黄类药物而心力衰竭仍未完全控制或有显著水肿者，可选用呋塞米等快速强力利尿剂；慢性心力衰竭一般联合应用噻嗪类和保钾类利尿剂如氢氯噻嗪和螺内酯，并注意间歇用药，以防止电解质紊乱。非心血管因素引起的心力衰竭，易随病因的去除而消失；心血管因素引起的心力衰竭，去除病因较困难，心力衰竭易反复发生。儿童常用利尿剂的剂量和用法见表 18-3。

表 18-3　临床常用的利尿剂

药名	给药途径	剂量及方法	作用时间	注意事项
氢氯噻嗪	口服	每天 2～4mg/kg，<6 个月者，每天 0.5～0.75mg/kg，分 2～3 次	1 小时开始起作用，4～6 小时达高峰，维持 12 小时	可引起低钾、低氯及心律失常，粒细胞减少
螺内酯	口服	每天 1～2mg/kg，分 2～3 次	8～12 小时起作用，3～4 小时达高峰，维持 2～3 天	有保钾、保氯作用，与氯噻嗪类合用可增强疗效
氨苯蝶啶	口服	每天 2～4mg/kg，分 2～3 次	1 小时开始起作用，4～6 小时达高峰，维持 12 小时	同螺内酯
呋塞米	静脉注射	每次 0.5～1mg/kg，稀释成 2mg/ml，5～10 分钟缓慢注射，必要时 8～12 小时可重复使用	静脉注射后 15 分钟，口服后 30 分钟起作用，1～2 小时达高峰	可引起脱水、低钾、低氯性碱中毒
	口服	每天 2～3mg/kg，分 2～3 次		

4. 血管扩张剂　小动脉扩张可降低心脏的后负荷，从而增加心排血量；小静脉扩张可降低心脏的前负荷，使心室充盈压下降，肺充血的症状得到缓解。常用的药物有卡托普利、硝普钠、酚妥拉明等。

【护理评估】

1. 健康史　评估患儿的年龄及病因。

2. 身体状况　年长儿心力衰竭的症状与成人相似，主要表现为：①心排血量不足，乏力、多汗、食欲减退、心率快、呼吸浅快等；②体循环瘀血，颈静脉怒张，肝肿大、压痛，肝颈静脉回流征阳性，尿少和水肿；③肺静脉瘀血，呼吸困难、气促、咳嗽、端坐呼吸、肺底部闻及湿啰音、心尖部第一心音减低和奔马律。

婴幼儿常表现为呼吸浅快，频率可达 50～100 次/分，喂养困难，烦躁多汗、哭声低弱，体重增长缓慢，肺部可闻及干啰音或哮鸣音，肝脏进行性肿大，水肿首先见于颜面、眼睑等部位，严重时鼻唇三角区呈现青紫。

3. 辅助检查

（1）胸部 X 线检查：心影多呈普遍性增大，心脏搏动减弱，肺纹理增多，肺淤血。

（2）心电图检查：不能表明有无心力衰竭，但可有助于病因诊断和指导洋地黄的应用。

（3）超声心动图检查：可见心房和心室腔扩大，M 型超声显示心室收缩时间延长、射血分数降低。

【常见护理诊断/问题】

1. 活动无耐力 与心肌收缩力降低有关。

2. 体液过多 与心功能下降、循环淤血有关。

3. 气体交换受损 与肺淤血有关。

4. 潜在并发症 药物毒副作用。

【预期目标】

1. 患儿充分休息。

2. 患儿得到充足的营养，满足生长发育的需要。

3. 合理用药，避免药物毒副作用的发生。

【护理措施】

1. 休息 充分的休息可降低机体代谢率，减少耗氧，减轻心脏的负担。病室应安静舒适，避免各种刺激，尽量避免患儿烦躁、哭闹，体位宜取半坐卧位，以利于呼吸运动。

2. 保持大便通畅 鼓励患儿多吃蔬菜、水果，必要时用开塞露通便或睡前服少量的食物油，避免用力排便。

3. 合理营养 症状轻者给予低盐饮食，每日钠盐的摄入量不应超过 0.5～1g；症状严重者给予无盐饮食（指食物在烹调时不加食盐或其他含盐食物）。应少量多餐，防止过饱。婴儿喂奶时所用奶头孔宜稍大，以免吸吮费力，但需注意防止呛咳。吸吮困难者用滴管喂，必要时可用鼻饲。

4. 给氧 患儿呼吸困难和有发绀时应给予 20%～30%氧气吸入。急性肺水肿时，可给予 60%～70%乙醇湿化的氧气吸入。

5. 密切观察病情 密切观察生命体征的变化，脉搏必须数满 1 分钟，必要时监测心率；详细记录出入量，尽量减少静脉输液或输血，输液速度宜慢，以每小时不超过 5ml/kg 为宜；定时测量体重，了解水肿增减情况。

6. 用药护理

（1）应用洋地黄制剂：应注意给药方法、剂量，密切观察有无洋地黄的中毒症状。①每次应用洋地黄前应测量脉搏，必要时监测心率，婴儿脉率小于 90 次/分，年长儿小于 70 次/分时需暂停用药并报告医师；②严格按剂量服药，为了保证洋地黄剂量准确，当注射用药量少于 0.5ml 时，要加生理盐水稀释后用 1ml 注射器吸药，口服药则要与其他的药物分开服用。如患儿服药后呕吐，要与医师联系，决定补服或用其他途径给药；③当出现心率过慢、心律失常、恶心呕吐、食欲减退、视力模糊、黄绿视、嗜睡、头晕等毒性反应时，应停服洋地黄，并与医师联系及时采取相应措施。

（2）应用利尿剂：根据利尿药的作用时间安排给药，尽量在清晨或上午给药，以免夜间多次排尿影响睡眠。定时测体重及记录尿量，观察水肿的变化。用药期间应鼓励患儿进食含钾丰富的食物，如柑橘、牛奶、菠菜、豆类等，以免出现低钾血症而增加洋地黄的毒性反应。观察患儿有无四肢软弱无力、腹胀、心音低钝、心律失常等低血钾的表现，一经发现，应及时处理。

（3）应用血管扩张剂：给药时避免药液外渗，以防局部的组织坏死。硝普钠遇光可降解，故使用或保存时应避光，药液要现用现配。密切观察心率和血压的变化，避免血压过度下降。

7. 健康教育　向患儿及家长介绍心力衰竭的病因、诱因及防治措施，指导家长及患儿根据病情适当安排休息，避免情绪激动和过度活动；注意营养，防止受凉感冒；教会年长儿自我检测脉搏的方法，教会家长掌握出院后的一般用药和家庭护理的方法。

案例 18-4 分析讨论（续）

2. 根据患儿的临床表现提出如下护理措施

（1）给氧：该患儿出现呼吸困难及口周发绀，立即给予氧气吸入。急性肺水肿时，可给予70%乙醇湿化的氧气吸入。

（2）立即用药：按医嘱应用洋地黄制剂、利尿剂、血管扩张剂时，注意给药方法、剂量，密切观察药物的疗效及副作用。

（3）密切观察病情：密切观察生命体征的变化，必要时监测心率；详细记录出入量，以每小时不超过 5ml/kg 为宜；定时测量体重，了解水肿增减情况。

（4）休息及合理饮食：营造安静舒适的治疗环境，避免各种刺激，尽量避免患儿烦躁、哭闹，体位宜取半坐卧位。给予低盐饮食，每日钠盐的摄入量不超过 0.5～1g；少量多餐，防止过饱；鼓励患儿多吃蔬菜、水果，保持大小便通畅。

（5）向患儿及家长做好安慰、解释及指导工作。

【护理评价】

经过治疗和护理，患儿得到充分休息；得到充足的营养，满足生长发育的需要；合理用药，避免药物毒副作用的发生；患儿及家长掌握心力衰竭的病因、诱因及防治措施。

第五节　急性肾衰竭患儿的护理

案例 18-5

患儿，男性，11 个月，因发热、腹泻 13 天伴面色苍白、尿少 10 天入院。患儿于入院前 13 天无明显诱因出现发热，体温 38.1℃，伴腹泻（水样便）6～7 次/日，在当地医院给予对症及支持治疗，腹泻好转，发热减轻。但出现面色苍白，间断腹痛，尿量减少，尿色变深呈酱油色。疑诊为“溶血尿毒综合征”收治入院。

患儿既往体健，按时预防接种，患儿母亲孕 1 产 1，患儿足月顺产，生长发育正常。

体格检查：体温 36.3℃，脉搏 120 次/分，呼吸 40 次/分，血压 90/60mmHg。贫血貌，神志清，精神差，呼吸稍急促，双眼睑水肿。皮肤黏膜未见出血点及黄疸。心肺无异常，腹平坦，压痛（+），无反跳痛，无移动性浊音，肝肋下 2cm，脾肋下 1.5cm，双肾区无叩击痛。无神经系统阳性体征。

辅助检查：血液检查 WBC 11×10^9/L，GR 0.80，Hb 82g/L，PLT42$\times10^9$/L；RBC 形态：盔形红细胞，Ccr 28ml/（min · 1.73m^2），Scr177 μmol/L，BUN 20mmol/L。尿液检查：蛋白++，RBC＞ 100/HP。

思考题：

1. 哪些依据说明该患儿出现了急性肾衰竭?
2. 针对该患儿应采取哪些护理措施?

急性肾衰竭（acute renal failure，ARF）简称急性肾衰，是指由于各种原因引起的短期内肾功能急剧进行性减退而出现的临床综合征。临床主要表现为氮质血症，水电解质紊乱和酸碱平衡失调。

【病因与发病机制】

急性肾衰竭的常见原因可分为肾前性、肾性和肾后性三类。

1. 肾前性 任何原因引起的血容量减少，均可导致肾血流量下降，肾小球的滤过率降低而出现少尿或无尿。见于呕吐、腹泻、脱水、外科手术大出血、烧伤等。此型肾实质并无器质性病变。

2.肾性 是儿科肾衰竭最常见的原因，由肾实质损害引起。①肾小球疾病：如急性肾炎、急进性肾炎、紫癜性肾炎、狼疮性肾炎、溶血尿毒综合征等。②肾小管疾病：由于长时间肾缺血或肾毒性物质（如汞、砷、氨基苷类药物）直接作用于肾小管，导致急性肾小管坏死。③急性肾间质疾病：主要见于感染和药物过敏引起肾小管和间质损害，如急性间质性肾炎、急性肾盂肾炎等。

3. 肾后性 各种原因引起的泌尿道梗阻所致。常见的因素有尿路结石、尿路梗阻致肾盂积水、双侧输尿管连接部狭窄、先天性尿路畸形、肾结核、肿瘤压迫输尿管等。肾后性的因素多为可逆性的，及时解除病因，肾功能常可恢复。

急性肾衰竭的发病机制因病因和病期不同而不同。新生儿期以围生期缺氧、败血症、严重溶血或出血引起者较常见；婴儿期以严重腹泻脱水、重症感染及先天畸形引起者多见；年长儿则多因肾炎、休克引起。

【治疗要点】

急性肾衰竭治疗原则：去除病因，积极治疗原发病，减轻症状，改善肾功能，防止并发症的发生。

1. 少尿期治疗 重点是去除病因和治疗原发病，纠正水电解质紊乱和酸碱平衡失调，控制氮质血症，供给足够的营养。

（1）去除病因和治疗原发病：肾前性肾衰竭及时纠正全身循环血流动力学障碍；避免接触肾毒性物质；密切监测尿量及肾功能变化；控制感染。

（2）严格控制水钠摄入：每日液量=尿量+不显性失水+显性失水（呕吐、大便、引流量等）–内生水。无发热患儿每日不显性失水按 300ml/m^2 计算，体温每升高 1℃，不显性失水增加 75ml/m^2；内生水在非高分解代谢状态约为 100ml/m^2。所用液体均为非电解质液。

（3）饮食和营养：选择高糖、低蛋白、高维生素的饮食，保证足够的热量。每日供给热量 50～60cal/kg（210～250J/kg），蛋白质以 0.5g/kg 为宜。蛋白质应以优质动物蛋白为主，脂肪占总热量的 30%～40%。

（4）纠正电解质紊乱：处理高钾血症、低钠血症、低钙血症、高磷血症等。

（5）纠正代谢性酸中毒：轻症一般无需处理。当血浆 HCO_3^-＜12mmol/L 或动脉血 pH＜7.2 时，给予碱性药物。

（6）透析治疗：凡上述保守治疗无效者，均应尽早进行透析治疗。透析的指征①严重水潴留，有肺水肿、脑水肿的倾向；②血钾≥6.5mmol/L 或心电图有高钾表现；③严重酸中毒，血浆 HCO_3^-＜12mmol/L 或动脉血 pH＜7.2；④严重氮质血症，血浆尿素氮＞28.6mmol/L，或血浆肌酐＞707.2μmol/L，特别是高分解代谢的患儿。现透析指征有放宽的趋势。透析的方法包括腹膜透析、血液透析和连续动静脉血液滤过三种技术，儿童尤其是婴幼儿常选用腹膜透析。

2. 利尿期治疗 注意监测尿量、电解质和血压的变化，及时纠正水电解质紊乱。在利尿早期因肾小球滤过率和肾小管的功能尚未恢复，血肌酐、尿素氮仍可继续升高，因此仍需限制蛋白质摄入，当血浆肌酐接近正常水平时，应增加饮食中蛋白质的摄入量。

3. 恢复期治疗 休息、加强营养、防治感染。

【护理评估】

1. 健康史 评估患儿的年龄及病因。

2. 身体状况　按尿量多少常分为少尿型肾衰竭及非少尿型肾衰竭，临床以前者多见。少尿型肾衰竭表现为急性肾衰竭伴少尿或无尿，非少尿型肾衰竭血中尿素氮、肌酐迅速增高，而不伴有少尿表现。少尿型肾衰竭一般分为以下三期：

（1）少尿期：尿量急剧减少，甚至无尿。少尿一般持续 7～14 天，持续 2 周以上或在病程中少尿与无尿间歇出现者预后不良。如不采取透析治疗等，大部分患儿死于少尿期。

少尿期主要表现：①水潴留，全身水肿、胸腔积液、腹水，严重者可发生心力衰竭、肺水肿、脑水肿，常为死亡的重要原因。心力衰竭、肺水肿时患儿出现呼吸困难、不能平卧、心率加快、肺底出现湿啰音、下肢水肿等，高血压脑病时患儿出现剧烈头痛、恶心、呕吐、复视或一过性失明，重者出现昏迷、惊厥。②电解质紊乱：常见有高钾、高磷、高镁和低钠、低钙、低氯血症，其中以高钾血症最多见。③代谢性酸中毒：表现为精神萎靡、乏力、嗜睡、呼吸深长、面色发灰、口唇樱桃红色，可伴心律紊乱。④氮质血症：表现为食欲减退、恶心、呕吐、腹部不适、意识障碍、躁动、谵语、抽搐、昏迷等。⑤高血压：长期少尿患者可出现不同程度高血压。⑥易合并感染：70%左右的患儿合并严重感染，以呼吸道及泌尿道感染为常见，约 1/3 的患儿死于感染。

（2）利尿期：此期肾小管上皮细胞的功能在一定程度上有所好转，但近端肾小管的重吸收功能尚未完全恢复，加上肾小球滤过功能有一定的改善，故此期出现进行性尿量增多。利尿持续时间不等，一般为 1～2 周，部分患儿可达 1～2 个月。此期血尿素氮和肌酐仍可上升，当肾小球滤过率明显增加时，氮质血症才逐渐好转。由于大量排尿，此期可发生低钾血症、低钠血症及脱水。此外，易发生感染、心血管并发症和上消化道出血等。

（3）恢复期：利尿期以后肾功能逐渐恢复，血尿素氮及肌酐逐渐恢复正常，而肾浓缩功能需数月才能恢复至正常，少数患儿留有不可逆的肾功能损害。此期患儿体质仍较弱，多有消瘦、营养不良、贫血和免疫功能低下等。

案例 18-5 分析讨论

1. 本例患儿的临床特点

（1）婴儿期起病，有消化道前驱感染史。

（2）具有肾实质损害的表现，尿量减少，尿色变深呈酱油色，水肿，尿液检查示蛋白++，RBC＞100/HP。

（3）出现肾性贫血、肾功能不全的表现，血常规示 Hb82g/L；Ccr28ml/（min · 1.73m^2），Scr177μmol/L，BUN 20mmol/L。

根据以上特点，说明该患儿出现了急性肾衰竭。

3. 预后　急性肾衰竭的预后与原发病的性质、肾脏损害的程度、少尿持续时间的长短、早期诊断和治疗与否、透析与否及有无并发症等有关。

4. 辅助检查

（1）尿液检查：测定尿比重、尿渗透压、尿肌酐等。

（2）血生化检查：监测电解质浓度和变化，以及血肌酐和尿素氮。

（3）肾影像学检查：腹部 X 线片、超声波、CT、磁共振等，可了解肾脏大小、形态、血管及输尿管、膀胱等情况，也可了解肾小球、肾小管功能。

（4）肾活检：对原因不明的急性肾衰竭肾活检是可靠的诊断手段。

【常见护理诊断/问题】

1. 体液过多　与肾小球滤过率降低有关。

2. 体液不足　与多尿期肾小管重吸收功能恢复有关。

3. 有感染危险　与免疫力低下有关。

4. 营养失调：低于机体需要量　与摄入不足及丢失过多有关。

5. 恐惧 与肾功能急剧恶化、病情危重有关。

【预期目标】

1. 维持患儿体液平衡。
2. 未发生相关感染。
3. 患儿得到充足的营养。
4. 患儿及家长恐惧情绪得到缓解，掌握疾病相关知识，能够配合治疗。

【护理措施】

1. 维持体液平衡 准确记录24小时出入量，根据病情控制液体的入量，每日定时测体重以了解有无水肿加重。

2. 预防感染 感染是少尿期死亡的主要原因，常见的感染部位为呼吸道、泌尿道、皮肤，应采取切实措施，防止感染的发生。尽量将患儿安置在单人病室，做好病室的清洁和空气净化，避免不必要的检查。严格执行无菌操作，加强皮肤护理及口腔护理，保持皮肤清洁、干燥。定时翻身、拍背，保持呼吸道通畅。

3. 保证患儿休息 患儿应卧床休息，卧床时间视病情而定，一般少尿期、多尿期均应卧床休息，恢复期逐渐增加活动。

4. 保证营养供给 少尿期应限制水、钠、钾、磷和蛋白质的摄入量，供给足够的能量，以减少组织蛋白的分解；不能进食者经静脉补充营养。透析治疗时因丢失大量蛋白质，所以不需要限制蛋白质入量，长期透析时可输血浆、水解蛋白、氨基酸等。

5. 密切观察病情 注意体温、脉搏、呼吸、心率、心律、血压、尿量、尿常规、肾功能等变化。急性肾衰竭常以心力衰竭、心律失常、感染、水电解质紊乱等为主要死亡原因，应及时发现其早期表现，并随时与医生联系。

6. 心理支持 急性肾衰竭是儿童时期危重病症之一，患儿及家长均有恐惧心理。应做好心理护理，给予患儿和家长精神支持。

7. 健康教育 教育患儿及家长积极配合治疗，并告诉患儿家长肾衰竭各期的护理要点、早期透析的重要性，以取得他们的理解。指导家长在恢复期给患儿加强营养，增强体质，注意个人清洁卫生，注意保暖，防止受凉；慎用氨基糖苷类抗生素等对肾脏有损害的药物。

案例18-5分析讨论（续）

2. 根据患儿的临床表现提出如下护理措施

（1）预防感染：将患儿安置在单人病室，做好病室的清洁和空气净化，避免不必要的检查。严格执行无菌操作，加强皮肤护理及口腔护理。定时翻身、拍背，保持呼吸道通畅。

（2）保证休息及营养供给：患儿应卧床休息。少尿期应限制水、钠、钾、磷和蛋白质的摄入量，供给足够的能量。透析治疗时可不限制蛋白质入量，如需长期透析可输血浆、水解蛋白、氨基酸等。

（3）密切观察病情：注意体温、脉搏、呼吸、心率、心律、血压、尿量、尿常规、肾功能等变化。准确记录患儿24小时出入量，每日定时测体重以了解有无水肿加重。

（4）心理支持及健康教育。

【护理评价】

经过治疗和护理，患儿体液维持平衡；能有效预防感染发生；患儿得到充足的营养；患儿及家长恐惧情绪得到缓解，掌握疾病相关知识，积极配合治疗。

第六节　心跳呼吸暂停患儿的护理

案例 18-6

患儿，男性，10 个月。因“咳嗽、喘息 5 天，加重半天”入院。5 天前不明原因开始出现咳嗽、闻及喉间痰鸣音，伴喘息，晨起、吸奶后及夜间明显，无发热，于院外自行口服“阿莫西林、小儿肺热咳喘口服液”后症状无好转，半天前咳喘加重，继而昏迷，呼吸、心跳停止，遂急诊入院。

患儿既往有先心病史，常呼吸道感染，生长发育落后于同龄儿。体格检查：脉搏 0 次/分，呼吸 0 次/分，昏迷状，刺激无反应，呼吸停止，面色发绀，瞳孔散大、对光反射消失，大动脉搏动消失，听诊心音消失。

思考题：

1. 哪些依据说明该患儿发生了心跳呼吸暂停？
2. 复苏后如何对患儿进行循环系统和呼吸系统的监测与护理？

心跳呼吸骤停（cardiopulmonary arrest，CPA）是指患儿突然呼吸及循环功能停止，意识丧失或抽搐，脉搏消失，血压测不出，为儿科最严重的危重急症。此时患儿面临死亡，需及时抢救。心肺复苏（cardiopulmonary resuscitation，CPR）是采用一组简单的技术，使生命得以维持的方法。

心肺复苏技术包括以下三个方面：

1. 基本生命支持（basic life support）　包括一系列支持或恢复呼吸或心跳呼吸停止儿童的有效通气或循环功能的技能。

2. 高级生命支持（advanced life support）　为心肺复苏的第二阶段，有经验的医护人员分工合作，协调处理胸外心脏按压、呼吸、辅助药物应用、输液、监护及必要的记录。

3. 稳定及复苏后的监护　指为了使复苏后的患儿稳定而进行的进一步处理及监护。

【病因】

引起儿童心跳呼吸骤停的原因很多，包括新生儿窒息、喉痉挛、喉梗阻、气管异物、胃食管反流、严重肺炎及呼吸衰竭、药物、婴儿猝死综合征、严重心律失常、中毒、代谢性疾病、心肌炎、心肌病、心力衰竭、心血管介入治疗操作过程、各种意外损伤等。明确心跳呼吸骤停的原因，在心肺骤停发生前进行必要的干预，可避免其发生。

引起心跳呼吸骤停的高危因素包括：①心血管系统的状态不稳定：如大量失血、难治性心力衰竭、低血压和反复发作的心律失常；②急速进展的肺部疾病：如喉炎、严重的哮喘、重症肺炎、肺透明膜病等；③手术后的早期：如全身麻醉及大量镇静剂的应用，使患儿对各种刺激的反射能力改变；④安置人工气道的患儿气管插管堵塞或脱开；⑤神经系统疾病病情急剧变化：如昏迷患儿常无足够的呼吸驱动以保证正常的通气。

此外，临床的一些操作对于有高危因素的患儿能加重或触发心跳呼吸骤停：①气道的吸引，可引起低氧、肺泡萎陷及反射性心动过缓；②不适当的胸部物理治疗如拍背、翻身、吸痰等，可使更多的分泌物溢出，阻塞气道；③呼吸支持如人工呼吸机的撤离；④麻醉剂、镇静药和止咳药的应用所致的呼吸抑制；⑤各种操作如腰穿时屏气；⑥鼻胃管、气管插管等操作可引起迷走神经兴奋性增加；⑦高危婴儿喂养时吞咽-呼吸的不协调；⑧外周循环不良、心动过缓、呼吸形式改变等。有上述表现时应尽可能停止相关的操作，并给予生命支持。

【诊断要点】

1. 临床症状体征

（1）患儿突然昏迷，部分患儿出现一过性抽搐。

（2）呼吸停止或严重呼吸困难（表浅、缓慢、倒气）。

（3）大动脉（颈动脉、股动脉）搏动消失，血压测不到。

（4）心音消失或心动严重过缓。

（5）面色灰暗或发绀，瞳孔散大和对光反射消失。

一般在患儿突然昏迷及大血管搏动消失即可诊断，不必反复触摸脉搏或听心音，以免延误抢救时机。

2. 辅助检查 心电图可表现为：①呈等电位表现。②严重心率失常：无脉性室性心动过速、心室颤动。③电机械分离：心脏机械活动消失，但仍有电活动。

患儿突然昏迷，部分有一过性抽搐，呼吸停止，面色灰暗或发绀，瞳孔散大和对光反射消失。大动脉（颈动脉、股动脉）搏动消失，心音消失。如做心电图检查可见等电位线、电机械分离或心室颤动等。

案例 18-6 分析讨论

1. 本例患儿的临床特点

（1）11 个月男性患儿，既往有先心病病史，本次以严重肺部感染起病。

（2）半天前肺部感染加重，继而昏迷，呼吸、心跳停止。

（3）体格检查：脉搏 0 次/分，呼吸 0 次/分，昏迷状，刺激无反应，呼吸停止，面色发绀，瞳孔散大、对光反射消失，大动脉搏动消失，听诊心音消失。

根据以上特点，说明该患儿出现了心跳呼吸暂停。

【治疗要点】

对于心跳呼吸骤停，现场抢救十分必要，需争分夺秒以建立人工循环、保持呼吸道通畅及建立呼吸的顺序进行，以保证心、脑等重要脏器的血液灌流及氧供应。尽早实施 CPR（建立循环、开放气道、建立呼吸），快速除颤，有效地高级生命支持，综合的心搏骤停后治疗。

1. 循环支持（circulation，C） 在确定婴儿或儿童无意识、无脉搏后，应给予胸外心脏按压。胸外心脏按压的指征：新生儿心率<60 次/分；婴儿或儿童心率<60 次/分伴有灌注不良的体征。

胸外心脏按压方法：对新生儿或小婴儿按压时可用一手托住患儿背部，将另一手两手指置于乳头连线下一指处进行按压（图 18-1），或两手掌及四手指托住两侧背部，双手大拇指按压（图 18-2）。对 1～8 岁的儿童，可用一只手固定患儿头部，另一手掌根部置于胸骨下半段（避开剑突），手掌根的长轴与胸骨的长轴一致按压（图 18-3）。

对年长儿（>8 岁），胸部按压方法与成人相同，应将患儿置于硬板上，将一手掌根部交叉放在另一手背上，垂直按压胸骨下半部，每次按压与放松比例为 1∶1，按压深度至少为胸部前后径的 1/3，频率至少为 100 次。胸外心脏按压与呼吸之比在新生儿为 3∶1，婴儿及儿童为 30∶2 或 15∶2（2 名医务人员实施复苏）。按压后 2 分钟判断有无改善，观察颈动脉、股动脉搏动，瞳孔大小及皮肤颜色等。在临床上当触及大动脉搏动提示按压有效；如有经皮血氧饱和度监测，其值上升也提示有效。

2. 保持呼吸道通畅（airway，A） 儿童低氧血症和呼吸停止使病情急剧恶化和心跳呼吸停止。因此建立和维持气道的开放和保持足够的通气是基本生命支持最重要的内容。首先应去除气道内的分泌物、异物或呕吐物，有条件时予以口、鼻等上气道吸引。

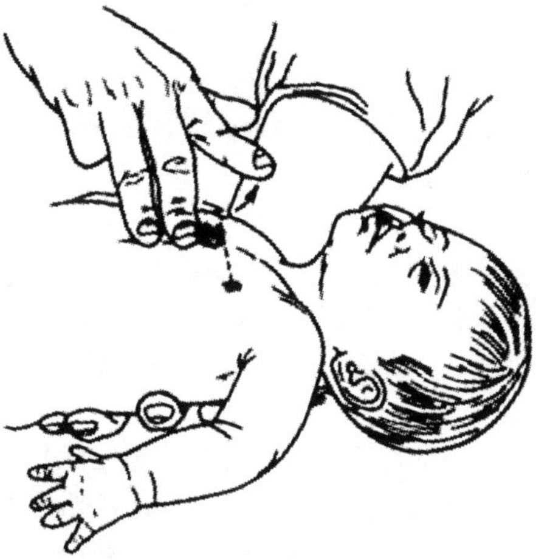

图 18-1 两指按压

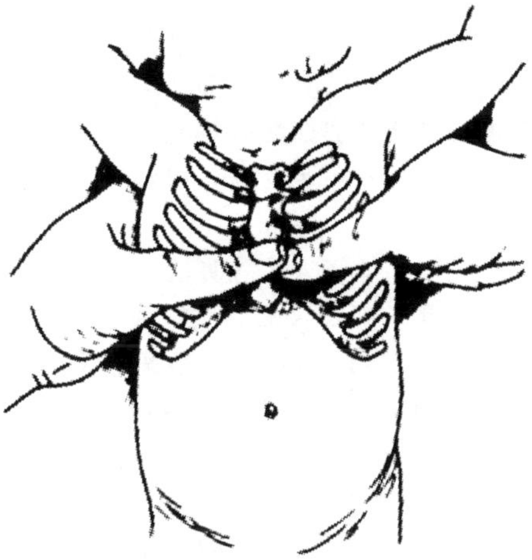

图 18-2 双拇指按压

方法：将患儿头向后仰，抬高下颌，一只手置于患儿的前额，将头向背部倾斜并处于正中位，颈部稍微伸展，即嗅气位。用另一只手的几个手指放在颏下，提起下颌骨向外上方，注意不要让嘴闭上或推颌下的软组织，以免阻塞气道。当颈椎损伤完全不能运动时，通过提下颌法来开通气道（图18-4）。也可放置口咽导管，使口咽部处于张开状态。

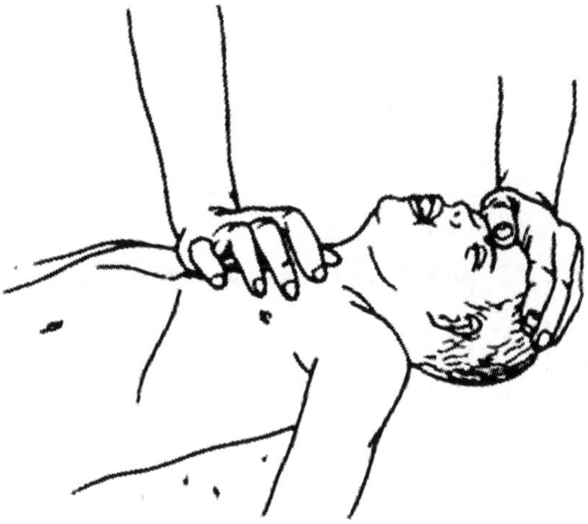

图 18-3 1～8 岁儿童心脏按压

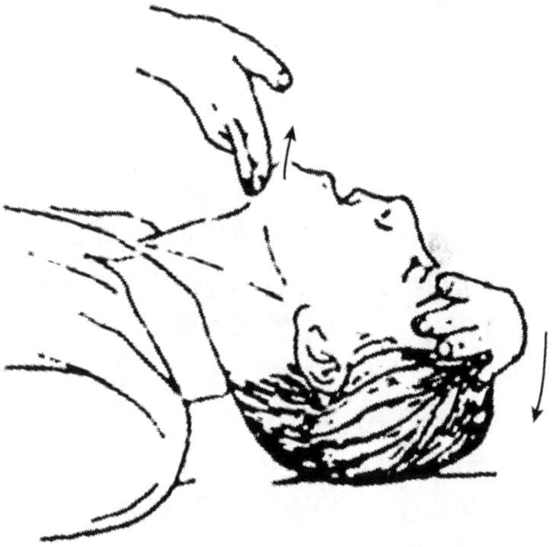

图 18-4 提下颌开放气道

3. 建立呼吸（breathing，B） 气道通畅后，将耳朵贴近患儿的口鼻部判断有无有效呼吸。如仍无自主呼吸时应采用人工辅助通气，以维持气体交换。对于新生儿，如无自主呼吸或为无效喘息、有自主呼吸但心率＜100 次/分、在 80%浓度的氧吸入后仍有中心性发绀时即可进行正压通气复苏。常用的方法有：

（1）口对口人工呼吸：如患者是 1 岁以下婴儿，操作者可将口罩住婴儿的鼻和口；如果是较大的婴儿或儿童，用口罩住患儿口，拇指和示指捏紧患儿的鼻子，保持其头后倾；将气吹入，同时可见患儿的胸廓抬起。停止吹气后，放开鼻孔，使患儿自然呼气，排出肺内气体。吹气频率：儿童18～20 次/分、婴儿可稍加快。口对口呼吸吸入氧浓度较低（＜18%），术者易疲劳，也有感染疾病的潜在可能，故应尽快获取其他辅助呼吸的方法替代。此法适合于现场急救。

（2）复苏囊的应用：在多数儿科急诊中，婴幼儿可用气囊面罩进行有效的通气。操作时将连接于复苏皮囊的面罩覆盖于患儿的口鼻，面罩大小应该能保证将空气密闭在面部，从鼻梁到下颌间隙盖住口鼻，但露出眼睛。在面罩吸氧时，一定程度的头部伸展能保证气道通畅，婴儿和幼儿保持在中间的吸气位置，不要过度伸展头部，以免产生气道压迫梗阻。操作时应观察患儿的胸廓起伏以了解辅助通气的效果；如无有效通气应考虑是否仍存在气道梗阻，如气管异物仍未排出等。对于足月新生儿最好采用空气而不是 100%氧气开始复苏。如在用空气复苏 90 秒后无改善，则改为 100%氧复苏。

（3）气管内插管人工呼吸法：当需要持久通气时，或面罩吸氧不能提供足够通气时，就需要用气管内插管代替面罩吸氧。插管后可继续进行皮囊加压通气，或连接人工呼吸机进行机械通气。

在用氧过程中，应检测动脉氧合血红蛋白饱和度。如有适当装置，应逐渐调整给氧，将吸氧浓度调到需要的最低浓度，使氧合血红蛋白饱和度≥94%。

4. 快速除颤 在复苏过程出现心室颤动、无脉性室性心动过速时可行直流电电击除颤，电除颤是用较高电压的弱电流短时间非同步电击心脏，使大多数心肌纤维同时发生除极，心脏于瞬间停搏，并迅即恢复窦性心律。应按年龄、体重选择适当大小的电极。用前需涂导电膏，将两个电极分别置于右锁骨下和左乳头外腋前线处，放电前所有人员远离患儿及其病床。首次用 2J/kg，无效时依次增加至 4J/kg 和 5J/kg。除颤前应保证供氧，纠正酸中毒。三次无效应配合药物治疗。施救者不应在电击后立即检查心搏或脉搏，而是应该重新进行心肺复苏，先行心脏按压，而心搏检查应在 5 组按压（约 2min）心肺复苏后进行。

5. 药物治疗 常用药物有：

（1）肾上腺素：儿童最常见的心律失常是心脏停搏和心动过缓，肾上腺素有正性肌力和正性频率作用。静脉或骨髓腔内给药或气管内给药。

（2）碳酸氢钠：对于轻、中度酸中毒，特别是有通气不足存在时，不宜使用碳酸氢钠，而改善通气和扩容改善循环一般可以解决酸中毒问题。碳酸氢钠在较长时间的心搏骤停患儿可考虑使用。

（3）阿托品应用指征：低灌注和低血压性心动过缓、预防气管插管引起的迷走神经性心动过缓、房室传导阻滞所引起的少见的症状性心动过缓及抗胆碱酯酶类药中毒等。

（4）葡萄糖：有低血糖时应立即给予葡萄糖；当无血糖监测条件而患儿有低血糖症状或临床怀疑有低血糖时，也可给予葡萄糖。

（5）钙剂：仅在疑有低钙血症时才可给钙剂，在治疗高钾血症、高镁血症、钙通道阻滞剂过量时，也可考虑使用。

（6）利多卡因：当存在室颤时可用利多卡因。

（7）纳洛酮：用于阿片类药物过量。在新生儿，纳洛酮仅用于在正压通气后心率和皮肤颜色正常而患儿仍有呼吸抑制，同时患儿母亲在分娩前 4 小时内有使用过阿片类药物者。

6. 其他治疗 对复苏后患儿出现的低血压、心律失常、颅内高压等应分别给予预防及处理。

【复苏后治疗】

经过心脏按压、人工呼吸及药物治疗心搏恢复，并能维持者，可视为一期复苏成功。

心脏复苏成功的标志为：①扪及大动脉搏动，测得血压＞60mmHg（8kPa）；②听到心音，心律失常转为窦性心律；③散大的瞳孔收缩，这是组织灌流量和氧供给量足够的最早指征；④口唇、甲床颜色转红；⑤肌张力恢复或有不自主运动。但心脏复搏只是心肺复苏成功的第一步，此后还可能出现心、脑、肺、肾等重要器官因严重缺氧和代谢紊乱所带来的严重后果。

心搏恢复后仍需严密监护患儿，维持各种高级生命支持，维持有效循环，维持水电解质平衡，维持肾功能，加强呼吸道管理、预防感染，给氧维持呼吸功能，病情严重者应行气管插管或气管切开，必要时接呼吸机，争取尽早恢复自主呼吸。积极寻找病因、治疗原发病和进行脑复苏。

对心脏复搏而神志未恢复之前的患儿，可考虑头部低温和全身低体温（32～34℃），这可减少脑耗氧量，减轻因脑缺氧造成的脑损伤，有利于脑功能恢复。有脑水肿情况存在时，应使用脱水剂和皮质激素，降低颅内压，减轻脑水肿、在病情稳定后，有条件者可进行高压氧治疗。

【停止心肺复苏的指征】

经过 30 分钟的基础生命支持和高级心血管生命支持的救治后，心电监护显示心电图仍为等电线，可考虑停止复苏。意识和自主呼吸未恢复不能作为停止复苏的指征。只要心脏对各种刺激有反应（包括药物），心脏按压至少要维持 1 小时。在复苏期间不做脑死亡的判断，必须待心血管功能恢复后再做判断。

【常见护理诊断/问题】

1. 活动无耐力 与呼吸、循环衰竭有关。

2. 气体交换受损 与呼吸、循环衰竭有关。

3. 有感染的危险 与免疫功能下降或长期机械通气有关。

4. 有受伤的危险 与心肺复苏的实施有关。

5. 潜在并发症 心律失常。

6. 恐惧 与死亡的威胁有关。

【复苏后的监测与护理】

1. 循环系统的监护 复苏后心律不稳定，应给予心电监护密切观察心电图的变化。每 15 分钟测脉搏、血压和心率 1 次，直至这些指标平稳。密切观察皮肤、口唇的颜色、四肢的温度、指（趾）甲的颜色及静脉充盈等末梢循环情况，如皮肤湿冷、指（趾）甲苍白发绀，提示循环血量不足。如肢端温暖，指（趾）甲充盈时间正常，说明循环功能良好。

2. 呼吸系统监护 保持呼吸道通畅，预防呼吸道感染发生。应用呼吸机者应注意，加强气道护理，严格无菌操作，处理呼吸机报警，根据病情调整呼吸参数；加强气道湿化；气管切开者注意及时更换敷料，预防呼吸机相关性肺炎；观察有无导管堵塞、衔接松脱、皮下气肿、气管黏膜溃疡、通气过度或不足的现象；控制吸氧浓度及流量。

3. 脑缺氧的监护 复苏后应观察患儿的神志、瞳孔变化及肢体的活动情况，遵医嘱及早应用低温疗法及脱水剂，严密观察血容量及电解质的变化。

4. 肾功能监护 使用血管活性药时每小时测量尿 1 次。观察尿的颜色及比重，如血尿和少尿同时存在，比重＞1.010 或肌酐和尿素氮升高，应警惕肾衰竭的发生。

5. 密切观察患儿的症状体征 患儿出现呼吸困难、鼻翼扇动、呼吸频率、节律明显不正常时，应注意防止呼吸衰竭；出汗或大汗淋漓、烦躁不安、四肢湿冷是休克表现；表情淡漠、嗜睡、发绀，说明脑缺血、缺氧；如瞳孔缩小，对光反射恢复，角膜反射、吞咽反射、咳嗽反射等逐渐恢复，说明复苏好转。

6. 防止继发感染 保持室内空气新鲜，注意患儿及室内清洁卫生；注意无菌操作，器械物品必须经过严格消毒灭菌；如病情许可，应勤翻身拍背，防止压疮及继发感染的发生，但患儿如处于心低输出量状态时，则不宜翻身，防止引起心搏骤停的再次发生；注意口腔及眼护理，防止角膜干燥或溃疡及角膜炎的发生；气管切开吸痰及更换内套管时，注意无菌操作。

案例 18-6 分析讨论（续）

2. 复苏后对患儿循环系统和呼吸系统的监测与护理

（1）循环系统的监护：复苏后心律不稳定，应给予心电监护密切观察心电图的变化。每 15 分钟测脉搏、血压和心率 1 次，直至这些指标平稳。密切观察皮肤、口唇的颜色、四肢的温度、指（趾）甲的颜色及静脉充盈等末梢循环情况，如皮肤湿冷、指（趾）甲苍白发绀，提示循环血量不足。如肢端温暖，指（趾）甲充盈时间正常，说明循环功能良好。

（2）呼吸系统监护：加强呼吸道管理，保持呼吸道通畅，定时翻身、拍背、湿化气道、排痰，按医嘱应用抗生素，防止肺部感染的发生。应用呼吸机者应注意：根据病情调整呼吸参数；加强气道湿化；气管切开者注意及时更换敷料，预防感染；观察有无导管堵塞、衔接松脱、皮下气肿、气管黏膜溃疡、通气过度或不足的现象；控制吸氧浓度及流量。

思 考 题

1. 惊厥患儿的典型表现有哪些?
2. 惊厥患儿发作时如何进行护理?
3. 急性颅内压增高患儿有哪些临床表现?
4. 急性颅内压增高患儿的护理措施有哪些?
5. 急性呼吸衰竭患儿低氧血症和高碳酸血症各有哪些临床表现?
6. 急性呼吸衰竭患儿如何保持呼吸道通畅?
7. 急性呼吸衰竭患儿使用机械通气的指征和撤离呼吸机的指征有哪些?
8. 充血性心力衰竭患儿有哪些临床表现?
9. 充血性心力衰竭患儿应用洋地黄制剂时如何进行用药护理?
10. 急性肾衰竭患儿少尿期的主要临床表现有哪些?
11. 心脏复苏成功的标志是什么?
12. 复苏后患儿如何进行循环系统和呼吸系统的监测与护理?

（许洪伟）

第十九章　常见肿瘤患儿的护理

【学习目标】

掌握：急性白血病的分类；淋巴瘤的分类；霍奇金淋巴瘤的分期；急性白血病、各类淋巴瘤、肾母细胞瘤及神经母细胞瘤患儿的身体状况、护理诊断、护理措施。

熟悉：急性白血病、各类淋巴瘤、肾母细胞瘤、神经母细胞瘤患儿的治疗要点、辅助检查。

了解：急性白血病、各类淋巴瘤、肾母细胞瘤、神经母细胞瘤的发病机制、分型、预后。

儿童肿瘤（childhood cancer）是指发生在儿童时期的良性和恶性肿瘤。肿瘤在儿童时期的发生率较低，且与年龄有密切关系，多见于出生后5年内，其中最常见的是白血病，其次是脑肿瘤和淋巴瘤。恶性肿瘤是仅次于意外创伤导致儿童死亡的主要原因。自从20世纪60年代早期采用有效的化学药物治疗以来，儿童肿瘤的治愈率已获得明显改善。然而，儿童处于生长发育期，可能出现化疗药物及放疗对机体器官的损伤，造成生长发育障碍及远期的脏器功能不良。因此，治疗儿童肿瘤的同时，更需关注肿瘤患儿的生存质量。

第一节　急性白血病患儿的护理

案例 19-1

患儿，男性，1岁3个月，因间断发热、面色苍白、白细胞减少1个月余入院。

患儿1个月前不明原因发热，体温37.5～38℃，无咳嗽、流涕等卡他症状，精神欠佳，面色进行性苍白，血常规显示白细胞减少，食欲尚可。患儿足月剖宫产，既往生长发育正常，父亲曾患甲型肝炎已治愈，无其他特殊家族史。

体格检查：体温38.3℃，面色苍白，活动后气促，两颌下淋巴结肿大，每侧1个，如黄豆大小，质软，无触痛，其余部位淋巴结未触及，常鼻出血，双下肢瘀点，呼吸稍促，30次/分，胸骨有压痛，肝肋下2cm，质中等，脾肋下未触及。

辅助检查：血常规示Hb 70g/L，WBC 3.0×10^9/L，PLT 80×10^9/L，血中见幼稚淋巴细胞40%；骨髓检查：有核细胞增生减低，分类以原始细胞和幼稚淋巴细胞为主，占61%，巨核细胞全片未见，血小板少见。

思考题：

1. 该患儿最可能的临床诊断是什么？
2. 治疗开始前还应做哪些辅助检查？
3. 该患儿目前存在的主要护理诊断有哪些？
4. 预防该患儿感染有哪些护理措施？

白血病（leukemia）是造血系统的恶性增生性疾病，其特点为造血组织中某一细胞系统过度增生、进入血流并浸润各组织和器官，从而引起一系列临床表现。是儿童时期最常见的恶性肿瘤，约占全球儿童恶性肿瘤病例的 30%，研究显示儿童白血病的发病率在全球范围内呈明显上升趋势。我国每年大约有15 000例15岁以下的儿童发生白血病，其中急性白血病约占95%，慢性白血病只占3%～5%。

【病因与发病机制】

病因及发病机制尚未完全明了，但研究表明白血病是一组异质性疾病，是遗传与环境相互作用的结果。可能与以下因素有关。

1. 病毒因素 HTLV-I 病毒可引起成人 T 淋巴细胞白血病，因此推测儿童白血病也可能由此病毒引起，但目前尚未找到确凿证据。

2. 电离辐射 已有证据肯定电离辐射可以引起人类白血病，小儿对电离辐射较为敏感，在曾经放射治疗胸腺肥大的小儿中，白血病发生率较正常小儿高 10 倍；妊娠妇女照射腹部后，其新生儿的白血病发病率比未经照射者高 17.4 倍。

3. 化学因素 一些化学物质如杀虫剂、苯及其衍生物、甲醛、亚硝胺类、氯霉素、保泰松、乙双吗啉和细胞毒药物等均可能诱发白血病。近来研究表明，暴露于金属粉尘、烟熏和铅的父母，其孩子的白血病发生率也较高，但主要以急性粒细胞白血病为主。

4. 遗传因素 白血病不是遗传病，但具有遗传缺陷的人群容易发生白血病。Leukemia 如 21-三体综合征、先天性再生障碍性贫血、伴有多发畸形、先天性睾丸发育不全症、先天性远端毛细血管扩张性红斑症等的患儿，白血病发病率均较一般儿童高。单卵双生儿中一个患急性白血病，另一个患白血病的概率为 20%～25%。目前在儿童白血病中近一半能检测出染色体异常。上述现象均提示白血病的发生与遗传体质或易感性有关。

【分类与分型】

根据白血病细胞的分化程度、自然病程长短，将白血病分为急性和慢性两大类。再根据增生的白细胞种类不同，可分为急性淋巴细胞白血病（简称急淋，acute lymphoblastic leukemia，ALL）和急性非淋巴细胞白血病（简称急非淋，acute non-lymphoblastic leukemia，ANLL）两大类，前者在小儿中的发病率较高。目前，常采用形态学（M）、免疫学（I）、细胞遗传学（C）及分子生物学（M），即 MICM 综合分型（表 19-1）。急性白血病的分类或分型对于诊断、治疗和提示预后都有一定意义。

表 19-1 急性白血病的分型

分型方法	急性淋巴细胞白血病	急性非淋巴细胞白血病
形态学分型（FAB 分型）	L_1型：约占 80%以上 L_2型：约占 15% L_3型：仅占 4%以下	M_1：粒细胞白血病未分化型 M_2：粒细胞白血病部分分化型 M_3：早幼粒细胞白血病 M_4：粒-单核粒细胞白血病 M_5：单核细胞白血病 M_6：红白血病 M_7：巨核细胞白血病
免疫学分型	T 细胞系（T-ALL） B 细胞系（B-ALL） 伴有髓系标志的（My^+-ALL）	髓系标志中的一项或多项阳性
细胞遗传学改变	染色体数目改变：46 条染色体（超二倍体、假二倍体和亚二倍体） 染色体核型改变	染色体数目改变 核型改变
分子生物学分型	特异性基因	融合基因
临床分型	高危型（HR-ALL） 中危型（MR-ALL） 标危型（SR-ALL）	低危（LR-ALL） 高危（HR-ALL） 中危（MR-ALL）

【治疗要点】

白血病的治疗主要是以化疗为主的综合疗法，原则是早诊断、早治疗、严格分型，按照类型及影响预后的因素，采取联合、足量、间歇、交替及长期的正规化疗方案，争取尽快完全缓解；加强支持治疗，包括感染防治、营养支持、成分输血、集落刺激因子应用、高尿酸血症防治等。同时要早期防治中枢神经系统白血病和睾丸白血病。持续完全缓解 2.5～3.5 年者，治疗方可停止。条件允许也可做造血干细胞移植，不仅可提高患儿长期生存率，还可根治白血病。儿童常用白血病化疗药物简介见表 19-2。

表 19-2　小儿白血病常用化疗药物简介

药物	主要作用	给药途径	剂量和用法	毒性作用
波尼松（pred）	溶解淋巴细胞	口服	40～60mg/（m^2·d），分 3 次	高血压、Cushing综合征、骨质疏松，易感染，精神异常，消化性溃疡
地塞米松	溶解淋巴细胞	口服	6～10mg/（m^2·d），分 3 次	同波尼松
6-巯嘌呤（6-MP）	抗嘌呤合成，使 DNA 和 RNA 合成受抑制	口服	每次 50～90mg/m^2，每天 1 次	骨髓抑制，肝脏坏死，黏膜炎
6-硫鸟嘌呤（6-TG）	同 6-MP	口服	每次 75mg/m^2，每天 1 次	同 6-MP
环磷酰胺（CTX）	抑制 DNA 合成，使细胞停止在分裂期，阻止进入 S 期	口服 静脉滴注	2～3mg/（kg·d），每天 1 次 200～400mg/m^2，每周 1 次	恶心、呕吐、骨髓抑制、脱发、出血性膀胱炎、肝损害、口腔溃疡、肺纤维化、膀胱癌、过敏、抗利尿激素异常分泌
甲氨蝶呤（MTX）	抗叶酸代谢，阻止四氢叶酸合成，抑制 DNA 合成	肌内注射或静脉滴注 鞘内注射（鞘注）	每次 15～25mg/m^2，每周 1～2 次 每次 10mg/m^2，隔天或 1 周 1 次	骨髓抑制，肝损害，口腔、胃肠道溃疡，恶心、呕吐、巨幼红样变，肝炎，骨质疏松，蛛网膜炎，脑白质病，脊髓白质病
阿糖胞苷（Ara-c）	抗嘧啶代谢，抑制 DNA 合成，作用于 S 期	静脉滴注或肌内注射 鞘内注射	100～200mg/（m^2·d），分 2 次 每次 30 mg/m^2，隔天或每周 1 次	骨髓抑制、脱发、口腔溃疡、恶心、呕吐、中枢神经系统损伤
柔红霉素（DNR）	抑制 DNA 和 RNA 合成	静脉滴注	每次 30 mg/m^2，每天 1 次，共 2～4 次	骨髓抑制、心脏损害、胃肠反应、局部刺激
去甲氧柔红霉素（IDA）	抑制 DNA 合成	静脉滴注	每次 30 mg/m^2，每天 1 次，共 2 天	骨髓抑制、心脏毒性、肝损害、胃肠反应、心律失常
阿柔比星/阿霉素（ADM）	抑制 DNA 和 RNA 合成	静脉注射	每次 40 mg/m^2，每天 1 次，共 3 天	骨髓抑制、心脏毒性、脱发、胃肠反应
门冬酰胺酶（ASP）	溶解淋巴细胞，分解门冬酰胺	静脉滴注	0.6 万～1 万 IU/（m^2·d），隔天 1 次，共 6～10 次	肝损害、变态反应、胰腺炎、氮质血症、糖尿、低血浆蛋白
长春新碱（VCR）	抑制 DNA 合成，阻滞细胞分裂	静脉注射	每次 1.5～2 mg/m^2，每周 1 次	局部蜂窝织炎、周围神经炎、便秘、肠梗阻、下颚痛、抽搐、上睑下垂、轻微骨髓抑制
三尖杉酯碱（H）	抑制蛋白质合成，分解门冬酰胺	静脉注射	每次 4～6mg/m^2，每天 1 次，共 5～7 天	骨髓抑制、心脏损害、胃肠反应

续表

药物	主要作用	给药途径	剂量和用法	毒性作用
依托泊苷/足叶乙苷（VP16）	抑制 DNA 和 RNA 合成	静滴	每次 100～150mg/m^2，每天 1 次，共 2～3 天	骨髓抑制、肝肾损害、胃肠反应
替尼泊苷（VM26）	破坏 DNA，阻断 G_0 和 M 期	静滴	同 VP16	同 VP16
全反式维 A 酸（ATRT）	诱导分化剂，与 PML/RARa 融合基因结合	口服	每天 30～60mg/m^2，分 2～3 次	维 A 酸综合征

【预后】

近十年来，新的治疗白血病的药物不断涌现，化疗方案和治疗方法不断改进，急性白血病的预后明显改善。尤其是造血干细胞移植技术和方法的不断改进，移植成功率逐渐提高。目前，儿童 ALL 缓解率可达 95%以上，5 年无病生存率已达 70%～85%，治愈率已达 80%，ALL 已成为一种可治愈的恶性肿瘤；ANLL 的 5 年无病生存率为 30%～50%，疗效不及 ALL。

【护理评估】

1. 健康史 评估患儿是否有遗传病家族史、病毒感染史、放射线或重金属接触史；本次发病的时间、主要症状和体征。特别是 3 岁以上的贫血患儿，应仔细分析其发病特点，对常规补血治疗无效的，应警惕白血病的可能。

2. 身体状况 各型白血病的临床表现基本相同，大多起病较急，少则几天多则数月，也有部分患儿起病时症状较为隐匿，持续数月。主要临床特征有发热、贫血、出血和白血病细胞浸润的表现。早期有面色苍白、精神不振、乏力、食欲低下、鼻出血或齿龈出血等表现；少数患儿以发热和类似风湿热的骨、关节痛为首发症状。

（1）发热常为首发症状，热型不定，一般不伴寒战，抗生素治疗无效；合并感染时，常持续高热，多为呼吸道炎症、齿龈炎、皮肤疖肿、肾盂肾炎、败血症等。

（2）贫血出现较早，呈进行性加重，主要是由于骨髓造血干细胞受到抑制所致。表现为苍白、虚弱无力、活动后气促等。

（3）出血也是常见的早期症状，出血原因是多方面的，主要是白血病细胞浸润骨髓，巨核细胞受抑制使血小板生成减少及功能受影响，其次是感染和白血病细胞浸润毛细血管壁，使血管通透性增加。以皮肤和黏膜出血多见，表现为紫癜、瘀斑、鼻出血、齿龈出血、消化道出血和血尿。偶有颅内出血，为引起死亡的重要原因之一。

（4）白血病细胞浸润表现

1）肝、脾、淋巴结肿大：尤以急性淋巴细胞白血病显著，可有压痛。纵隔淋巴结肿大时可致压迫症状如呛咳、呼吸困难和静脉回流受阻等。

2）骨、关节疼痛：多见于急性淋巴细胞白血病，可有胸骨、长骨的压痛，其中部分呈游走性关节痛，局部红肿现象多不明显。因为小儿骨髓多为红髓，易被白血病细胞侵犯，白血病细胞大量增生、压迫和破坏邻近骨质及浸润骨膜。

3）中枢神经系统白血病（CNSL）：是白血病细胞侵犯脑实质和（或）脑膜所致，出现头痛、呕吐、嗜睡、视乳头水肿、脑神经麻痹、截瘫、惊厥甚至昏迷、脑膜刺激征等颅内压增高的表现，脑脊液中可发现白血病细胞。由于多数化疗药物不易透过血脑屏障，故中枢神经系统便成为白血病细胞的“庇护所”，它是导致急性白血病复发的主要原因。

4）睾丸肿大：可单侧或双侧，表现为局部肿大、触痛，阴囊皮肤可呈红黑色，属白血病细胞侵犯睾丸所致。由于化疗药物也不易进入睾丸，此处白血病细胞可长期存在，因而常成为导致白血病复发的另一重要原因。

5）绿色瘤：是白血病细胞浸润眶骨、颅骨、胸骨、肋骨或肝、肾、肌肉等组织所致，在局部呈块状隆起，此瘤切面呈绿色，暴露于空气中绿色迅速消退，这种绿色素的性质尚未明确。

6）其他：少数患儿有皮肤、心脏、肾脏、消化系统等浸润而出现相应的症状、体征。当白血病细胞浸润皮肤可有结节、肿块及斑丘疹等；浸润唾液腺可有唾液腺肿大等。

3. 辅助检查

（1）血常规：红细胞、血红蛋白均减少，呈正细胞正色素性贫血。大多网织红细胞数较低，偶在外周血中见到有核红细胞。白细胞数高低不一，增高者约占 50%以上，以原始细胞和幼稚细胞占多数。血小板减少。

（2）骨髓象：骨髓检查是确立诊断和评定疗效的重要依据。原始及幼稚细胞极度增生；幼红细胞和巨核细胞减少。少数患儿表现为骨髓增生低下。

（3）其他检查：如细胞化学染色，肝、肾功能检查，胸部 X 线检查等。

案例 19-1 分析讨论

1. 该患儿最可能的诊断为急性白血病。

2. 治疗开始前还应做以下相关检查：组织化学染色、溶菌酶检查、肝功能检查、胸部 X 线检查等。

4. 心理-社会状况 评估患儿及家长的心理状态，对突发事件的应对能力，对病情的认识程度和对护理的要求；评估家庭经济状况及其支持系统。

【常见护理诊断/问题】

1. 体温过高 与大量白血病细胞浸润、坏死和（或）感染有关。

2. 活动无耐力 与贫血致组织器官缺氧、恶性疾病自体消耗有关。

3. 营养失调：低于机体需要量 与疾病过程中消耗增加，化疗所致恶心、呕吐、食欲下降、摄入不足有关。

4. 潜在并发症 感染、出血、药物副作用。

5. 疼痛 与白血病细胞浸润有关。

6. 预感性悲哀 与白血病危险程度重、久治不愈有关。

【预期目标】

1. 患儿住院期间体温维持在正常范围。

2. 患儿活动耐力逐渐增加。

3. 患儿住院期间能摄入足够的营养。

4. 患儿住院期间不出现某些并发症，或并发症能得以及时发现和处理。

5. 患儿疼痛能得到较好控制。

6. 家长及年长儿逐渐接受疾病事实，参与未来的决策，积极配合治疗。

【护理措施】

1. 维持正常体温 监测体温，观察热型及热度，遵医嘱给予降温药，但忌用安乃近和乙醇擦浴，以免降低白细胞和增加出血倾向。观察降温效果，防治感染。

2. 合理安排生活作息制度 患儿需卧床休息，一般不要过多卧床，又要防止过度活动。严重虚弱患儿需长期卧床休息，护理人员协助其日常生活，并经常更换体位，预防压疮。

3. 加强营养 给予高蛋白、高维生素、高热量的饮食。鼓励进食，不能进食者可静脉补充。注意饮食卫生，食物应新鲜、清洁、卫生，食具应消毒。

4. 观察病情，防止并发症

（1）防治感染：由于血液中未成熟白细胞增多，不能正常对抗感染，因此感染是白血病患儿最常见的并发症，也是最危险的并发症，是导致白血病患儿死亡的主要原因之一。因此，防治感染尤为重要。

1）保护性隔离：与其他病种患儿分室居住，以免交互感染。病室阳光充足，空气新鲜，并每日消毒。粒细胞数极低和免疫功能明显低下者应住单间，有条件者住空气层流室或无菌单人层流床。限制探视者人数和次数，感染者禁止探视。接触患儿前认真洗手，必要时以消毒液洗手。

2）注意个人卫生：教会家长及年长儿正确的洗手方法，防止感染传播；保持口腔清洁，进食前后应用温开水或漱口液漱口；宜用软毛牙刷或海绵，以免损伤口腔黏膜及牙龈，导致出血和继发感染；每日清洁鼻前庭并给予液状石蜡抹鼻；有黏膜真菌感染者，可用氟康唑或依曲康唑涂抹患处；勤换衣裤，每日沐浴，利于汗液排泄，降低皮肤感染的风险；保持大便通畅，便后用温开水或盐水清洁肛周，以防肛周脓肿；肛周溃烂者，每日坐浴。

3）严格执行无菌操作，遵守操作规程：尤其是对粒细胞减少的患儿进行操作时（静脉穿刺、肌内注射等）除需按常规消毒外，宜用浸过乙醇的无菌纱布覆盖局部皮肤 5 分钟再行穿刺。

4）避免有关接种：免疫功能低下者，避免用麻疹、风疹、水痘、流行性腮腺炎等减毒活疫苗和脊髓灰质炎糖丸预防接种，以防发病。

5）观察感染早期征象：监测生命体征，检查皮肤有无破损、红肿，外阴、肛周有无黏膜糜烂、渗出、脓肿等；有无牙龈肿胀、咽红、咽痛等，发现感染先兆及时通知医生，遵医嘱应用抗生素。

（2）防治出血：出血是白血病患儿死亡的又一主要原因。

1）注意安全，避免损伤：提供安全的生活环境，加强护理，避免受伤。禁食坚硬、多刺的食物，防止损伤口腔黏膜及齿龈出血。保持大便通畅，防止腹腔压力增高而诱发颅内出血。尽量减少肌内注射或深静脉穿刺抽血，各种穿刺后需按压穿刺部位 10 分钟，以防出血。

2）注意有无出血表现：观察皮肤有无瘀点（斑）及变化，监测血小板的数量变化。监测生命体征，观察神志、面色，如面色苍白加重，呼吸、脉搏增快，出汗，血压下降提示失血性休克；若患儿烦躁、嗜睡、头痛、呕吐，甚至惊厥、昏迷、颈抵抗等提示颅内出血；若呼吸变慢或不规则，双瞳孔不等大，光反射迟钝或消失提示可能合并脑疝。注意观察有无腹痛、便血、血尿、腰痛，消化道出血常伴腹痛、便血，肾出血伴血尿、腰痛。

3）出血处理：口鼻黏膜出血可用浸有 1%麻黄碱溶液或 0.1%肾上腺素溶液的棉球、纱条或明胶海绵局部压迫止血。无效者，可请耳鼻喉科医生会诊，以油纱条填塞，2～3 天后更换。严重出血者按医嘱给予止血药、输同型血小板。

（3）用药护理

1）护理人员应熟悉各种化疗药物的药理作用和特性，了解化疗方案及给药途径，按医嘱正确给药：①化疗药物多为静脉给药，因药物刺激性大，药液渗漏可致局部疼痛、红肿，甚至坏死。因此注射前应确认静脉通畅方可注入，遵医嘱注意输注速度，以减轻对血管壁刺激。发现渗漏，立即停止注射，并做局部处理；②某些药（如门冬酰胺酶）可致过敏反应，用药前应询问用药史及过敏史，用药过程中要观察有无过敏反应；③光照可使某些药（依托泊苷、替尼泊苷）分解，静脉滴注时应避光；④鞘内注射时浓度不宜过大，药量不宜过多，缓慢推入，术后应平卧 4～6 小时；⑤操作中护士要注意自我保护。

2）观察及处理药物毒性反应：①绝大多数化疗药物均可致骨髓抑制而使患儿易感染，应监测血象，及时防治感染；②观察有无出血倾向和贫血表现；恶心、呕吐严重者，用药前半小时给止吐药；③加强口腔护理。有溃疡者，宜给予清淡、易消化的流质或半流质饮食；疼痛明显者，进食前可给予局麻药或敷以溃疡膜、溃疡糊剂；④环磷酰胺可致出血性膀胱炎，应多饮水，以保证液量输入，并尽量在白天完成，以免影响休息。其还可致脱发、粒细胞减少、性腺损害等，告知家长及年长儿做好心理准备，脱发后可戴假发、帽子或围巾；⑤告知家长及年长儿长期用激素可出现满月脸、向心性肥胖、情绪改变等，停药后会消失，应多关心患儿，勿嘲笑或讥讽患儿。

5. 缓解疼痛 应根据患儿的病情、个人特点以及病房条件采取个体化的干预方法以缓解疼痛。

提高诊疗技术，尽量减少因治疗、护理带来的痛苦。选用适当的非药物性止痛技术，如通过做游戏、讲故事、看动画片、听轻柔的儿歌等转移患儿注意力；对可进食患儿给予喝甜饮料或者吃富含脂肪的食物以减轻患儿疼痛；进行按摩、针灸等。或遵医嘱用止痛药，以减轻疼痛。监测患儿生命体征，注意有无烦躁、易激惹等症状，及时发现镇痛需要及评价止痛效果。

6. 情感支持和心理疏导　白血病疾病本身的严重性及化疗给患儿带来的痛苦体验和不良反应，使家长承担生理、心理及经济方面的各种压力，如在得知孩子的病情后，家长常常会有各式各样的心理体验，震惊与否认、自责与压抑、感到无能为力、恐惧。研究表明，家长的心理压力会对患儿的心理健康产生重要影响，使患儿出现固执、焦虑、缺乏耐心等问题，因此应积极帮助家长找到应对压力的方式，提供情感支持和心理疏导，帮助其消除心理障碍。

（1）积极引导家长及年长儿采用成熟的心理防御机制和压力应对方式，或适时地引入情绪处理模型，来缓解家长及年长儿的心理压力，可组建一支由临床医生、护士、心理医生及社会志愿者组成的综合关怀团队对白血病患儿家庭实施综合关怀，以对家长及年长儿提供心理及情感支持。

（2）热情帮助、关心家长及患儿，向家长及年长儿介绍本病的有关知识，让他们了解该病国内外的治疗护理新进展，告诉家长随着诊疗技术的不断完善，目前白血病的缓解率和 5 年无病生存率都得到了极大的提高。尽早诊断、合理治疗将使预后大为改善。鼓励其树立信心，并采取积极的态度和方式来应对疾病。以帮助他们树立战胜疾病的信心，让他们对治疗的长期性有充分的思想准备。

（3）家长在照顾过程，护理经验的积累及照护技能的提高所带来的自我肯定及周围人的感激等也会给其带来积极感受，积极感受能降低其感受到的照护负担，因此还应鼓励家长表达其在照顾过程中的收获和成长，同时肯定其价值和能力，增强家长的自我效能，强化积极感受。

（4）为新老患儿及其家长提供相互交流的机会，如定期召开家长座谈会或病友联谊会，让家长、患儿相互交流成功护理经验和教训、如何采取积极的应对措施以渡过难关、抒发心情等。也可以设计专门的手机程序，在患儿出院后对家长施行 PICC 维护及感染预防等知识的宣教，纠正其对疾病认知不足导致的负性情绪，从而提高自护和应对能力，增强治愈的信心。

（5）进行各项诊疗、护理操作前，告知家长及年长儿其操作意义和流程、如何配合、可能出现的不适，以减轻或消除他们的恐惧心理。说明化疗是白血病治疗的重要手段，让家长了解所用的化疗方案、药物剂量及可能出现的不良反应，同时了解应对方法；了解定期化验（血象、骨髓象、肝功能、肾功能、脑脊液等）的必要性，做好解释，使其配合各项检查；了解患儿所处的治疗阶段，详细记录每次治疗情况，使治疗方案具有连续性。

（6）密切观察年长儿可能出现的心理问题，如形象紊乱、悲观失望、恐惧等，应给予及时帮助，进行心理疏导，使患儿以积极的态度面对疾病及其带来的问题，主动配合治疗。另外还要注意家长育儿方面的问题，由于反复入院治疗，部分患儿家长采用纵容与溺爱的方式对患儿予以补偿，造成患儿负面情绪增多，护士可通过游戏互动增加患儿的顺从性，加强自我控制感，使患儿的内在力量得到成长与改变。

7. 健康教育

（1）讲解白血病的有关知识、化疗药物的作用和毒副作用，教会家长如何预防、观察感染及出血征象，出现异常如发热、心率及呼吸加快、鼻出血或其他出血征象时及时就诊。

（2）向家长及年长儿阐明白血病完全缓解后，患儿体内仍有残存的白血病细胞（约 10^7 个），这是复发的根源，让其明确坚持定期化疗的重要性。

（3）化疗间歇期可家庭维持治疗，应详细介绍用药方法，强调按时用药，不应随便停药或减量。要求患儿定期到专科门诊复查，使治疗方案有效进行。

（4）化疗间歇期可酌情参加学校学习，以利其生长发育。鼓励患儿参与体格锻炼，增强抗病能力，预防感染。

（5）重视患儿的心理状况，正确引导，使患儿在治疗疾病的同时，心理社会及智力也得以正常发展。

案例 19-1 分析讨论（续）

3. 该患儿的主要护理诊断

（1）体温过高：与大量白血病细胞浸润、坏死和（或）感染有关。

（2）活动无耐力：与贫血致组织器官缺氧、恶性疾病自体消耗有关。

4. 预防感染的护理措施

（1）保护性隔离：与其他病种患儿分室居住，有条件者住空气层流室或无菌单人层流床。限制探视者人数和次数，感染者禁止探视。接触患儿前认真洗手，必要时以消毒液洗手。

（2）注意个人卫生：保持口腔清洁，每日清洁鼻前庭并给予洗必泰油膏或液状石蜡抹鼻；勤换衣裤，每日沐浴，利于汗液排泄，减少皮肤感染；保持大便通畅，便后用温开水或盐水清洁肛周。

（3）严格执行无菌操作，遵守操作规程。

（4）观察感染早期征象：监测生命体征，检查皮肤有无破损、红肿，外阴、肛周有无黏膜糜烂、渗出、脓肿等；有无牙龈肿胀、咽红、咽痛等，发现感染先兆及时通知医生。

【护理评价】

经过治疗和护理，患儿住院期间体温正常、活动耐力逐渐增加，摄入的营养足够、体重增长；患儿住院期间无感染、出血、药物副作用的发生；患儿疼痛得到有效控制；家长及年长儿逐渐接受疾病事实、积极配合治疗。

第二节　淋巴瘤患儿的护理

淋巴瘤（lymphoma）是起源于淋巴结或结外淋巴组织的恶性肿瘤，临床表现为进行性、无痛性淋巴结肿大，常伴肝、脾肿大，晚期可有发热、贫血、出血和恶病质表现。在儿童及青少年时期的恶性肿瘤中占第 3 位，约占 15%，发病率约 1.63/10 万。一般分为霍奇金淋巴瘤和非霍奇金淋巴瘤两大类，儿童以非霍奇金淋巴瘤为主，占 80%～85%。

一、霍奇金淋巴瘤

霍奇金淋巴瘤（hodgkin lymphoma，HD）过去称为霍奇金病，是淋巴系统包括淋巴结的恶性肿瘤。临床表现以慢性进行性、无痛淋巴结肿大为主，原发于颈淋巴结者多见，可向淋巴结以外的器官扩散，如肝、脾、骨髓、肺等。发病年龄多见于青少年和青年，5 岁以下很少发病，男孩高于女孩。

【病因与发病机制】

HD 的病因尚不清楚。目前认为病毒尤其是 EB 病毒感染可能与此病发生密切相关。病毒感染后使淋巴组织持续增生，引起胸腺系统淋巴细胞的表面抗原性改变。这种细胞又与正常 T 淋巴细胞相互作用形成肿瘤性网状细胞和终末期多核巨网细胞（R-S 细胞），使淋巴免疫耗竭而发生肿瘤。

免疫缺陷、辐射、药物和遗传因素等均可为促发因素。

【病理生理】

病变部位淋巴结肿大，正常结构受破坏，部分或全部被肿瘤组织所代替。活检可见 R-S 细胞、淋巴细胞、嗜酸粒细胞、中性粒细胞和浆细胞浸润，并可有纤维组织形成。找到 R-S 细胞是诊断本病的依据。

霍奇金淋巴瘤根据肿瘤细胞的免疫特征分为结节性淋巴细胞为主型霍奇金淋巴瘤和经典型霍奇金淋巴瘤，经典型霍奇金淋巴瘤又分为四种亚型，包括结节硬化型、淋巴细胞丰富型、混合细胞型、淋巴细胞消减型。

霍奇金淋巴瘤转移较慢，首先扩散的部位是邻近淋巴结，然后沿淋巴管扩散，晚期发生肝、脾、肺和骨髓转移。

【临床分期】

临床分期有助于治疗方案的选定和预后的判断。根据病变范围不同分为四期（表 19-3）。

表 19-3　霍奇金淋巴瘤的临床分期

分期	病变范围
Ⅰ	侵及单一淋巴结区或单个淋巴结外器官
Ⅱ	在横膈一侧，侵及两个或更多淋巴结区，或外加局部侵犯 1 个结外器官/部位
Ⅲ	受侵犯的淋巴结区在横膈的两侧，或外加局部侵犯 1 个结外器官/部位或脾或两者均有受累
Ⅳ	弥漫性或播散性侵犯 1 个或更多的结外器官，同时伴或不伴有淋巴结受累

【治疗要点】

根据年龄、分期制订治疗方案。以联合治疗为主：小剂量的受累部位放疗和联合化疗。8 岁以下尽量少用放疗，因放疗影响骨骼和软组织发育，甚至影响生长发育。Ⅰ、Ⅱ期以放疗为主；Ⅲ期以化疗为主，加用放疗；Ⅳ期以化疗为主，并对巨大瘤块加用放疗。

常用的化疗药有氮介、长春新碱、丙卡巴肼、泼尼松、阿霉素、博来霉素、环磷酰胺等。

【预后】

长期生存较好。如果放化疗联合应用，Ⅰ、Ⅱ期患儿的 5 年生存率高达 90%，Ⅲ期患儿达 80%，但Ⅳ期患儿仅为 25%～50%。但是，治疗可能导致继发肿瘤如白血病和其他实体瘤。

二、非霍奇金淋巴瘤

非霍奇金淋巴瘤（non- Hodgkin lymphoma，NHL）是一组原发于淋巴结或结外淋巴组织的高恶度、高侵袭性的恶性肿瘤。位于急性白血病和脑肿瘤之后，居小儿恶性肿瘤的第 3 位，约占小儿所有肿瘤的 6.3%。

【病因】

NHL 的病因尚不完全清楚，可能由癌基因病毒引起。严重免疫缺陷、长期接受免疫抑制剂治疗等，使机体识别和破坏癌基因病毒或肿瘤细胞的能力降低。

其他如环境、遗传因子等因素可能与非霍奇金淋巴瘤的发病有关。

【病理生理】

非霍奇金淋巴瘤是弥漫性、高分化、淋巴结外的肿瘤，肿瘤细胞多在淋巴结和脾脏内，也可累及骨髓和脑脊液，生长迅速并快速广泛的扩散。瘤细胞呈弥漫性致密的相对单一性浸润生长，细胞中等大小。淋巴结结构破坏，肿瘤常侵犯淋巴结包膜、结外脂肪和纤维组织。

根据组织学分类，非霍奇金淋巴瘤主要有三种类型：淋巴母细胞型、未分化小细胞型和大细胞型。根据免疫学分类可分为 T 细胞、B 细胞和非 T 非 B 细胞表现型。

【治疗要点】

目前，国际上对儿童非霍奇金淋巴瘤采取分层治疗，并根据分期调整治疗强度。

1. 常规化疗 根据类型和分期选择方案，从诱导治疗开始，总疗程 18～24 个月，常用的化疗药包括环磷酰胺、柔红霉素、长春新碱、泼尼松等。由于非霍奇金淋巴瘤常累及中枢神经系统，鞘内注射治疗也常用。

2. 放疗 局部淋巴结放疗。

3. 支持治疗 注意休息，加强营养，防治感染。

【预后】

非霍奇金淋巴瘤患儿的预后与其病理分型、临床分期等因素密切相关。局灶性病变患儿预后良好，可长期缓解。发病 2 年后复发的机会少。未分化小细胞型患儿的生存率为 70%～80%；淋巴母细胞型患儿如果有区域性病变的，其无病生存率为 60%～80%，如果是局灶性的则高达 80%；大细胞型的治愈率为 60%～70%。

三、淋巴瘤患儿的护理

【护理评估】

1. 健康史 评估患儿是否有病毒感染史、免疫缺陷、遗传病家族史、放射线或药物接触史；本次发病的时间、主要症状和体征。

2. 身体状况

（1）霍奇金淋巴瘤

1）全身表现：可有低热，表现为间断的、反复的发热，间隔数日或数周不定，夜间尤为显著，且随时间越来越重。食欲下降、恶心、盗汗、消瘦。

2）淋巴结受侵犯表现：持续的无痛性颈部或锁骨上淋巴结肿大。受累的淋巴结易于触及，典型表现为橡皮样、质硬、无压痛。随病情进展，肿大的淋巴结可融合成巨大肿块，与周围组织融为一体。肿大淋巴结压迫邻近器官可引起相应症状，如纵隔淋巴结肿大压迫气管、支气管，引起干咳、胸闷、呼吸困难和上腔静脉压迫症。无原因的腹痛可由于后腹膜淋巴结肿大所致。

3）结外淋巴组织及脏器侵犯：多发生于疾病晚期，少数患儿可以从结外淋巴组织起病，肺原发侵犯表现如间质肺炎，骨骼侵犯表现虫噬样骨破坏或骨缺损，肝脾弥漫性侵犯提示为原发侵犯灶，而多发性侵犯则提示转移灶可能性大。罕见中枢神经系统及睾丸转移。

（2）非霍奇金淋巴瘤：主要取决于疾病的部位和程度，一般表现有发热和体重减轻。

前 T 淋巴母细胞淋巴瘤 85%～90%表现为淋巴母细胞淋巴瘤，少数表现为急性淋巴细胞白血病，好发于年长儿，男孩多于女孩，典型表现为前纵隔肿物，出现轻重不等的气道压迫症状，伴胸膜侵犯可合并胸腔积液，使呼吸困难加重；纵隔肿物压迫食管可致吞咽困难；压迫上腔静脉可引起静脉回流受阻、颈面部和上肢水肿；侵犯心包，导致恶性心包积液和心脏压塞。淋巴结病变约占 70%，以颈部、锁骨上和腋下多见。

前 B 淋巴母细胞淋巴瘤 85%以上表现为急性淋巴细胞白血病，发病年龄较小，无明显性别特征，常见淋巴结肿大，皮肤、软组织、骨等结外侵犯，表现为皮肤多发性结节，骨内孤立性肿块，也易发生骨髓和中枢神经系统浸润。

成熟 B 细胞淋巴瘤是儿童最常见的淋巴瘤类型。多见腹腔淋巴结肿大或腹部肿物，表现为腹痛、腹水、腹膜炎、复发性肠套叠或肠穿孔、肠出血、阑尾炎等急腹症表现，或出现咽淋巴环侵犯形成的颈部巨大包块，节外包块可致神经受压或脊髓神经动脉受压麻痹。也常累及中枢神经系统。

3. 辅助检查

（1）淋巴结活检和骨髓穿刺：是确诊的依据。

（2）血常规：霍奇金淋巴瘤中性粒细胞和单核细胞升高，可有轻至中度贫血。

（3）脑脊液、胸腔积液、腹水及其他体液检查：脑脊液检查可确定有无中枢神经系统受累。

（4）影像学检查：可明确临床分期、病变范围、有无转移。

4. 心理-社会状况　作为恶性肿瘤将给患儿生命及生长发育带来威胁，患儿承受着较重的身心痛苦，家庭还面临高昂的医疗费用负担。因此需注意评估家长及年长患儿对该病的了解程度及能否正确处理疾病所带来的精神打击，还应评估家庭经济的承受能力和护理能力。

【常见护理诊断/问题】

1. 恐惧　与恶性病的诊断及不良预后有关。

2. 有感染的危险　与免疫功能下降有关。

3. 潜在并发症　药物副作用。

【预期目标】

1. 患儿及年长儿逐渐接受疾病事实，参与未来的决策，积极配合治疗。

2. 患儿住院期间无感染发生。

【护理措施】

1. 协助家庭成员接受并认识本病　向家长和年长儿耐心解释各项检查、治疗、护理措施的意义，以争取其配合，减轻焦虑。多关心、体贴患儿及其家长，鼓励他们表达内心感受并为其提供合适的场所以宣泄悲伤情绪，积极提供心理支持。利用病房条件分散患儿注意力，如看电视、听音乐、游戏等，保持患儿心情愉快。及时解除患儿的各种不适感，如发热、恶心、疼痛、呼吸困难等，以利于缓解急躁情绪，增强其战胜疾病的信心。

2. 防治感染　见本章第一节。

3. 保证营养　保证患儿营养摄入，鼓励进食。提供高热量、高蛋白、高维生素食物。

4. 用药护理　密切观察化疗、放疗的副作用，并给予相应处理。

5. 健康教育　向家长及年长儿讲解疾病相关知识和治疗过程、治疗的副作用及如何观察；护士和家长共同为患儿制订出院计划，并鼓励年长儿参与护理计划的制订和实施，包括用药护理、日常营养、感染预防等；指导定期化疗或放疗、门诊随访等。

【护理评价】

经过治疗和护理，患儿及年长儿逐渐接受疾病事实，参与未来的决策，积极配合治疗。患儿住院期间无感染发生。

第三节　肾母细胞瘤患儿的护理

肾母细胞瘤（nephroblastoma）又称 Wilms 瘤或称肾胚胎瘤（embryoma of kidney），起源于肾脏的胚胎性组织，是婴幼儿最常见的恶性实体肿瘤之一，占儿童实体性肿瘤的 8%，占儿童肾脏肿瘤的 95%，75%发生于 5 岁以下儿童。

【病因】

目前肾母细胞瘤的病因说法不一，肿瘤可能起源于后肾胚基的不正常分化，可能有遗传或非遗传的原因。若因遗传，则肿瘤发生得更早，所有双侧性肾母细胞瘤及 15%～20%单侧病变与遗传有关。目前已肯定 WT1 和 WT2 基金突变和肾母细胞瘤有关。也有学者认为还可能与某些先天畸形有关，如泌尿生殖系统畸形、虹膜缺如、单侧肢体肥大等。虹膜缺如可以散发或有家族性，在一般人群中约 5 万人中有 1 例虹膜缺如，而在肾母细胞瘤患儿中约 100 人中有 1.1 例虹膜缺如。

【病理】

肾母细胞瘤是边界清晰和有包膜的单个大的实体瘤，可发生于肾的任何部位。大小不一，小的仅限于肾区；大的可上起膈下，下达盆腔，跨越中线并使主动脉和下腔静脉移位。肿瘤外有包膜，剖面呈鱼肉样膨出、灰白色，常有出血及坏死，则呈橘黄色或棕色，间有囊腔形成，5%合并钙化，呈线状位于周围被膜区。肿瘤破坏并压迫正常肾组织，使肾盂、肾盏变形，并向输尿管发展，可引起血尿及梗阻。肿瘤早期可发生血行转移，常见转移部位为肺、肝、脑等，也可沿肾静脉延伸入下腔静脉甚至右心房，淋巴转移居次要地位。

【分型】

病理组织有三种结构：间质、上皮和胚芽组织。根据瘤组织成分分为四型：①胚芽型：以小圆形蓝色深染细胞成分为主；②间叶型：以高分化的间叶组织为主；③上皮型：以肾小管上皮细胞为主；④混合型：以上述三种成分混合组成。

【治疗要点与预后】

1. 治疗要点　以外科手术配合化疗、放疗的联合治疗。

（1）手术治疗：早期经腹腔手术完整切除受累部位。

（2）化疗：化疗可使肿瘤缩小，以利于手术，也可作为手术后的辅助治疗。常用药物有长春新碱，放线菌素 D 和阿霉素等。

（3）放疗：肾母细胞瘤对放疗很敏感，但 I 期肿瘤不采用。

2. 预后　肾母细胞瘤是目前预后较好的恶性肿瘤。未发生间变者预后良好，约占 90%。治疗后 2 年没有复发即被考虑为治愈，治愈率达到 80%～90%。约 15%的患儿在治愈肾母细胞瘤 5～25 年之后，继发软组织肉瘤、骨肿瘤或白血病。

【护理评估】

1. 健康史　评估患儿的出生史、生长史和家族史，患儿是否有遗传病家族史、有无某些先天性疾病（泌尿生殖系统畸形、虹膜缺如、单侧肢体肥大）、是否长期接触某种致病物质等；评估患儿本次发病的时间、主要症状和体征；评估患儿的年龄、营养状况和对手术、化疗的耐受力；术后有无出血征象和感染危险，各种引流管是否通畅有效；术后卧床期间皮肤完整性有无受损。

2. 身体状况　主要表现为上腹部或腰部肿块、腹胀、虚弱。

（1）全身表现：偶见腹痛及低热，晚期可有食欲缺乏、体重下降、恶心、呕吐等。

（2）原发灶表现

1）腹部肿块：无症状的上腹部肿块为肾母细胞瘤最常见的早期表现，多在家长给小儿沐浴更衣时偶然发现，约 75%患儿以腹部肿块或腹胀就诊。腹部肿块多位于上腹季肋部一侧，向外鼓出，呈球状，表面光滑，中等硬度，无压痛，触之不易推动。

2）腹痛、腹胀：部分患儿可有腹部不适、腹胀。因肿瘤局部浸润对周围脏器的压迫、牵拉和肿瘤本身的出血、坏死而出现腹痛，少数因肿瘤自发破溃可有类似急腹症表现，甚至伴有休克。

3）血尿：为晚期症状，肉眼血尿少见，肿瘤已侵犯肾盂的，镜下血尿可高达 25%，少数因血尿严重有血凝块而伴有尿频、尿急症状。

4）其他：25%～63%的患儿有高血压，一般在肿瘤切除后血压恢复正常。少数患儿可有红细胞增多。

（3）压迫症状：压迫下腔静脉可引起腹水、腹壁静脉曲张、下肢水肿；肾血管栓塞或肾动脉受压可致高血压；受巨大肿瘤压迫，膈肌抬高患儿可有气促、食欲缺乏、肠梗阻等症状。

（4）转移途径

1）直接转移：直接向肾周围和腹腔邻近器官转移。

2）淋巴转移：是预后不良的指征之一。

3）血行转移：肿瘤侵犯静脉而发生血行转移，常见的部位是肺和肝。

4）种植性转移：肿瘤破溃出现腹腔种植性转移。

3. 辅助检查

（1）实验室检查

1）血常规：正常或红细胞增多。

2）血清尿素氮、磷酸肌酸、肝功能检查。

（2）影像学检查

1）腹部B超：可分辨肿瘤的脏器来源，区分实质性及囊性，肿瘤是否侵入血管。

2）静脉尿路造影：是重要检查手段，如患侧肾不显影或表现为肾内肿块，可发现患侧肾盂肾盏被挤压、移位、拉长变形或破坏。

3）CT 或 MRI：可判断肿块的性质、原发瘤的侵犯范围及与周围组织、器官的关系，主动脉旁淋巴结是否受累，有无脏器转移。

4）其他：如胸部X线检查、骨扫描等。

4. 心理-社会状况　评估患儿及家长的心理状态，对患儿确诊肿瘤后的应对能力，有无否认、绝望的表现；对病情的认识程度和对护理的要求，是否得到和疾病治疗有关的信息以及手术、化疗的健康指导；评估家庭经济状况及其支持系统。

【常见护理诊断/问题】

1. 排尿形态改变　与肿瘤浸润、破坏有关。

2. 预感性悲哀　与确诊恶性疾病有关。

3. 潜在并发症　化疗、放疗的副作用如骨髓抑制、胃肠道反应等。

【预期目标】

1. 患儿排尿异常症状得到改善。

2. 家长及年长儿逐渐接受疾病事实，参与未来的决策，积极配合治疗。

3. 患儿出现并发症时得到及时处理。

【护理措施】

1. 对症处理　根据排尿异常的程度和症状给予相应的处理，血尿严重时应卧床休息，并严密观察和记录尿量。

2. 心理疏导及情感支持　对患儿及家长的心理状态进行评估后，给予针对性的心理疏导和情感支持。

（1）在护理中对家长给予同情、理解和安慰，向其详细讲解疾病的相关知识及治疗护理新进展、手术的必要性、手术的方案，并介绍一些成功病例。了解家长的焦虑，采取针对性心理干预，有效地缓解焦虑，使之对手术有正确的认识，树立共同战胜疾病的信心。通过一系列的医患沟通，培养一种良好的病房气氛。鼓励家长说出内心感受，及时纠正家长的消极应对行为，引导其积极应对。

（2）针对患儿的年龄给予不同的护理，对已经懂事的孩子要进行保护性医疗措施，对不满5岁的患儿，要同家长一同关心、爱护，提供有趣的书刊及玩具等，不用恐吓、严厉的语气吓唬孩子，同时提高各种操作技术，使他们感到家庭的温暖，不至于孤独和无助。

3. 合理营养　由于化疗药物常带来患儿食欲减退、恶心、呕吐等不良反应，给予高蛋白、含维生素的新鲜食物。少食多餐，选择较好的时机进食，同时注意保持食物的色、香、味，以促进食欲，尽可能地缓解进食困难，按照患儿喜好，提供食物。进食前可先食新鲜水果，改善口腔异味，保持清香的感觉而增加食欲。遵医嘱给予支持治疗，如静脉补充液体、白蛋白、血浆或全血等；每天称体重，定期监测血清白蛋白等，以了解患儿的营养状况。

4. 围手术期护理　手术前除非必要应尽量减少触摸肿块，交代家属及患儿穿衣或洗澡时，不要按压腹部包块，避免引起肿瘤在腹腔内破裂，导致肿瘤细胞扩散至邻近或远处器官；术后应密切监测生命体征，常规持续低流量吸氧 24 小时，根据病情可延长。术后每 4 小时测体温一次，若体温超过 38℃，应采用物理或药物降温，避免高热后患儿惊厥；因小儿术后易哭闹，术后应妥善固定各种管道，避免管道过早脱落，引起术后并发症。保持引流管通畅，定时挤压，观察记录引流物的颜色、性状和量，发现异常应及时与医生联系，必要时进行处理；为预防化疗药物外渗引起局部组织坏死，应选择较粗、直的血管，采用周围静脉置管，各班严密交接，用药前后抽取回血，中间常巡视，确保化疗药完全进入血管内。若有外渗应立即停药。并用 2%普鲁卡因 3～5ml 做局部皮下封闭，局部用 50%的硫酸镁湿敷 6～12 小时，也可涂氢化可的松，冰敷 24 小时，禁止热敷以免加重组织损伤。用药期间应定期查血常规，白细胞低于 3×10^9/L，血小板低于 5×10^9/L，应暂停用药；观察术后有无出血和感染的症状积极处理并发症。

5. 健康教育

（1）康复指导：护士和家长共同为患儿制订出院计划。指导家长保证患儿的休息，防止疲劳，逐渐增加活动量。加强营养，增强体质，保持大便通畅，多饮水。一侧肾脏切除后，尿量的多少能直接反应健侧肾功能的好坏，尿量逐渐减少时应及时就诊，以了解健侧肾功能。应在医师的指导下用药，尽量不用对肾脏有损害的药物。

（2）定期随访复查：常规术后 1 个月应在专科门诊复查，定期检查肺部情况、肝肾功能、血常规、尿常规、B 超、胸片、CT 等。

（3）预防感染：指导患儿养成良好的卫生习惯。随季节变化及时增减衣物，预防感冒。

【护理评价】

经过治疗和护理，患儿排尿异常症状得到改善；患儿出现并发症时得到及时处理。家长及年长儿逐渐接受疾病事实，参与未来的决策，积极配合治疗。

第四节　神经母细胞瘤患儿的护理

神经母细胞瘤（neuroblastoma NB）为起源于原始神经嵴（后迁移、定位、衍化成交感神经节和肾上腺髓质）的胚胎性恶性肿瘤，是儿童时期最常见的颅外实体瘤和新生儿期最常被诊断的肿瘤。神经母细胞瘤占所有儿童肿瘤的 8%～10%，发病率仅低于白血病和中枢神经系统肿瘤，它占儿童癌症总死亡人数的 15%左右。我国的发病率为 5/100 万。

【病因】

NB 的病因尚不清楚。流行病学研究提示下列因素可能促进神经母细胞瘤的发生：早产儿和低体重儿；怀孕前或怀孕中使用性激素；怀孕期间每日饮酒史；父母从事与电子相关的职业。神经母细胞瘤大部分是散发病例，家族性病例少见。神经母细胞瘤可出现多种细胞遗传学上的改变，可有第一对染色体短臂等位基因（抑癌基因）的缺失和癌基因 N-myc 的扩增。

【病理生理】

肿瘤细胞具有低分化、早期转移扩散的特点。50%的神经母细胞瘤原发于肾上腺，20%原发于胸腺，淋巴结转移较常见。

【分期】

美国儿童肿瘤协作组分期系统将神经母细胞瘤分为五期。

1. Ⅰ期　肿瘤仅局限于原发组织或者器官，肉眼下完整切除瘤体，同侧淋巴结在镜检下未见转移。

2. Ⅱ期　肿瘤超出原发组织或器官，但未越过中线，同侧淋巴结可能受累。

3. Ⅲ期　肿瘤越过中线，双侧淋巴结可能受累。

4. Ⅳ期　肿瘤远处转移至淋巴结、骨髓、骨、肝或者其他脏器。

5. Ⅳs 期　局部原发肿瘤Ⅰ、Ⅱ期，年龄<1 岁，肿瘤仅转移至肝、皮肤或者骨髓。

【治疗要点】

NB 的治疗主要以手术、化疗、放疗等综合治疗为主。

1. 手术治疗　争取切除全部或大部分原发肿瘤。

2. 化疗　常用药物有环磷酰胺、异环磷酰胺、长春新碱、依托泊苷、顺铂、卡铂、阿柔比星、多柔比星等。

3. 放疗　作用相对较小。

4. 造血干细胞移植　以提高无病生存率。

5. ^{131}I-MIBG 放射性核素碘标记的对碘苄胍治疗　用于其他治疗无效的复发或顽固性神经母细胞瘤的治疗。

6. 诱导分化治疗　顺式维 A 酸、维生素 D_3 及小剂量的阿糖胞苷可联合发挥促神经母细胞的分化作用。

【预后】

1 岁以下的患儿预后最好，肿瘤完整切除率高。第Ⅰ、Ⅱ期的患儿 5 年生存率高达 90%。2 岁以上且诊断时就有转移病变的患儿生存率是 10%～20%。原发肿瘤部位也影响预后：横膈以上较少扩散者预后好，肾上腺以外肿瘤较肾上腺肿瘤为好；N-myc 的基因高表达者预后差。

【护理评估】

1. 健康史　评估患儿出生时是否早产和低体重；母亲孕前或孕中是否使用性激素；怀孕期间是否有明显饮酒史；父母从事的职业是否与电子相关等；本次发病的时间、主要症状和体征。

2. 身体状况

（1）全身症状：80%发生于 3 岁以下的婴幼儿。神经母细胞瘤的临床表现多种多样，初发症状常为不明原因的发热、面色苍白、乏力、易激惹或食欲缺乏、体重下降等非特异性症状。或可见血压升高、多汗、心率增快、腹泻等儿茶酚胺增高的表现。

（2）原发灶表现

1）腹部原发灶：腹部为最常见的原发部位，约占 65%。其中约有一半发生于肾上腺，可表现为厌食、呕吐、腹痛、腹胀和腹部实性包块。随着肿瘤长大可越过中线，质硬、不规则，肿块内常见斑点状钙化。压迫肾脏、输尿管或膀胱可以出现尿频或尿潴留。

2）腹腔外原发灶：位于上纵隔或颈部的肿瘤可侵犯交感神经节并产生霍纳综合征，压迫气管时可出现咳嗽、呼吸窘迫或压迫食管时出现吞咽困难；纵隔和腹膜后椎旁的肿瘤可压迫脊髓引起脊髓压迫综合征；原发于盆腔者可出现便秘、尿潴留等膀胱和肠管受压的表现。

（3）转移表现

1）骨骼转移：最常见，多见于 1 岁以上小儿，以颅骨、盆骨和四肢长骨转移为多。表现为骨痛、关节痛、步行困难、跛行、局部骨性隆起、突眼、眼周青肿等。

2）骨髓转移：发生较早。表现为发热、贫血、肝脾和淋巴结肿大。

3）肝转移：较常见，多见于 1 岁以内婴儿，肝脏轻至重度长大，可有黄疸。

4）皮肤转移：出现皮下蓝色坚实的结节。

5）淋巴结转移：较常见，表现为淋巴结肿大。

6）肺转移：顽固性咳嗽。

3. 辅助检查

（1）血常规：不同程度的贫血。

（2）骨髓检查：活检或涂片发现神经母细胞肿瘤细胞。

（3）活体组织病理检查：进行组织学诊断。

（4）尿儿茶酚胺代谢产物测定：香草基杏仁酸（VMA）和高香草酸（HVA）增高。

（5）影像学检查：B 超常为首选检查，也可进行 CT 及 MRI 检测确定病灶大小、范围及与组织器官的关系。

4. 心理-社会状况 评估患儿及家长的心理状态，对患儿确诊肿瘤的应对能力，对病情的认识程度和对护理的要求；评估家庭经济状况及其支持系统。

【常见护理诊断/问题】

1. 活动无耐力 与肿瘤致贫血有关。

2. 营养失调：低于机体需要量 与食欲减退、肿瘤消耗等有关。

3. 预感性悲哀 与疾病的预后不良有关。

4. 潜在并发症 化疗、放疗的副作用，如骨髓抑制、胃肠道反应等。

【预期目标】

1. 患儿活动耐力逐渐增加。
2. 患儿住院期间能摄入足够的营养。
3. 家长及年长儿逐渐接受疾病事实，参与未来的决策，积极配合治疗。
4. 患儿住院期间不出现某些并发症，或并发症能得以及时发现和处理。

【护理措施】

1. 合理安排休息与活动 根据患儿病情合理安排活动与休息时间，协助家长做好患儿生活护理及患儿卫生。

2. 加强营养 鼓励患儿进食，提供高热量、高蛋白、高维生素、易消化的食物，保证营养素供给，增强机体抵抗力。

3. 心理疏导和情感支持 针对患儿焦虑、恐惧心理，应向患儿主动介绍病区环境及医护人员，医护人员要倾听、理解患儿的内心感受，经常给予鼓励、赞扬，并与患儿一起做游戏、谈论其感兴趣的事物，使其消除对环境的陌生感及医护人员的恐惧感，建立和谐融洽的病房氛围。通过通俗易懂的语言对患儿进行健康教育，鼓励患儿正视现实，保持乐观积极的心态。让患儿家长长期陪伴在患儿身边，及时了解患儿现阶段的心理行为特点，尽量减少来自家庭的不良情感刺激，多给患儿关心与理解，逐渐建立患儿的安全感。安排年龄相仿的患儿同病室，鼓励患儿之间的交流，使患儿感受到来自周围人的鼓励和关心。在病情允许的情况下可按时让患儿读书、做作业，营造一个正常的生活情景，帮其树立战胜疾病的信心，保持愉快心情，主动配合治疗。

4. 化疗的护理 熟悉各种常用化疗药物的药理作用和特性，了解化疗方案及给药途径，正确给药，密切观察并处理药物毒、副作用。

5. 放疗的护理 向家长及年长儿讲解放疗有关的知识，观察有无放疗的副作用：乏力、头痛、眩晕、恶心等，观察局部有无红斑、色素沉着、干性脱皮、纤维性渗出等，发现异常及时报告医生并配合处理。

6. 健康教育 讲解疾病相关知识及治疗护理进展；护士和家长、年长儿共同制订患儿的出院计划；指导患儿休息和营养；指导出院用药和复诊，以保证疗效；增强体质，预防感染。

【护理评价】

经过治疗和护理，患儿活动耐力逐渐增加；住院期间能摄入足够的营养；住院期间不出现某些并发症，或并发症能得以及时发现和处理。家长及年长儿逐渐接受疾病事实，参与未来的决策，积极配合治疗。

思　考　题

1. 患儿，男性，3 岁，因“面色苍白 1 个月，反复低热 20 天”入院。入院查体：体温 37.7℃，面色进行性苍白，精神差，食欲尚可，双颌下、颈部可触及蚕豆大小淋巴结，双下肢瘀点、瘀斑，胸骨有压痛，肝肋下 3.5cm，脾未触及。血常规：RBC 2.0×10^{12}/L，WBC 32×10^{9}/L，Hb 60g/L，N 20%，L 77%，PLT 20×10^{9}/L。

（1）患儿可能的诊断是什么？

（2）为确立诊断还应做哪些检查？

（3）患儿现存的主要护理问题是什么？

（4）主要的护理措施有哪些？

2. 白血病细胞侵犯中枢神经系统的症状有哪些？

3. 霍奇金淋巴瘤的临床分期是什么？

4. 肾母细胞瘤的临床表现有哪些？

5. 神经母细胞瘤的转移症状是什么？

6. 应用肿瘤化疗药物的护理措施有哪些？

（张春慧）

参考文献

白永旗，崔文香，2016. 儿科护理学. 上海：上海交通大学出版社.
蔡威，孙宁，魏光辉. 2016. 小儿外科学. 5 版. 北京：人民卫生出版社.
陈涤民. 2010. 儿科护理学. 北京：北京大学医学出版社.
陈小平，汪建平. 2013. 外科学. 8 版. 北京：人民卫生出版社.
崔炎. 2012. 儿科护理学. 5 版. 北京：人民卫生出版社.
崔焱. 2010. 儿科护理学. 4 版. 北京：人民卫生出版社.
崔焱. 2012. 儿科护理学. 5 版. 北京：人民卫生出版社.
崔焱. 2016. 儿科护理学. 6 版. 北京：人民卫生出版社.
段红梅. 2012. 儿科护理学. 北京：人民卫生出版社.
范玲. 2012. 儿童护理学. 2 版. 北京：人民卫生出版社.
方云，徐玉兰. 2014. 血液系统危急重症病人护理及管理. 武汉：华中科技大学出版社.
冯学斌. 2007. 儿科学. 北京：科学出版社.
符仁义，刘玉峰. 2005. 儿童血液与肿瘤疾病. 郑州：河南科学技术出版社.
高林. 2012. 先天性胆道闭锁 13 例围手术期护理. 齐鲁护理杂志，18（5）：94-95.
韩晓梅，崔喜英，杨英伟. 2010. 儿科疾病病例解析. 上海：第二军医大学出版社.
何辉，陈欣欣. 2011. 北京市 7 岁以下儿童体格发育状况. 中国儿童保健杂志，19（6）：531-534.
洪黛玲，梁爽. 2014. 儿科护理学. 北京：北京大学医学出版社.
洪黛玲，梁爽. 2016. 儿科护理学. 2 版. 北京：北京大学医学出版社.
胡嫦，2005. 儿科护理学. 北京：中国医药科技出版社.
胡亚美，江载芳. 2015. 诸福棠实用儿科学. 8 版. 北京：人民卫生出版社.
胡亚美，江载芳. 2003. 诸福棠实用儿科学. 北京：人民卫生出版社.
胡雁，2005. 儿科护理学（双语）. 北京：人民卫生出版社.
胡雁，2012. 儿科护理学. 北京：人民卫生出版社
黄人健，李秀华. 2011. 儿科护理学高级教程. 北京：人民军医出版社.
江载芳，申昆玲，沈颖，等. 2015. 诸福棠实用儿科学. 8 版. 北京：人民卫生出版社.
金玲，张蕊，黄爽. 2012. 儿童淋巴母细胞淋巴瘤的临床特点和预后分析. 中华肿瘤杂志，34（2）：138-142.
金星明，静进. 2014. 发育与行为儿科学. 北京：人民卫生出版社.
靳红利. 2015. 小儿癫痫的健康教育及临床护理指导. Word Latest Medicne Information（Electronic Version），26（15）：190.
郎景和. 2011. 青少年妇科学. 北京：人民军医出版社.
雷家英. 2007. 儿科护理学. 2 版. 北京：人民卫生出版社.
李春梅，杨娜. 2011. 湘西地区农村留守儿童体格发育状况调查分析. 中国全科医学，14（3）：1000-1005.
李莉，高贝贝. 2013. 霍奇金淋巴瘤患儿的临床病理特征和治疗方法. 中国妇幼保健，28（25）：4162-4164.
李少林，周琦. 2014. 实用临床肿瘤学. 北京：科学出版社.
李胜玲，刘丁一. 2013. 儿科护理学. 西安：世界图书出版公司.
李胜玲. 2014. 儿科护理学. 北京：科学技术文献出版社.
李世绰，吴立文，吕传真，等. 2007 临床诊疗指南. 癫痫病分册. 北京：人民卫生出版社.
李廷玉，李秋. 2011. 儿科临床教学案例解析-典型案例与疑难案例篇. 北京：人民卫生出版社.
李小寒，尚少梅. 2012. 基础护理学. 5 版. 北京：人民卫生出版社.
李晓捷，陈秀洁，姜志梅，等. 2009. 实用小儿脑性瘫痪康复治疗技术. 北京：人民卫生出版社.
梁黎，傅君芳. 2012. 儿童肥胖与代谢综合征. 北京：人民卫生出版社.
梁爽. 林素兰. 2015. 儿科护理学. 北京：北京大学医学出版社.
廖少玲. 2013. 儿科护理学. 北京：中国协和医科大学出版社.

刘湘云. 陈荣华. 2006. 儿童保健学. 南京：江苏科学技术出版社.
刘一丁，陈玲玲. 2012. 儿科护理学. 西安：第四军医大学出版社.
楼建华. 2012. 儿科护理. 北京：人民卫生出版社.
石淑华. 戴耀华. 2014. 儿童保健学. 北京：人民卫生出版社
孙锟，沈颖. 2009. 小儿内科学. 4 版. 北京：人民卫生出版社.
孙玉凤. 2014. 儿科护理学. 郑州：郑州大学出版社.
汤静燕，李志光. 2011. 儿童肿瘤诊断治疗学. 北京：人民军医出版社.
王海萍. 2011. 小儿癫痫的康复护理体会. 中国实用医药 1，6（5）：233-234.
王卫平. 2011. 儿科学. 7 版. 北京：人民卫生出版社.
王卫平. 2013. 儿科学. 8 版. 北京：人民卫生出版社.
王玉香. 2014. 儿科护理学. 北京：人民卫生出版社.
吴希如，林庆. 2000. 小儿神经系统疾病基础与临床. 北京：人民卫生出版社.
肖洪玲. 2015. 儿科护理学. 郑州：郑州大学出版社.
薛松梅. 2012. 儿科护理学. 北京：人民军医出版社.
薛辛东. 2010. 儿科学（8 年制及 7 年制）. 2 版. 北京：人民卫生出版社.
杨莉，齐晓涟，袁锁中，等. 2011. 抗癫痫药物治疗临床药师指导手册. 北京：人民卫生出版社.
叶春香. 2006. 儿童护理学习指导及习题集. 北京：人民卫生出版社.
叶启东，潘慈，薛惠良，等. 2013. 104 例 B 细胞非霍奇金淋巴瘤患儿疗效分析. 中华血液学杂志，34（5）：399-403.
于海红，黄玲. 2016. 儿科护理学. 北京：科学出版社.
雨帆. 2008. 心理测试. 上海：文匯出版社.
张春红. 2014. 先天性巨结肠患儿术前术后护理体会. 中国现代药物应用，8（21）：148-149.
张春霞. 2016. 小儿癫痫的临床护理分析. Word Latest Medicne Information（Electronic Version），20（16）.
张耀东，谭利娜. 2015. 郑州地区 3 ～13 岁 6705 名儿童体格发育的调查. 中国儿童保健杂志，23（2）：176-178.
张瑛，张丽萍，2016. 儿科护理学. 北京：中国医药科技出版社.
张玉兰. 2013. 儿科学. 3 版. 北京：人民卫生出版社.
张玉侠，钱培芬，胡渊英. 2013. 新编儿科护理学. 上海：复旦大学出版社.
张玉侠. 2011. 儿科护理规范与实践指南. 上海：复旦大学出版社.
中国抗癌协会小儿肿瘤专业委员会，中华医学会儿科学分会血液学组. 2016. 儿童肾肿瘤多中心协作方案诊治随访报告. 中华儿科杂志，54（11）：808-813.
中国抗癌协会小儿肿瘤专业委员会. 2017. 儿童肾母细胞瘤诊断治疗建议（CCCG-WT-2016）. 中华儿科杂志，55（2）：90-94.
周乐山，张瑛. 2016. 儿科护理学. 北京：人民卫生出版社.
周乐山，张瑛. 2014. 儿科护理学. 2 版. 北京：人民卫生出版社.
《中国卫生年鉴》编辑委员会. 2008. 中国卫生年鉴. 北京：人民卫生出版社.
《中国卫生年鉴》编辑委员会. 2013. 中国卫生年鉴. 北京：人民卫生出版社.
Ball J W，Bindler R C. 2011. Pediaric Nursing. 5 edi. New Jersey：Pearson Education（US）.
Hunger SP，Lu X，Devidas M，et al. 2012. Improved survival for children and adolescents with acute lymphoblastic leukemia between 1990 and 2005：a report from the children's oncology group. J Clin Oncol，30（14）：1663-1669.
Marino B S，Fine K S. 2011. 儿科学. 4 版. 赵世光，译. 北京：人民卫生出版社.

索　引

N

P

R

S

T

W

X

Y

Z

其他